国家社科基金后期资助项目

清至民国婺源县村落契约文书辑录

Contracts and Other Documents in Wuyuan County:
Qing Dynasty and Beyond

捌

江湾镇(二)

金田村 · 洪坦村 · 篁岭村 · 岭背村汪家 · 下坦村

黄志繁 邵 鸿 彭志军 编

商务印书馆
创于1897 The Commercial Press

2014年 · 北京

江湾镇金田村 A 1—61

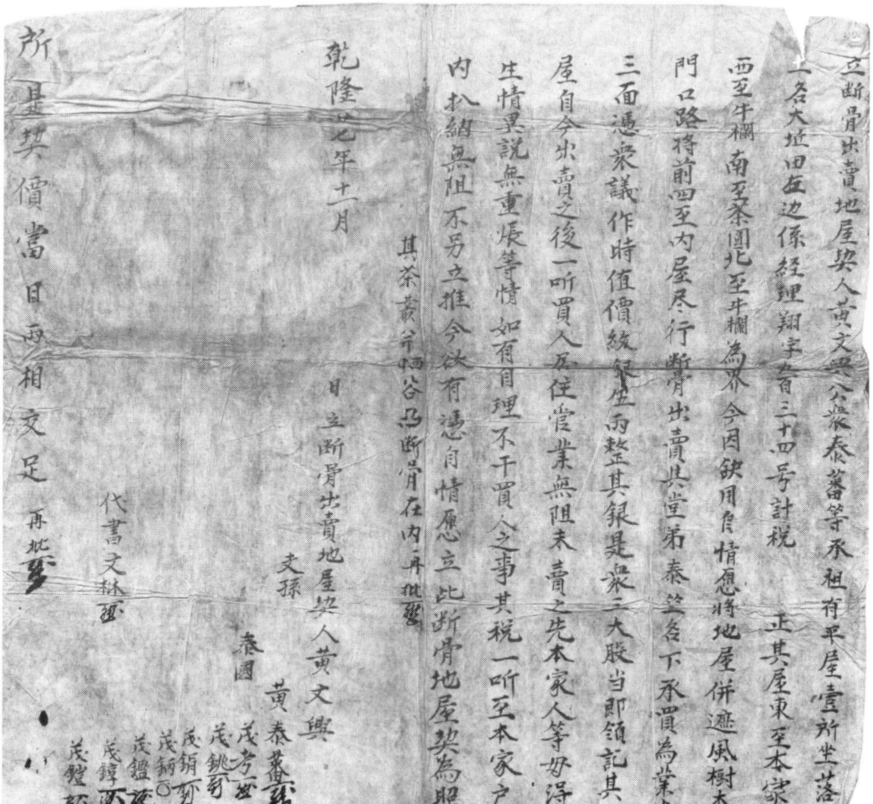

立断骨出賣地屋契人黄文興公衆泰蕃等承祖有平屋壹所坐落
土名大坵田丘边係經理翔字叁三十四号計税　正其屋東至本家屋
西至牛欄南至茶園北至牛欄為界今因缺用自情愿將地屋併遮風樹木
門口路將前四至内屋尽行斷骨出賣其堂弟泰竺名下承買為業當
三面憑衆議作時值價紋銀叁兩整其銀是衆三大股當即領訖其
屋自今出賣之後一听買人及住管業無阻未賣之先本家人等毋得
生情異説無重張等情如有自理不干買人之事其稅一听至本家户
内扒納無阻不另立推今欲有憑自情愿立此断骨地屋契為照
其茶叢并栖谷乃断骨在内　再批（押）
乾隆廿七年十一月　日立断骨出賣地屋契人黄文興
支孫　黄泰蕃（押）
春國
茂孝（押）
茂銚（押）
茂銷（押）
茂鎬〇
茂鐙（押）
茂鐔（押）
茂鏗（押）
代書文林（押）
所是契價當日兩相交足　再批（押）

江湾镇金田村 A 5 · 乾隆二十七年 · 断骨出卖地屋契 ·
黄文兴公众泰蕃等卖与堂弟泰竺

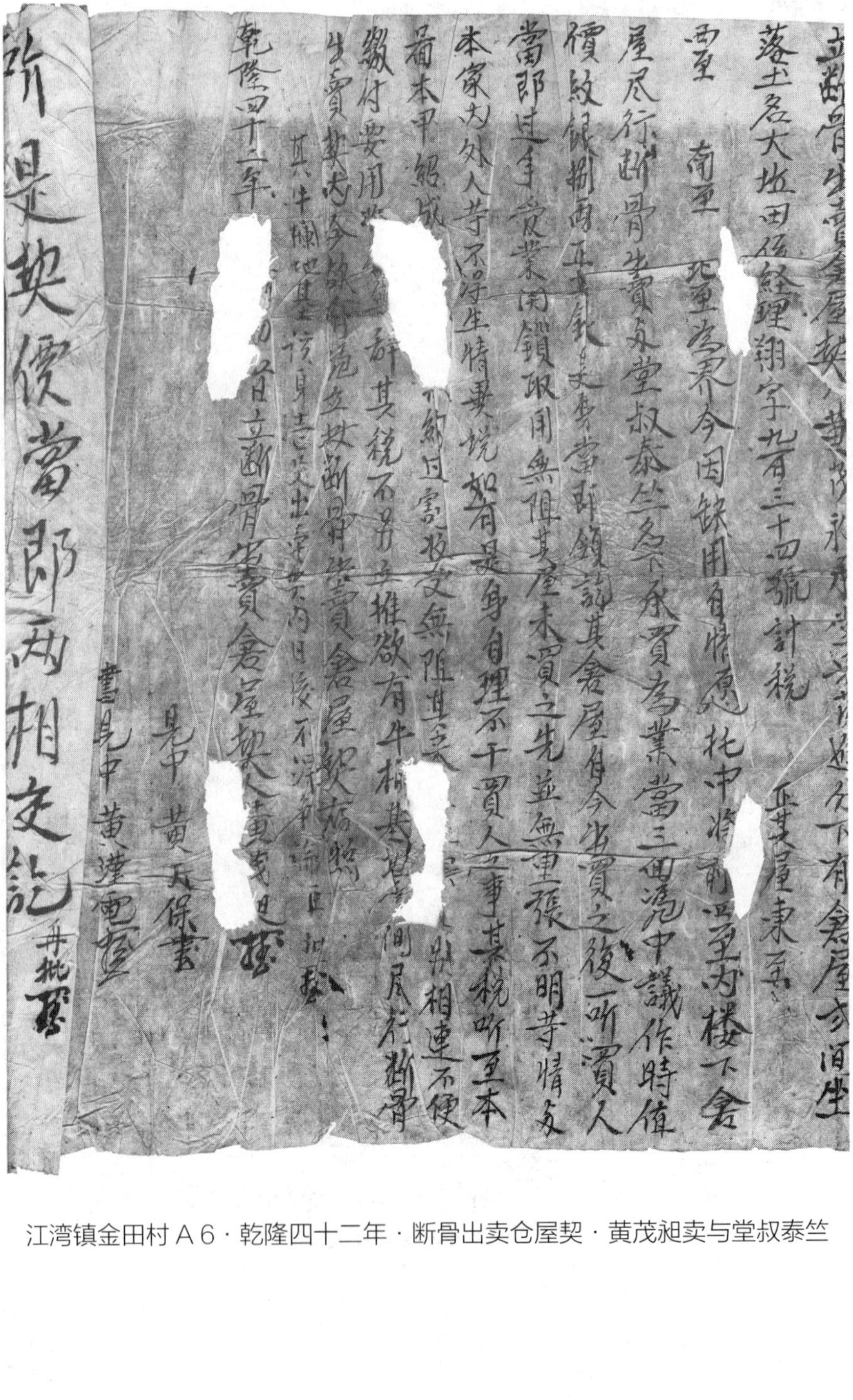
立斷骨出賣倉屋契人黃茂衵，今[illegible]下有倉屋弍間，坐
落土名大坵田，係經理翔字九百三十四號，計稅[illegible]正。其屋東至
西至　南至　北至爲界。今因缺用，自情愿托中將前四至內樓下倉
屋盡行斷骨出賣與堂叔泰竺名下承買爲業。當三面憑中議作時值
價紋銀捌兩正，其銀是身當即領訖。其倉屋自今出賣之後，一聽買人
當即過手管業，開鎖取用無阻。其屋未賣之先，並無重張不明等情。如有
本家內外人等不得生情異說，如有，是身自理，不干買人之事。其稅聽至本
都本甲紹成[illegible]納過割，投受無阻。其倉[illegible]相連，不便
繳付，要用[illegible]辭。其稅不另立推撒。有牛欄基地[illegible]間，居於斷骨
出賣契內。今欲有憑，立此斷骨出賣倉屋契[illegible]照。
其牛欄地基[illegible]身[illegible]出賣，[illegible]日後不得[illegible]加[illegible]。
乾隆四十二年[illegible]月[illegible]日立斷骨出賣倉屋契人黃茂衵（押）
見中　黃天保（書）
書見中　黃[illegible]（押）
所是契價當即兩相交訖。再批（押）

江湾镇金田村 A6 · 乾隆四十二年 · 断骨出卖仓屋契 · 黃茂衵卖与堂叔泰竺

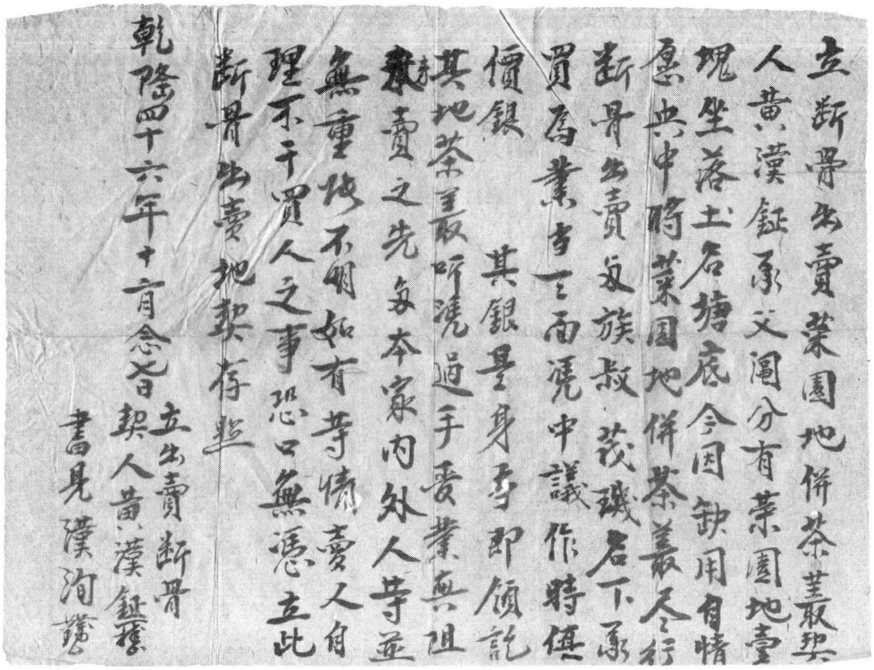

江湾镇金田村 A 28 · 乾隆四十六年 · 断骨出卖菜园地并茶丛契 ·
黄汉钲卖与族叔茂玑

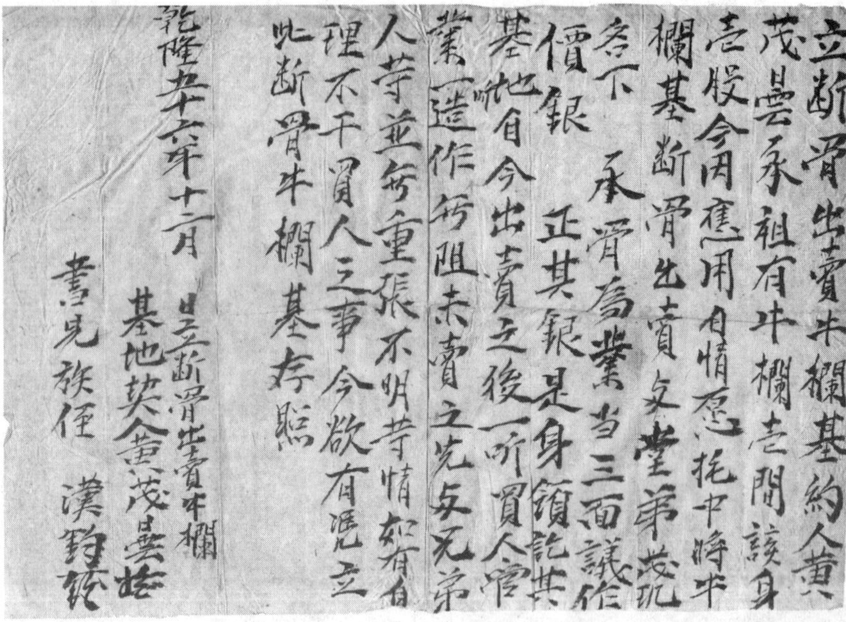
立斷骨出賣牛欄基約人黄
茂昙承祖有牛欄壹間該身
壹股今因應用自情愿托中將牛
欄基斷骨出賣與堂弟茂玑
名下承買爲業当三面議作
價銀正其銀是身領訖其
基地自今出賣之後一聽買人管
業一造作無阻未賣之先與兄弟
人等並無重張不明等情如有自
理不干買人之事今欲有憑立
此斷骨牛欄基存照
乾隆五十六年十二月 日立斷骨出賣牛欄
基地契人黄茂昙
書見族侄 漢鈞

江湾镇金田村 A 29 · 乾隆五十六年 · 断骨出卖牛栏基约 ·
黄茂昙卖与堂弟茂玑

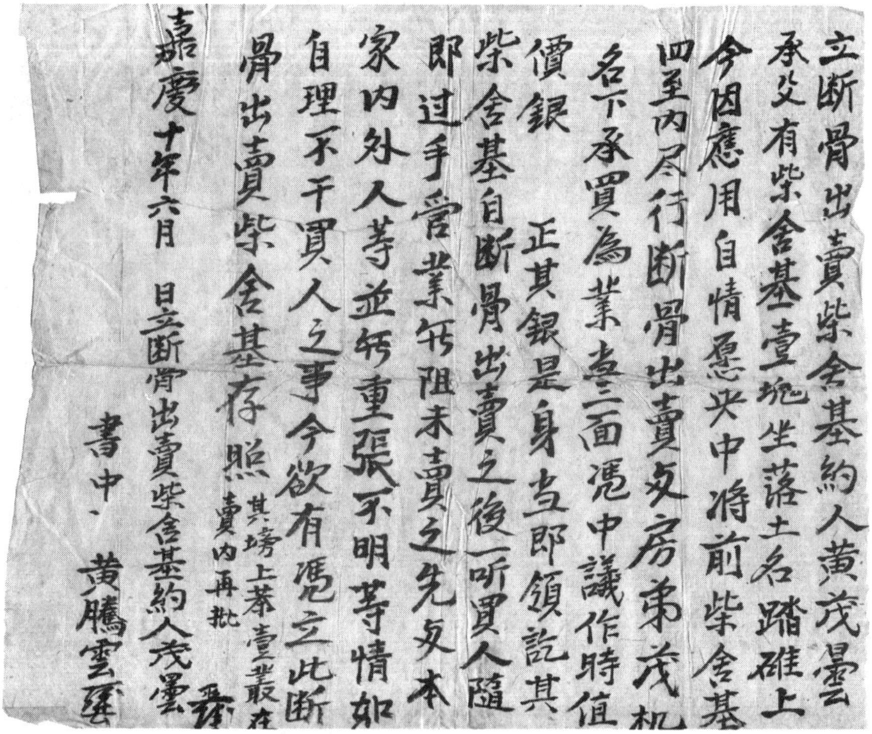
立断骨出賣柴舍基約人黄茂曇
承父有柴舍基壹塊坐落土名踏碓上
今因應用自情愿央中將前柴舍基
四至内尽行断骨出賣与房弟茂机
名下承買為業當三面憑中議作時值
價銀　正其銀是身当即領訖其
柴舍基自断骨出賣之後一听買人隨
即过手管業無阻未賣之先与本
家内外人等並無重張不明等情如
自理不干買人之事今欲有憑立此断
骨出賣柴舍基存照　其塝上茶壹叢在賣内再批
嘉慶十年六月　日立断骨出賣柴舍基約人茂曇
書中　黄騰雲

江湾镇金田村 A 31 · 嘉庆十年 · 断骨出卖柴舍基约 · 黄茂昙卖与房弟茂机

立断骨出賣屋契人黄茂瑛承父商分有住屋左边半片
併堂前一半在内上至椽桷下至地栿坐落土名大塅田係經理
翔字九百三十四號計稅　　正其屋東至茶園凸西至门乀
路南至地基北至本家老屋四至分明悉照冊屋憑不在細
述今因缺用自情愿央中將前住屋斷骨出賣與胞兄茂璣名下
承買為業三面憑中議作時值價銀　　正其銀是身當即收
訖其屋自今出賣之後一聽買人居住收租未賣之先與内外人等
並无重張不明等情以有自理不干買人之事其稅听至本圖三甲
長賢户内推扒收受無阻不另立推其束祖丈粟以别相連不便繳付日
後要用將出存拚合欲有憑立此斷骨出賣屋契為照
嘉慶十二年十二月　　日立出賣斷骨屋契人黃茂瑛（押）
見侄　漢誠（押）
代書　茂琢（押）
所是契價當日兩相交訖契尾批照（押）

江湾镇金田村 A 17 · 嘉庆十二年 · 出卖断骨屋契 · 黄茂瑛卖与胞兄茂玑

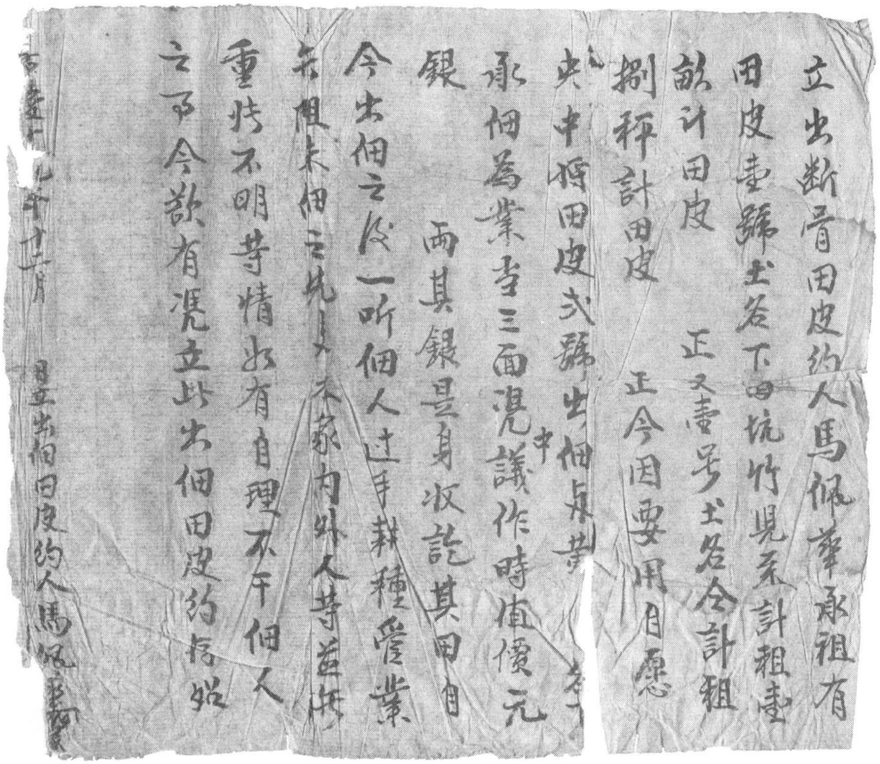
立出断骨田皮约人馬佩華承祖有
田皮壹號土名下田坑竹見系計租壹
畝計田皮　正又壹号土名仝計租
捌秤計田皮　正今因要用自愿
央中將田皮弍號出佃與黄[illegible]名下
承佃為業當三面凴議作時值價元
銀　兩其銀是身收訖其田自
今出佃之後一听佃人过手耕種管業
無阻未佃之先與本家内外人等並無
重持不明等情如有自理不干佃人
之事今欲有凴立此出佃田皮約存照
嘉慶十九年十二月　日立出佃田皮约人馬佩華

江湾镇金田村 A 42 · 嘉庆十九年 · 出断骨田皮约 · 马佩华佃与黄☒

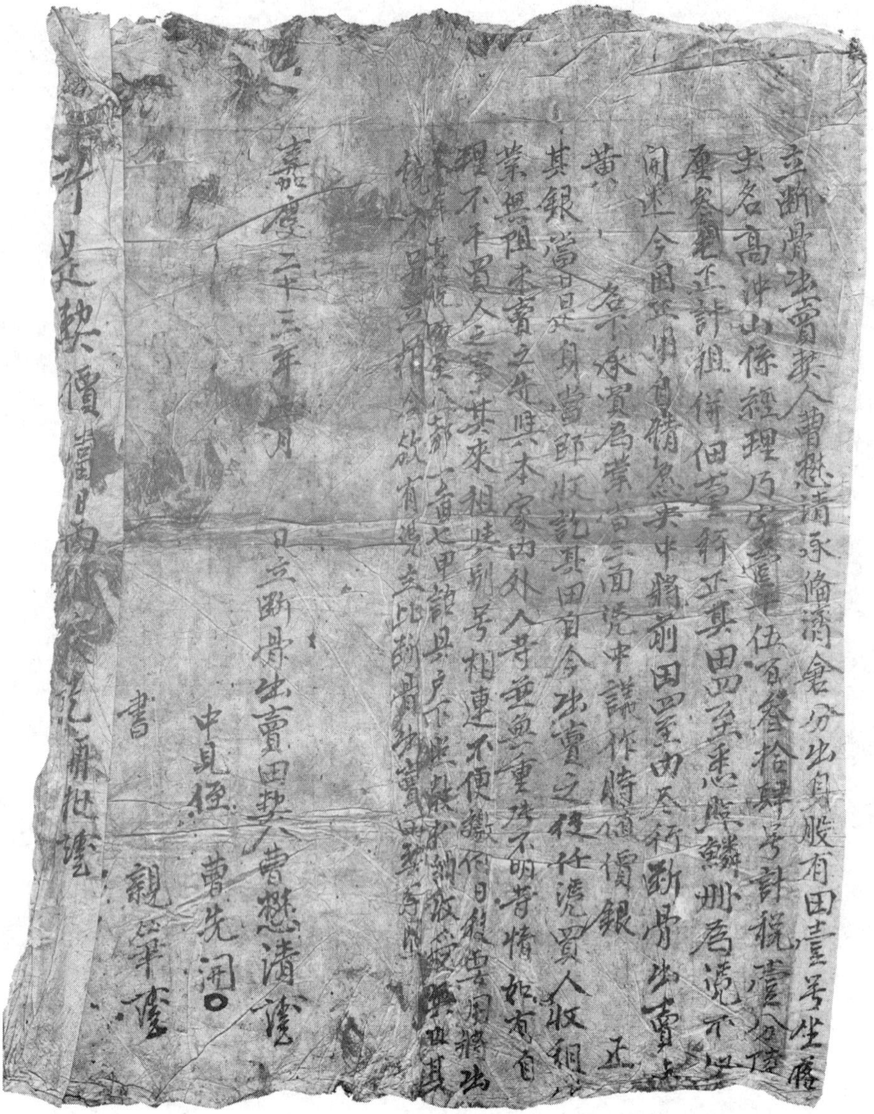

江湾镇金田村 A 4 · 嘉庆二十三年 · 断骨出卖田契 · 曹懋清卖与黄〼

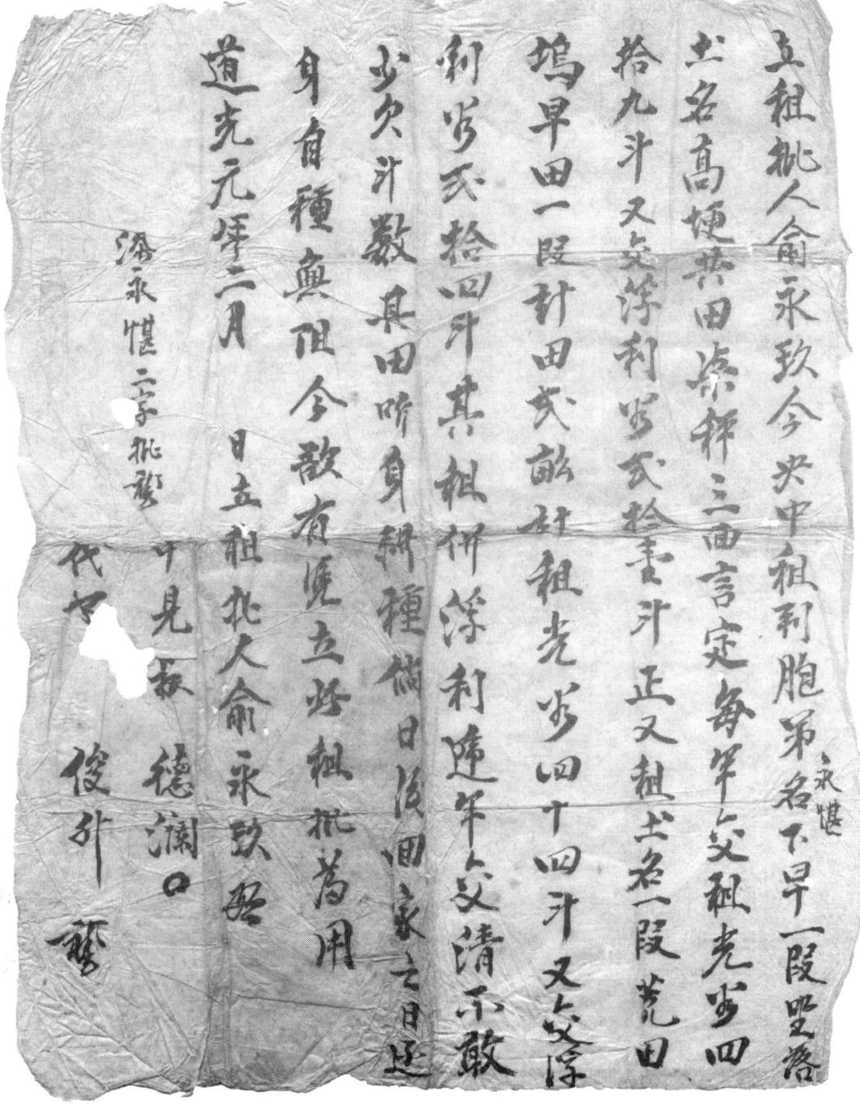
立租批人俞永玖，今央中租到胞弟名下（永惬）旱一段，坐落土名高埂头田塝干，三面言定每年上交租光岁四拾九斗，又上交浮利岁式拾壹斗正。又租土名一段荒田塝旱田一段，计田式亩，计租光岁四十四斗，又上交浮利岁式拾四斗。其租併浮利，随年上交清，不敢少欠升数。其田听身耕种，倘日后田家之日退身自种，无阻。今欲有凭，立此租批为用。
道光元年二月　日立租批人俞永玖（押）
添永惬二字批（押）
中见叔　德澜（押）
代笔　俊升（押）

江湾镇金田村 A 36 · 道光元年 · 租批 · 俞永玖租胞弟永惬

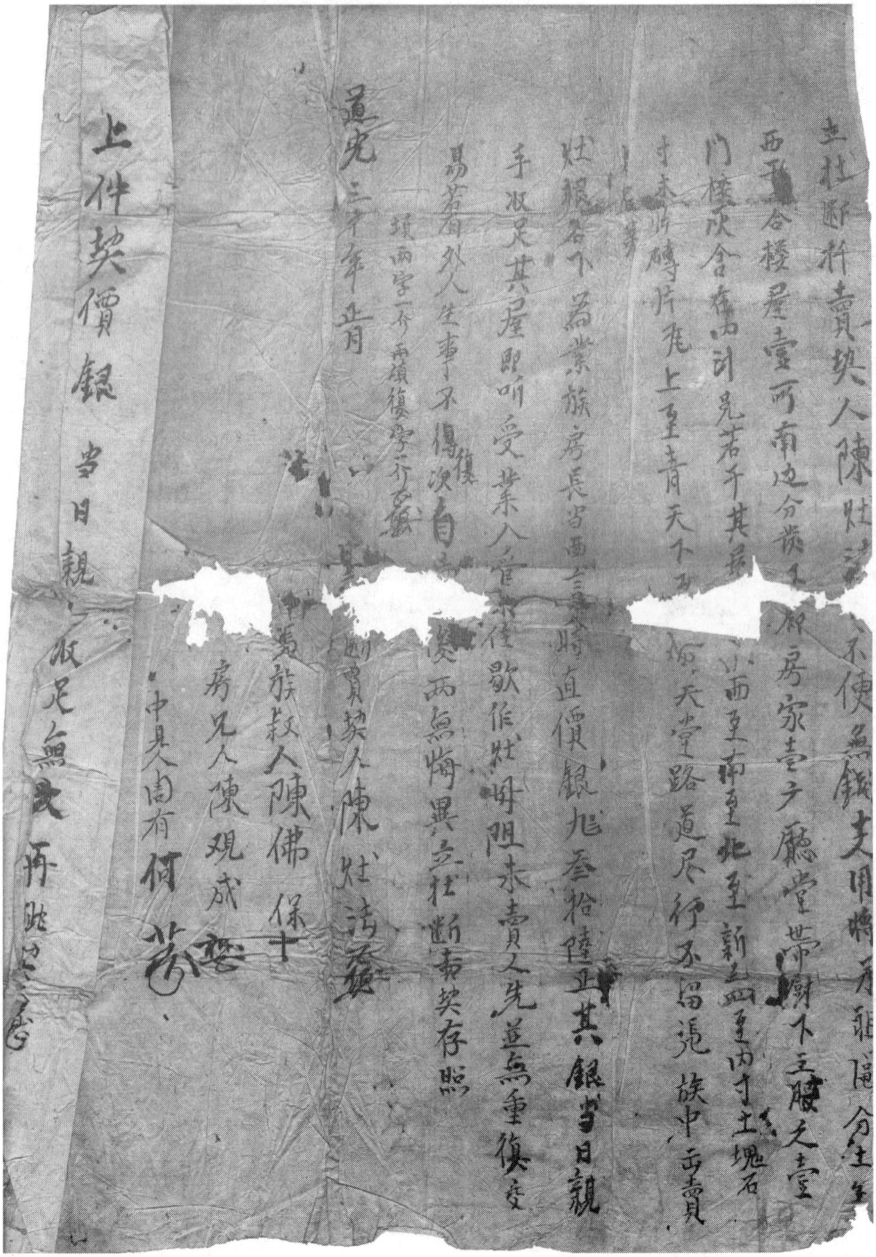
立杜斷扦賣契人陳灶法[illegible]不便無錢支用將[illegible]阄分土名
西[illegible]合樓屋壹所南边分[illegible]房家壹户廳堂帶廚下正[illegible]左壹
门樓次舍[illegible]計見若干其[illegible]西至南至北至新立四至内寸土塊石
寸木片磚片瓦上至青天下至[illegible]天堂路道尽行不留退族中出賣
灶根名下為業族房長當面三面言定時值價銀九叁拾陸正其銀當日親
手收足其屋即听受業人管業住歇作灶毋阻未賣之先並無重復交
易若有外人生事不[illegible]復[illegible]两無悔異立杜斷賣契存照
續两字一个 再續復字一个[illegible]
道光三年[illegible]月 日 立杜斷賣契人陳灶法
族叔人陳佛保
房兄人陳观成
中見人周有何[illegible]
上件契價銀當日親手收足無欠再批[illegible]

江湾镇金田村 A 2 · 道光三年 · 断扦卖契 · 陈灶法卖与灶根

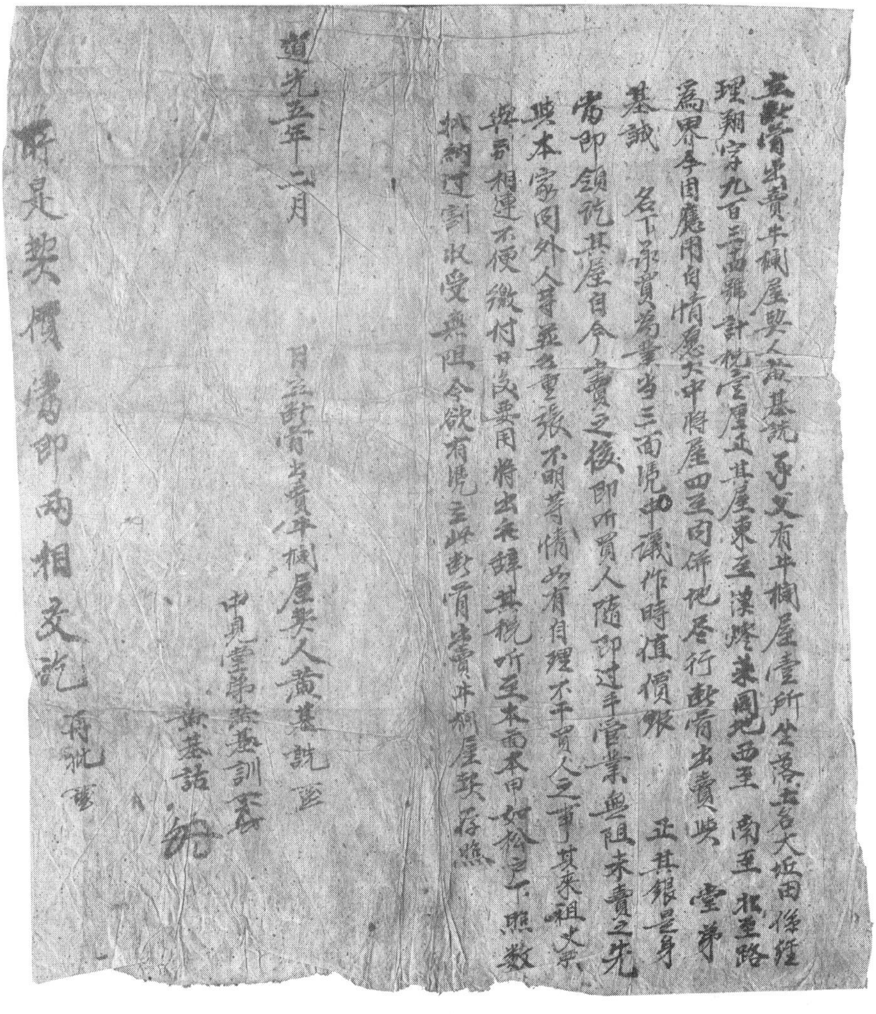

立斷骨出賣牛欄屋契人黃基詵，今又有牛欄屋壹所，坐落土名大坵田，係經理翔字九百三十二號，計税壹厘正。其屋東至漢烽菜園地，西至　南至　北至路爲界。今因應用，自情愿央中將屋四至同伴地基行斷骨出賣與堂弟基誠名下承買爲業。當三面憑中議作時值價銀　正，其銀是身當即領訖。其屋自今賣之後，即听買人隨即过手管業，無阻。未賣之先，與本家內外人等並無重張不明等情，如有自理，不干買人之事。其來祖文契與別相連，不便繳付，日後要用，將出来验。其税听至本甲黃松之下照数扒納过割收受，無阻。今欲有憑，立此斷骨出賣牛欄屋契存照。

道光五年二月　日立斷骨出賣牛欄屋契人黃基詵（押）

中見堂弟　黃基訓（押）

黃基詁（押）

所是契價當即兩相交訖。再批（押）

江湾镇金田村 A 11 · 道光五年 · 断骨出卖牛栏屋契 · 黄基诜卖与堂弟基诚

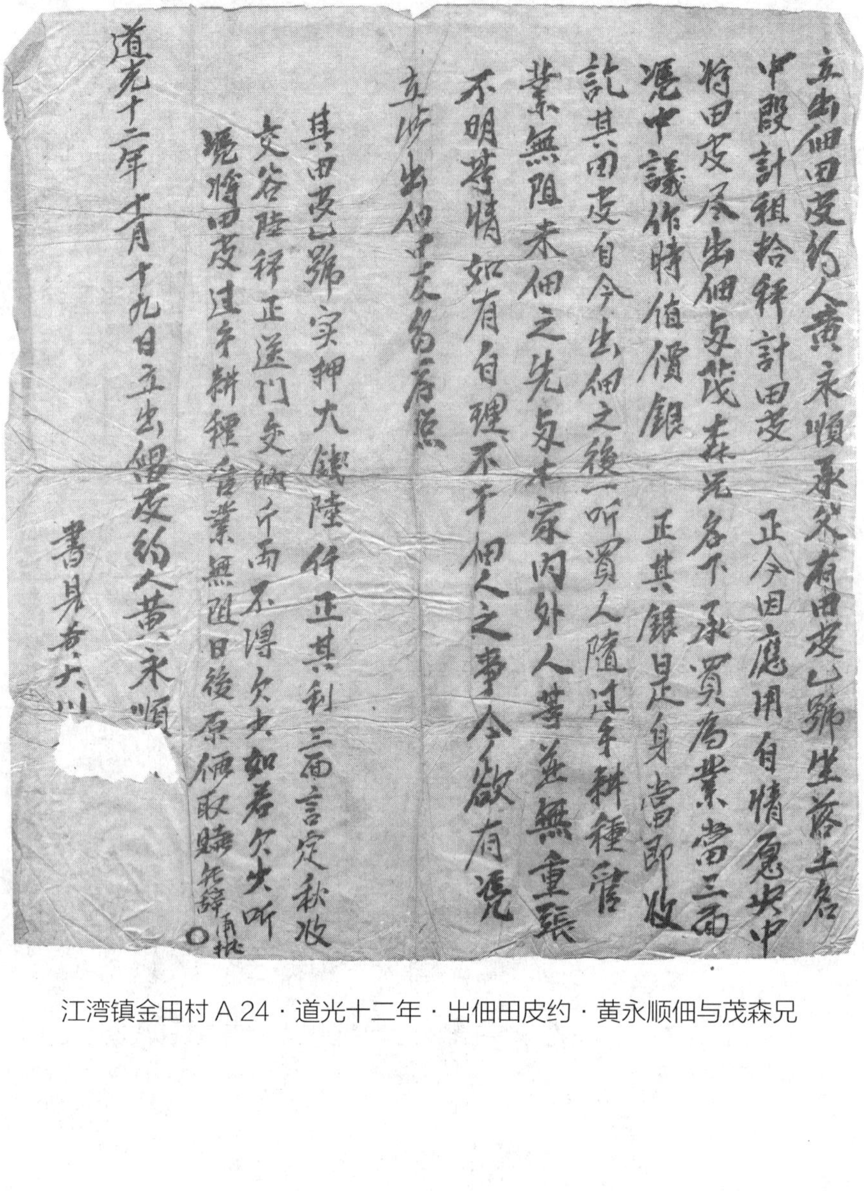

江湾镇金田村 A 24 · 道光十二年 · 出佃田皮约 · 黄永顺佃与茂森兄

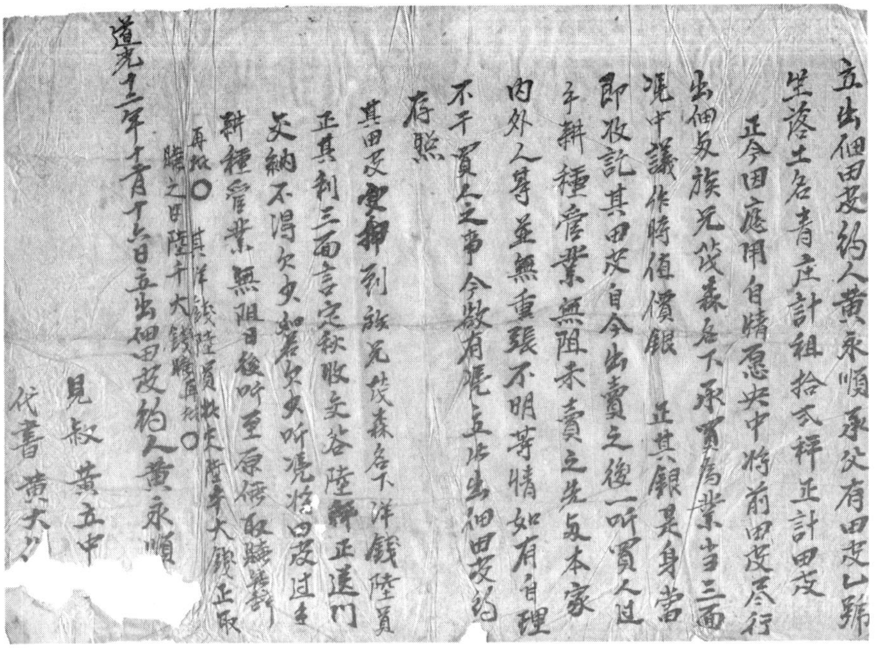

立出佃田皮約人黃永順承父有田皮山號
坐落土名青庄計租拾弍秤正計田皮
正今因應用自情愿央中將前田皮尽行
出佃與族兄茂森名下承買為業当三面
憑中議作時值價銀 正其銀是身當
即收訖其田皮自今出賣之後一听買人过
手耕種管業無阻未賣之先與本家
內外人等並無重張不明等情如有自理
不干買人之事今欲有憑立此出佃田皮約
存照
其田皮實佃到族兄茂森名下洋錢陸員
正其利三面言定秋收交谷陸秤正送門
交納不得欠少如若欠少听憑將田皮过手
耕種管業無阻日後听至原價取贖無詞
再批○ 其洋錢陸員比大陸千大錢正取
贖之日陸千大錢贖屆批○
道光十二年十二月十六日立出佃田皮約人黃永順
見叔 黃五中
代書 黃大川

江湾镇金田村 A 34 · 道光十二年 · 出佃田皮约 · 黄永顺佃与族兄茂森

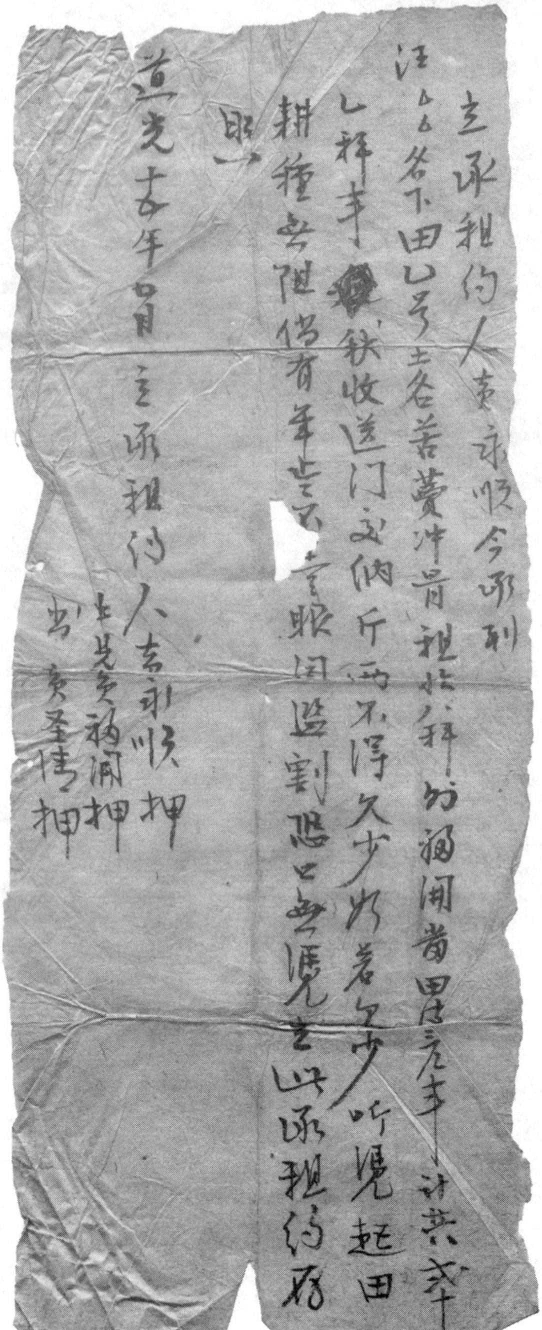

立承租约人俞永顺今承到
汪□□名下田乙号土名若黄冲骨租拾八秤约福润当田壹丘计共贰拾
乙秤半 秋收送门交纳斤两不得欠少如若欠少听凭起田
耕种无阻倘有年岁旱干眼同监割恐口无凭立此承租约存
照
道光十五年 月 日 立承租约人俞永顺 押
中见 俞福润 押
书 俞圣传 押

江湾镇金田村 A 25 · 道光十五年 · 承租约 · 俞永顺承到汪□□

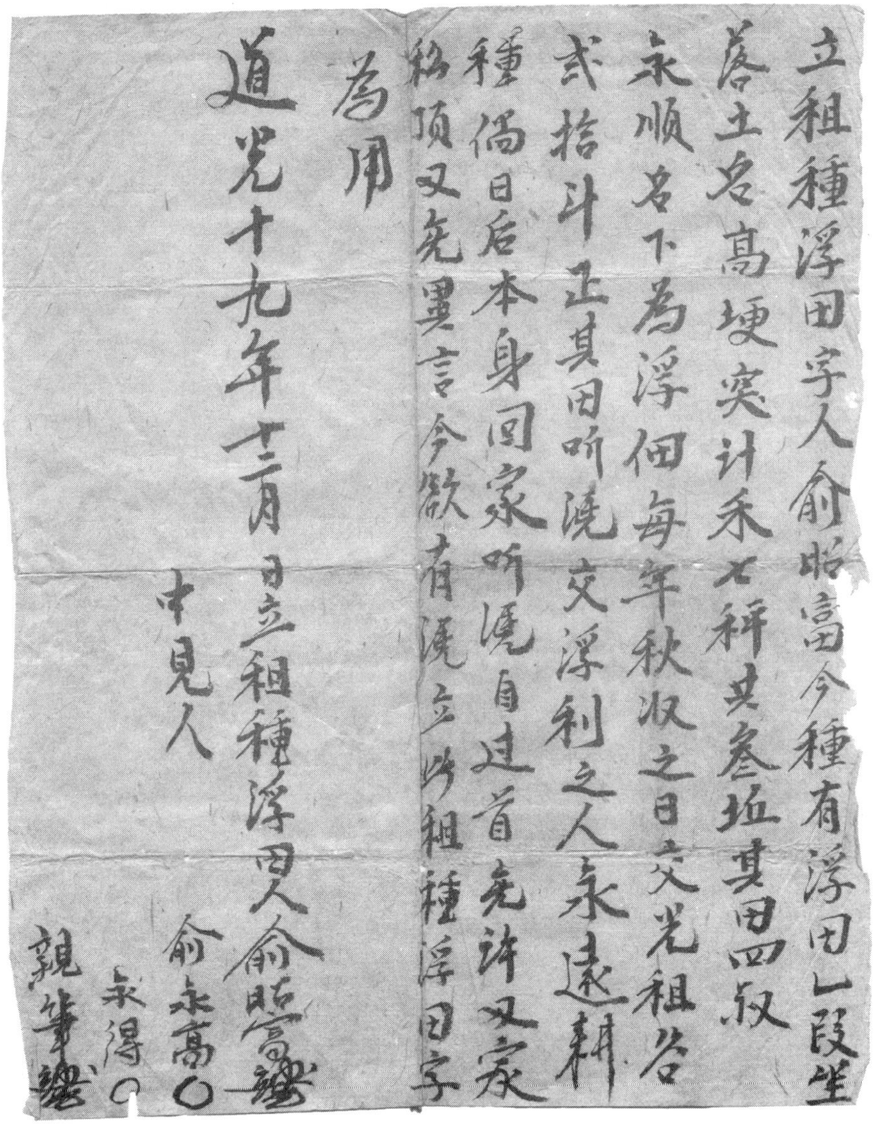

立租種浮田字人俞昭富今種有浮田一段坐
落土名高埂突計禾七秤其叁坵其田四叔
永順名下為浮佃每年秋収之日交光租谷
貳拾斗正其田听憑交浮利之人永遠耕
種倘日后本身同家听憑自迼首充許又家
秘項又先異言今欲有憑立此租種浮田字
為用
道光十九年十二月　日立租種浮田人俞昭富（押）
中見人　俞永高〇
　　　　永得〇
親筆（押）

江湾镇金田村 A 33 · 道光十九年 · 租种浮田字 · 俞昭富租与永顺

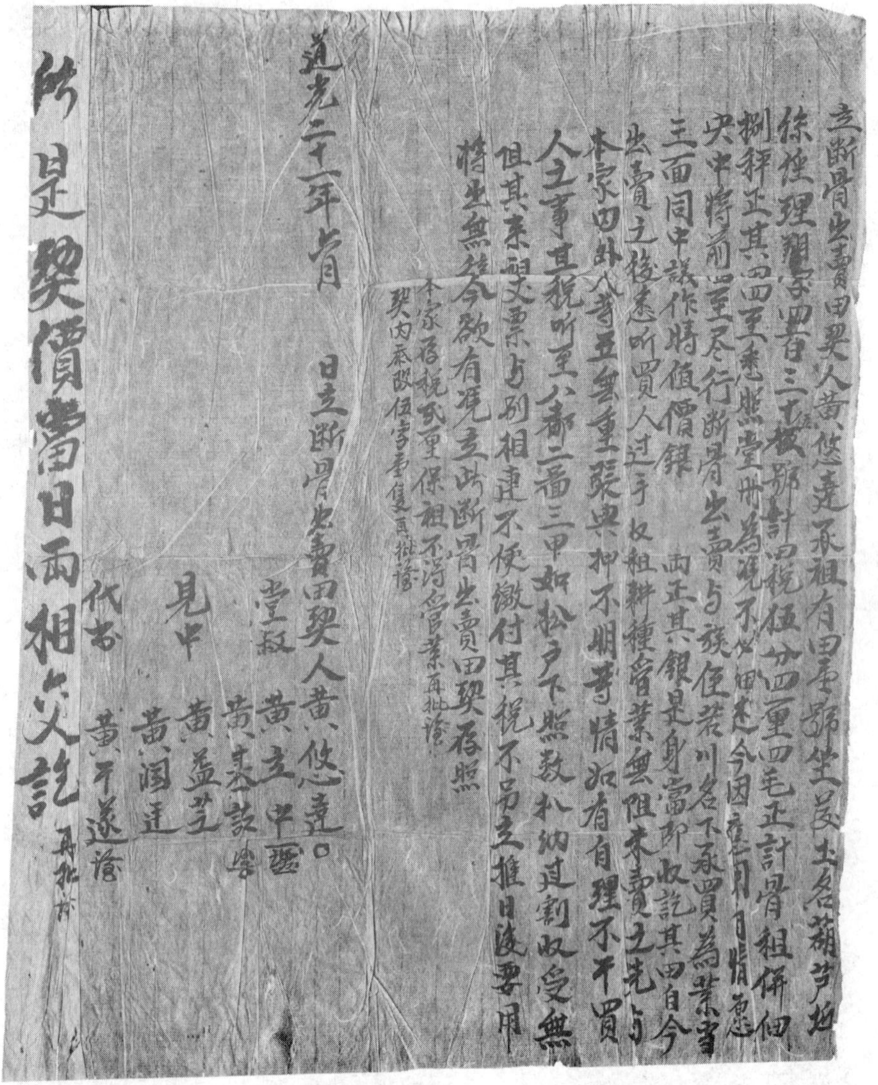
立斷骨出賣田契人黄悠達，承祖有田壹號，坐落土名葫芦坵，
係經理翔字四百三十七號，計田稅伍分四厘四毛正，計骨租併佃
捌秤正。其田四至，悉照堂冊為準，不必開述。今因應用，自情愿
央中將前田四至盡行斷骨出賣与族侄若川名下承買為業。當
三面同中議作時值價銀　兩正，其銀是身當即收訖，其田自今
出賣之後，悉聽買人過手收租耕種管業，無阻。未賣之先，与
本家內外人等並無重張典押不明等情，如有，自理，不干買
人之事。其稅聽至八都二圖三甲如松户下照數扒納過割收受，無
阻。其來腳文票与别相連，不便繳付，其稅不另立推，日後要用
將出無辞。今欲有憑，立此斷骨出賣田契存照。
本家存稅貳厘，保祖不得管業，再批證。
契內乘改伍字壹隻，再批證。
道光二十一年　月　日立斷骨出賣田契人黄悠達
堂叔　黄立中
黄來詠
見中　黄益芝
黄閏達
代書　黄干遂
所是契價當日兩相交訖。再批。

江湾镇金田村 A 14 · 道光二十一年 · 断骨出卖田契 · 黄悠达卖与族侄若川

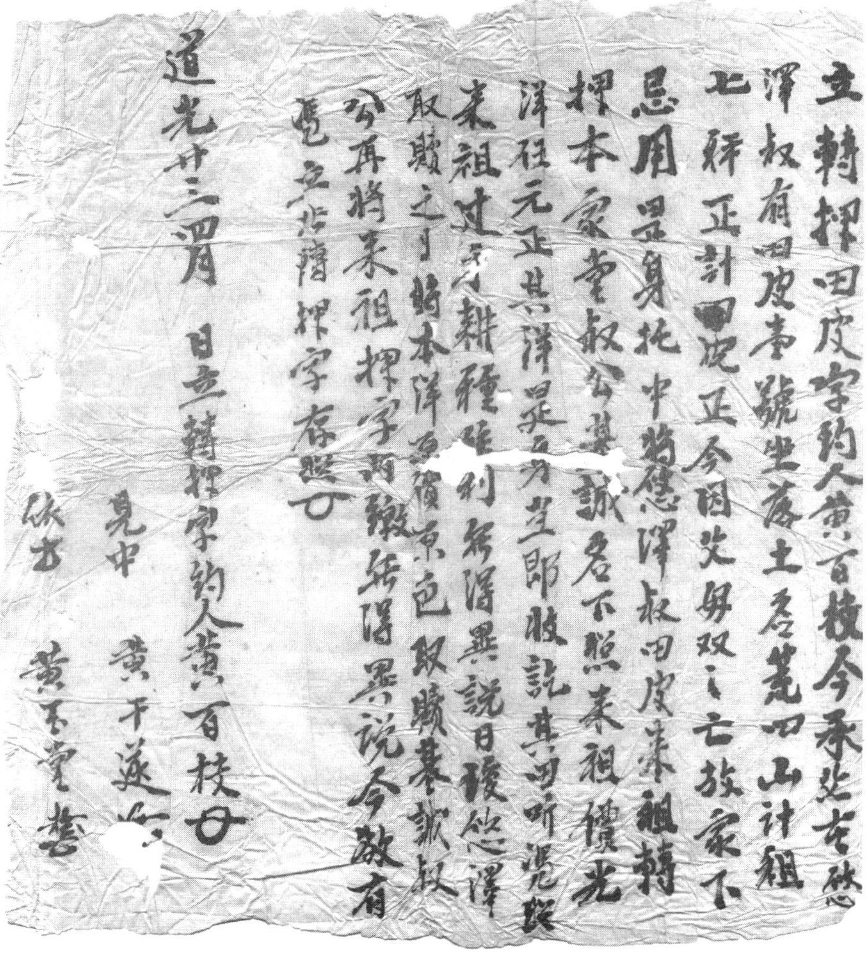
立轉押田皮字約人黃百枝，今承先年憑
澤叔有田皮壹號，坐落土名荒田山，計租
七秤正，計田塅正。今因父母双〻亡故，家下
急用，思身托中將憑澤叔田皮來祖轉
押本家堂叔公□誠名下，照來祖價光
洋伍元正，其洋是日當即收訖，其田聽憑跟
來祖過手耕種[illegible]利，無得異說。日後憑澤
取贖之日，將本洋交清，原色取贖，其誠叔
公再將來祖押字兩繳，無得異說。今欲有
憑，立此轉押字存照。○
道光廿三年四月　日立轉押字約人黃百枝○
見中　黃千遂
依書　黃玉堂

江湾镇金田村 A 30 · 道光二十三年 · 转押田皮字约 ·
黄百枝转押与本家堂叔公□诚

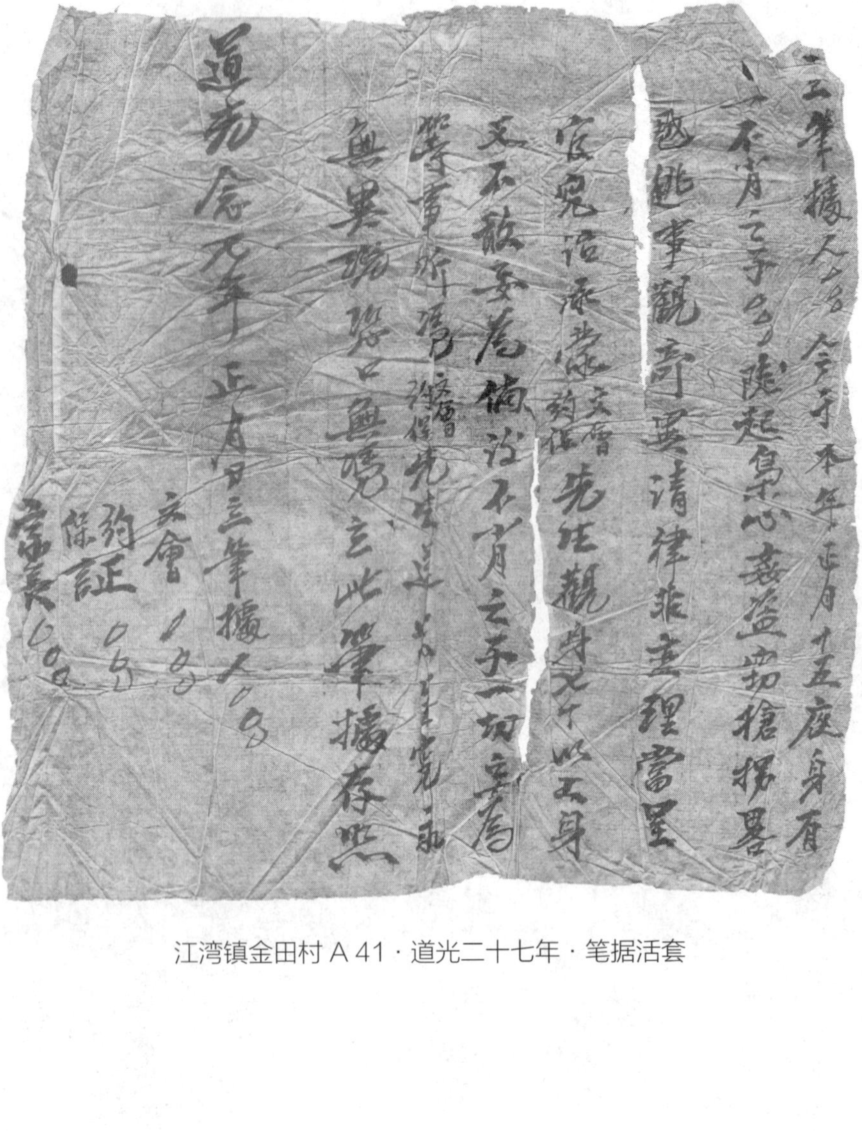

江湾镇金田村 A 41 · 道光二十七年 · 笔据活套

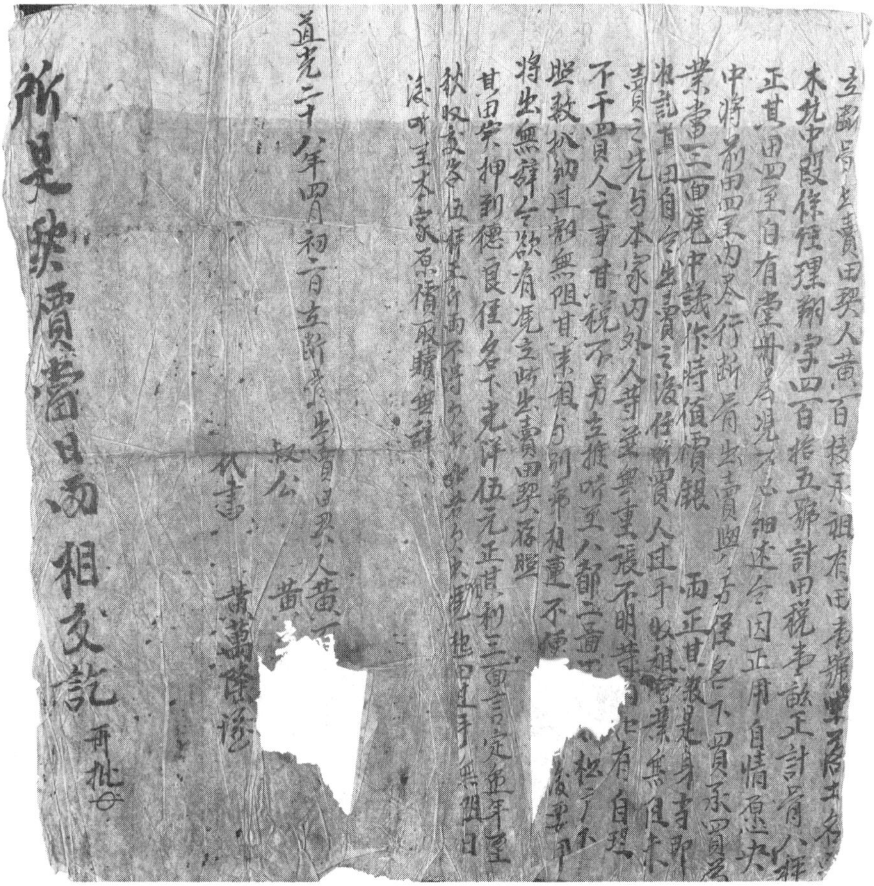

江湾镇金田村 A 3 · 道光二十八年 · 断骨出卖田契 · 黄百枝卖与房侄

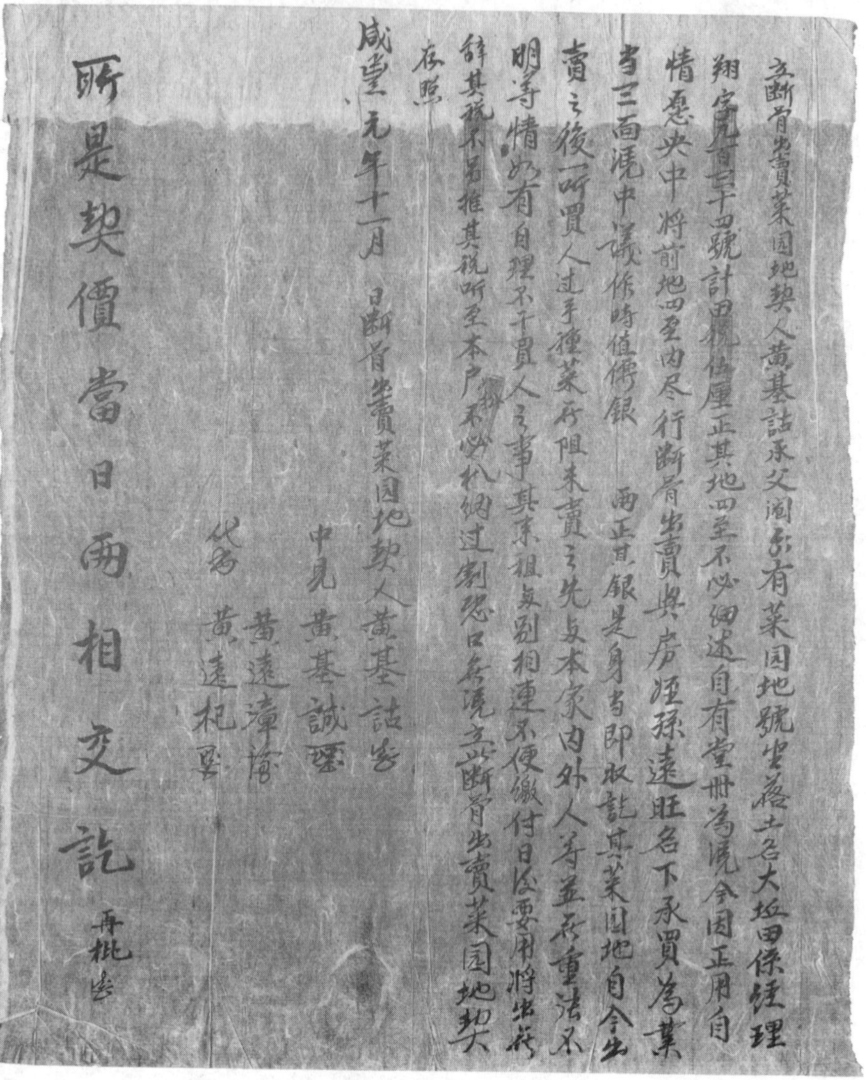

立断骨出賣菜园地契人黄基詁承父阄分有菜园地號坐落土名大坵田條鍾理
翔字九百七十四號計田税伍厘正其地四至不必細述自有堂册爲凭今因正用自
情愿央中將前地四至內尽行断骨出賣與房侄孫遠旺名下承買爲業
當三面凭中議作時値價銀　兩正其銀是身當即收訖其菜园地自今出
賣之後一聽買人过手種菜存阻未賣之先與本家内外人等並存重法不
明等情如有自理不干買人之事其來祖與別相連不便繳付日後要用將出存
辞其税不另推其税聽至本户不必扒納过割恐口無凭立此断骨出賣菜园地契
存照

咸豐元年十一月　日断骨出賣菜园地契人黄基詁（押）
中見　黄基誠（押）
黄遠漳（押）
代筆　黄遠杞（押）

所是契價當日兩相交訖　再批（押）

江湾镇金田村 A 13 · 咸丰元年 · 断骨出卖菜园地契 · 黄基诂卖与房侄孙远旺

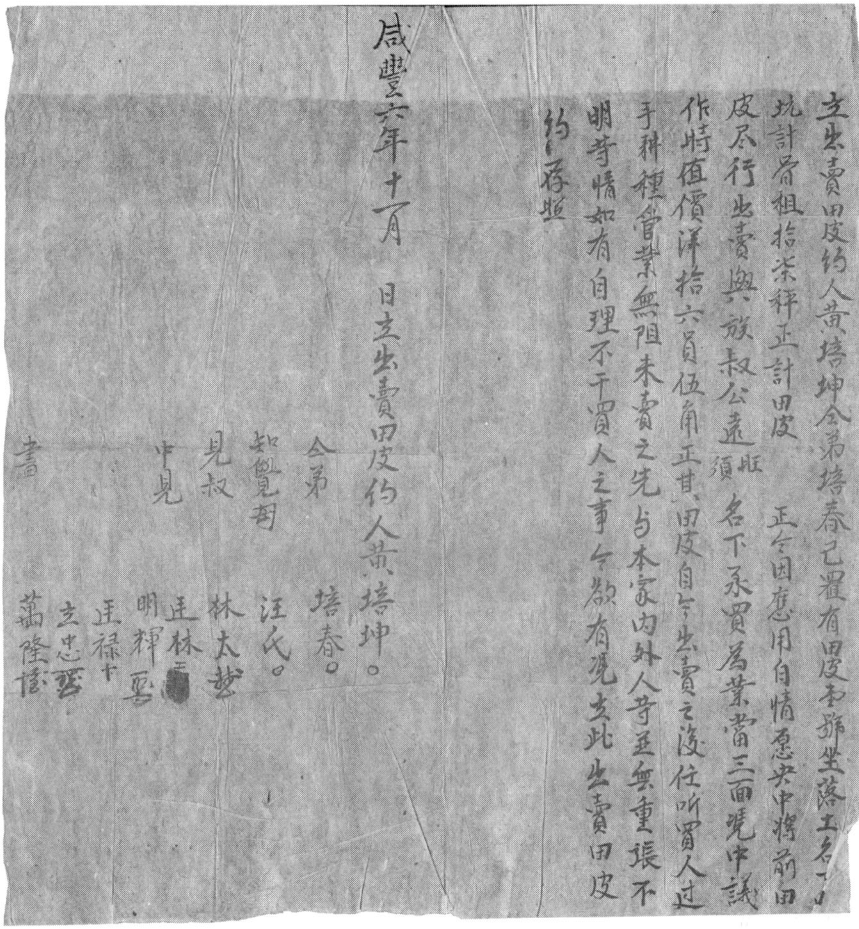
立出賣田皮約人黃培坤仝弟培春已置有田皮壹號坐落土名丁
坑計骨租拾柒秤正計田皮　　正今因應用自情愿央中將前田
皮尽行出賣與族叔公遠旺、遠須名下承買爲業當三面憑中議
作時值價洋拾六員伍角正其田皮自今出賣之後任听買人过
手耕種管業無阻未賣之先与本家內外人等並無重張不
明等情如有自理不干買人之事今欲有憑立此出賣田皮
約存照

咸豐六年十月　日立出賣田皮約人黃培坤。
仝弟　培春。
知覺母　汪氏。
見叔　林太（押）
中見　廷林（押）　明輝（押）　廷祿（十）　立忠（押）
書　萬隆（押）

江湾镇金田村 A 12 · 咸丰六年 · 出卖田皮约 · 黄培坤同弟培春卖与族叔公远旺、远须

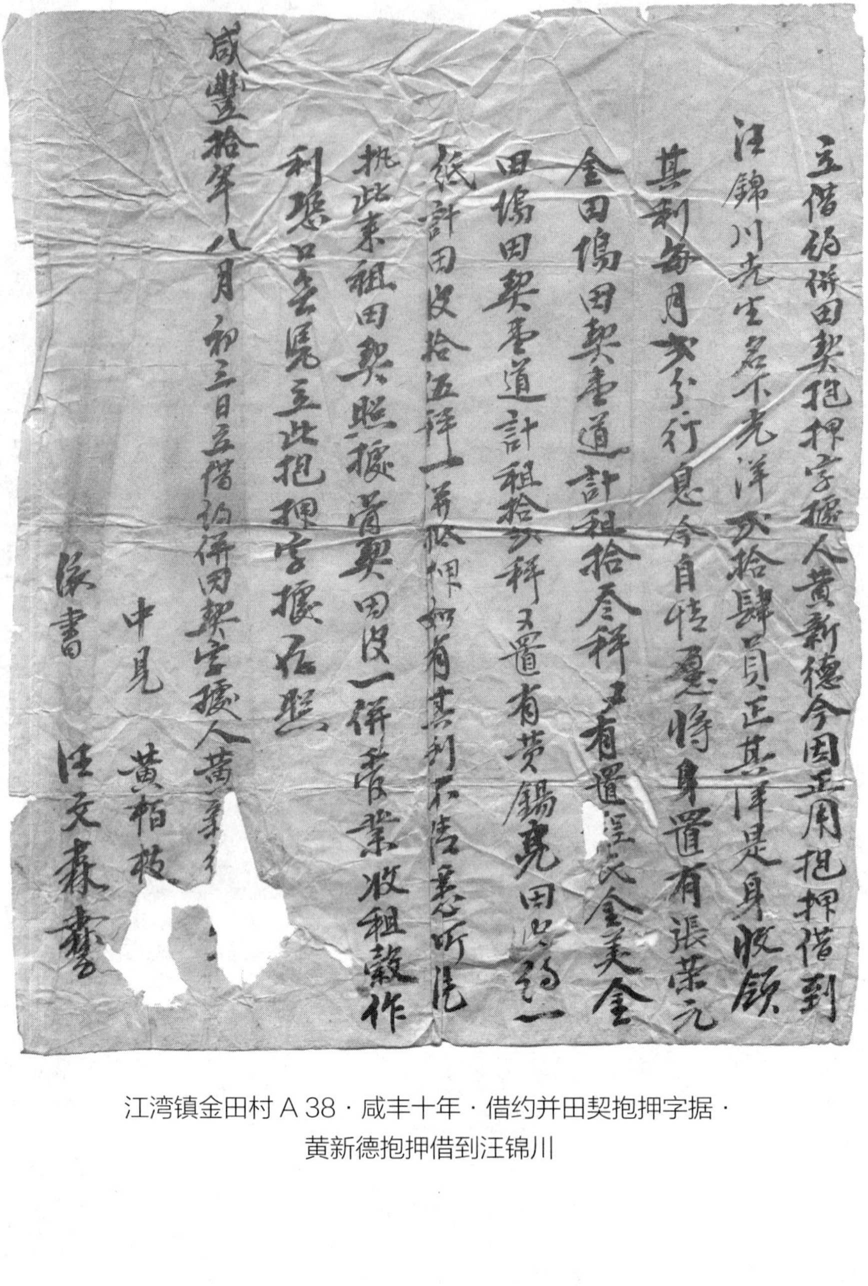
立借約併田契抱押字據人黃新德今因正用抱押借到
汪錦川先生名下光洋貳拾肆員正其洋是身收領
其利每月貳分行息今自情愿將身置有張榮元
金田塢田契壹道計租拾叁秤又有置汪氏金美金
田塢田契壹道計租拾貳秤又置有黃錫亮田皮約一
紙計田皮拾伍秤一并抵押如有其利不清悉聽
執此来租田契照據管業田皮一并管業收租穀作
利恐口無憑立此抱押字據存照
咸豐拾年八月初三日立借約併田契字據人黃新德
中見 黃栢枝
依書 汪文森書

江湾镇金田村 A 38 · 咸丰十年 · 借约并田契抱押字据 ·
黄新德抱押借到汪锦川

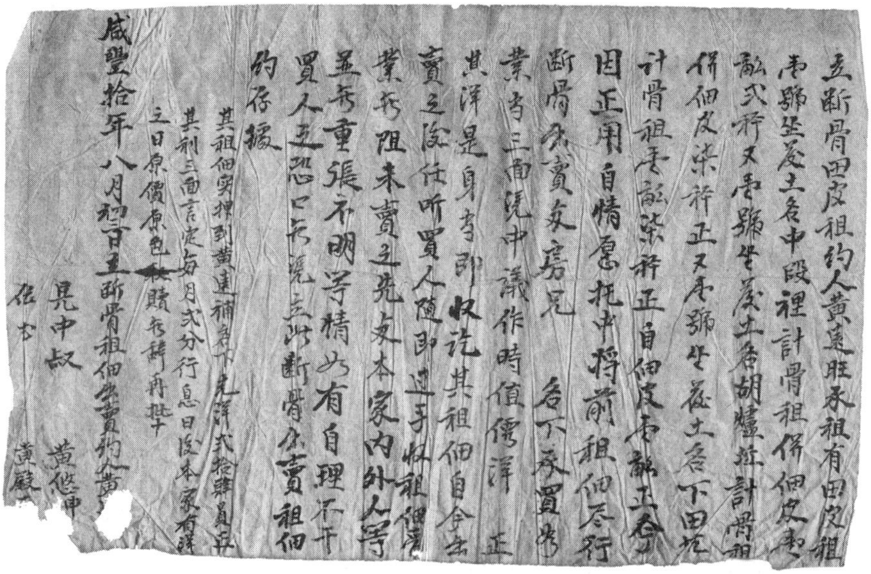

立斷骨田皮租約人黄遠旺，承祖有田皮租
壹號，坐落土名中段裡，計骨租併佃皮壹
畝弍秤；又壹號，坐落土名胡爐坵，計骨租
併佃皮柒秤正；又壹號，坐落土名下田坵，
計骨租壹畝柒秤正，自佃皮壹畝五分。
因正用，自情愿托中將前租佃盡行
斷骨出賣與房兄　　名下承買為
業。當三面憑中議作時值價洋　　正，
其洋是身當即收訖。其租佃自今出
賣之後，任听買人隨即過手收租佃管
業，存阻未賣之先，與本家內外人等
並無重張不明等情，如有，自理，不干
買人之事。恐口無憑，立此斷骨出賣租佃
約存據。

其祖佃实押到黄遠補名下光洋弍拾肆員正，
其利三面言定每月弍分行息，日後本家有洋
之日原價原色取贖，存再批。

咸豐拾年八月初十日立斷骨租佃出賣約人黄
見中叔　黄懋甲
代书　黄殿

江湾镇金田村 A 40 · 咸丰十年 · 断骨田皮租约 · 黄远旺卖与房兄☐

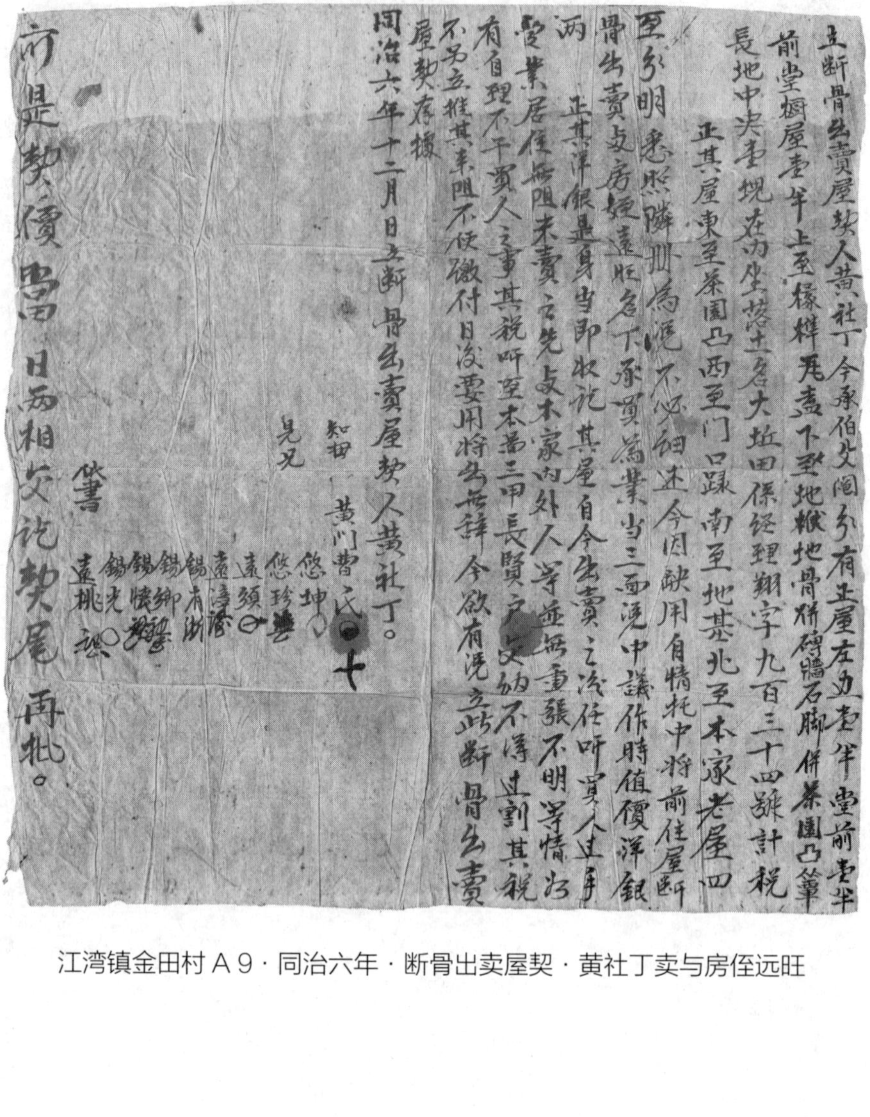

立断骨出賣屋契人黄社丁，今承伯父阄分有正屋左边壹半，堂前壹半，前堂楼屋壹半，上至椽桷瓦盖，下至地栿地骨，拼磚墙石脚，併茶園凸壹長地中央壹塊，在坐落土名大坵田，係经理翔字九百三十四號，計税

正其屋東至茶園凸，西至门口路，南至地基，北至本家老屋，四至分明，悉照鱗册為凖，不必细述。今因缺用，自情托中将前住屋断骨出賣與房侄遠旺名下承買為業，当三面凭中議作時值價洋銀两。

正其洋銀是身当即收訖，其屋自今出賣之後，任听買人过户受業居住無阻。未賣之先，与本家内外人等並無重張不明等情，如有，自理，不干買人之事。其税听至本啚三甲長賢户内支解，不得过割。其税不另立推，其来阻不便缴付，日後要用，将出無辞。今欲有凭，立此断骨出賣屋契存據。

同治六年十二月日立断骨出賣屋契人黄社丁（押）

知母 黄门曹氏（押）

見兄 悠坤 悠珍

遠頌 遠濤 錫有 錫卿 錫懷 錫光 遠挑

代筆

前是契價當日两相交訖，契尾再批。

江湾镇金田村 A 9 · 同治六年 · 断骨出卖屋契 · 黄社丁卖与房侄远旺

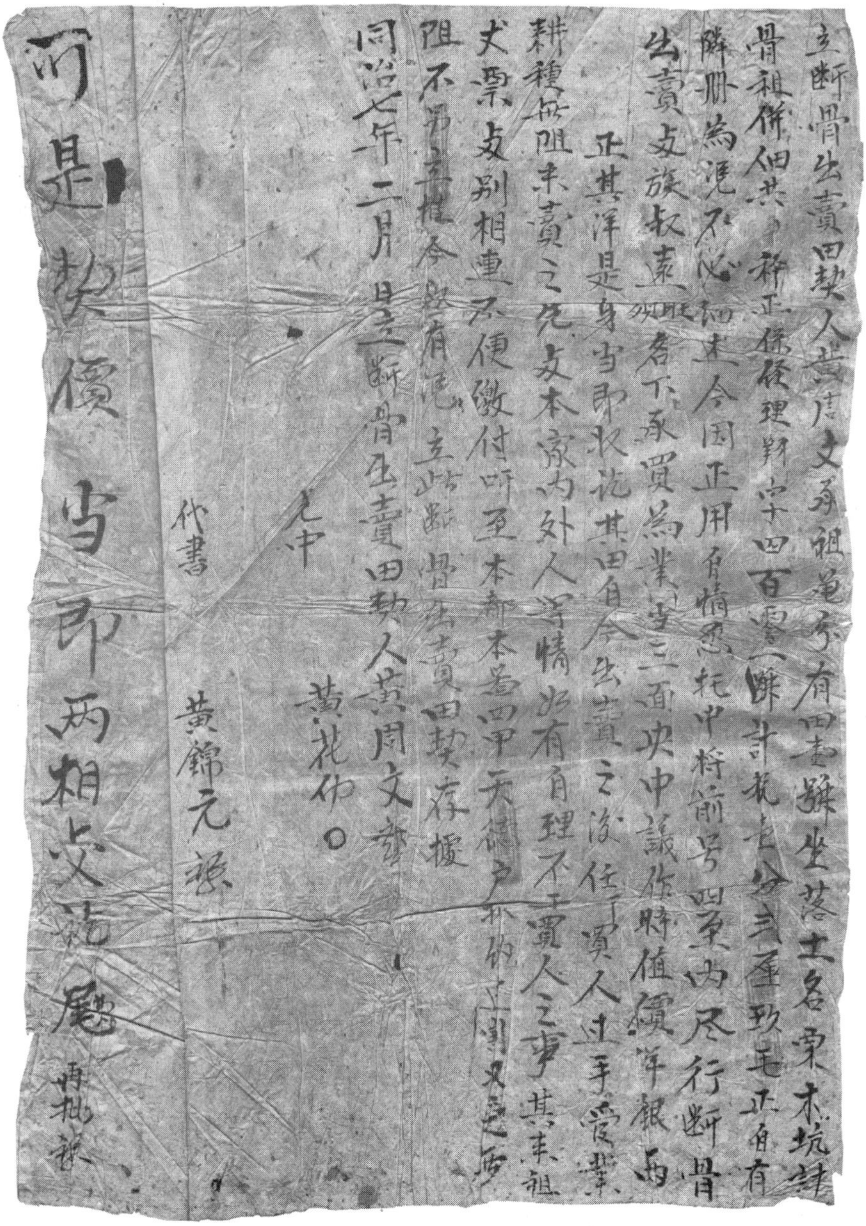

立断骨出賣田契人黃周文，承祖遺有田土壹號，坐落土名桒木坑口(?)
骨祖併佃共？新正係經理對字十四百零一號，計税七分三厘玖毛正，自有
鄰冊爲憑，不必細述。今因正用，自情愿托中將前号四至內盡行斷骨
出賣與族叔遠須、遠旺名下承買爲業。當三面央中議作時值價洋銀兩
正，其洋是身當即收訖。其田自今出賣之後，任從買人過手管業
耕種無阻。未賣之先，與本家內外人等情，如有，自理，不干買人之事。其未祖
大票與別相連，不便繳付，所至本都本图四甲天德户扒付周文邊户
阻，不另立推。今恐無憑，立此斷骨出賣田契存據。
同治七年二月　日立斷骨出賣田契人黃周文（押）
見中　黃花仂　○
代書　黃錦元（押）
所是契價當即兩相交訖
再批（押）

江湾镇金田村 A 19 · 同治七年 · 断骨出卖田契 · 黄周文卖与族叔远旺、远须

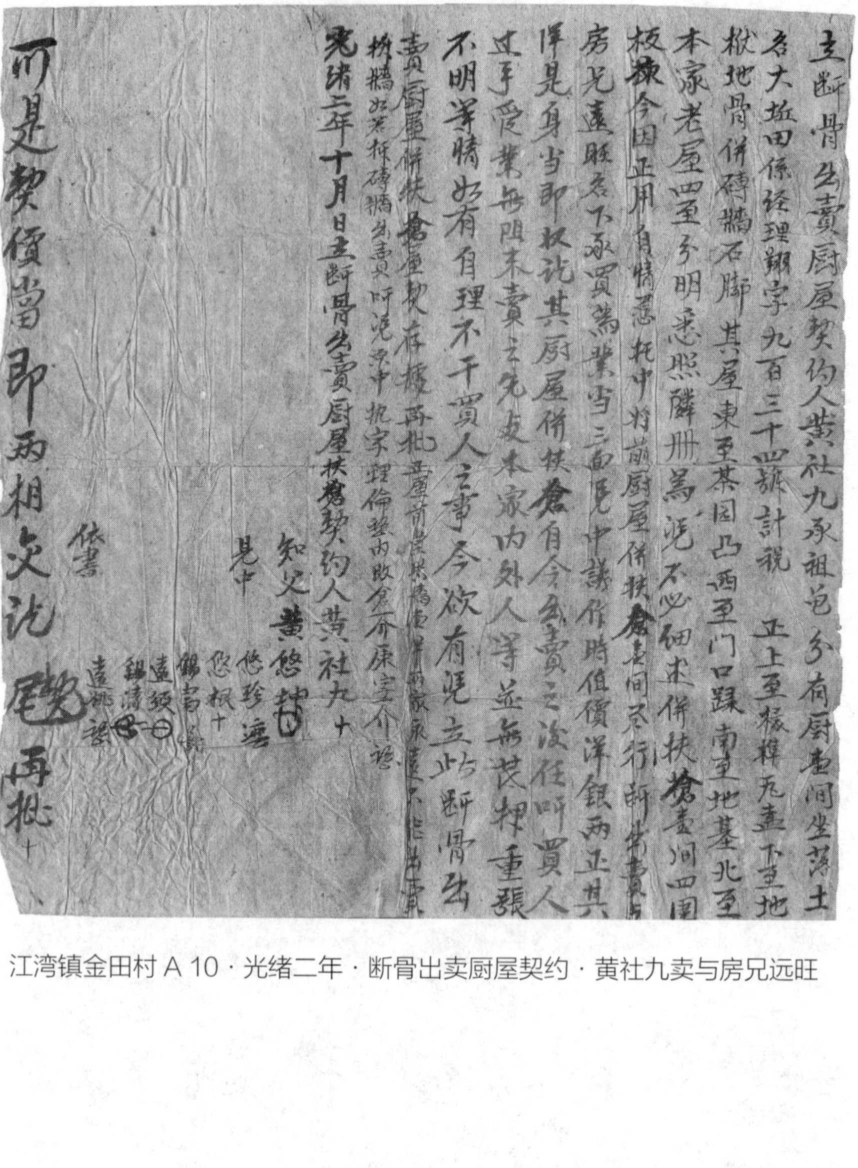

江湾镇金田村 A 10 · 光绪二年 · 断骨出卖厨屋契约 · 黄社九卖与房兄远旺

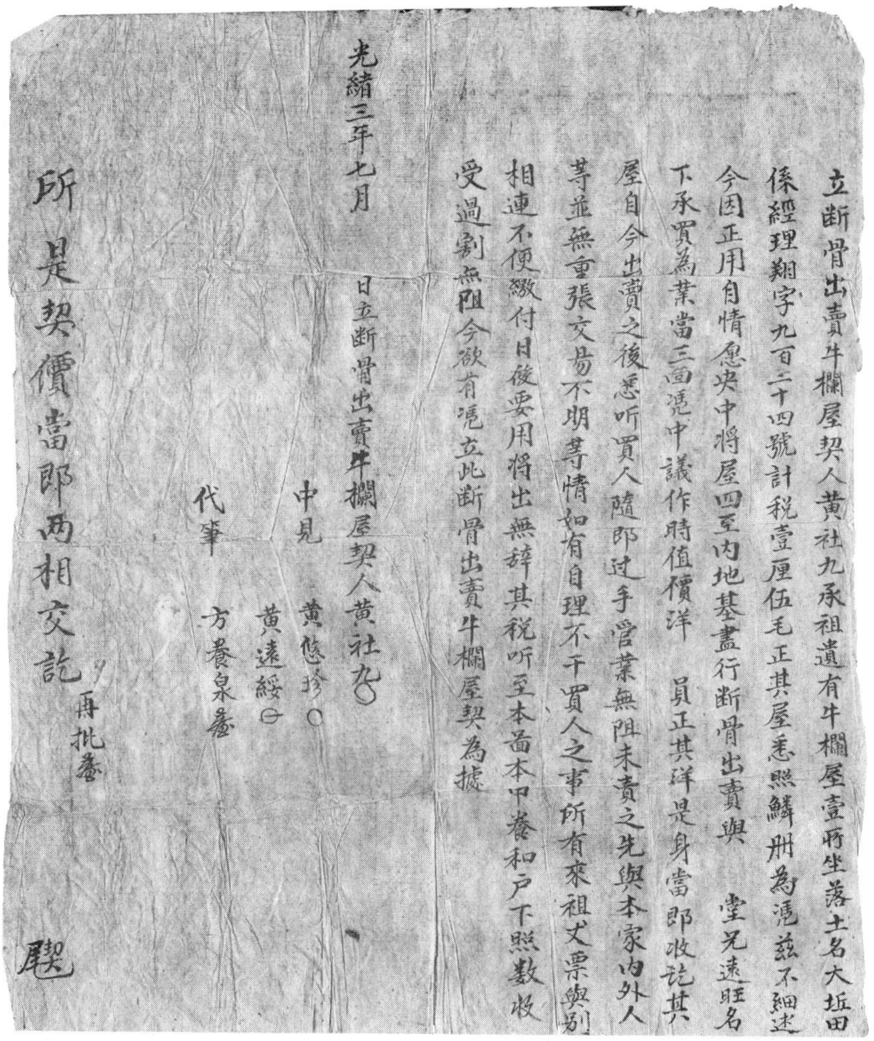

立断骨出賣牛欄屋契人黄社九承祖遺有牛欄屋壹所坐落土名大坵田
係經理翔字九百二十四號計税壹厘伍毛正其屋悉照鱗册為憑兹不細述
今因正用自情愿央中將屋四至内地基盡行断骨出賣與　堂兄遠旺名
下承買為業當三面憑中議作時值價洋　員正其洋是身當郎收訖其
屋自今出賣之後悉听買人隨郎过手管業無阻未賣之先與本家内外人
等並無重張交易不明等情如有自理不干買人之事所有來祖丈票與别
相連不便繳付日後要用將出無辞其税听至本啚本甲養和戶下照數收
受過割無阻今欲有憑立此断骨出賣牛欄屋契為據
光緒三年七月　日立断骨出賣牛欄屋契人黄社九（押）
中見　黄悠珍（押）
黄遠綏（押）
代筆　方養泉（押）
所是契價當郎两相交訖　再批（押）
契

江湾镇金田村Ａ８·光绪三年·断骨出卖牛栏屋契·黄社九卖与堂兄远旺

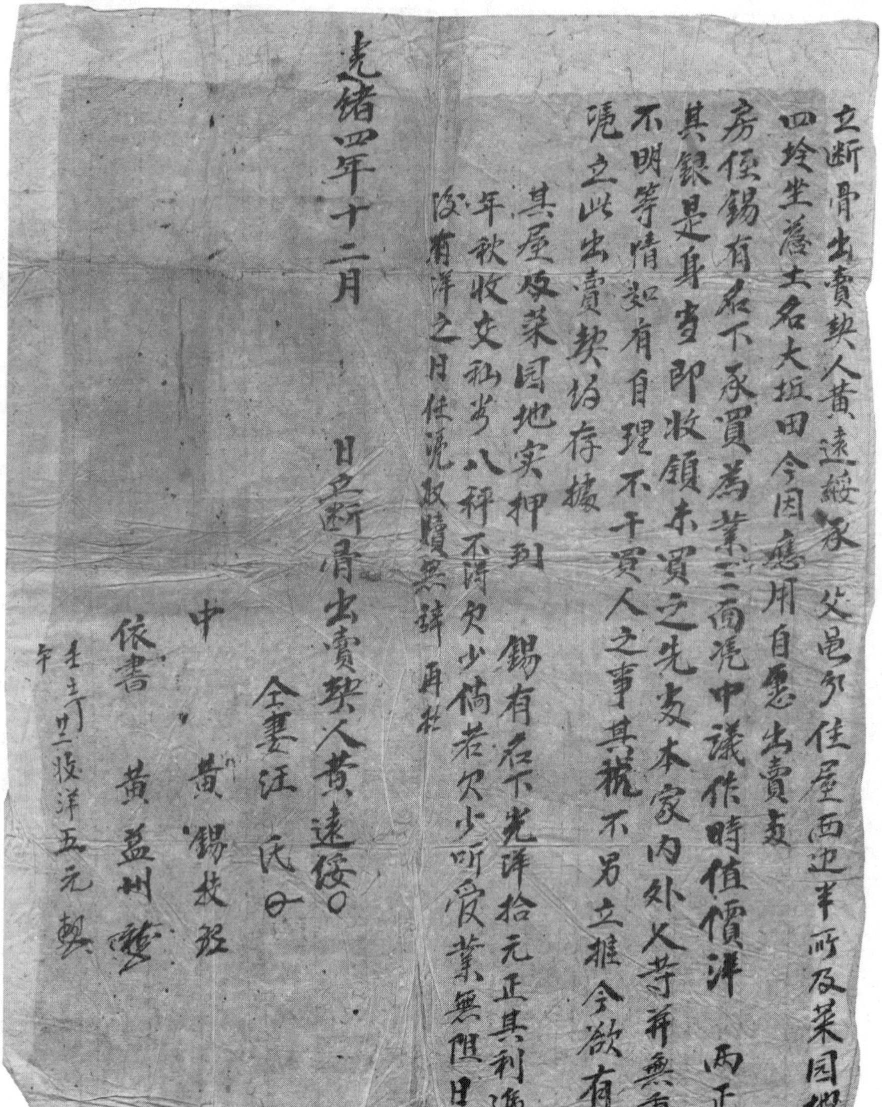
立断骨出賣契人黃遠綏家　父邑分住屋西边半所及菜园地
四塍坐落土名大坵田今因應用自愿出賣與
房侄錫有名下承買為業三面凭中議作時值價洋　两正
其銀是身當即收領未買之先與本家内外人等并無重
不明等情如有自理不干買人之事其稅不另立推今欲有
凭立此出賣契約存據
其屋及菜园地实押到　錫有名下光洋拾元正其利遞
年秋收交私斗八秤不得欠少倘若欠少听凭業無阻日
后有洋之日任凭取贖無辞再批
光绪四年十二月　日立断骨出賣契人黃遠綏○
仝妻汪氏○
中　黃錫枝押
依書　黃益州押
午　壬子廿二收洋五元整

江湾镇金田村 A 18 · 光绪四年 · 断骨出卖契 · 黄远绥卖与房侄锡有

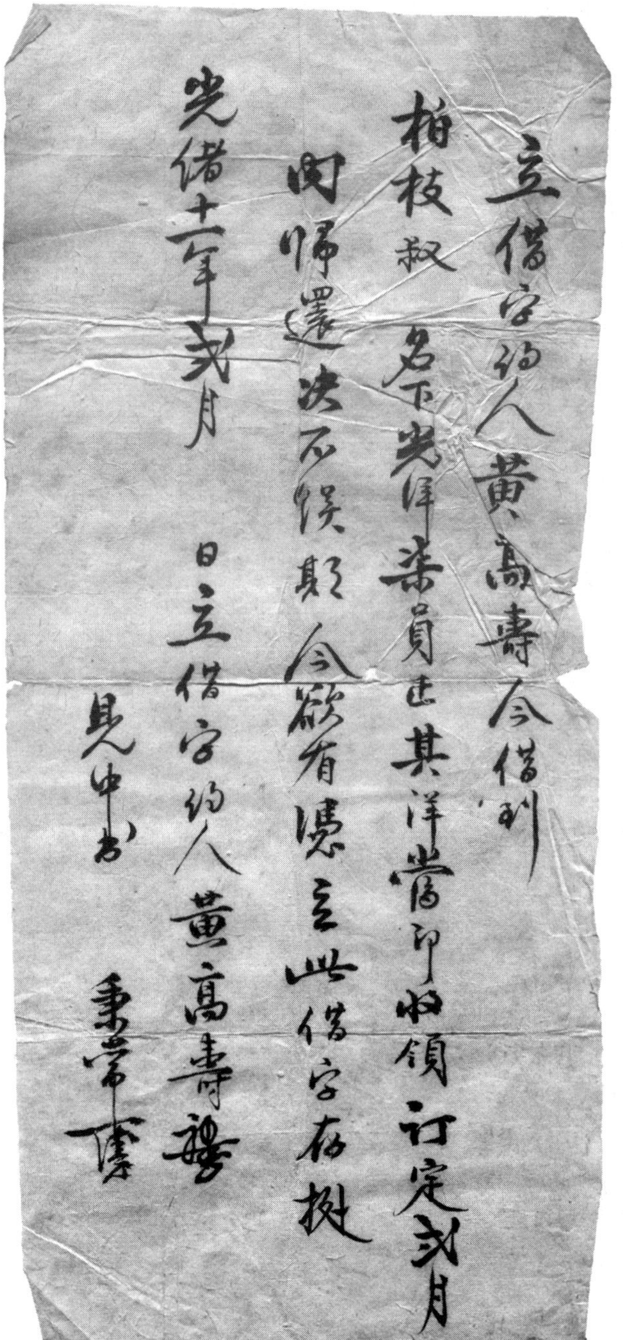

立借字約人黄高壽今借到
柏枝叔名下光洋柒員正其洋當即收領訂定戎月
內歸還決不悞期今欲有憑立此借字存據
光緒十一年戎月　日立借字約人黄高壽押
見中書　秉常儒

江湾镇金田村 A 26 · 光绪十一年 · 借字约 · 黄高寿借到柏枝叔

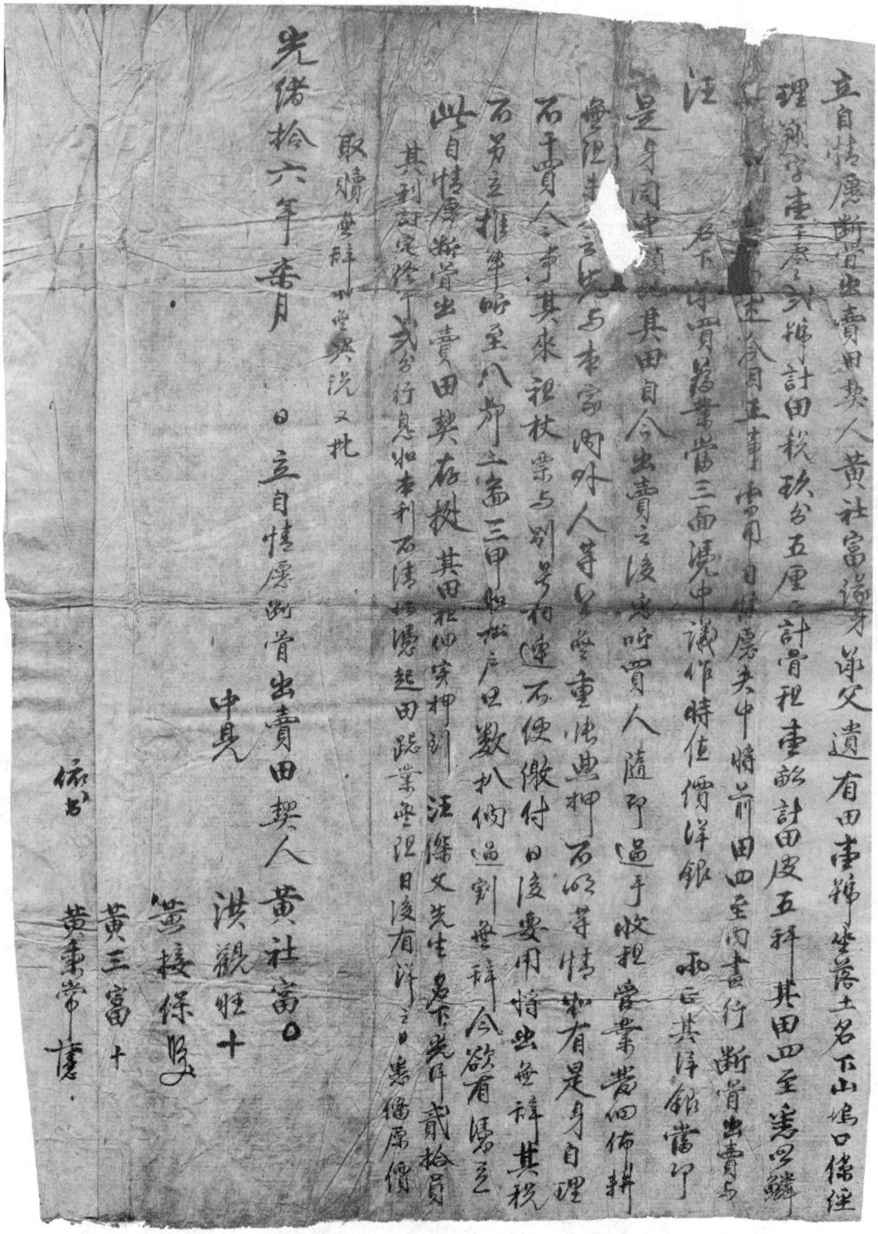

江湾镇金田村 A 21 · 光绪十六年 · 断骨出卖田契 · 黄社富卖与汪▢

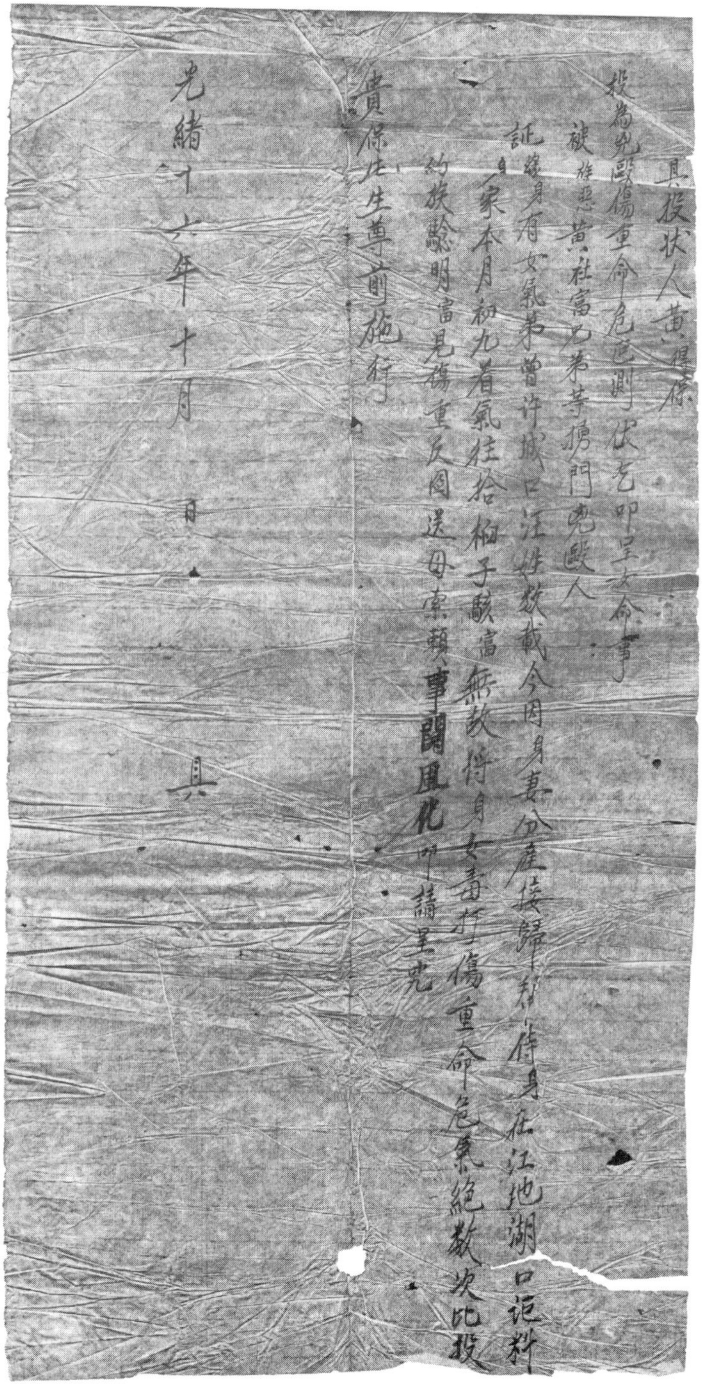

具投狀人黃得保

投爲兇毆傷重命危迫則伏乞叩呈天命事

被族惡黃社富兄弟等捞門兇毆人

証 緣身有女氣弟曾許城口汪姓數載今因身妻分産接歸拜侍身在江池湖口詎料

一家本月初九着氣往拾柚子鹹富無故將身女毒打傷重命危氣絕數次比投

約族驗明當見傷重反図送母稟騐事關風化叩請呈究

貴保佐生尊前施行

光緒十六年十月　　日　　具

江湾镇金田村 A 27 · 光绪十六年 · 具投状 · 黄得保告黄社富兄弟等

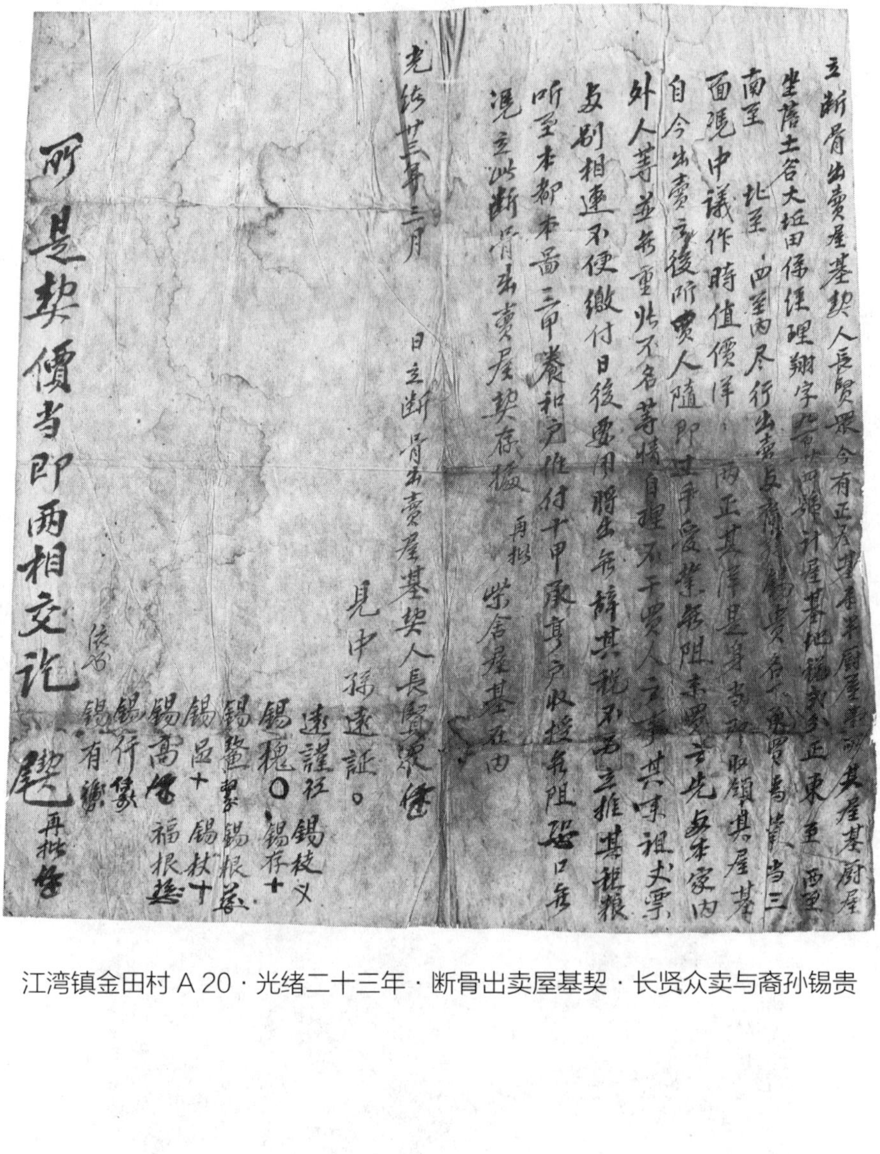
立断骨出賣屋基契人長賢眾，今有正屋[illegible]厨屋[illegible]，其屋基厨屋
坐落土名大坵田，係經理翔字[illegible]號，計屋基地[illegible]正，東至　西至
南至　北至，四至內盡行出賣與裔孫錫貴名下為業，當三
面憑中議作時值價洋[illegible]正，其洋是身當即收領。其屋基
自今出賣之後，所買人隨即過手管業無阻。未賣之先，與本家內
外人等並無重張不明等情，自理不干買人之事。其有祖式票
與別相連，不便繳付，日後要用，聽出無辭。其稅不必另立推，其稅糧
听至本都本圖三甲養和户作付十甲承亨户收授無阻。恐口無
憑，立此斷骨出賣屋基契存據。　再批　崇倉屋基在内
光緒廿三年三月　日立斷骨出賣屋基契人長賢眾（押）
見中孫遠証○
遠謹（押）　錫枝　乂
錫穗○　錫存十
錫鑾（押）　錫根（押）
錫品十　錫林十
錫高（押）　福根（押）
依口代筆　錫有（押）
所是契價當即兩相交訖（押）
再批（押）

江湾镇金田村 A 20 · 光绪二十三年 · 断骨出卖屋基契 · 长贤众卖与裔孙锡贵

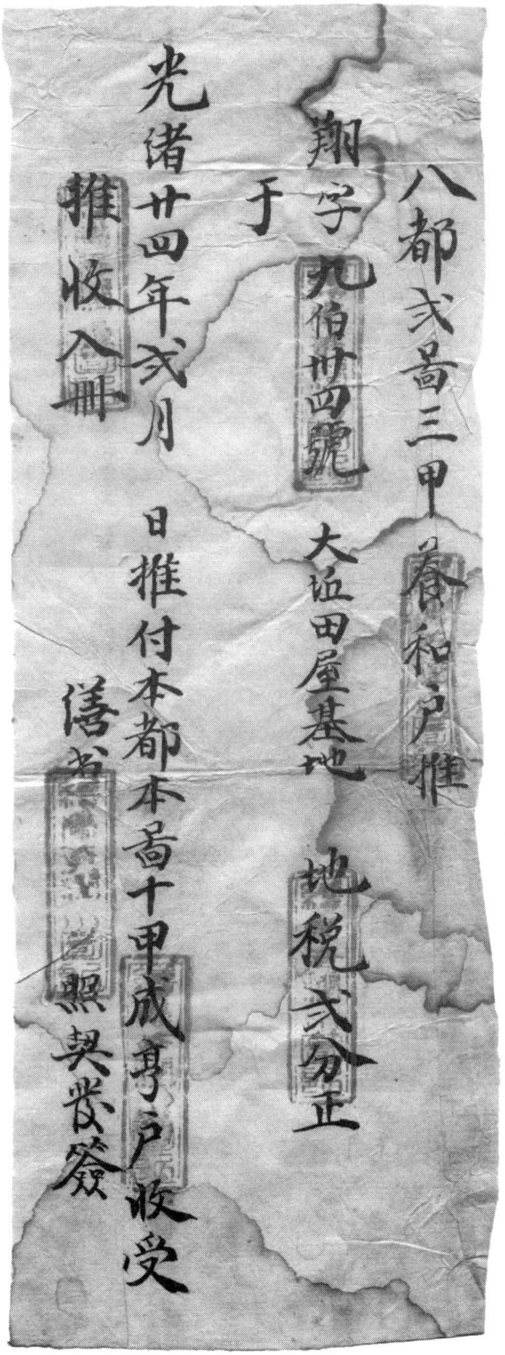
八都弍啚三甲養和户推
翔字九伯廿四號大坵田屋基地地税弍分正
于
光緒廿四年弍月　日推付本都本啚十甲成亨户收受
推收入册
繕書　照契發

江湾镇金田村 A 37 · 光绪二十四年 · 推单 · 养和户推与成亨户

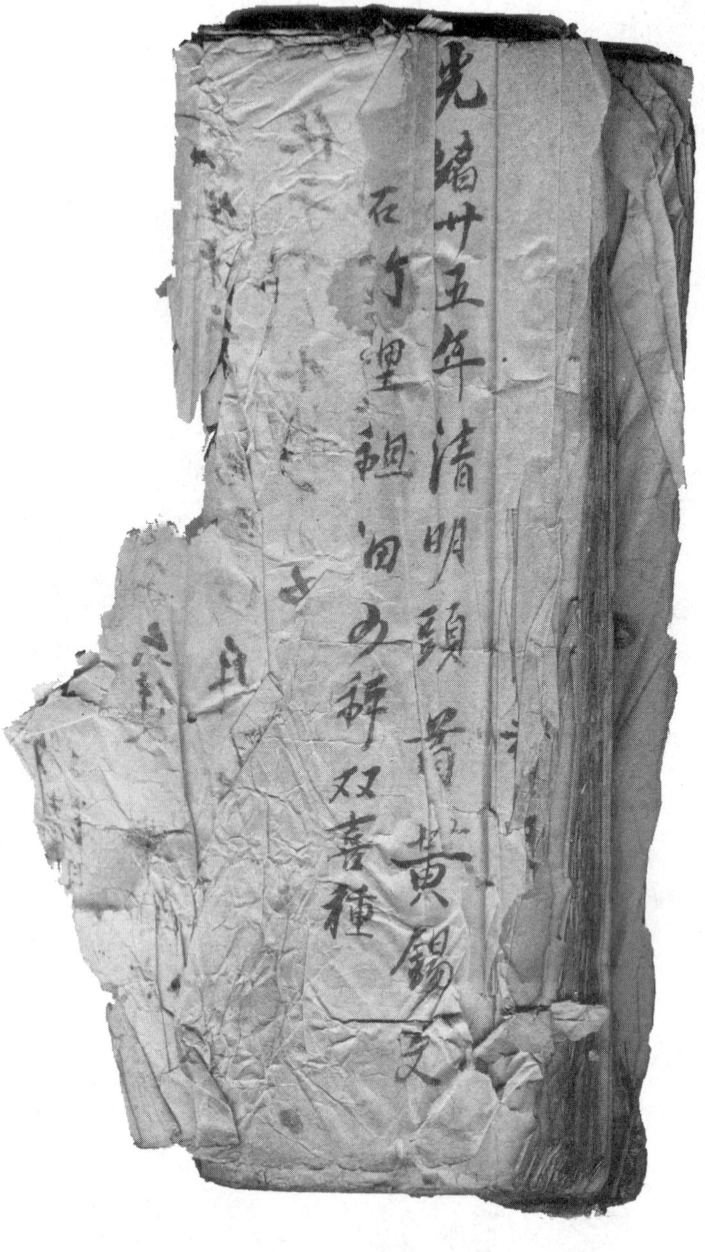

江湾镇金田村 A 61-1 · 光绪二十五年至民国三十七年 · 清明会账簿 · 黄锡庚等

收租息
旧金田鸡式
亥四斤
粉四斤
兹生十元
付千十四水代千四五收边式包毛七五力
四山厍千岛串斤
子六隻带锦夕
信坳清明
只吃不算賬　文兴公清明

江湾镇金田村 A 61-2 · 光绪二十五年至民国三十七年 · 清明会账簿 · 黄锡庚等

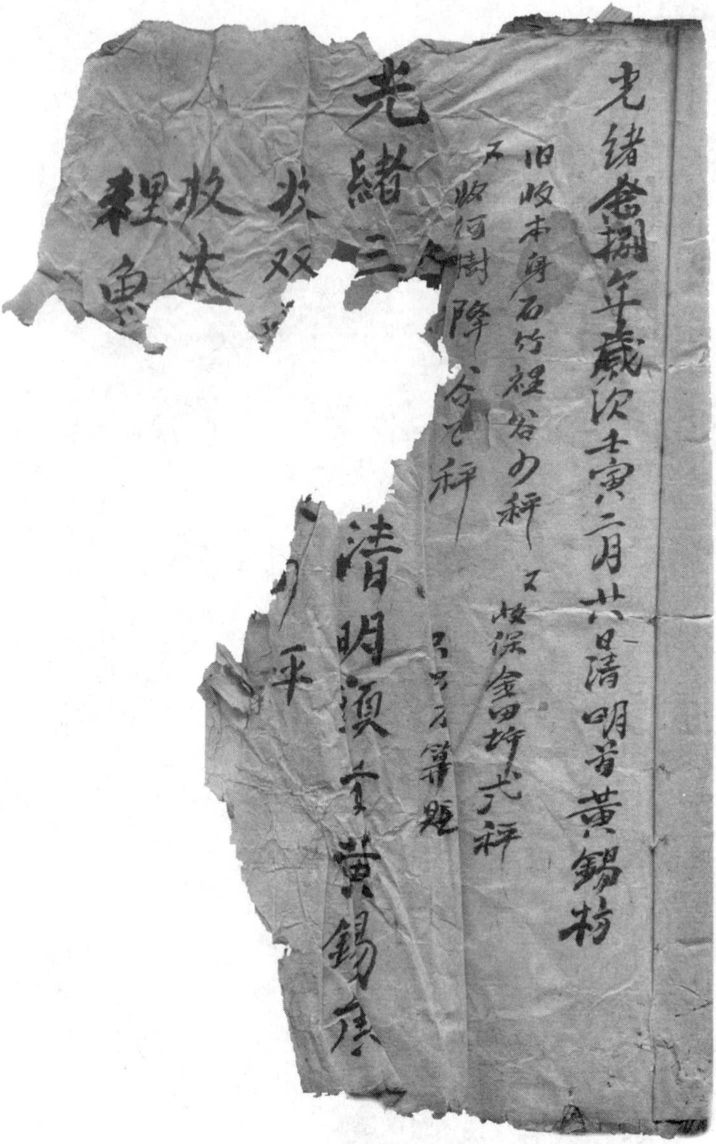
光緒念捌年歲次壬寅二月廿六日清明首黃錫杓
旧收本身石竹祖谷六秤 又收保金田坪弍秤
又收何樹降谷七秤 又收石箒題
光緒三
清明頭首黃錫庚
炎双
平
收太
粗魚

江湾镇金田村 A 61-3 · 光绪二十五年至民国三十七年 · 清明会账簿 · 黄锡庚等

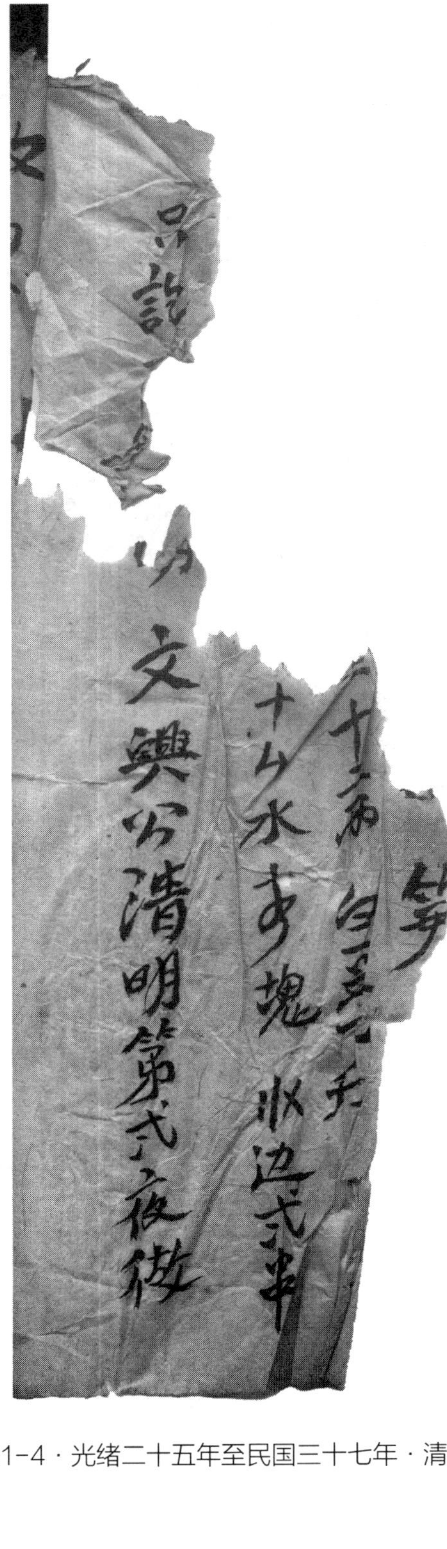

等

十ㄙ水弍塊　收边弍串

文興公清明第弍夜做

只說

江湾镇金田村 A 61-4 · 光绪二十五年至民国三十七年 · 清明会账簿 · 黄锡庚等

中華民國五年清明頭首錫庚

收裡魚塩〥乙秤

收石竹裡祖〤秤

收金田塢〥弍秤

玄〤斤 花生甲子六斤

帶皮〤兩 白豆乙秤

干魚串斤筍〥兩

粉菜〤子伏千十〥水伏十〤〥

江湾镇金田村 A 61-5 · 光绪二十五年至民国三十七年 · 清明会账簿 · 黄锡庚等

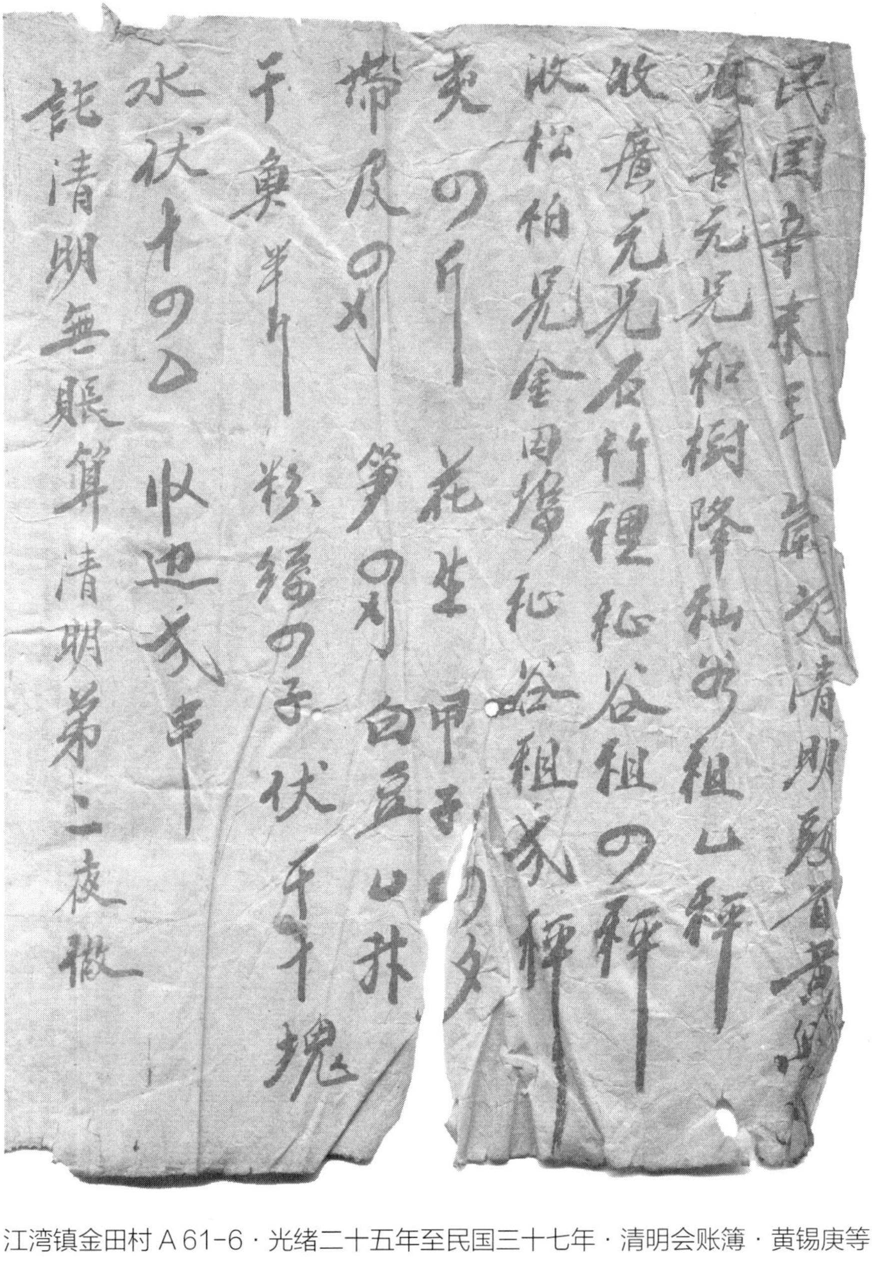
民国辛未年崇[illegible]清明夥首黄錫[illegible]
收善元兄和樹降秈谷租〥秤〡
收賡元兄石竹裡秈谷租〥秤〡
收松柏兄金田塝秈谷租[illegible]秤〡
賣〥斤〡 花生 甲子[illegible]
帶皮〥〤 笋〥〤 白豆[illegible]升
干魚半斤〡 粉絲〥子 伏千十塊
水伏十〥[illegible] 收進[illegible]串〡
託清明無賬算清明第二夜徹

江湾镇金田村 A 61-6 · 光绪二十五年至民国三十七年 · 清明会账簿 · 黄锡庚等

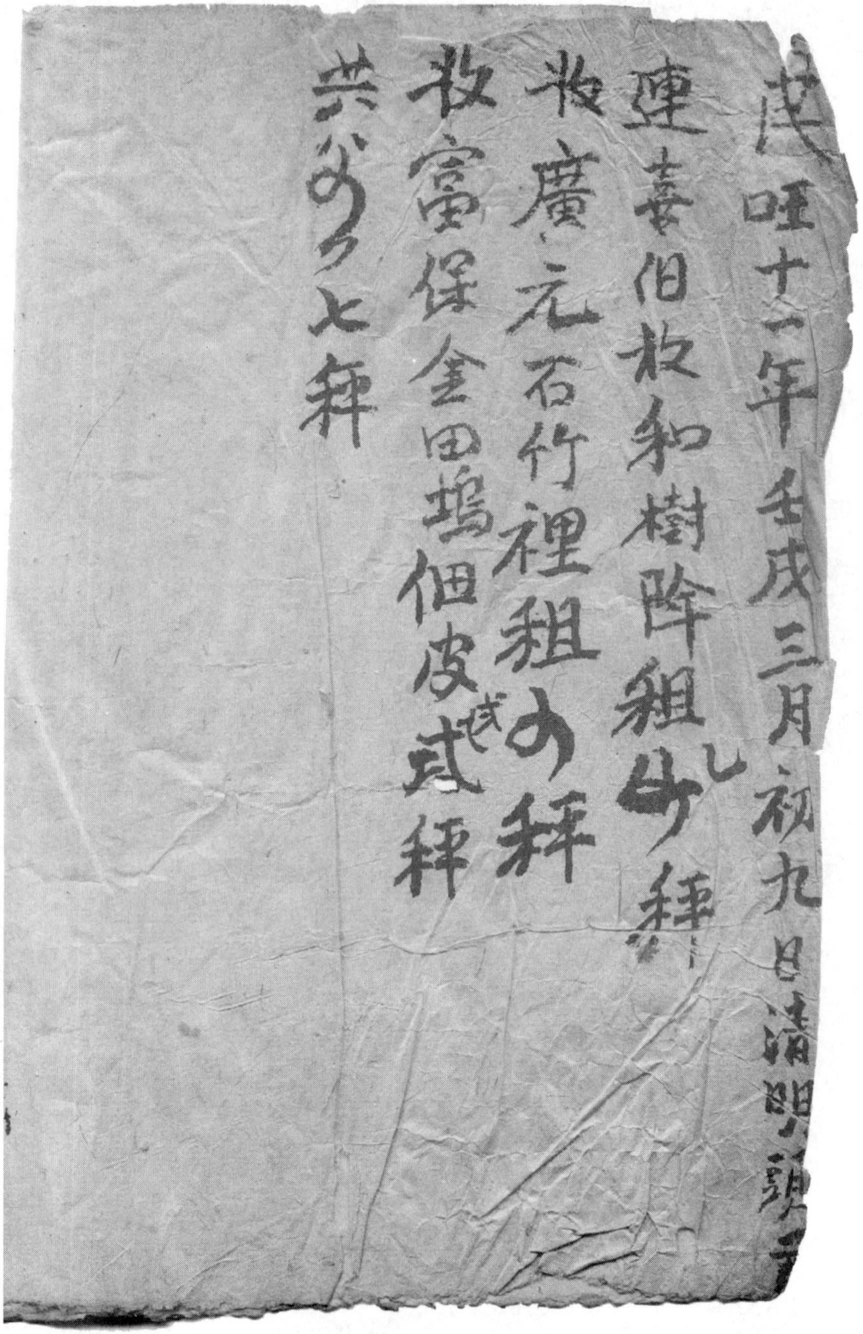

民国十一年壬戌三月初九日清明頭[illegible]
連喜佃收和樹阡租廿秤
收廣元石竹裡租[illegible]秤
收富保金田塢佃皮弍秤
共[illegible]七秤

江湾镇金田村 A 61-7 · 光绪二十五年至民国三十七年 · 清明会账簿 · 黄锡庚等

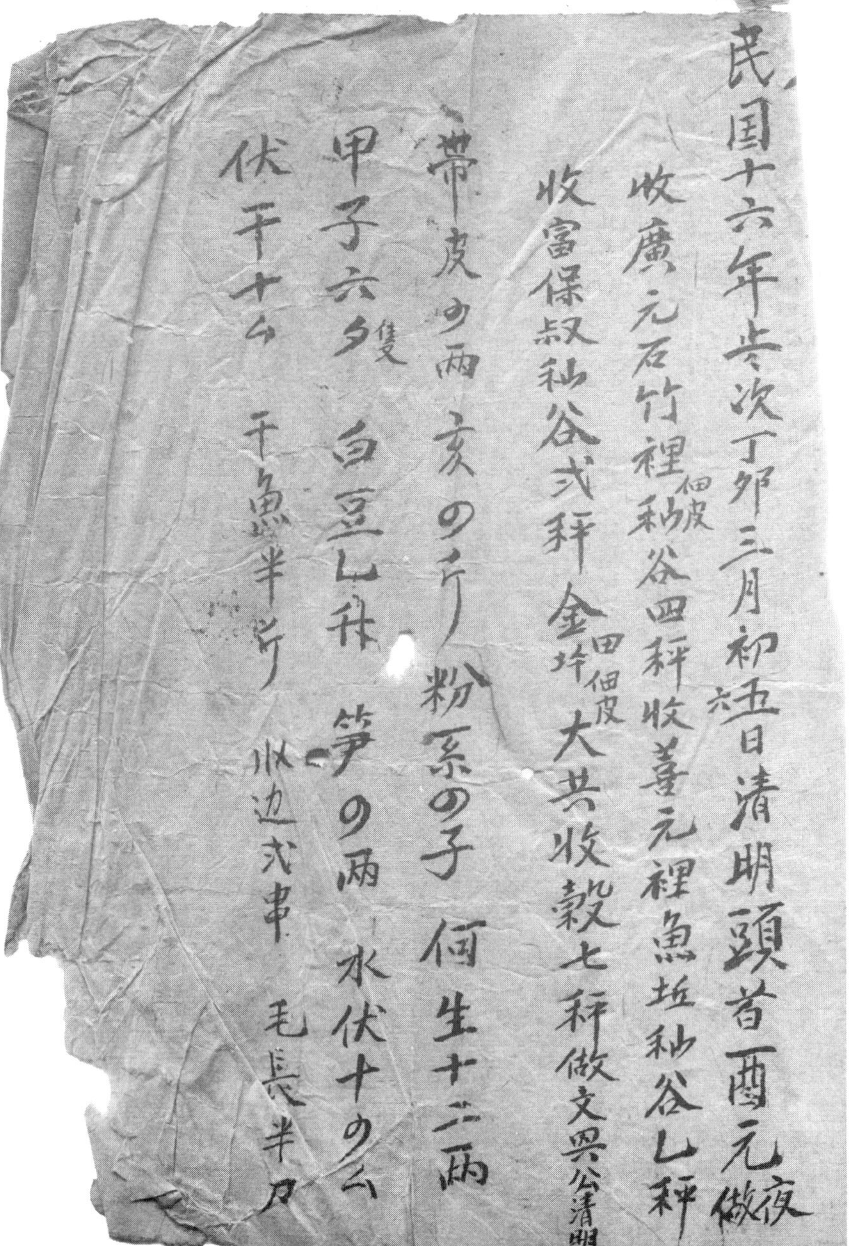
民国十六年岁次丁卯三月初五日清明頭首酉元做夜
收廣元石竹裡佃皮秈谷四秤收蕃元裡魚坵秈谷乙秤
收富保叔秈谷弍秤金坑田佃皮大共收穀七秤做文興公清明
帶皮四两 亥四斤 粉系四子 何生十二两
甲子六隻 白豆乙升 笋四两 水伏十四厶
伏干十厶 干魚半斤 收边弍串 毛長半刀

江湾镇金田村 A 61-8 · 光绪二十五年至民国三十七年 · 清明会账簿 · 黄锡庚等

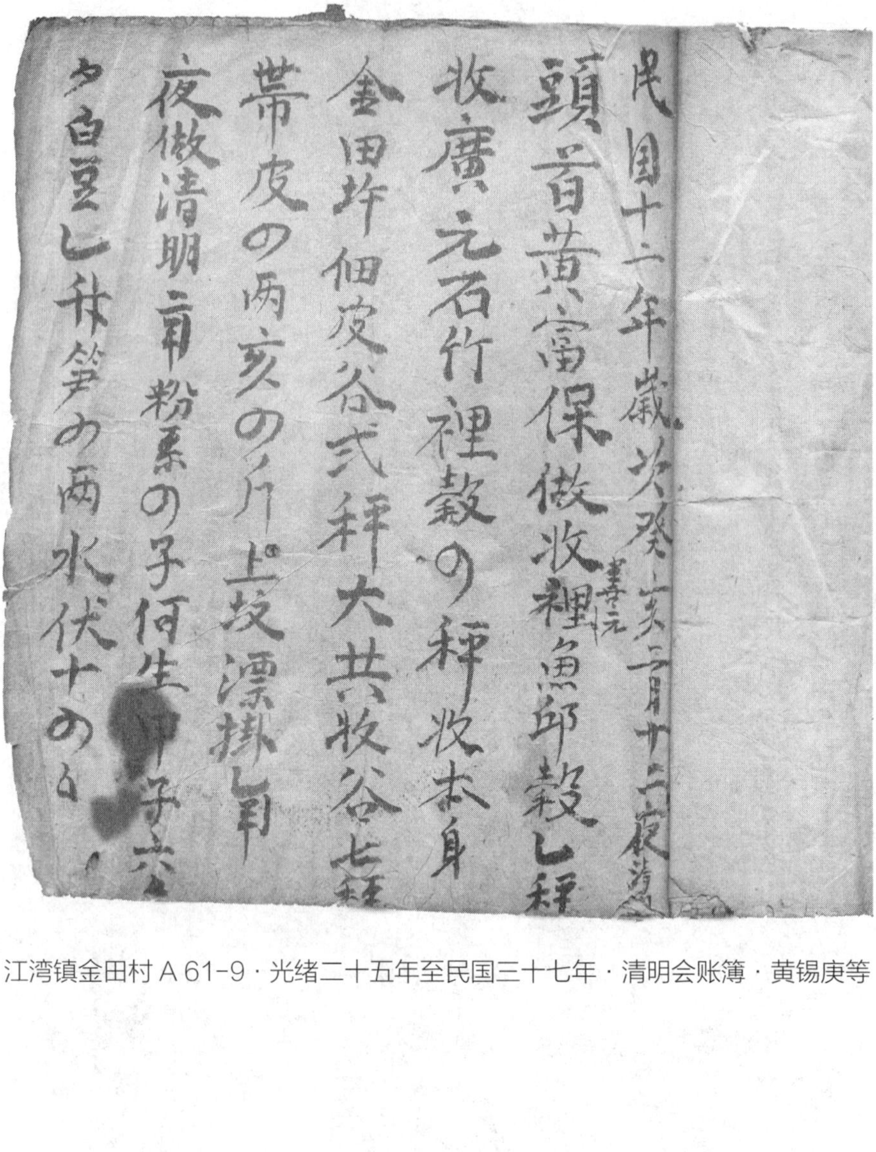

民国十二年歲次癸亥二月廿二夜清
頭首黃富保做收收糧魚郎穀七秤 善元
收廣元石竹裡穀〥秤收本身
金田圩佃皮谷弍秤大共收谷七秤
帶皮〥两亥〥斤上皮漂掛七角
夜做清明甬粉系〥子何生[illegible]子六
夕白豆七升筍〥两水伏十〥斤

江湾镇金田村 A 61-9 · 光绪二十五年至民国三十七年 · 清明会账簿 · 黄锡庚等

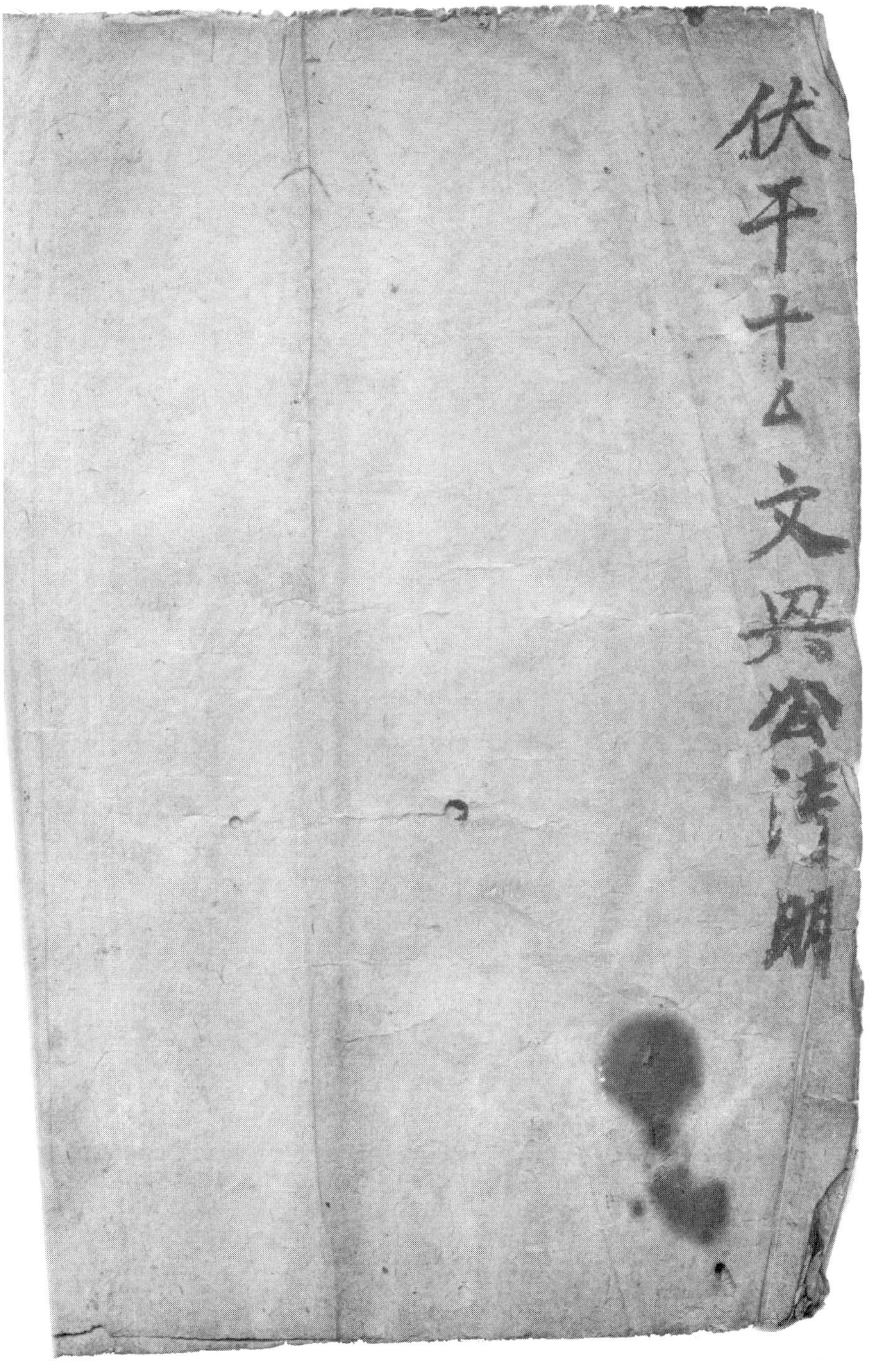

伏千十厶文兴公清明

江湾镇金田村 A 61-10 · 光绪二十五年至民国三十七年 · 清明会账簿 · 黄锡庚等

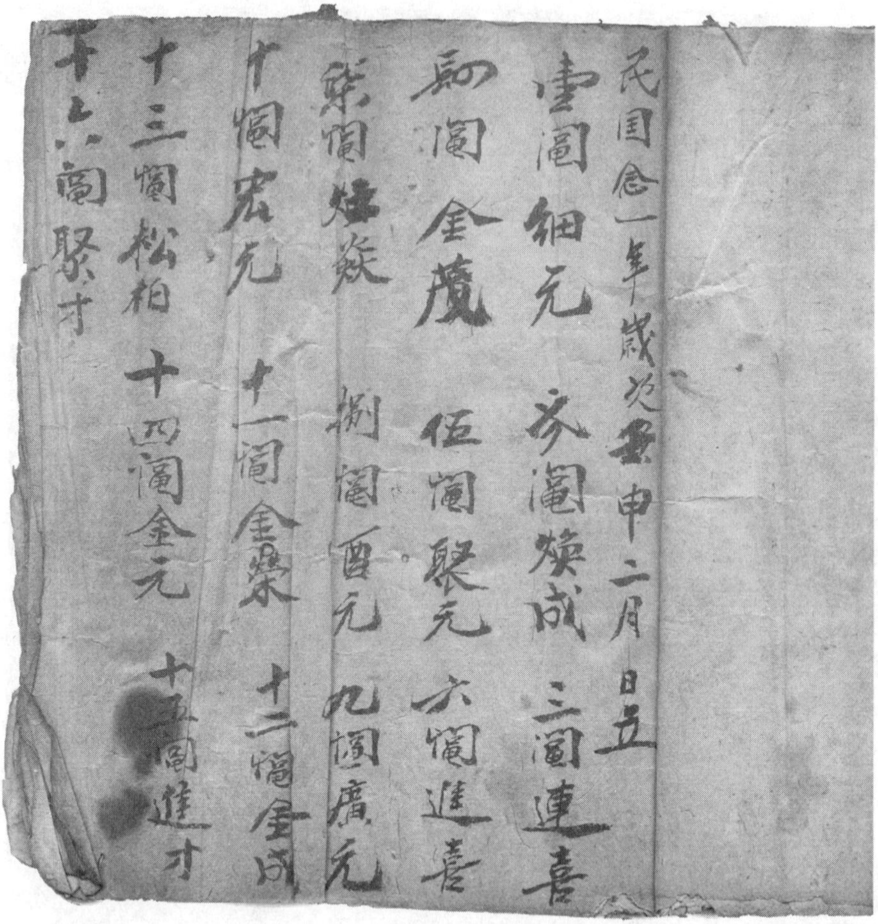

江湾镇金田村 A 61-11 · 光绪二十五年至民国三十七年 · 清明会账簿 · 黄锡庚等

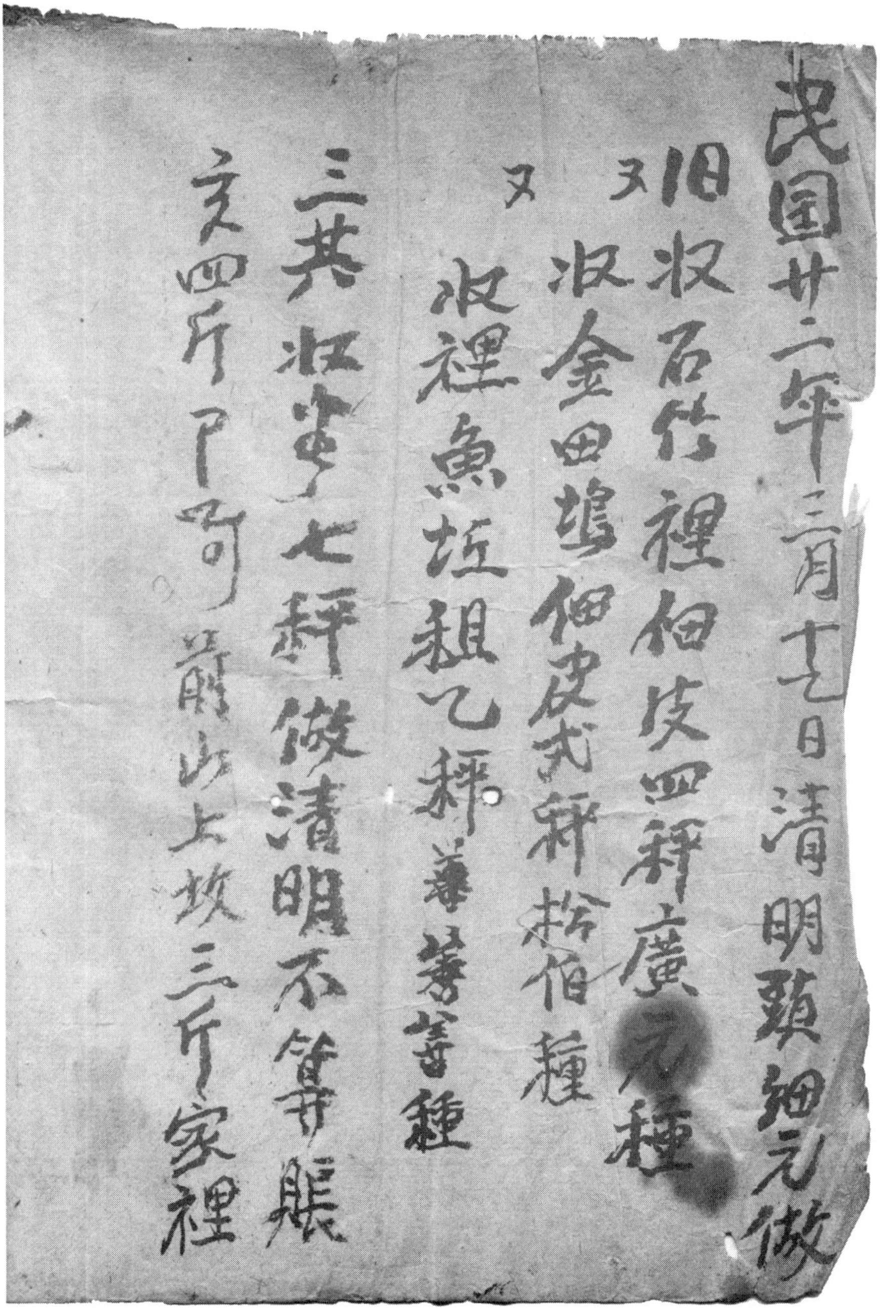

民国廿二年三月十七日清明頭細元做

又 旧收石竹裡佃皮四秤廣元種

又收金田塢佃皮弍秤松伯種

又 收裡魚坵租乙秤華善種

三共收實七秤做清明不算賬

支四斤了哥前山上坟三斤家裡

江湾镇金田村 A 61-12 · 光绪二十五年至民国三十七年 · 清明会账簿 · 黄锡庚等

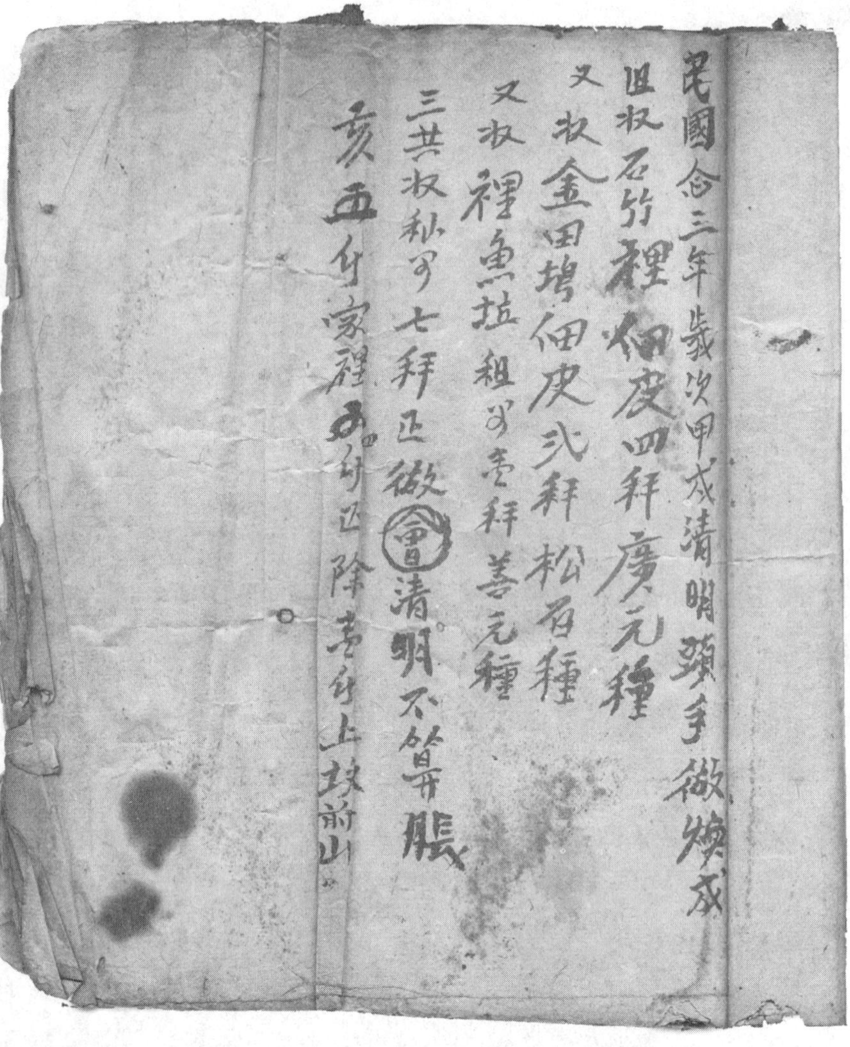

江湾镇金田村 A 61-13 · 光绪二十五年至民国三十七年 · 清明会账簿 · 黄锡庚等

民國念三年上首甲清明收 立

本年黄观青經理

收石竹裡佃皮租谷肆秤 廣元經

收金田鳩佃皮租谷貳秤 松柏經

收裡魚坵骨租租谷壹秤 美仂經

三世收租谷柒秤正 定規做清明不算賬

計交五斤

江湾镇金田村 A 61-14 · 光绪二十五年至民国三十七年 · 清明会账簿 · 黄锡庚等

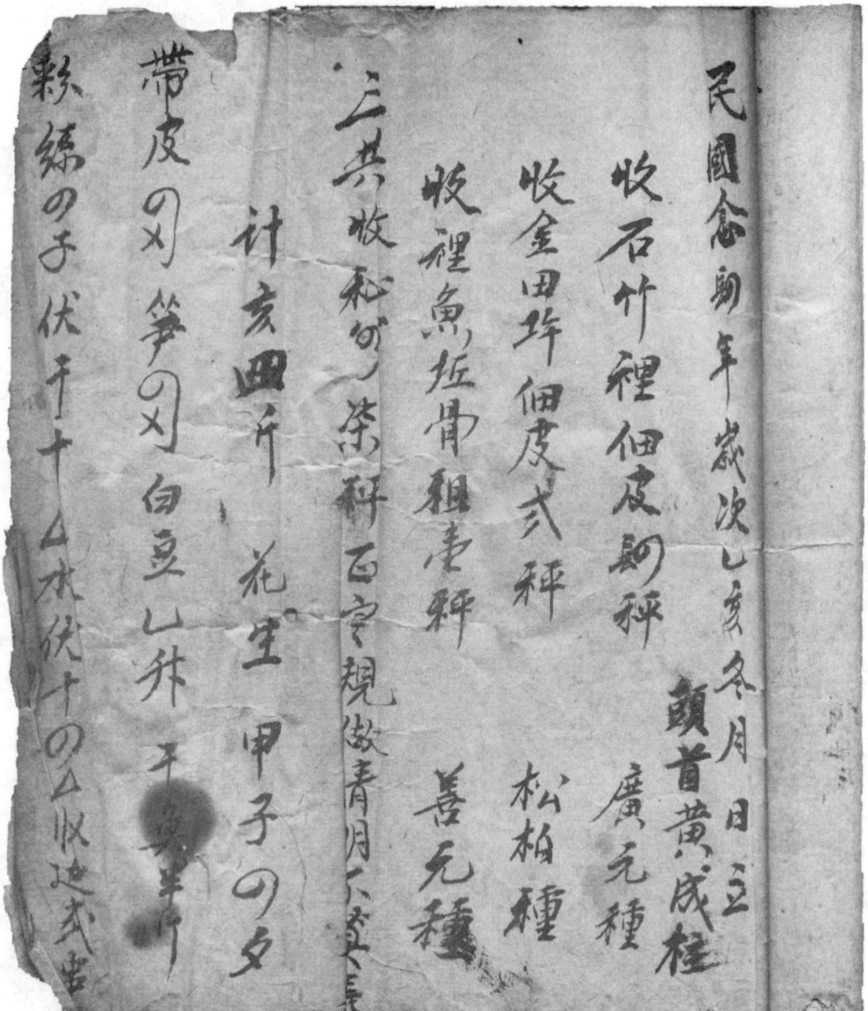
民國念肆年歲次乙亥冬月　日立
頭首黃成桂
收石竹裡佃皮肆秤　廣元種
收金田坪佃皮弍秤　松柏種
收裡魚坵骨租壹秤　善元種
〻共收秋分柒秤正完規繳清明大費
計亥四斤　花生　甲子の夕
帶皮の刈　筍の刈　白豆山升　干魚半斤
糕練の子伏　干十八　水伏十の八　收进弍否

江湾镇金田村 A 61-15 · 光绪二十五年至民国三十七年 · 清明会账簿 · 黄锡庚等

民国三十年歲次辛巳三月初十日清明頭首

宏元 石竹裡監收式秤 金田垰佃皮式秤

收裡奐垣壹秤

三共收秈谷五秤正 定規做清明不算賬

交五斤 粉絲式子 田子四隻

秈生 帶皮叉 筍 白豆山升

干奐半斤 伏干十△ 水伏十四△

收边式串 湯式碗

江湾镇金田村 A 61-16 · 光绪二十五年至民国三十七年 · 清明会账簿 · 黄锡庚等

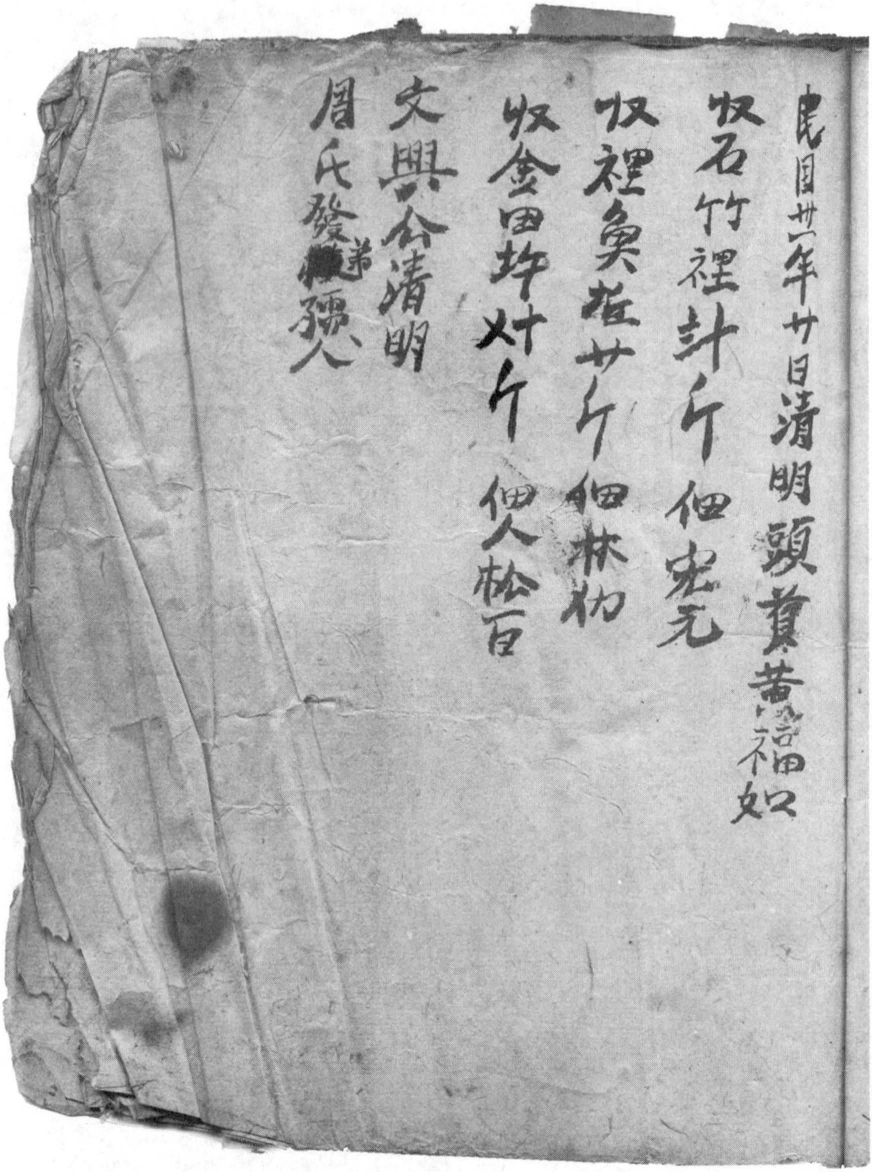

民国卅一年廿日清明頭首黄福如
收石竹裡卅斤佃宪元
收裡奐塆廿斤佃林初
收金田垮卅斤佃人松百
文興公清明
周氏發[illegible]弟孫、人

江湾镇金田村 A 61-17 · 光绪二十五年至民国三十七年 · 清明会账簿 · 黄锡庚等

民国卅五年三月初五日众頭清明存
細元付下首法幣六伯元長年
一本一利扣算　　焕
民国三十六年闰二月十四日众頭清明頁队
收石竹裡の秤　收乞裡奂垣山秤
收金田坪弍秤
付下首法幣壹仟弍伯元一本一利扣算
民国三十七年二月廿六日众頭清明遂清

江湾镇金田村 A 61-18 · 光绪二十五年至民国三十七年 · 清明会账簿 · 黄锡庚等

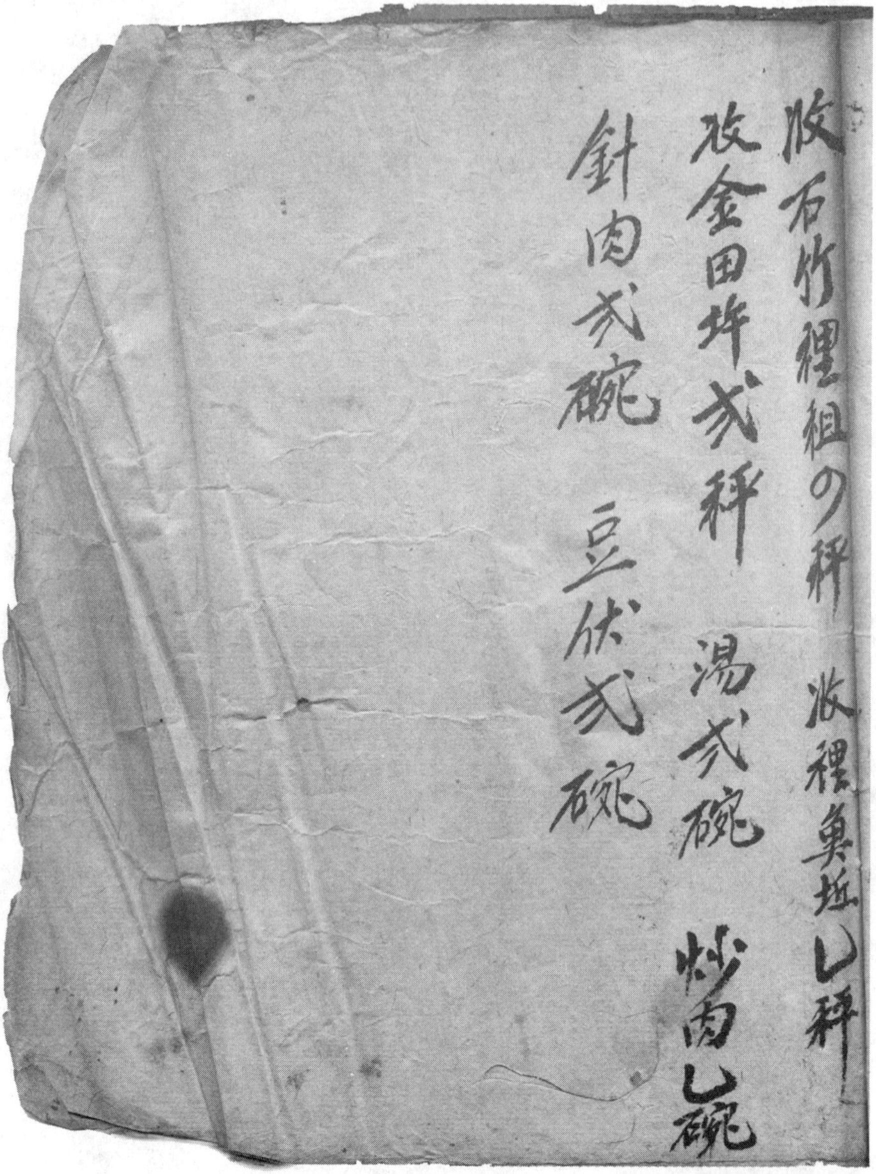
收石竹裡祖の秤　收裡奠坵乚秤
收金田坪弍秤　湯弍碗　炒肉乚碗
針肉弍碗　豆伏弍碗

江湾镇金田村 A 61–19 · 光绪二十五年至民国三十七年 · 清明会账簿 · 黄锡庚等

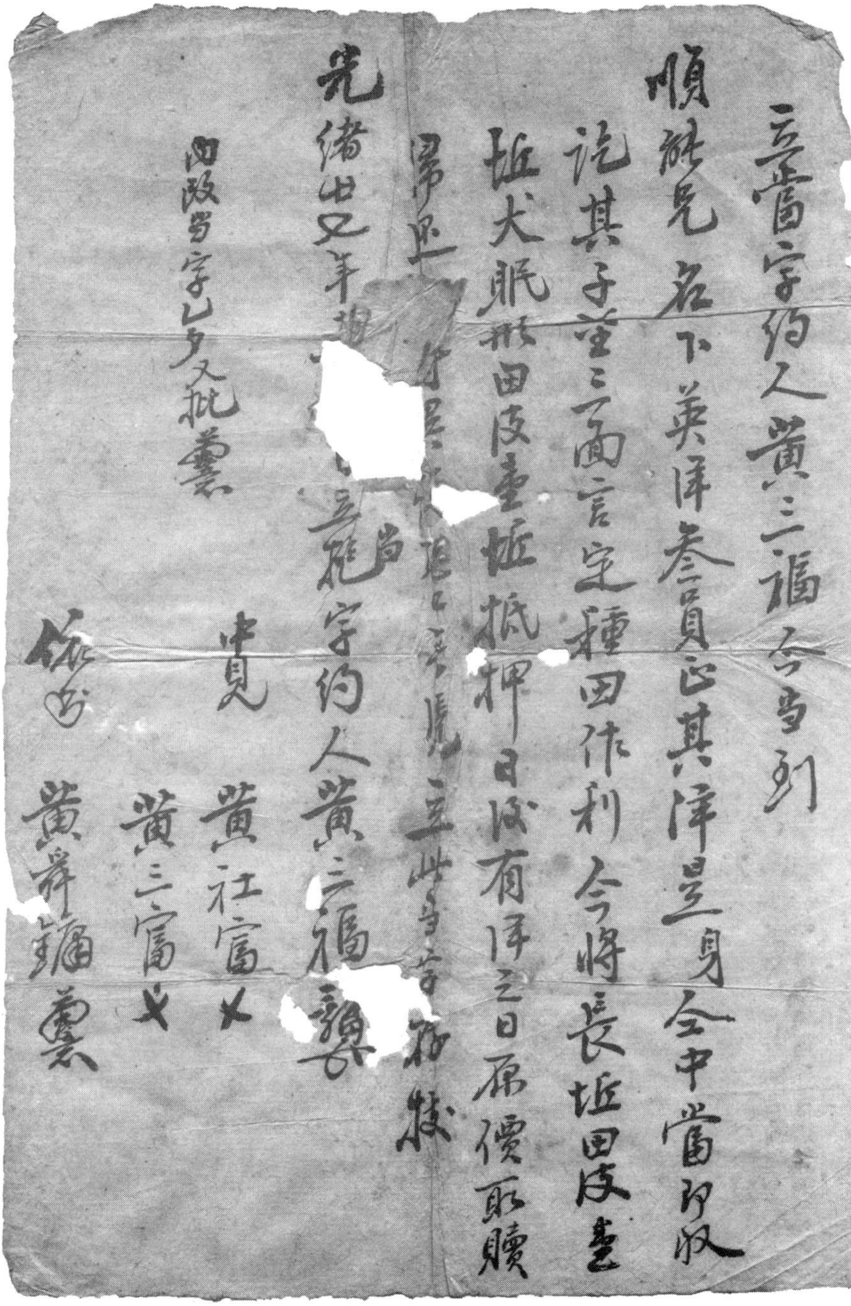
立當字约人黄三福今当到
順能兄名下英洋叁員正其洋是身仝中當訖收
訖其子當三面言定種田作利今将長坵田皮壹
坵大脈秋田皮壹坵抵押日後有洋之日原價取贖
歸身足[illegible]不得[illegible]言恐無憑立此当字存據
光緒廿七年[illegible]立当字约人黄三福親書
中見 黄社富 ㄨ
黄三富 ㄨ
依口代筆 黄舜镛書
回收当字山夕文批書

江湾镇金田村 A 32 · 光绪二十七年 · 当字约 · 黄三福当到顺能

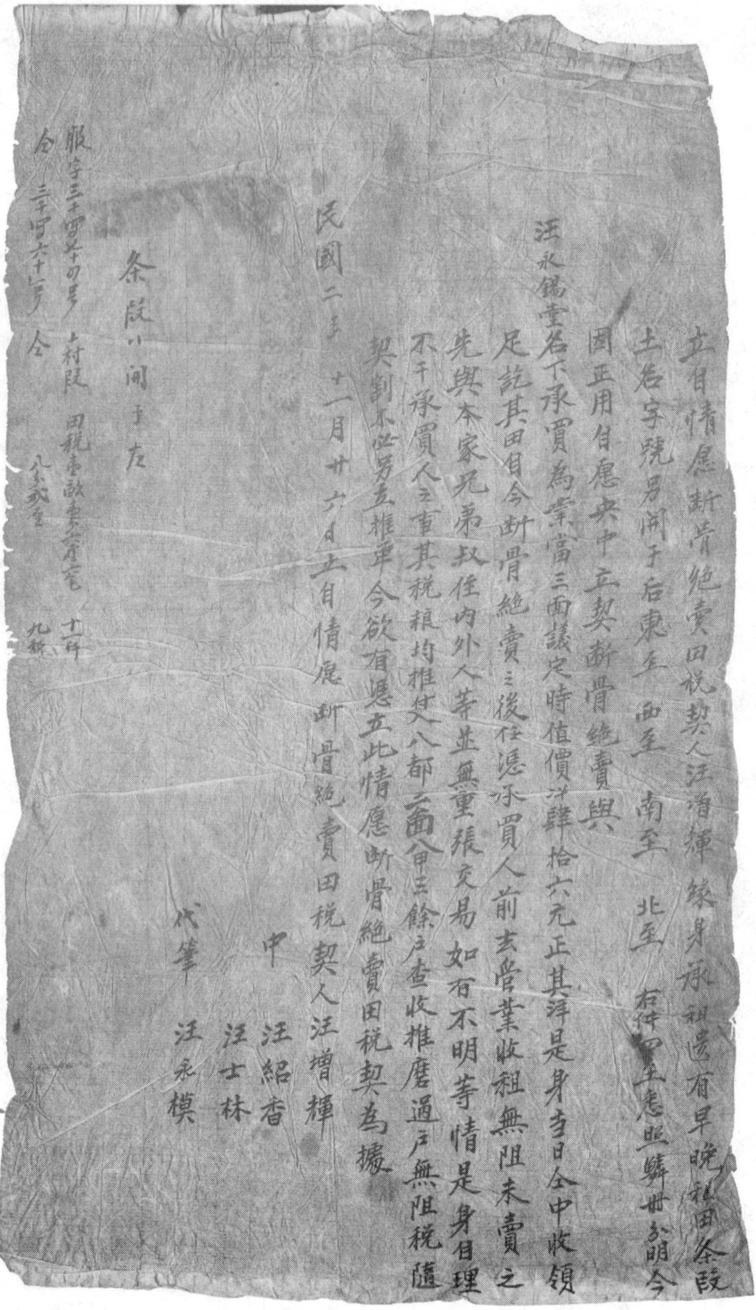
立自情愿斷骨絕賣田稅契人汪增輝 緣身承祖遺有早晚租田条段
土名字號另開于后 東至 西至 南至 北至 右件四至悉照鱗冊分明今
因正用自愿央中立契斷骨絕賣與
汪永錫堂名下承買為業當三面議定時值價洋肆拾六元正其洋是身當日仝中收領
足訖其田自今斷骨絕賣之後任憑承買人前去管業收租無阻未賣之
先與本家兄弟叔侄內外人等並無重張交易如有不明等情是身自理
不干承買人之事其稅根均推付入八都二啚八甲王餘三戶查收推麿過戶無阻稅隨
契割不必另立推單今欲有憑立此情愿斷骨絕賣田稅契為據
民國二年十二月廿六日立自情愿斷骨絕賣田稅契人汪增輝
中 汪紹香
汪士林
代筆 汪永模
条段列于左
服字三千四百五十四号 上村段 田稅壹畝壹分八厘七毛 十一坪
仝 三千四百六十七号 仝 八分弍厘 九坪

江湾镇金田村 A 16 · 民国二年 · 断骨绝卖田税契 · 汪增辉卖与汪永锡堂

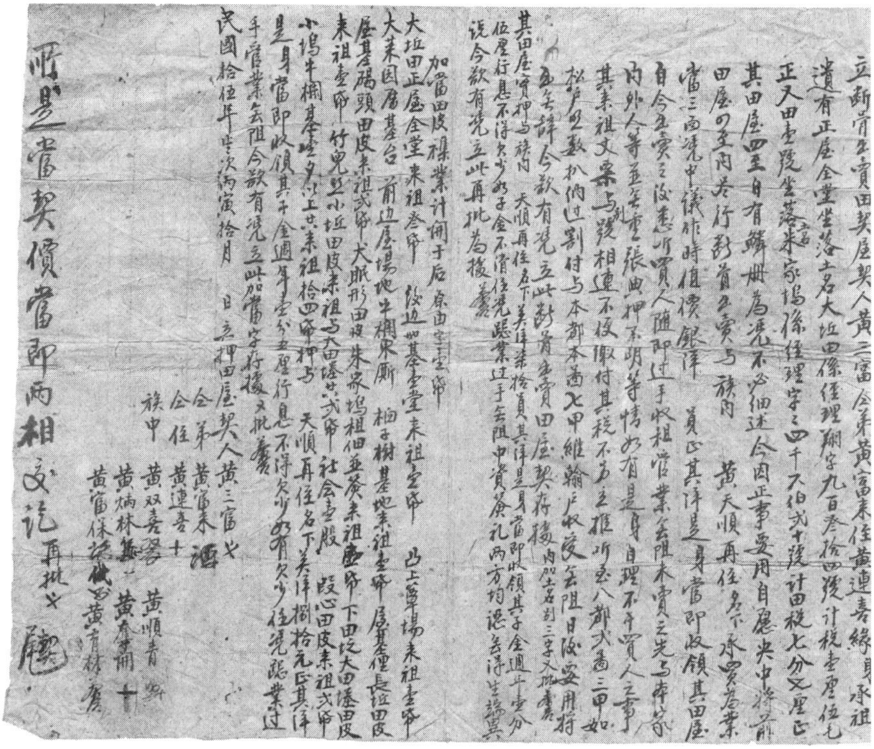

江湾镇金田村 A 1 · 民国十五年 · 断骨出卖田契屋契 · 黄三富同弟黄富来、侄黄连喜卖与黄天顺再侄

立斷骨出賣田契人汪維英承祖遺有[illegible]坐落[illegible]石[illegible]理，細字[illegible]佰[illegible]計田稅[illegible]
[illegible]計實骨租四秤四[illegible]
[illegible]賣与黃[illegible]名下[illegible]
是身收領[illegible]自今出賣之日[illegible]過手[illegible]祖[illegible]業無阻未賣之先与本家內外人[illegible]
無重[illegible]等情，如有是身自[illegible]人之事，所有來祖契票与別相連不便繳付[illegible]
并其稅[illegible]八都九畫甲[illegible]下照數過割扒納付交八都[illegible]
欲有憑立此斷骨出賣田契存據

中華民國三十六年歲次丁亥舊曆臘月　日立斷骨出賣田契字人汪維英

見中　汪君歡　押

汪榮超

出親筆

所是其價當即兩相交訖　再批

江湾镇金田村 A 15 · 民国三十六年 · 断骨出卖田契 · 汪维英卖与黄☒

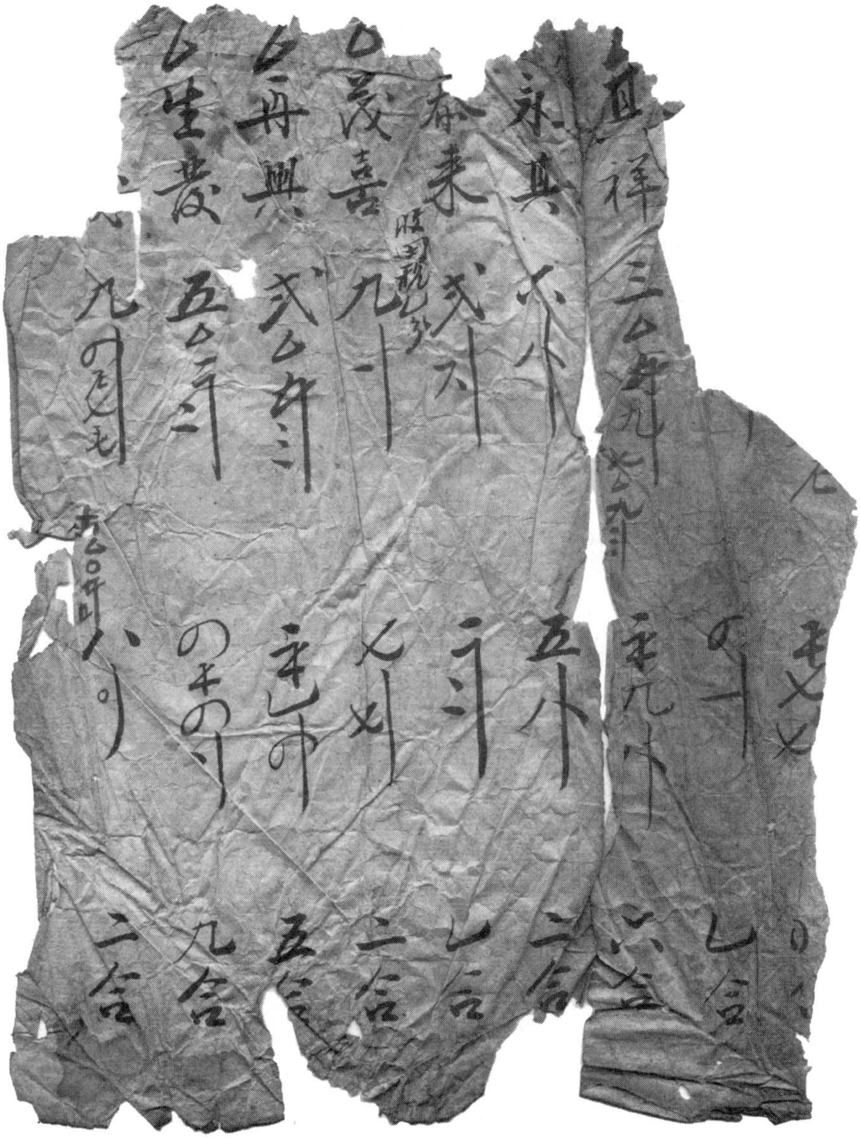

江湾镇金田村 A 22 · 税单

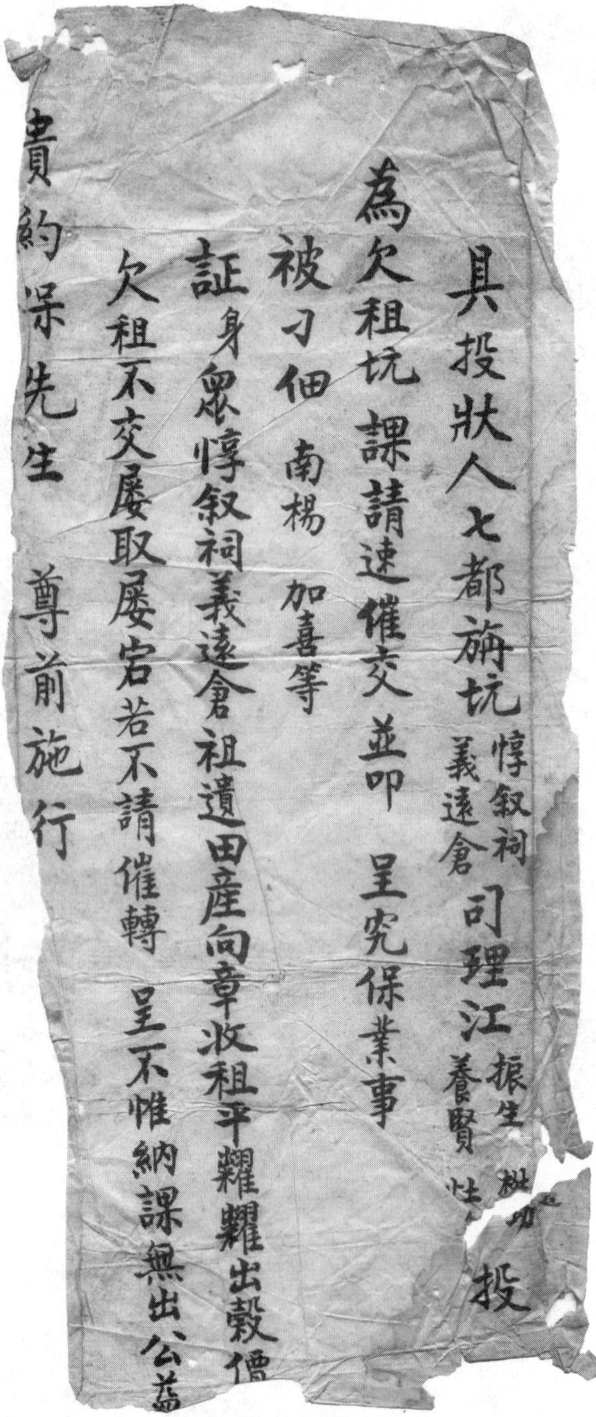
具投狀人七都旃坑惇叙祠、義遠倉司理江振生、養賢[illegible]投
爲欠祖坑課請速催交並叩呈究保業事
被刁佃南楊加喜等
証身衆惇叙祠義遠倉祖遺田産向章收祖平糶糶出穀價
欠祖不交屢取屢宕若不請催轉呈不惟納課無出公益
貴約保先生尊前施行

江湾镇金田村 A 35 · 具状词 · 惇叙祠、义远仓司理江振生、江养贤等告刁佃南杨、加喜等

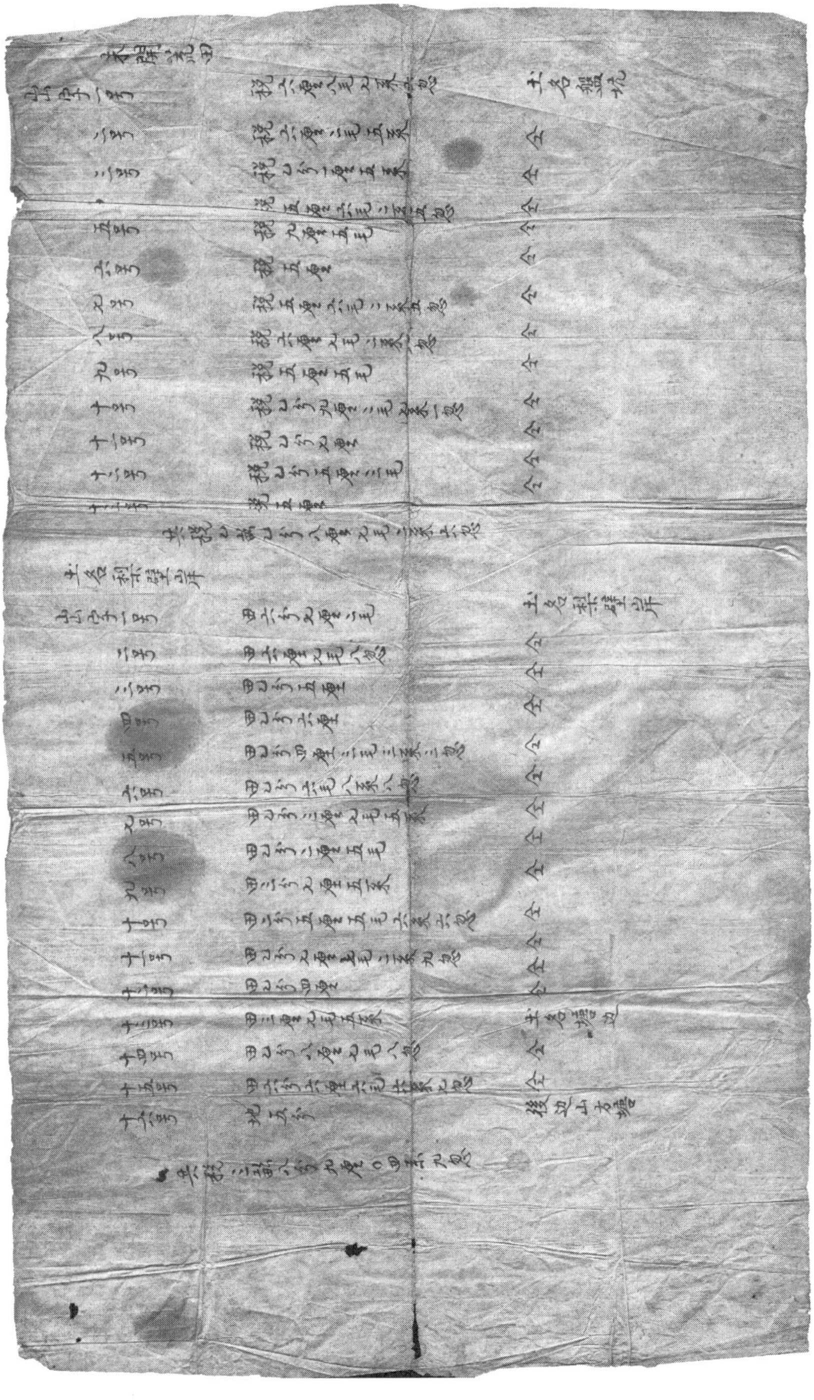

江湾镇金田村 A 39 · 荒田清单

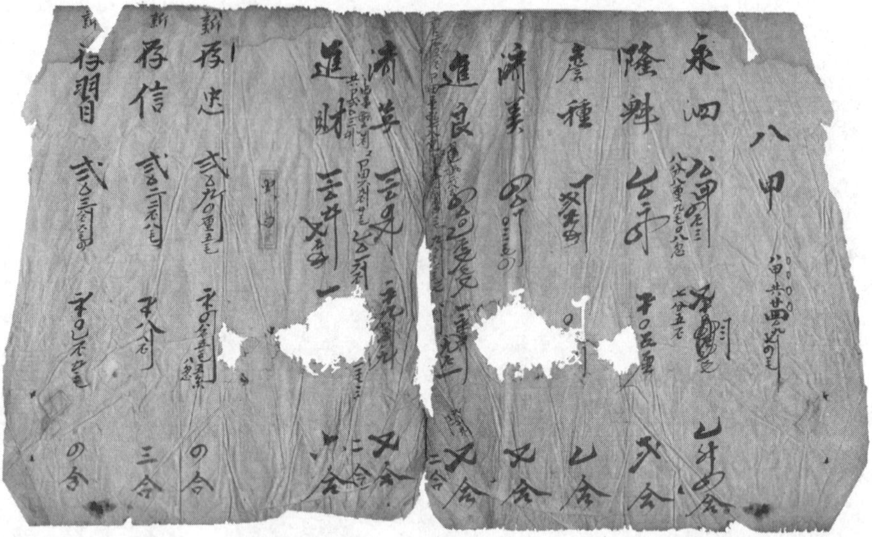

江湾镇金田村 A 43 · 税粮实征册

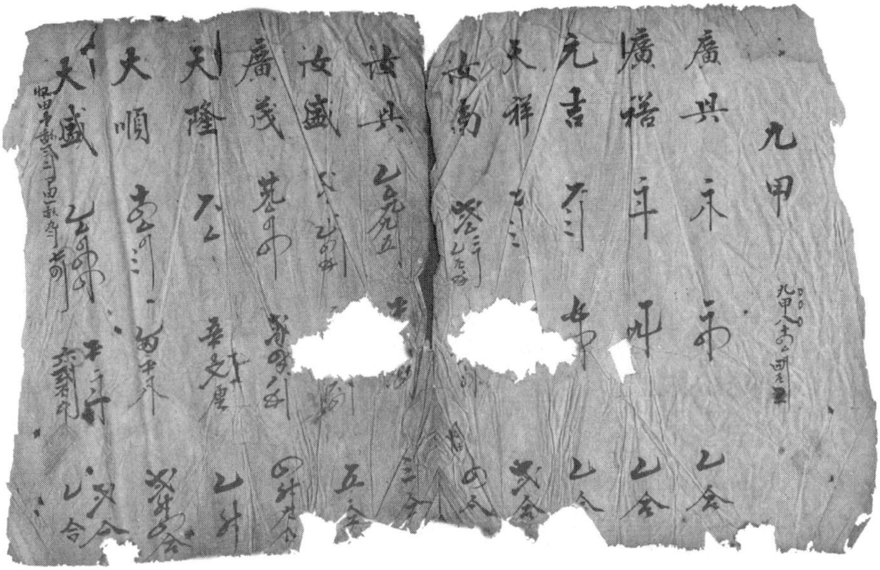

九甲
廣興
廣福
允吉
天祥
汝南
汝興
汝盛
廣茂
天隆
天順
天盛

江湾镇金田村 A 44 · 税粮实征册

江湾镇金田村 A 45 · 税粮实征册

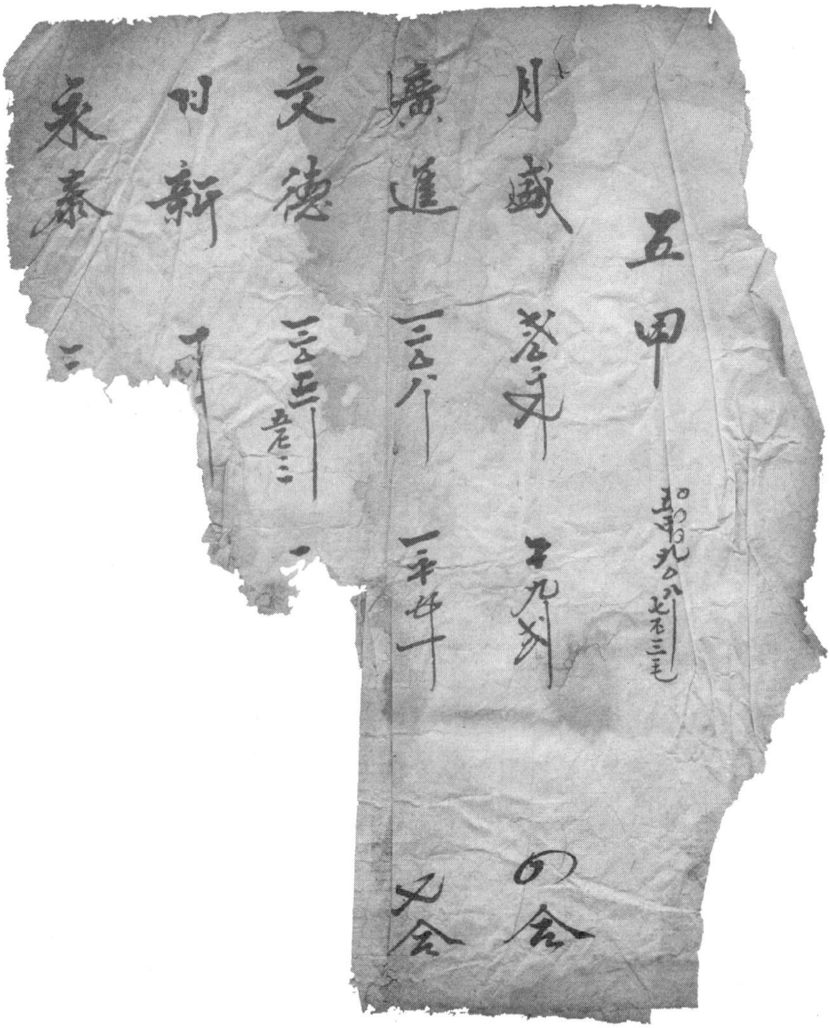

江湾镇金田村 A 46 · 税粮实征册

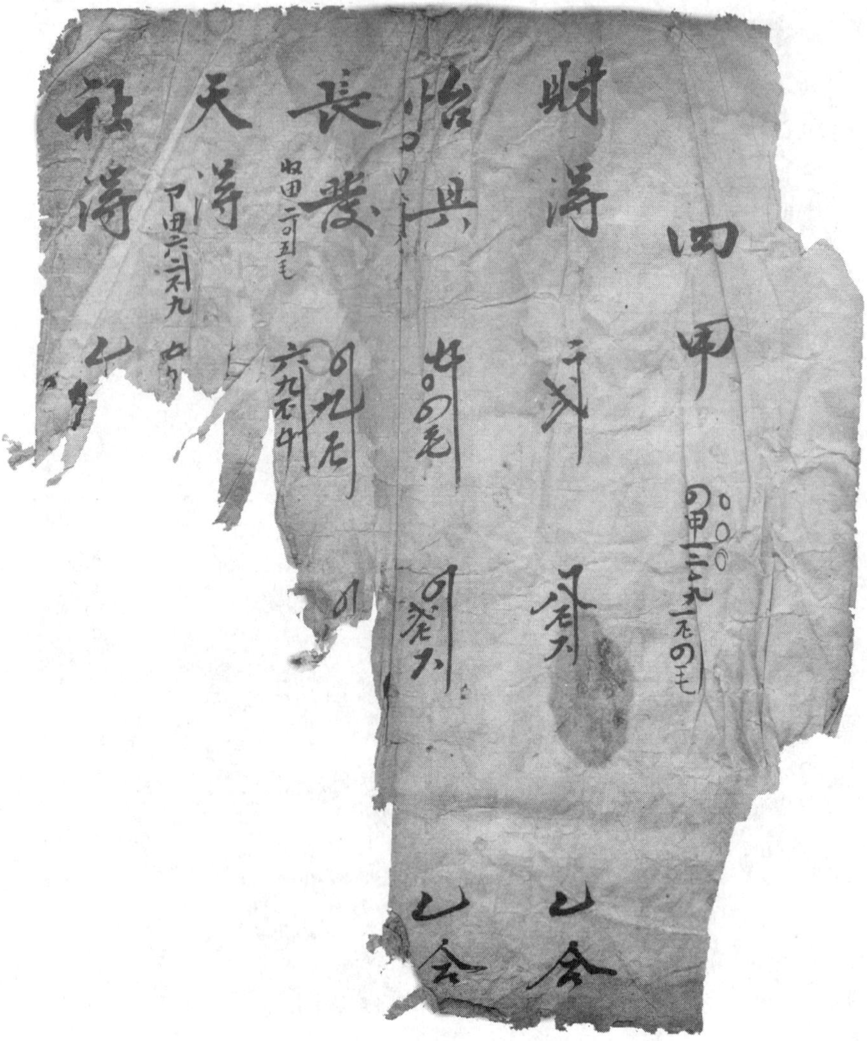

四甲
財溝
怡興
長发
天溝
社溝
山会
山会

江湾镇金田村 A 47 · 税粮实征册

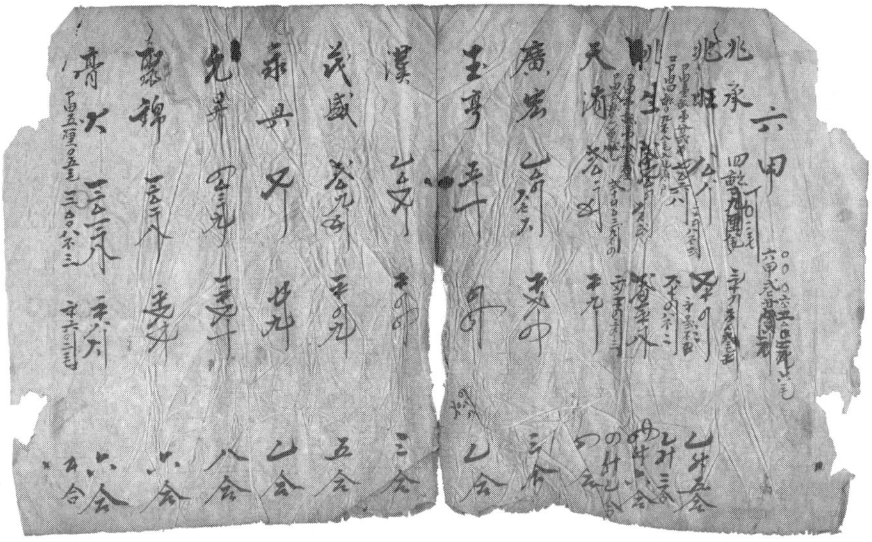

江湾镇金田村 A 48 · 税粮实征册

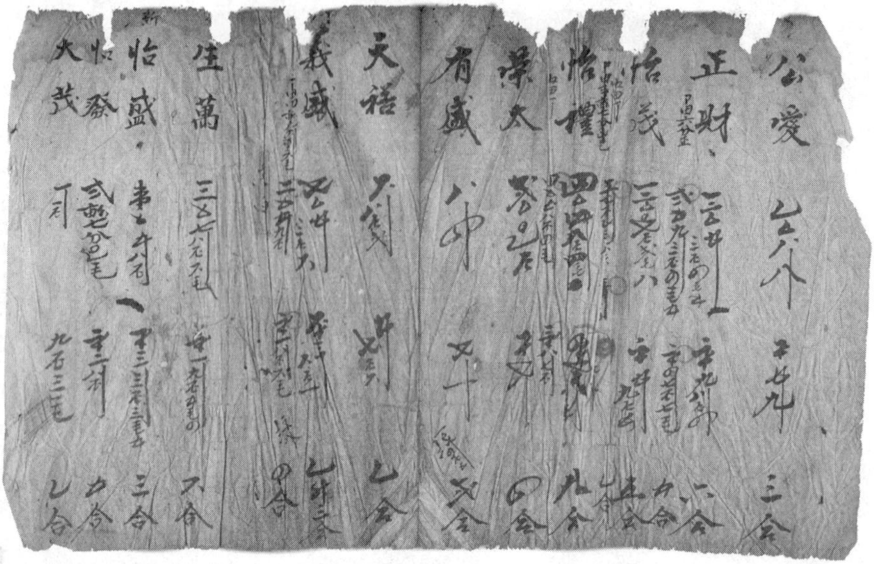

江湾镇金田村 A 49 · 税粮实征册

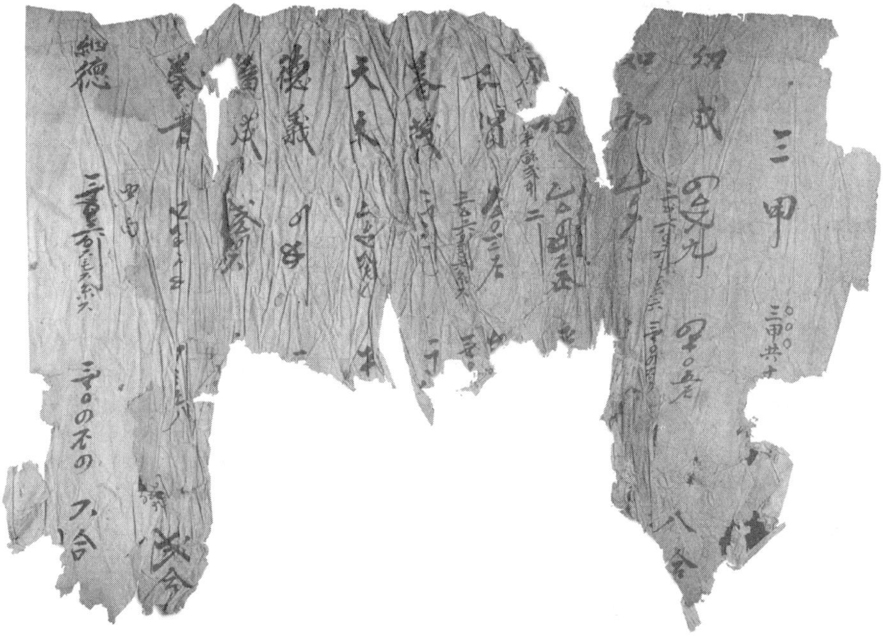

江湾镇金田村 A 50 · 税粮实征册

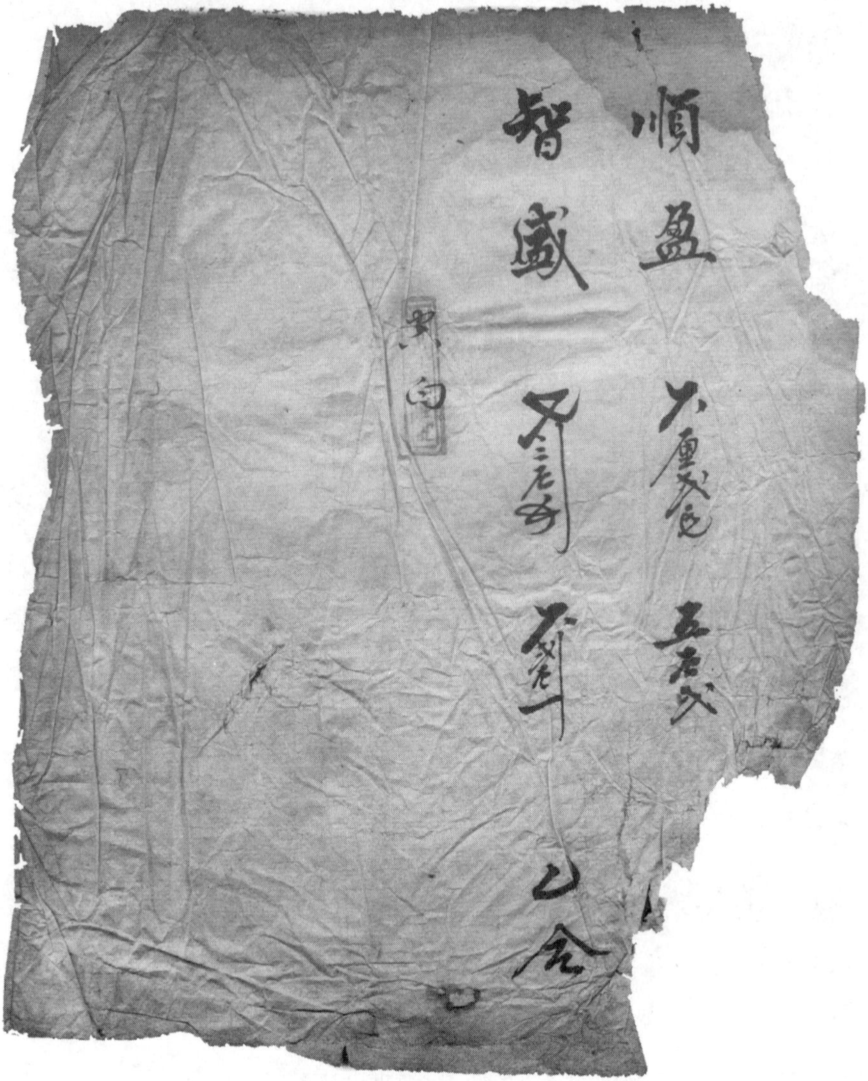

江湾镇金田村 A 51 · 税粮实征册

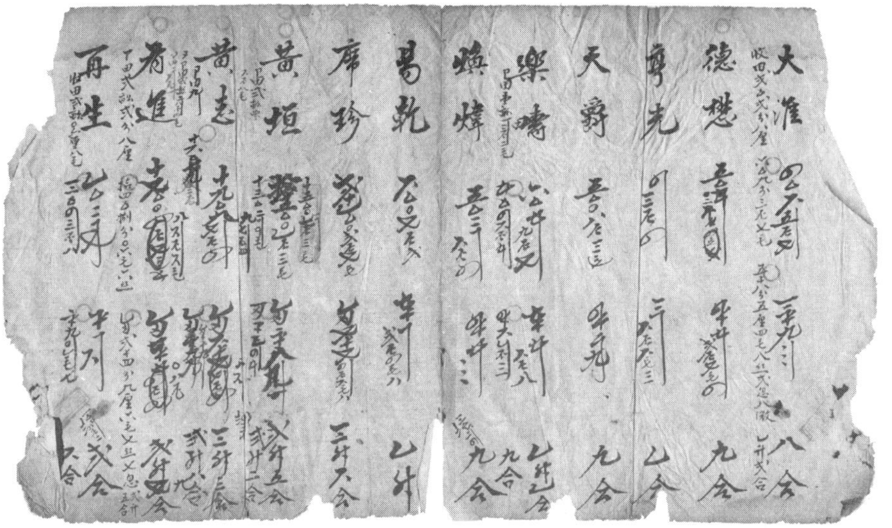

江湾镇金田村 A 52 · 税粮实征册

江湾镇金田村 A 53 · 税粮实征册

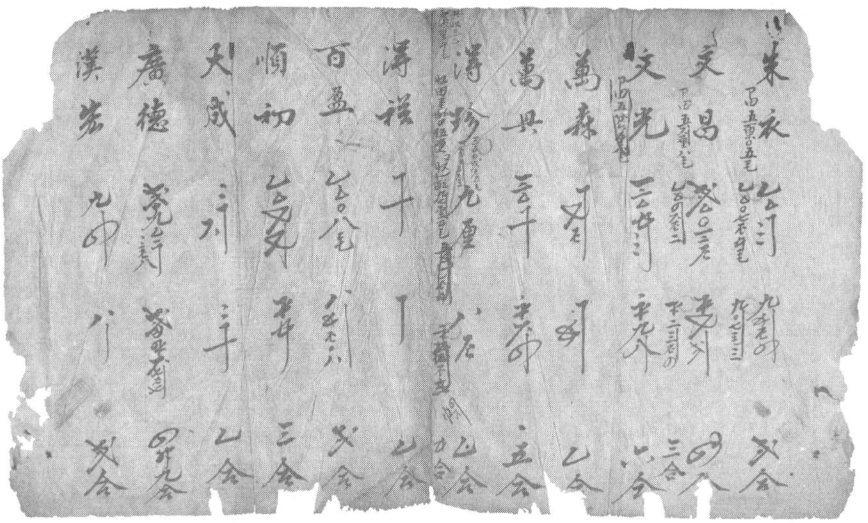

江湾镇金田村 A 54 · 税粮实征册

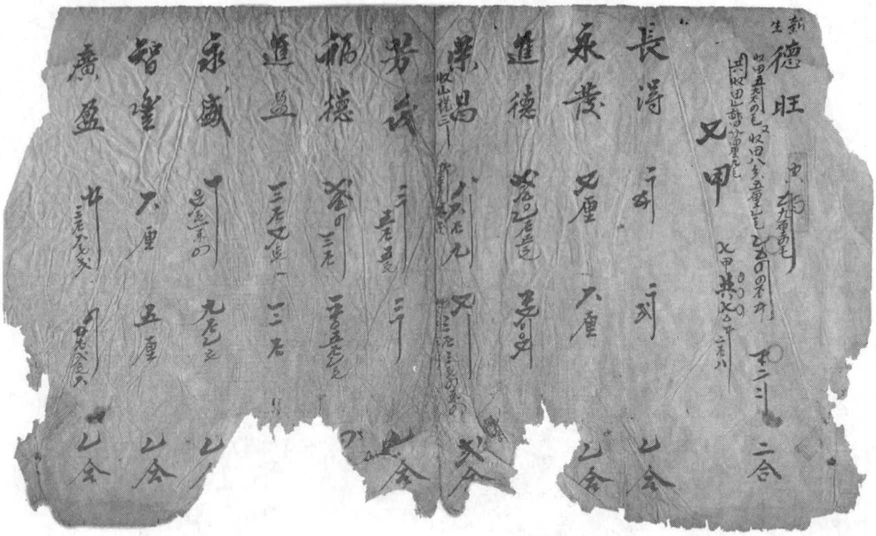

江湾镇金田村 A 55 · 税粮实征册

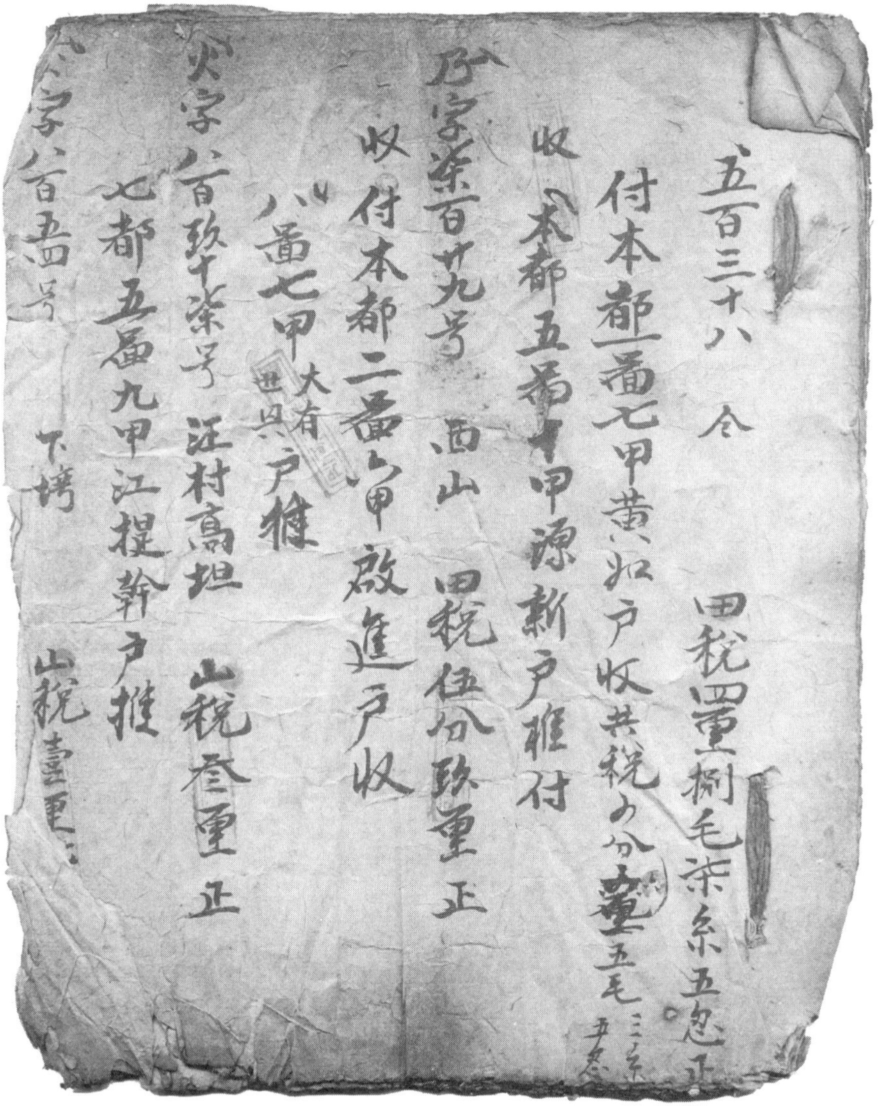
五百三十八 仝 田税四厘捌毛柒糸五忽正
付本都一啚七甲黄如户收 共税乙分壹厘五毛三糸五忽
收 本都五啚十甲源新户推付
乃字柒百廿九号 西山 田税伍分玖厘正
收 付本都二啚二甲啟進户收
八啚七甲大有世興户推
火字八百玖十柒号 汪村高坦 山税叁厘正
七都五啚九甲江提幹户推
火字八百五十四号 下塝 山税壹厘正

江湾镇金田村 A 56-1 · 推单合集 · 源新户等

65

七都一啚十甲江文魁户推

火字八百五十四号　下塝　山税壹厘柒毛正

八都八啚九甲連枝户推

6

火字八百五十四号　下塝　山税壹厘柒毛正

付八都二啚六甲黄志户收　共山税八厘七毛

九甲怡礼收本都五啚一甲大爔户推付

6

丙字一千四百伍十号　爐路　田税壹錢叁分壹厘正

九甲怡茂户收七都六啚十甲和元户推付花九兄推

江湾镇金田村 A 56-2 · 推单合集 · 源新户等

七甲進德户收四甲財德户推付（三甲太来户）

翔字玖百三十四號 大坵田 田稅壹分正

四甲怡與收本都四圖四甲廷璋户 印春收

服字五千三百六十六號 土名下田坑 田稅壹分三厘正

翔字捌百九十號 四畝下 小名大坵 金基 田稅四分玖厘伍毛正

翔字伍百零九號 栗木坑 三畝 冬腳 田稅伍分柒厘陸毛正 共七厶弍分〇七毛

七甲進德户收三甲矢木户推付

翔字九百三十四号 大坵田地稅六厘五毛正

進德户收四甲付德户

江湾镇金田村 A 56-3 · 推单合集 · 源新户等

翔字九百三十四号 大坵田 地税五厘正
九甲怡茂户收本甲天祥户推
翔字弍百九拾叁 朱大坑 山税弍厘正
八甲永泗户收七甲又生户推 社文推
翔字五百五拾乙号 裡边屋地基 田税捌厘弍毛捌系四忽正
三甲養初户推付
火字四百六十八号 石角塢田税壹畝八分正
付本都九啚九甲汪玉豐户收
九甲天裕户收本都一啚七甲曹有光户推

江湾镇金田村 A 56-4 · 推单合集 · 源新户等

乃字贰千百九十柒 上溪滩外田税贰分五厘六毛七系五忽正

六甲大淮户推付

乃字四千零三十壹号 屐山田税捌分贰厘正

令字四千零三十捌 面前山田税四分叁厘正

付本都一啚八甲曹焕兴户收税未会 下坑塝 见

十九年推叁 二月 廿八日立

六甲胥光户推付

字四千八百贰十二 下田坑田税 五分三厘

千八百三十七 五分五厘 正

付本都九啚九甲汪新茂户收 大畈 汪顺先

江湾镇金田村 A 56-5 · 推单合集 · 源新户等

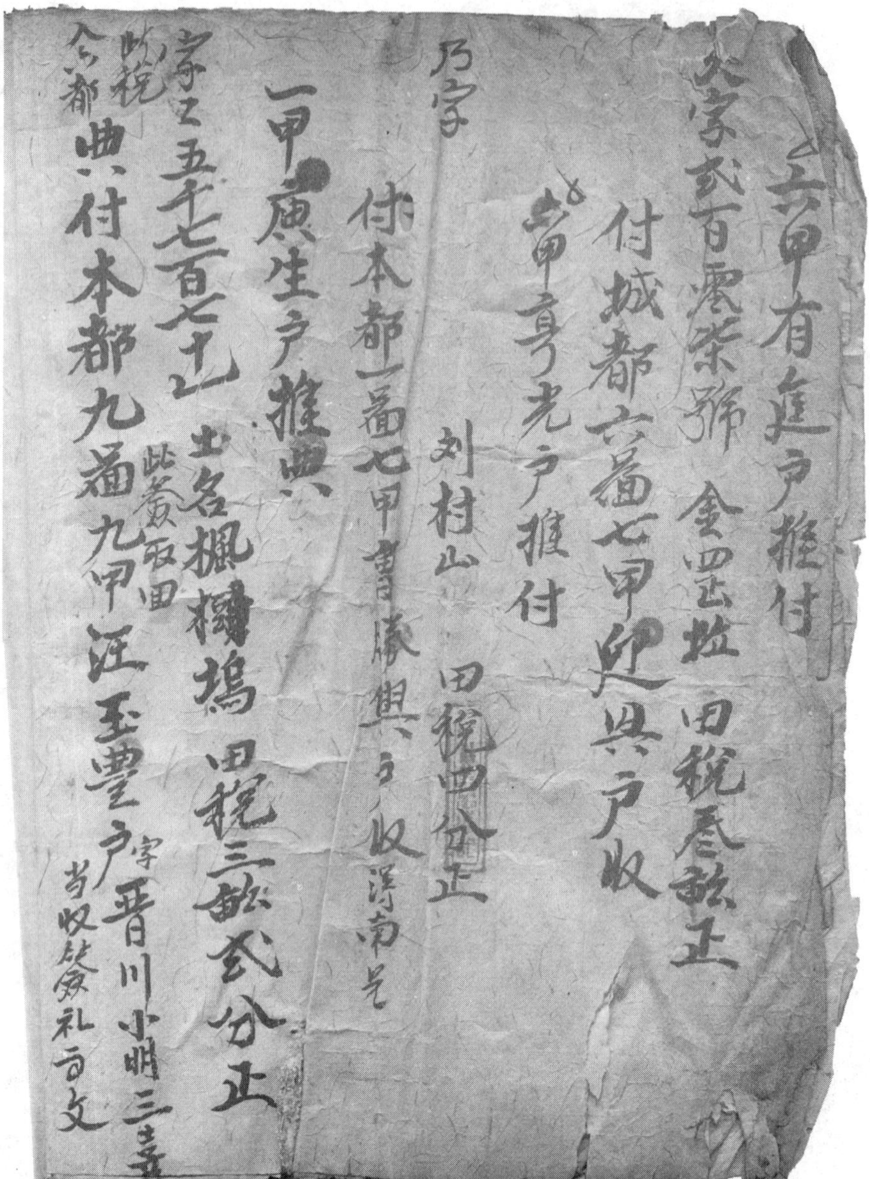

六甲有庭户推付
火字贰百零柒号 金四五坵 田税叁畝正
付城都六啚七甲纪兴户收
六甲亨光户推付
乃字 刘村山 田税四分正
付本都一啚七甲曹藤兴户收 浮南号
一甲原生户推与
字五千七百七十九 土名枫树坞 田税三畝贰分正
此税 此发取田
入六都 与付本都九啚九甲汪玉丰户 字晋川 小明 三十五章
当收缺发礼司文

江湾镇金田村 A 56-6 · 推单合集 · 源新户等

八月初八日

七甲庚生户推付 土名楓樹塢

以字五千七百七十一号田税叁畝贰分正

付六都六啚六甲淇森祥户收

六甲智礼社户推付

以字九百六十九号 土名山底下田坑 田税并八分五厘八毛正

付本都九啚九甲汪盈豐收

六甲章光户推付

以字三百三十三号野鴨氹田税八分五厘正

付八甲進財户收

六甲其祥户推付

江湾镇金田村 A 56-7 · 推单合集 · 源新户等

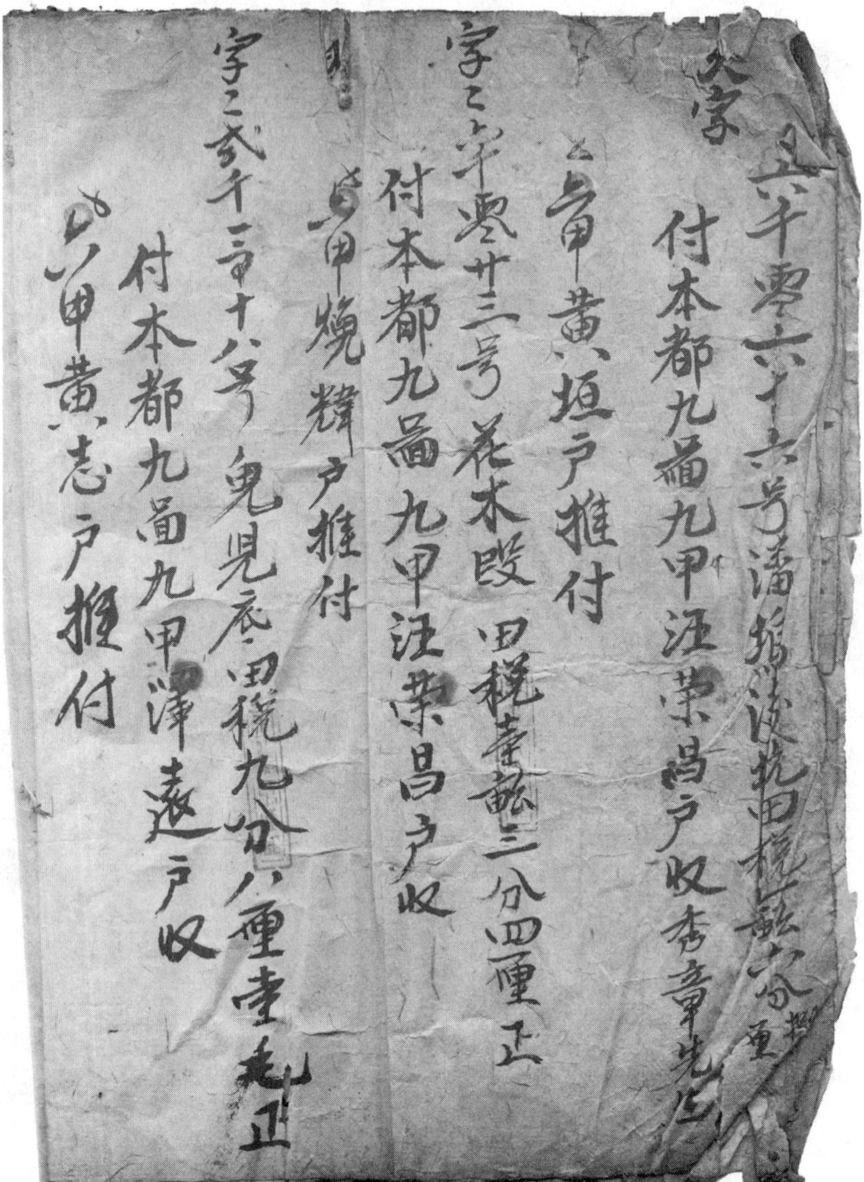

江湾镇金田村 A 56-8 · 推单合集 · 源新户等

乃字四十七号　青庄　田税八分八厘正
付本都九啚九甲德隆户收
七甲永发户推付
乃字九百七十号　金田坞　田税六分三厘正
付本都九啚九甲泽远户收
九甲汝兴户推付
字乙六千零六十六号　满坞后坑田税二分贰厘五
付本甲九啚九甲荣昌户收
七甲收
进德户收本甲本啚[illegible]林户
[illegible]六千零六十六号　[illegible]五七坞　[illegible]厘正

江湾镇金田村 A 56-9 · 推单合集 · 源新户等

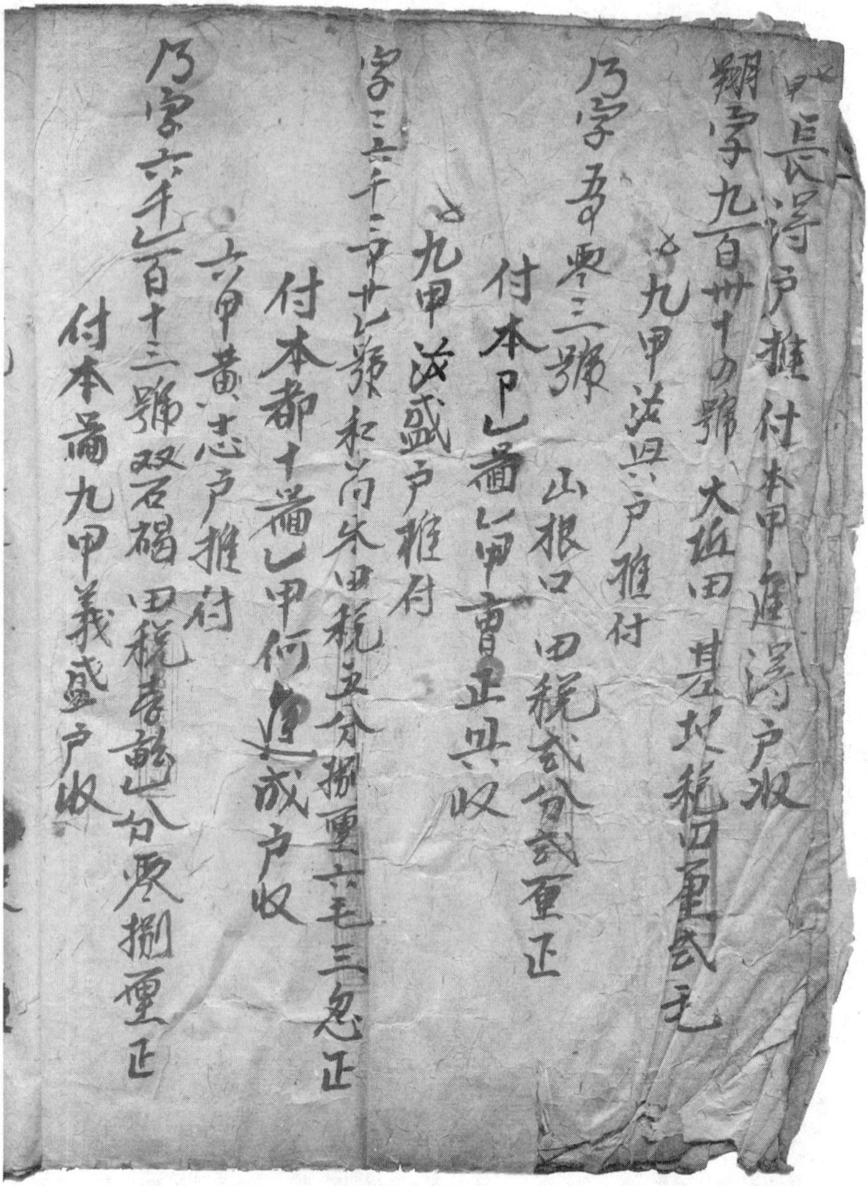

甲長灣戶推付本甲汪灣戶收
翔字九百卅十四號　大坵田　甚坵稅四厘貳毛
又九甲汪興戶推付
乃字五千零三號　山根口　田稅貳分貳厘正
付本下一啚一甲曹正興收
又九甲汪盛戶推付
字二六千二百廿一號　和尚朱田稅五分捌厘六毛三忽正
付本都十啚一甲何汪成戶收
六甲黃志戶推付
乃字六千一百十三號　雙石碣　田稅壹畝八分零捌厘正
付本啚九甲義盛戶收

江湾镇金田村 A 56-10 · 推单合集 · 源新户等

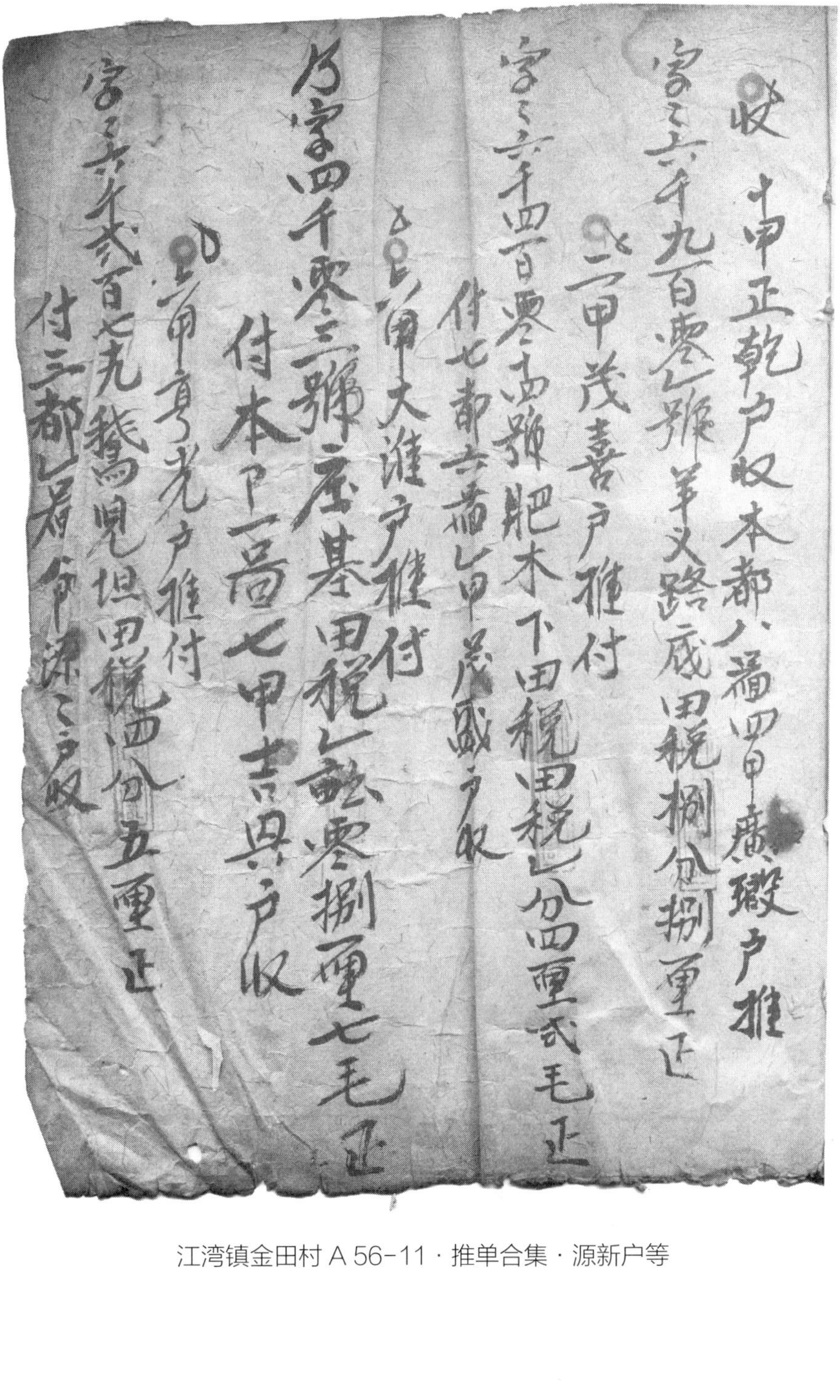
收
中甲正乾户收本都八啚四甲廣璥户推
字〻六千九百零乙號 羊叉路底田稅捌分捌厘正
〻甲茂喜户推付
字〻六千四百零五號 肥木下田稅田稅乙分四厘式毛正
付七都六啚乙甲茂盛户收
〻甲大進户推付
乃字四千零三號 屋基田稅乙畝零捌厘七毛正
付本户一啚七甲吉興户收
〻甲有光户推付
字〻六千式百七十九號 鵞兒坦田稅四分五厘正
付三都乙啚今甲源〻户收

江湾镇金田村 A 56-11 · 推单合集 · 源新户等

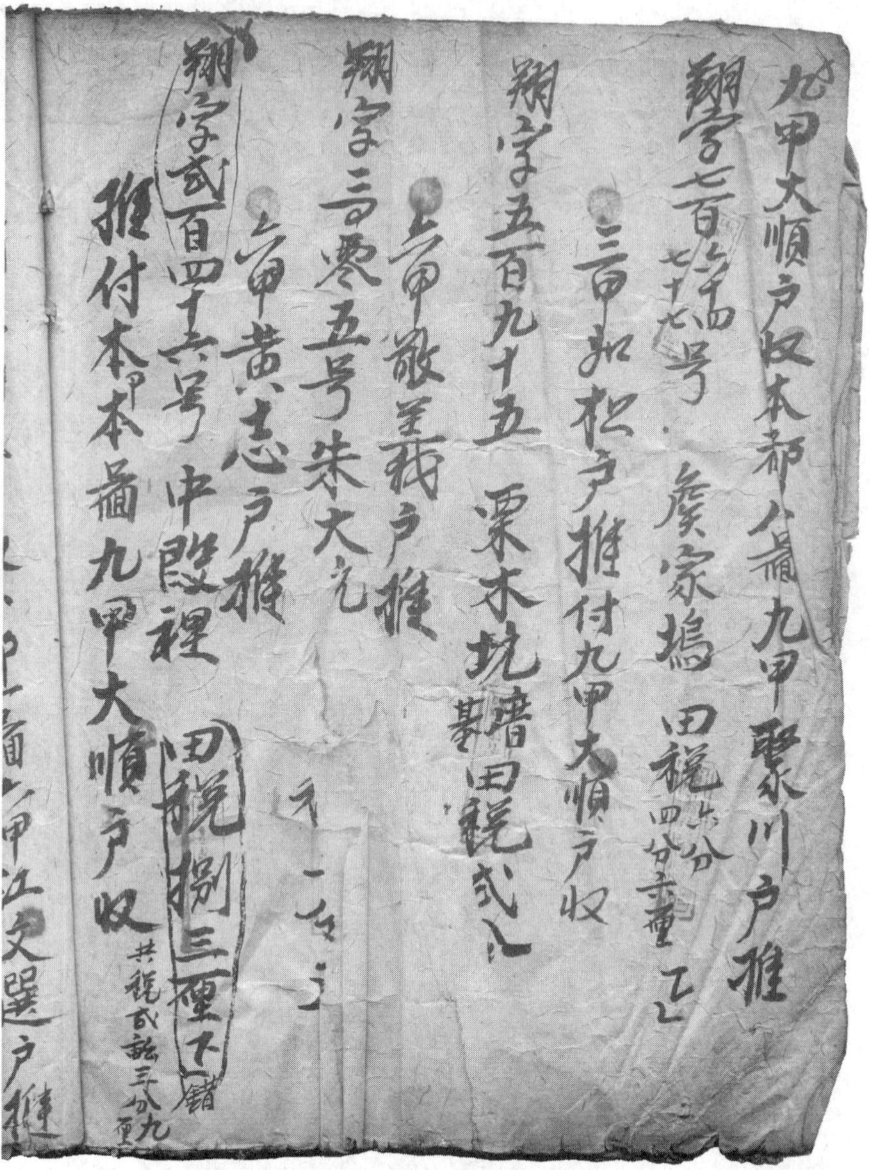
九甲大順户收本都八啚九甲黎川户推
翔字七百六十四号 七十七 詹家塢 田稅七分 四分壹釐 正
三甲知根户推付九甲大順户收
翔字五百九十五 栗木坑塘基 田稅弍
翔字三百零五号朱大元
六甲敬義户推
翔字弍百四十六号 中段裡 田稅捌三釐下 錯
六甲黄志户推
推付本甲本啚九甲大順户收 共稅弍畝三分九釐
啚六甲江文選户推

江湾镇金田村 A 56-12 · 推单合集 · 源新户等

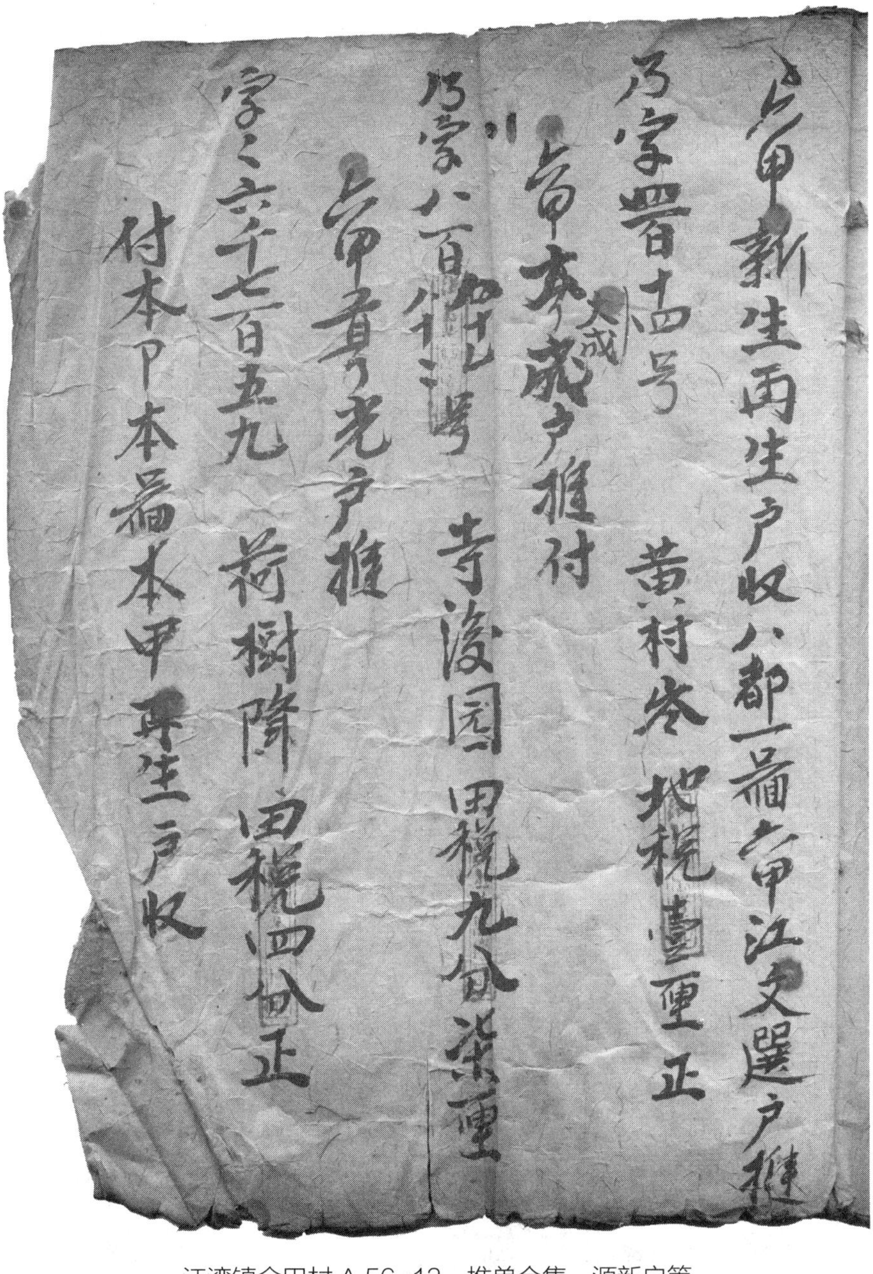
六甲新生丙生户收八都一啚六甲江文選户推
乃字四百十四号 黄村冬 地税壹厘正
六甲李大成户推付
乃字八百四十七号 八十二 寺後园 田税九分柒厘
六甲胥光户推
字〻六千七百五九 荷树降 田税四分正
付本户本啚本甲再生一户收

江湾镇金田村 A 56-13 · 推单合集 · 源新户等

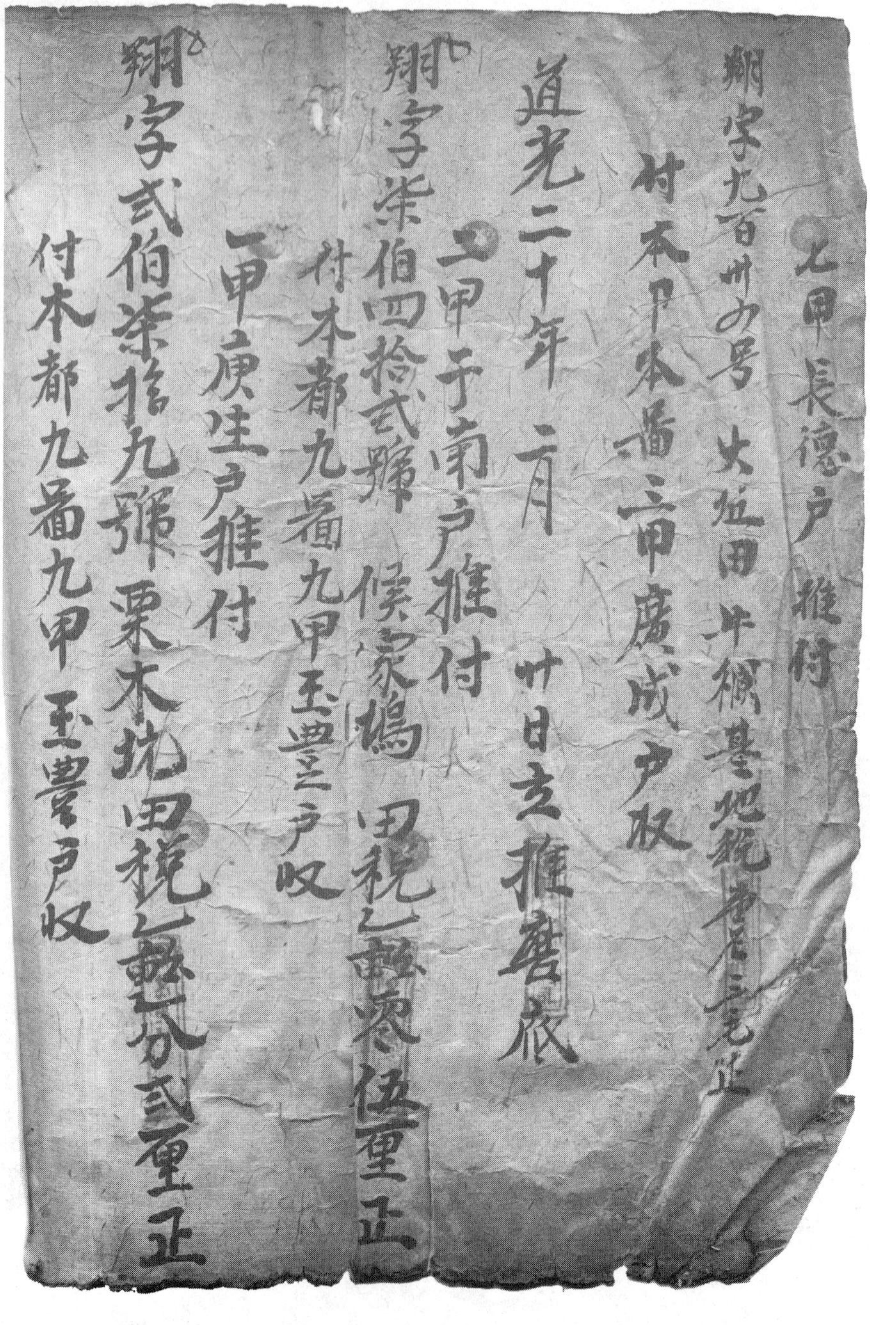
七甲長德户推付
翔字九百卅乙号 土名坵田 廿横基地税叁厘三毛正
付本甲本啚二甲廣成户收
道光二十年二月 廿日立推單底
二甲于南户推付
翔字柒伯四拾弍號 侯家塢 田税乙畝零伍厘正
付本都九啚九甲玉豐之户收
一甲庚生户推付
翔字弍伯柒拾九號 栗木坑 田税乙畝乙分弍厘正
付本都九啚九甲 玉豐户收

江湾镇金田村 A 56-14 · 推单合集 · 源新户等

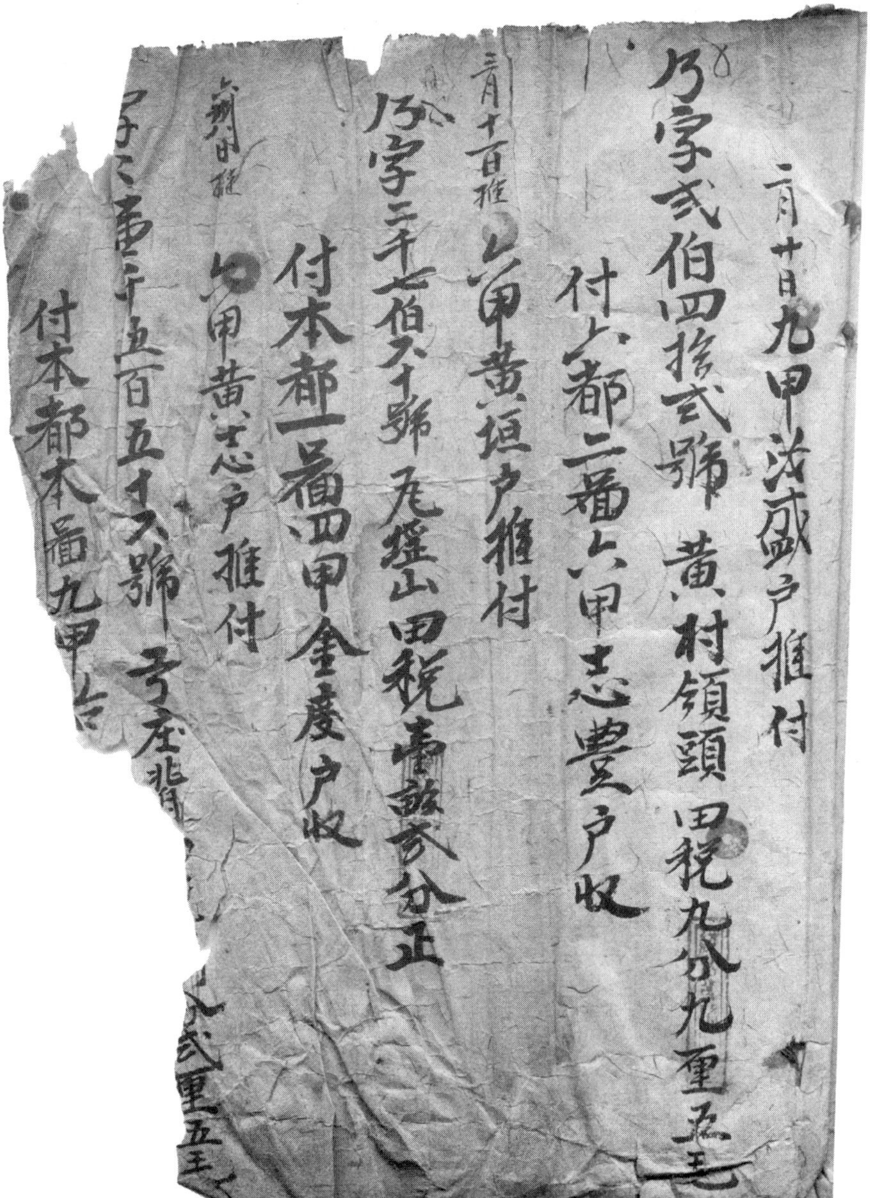
十月十日九甲汝盛户推付
乃字贰伯四拾贰号 黄村领头 田税九分九厘五毛
付六都二图六甲志丰户收
二月十日推
六甲黄垣户推付
乃字二千七伯八十号 尾坪山田税壹亩叁分正
付本都一图四甲金庆户收
六月十日推
七甲黄志户推付
字二千五百五十八号 乔庄背[illegible]贰厘五毛
付本都本图九甲[illegible]

江湾镇金田村 A 56-15 · 推单合集 · 源新户等

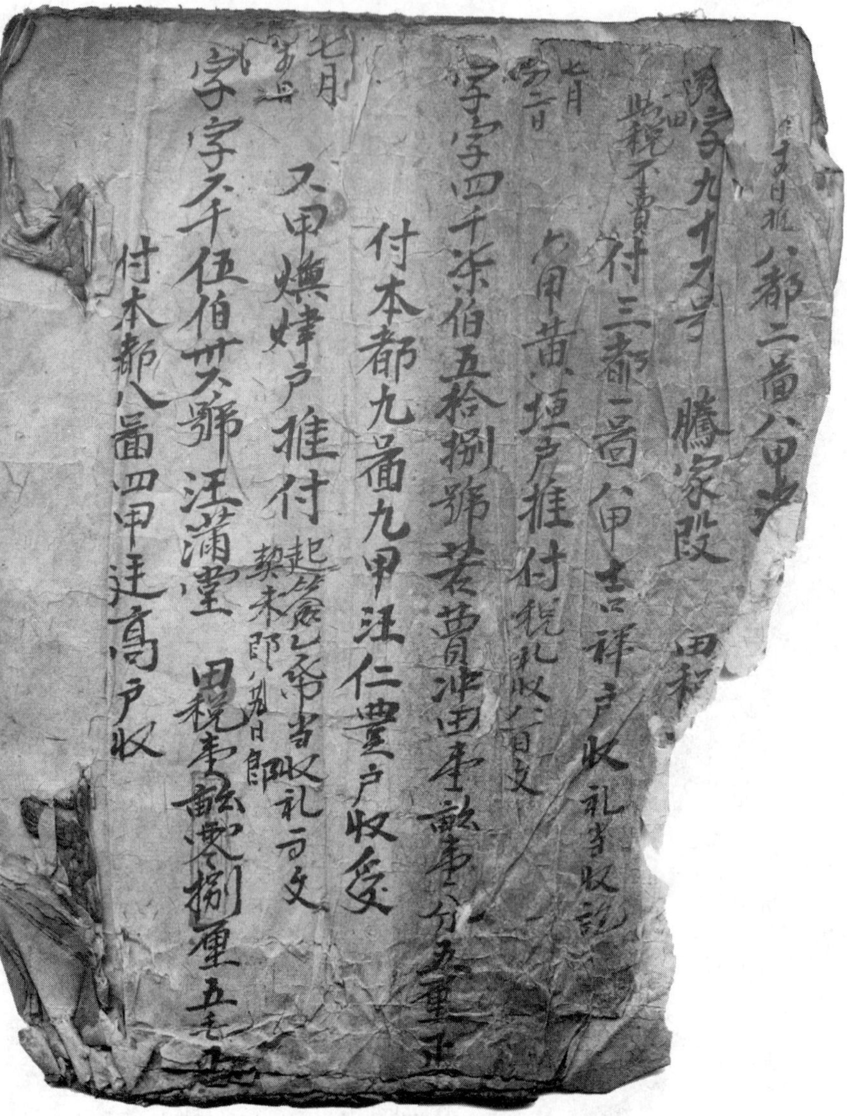

江湾镇金田村 A 56-16 · 推单合集 · 源新户等

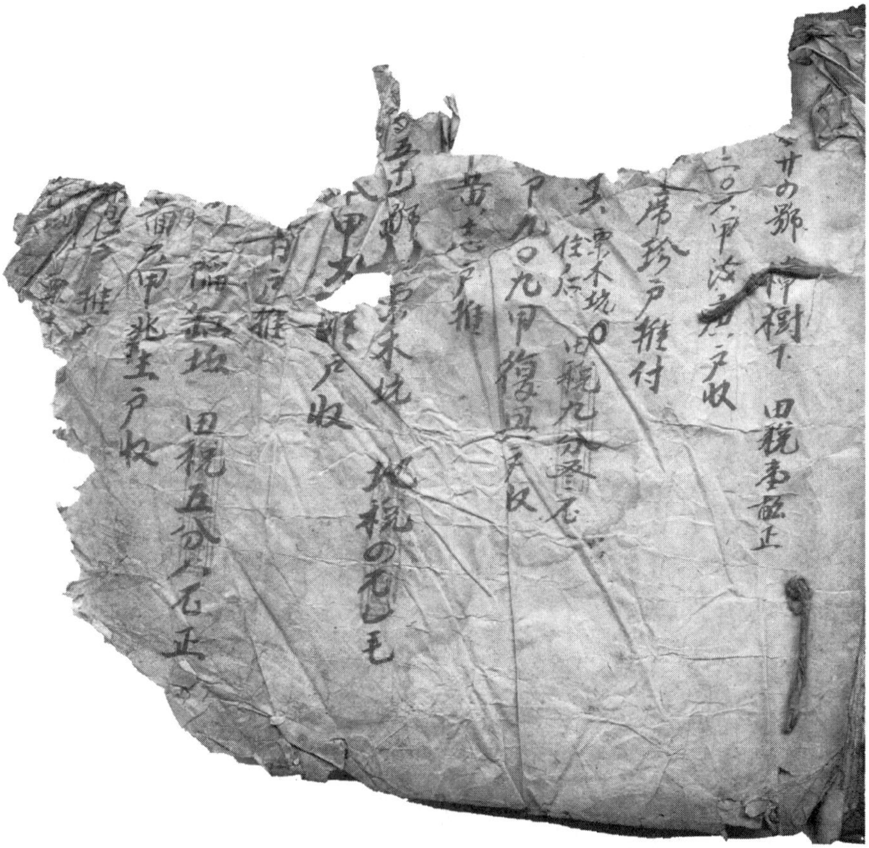

江湾镇金田村 A 57-1 · 推单合集 · 德源户等

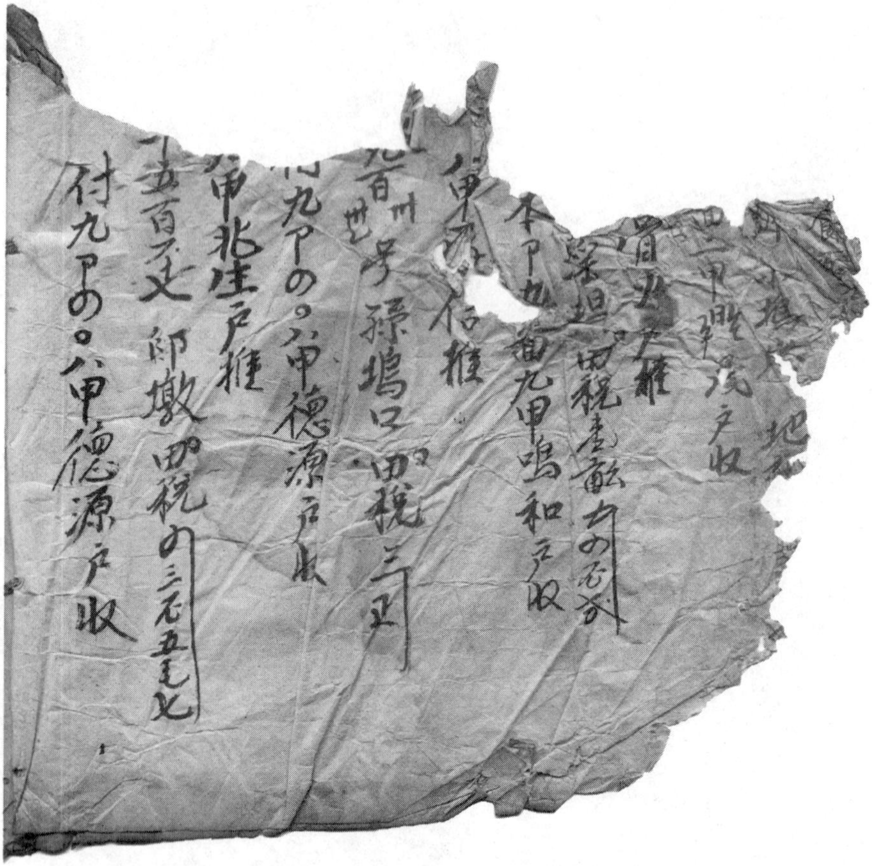

江湾镇金田村 A 57-2 · 推单合集 · 德源户等

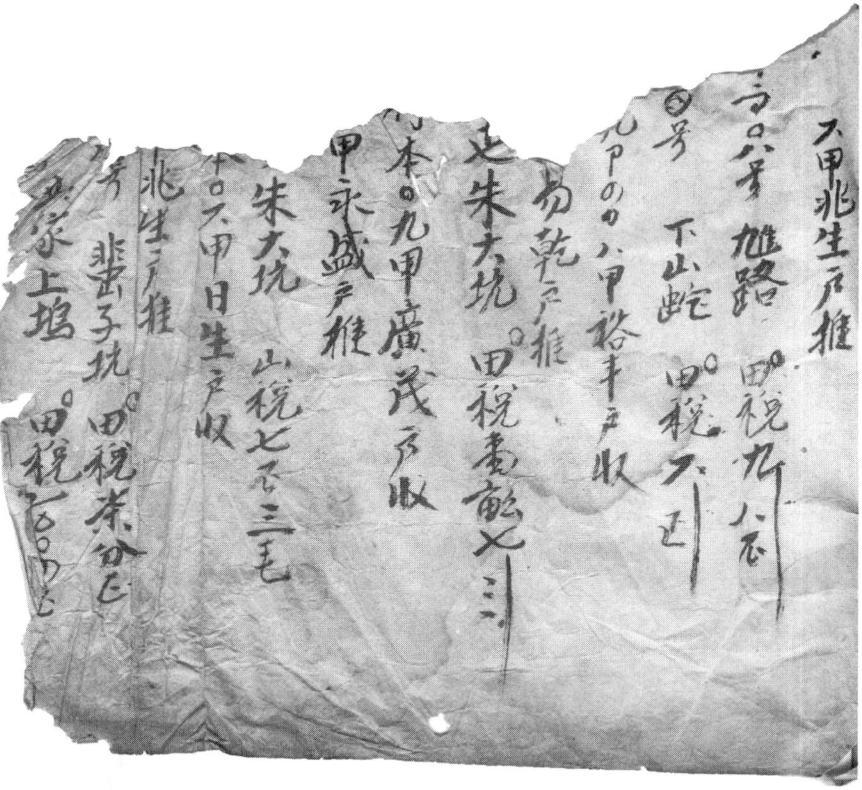
大甲兆生户推
高〇八号　雄路　田税九分八厘
[illegible]号　下山蛇　田税八厘
九甲〇〇　八甲裕丰户收
易乾户推
定朱大坑　田税壹毫七　三
本〇九甲广茂户收
甲永盛户推
朱大坑　山税七厘三毛
十〇大甲日生户收
兆生户推
号　韭子坑　田税叁分正
家上塩　田税一〇〇五

江湾镇金田村 A 57-3 · 推单合集 · 德源户等

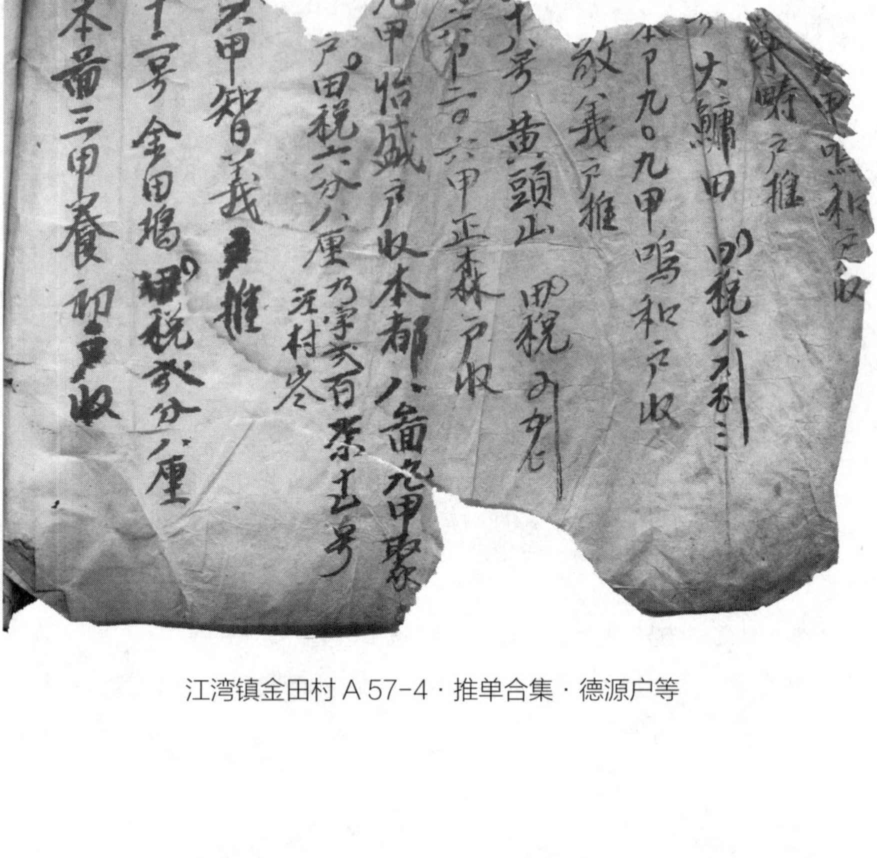

江湾镇金田村 A 57-4 · 推单合集 · 德源户等

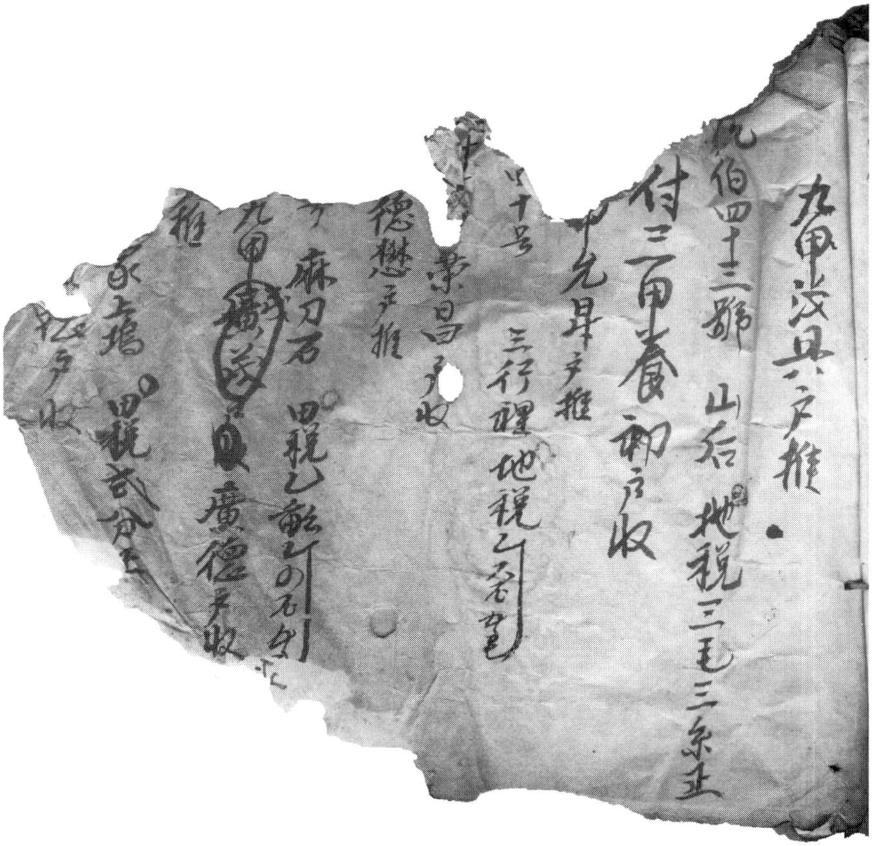

江湾镇金田村 A 57-5 · 推单合集 · 德源户等

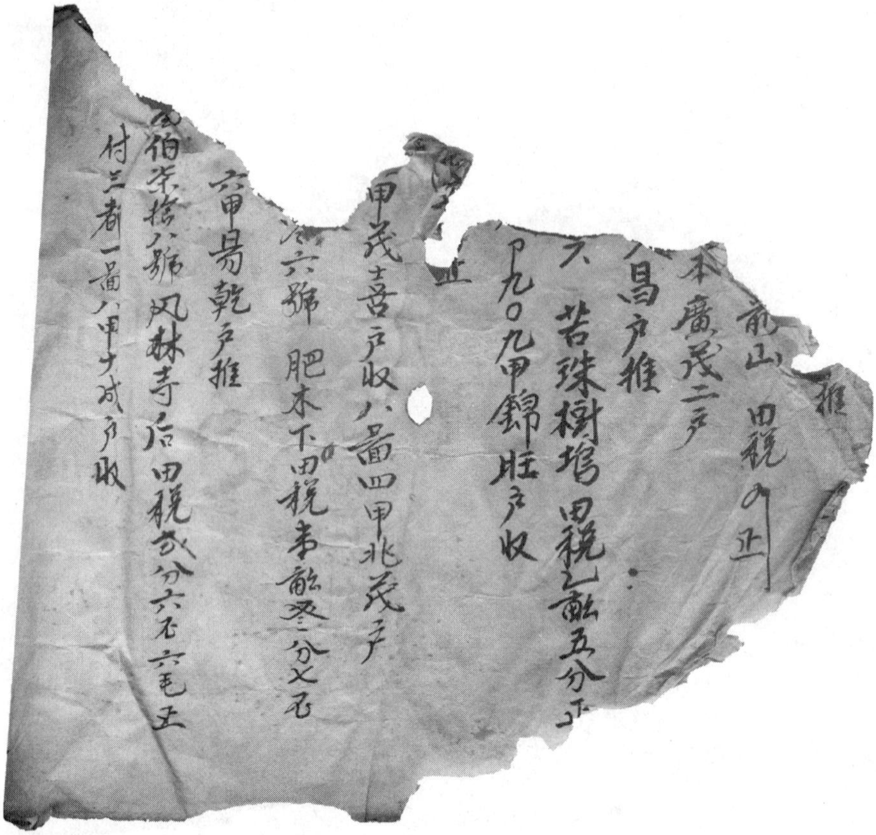
推
前山 田税〇正
本廣茂二户
昌户推
六 苦珠樹塆 田税乙畝五分正
户九〇九甲錦旺户收
正
甲茂喜户收八啚四甲兆茂户
六號 肥木下田税壹畝叁分又乙
六甲易乾户推
伯崇撥八號 风林寺后田税贰分六厘六毛正
付三都一啚八甲十成户收

江湾镇金田村 A 57-6 · 推单合集 · 德源户等

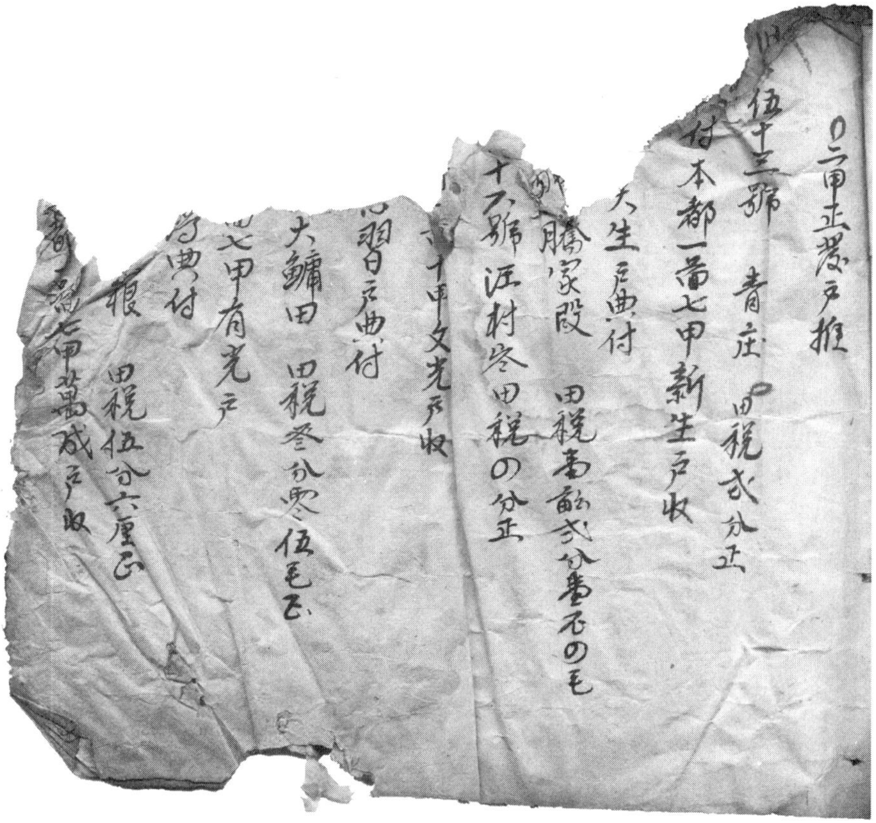

江湾镇金田村 A 57-7 · 推单合集 · 德源户等

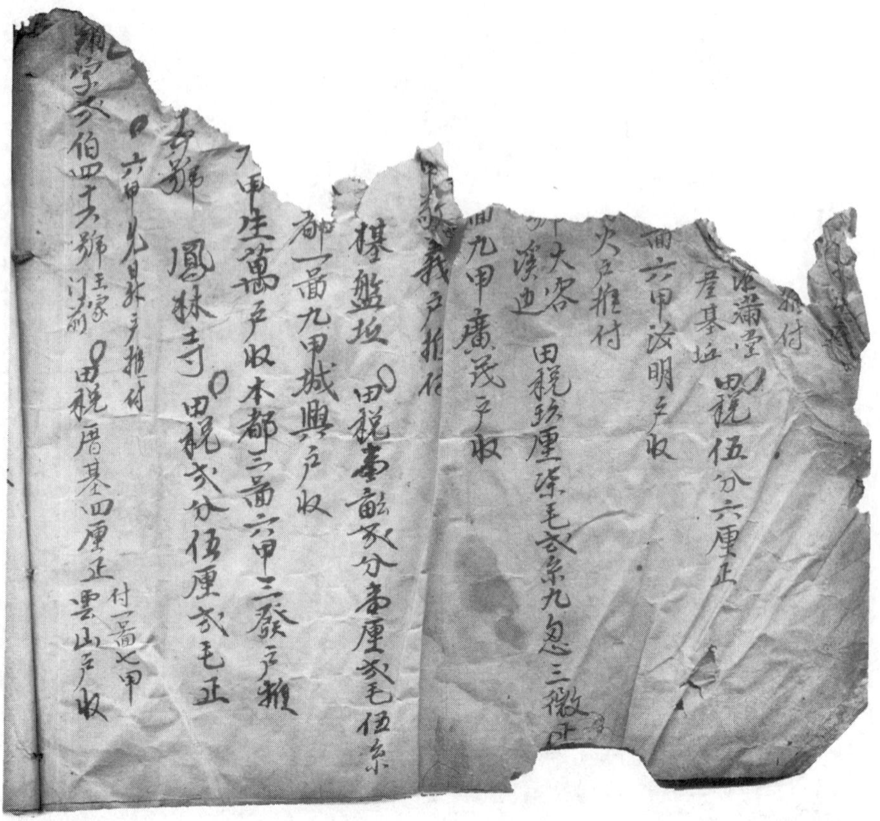

江湾镇金田村 A 57-8 · 推单合集 · 德源户等

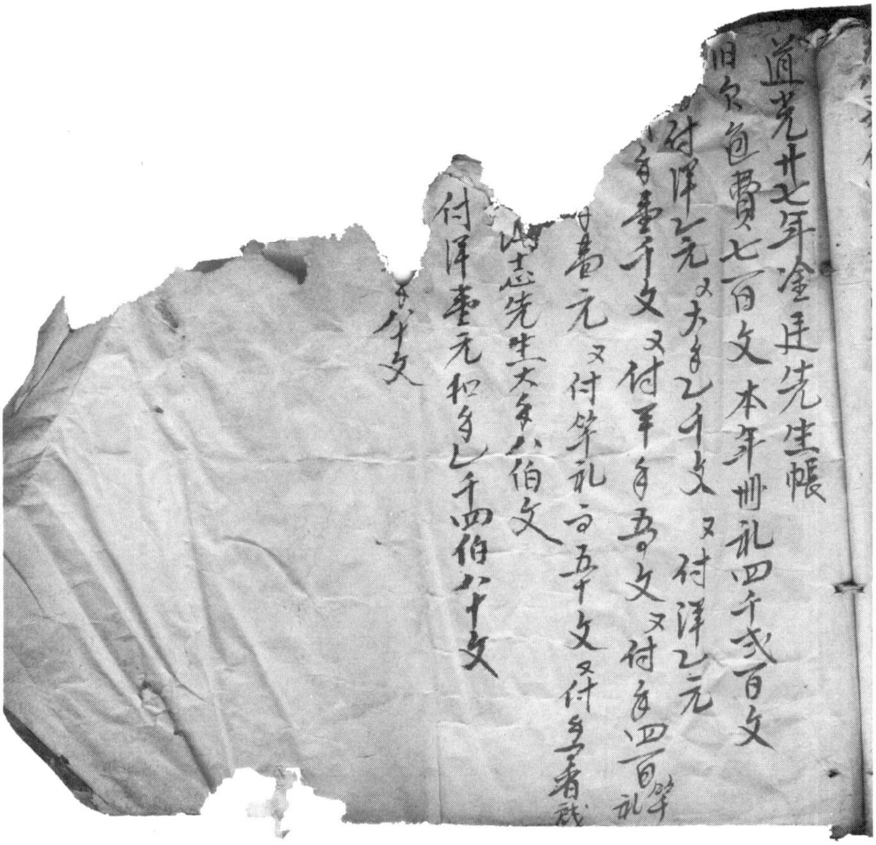
道光廿七年金廷先生帳
旧欠包费七百文 本年册礼四千弍百文
付洋乙元 又大钱乙千文 又付洋乙元
又钱壹千文 又付草钱五百文 又付钱四百 笔礼
廿番元 又付笔礼钱五千文 又付钱香烛
山志先生大钱八伯文
付洋壹元 和钱乙千四伯八十文
又八十文

江湾镇金田村 A 57-9 · 推单合集 · 德源户等

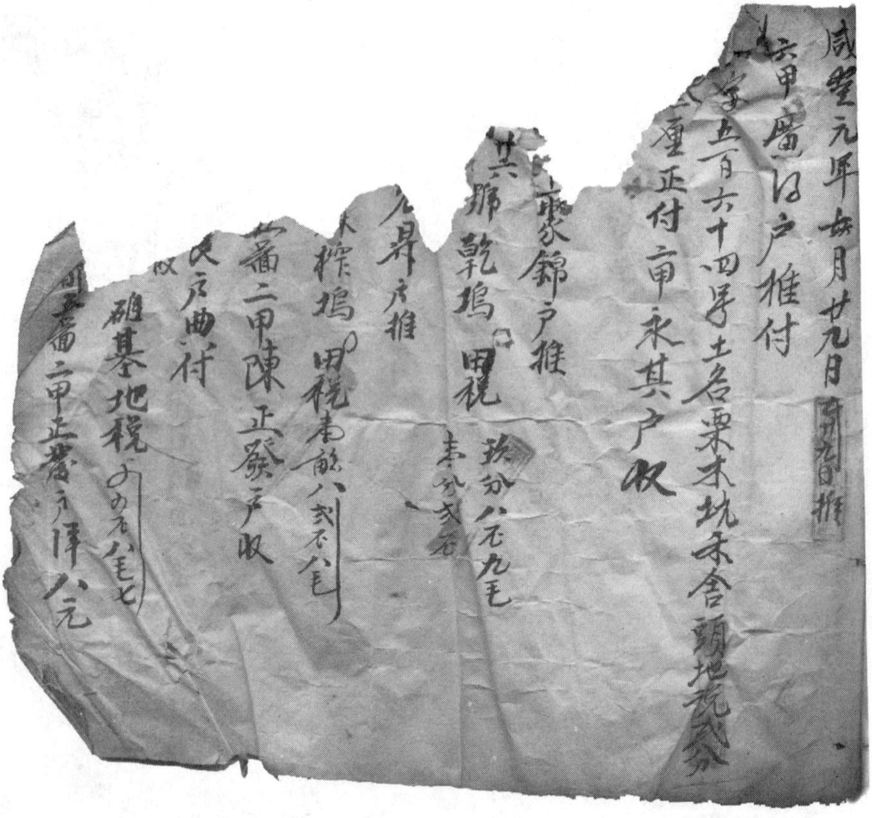

江湾镇金田村 A 57-10 · 推单合集 · 德源户等

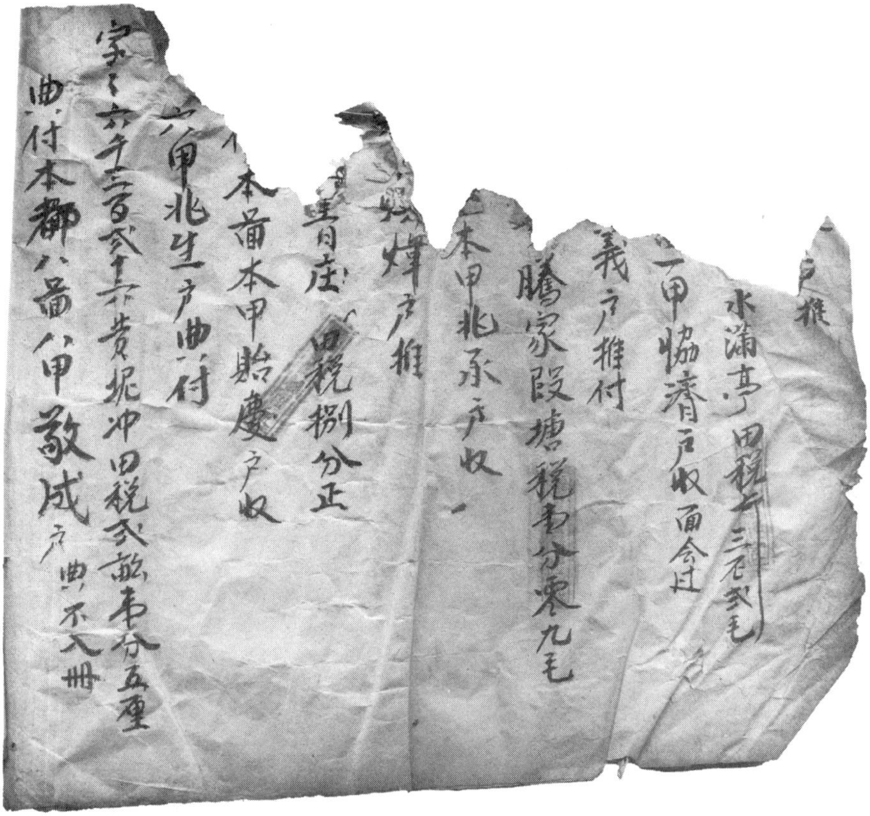

户推
水蒲亭田税[illegible]三厘贰毛
一甲协济户收 面会过
义户推付
腾家段塘税[illegible]分零九毛
本甲兆承户收
烨户推
青庄田税捌分正
本啚本甲贻庆户收
户甲兆生户曲付
字[illegible]六千三百贰十六号黄坭冲田税贰亩[illegible]分五厘
曲付本都八啚八甲敬成户 曲不入册

江湾镇金田村 A 57-11 · 推单合集 · 德源户等

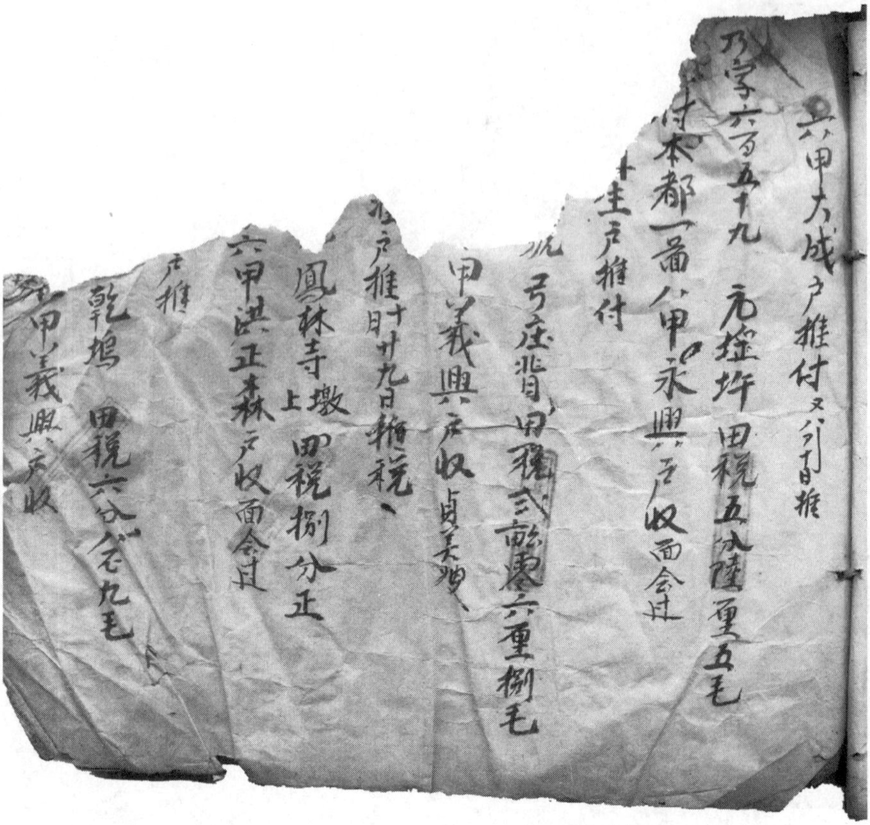

江湾镇金田村 A 57-12 · 推单合集 · 德源户等

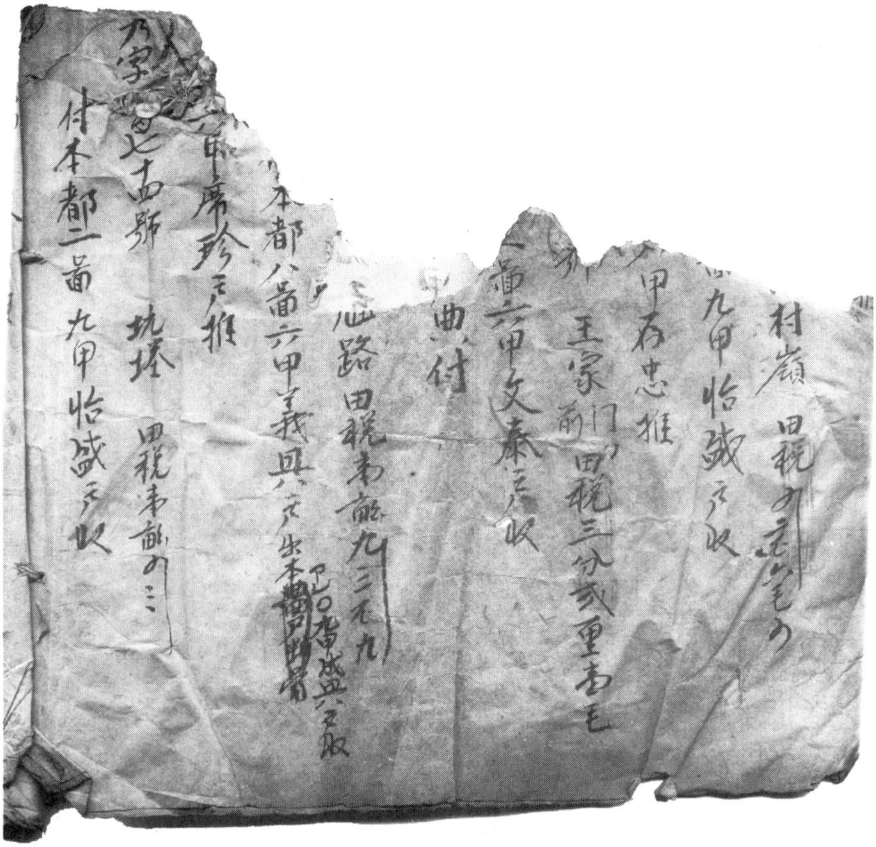

江湾镇金田村 A 57-13 · 推单合集 · 德源户等

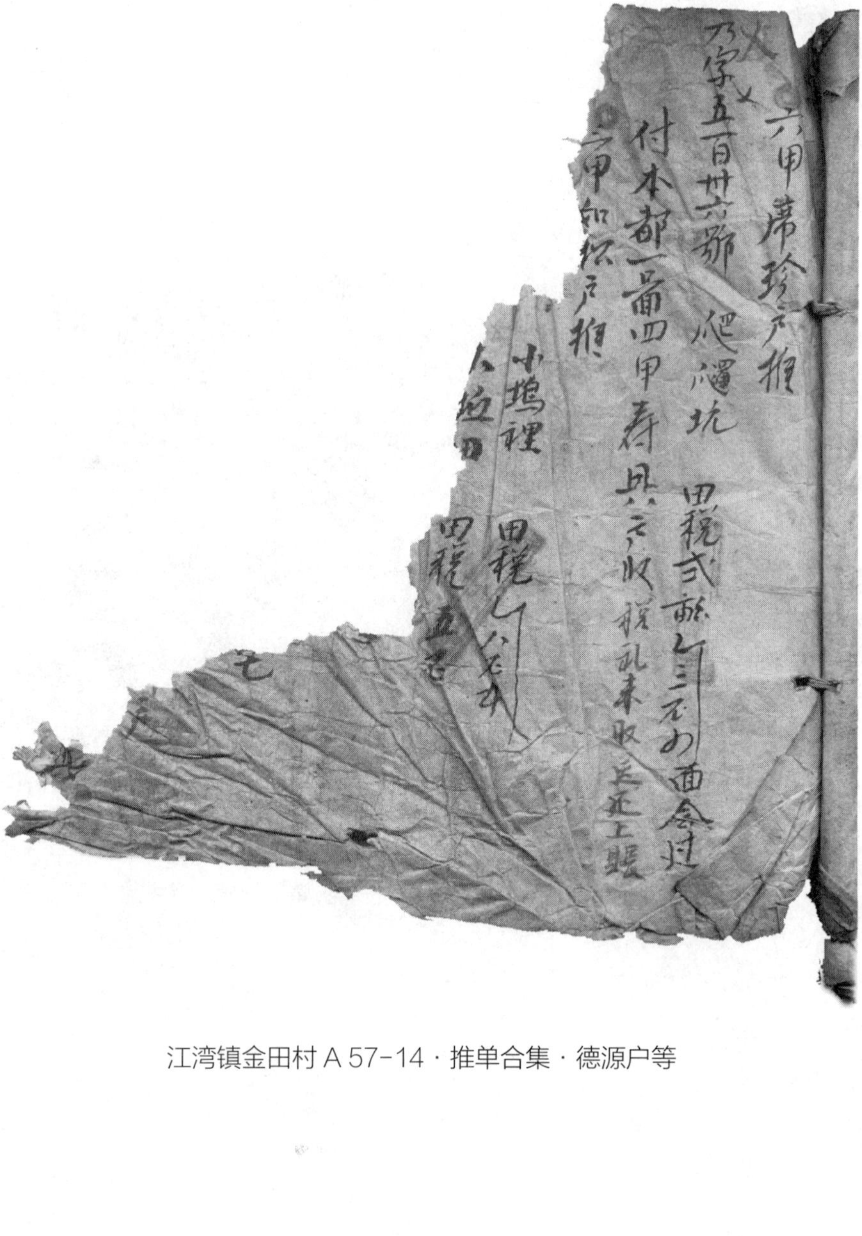

六甲帶珍户推

乃字五百卅六號　爬灞坑　田税弍畝　三分　西合过

付本都一啚四甲壽丹户收　推乱來收足廷土號

二甲如根户推

小塢裡　田税七八分

大塅田　田税五分

江湾镇金田村 A 57-14 · 推单合集 · 德源户等

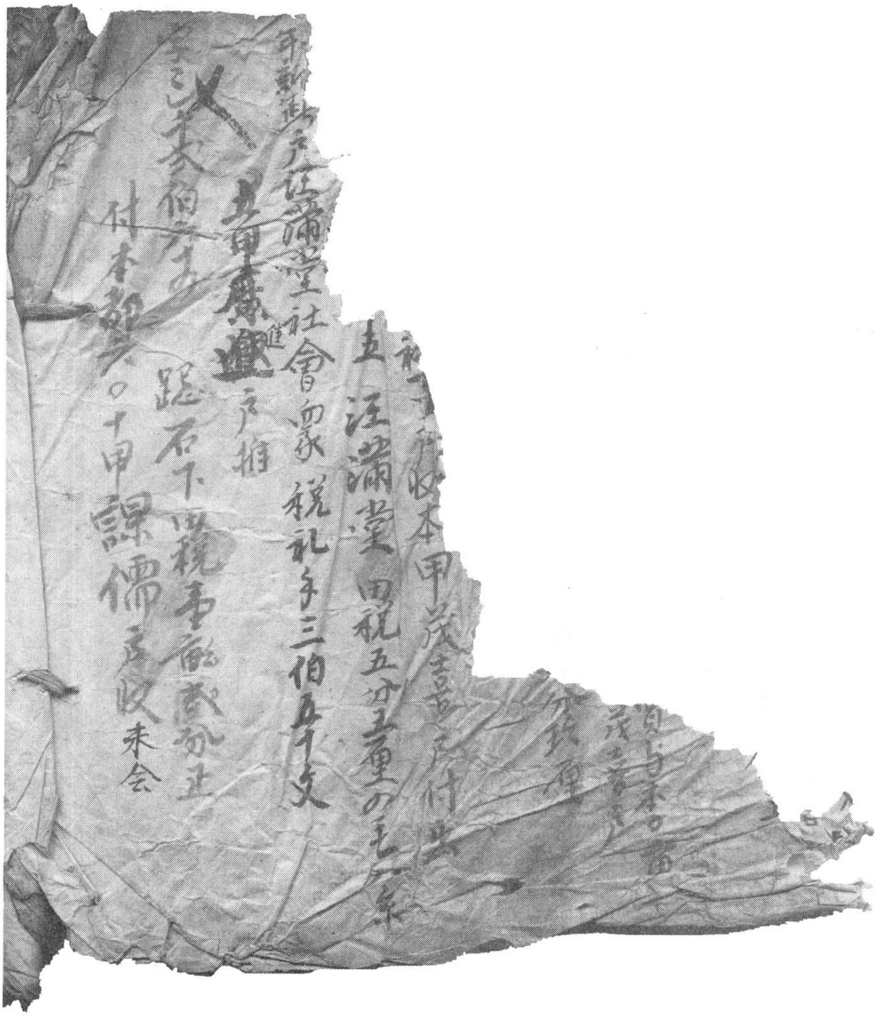

江湾镇金田村 A 57-15 · 推单合集 · 德源户等

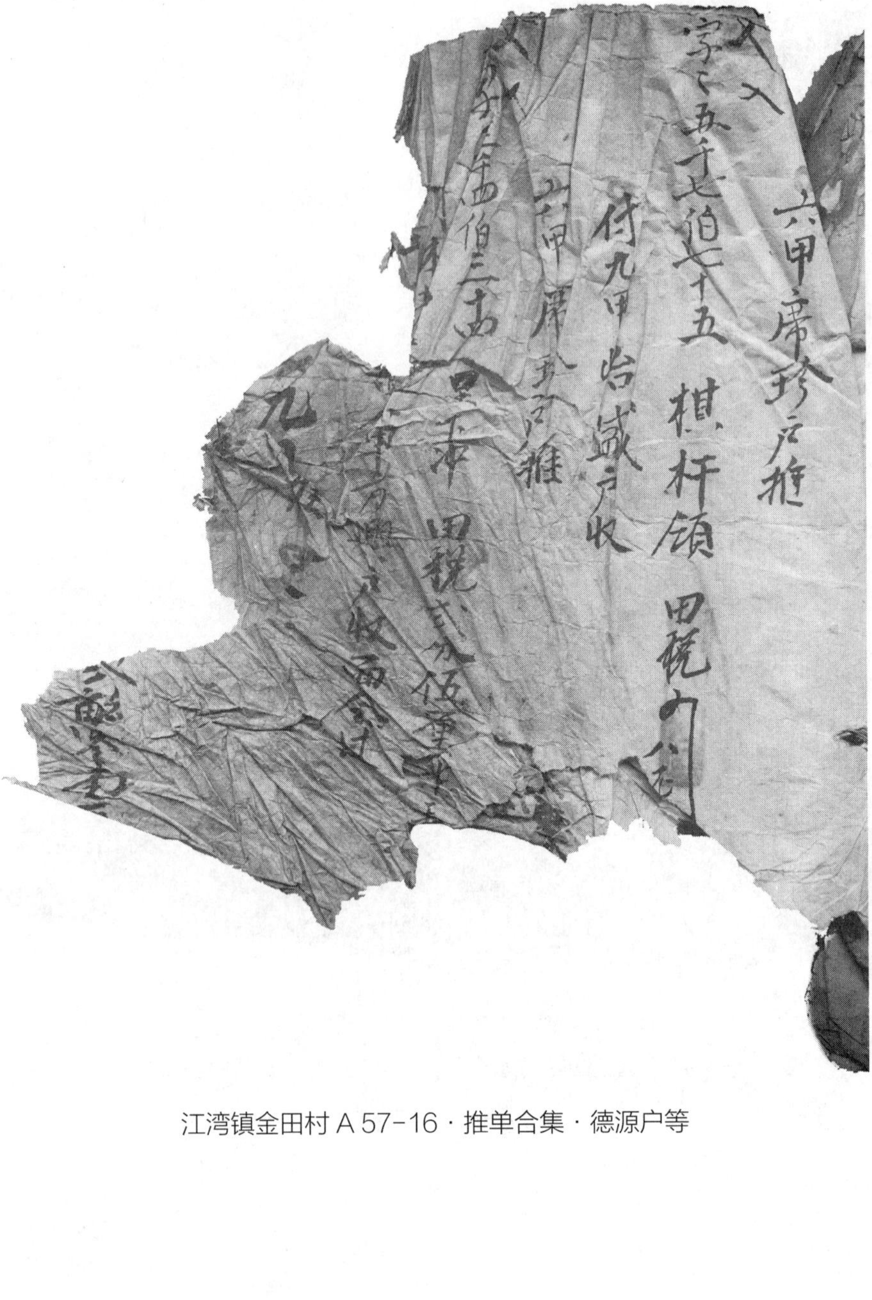

江湾镇金田村 A 57-16 · 推单合集 · 德源户等

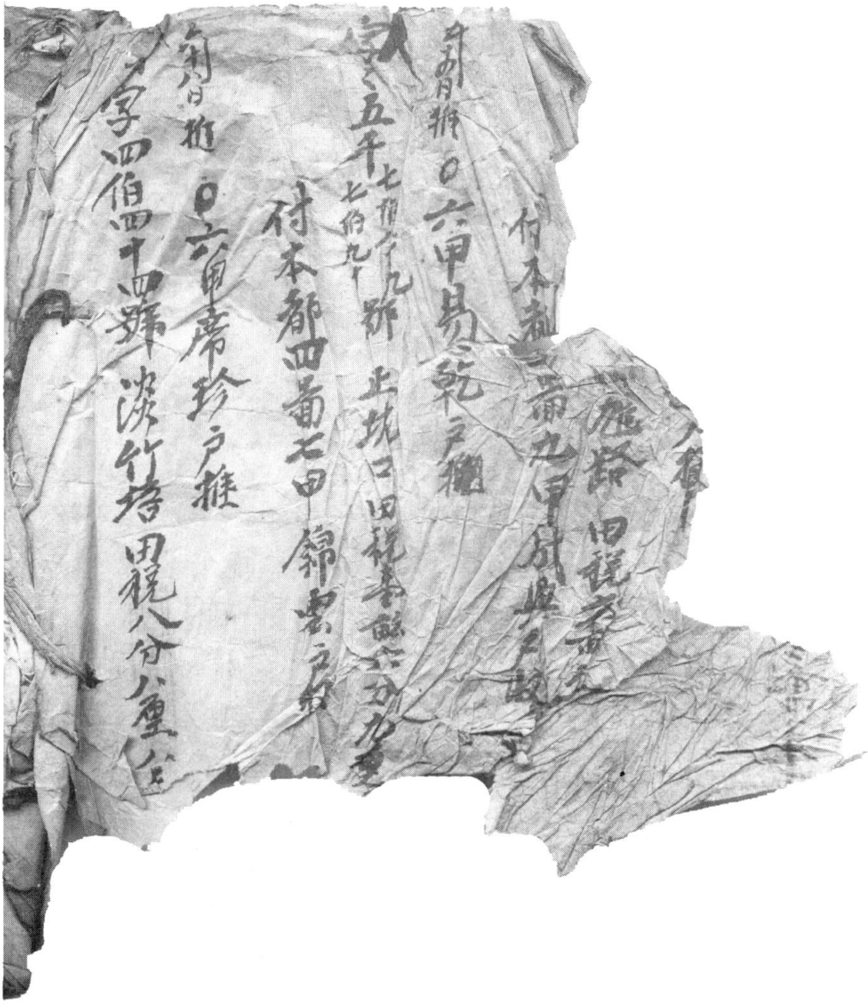

施舒 田税…

付本都一啚九甲付與…户收

年四月推〇六甲易乾户推

字…五千七百七十九號 七佰九十 土名坑口 田税壹畝六分九厘

付本都四啚七甲錦雲户收

年八月推〇六甲帝珍户推

字四佰四十四號 淡竹培 田税八分八厘八毛

江湾镇金田村 A 57-17 · 推单合集 · 德源户等

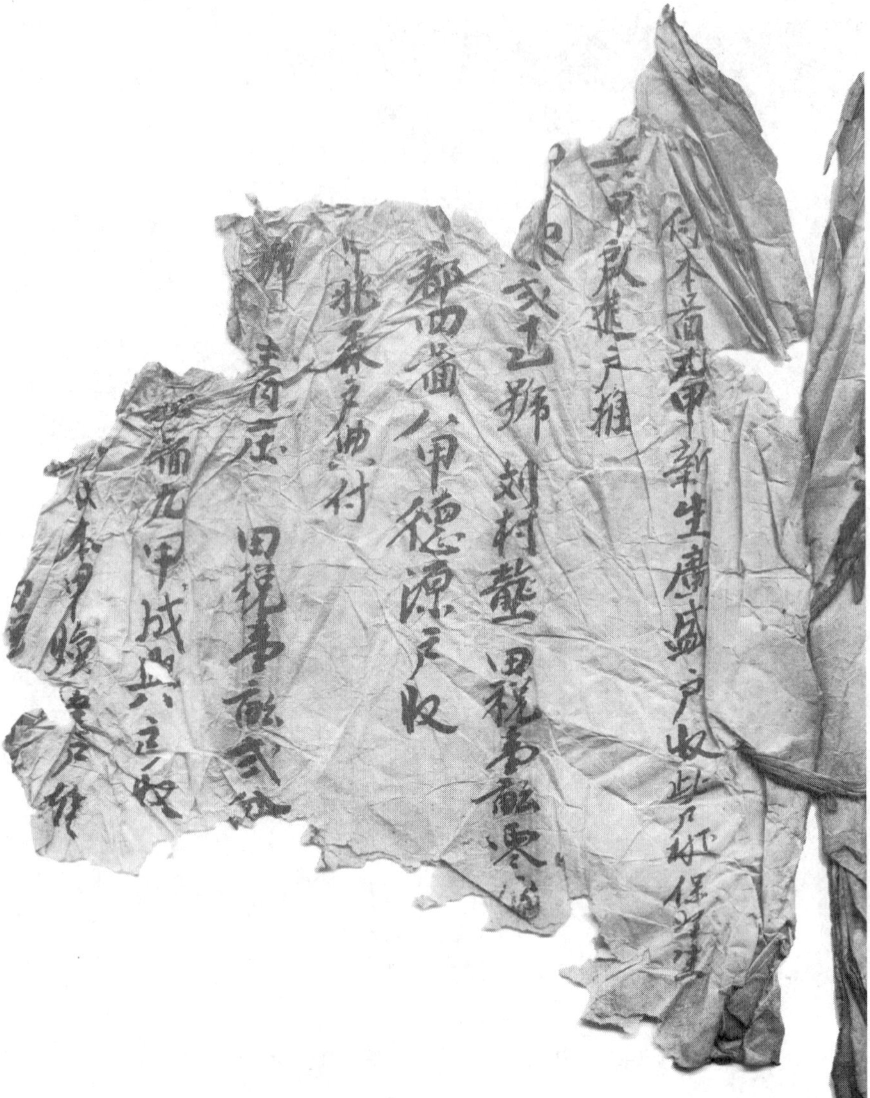

江湾镇金田村 A 57-18 · 推单合集 · 德源户等

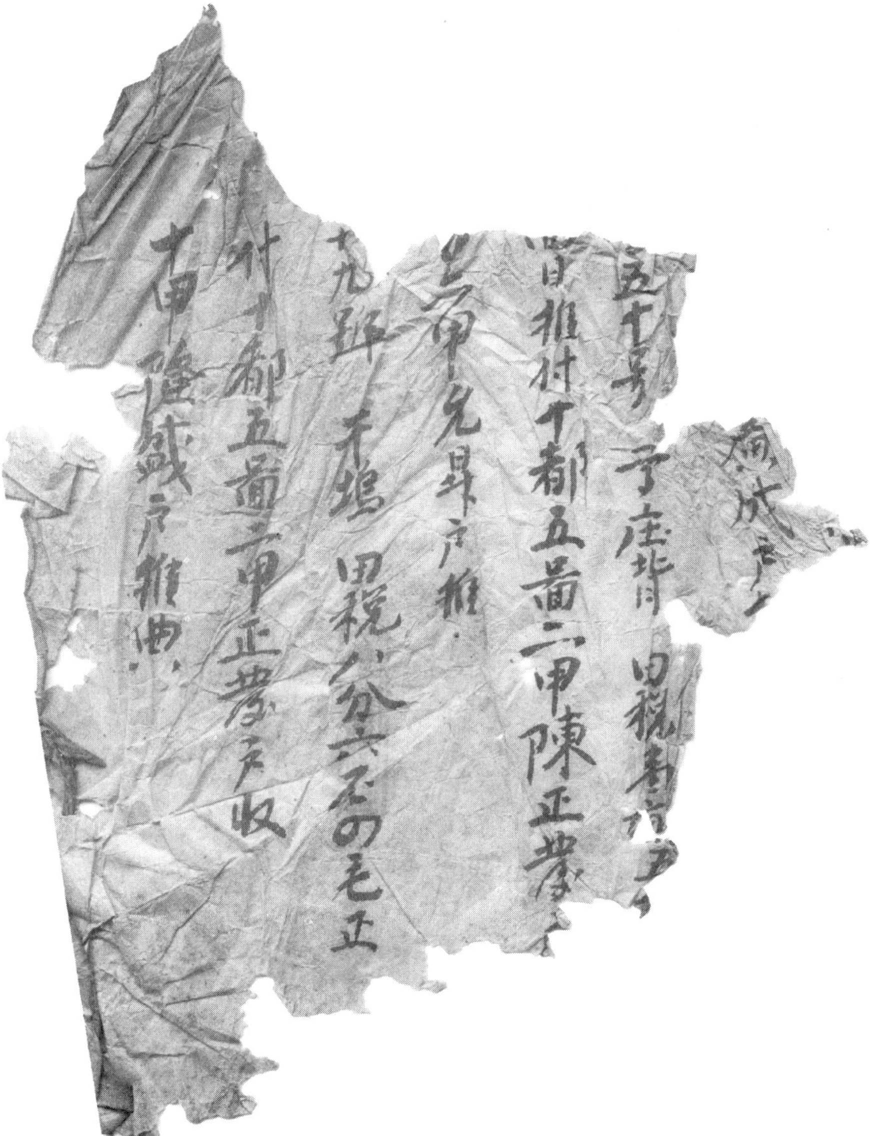

商戊乙户上
五十号　字　庄背　田税□分五□
日推付十都五啚二甲陳正楼
五甲先昇户推
七九号　大塘　田税八分六厘四毛正
付十都五啚二甲正楼户收
十甲隆铖户推出

江湾镇金田村 A 57-19 · 推单合集 · 德源户等

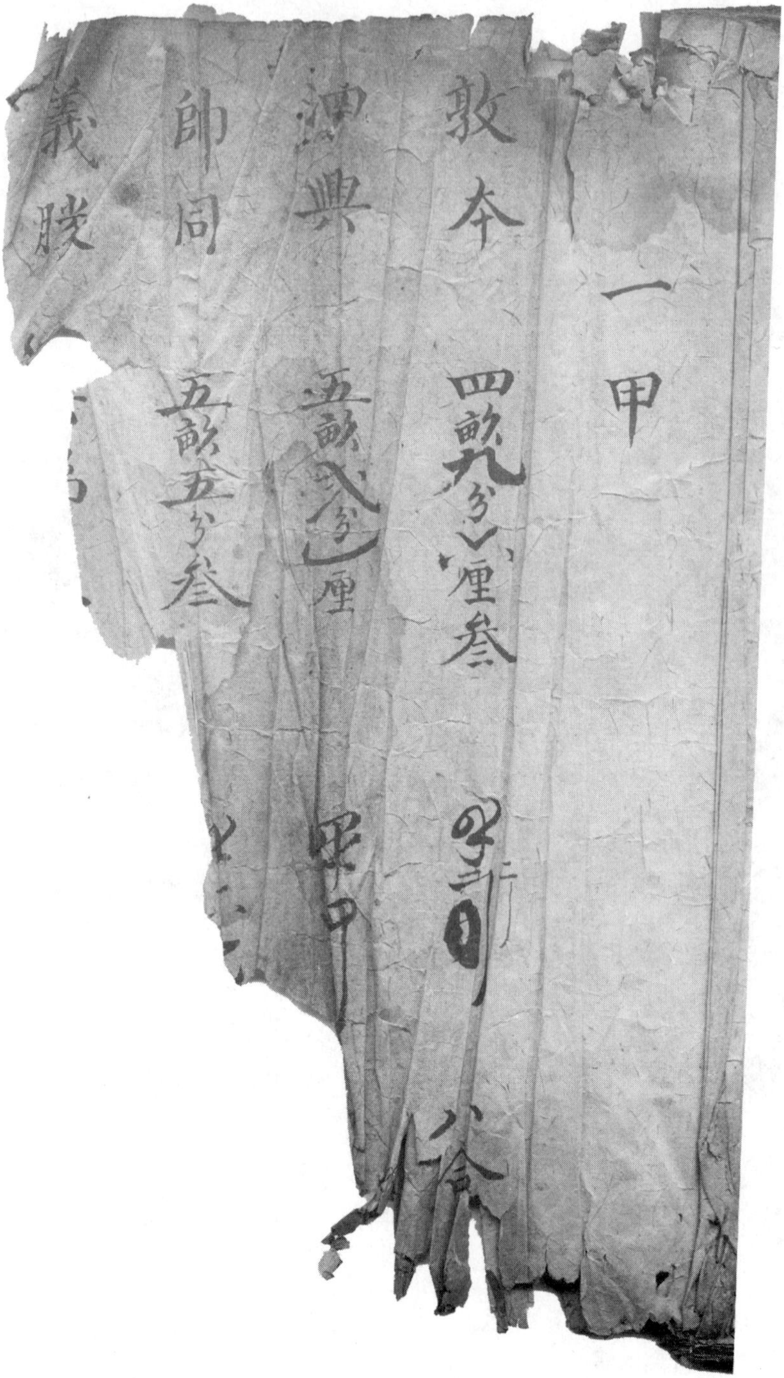
一甲
敦本 四畝九分八厘叁
澳興 五畝弍分八厘
帥同 五畝五分叁
義勝

江湾镇金田村 A 58-1 · 家庭土地数量登记簿 · 敦本等

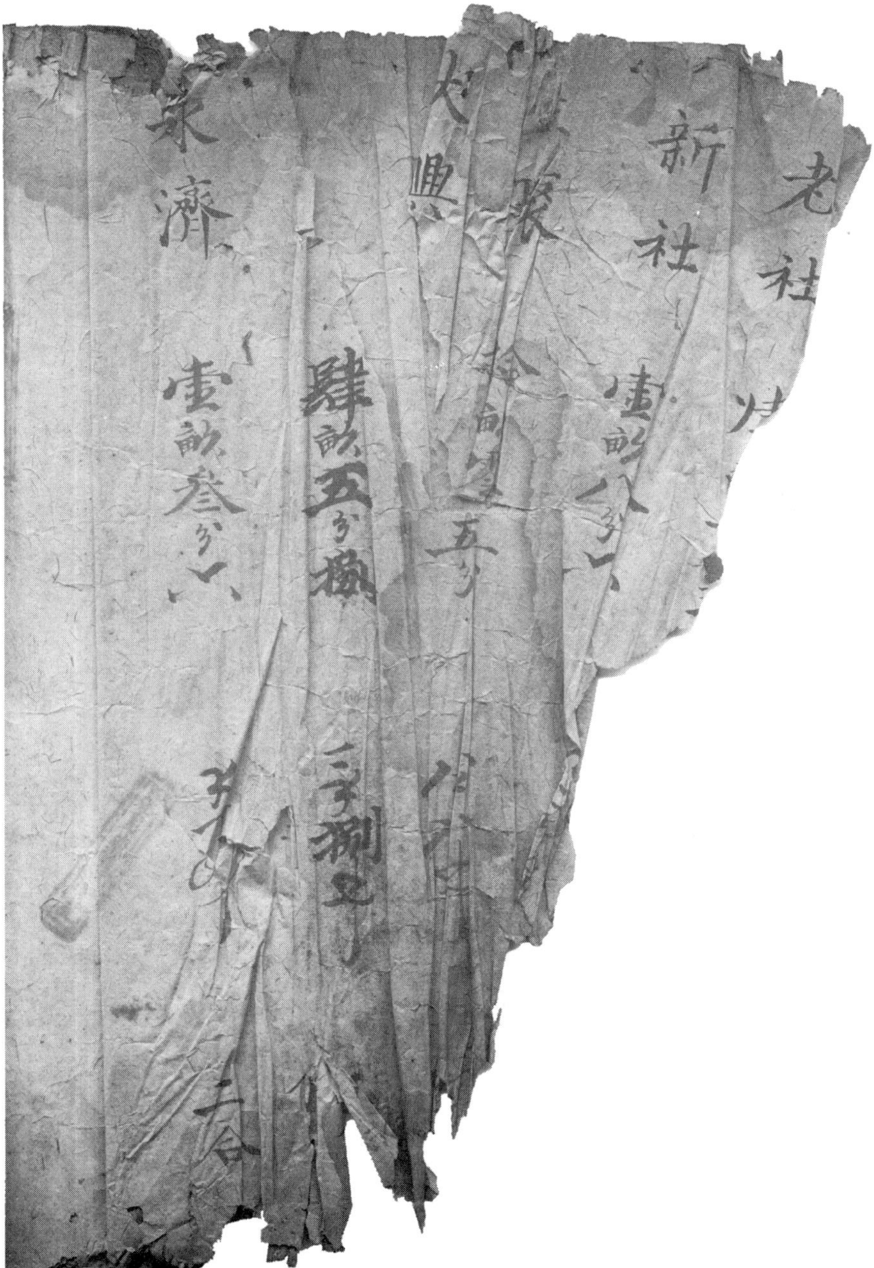

江湾镇金田村 A 58-2 · 家庭土地数量登记簿 · 敦本等

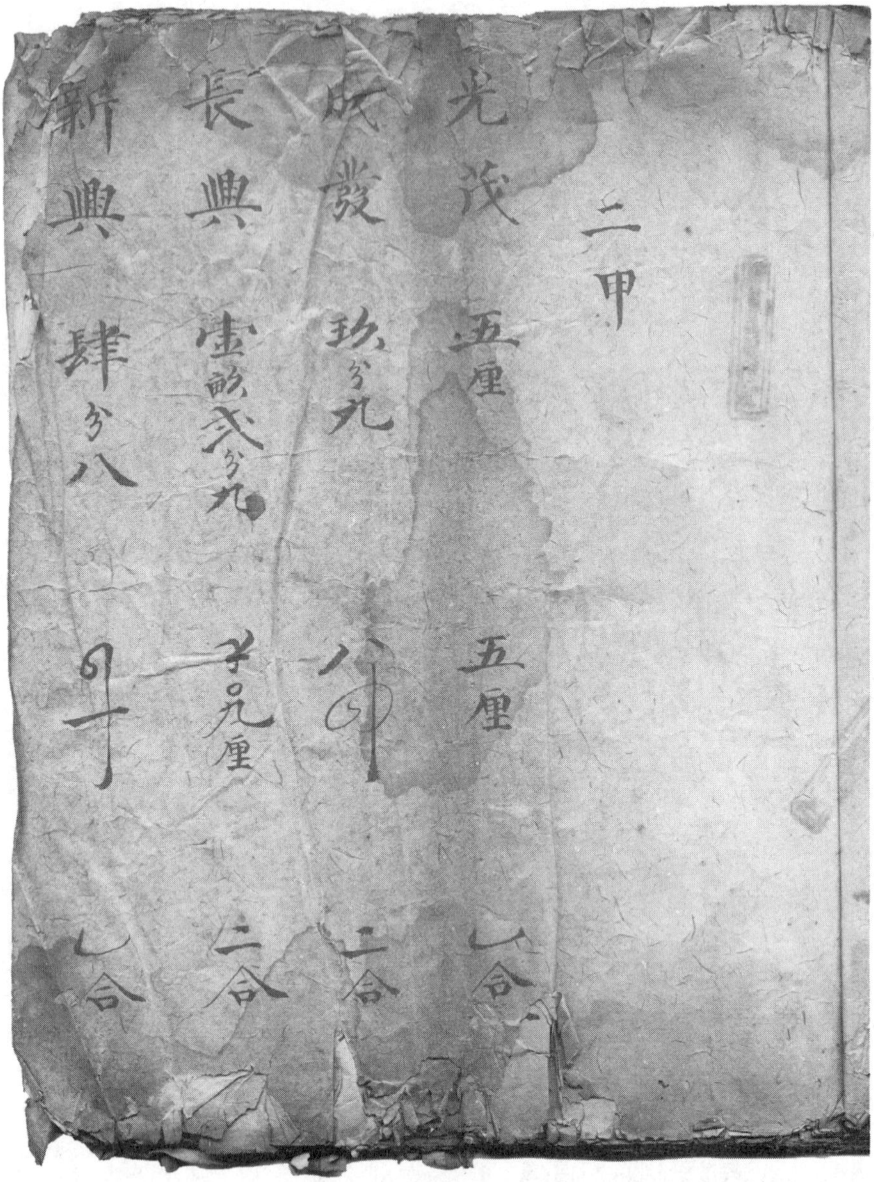

二甲

光茂　五厘　五厘　一合

成發　玖分九　[illegible]　二合

長興　壹畝弍分九　[illegible]厘　二合

新興　肆分八　[illegible]　一合

江湾镇金田村 A 58-3 · 家庭土地数量登记簿 · 敦本等

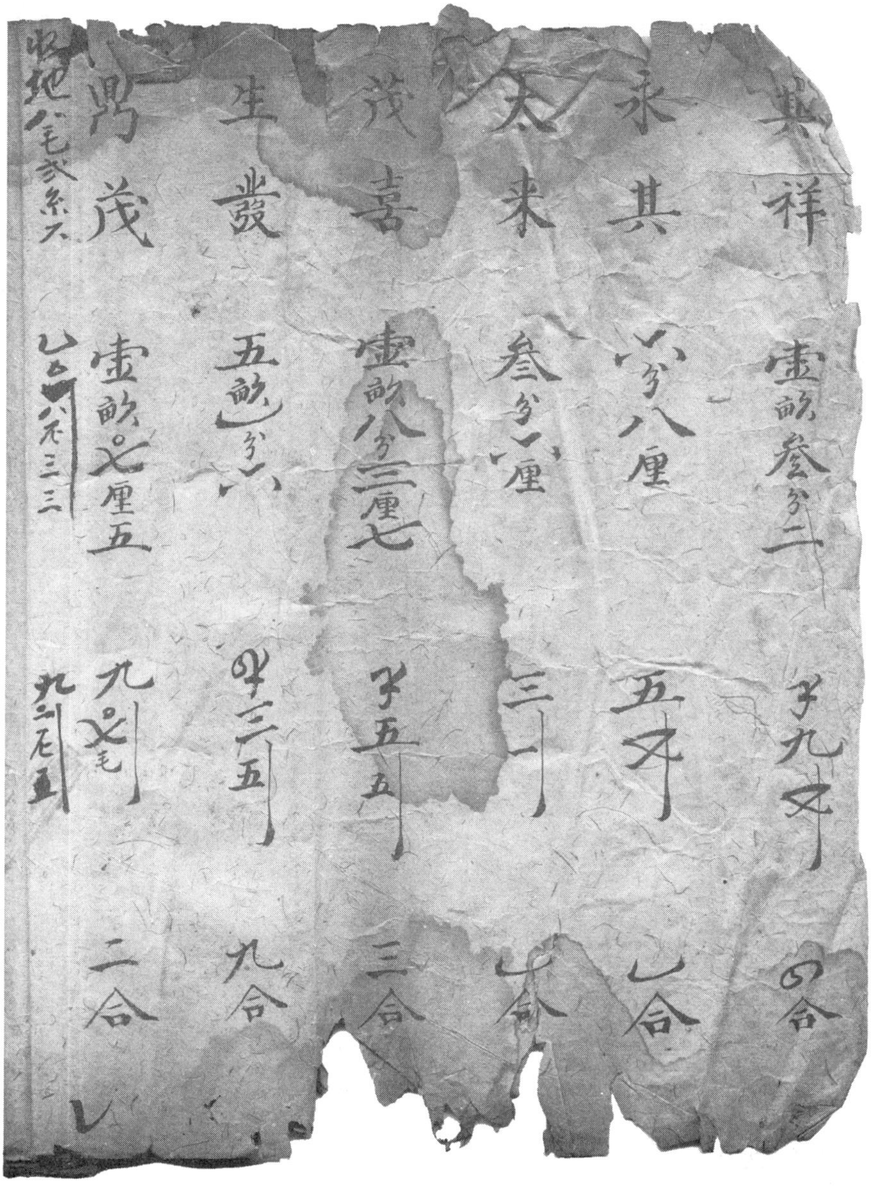
其祥 壹畝叁分二 子九文 四合
永其 六分八厘 五文 乙合
太来 叁分一厘 三一 七合
茂喜 壹畝八分三厘七 子五五 三合
生叢 五畝乙分六 子三五 九合
禹茂 壹畝〇七厘五 九〇七毛 二合 乙
收地八毛弍系六 乙六八〇三三 九三〇五

江湾镇金田村 A 58-4 · 家庭土地数量登记簿 · 敦本等

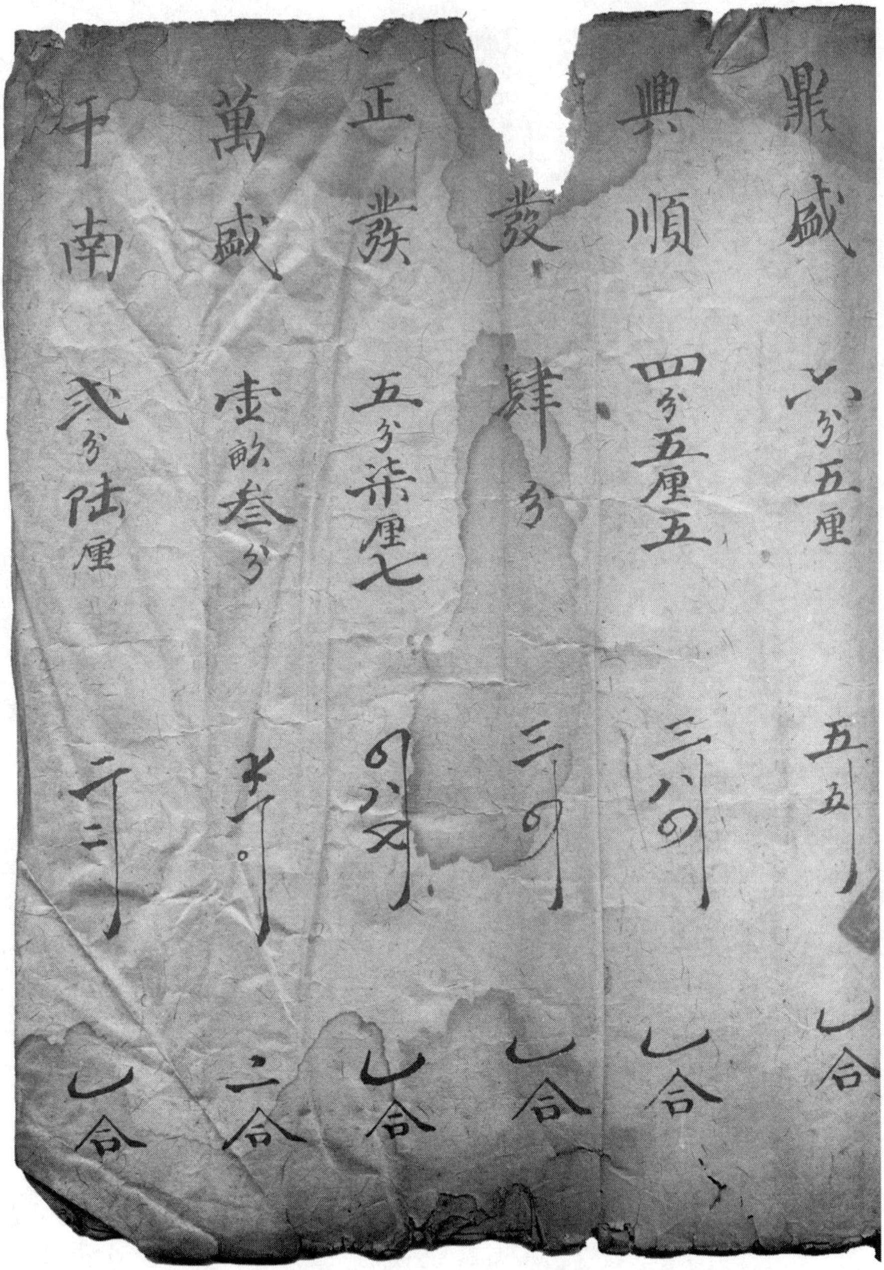

江湾镇金田村 A 58-5 · 家庭土地数量登记簿 · 敦本等

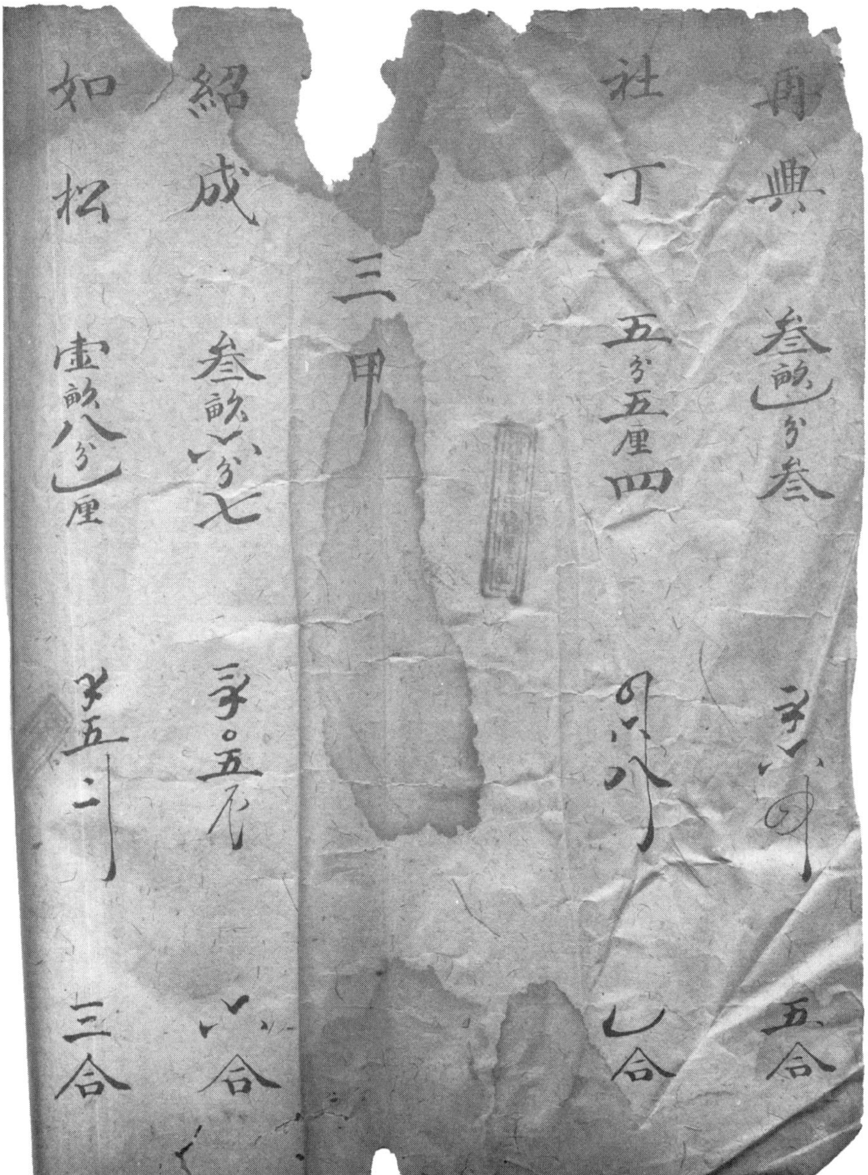

再典　叁畝乙分叁　[illegible]　五合

社丁　五分五厘四　[illegible]　乙合

三甲

紹成　叁畝六分七　[illegible]五尺　六合

如松　壹畝八分乙厘　[illegible]五二　三合

江湾镇金田村 A 58-6 · 家庭土地数量登记簿 · 敦本等

養初　壹畝六分二　半三五　五合

長贇　叁畝六分七　斗〇五尺　六合

茂　叁分八厘　三二　六合

天木　壹畝八分二　半五〇　三合

德義　四分六厘　三八　六合

廣成　八分玖厘　七五　二合

江湾镇金田村 A 58-7 · 家庭土地数量登记簿 · 敦本等

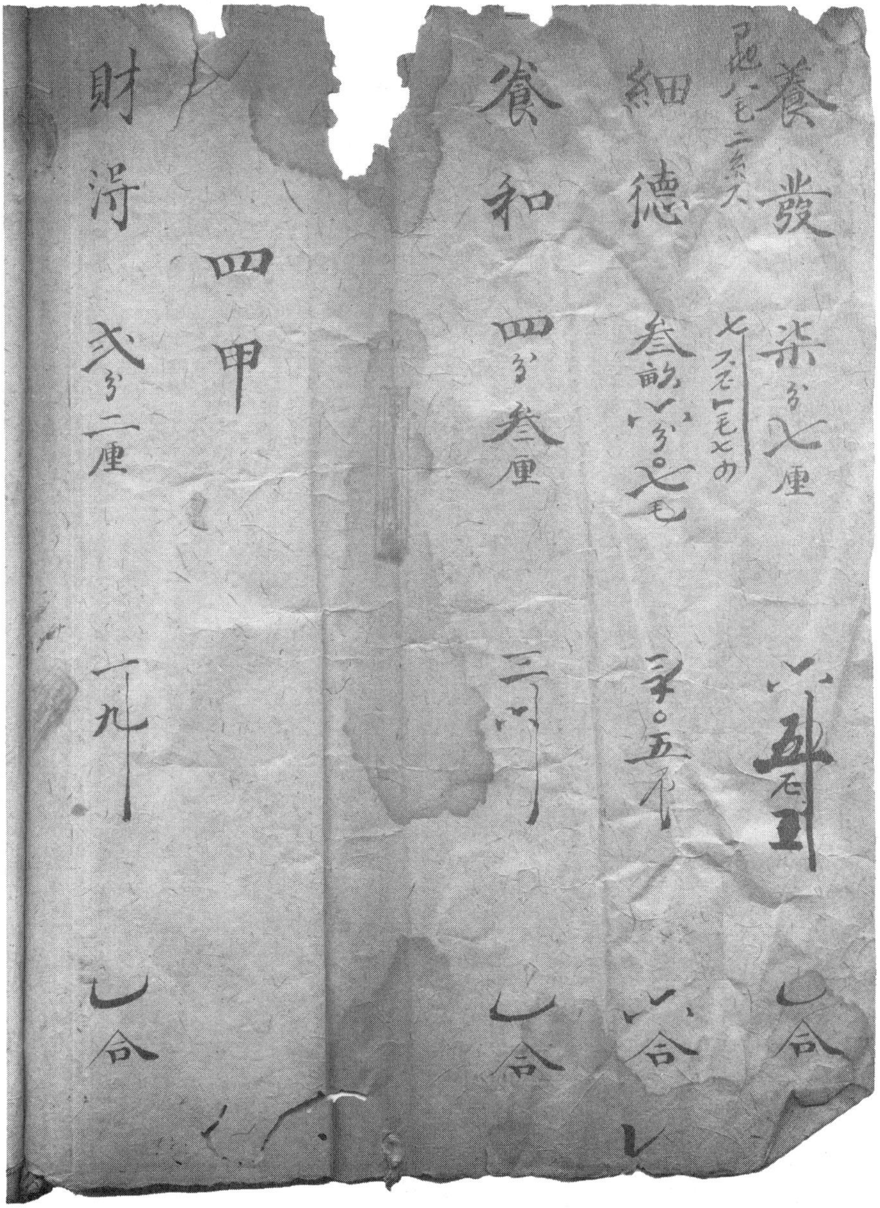
養發　柒分七厘
細德　叁畝八分〇七毛
飡和　四分叁厘
四甲
財涓　弍分二厘

江湾镇金田村 A 58-8 · 家庭土地数量登记簿 · 敦本等

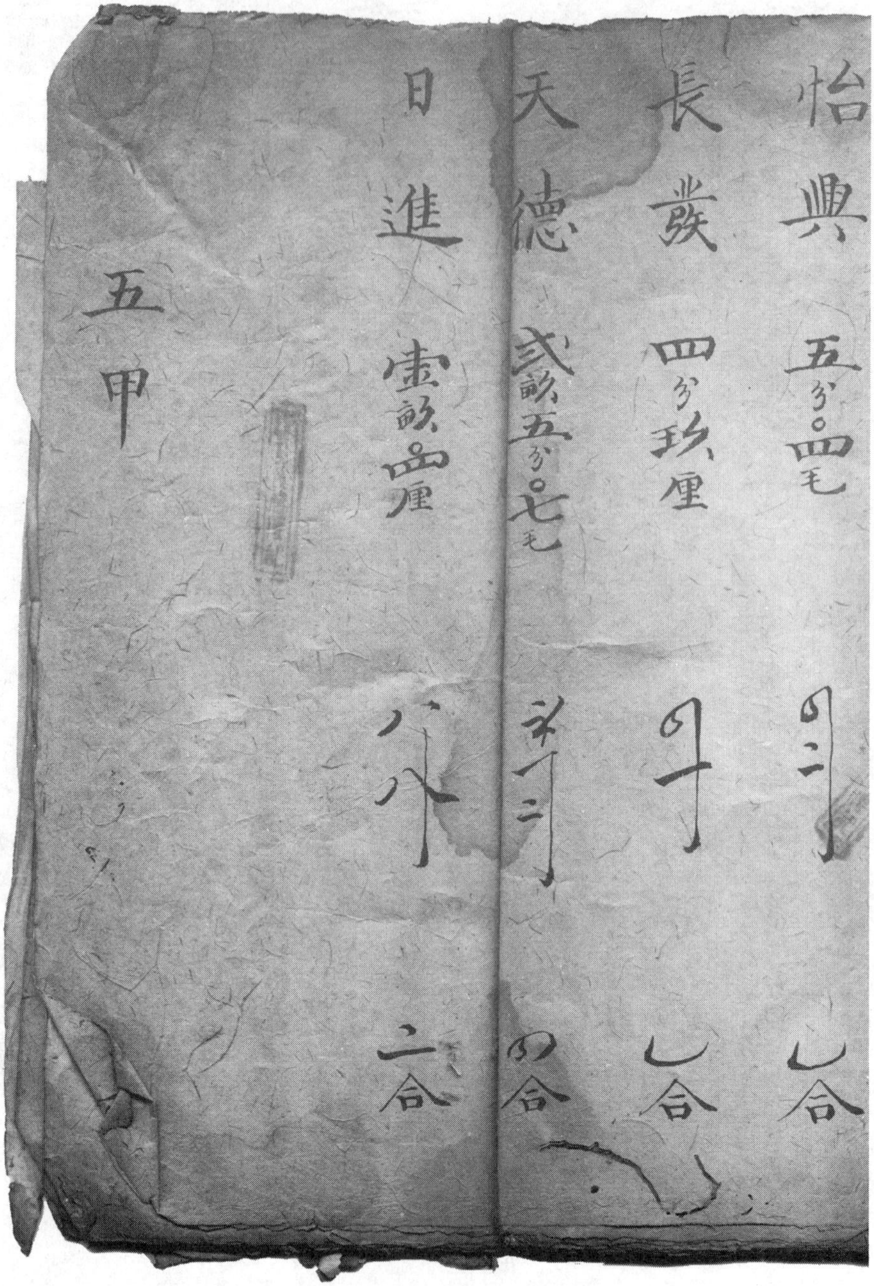

怡典 五分四毛 斗二 九合

長發 四分玖厘 斗 九合

天德 貳畝五分七毛 [illegible]斗二 四合

日進 壹畝四厘 八斗 二合

五甲

江湾镇金田村 A 58-9 · 家庭土地数量登记簿 · 敦本等

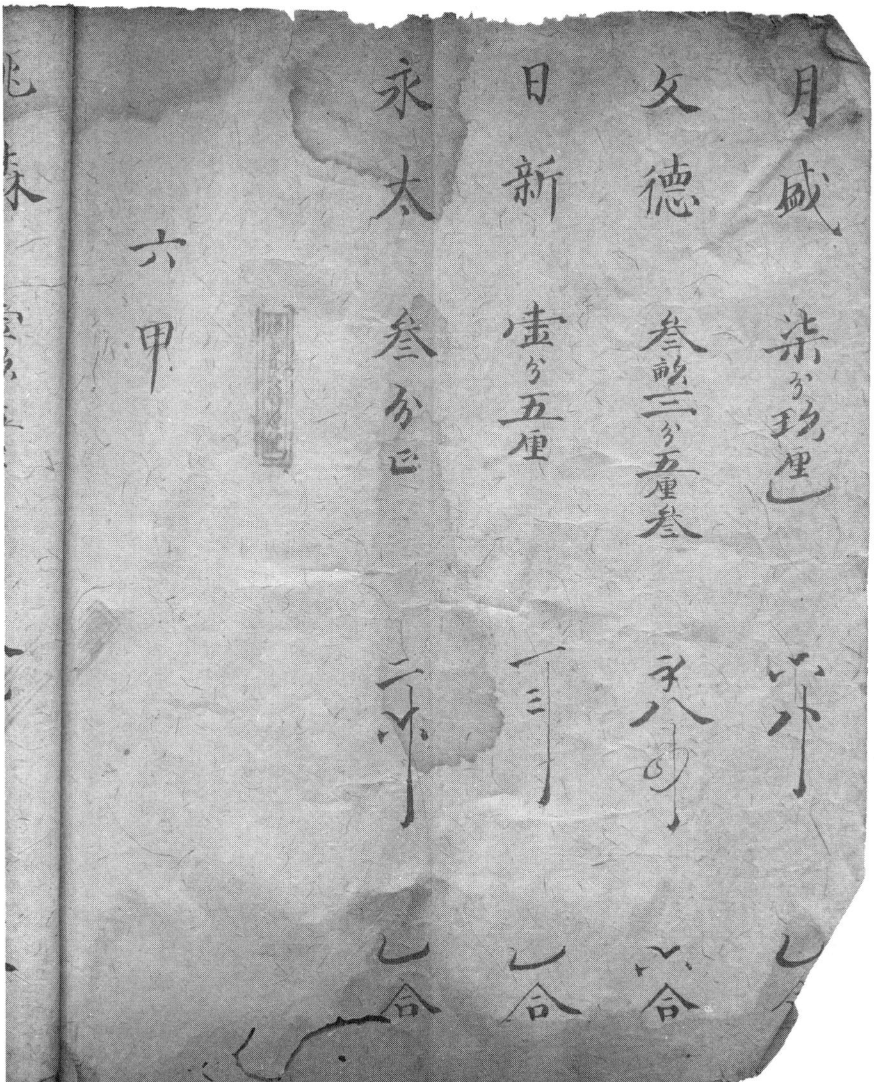
月盛 柒分玖厘
文德 叁畝三分五厘叁
日新 壹分五厘
永太 叁分已
六甲

江湾镇金田村 A 58-10 · 家庭土地数量登记簿 · 敦本等

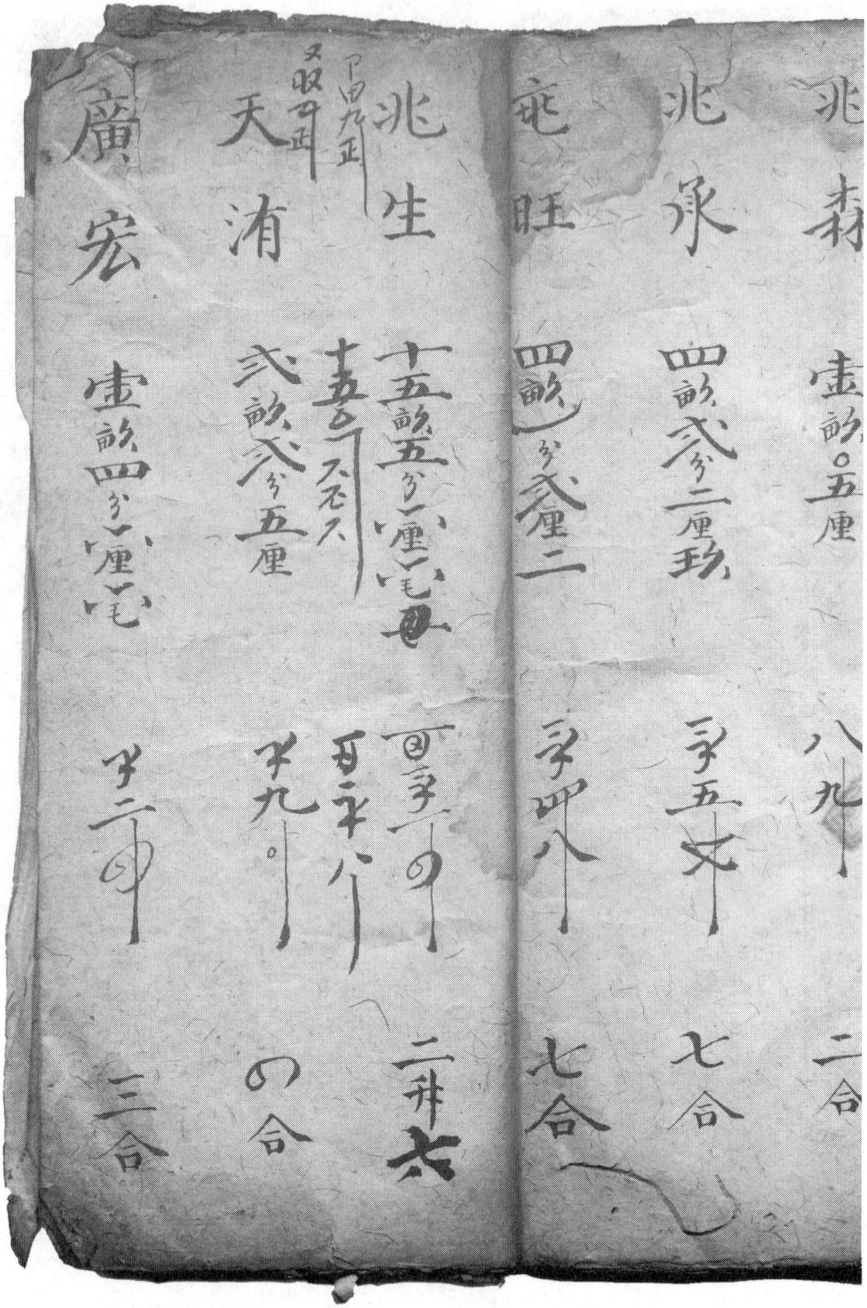

江湾镇金田村 A 58-11 · 家庭土地数量登记簿 · 敦本等

玉亨	五分壹厘	〡〇〡	乙合
漢	壹畝五分八厘四	〣〇〡	三合
茂盛	弍畝玖分五厘	〤〇九	五合
永興	叁分乙	二五〡	乙合
允昇	弍分四毛	〡〥〡	乙合
聚錦	壹分乙厘四	〡〇〡	乙合

江湾镇金田村 A 58-12 · 家庭土地数量登记簿 · 敦本等

膏火	叁畝〇八厘叁	〥〦十	五合
文昌	壹畝七分三厘七	〤〇文	三合
文光	弍畝〇分四厘	〥二〣	四合
萬森	壹分柒厘	一五	乙合
萬興	叁分四厘	二九	乙合
渭珍	拾弍畝〇七厘五	四〇二九	二升

江湾镇金田村 A 58-13 · 家庭土地数量登记簿 · 敦本等

浔裕	壹分乙厘	〡〇	乙合
百盈	八分八厘叁	七五	二合
大成	叁分〤厘	三一	乙合
廣德	叁畝弍分三厘八	百零八	四升九
漢宏	玖分四厘	八〇	二合
順初	壹畝五分七厘	十三二	三合

江湾镇金田村 A 58-14 · 家庭土地数量登记簿 · 敦本等

又生 五畝叁分 四斗 九合

敬義 壹畝弍分厘玖 斗〇三尺 二合

天福 叁分正 二斗 乚合

興發 柒厘 六尺 乚合

進興 弍分二厘 一九斗 乚合

進順 六分八厘乚毛 五八斗 乚合

江湾镇金田村 A 58-15 · 家庭土地数量登记簿 · 敦本等

積成　玖分九厘　八斗　二合
啟進　拾陸畝七分七厘八毛四　石三斗九升　二升八
智禮　五分壹厘六毛　四斗　九合
智仁　八分弍厘叁　九斗　合
智義　弍畝○玖厘九毛　三石七斗　四合
大淮　四畝叁分三厘四毛五　三石六斗　七合

江湾镇金田村 A 58-16 · 家庭土地数量登记簿 · 敦本等

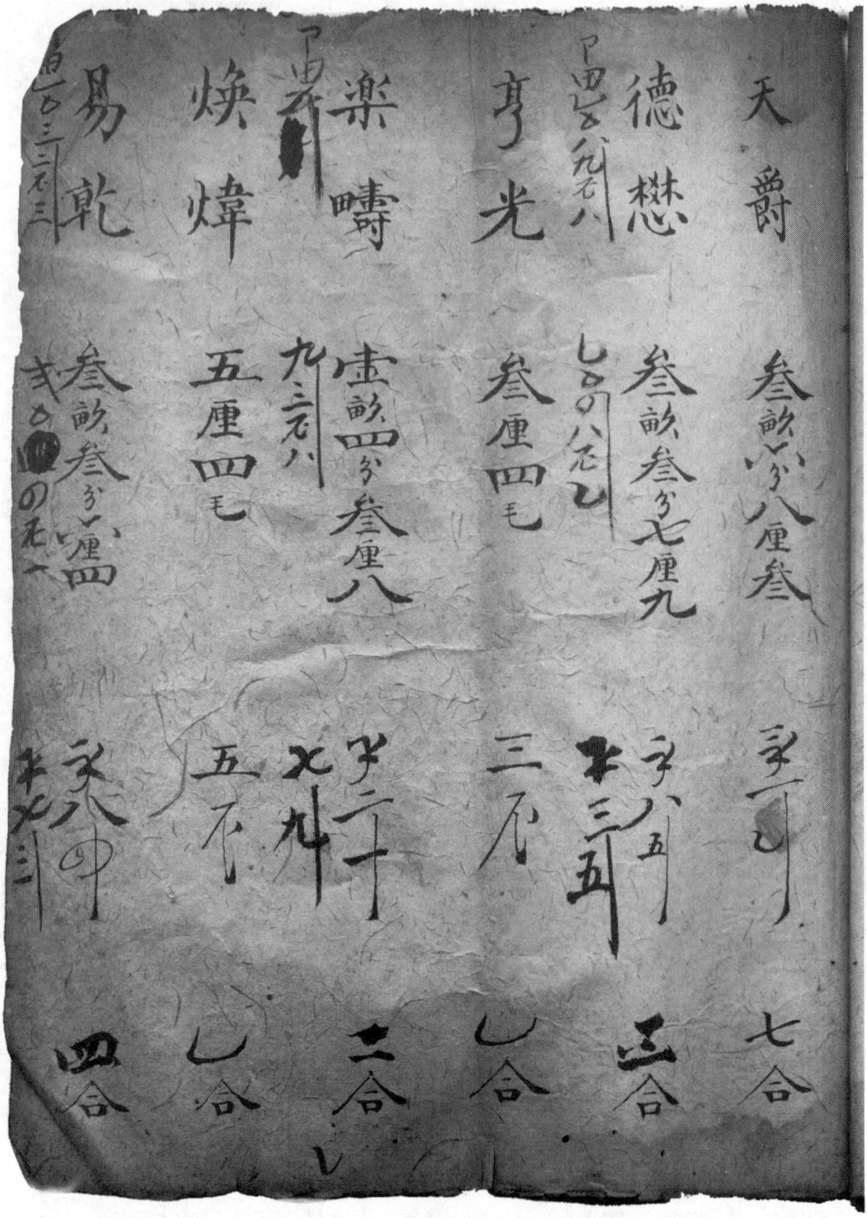
天爵 叁畝六分八厘叁 七合
德懋 叁畝叁分七厘九 三合
亨光 叁厘四毛 合
楽疇 壹畝四分叁厘八 二合
煥煒 五厘四毛 合
易乾 叁畝叁分六厘四 四合

江湾镇金田村 A 58-17 · 家庭土地数量登记簿 · 敦本等

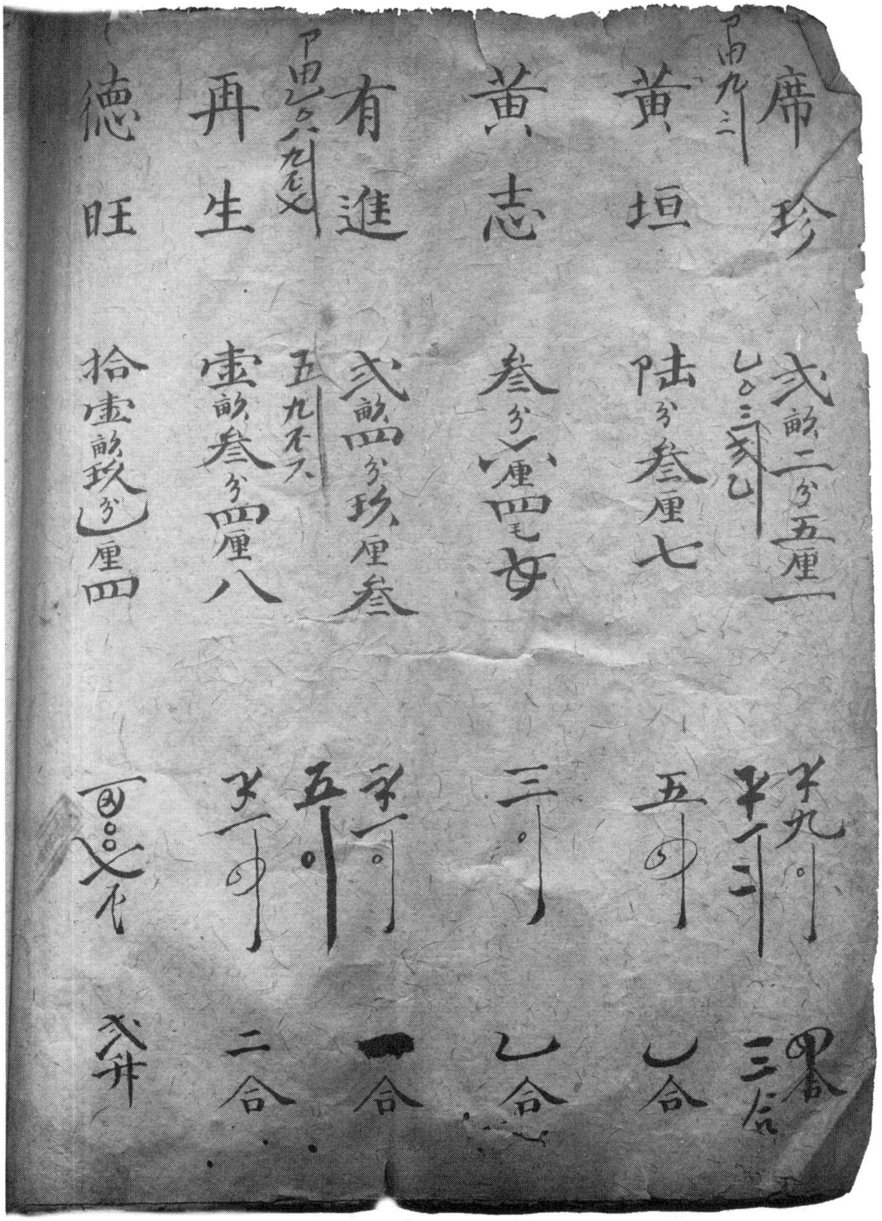

席珍 貳畝二分五厘一 三合
黃垣 陸分叁厘七 一合
黃志 叁分一厘四毛六 一合
有進 貳畝四分玖厘叁 一合
再生 壹畝叁分四厘八 二合
德旺 拾壹畝玖分五厘四 貳升

江湾镇金田村 A 58-18 · 家庭土地数量登记簿 · 敦本等

貽慶　拾畝〇叁分〇八厘　八斗七升　〇升七

貽豐　拾壹畝五分叁厘　九斗七升　二升

慶豐　八畝〇分八厘一毛　七斗三升　〇升五

貞祥　收四畝〇分八厘　拾四畝〇分〇厘一　壹畝四分叁厘七毛　斗九五升　二升六

日生　叁畝叁分四厘三　斗八升　〇合

日茂　壹畝〇分四厘〇毛　斗三升　三合

江湾镇金田村 A 58-19 · 家庭土地数量登记簿 · 敦本等

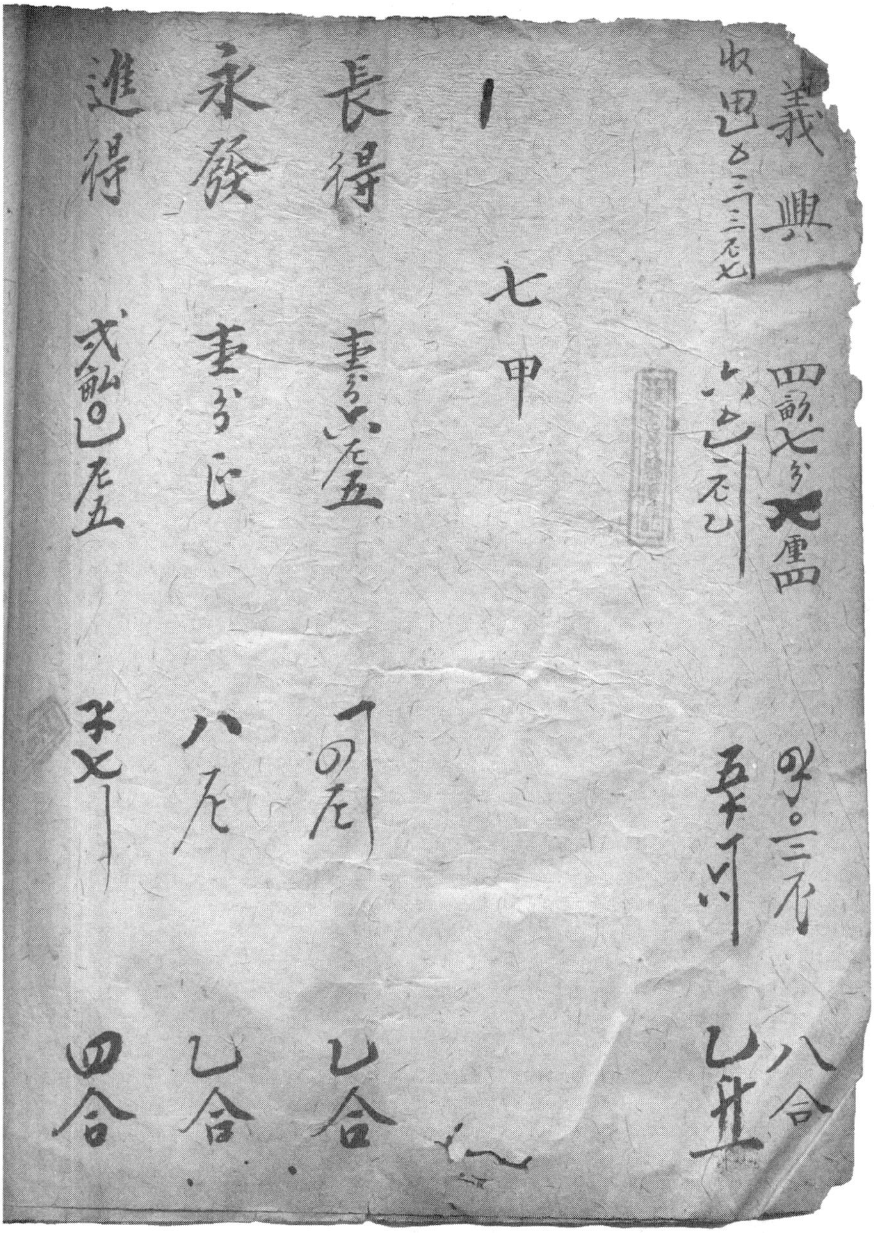

江湾镇金田村 A 58-20 · 家庭土地数量登记簿 · 敦本等

榮昌	壹畝四分七厘八	手二五	三合
芳茂	三分五厘五	三|	乙合
福德	弍畝七分七厘二	未二丙	五合
進盈	叁厘七毛	三尼	乙合
永盛	四厘八毛	四尼	乙合
智豐	六厘	五尼	乙合

江湾镇金田村 A 58-21 · 家庭土地数量登记簿 · 敦本等

廣盈 三分三厘七 二斤 乙合

順盈 六厘弍毛 六斤 乙合

智盛 壹分七厘五 米四斤 三合

八甲

永酒 三分〇七毛 二斤 乙合

江湾镇金田村 A 58-22 · 家庭土地数量登记簿 · 敦本等

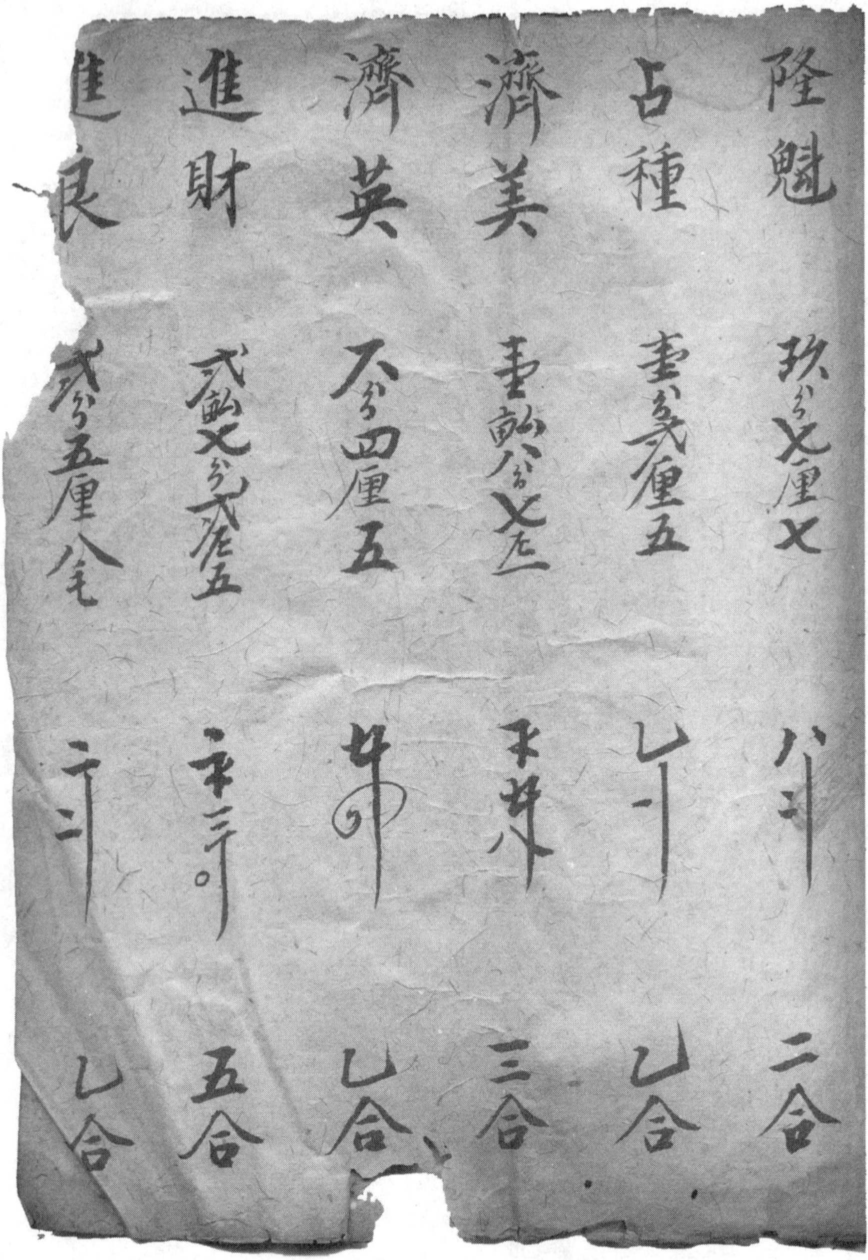
隆魁 玖分七厘七 八[illegible] 二合
占種 壹分[illegible]厘五 [illegible] 乙合
濟美 壹畝八分七厘 [illegible] 三合
濟英 六分四厘五 [illegible] 乙合
進財 貳畝七分貳厘五 [illegible] 五合
進良 貳分五厘八毛 [illegible] 乙合

江湾镇金田村 A 58-23 · 家庭土地数量登记簿 · 敦本等

户田四则

存忠 五分五厘三毛 四斗 乙合

七毛三毛 罡

存信 叁分正 二斗 乙合

存習 壹畝贰分玖厘九毛 半斗 贰合

九甲

廣興 贰分八厘 二斗 乙合

江湾镇金田村 A 58-24 · 家庭土地数量登记簿 · 敦本等

元吉　四分九厘二　四斗二　乙合

廣裕　七畝四分玖厘玖　半斗三　乙升三

收田□　七分五厘九毛九　半四斗

天祥　四分壹　三斗　乙合

汝南　壹分七厘八　五斗　乙合

汝興　弍厘五毛　弍斗　乙合

汝盛　叁分五厘三　三斗　乙合

江湾镇金田村 A 58-25 · 家庭土地数量登记簿 · 敦本等

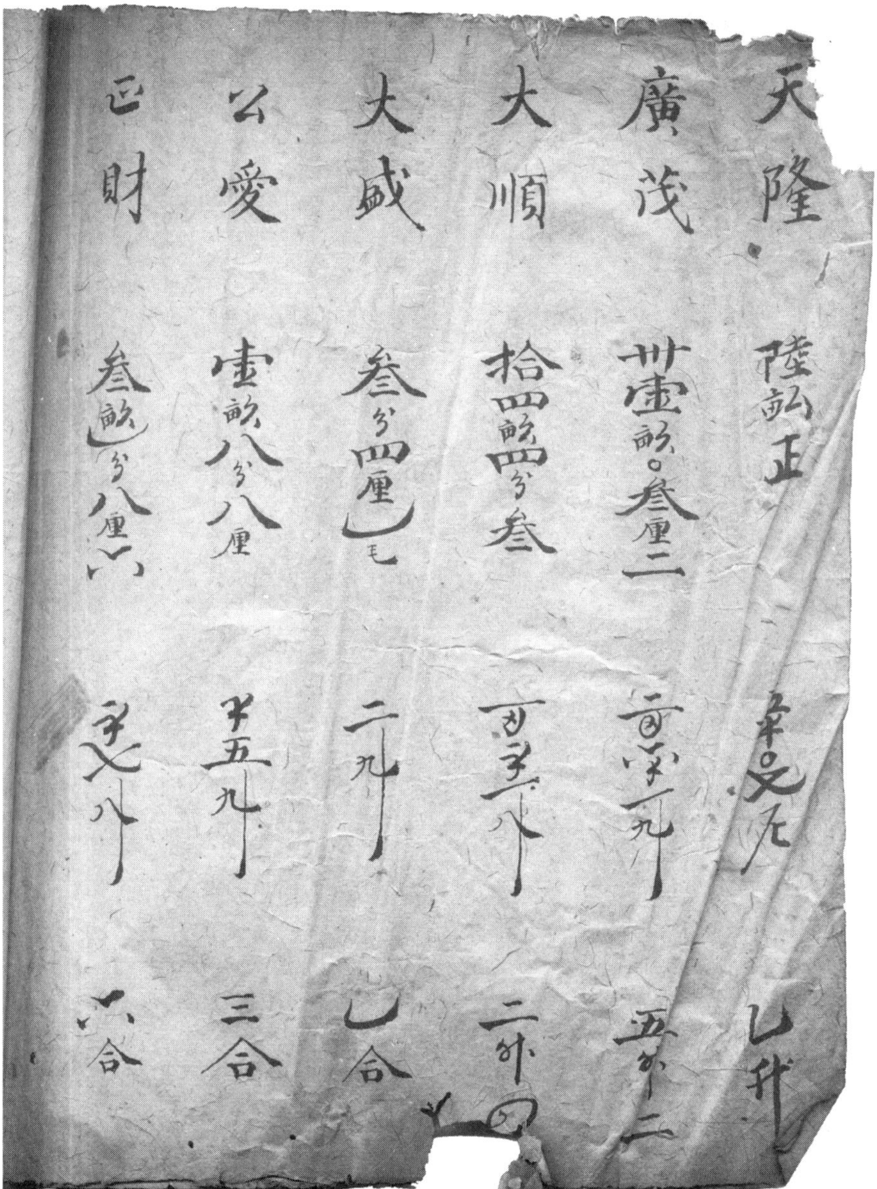

江湾镇金田村 A 58-26 · 家庭土地数量登记簿 · 敦本等

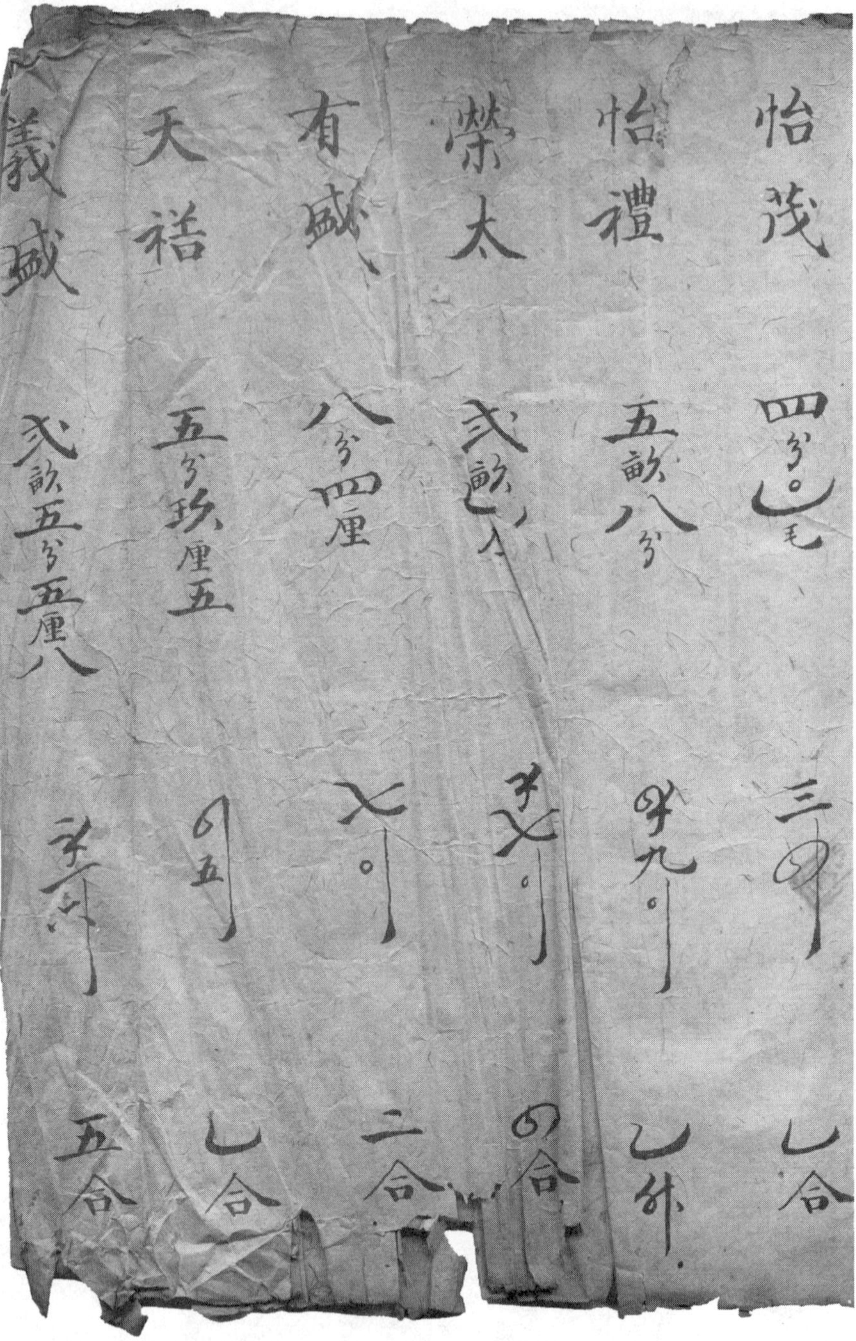
怡茂　四分〇乙毛　三〤丨　乙合
怡禮　五畝八分　斗九〇丨　乙升
榮太　弍畝乙分　斗乙〇丨　〤合
有盛　八分四厘　乙〇丨　二合
天禧　五分玖厘五　〤五丨　乙合
義盛　弍畝五分五厘八　斗乙丨　五合

江湾镇金田村 A 58-27・家庭土地数量登记簿・敦本等

生萬　叁畝四分〇弍毛　　合

怡盛　陸畝八分〇厘六　　外三

怡叢　叁畝玖分〇厘　　七合

大茂　五畝八分玖厘二

啟茂　弍畝七分八厘二　　五合

廣盛　壹畝〇〇八毛　八五　　二合

江湾镇金田村 A 58-28 · 家庭土地数量登记簿 · 敦本等

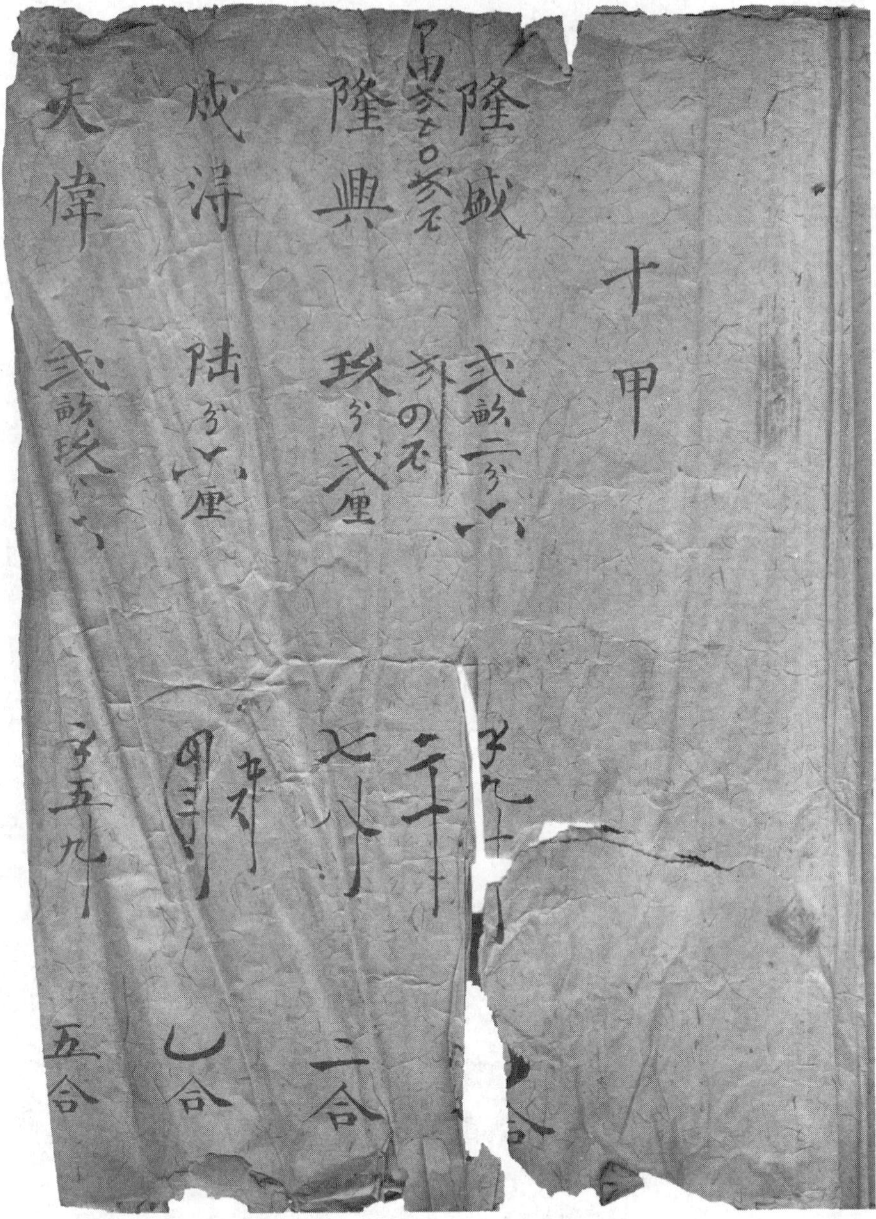

十甲

隆盛 贰畝二分六

隆興 玖分贰厘 二合

成淂 陆分六厘 乙合

天偉 贰畝玖分六 子五九 五合

江湾镇金田村 A 58-29 · 家庭土地数量登记簿 · 敦本等

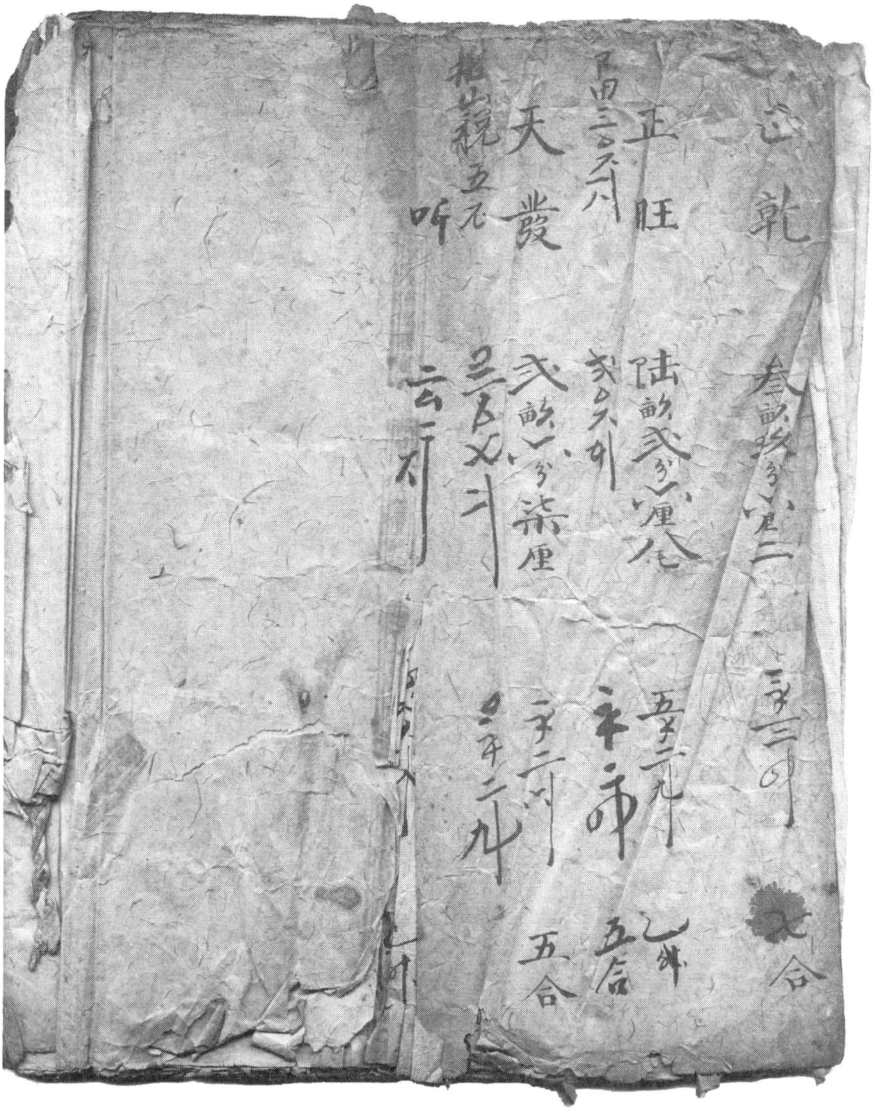

江湾镇金田村 A 58-30 · 家庭土地数量登记簿 · 敦本等

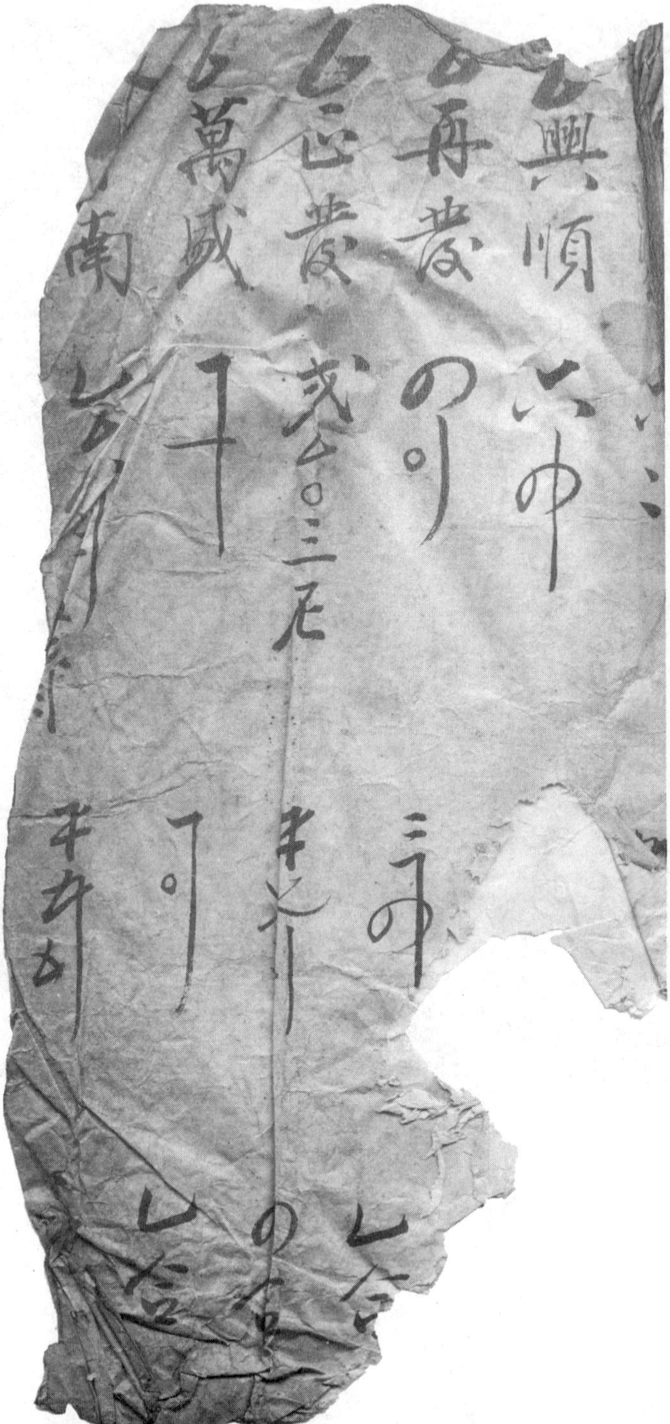

江湾镇金田村 A 59-1 · 纳税土地数量登记簿 · 兴顺等

江湾镇金田村 A 59-2 · 纳税土地数量登记簿 · 兴顺等

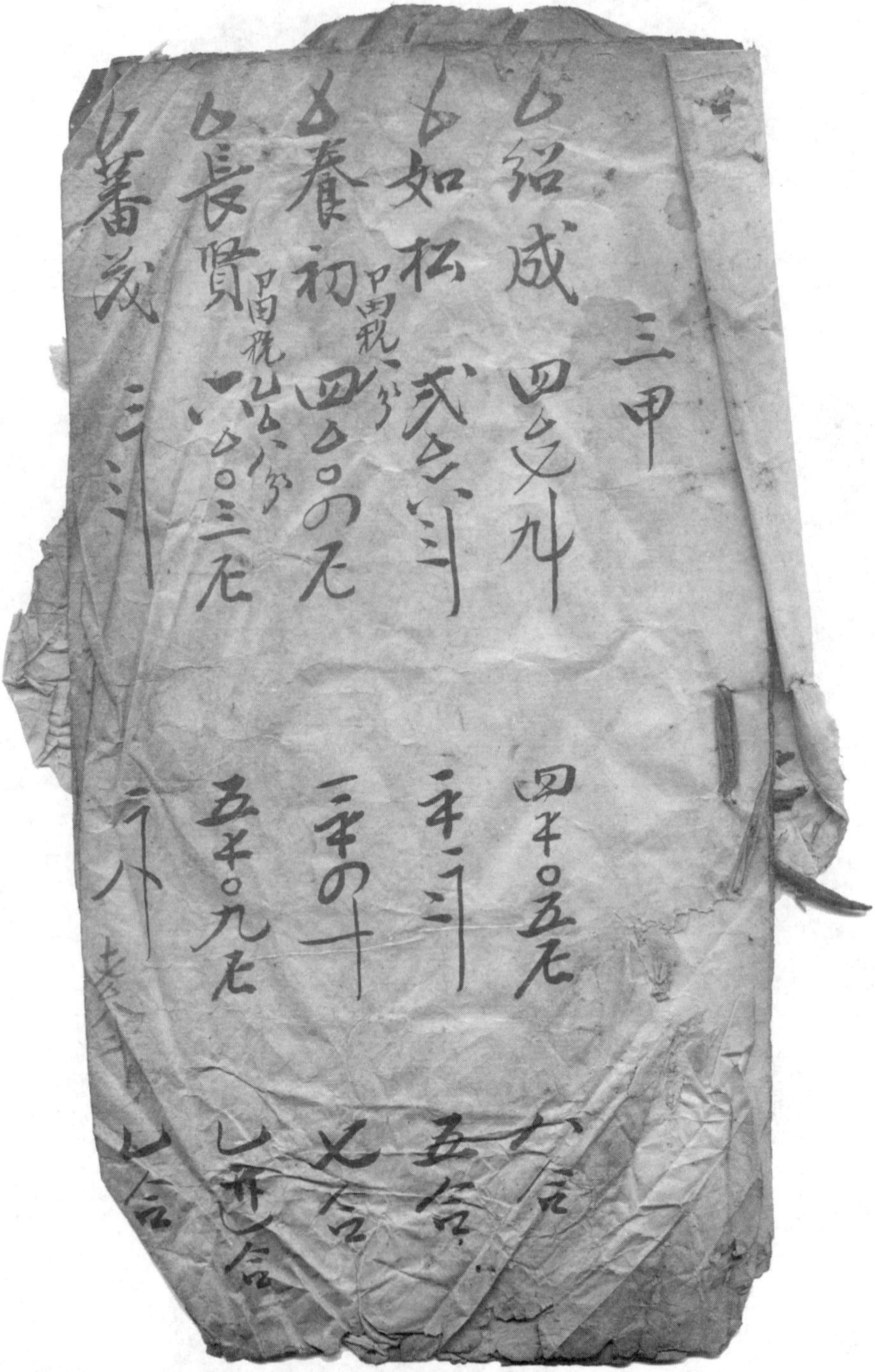

江湾镇金田村 A 59-3 · 纳税土地数量登记簿 · 兴顺等

△天木 ㄙ△六、斗五 千廿又 三八

△德義 户田税六尺五毛 の斗 三卜 ㄙ合

ㄙ廣成 弍ㄙの斗 千〇又尺 の合

ㄙ春費 又五尺五毛 斗 六三尺八 二合

五ㄙ廿七

廿、田弍十三 ㄙ 尺分

则田九毛又一〇八毛

□田廿三合

江湾镇金田村 A 59-4 · 纳税土地数量登记簿 · 兴顺等

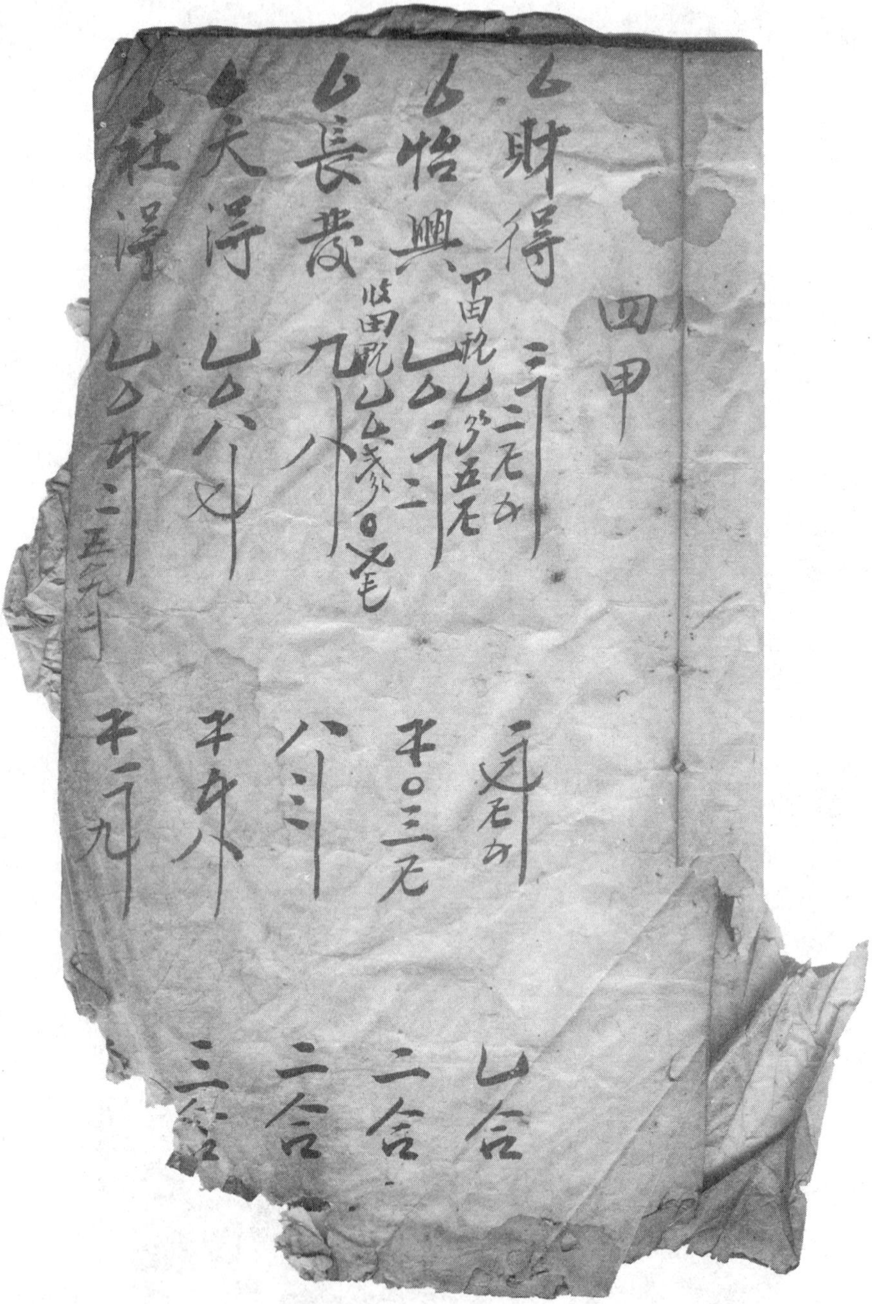

四甲

財得 〢〡 二石四 〢〡 又石四 〡合

怡興 田税〡〣〢〡 〣五石 半〇三石 二合

長發 田税九〡〥〤〣〥〤〇又毛 八〣 二合

天得 〡六〤 半〥〤 三合

社得 〡〥〤 二五〥〤 半〢九

江湾镇金田村 A 59-5 · 纳税土地数量登记簿 · 兴顺等

共田五元[illegible]〇五毛　则五斗〇〇五毛

共山[illegible]

江湾镇金田村 A 59-6 · 纳税土地数量登记簿 · 兴顺等

五甲

么月盛 叁〇一斗 十九三 四合

么廣進 三〇六斤 三斗二斗 又合

么文德 三七斗 三斗〇二石 六合

么日新 丁五 〢三 〢合

么永太 三〇 大〇九斤 二斗

江湾镇金田村 A 59-7 · 纳税土地数量登记簿 · 兴顺等

共田粮合〇〇九毛

则保本册

东山井九

江湾镇金田村 A 59-8 · 纳税土地数量登记簿 · 兴顺等

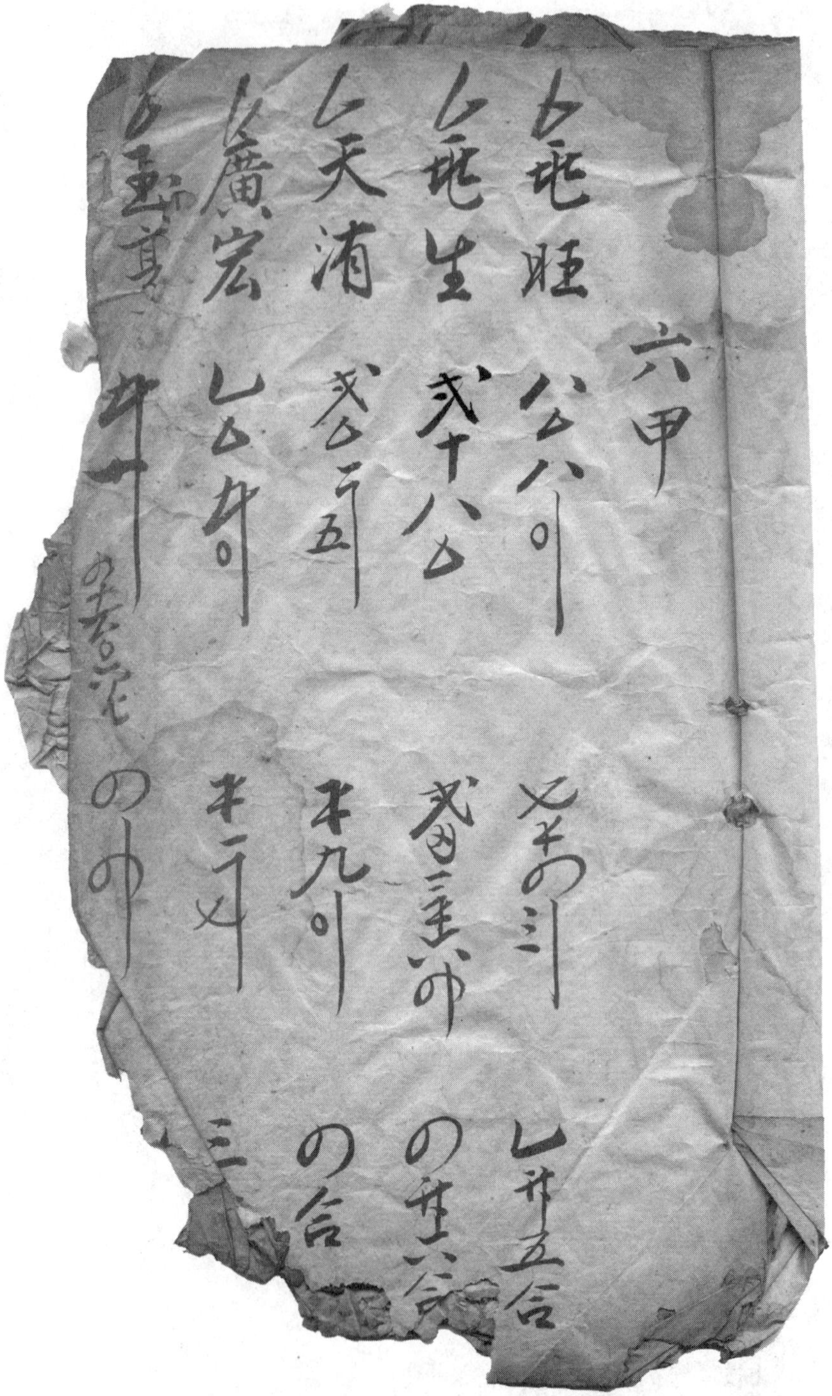

六甲

屯旺

屯生

天浦

廣宏

江湾镇金田村 A 59-9 · 纳税土地数量登记簿 · 兴顺等

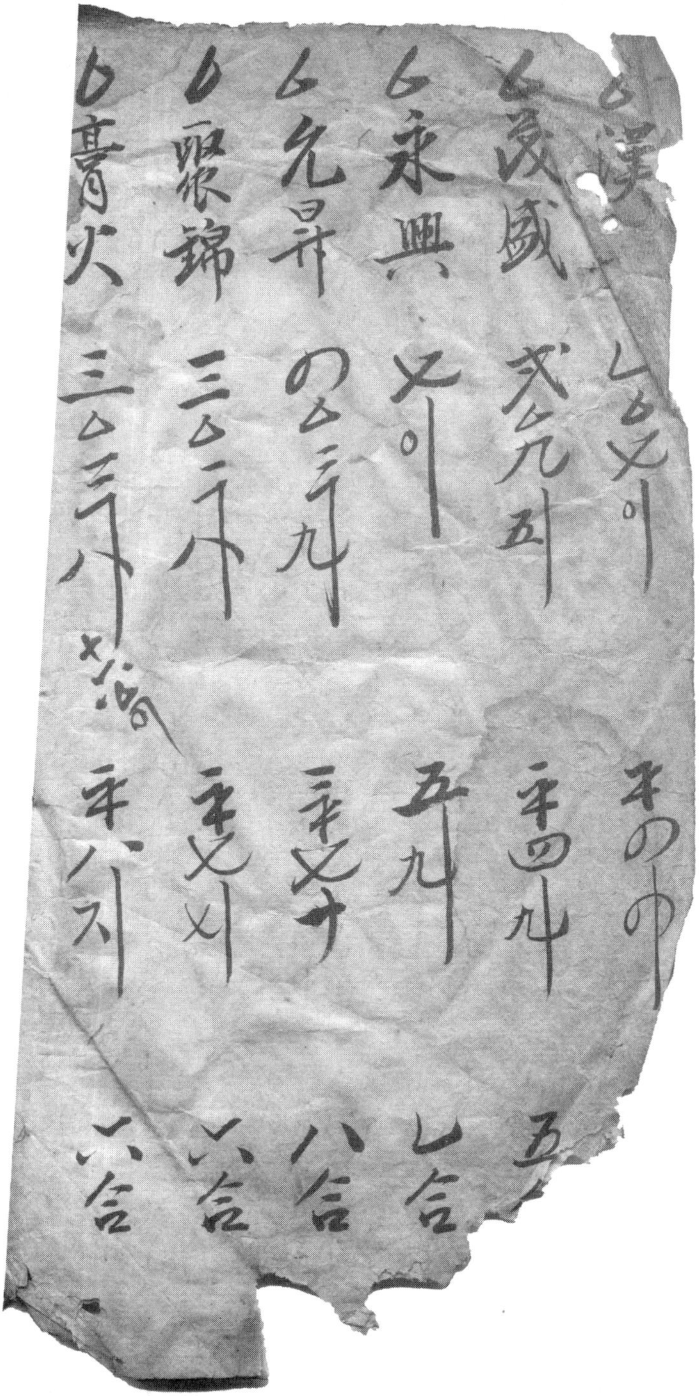

江湾镇金田村 A 59-10 · 纳税土地数量登记簿 · 兴顺等

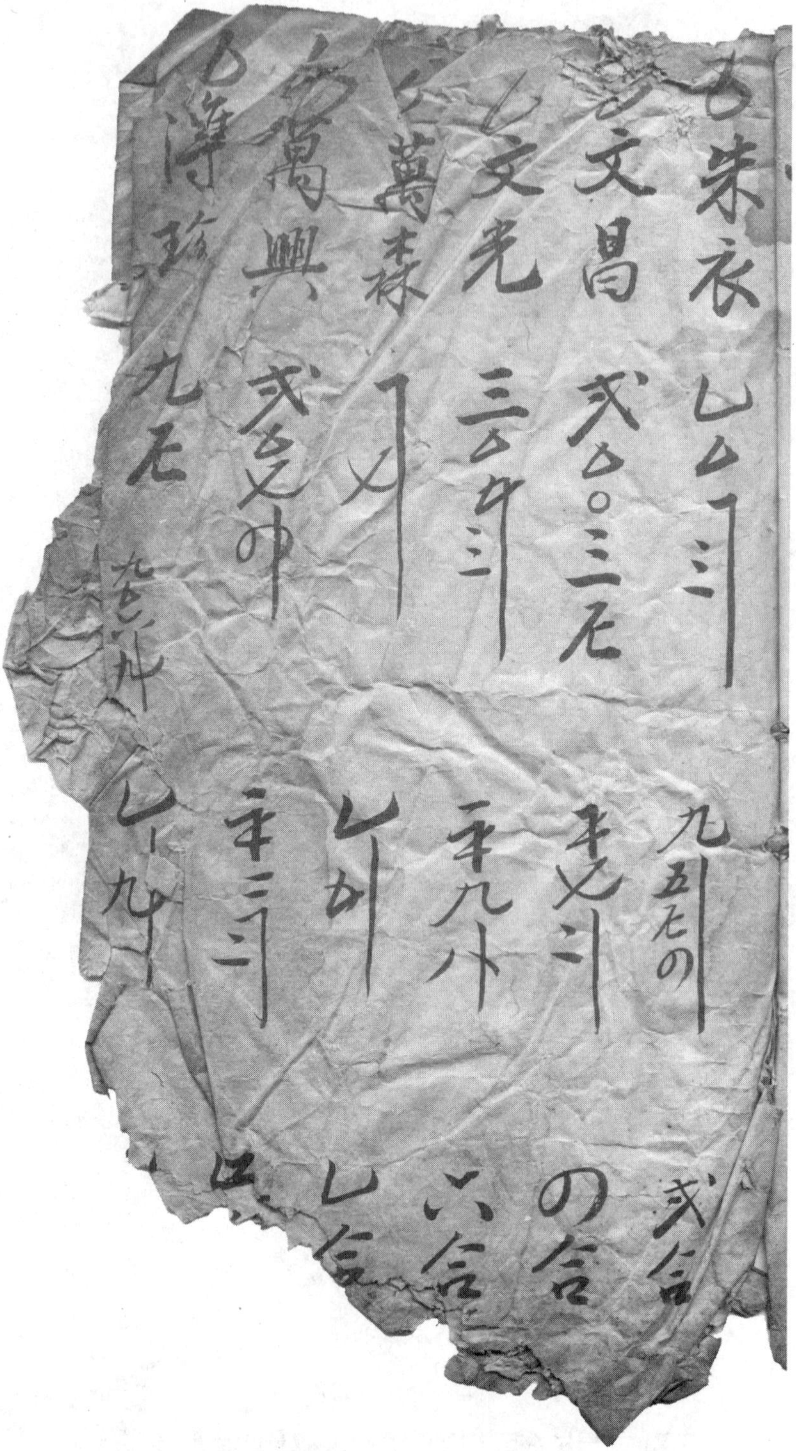

江湾镇金田村 A 59-11 · 纳税土地数量登记簿 · 兴顺等

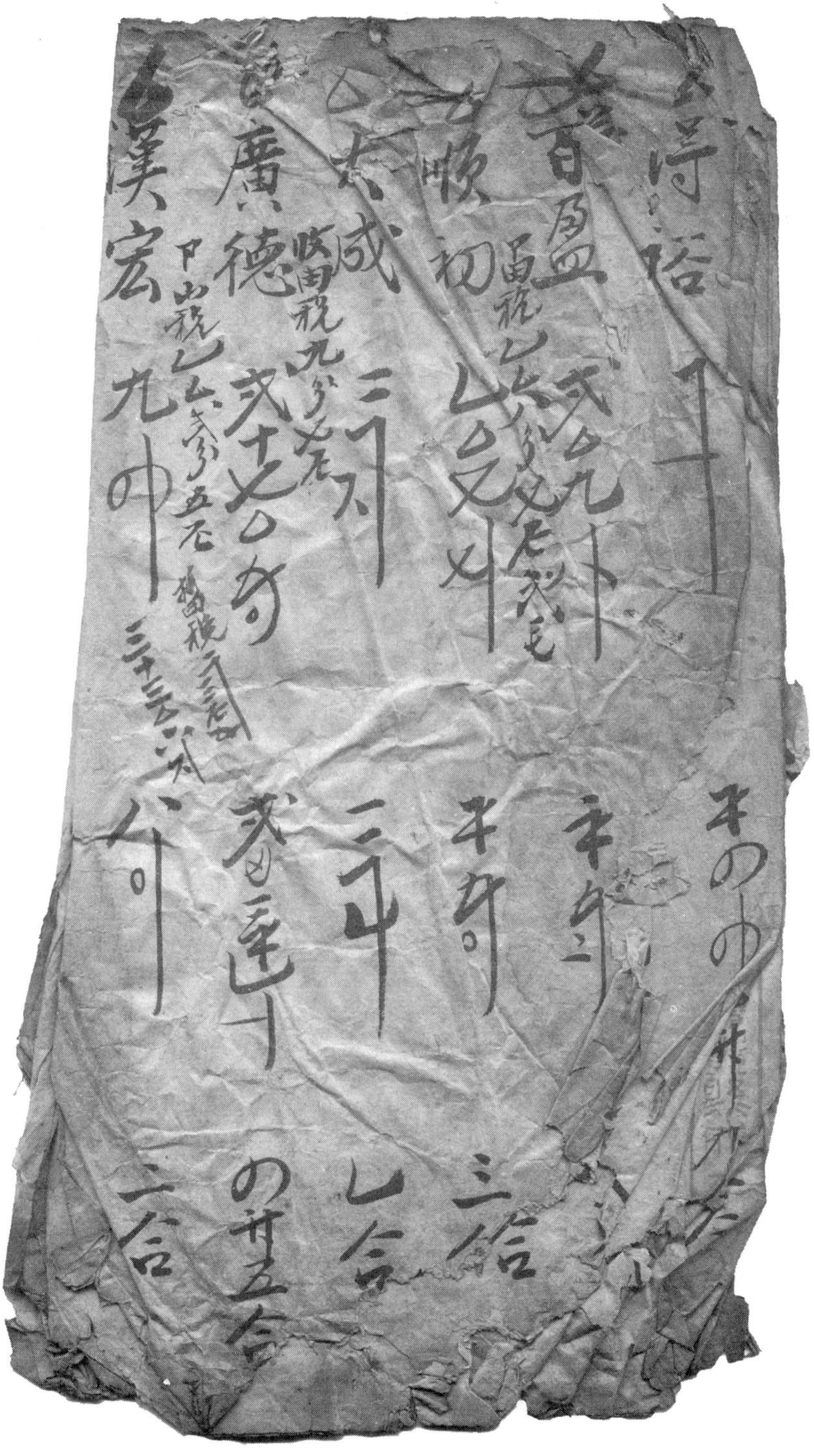

江湾镇金田村 A 59-12 · 纳税土地数量登记簿 · 兴顺等

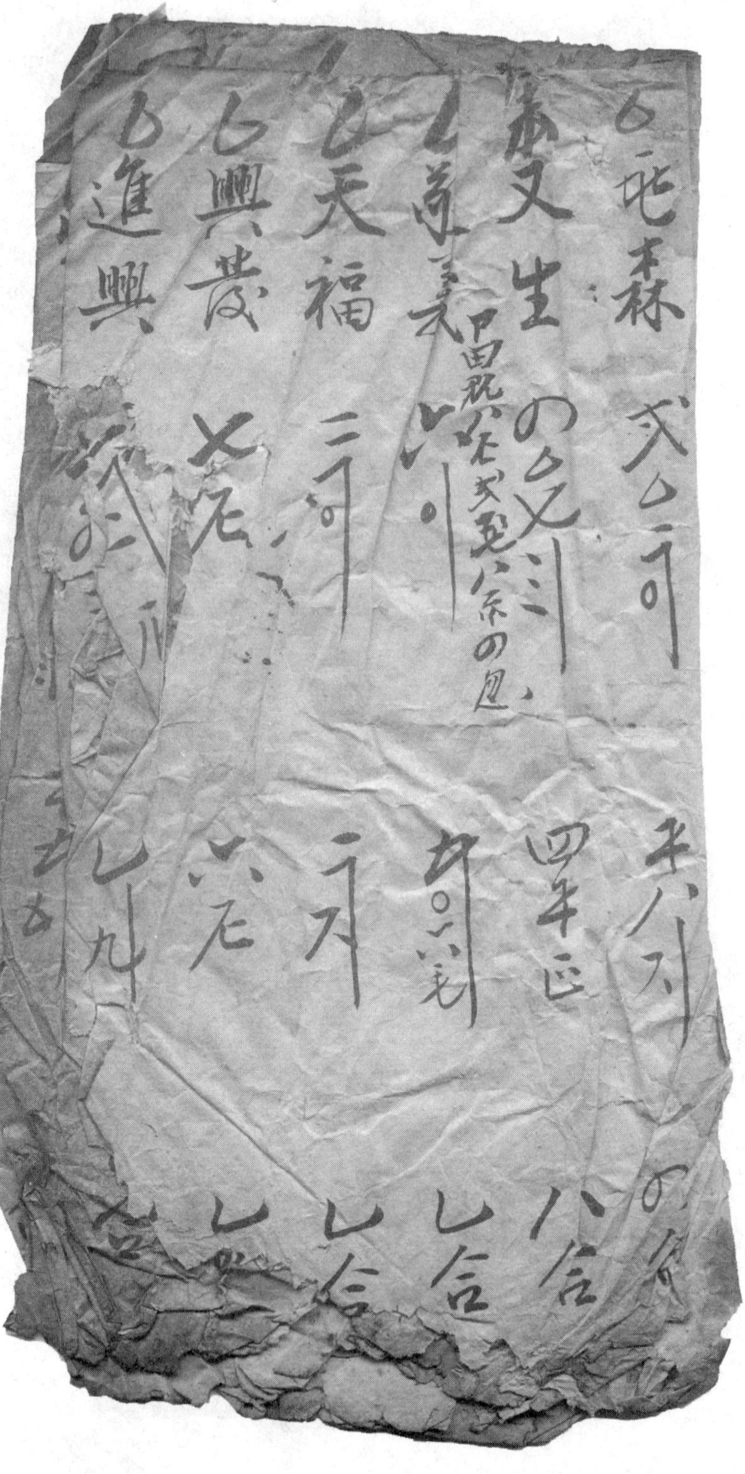

江湾镇金田村 A 59-13 · 纳税土地数量登记簿 · 兴顺等

乙進順 〡 〩 〢〸 二

乙積成 九〩〤 〥〣〤〤 二

乙啟進 指〤〤〤 五〡 〦〢〢〸 〦〤

〥禮 當〨〦〦〤〩 指〩〢〢〨九〡 〦〢〩〤 〩〢〦

〇智義 八〤〩〩〡 〩〤〢〨〡 〤〤〥〨

乙智仁 指〤〢〢〨 〤〢〩〡 八〩〦〤〦〤 〤〢〩〤

〇田執〨〇〢〨〤〦〨〩〩〩

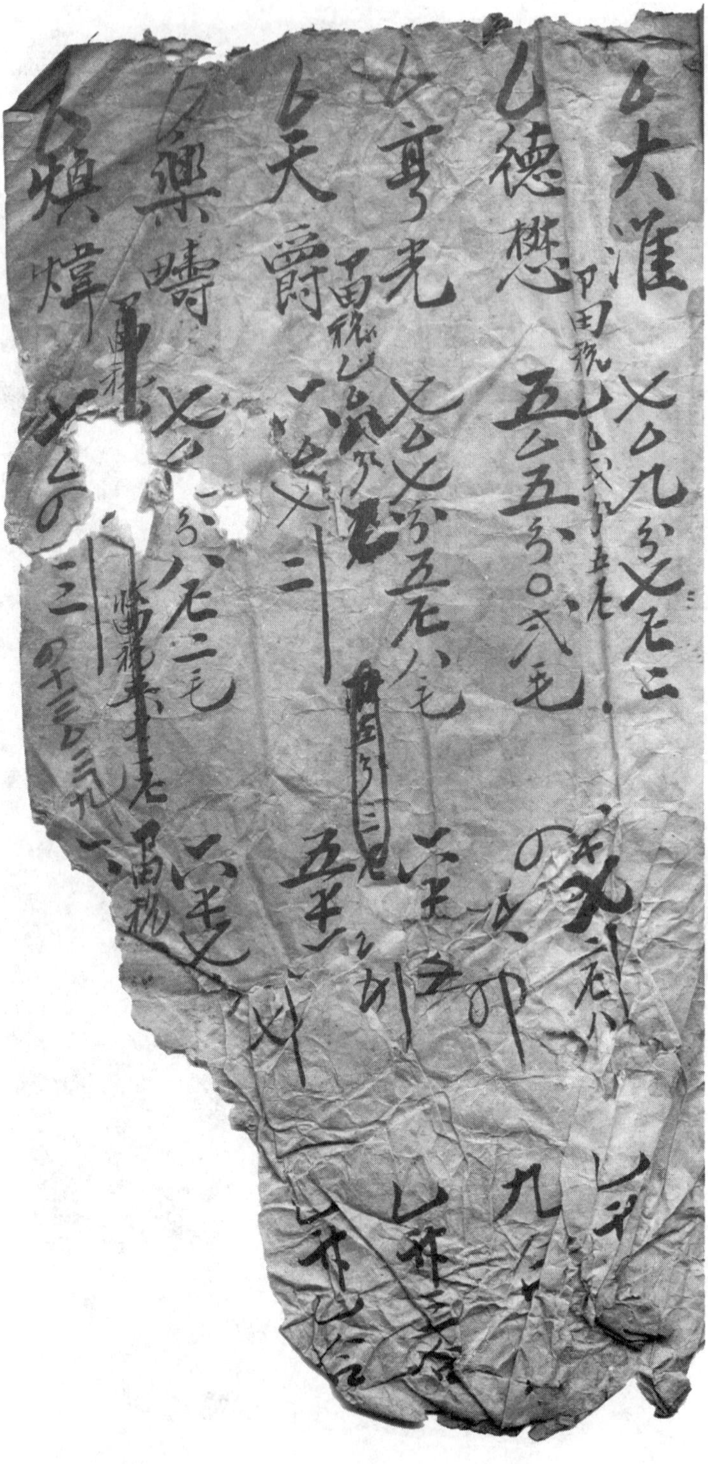

大淮

德懋

亨光

天爵

樂疇

焕煒

江湾镇金田村 A 59-15 · 纳税土地数量登记簿 · 兴顺等

易乾

席珍

畨垣

黄志

有進

共叁佰捨九……則

七甲

江湾镇金田村 A 59-16 · 纳税土地数量登记簿 · 兴顺等

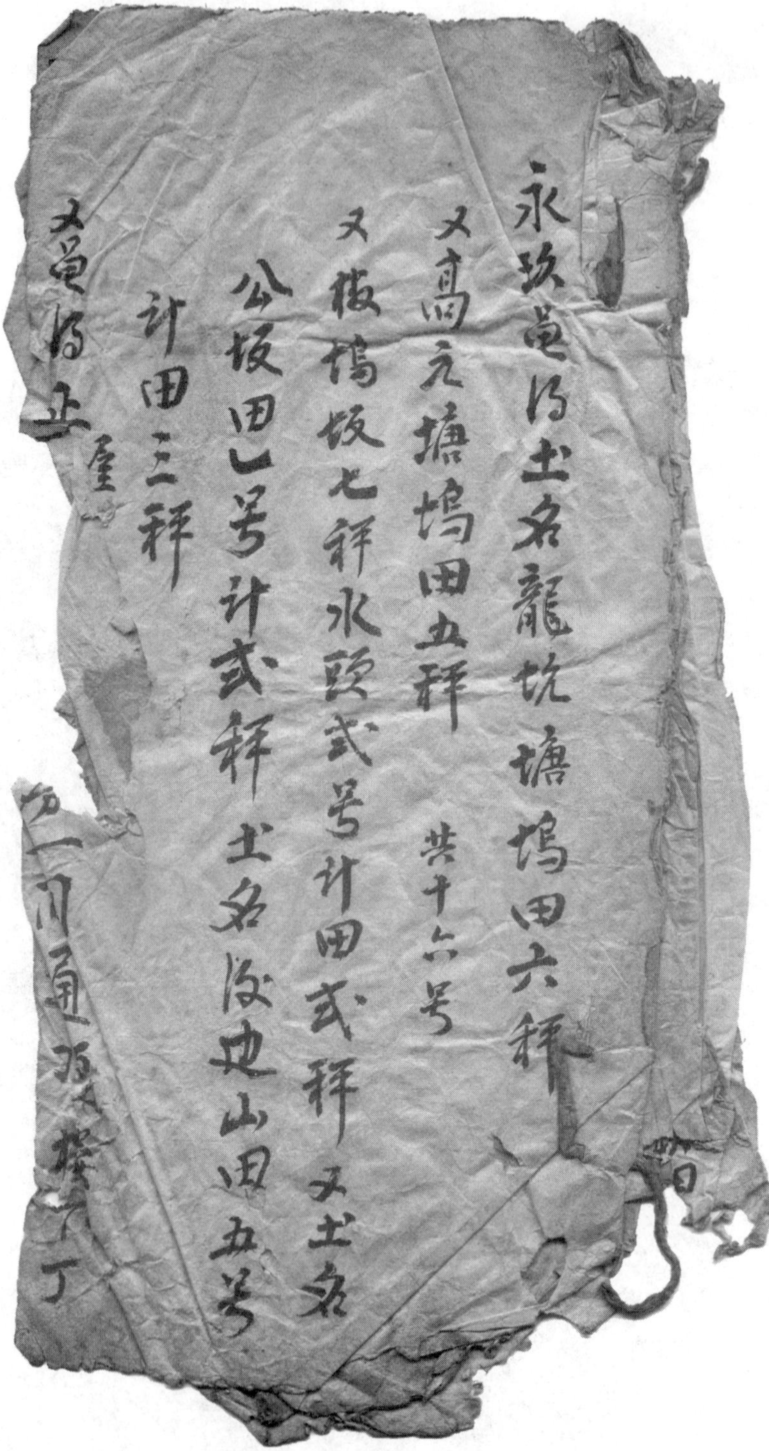

永玖黾得土名龍坑塘塢田六秤
又高元塘塢田五秤　共十六号
又塅塢坂七秤水路式号计田式秤　又土名
公坂田巴号计式秤　土名後边山田五号
计田三秤
又黾得丞　屋
占一间通巷楼下

江湾镇金田村 A 60-1 · 分家土地税额细目 · 永玖黾等

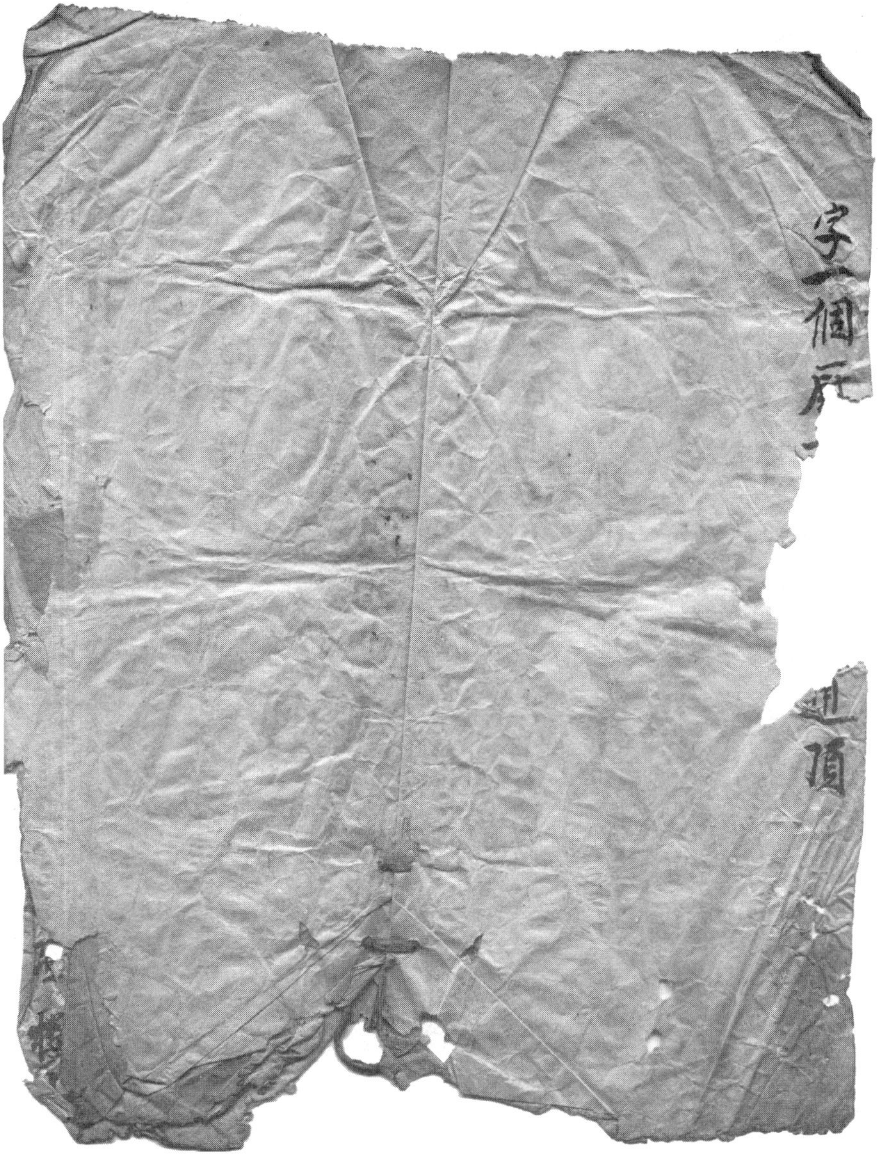

江湾镇金田村 A 60-2 · 分家土地税额细目 · 永玖黾等

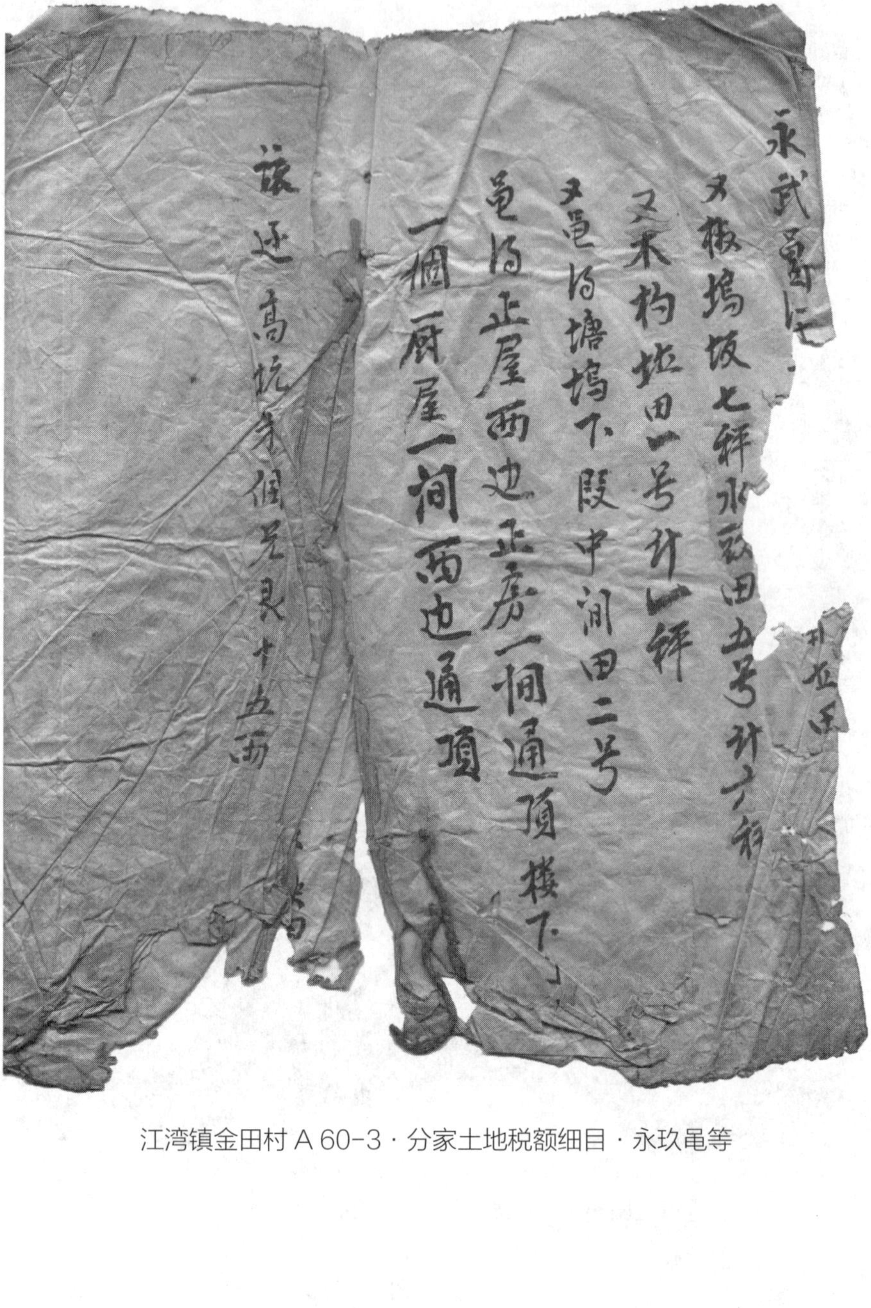

一永武蜀仁
又椒塢坂七秤水荻田五号计六秤
……计在后
又木杓坵田一号计一秤
又黾陷塘塢下段中洞田二号
黾陷正屋西边正房一间通顶楼下
一個厨屋一间西边通顶
該还高坑朱俱兄艮十五两

江湾镇金田村 A 60-3 · 分家土地税额细目 · 永玖黾等

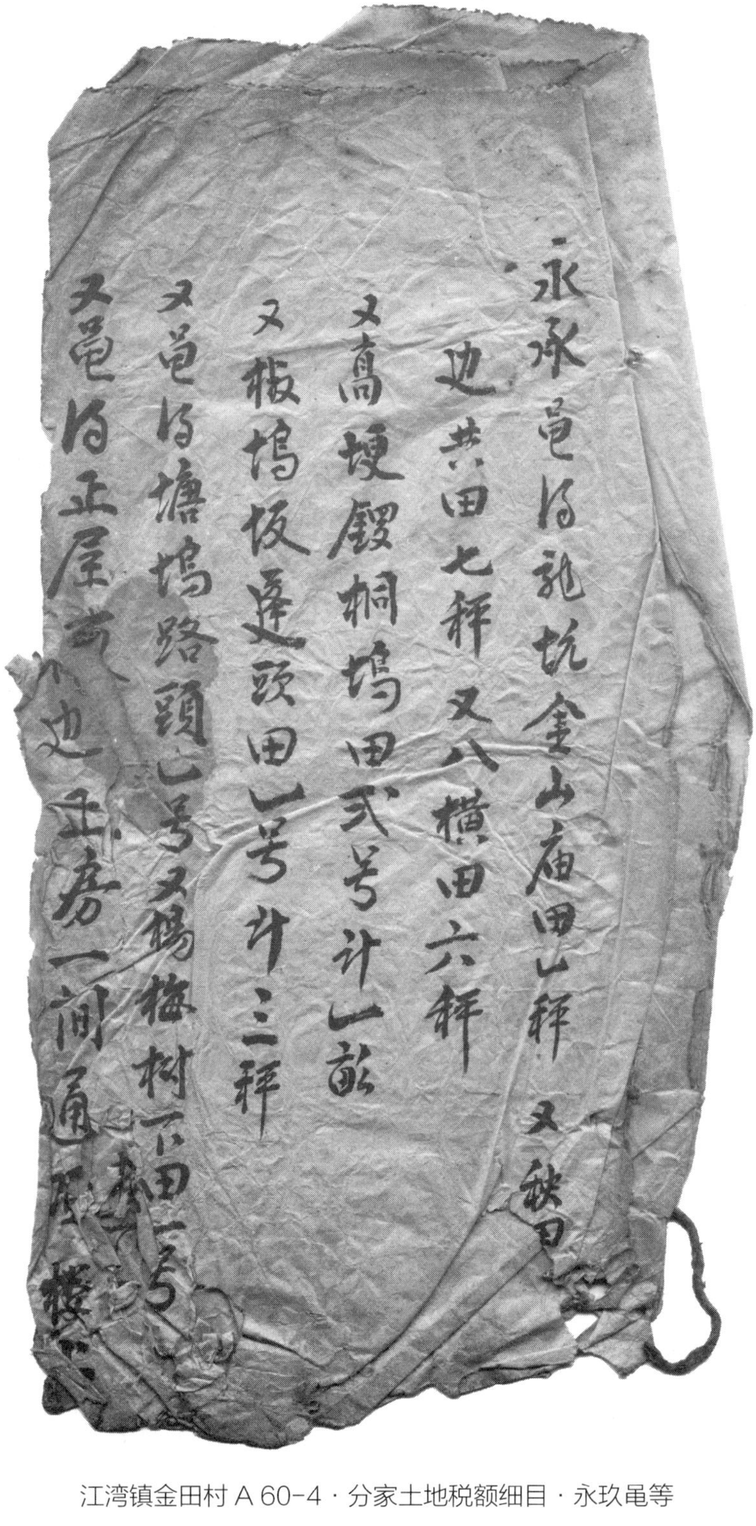

永承邑得龙坑金山庙田一秤 又秋田
边共田七秤 又八横田六秤
又高埂鏍桐坞田弍号计一亩
又板坞坂逢边头田一号计三秤
又邑得塘坞路头一号又杨梅树下田一号
又邑得正屋[illegible]八边正房一间通[illegible]楼[illegible]

江湾镇金田村 A 60-4 · 分家土地税额细目 · 永玖黾等

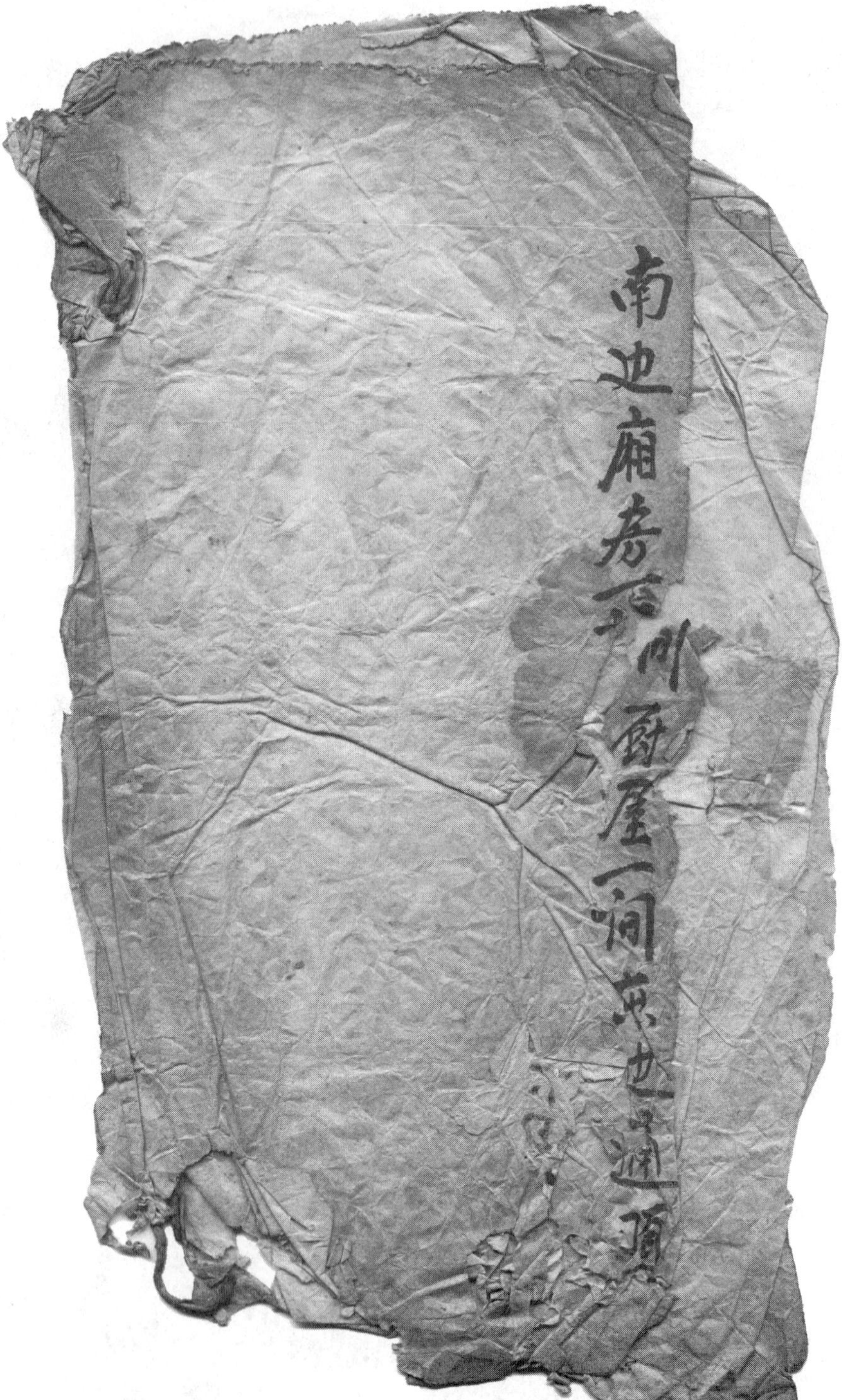

江湾镇金田村 A 60-5 · 分家土地税额细目 · 永玖黾等

江湾镇金田村 B 1—89

立断骨出賣楼屋契人黄茂谨公支衆黄遇文等，本家置有楼屋伍間，坐
產土名金田山后，係經理翔字[?]四十一號，計地税叁厘正。其屋東至　　南至
西至　　北至為界，西至公[?]公用，管業不便，自愿央中將前四至內屋
伍間，併上至椽桷，下至地脚，及磚瓦地基，盡行斷骨出賣与　江得荣名下
承買為業，三面議作時值價銀[?]兩正。其銀是身等領訖。其屋自今出賣之
后，一聽買人隨即進屋居住，內[?]人等毋得攔阻。未賣之先，与本家並無重張不
明等情，如有，自理，不干買主之事。其屋四邊大路及上下業前，俱以听從取便出
入，無阻。其税仍存本家四異[?]户交納，不必過割。日後如若分庄，听從照數收受，
無阻。不另立推，所有本租，其税[?]别相連，不便繳付，要用將出無辞。今恐無憑，
立此断骨出賣樓屋契存照。
乾隆四十七年二月　日立断骨出賣楼屋契人黄茂谨公支衆遇文（押）
日添半字兩行並批（押）
維苑（押）
燁宗（押）
錦偉（押）
継昆（押）
凴中黄信飛（押）
所是佛契當日兩相交訖　再批（押）

江湾镇金田村 B 72 · 乾隆四十七年 · 断骨出卖楼屋契 ·
黄茂谨公支众黄遇文等卖与江得荣

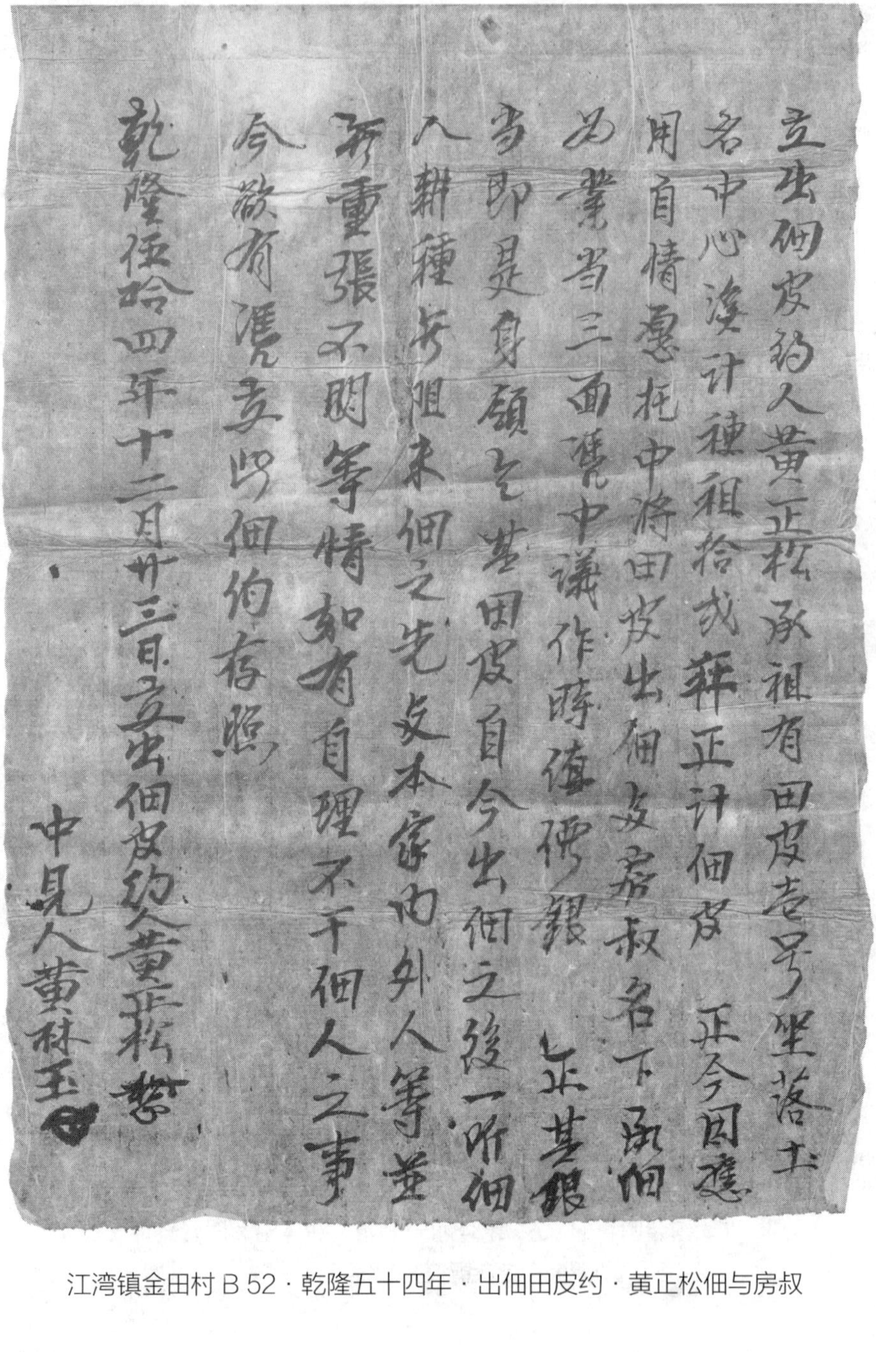
立出佃皮約人黃正松承祖有田皮壹號坐落土
名中心灣計種祖拾貳秤正計佃皮 正并今因還
用自情愿托中將田皮出佃与房叔名下承佃
為業當三面憑中議作時值價銀 正其銀
當即是身領乞其田皮自今出佃之後一听佃
人耕種無阻未佃之先支本家內外人等並
無重張不明等情如有自理不干佃人之事
今欲有憑立此佃約存照
乾隆伍拾四年十二月廿三日立出佃皮約人黃正松（押）
中見人黃林玉（押）

江湾镇金田村 B 52・乾隆五十四年・出佃田皮约・黄正松佃与房叔

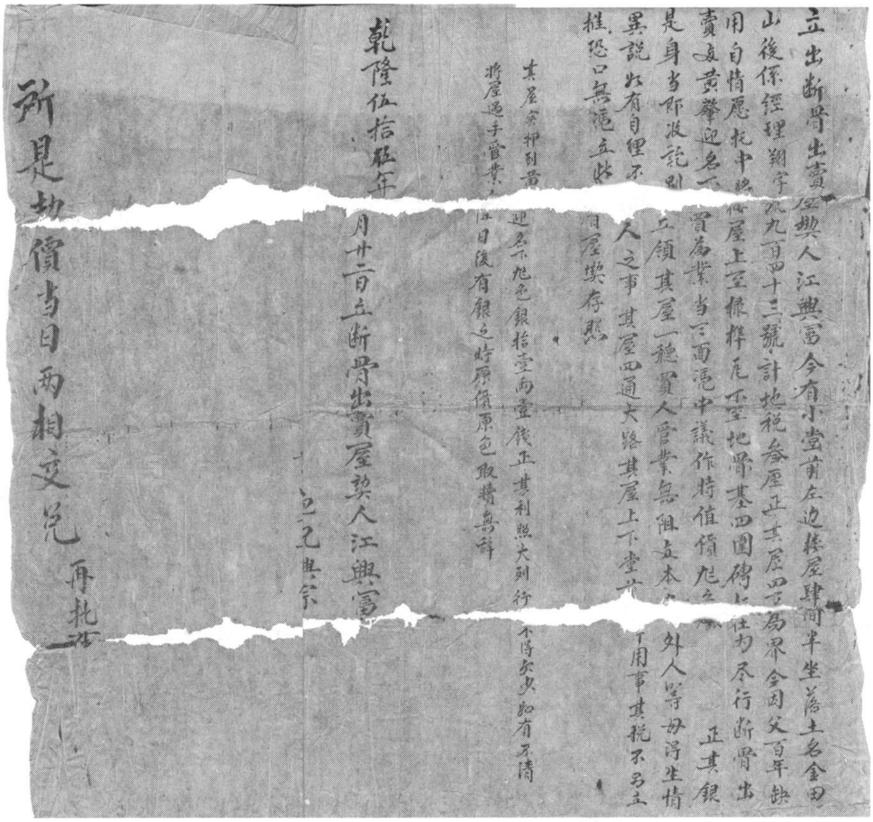

立出断骨出賣屋契人江興富今有小堂前左边楼屋肆間半坐落土名金田
山後係經理翔字貳九百四十三號計地税叁厘正其屋四至爲界今因父百年缺
用自情愿托中將楼屋上至椽桷瓦片下至地骨基四圍磚墻[illegible]在内盡行断骨出
賣与黄肇迎名下爲業当三面憑中議作時值價九色[illegible]正其銀
是身当即收訖[illegible]立領其屋一聽買人管業無阻在本家外人等毋得生情
異說如有自理不[illegible]人之事其屋四通大路其屋上下堂前[illegible]用事其税不另立
推恐口無憑立此[illegible]屋契存照

其屋契押到黄[illegible]迎名下九色銀拾壹兩壹錢正其利照大例行不得欠少如有不清
將屋過手管業[illegible]日後有銀之時原價原色取贖無辭

乾隆伍拾伍年　月廿一日立断骨出賣屋契人江興富

[illegible]包乙興宗

所是地價当日兩相交兑　再批

江湾镇金田村 B 69 · 乾隆五十五年 · 断骨出卖屋契 · 汪兴富卖与黄肇迎

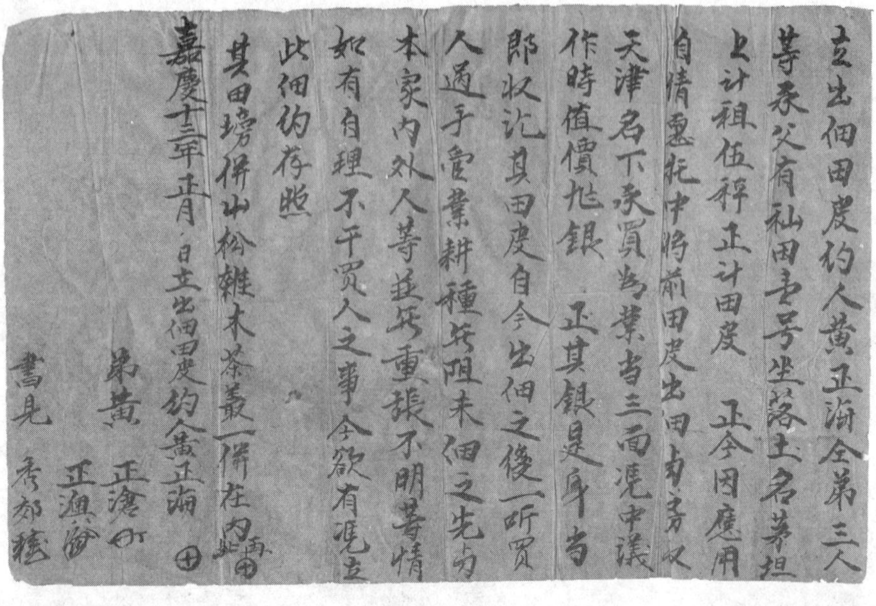

立出佃田皮约人黄正海仝弟三人等承父有私田壹号坐落土名茅坦上计租伍秤正计田皮　正今因應用自情愿托中将前田皮出佃与房叔天津名下承買為業当三面凴中議作時值價紋銀　正其銀是身当即收訖其田皮自今出佃之後一听買人過手管業耕種无阻未佃之先与本家內外人等並无重張不明等情如有自理不干買人之事今欲有凴立此佃约存照

其田塝併山松雜木茶叢一併在内　再批

嘉慶十三年正月　日立出佃田皮约人黄正海

弟黄　正滄　正漁

書見　秀郊

江湾镇金田村 B 30 · 嘉庆十三年 · 出佃田皮约 · 黄正海同弟三人出佃与房叔天津

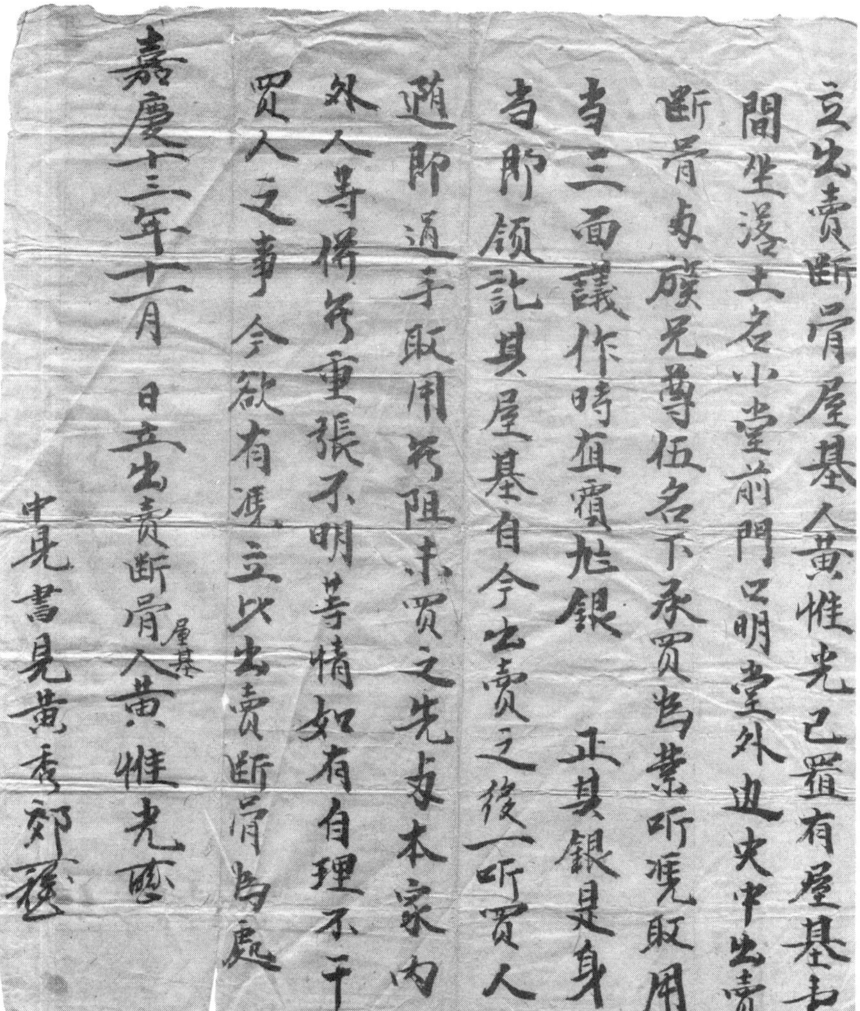
立出賣斷骨屋基人黄惟光己置有屋基壹
間坐落土名小堂前門口明堂外边央中出賣
斷骨与族兄尊伍名下承買爲業听凭取用
当三面議作時值價九七銀 正其銀是身
当即領訖其屋基自今出賣之後一听買人
隨即過手取用無阻未買之先与本家内
外人等併無重張不明等情如有自理不干
買人之事今欲有凭立此出賣斷骨爲處
嘉慶十三年十一月 日立出賣斷骨屋基人黄惟光(押)
中見書見黄秀郊(押)

江湾镇金田村 B 50 · 嘉庆十三年 · 出卖断骨屋基契 · 黄惟光卖与族兄尊伍

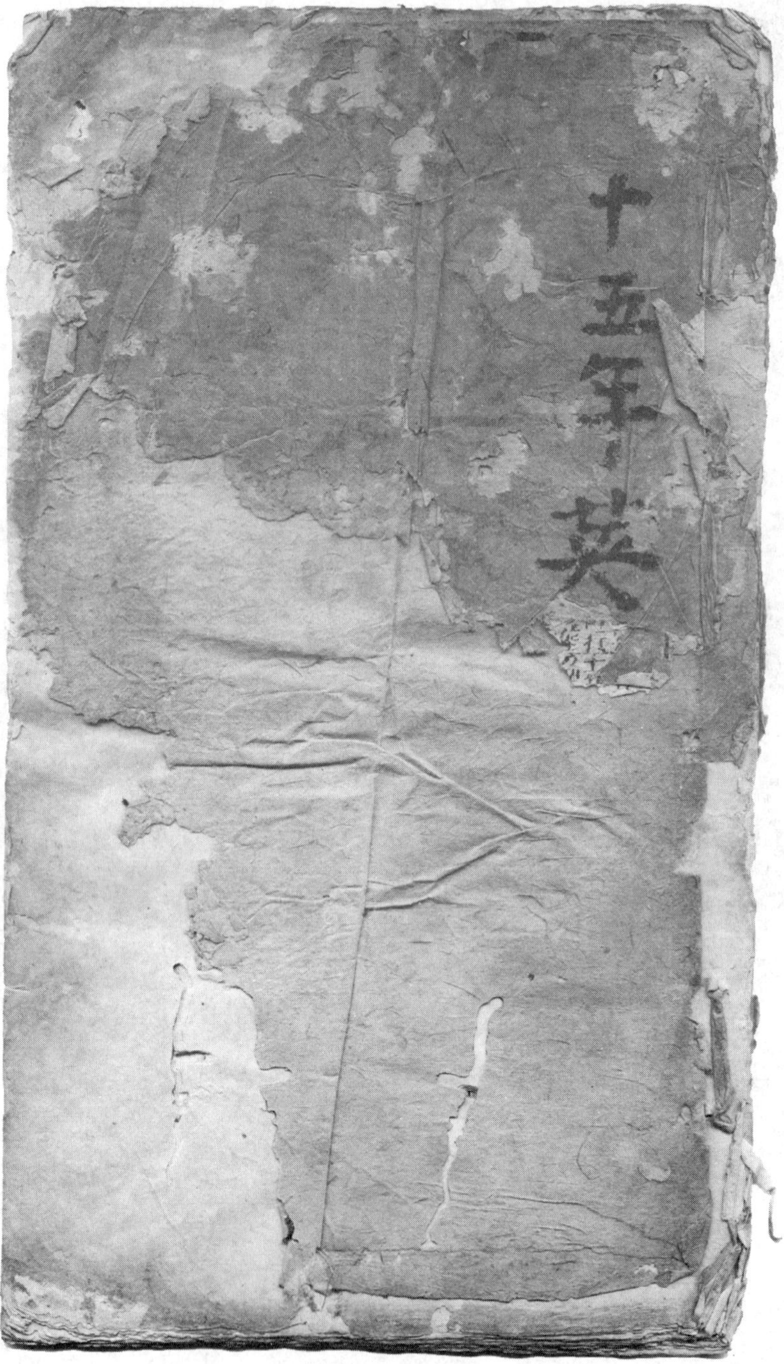

江湾镇金田村 B 6-1 · 嘉庆十五年 · 分家文书 · 黄正模同弟正元、正椿、正栋

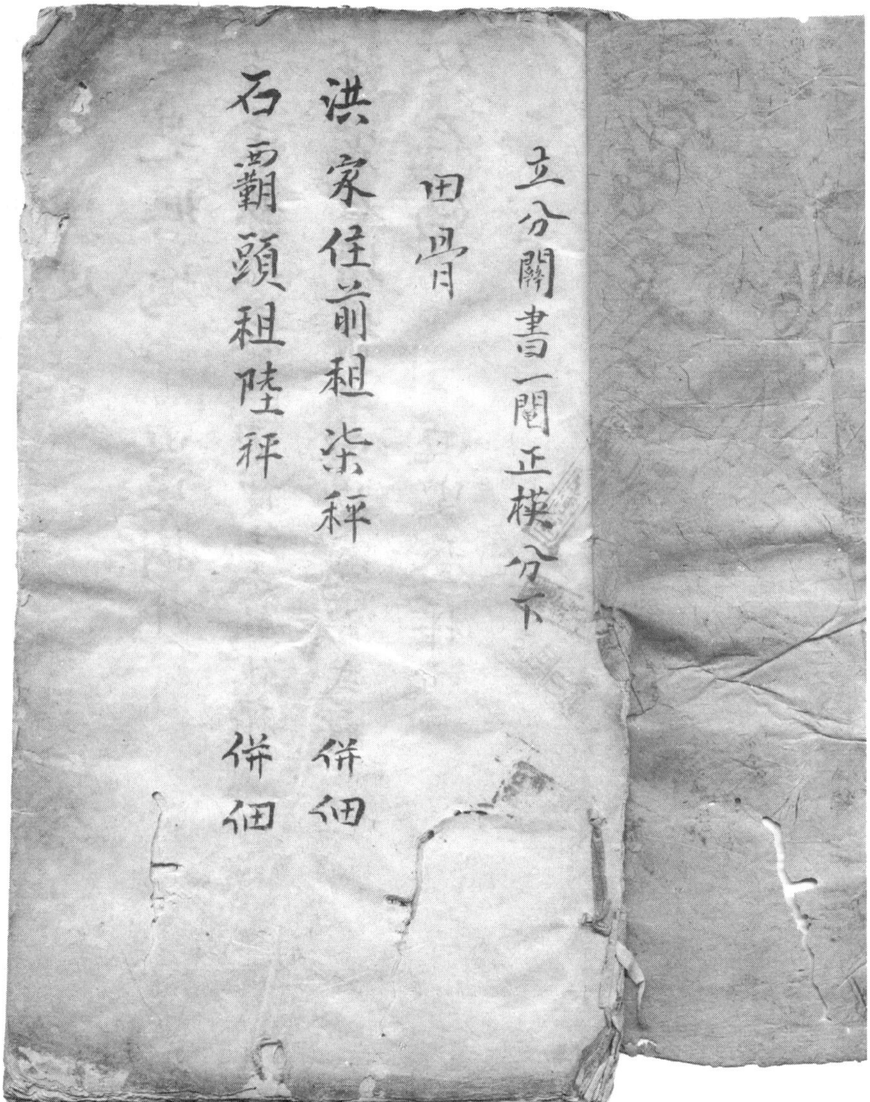

立分關書一閻正楧分下

田骨

洪家住前租柒秤　併佃

石覇頭租陸秤　併佃

江湾镇金田村 B 6-2 · 嘉庆十五年 · 分家文书 · 黄正楧同弟正元、正椿、正栋

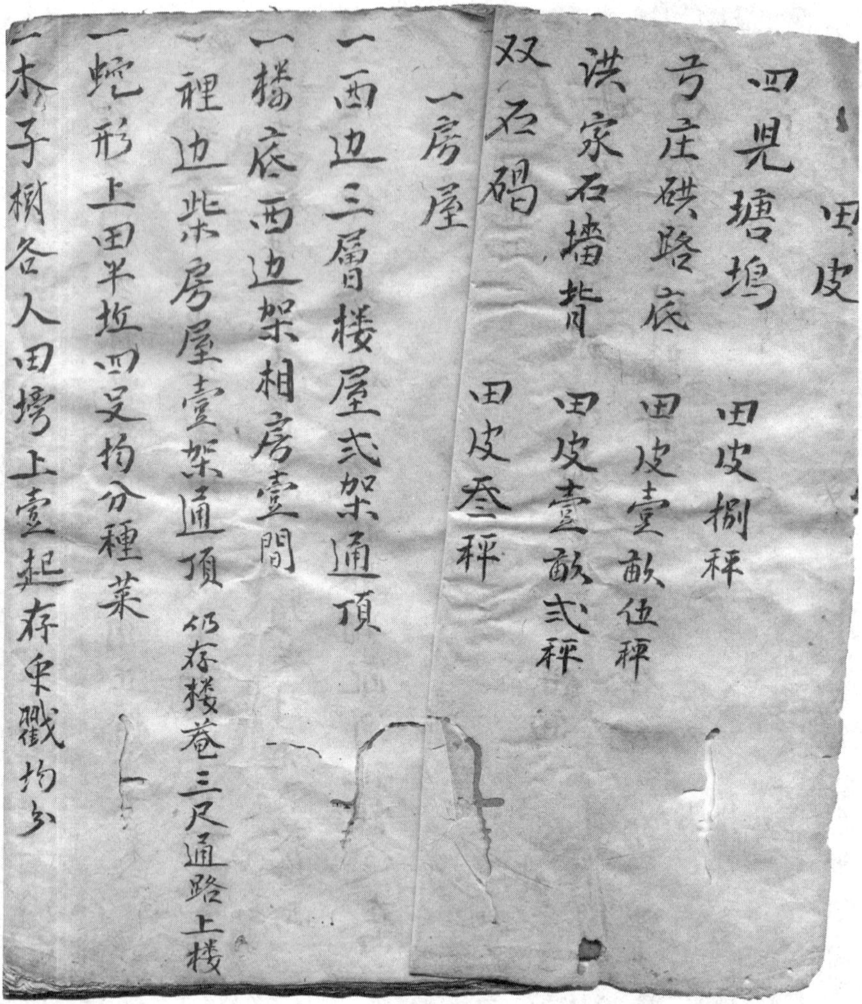

田皮

四見塘塢　田皮捌秤

弓庄碶路底　田皮壹畝伍秤

洪家石墻背　田皮壹畝弍秤

双石碣　田皮叁秤

一房屋

一西边三層楼屋弍架通頂

一楼底西边架相房壹間

一裡边柴房屋壹架通頂　仍存楼巷三尺通路上楼

一蛇形上田半坵四旯均分種菜

一木子树各人田塝上壹起存众戳均分

江湾镇金田村 B 6-3 · 嘉庆十五年 · 分家文书 · 黄正楧同弟正元、正椿、正栋

一併各人田塝上菜園塝茶叢各摘

坑裡菜園弍林帖補上頭尖角 正椿[illegible]下菜元

一天禮分下大水牛壹頭公議作元艮拾兩三兄弟公議帖

一長喜侄借處元艮拾兩 二項共計元艮弍拾兩

承帖正棟弟分下徵衣裳被服婚配酒水飲食在內

江湾镇金田村 B 6-4 · 嘉庆十五年 · 分家文书 · 黄正模同弟正元、正椿、正栋

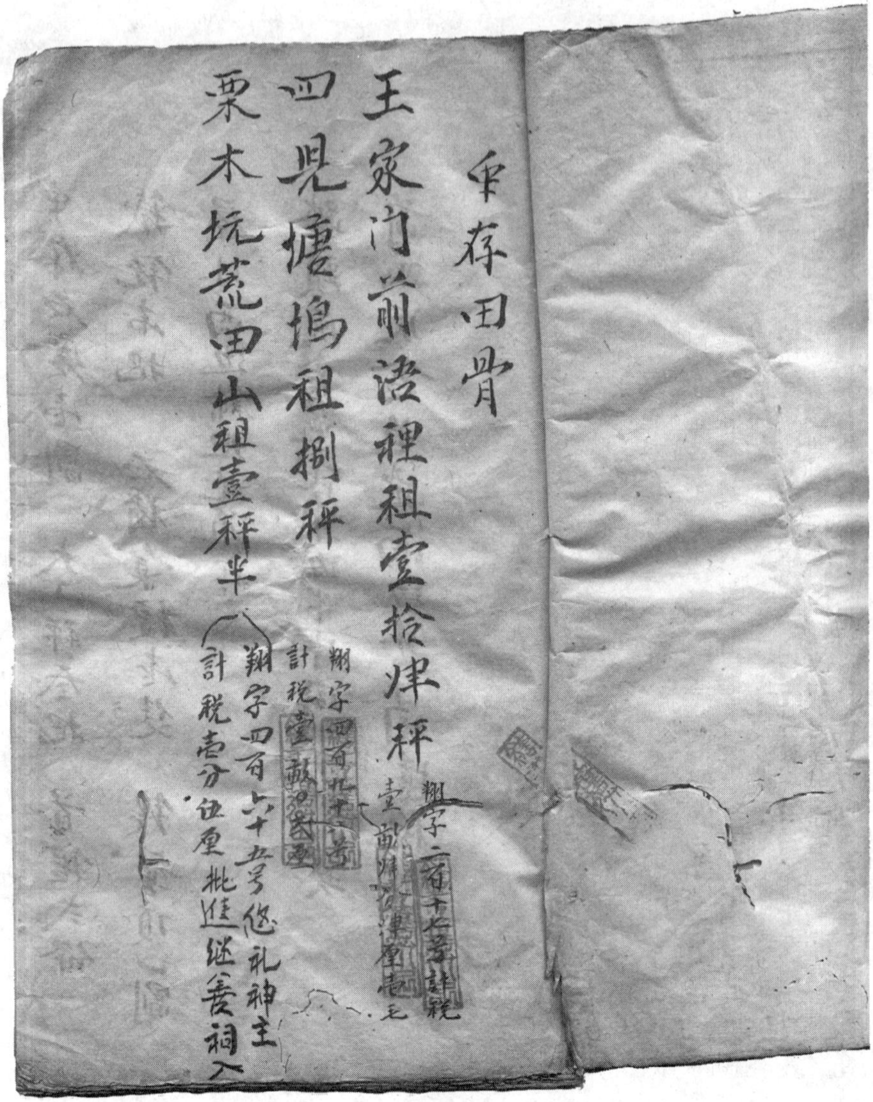

乎存田骨
王家门前语理租壹拾肆秤
翔字二百十七号計税壹亩[illegible]肆厘壹毛
四見塘鸠租捌秤
翔字四百九十二号計税壹亩[illegible]
栗木坑荒田山租壹秤半
翔字四百六十五号悠礼神主
計税壹分伍厘批进继养祠入

江湾镇金田村 B 6-5 · 嘉庆十五年 · 分家文书 · 黄正楧同弟正元、正椿、正栋

車存石磨壹副 大小秤叁把 首鋸弍條

鐵銃壹把 石豬食槽壹隻 銀鏨壹頂乙副

屋外西边餘地兄弟存衆

路頭灰贪乭定東边半片同遠林相共

前山灰贪乭定西边半片同遠柏相共

江湾镇金田村 B 6-6 · 嘉庆十五年 · 分家文书 · 黄正楧同弟正元、正椿、正栋

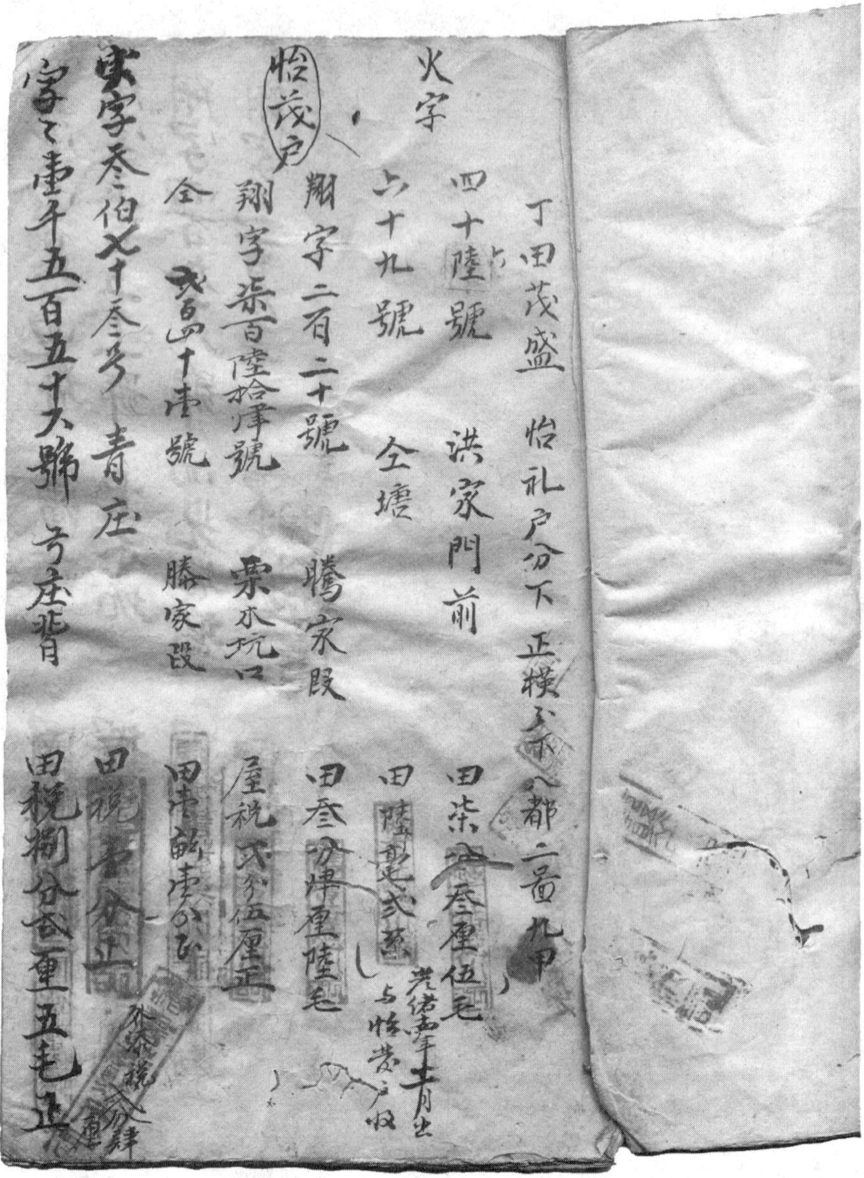

江湾镇金田村 B 6-7 · 嘉庆十五年 · 分家文书 · 黄正楧同弟正元、正椿、正栋

壬寅

火字四百八十四號　潭頭　田税二畝[illegible]分[illegible]釐正

翔字五百五十一號　栗木坑　地税三釐四毛貳系九忽

翔字四百九十八號　四見壇塢　田税壹畝[illegible]分五釐

翔字三百九十七　栗木坑　田税壹分正

江湾镇金田村 B 6-8 · 嘉庆十五年 · 分家文书 · 黄正楧同弟正元、正椿、正栋

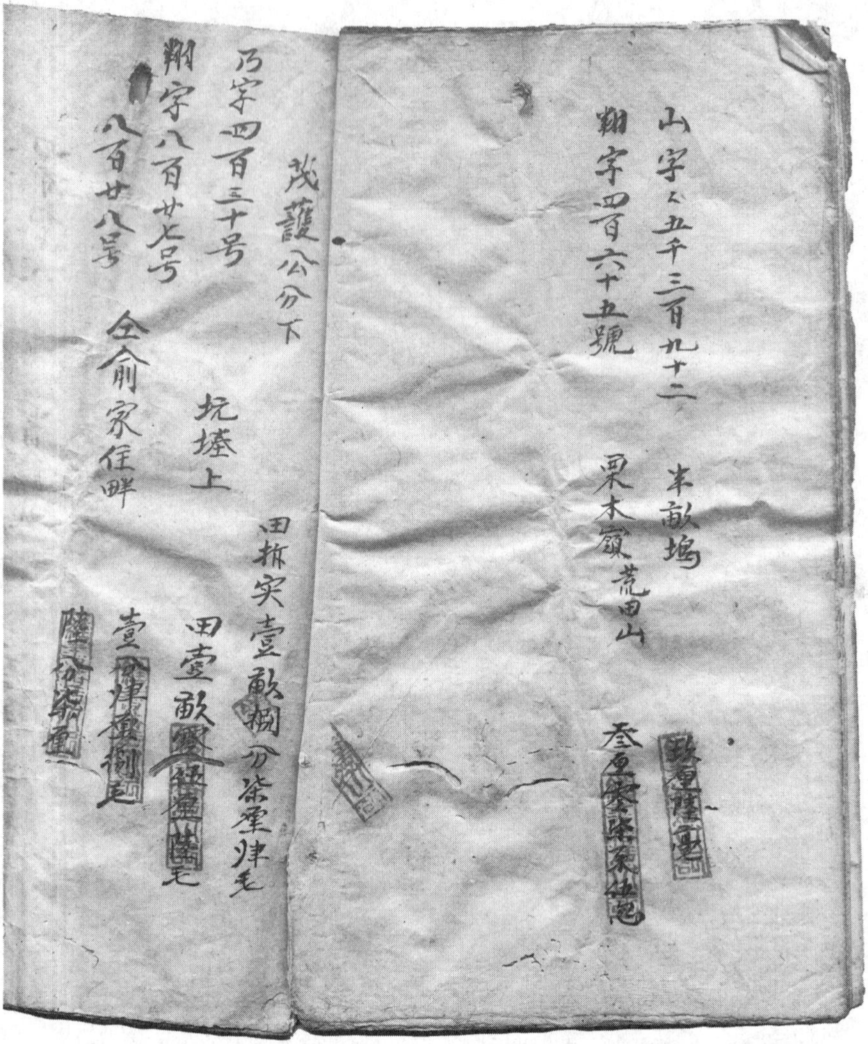
山字五千三百九十二号 半畝塢
翔字四百六十五號 栗木嶺荒田山
茂護公分下
乃字四百三十号 坑塝上
翔字八百廿七号
八百廿八号 全俞家住畔

江湾镇金田村 B 6-9 · 嘉庆十五年 · 分家文书 · 黄正模同弟正元、正椿、正栋

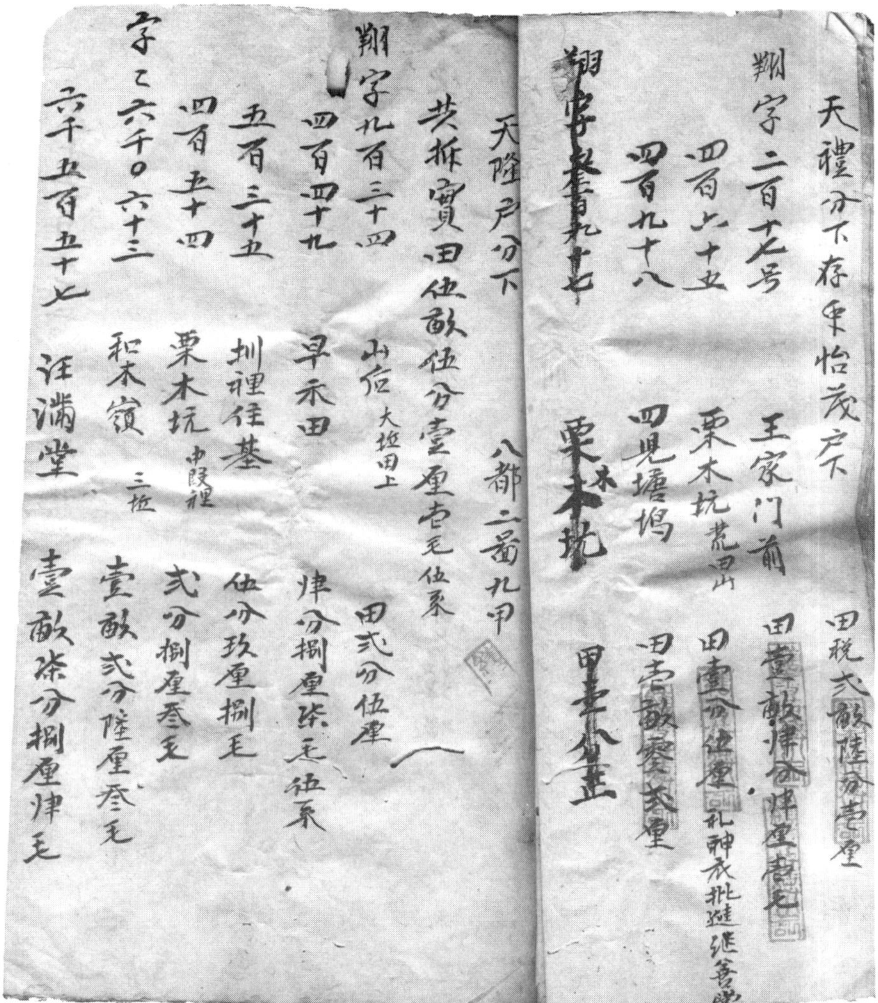

天禮分下存秉怡茂户下　田税弍畝陸分壹厘
翔字二百十七号　王家门前　田壹畝肆分肆厘壹毛
四百六十五　栗木坑荒田山　田壹分伍厘　孔神衣批進继善
四百九十八　四見塘坞　田壹畝零弍厘
翔字叁百九十七　栗林坑　田壹八分叁厘

天隆户分下　八都二啚九甲
共拆實田伍畝伍分壹厘壹毛伍系
翔字九百三十四　山佔　大坵田上　田弍分伍厘
四百四十九　旱禾田　肆分捌厘柒毛伍系
五百三十五　圳裡住基　伍分玖厘捌毛
四百五十四　栗木坑　中段裡　弍分捌厘叁毛
字乙六千〇六十三　和木嶺　三坵　壹畝弍分陸厘叁毛
六千五百五十七　汪滿堂　壹畝柒分捌厘肆毛

江湾镇金田村 B 6-10 · 嘉庆十五年 · 分家文书 · 黄正楧同弟正元、正椿、正栋

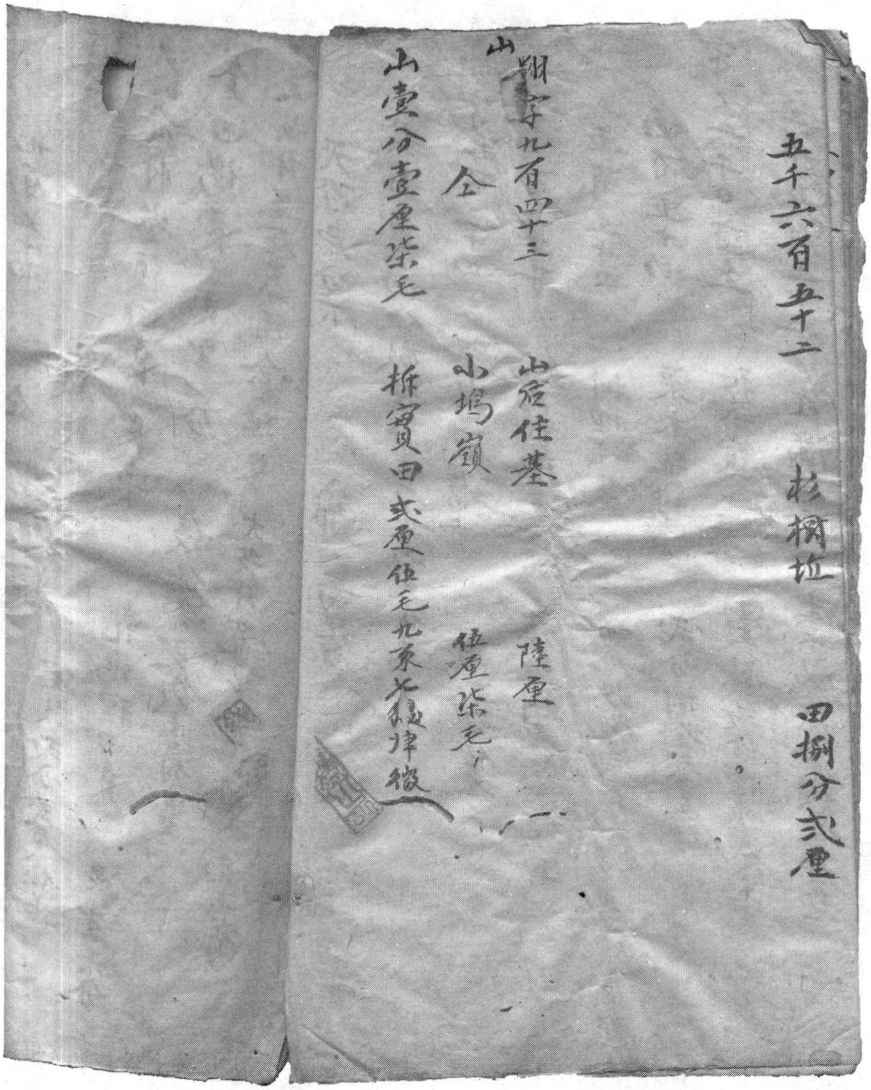

五千六百五十二　杉树垅　田捌分贰厘

山翔字九百四十三　山居住基　陆厘

仝　小坞岭　伍厘柒毛

山壹分壹厘柒毛　拆实田贰厘伍毛九系七丝肆微

江湾镇金田村 B 6–11 · 嘉庆十五年 · 分家文书 · 黄正模同弟正元、正椿、正栋

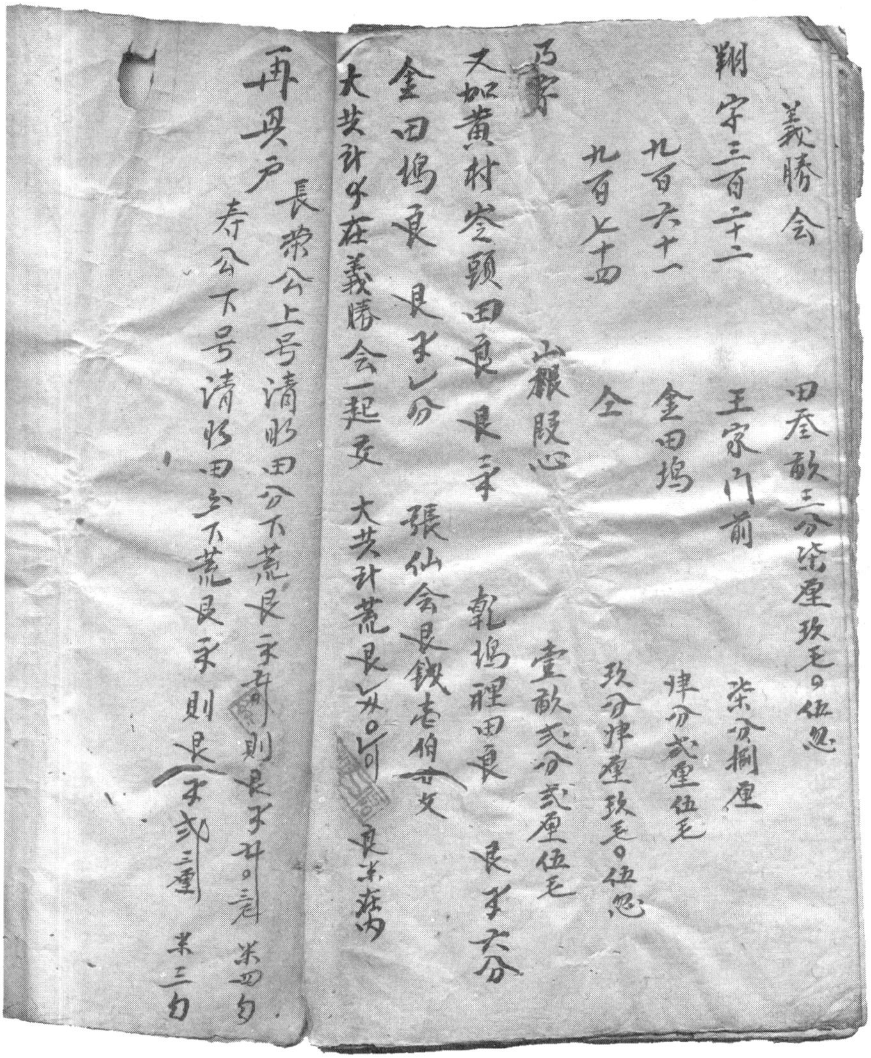

義勝会
鞠字三百二十二　田叁畝三分柒厘玖毛〇伍忽
王家门前　柒分捌厘
九百六十一　金田塢　肆分贰厘伍毛
九百七十四　仝　玖分肆厘玖毛〇伍忽
乃家　山根段心　壹畝贰分贰厘伍毛
又加黄村岺頭田艮　艮三　乾塢裡田艮　艮三六分
金田塢艮　艮三山分　張仙会艮錢壹佰廿文
大共計在義勝会一起交　大共計荒艮　艮米
再具户　長荣公上号清明田分下荒艮　则艮三斗　米四勺
春公下号清明田分下荒艮　则艮三贰三厘　米三勺

江湾镇金田村 B 6–12 · 嘉庆十五年 · 分家文书 · 黄正楧同弟正元、正椿、正栋

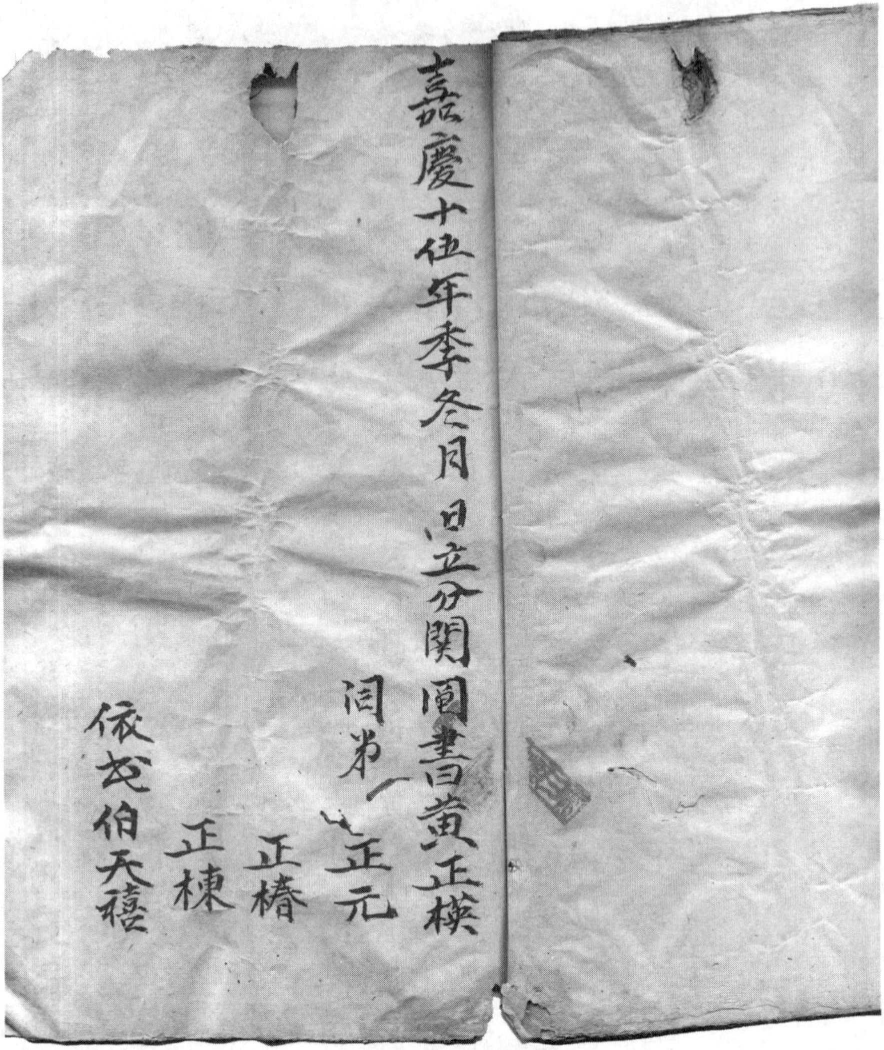

嘉慶十伍年季冬月　日立分關阄書黃正楧
同弟　正元
正椿
正棟
依[illegible]伯天禧

江湾镇金田村 B 6-13 · 嘉庆十五年 · 分家文书 · 黄正楧同弟正元、正椿、正栋

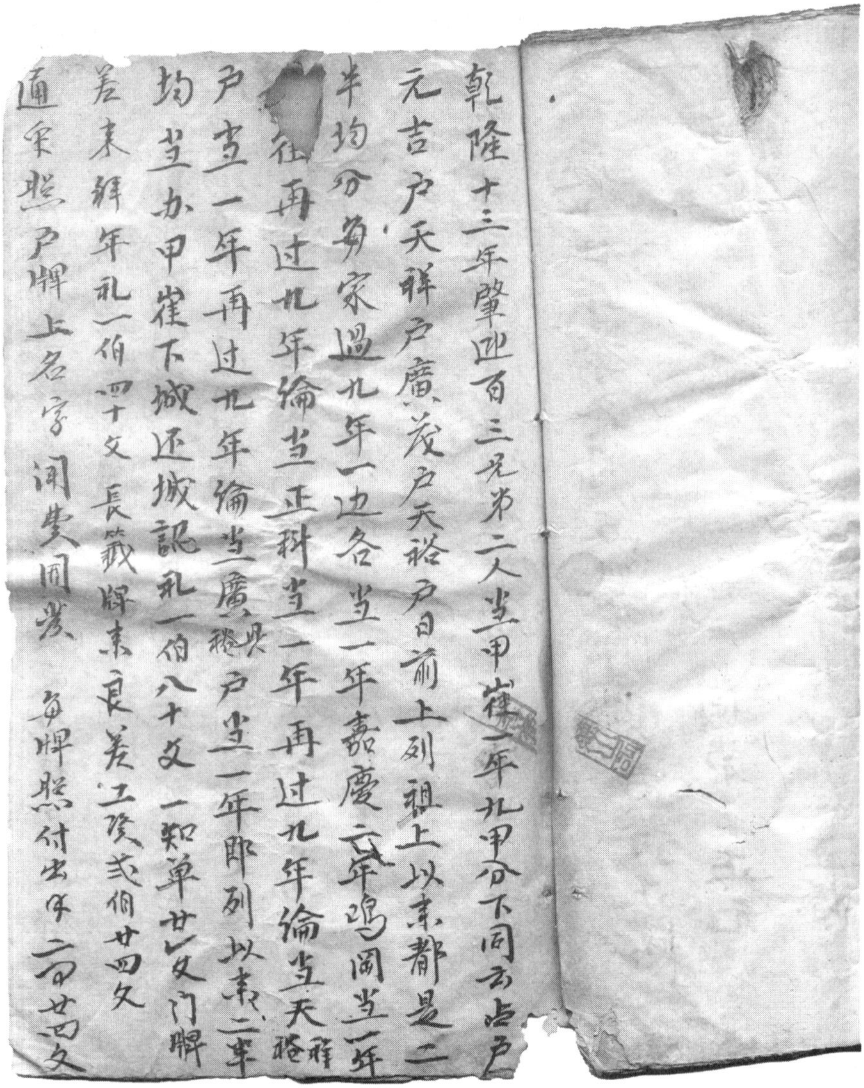

乾隆十三年肇亚百三兄弟二人当甲崔一年九甲分下同云占户
元吉户天祥户廣、茂户天裕户日前上列祖上以来都是二
半均分無家過九年一边各当一年嘉慶六年鸣阁当一年
往再过九年綸当正科当一年再过九年綸当天祥稜
户当一年再过九年綸当廣、只稜户当一年即列以来、二年
均当办甲崔下城还墩認礼一伯八十文 一知单廿文门脚
差来拜年礼一伯四十文 長箴脚来良差工資式伯廿四文
通众照户脚上名字闲费同发 每脚照付出钱二百廿四文

江湾镇金田村 B 6-14 · 嘉庆十五年 · 分家文书 · 黄正模同弟正元、正椿、正栋

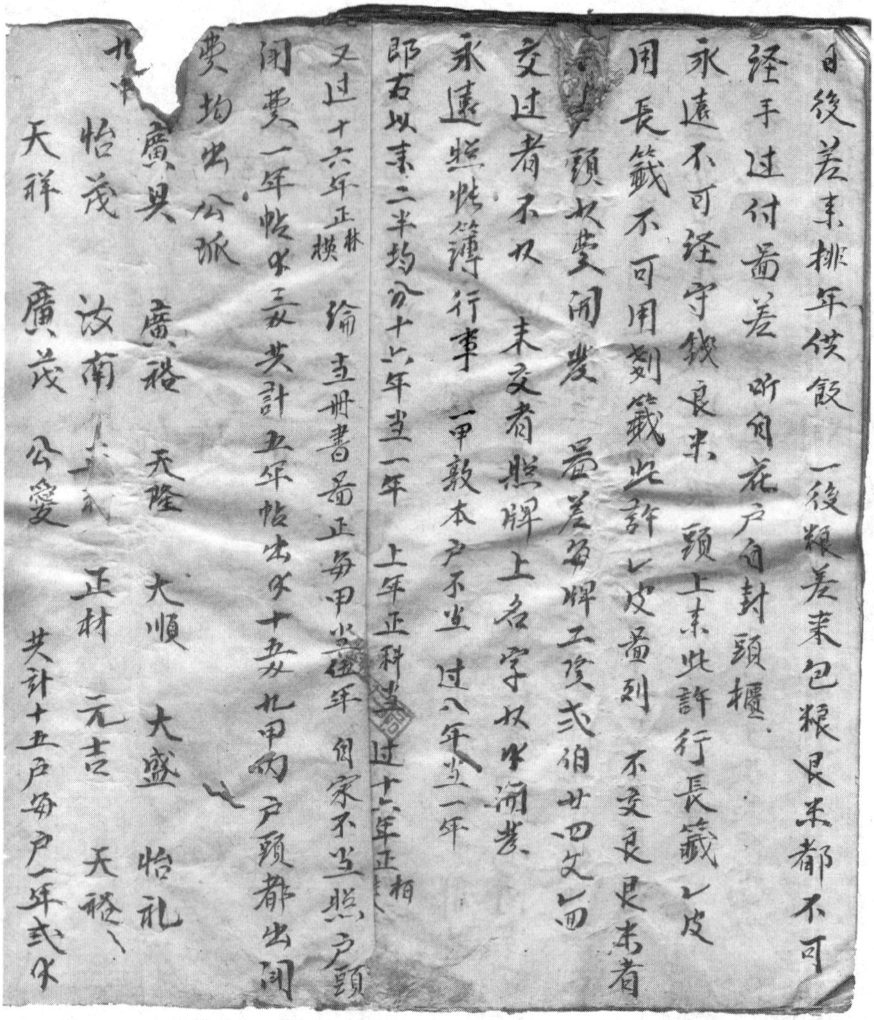
日後差費排年供飯　一役粮差來包粮艮米都不可
経手过付當差　所有花户自封頭櫃
永遠不可経守錢艮米　頭上來此許行長簽乀皮
用長簽不可用劄簽此許乀皮當列　不交艮艮米者
□户頭收費用发　當差每脚工資弍佰廿四文當
交过者不収　未交者照脚上名字收ㄨ開发
永遠照帖簿行事　一甲敦本户不當　过八年當一年
郎右以來二半均分十六年當一年　上年正科□过十六年正柏
又过十六年正模　綸直冊書當正每甲当陸年　自家不当照户頭
閑費一年帖ㄨ三两　共計五年帖出ㄨ十五两　九甲兩户頭都出閑
费均出公派
九中　廣兴　廣裕　天隆　大順　大盛　怡礼
怡茂　汝南　□□　正材　元吉　天祿乀
天祥　廣茂　公愛　共計十五户每户一年弍ㄨ

江湾镇金田村 B 6-15 · 嘉庆十五年 · 分家文书 · 黄正模同弟正元、正椿、正栋

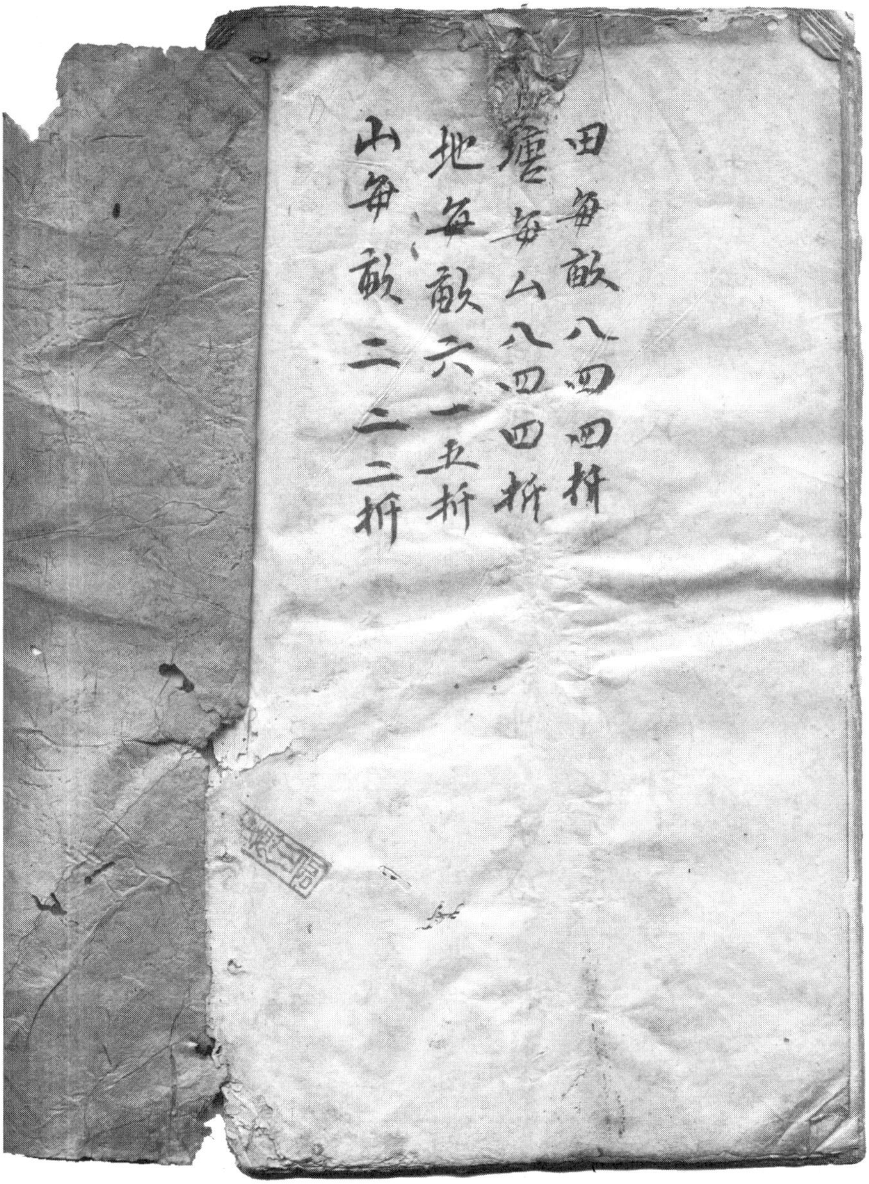

江湾镇金田村 B 6-16 · 嘉庆十五年 · 分家文书 · 黄正楧同弟正元、正椿、正栋

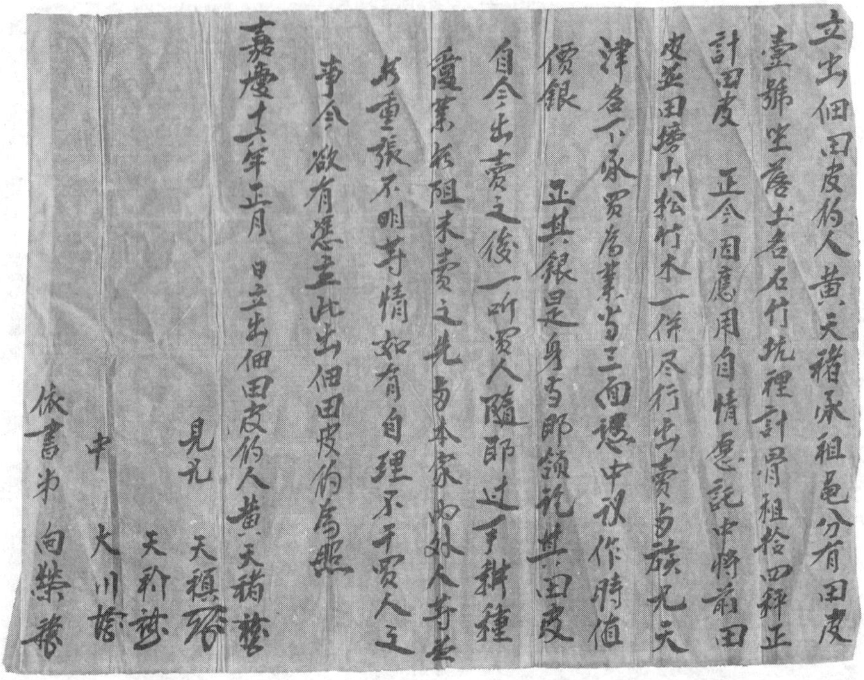

立出佃田皮約人黄天褚承祖邑分有田皮
壹號坐落土名石竹坑裡計骨租拾四秤正
計田皮　正今因應用自情愿託中將前田
皮並田塝山松竹木一併尽行出賣与族兄天
津名下承買為業當三面憑中議作時值
價銀　正其銀是身當即領訖其田皮
自今出賣之後一听買人隨即过手耕種
管業無阻未賣之先与本家内外人等無
重張不明等情如有自理不干買人之
事今欲有憑立此出佃田皮約為照
嘉慶十六年正月　日立出佃田皮約人黄天褚（押）
見兄　天禎（押）
天矜（押）
中　大川（押）
依書弟　向榮（押）

江湾镇金田村 B 28 · 嘉庆十六年 · 出佃田皮约 · 黄天褚卖与族兄天津

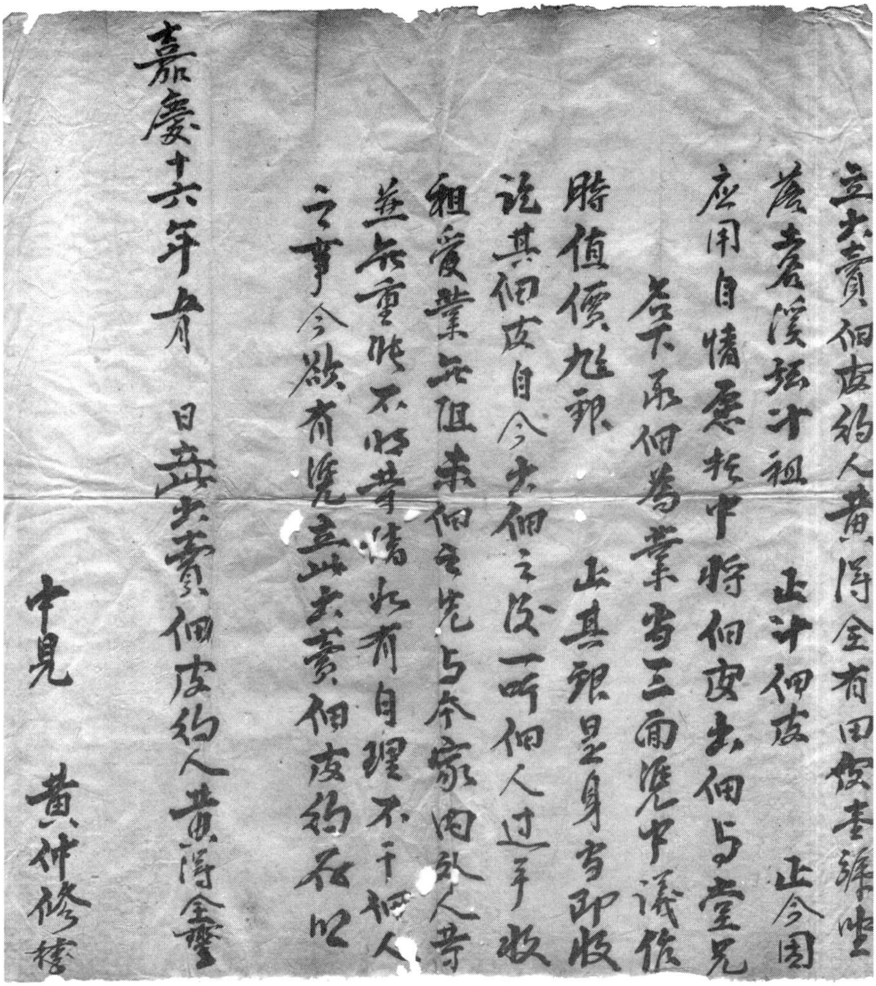

立出賣佃皮約人黃得全有田皮壹號坐
落土名溪坵計租　正計佃皮　正今因
應用自情愿托中將佃皮出佃與堂兄
名下承佃爲業當三面憑中議作
時值價九兩銀　正其銀是身當即收
訖其佃皮自今出佃之後一听佃人过手收
租管業無阻未佃之先與本家内外人等
並無重張不明等情如有自理不干佃人
之事今欲有憑立此出賣佃皮約存照
嘉慶十六年　月　日立出賣佃皮約人黃得全(押)
中見　黃仲修(押)

江湾镇金田村 B 48 · 嘉庆十六年 · 出卖佃皮约 · 黄得全卖与堂兄☐

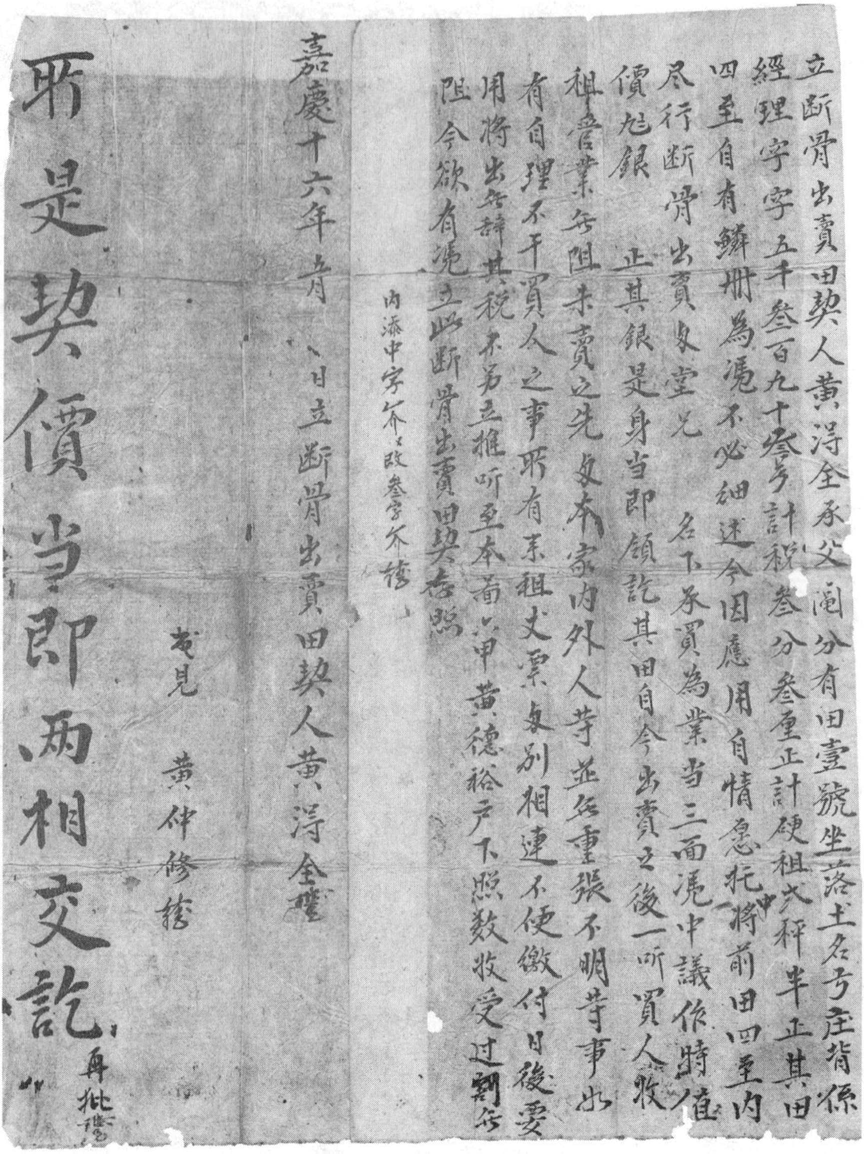
立斷骨出賣田契人黄淂全承父阄分有田壹號坐落土名ㄎ庄背係
經理字字五千叄百九十叁号計税叄分叄厘正計硬租六秤半正其田
四至自有鱗册為憑不必細述今因應用自情急托中將前田四至内
盡行斷骨出賣与堂兄　　名下承買為業当三面憑中議作時值
價九銀　正其銀是身当即領訖其田自今出賣之後一听買人收
租管業無阻未賣之先与本家内外人等並無重張不明等事如
有自理不干買人之事所有来租文票与别相連不便繳付日後要
用將出無辭其税不另立推听至本甫六甲黄德裕户下照数收受过割無
阻今欲有凭立此斷骨出賣田契存照

内添中字一个又改叁字一个據

嘉慶十六年　月　日立斷骨出賣田契人黄淂全（押）

憑見　黄仲修（押）

所是契價当即兩相交訖

再批（押）

江湾镇金田村 B 67 · 嘉庆十六年 · 断骨出卖田契 · 黄得全卖与堂兄☐

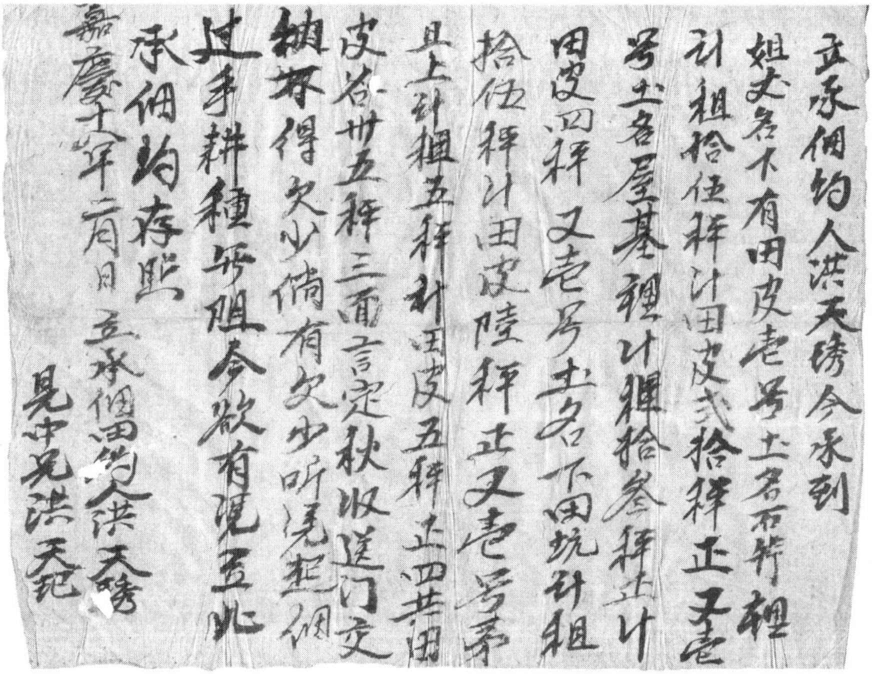

立承佃約人洪天琇今承到
姐夫名下有田皮壹號土名石背裡
計租拾伍秤計田皮貳拾秤正 又壹
號土名屋基裡計租拾叁秤正計
田皮四秤 又壹號土名下田坑計租
拾伍秤計田皮陸秤正 又壹號茅
具上計租五秤計田皮五秤正 四共田
皮各廿五秤 三面言定秋收送門交
納不得欠少倘有欠少听凭起佃
过手耕種無阻今欲有凭立此
承佃約存照
嘉慶十八年六月日 立承佃田約人洪天琇
見中兄洪天紀

江湾镇金田村 B 31 · 嘉庆十八年 · 承佃约 · 洪天琇承到姐夫

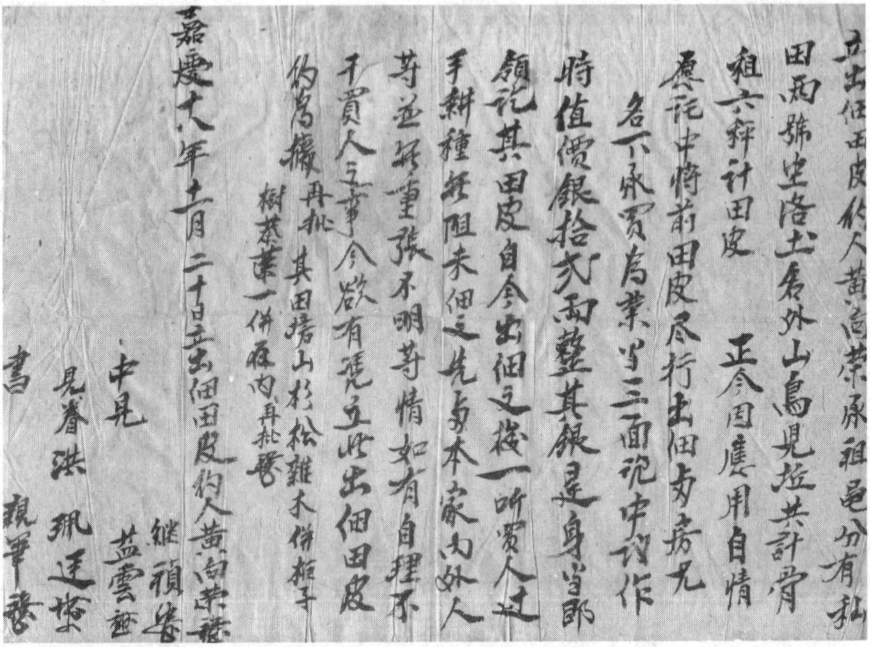

江湾镇金田村 B 35 · 嘉庆十八年 · 出佃田皮约 · 黄向荣出佃与房兄☐

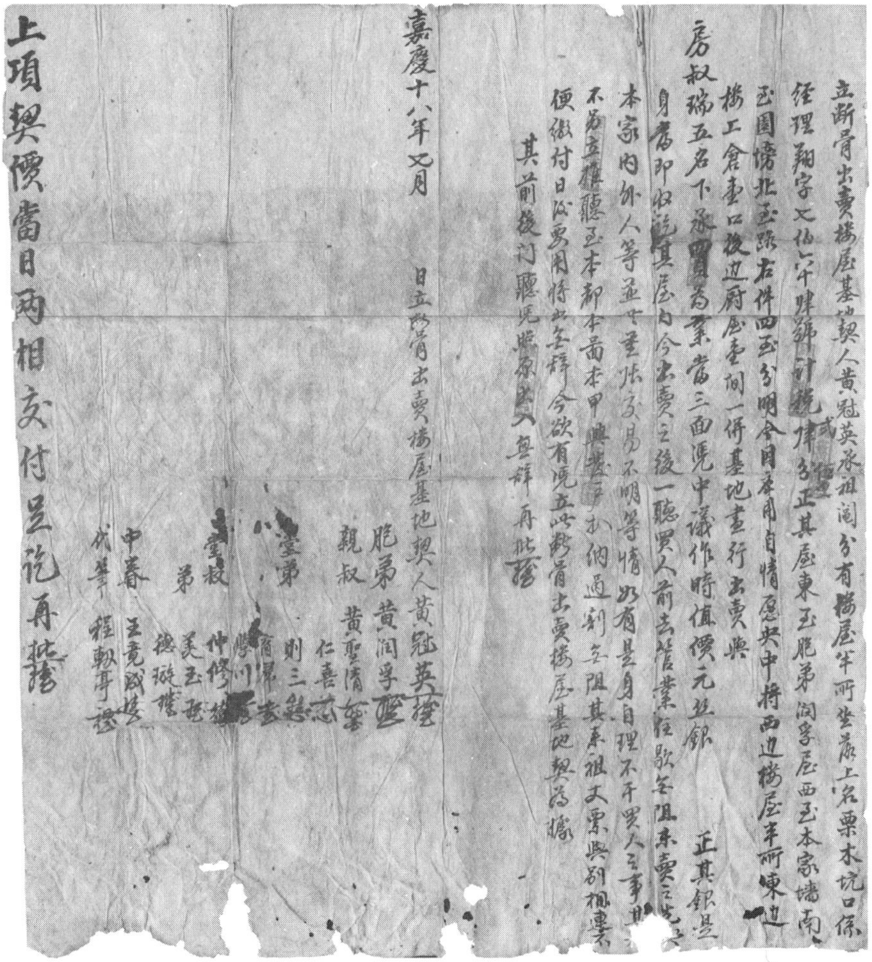

立断骨出卖楼屋基地契人黄冠英，承祖阄分有楼屋半所，坐落土名栗木坑口，系
经理翔字 [illegible]号，计税 [illegible]，正。其屋东至胞弟润孚屋，西至本家墙，南
至園墙，北至路。右件四至分明，今因欠用，自情愿央中将西边楼屋半所，東边
楼上倉屋口後边厨屋壹间，一併基地尽行出卖与
房叔瑞五名下承买为业，当三面凭中议作时值價元丝银[illegible]正。其银是
身当即收讫。其屋自今出卖之後，一听买人前去管业，往歇无阻。未卖之先，
本家内外人等並无重张交易不明等情，如有，是身自理，不干买人之事。其
不另立推单，听至本都本图本甲黄[illegible]户下扒纳过割，无阻。其来祖文票與别相連，
便缴付日後要用，将出无辞。今欲有凭，立此断骨出卖楼屋基地契为據。
其前後门厅凭众原人无辞，再批。（押）

嘉慶十八年五月　日立断骨出卖楼屋基地契人黄冠英（押）
胞弟　黄润孚（押）
親叔　黄聖清（押）
　　　仁喜（押）
堂弟　則三（押）
　　　商帰（押）
　　　學川（押）
堂叔　仲修（押）
弟　　美玉（押）
　　　德璇（押）
中見　王竞成（押）
代筆　程軌孚（押）

上項契價當日两相交付足讫，再批。（押）

江湾镇金田村 B 81 · 嘉庆十八年 · 断骨出卖楼屋基地契 · 黄冠英卖与房叔瑞五

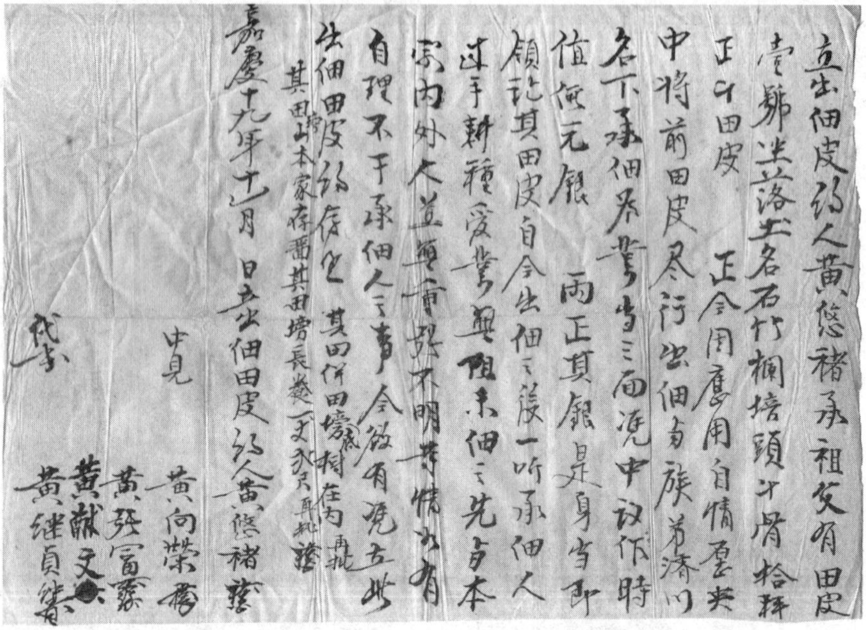

江湾镇金田村 B 26 · 嘉庆十九年 · 出佃田皮约 · 黄悠褚佃与族弟济川

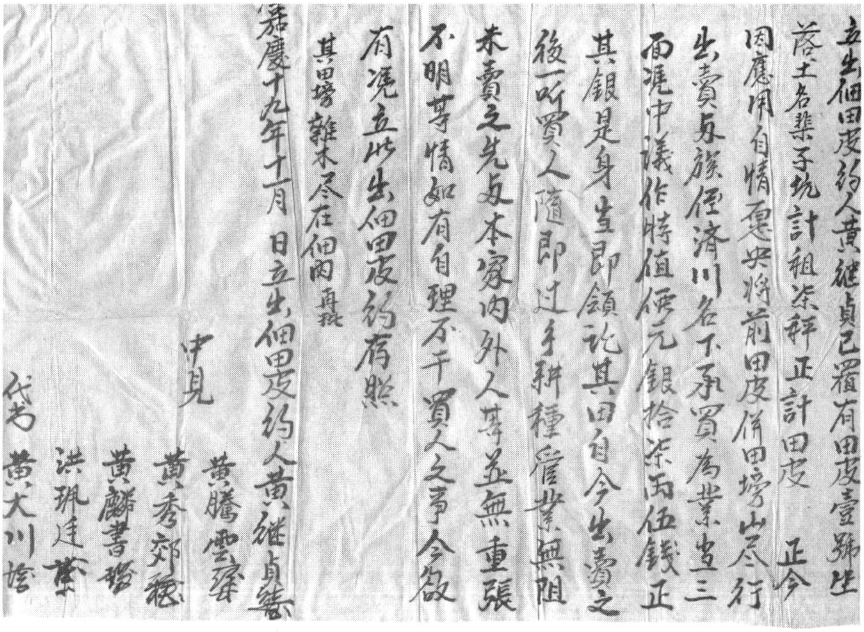

立出佃田皮约人黄继貞，已置有田皮壹號，坐
落土名棐子坑，計租柒秤正，計田皮　正，今
因應用，自情愿央將前田皮併田塝山岙，行
出賣與族侄濟川名下承買為業，当三
面憑中議作時值價元銀拾柒两伍錢正，
其銀是身当即領訖，其田自今出賣之
後，一听買人隨即过手耕種管業無阻，
未賣之先與本家內外人等並無重張
不明等情，如有自理，不干買人之事，今欲
有凭，立此出佃田皮约存照。
其田塝雜木岙在佃內，再批。
嘉慶十九年十一月　日立出佃田皮约人黄继貞（押）
中見　黄騰雲（押）
黄秀郊（押）
黄麟書（押）
洪珮廷（押）
代筆　黄大川（押）

江湾镇金田村 B 27 · 嘉庆十九年 · 出佃田皮约 · 黄继贞佃与族侄济川

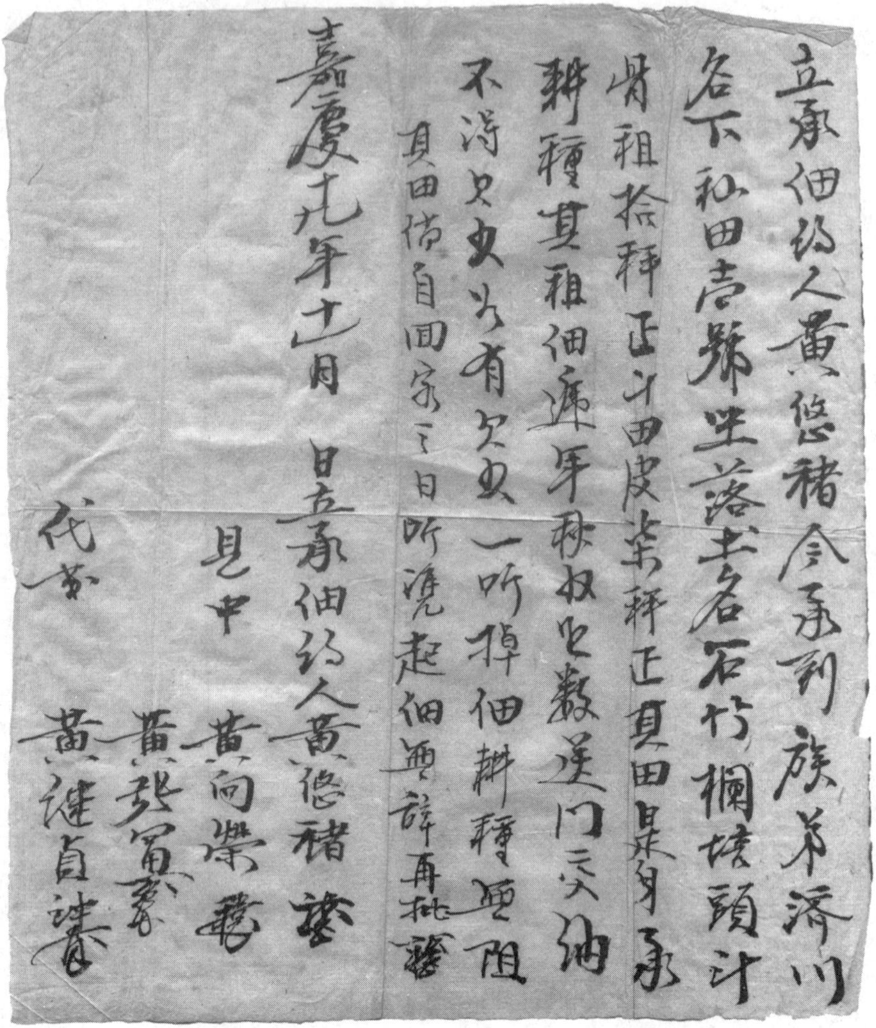
立承佃约人黄悠褚今承到族弟济川
名下私田壹號坐落土名石竹桐坑头计
骨租拾秤正计田皮柒秤正其田是身承
耕種其租佃遞年秋收照數送门交纳
不得欠少如有欠少一听撑佃耕種無阻
其田倘自回家之日听凭起佃無辞再批（押）
嘉慶十九年十一月 日立承佃约人黄悠褚（押）
見中 黄向榮（押）
黄発冨（押）
代筆 黄继貞（押）

江湾镇金田村 B 43 · 嘉庆十九年 · 承佃约 · 黄悠褚承到族弟济川

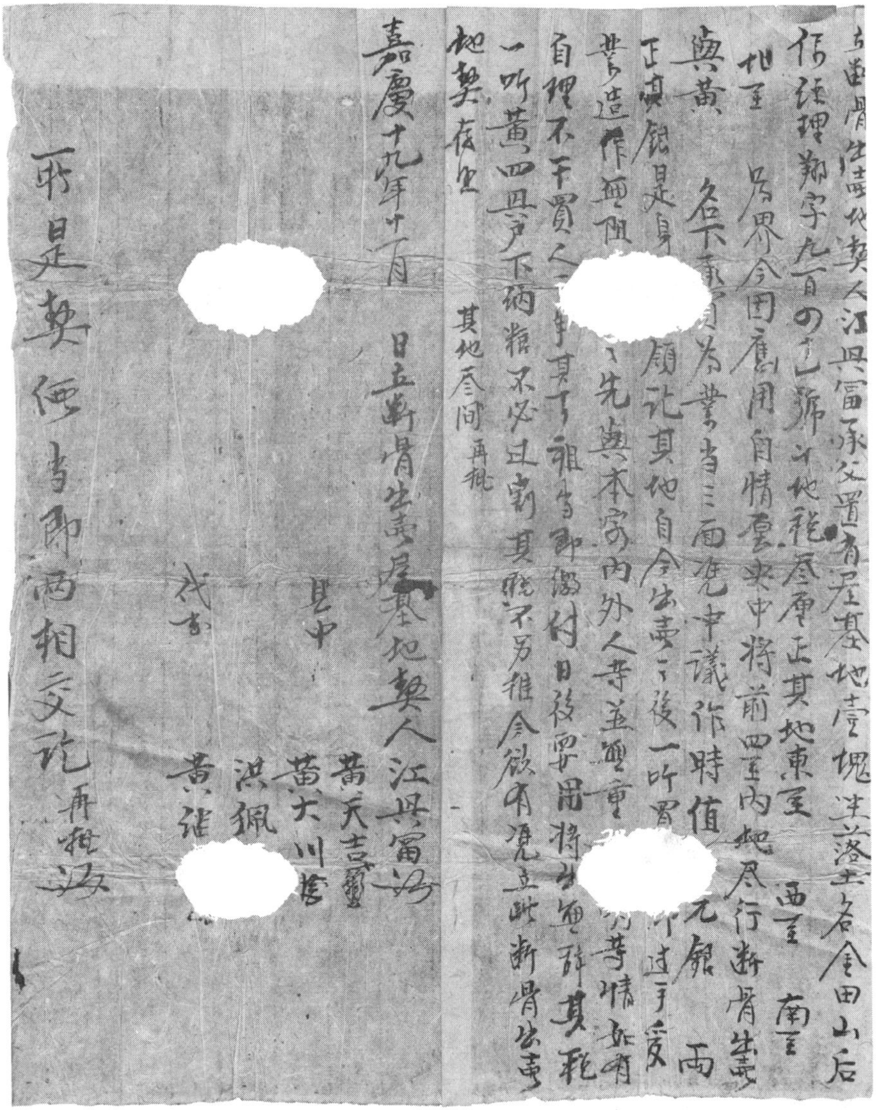
立断骨出卖地契人江兴富承父置有屋基地壹块，坐落土名金田山后
係经理郑字九百四十二号，计地税叁厘正。其地东至　西至　南至
北至　为界。今因應用，自情愿央中将前四至内地尽行断骨出卖
與黄　名下[illegible]為業，当三面凭中議作時值　元銀　兩
正。其銀是身[illegible]領訖。其地自今出卖之後，一听買[illegible]过手受
業造作無阻。[illegible]先與本家内外人等並無重[illegible]等情，如有
自理，不干買人之事。其[illegible]祖当即缴付，日後要用将出無辞。其税
一听黄四丑户下输粮，不必过割。其税不另推。今欲有凭，立此断骨出卖
地契存照。
其地叁間　再批
嘉慶十九年十一月　日立断骨出卖屋基地契人江兴富
　　　　　　　　　　　　见中　黄天吉　黄大川　洪佩
　　　　　　　　　　　　代书　黄[illegible]
所是契價当即兩相交訖　再批

江湾镇金田村 B 51 · 嘉庆十九年 · 断骨出卖屋基地契 · 江兴富卖与黄☐

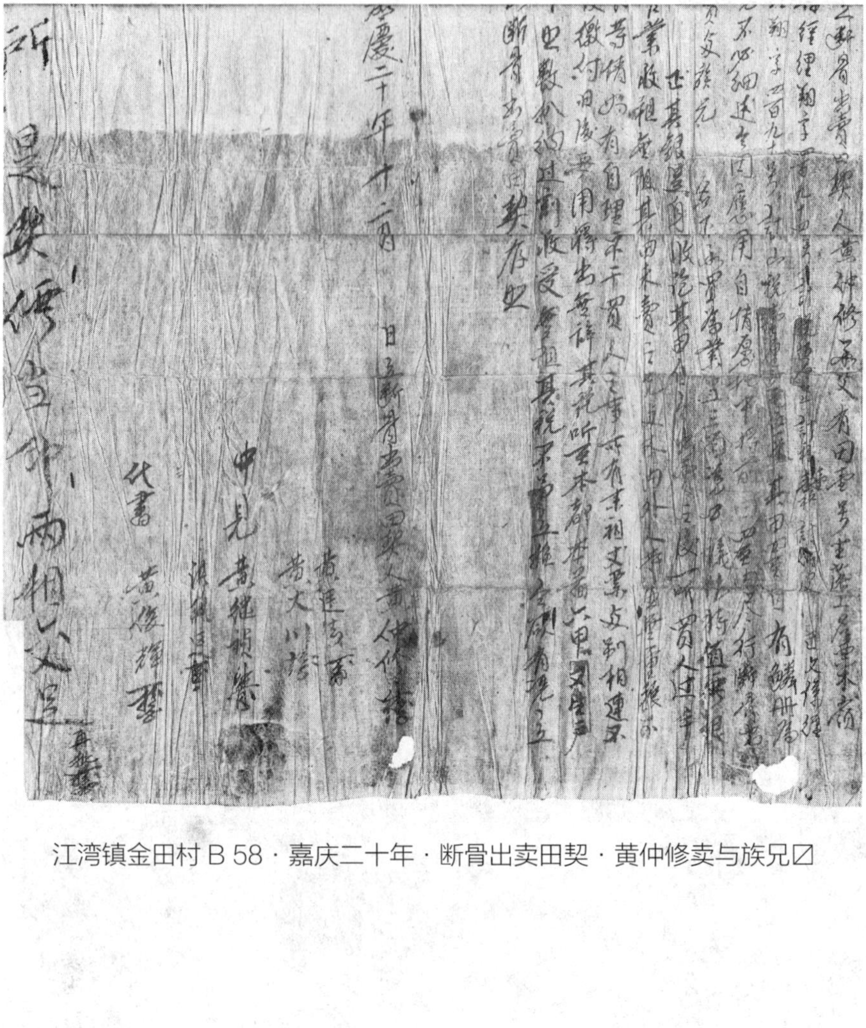

江湾镇金田村 B 58 · 嘉庆二十年 · 断骨出卖田契 · 黄仲修卖与族兄☐

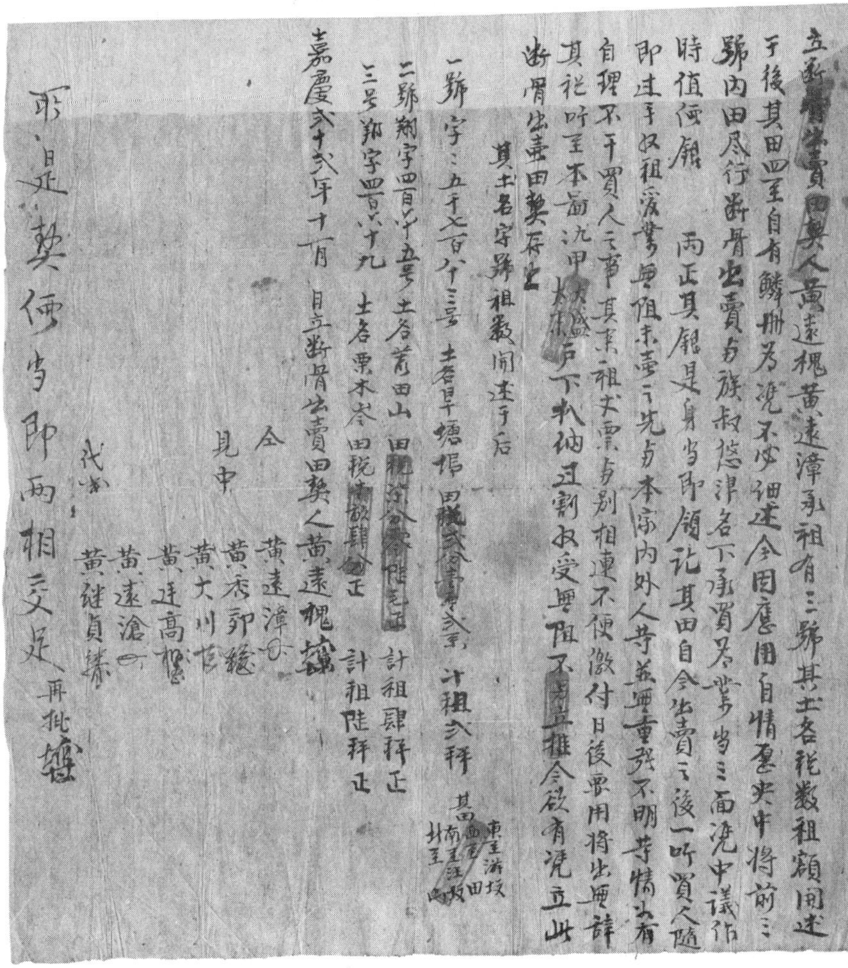

立断骨出賣田契人黄遠槐、黄遠漳承祖有三号，其土名税数租額開述
于後。其田四至自有鱗册為凭，不必細述。今因應用，自情愿央中將前三
號內田尽行斷骨出賣与族叔悠津名下承買為業。當三面凭中議作
時值價銀　兩正。其銀是身当即領訖。其田自今出賣之後，一听買人随
即過手收租管業，毋阻。未賣之先，与本家內外人等並無重張不明等情，如有
自理，不干買人之事。其來祖契与别相連，不便繳付，日後要用，將出毋辞。
其税听至本面[illegible]甲[illegible]户下扒納過割，收受毋阻。[illegible]立推合，欲有凭，立此
斷骨出賣田契存照。

其土名字号租数開述于后

一號 字三千七百[illegible]十三号 土名旱塘垠 田税[illegible] 計租[illegible]秤 其田東至[illegible] 南至[illegible] 西至[illegible] 北至[illegible]

二號 翔字四百廿五号 土名菁田山 田税[illegible] 計租肆秤正

三號 翔字四百六十九 土名栗木岑 田税[illegible] 計租陆秤正

嘉慶式十式年十月　日立斷骨出賣田契人黄遠槐（押）

仝 黄遠漳（押）

見中 黄[illegible] 黄大川 黄廷高 黄遠滄

代书 黄継貞

再批：是契價当即兩相交足。再批（押）

江湾镇金田村 B 53 · 嘉庆二十二年 · 断骨出卖田契 ·
黄远槐、黄远漳卖与族叔悠津

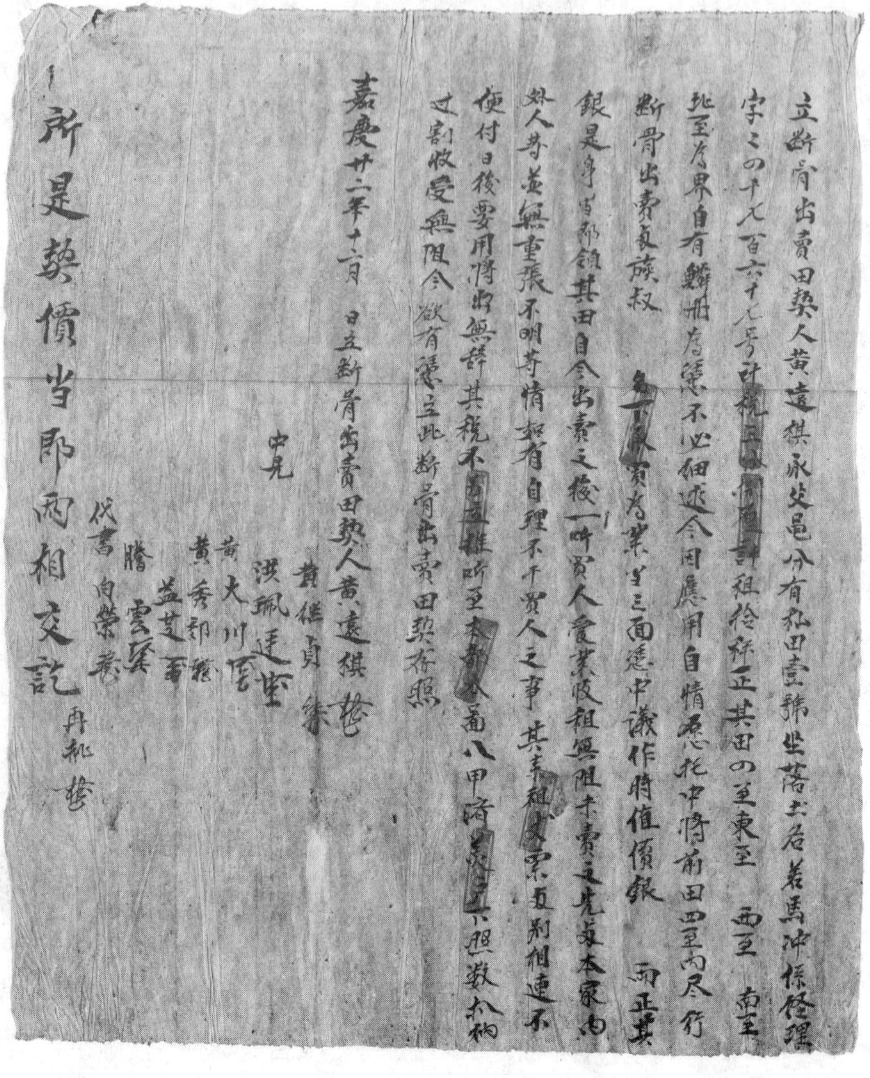
立断骨出賣田契人黃遠祺承父邑分有私田壹號坐落土名若馬冲係經理
字之四千七百六十七號計税三［illegible］［illegible］許租谷柒斗正其田四至東至　西至　南至
北至存界自有鱗冊存照不必細述今因應用自情愿托中將前田四至內尽行
斷骨出賣與族叔　［illegible］　為業當三面迁中議作時值價銀　兩正其
銀是身當即領其田自今出賣之後一听買人受業收租無阻未賣之先並本家內
外人等並無重張不明等情如有自理不干買人之事其來祖交票［illegible］相連不
便付日後要用將出無辞其税不［illegible］推收至本都［illegible］八甲濟［illegible］但数扒納
过割收受無阻今欲有憑立此断骨出賣田契存照
嘉慶廿二年十二月　日立斷骨出賣田契人黃遠祺（押）
中見　黃繼貞（押）
洪珮廷（押）
黃大川（押）
黃秀郎（押）
益芝（押）
謄　雲（押）
代書　向榮（押）
所是契價当即兩相交訖
再批（押）

江湾镇金田村 B 54 · 嘉庆二十二年 · 断骨出卖田契 · 黄远棋卖与族叔☐

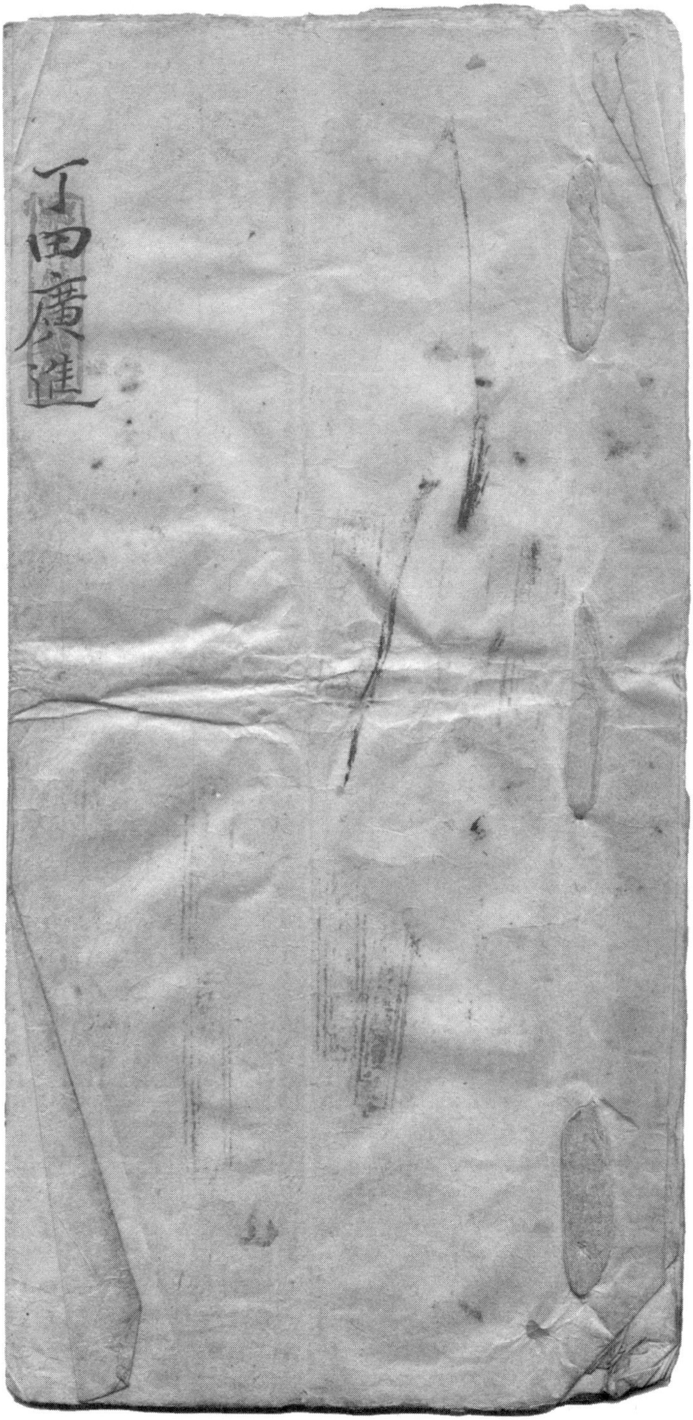

江湾镇金田村 B 4-1 · 嘉庆二十三年 · 税粮实征册 · 黄生发户

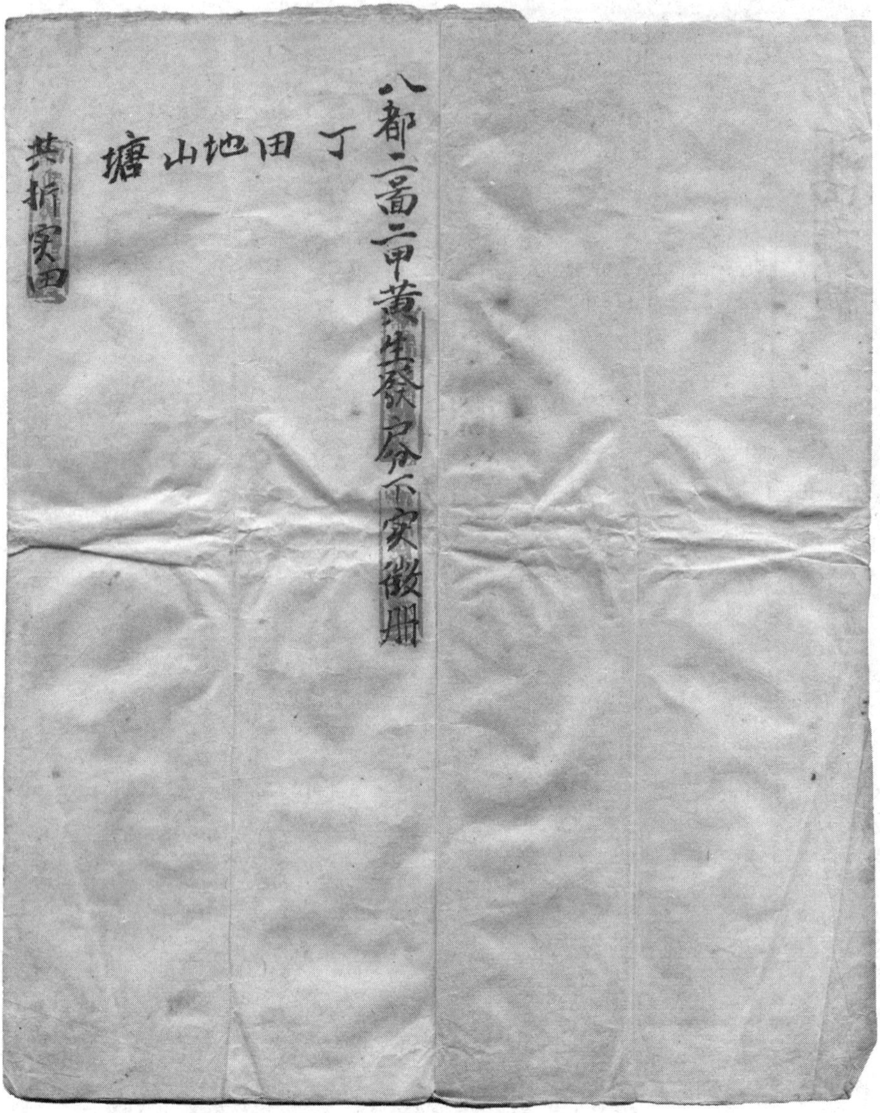
八都二啚二甲黄生發户下实徵册

丁 田 地 山 塘

共折实田

江湾镇金田村 B 4-2 · 嘉庆二十三年 · 税粮实征册 · 黄生发户

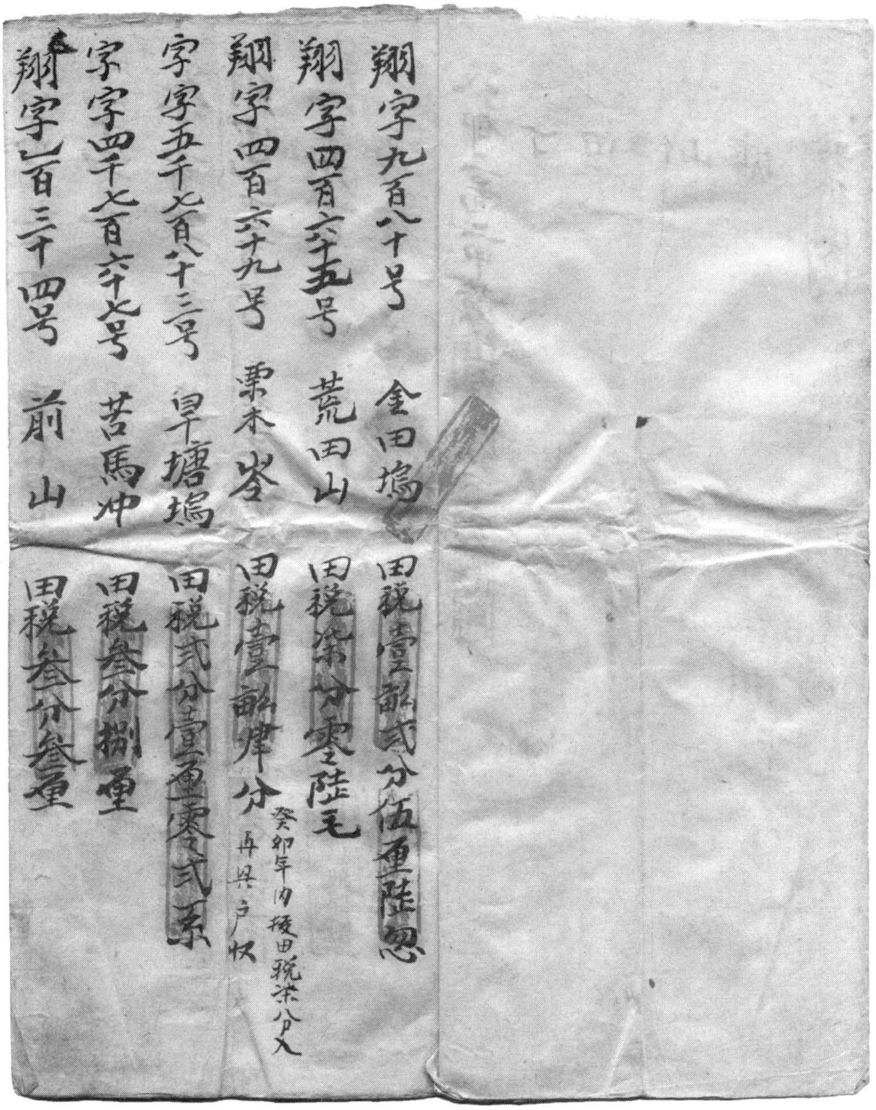

翔字九百八十号 金田塢 田税壹畝弍分伍厘陸忽

翔字四百六十五号 荒田山 田税柒分零陸毛

翔字四百六十九号 栗木岑 田税壹畝肆分

癸卯年内拨田税柒八分入

冉具户收

字字五千七百八十三号 旱塘塢 田税弍分壹厘零弍系

字字四千七百六十七号 苦馬冲 田税叁分捌厘

翔字山百三十四号 前山 田税叁分叁厘

江湾镇金田村 B 4-3 · 嘉庆二十三年 · 税粮实征册 · 黄生发户

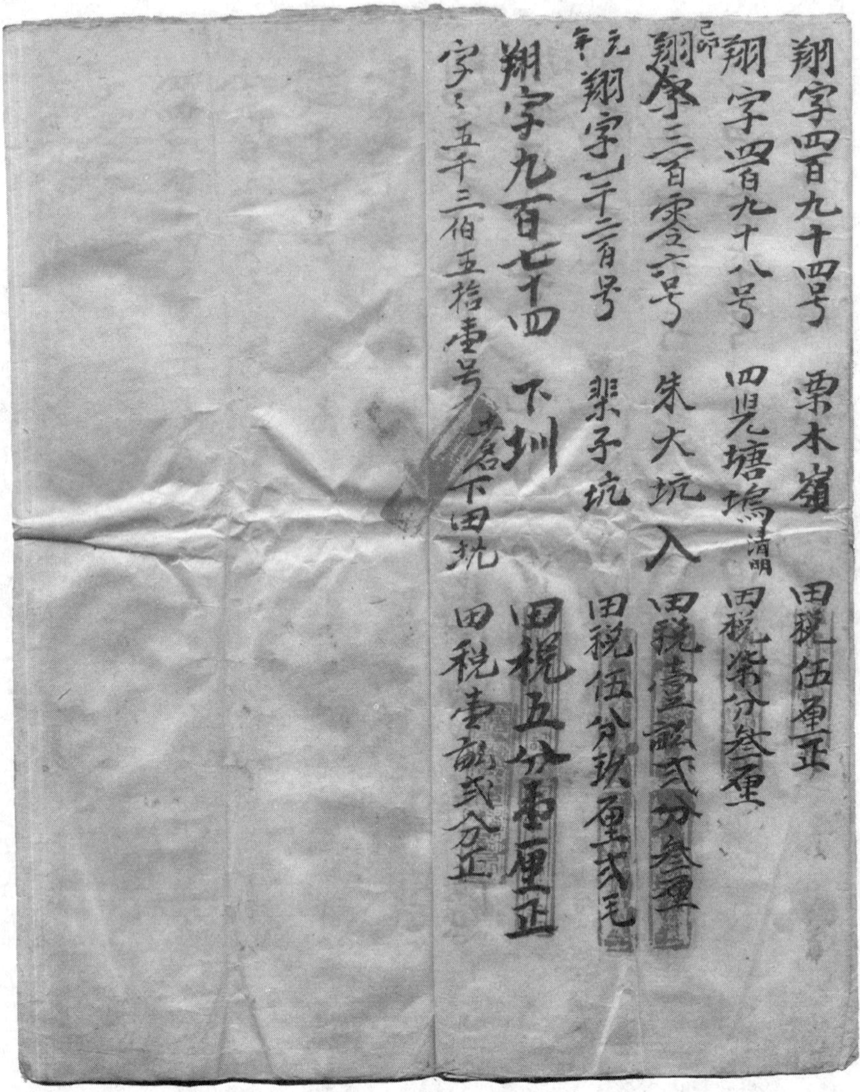

翔字四百九十四号 栗木嶺 田税伍厘正

翔字四百九十八号 四晃塘塢 清明 田税柒分叁厘

己卯 翔字三百零六号 朱大坑入 田税壹畝弍分叁厘

元年 翔字一千三百号 渠子坑 田税伍分玖厘弍毛

翔字九百七十四 下圳 田税五分壹厘正

字々五千三伯五拾壹号 土名下田坑 田税壹畝弍分正

江湾镇金田村 B 4-4 · 嘉庆二十三年 · 税粮实征册 · 黄生发户

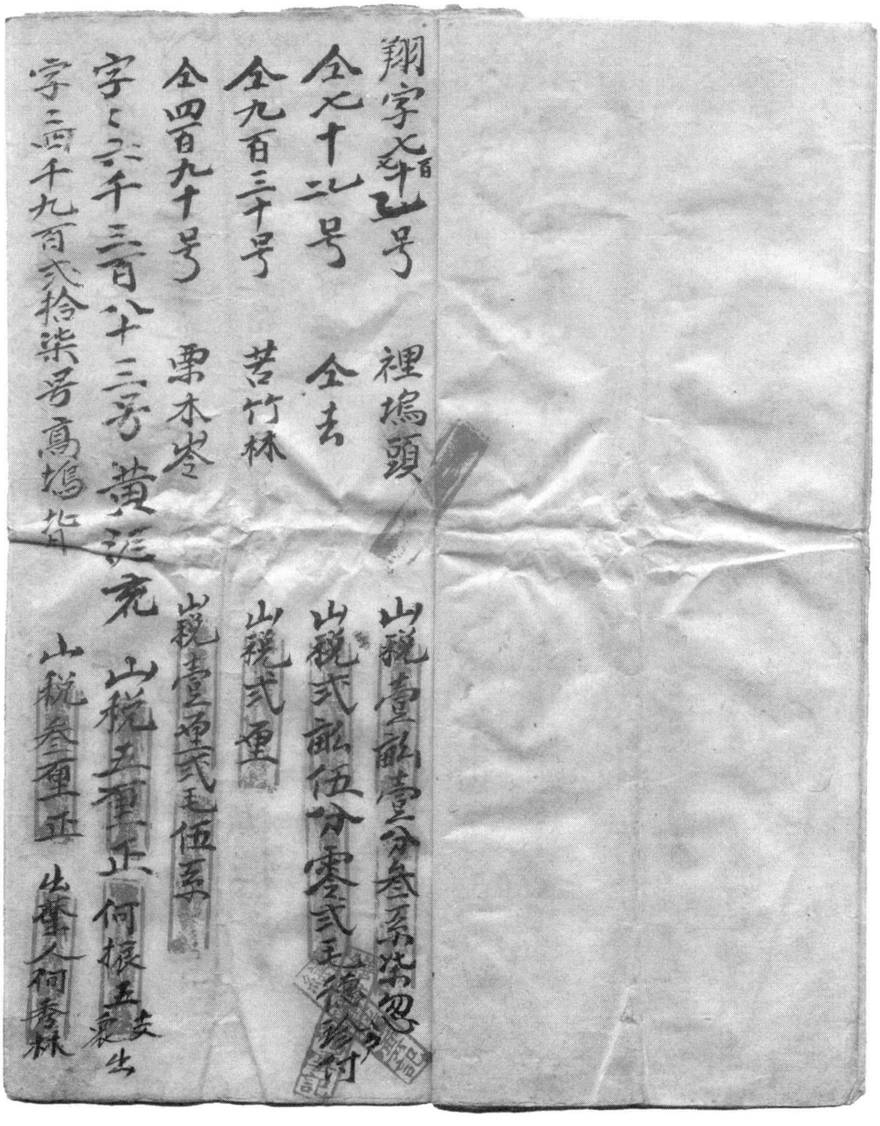
翔字七千七百五十山号　裡塢頭　山税壹畝壹分叁毫柒忽
仝七十二号　仝去　山税弍畝伍分零弍毛德珍付
仝九百三十号　苦竹林　山税弍厘
仝四百九十号　栗木岑　山税壹厘弍毛伍毫
字〻六千三百八十三号　黄廷亮　山税五厘一毛　何振五支　袁生
字三萬千九百弍拾柒号　高塢背　山税叁厘五　出佃人何香林

江湾镇金田村 B 4-5 · 嘉庆二十三年 · 税粮实征册 · 黄生发户

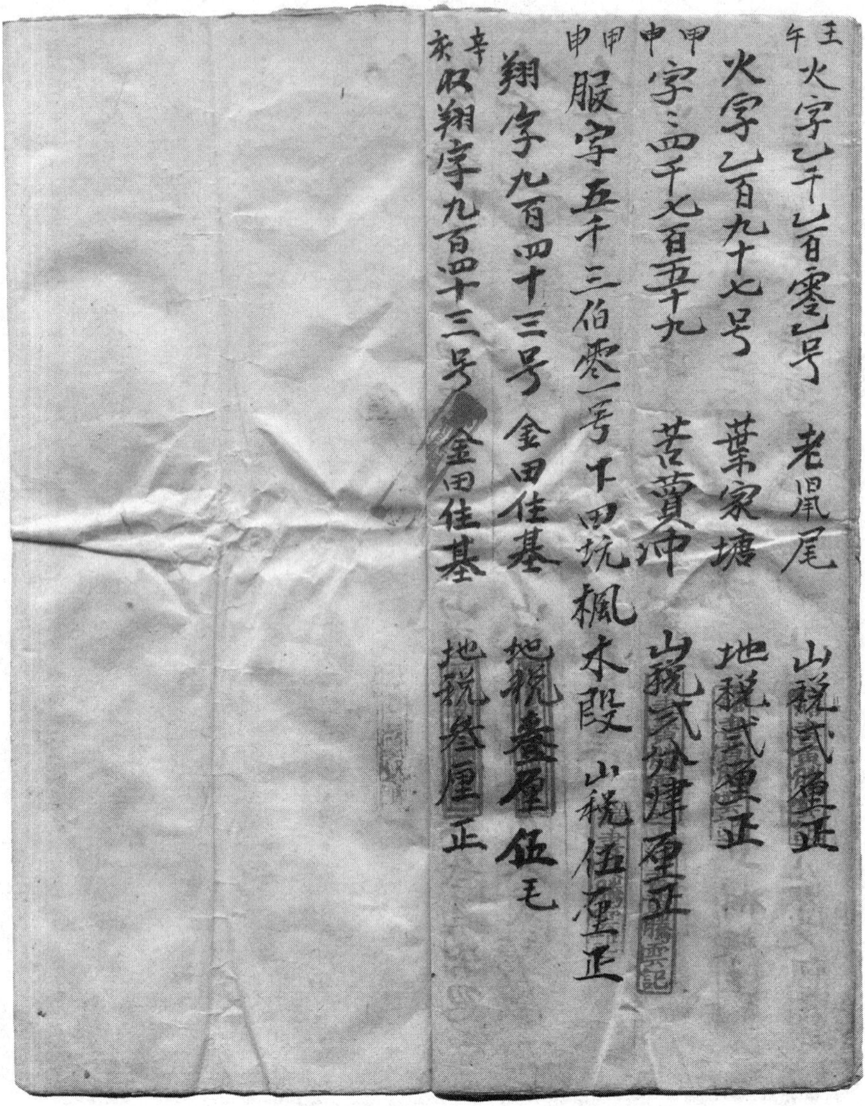

壬午 火字乙千乙百零乙号 老鼠尾 山税弍厘正
火字乙百九十七号 葉家塘 地税弍厘正
甲申 字三四千七百五十九 苦蕒冲 山税弍分肆厘正
甲申 服字五千三伯零一号 下田坑楓木段 山税伍厘正
翔字九百四十三号 金田住基 地税叁厘伍毛
辛亥 收翔字九百四十三号 金田住基 地税叁厘正

江湾镇金田村 B 4-6 · 嘉庆二十三年 · 税粮实征册 · 黄生发户

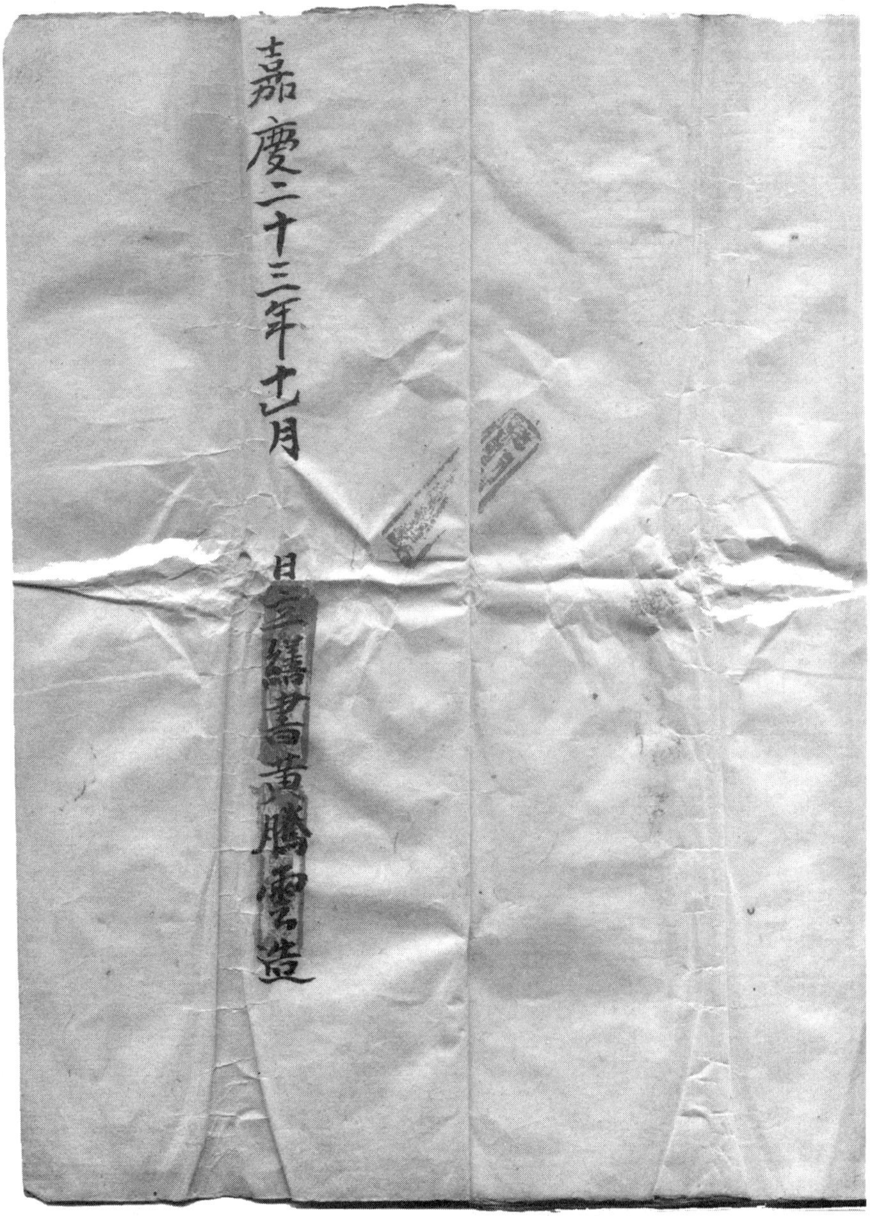

江湾镇金田村 B 4-7 · 嘉庆二十三年 · 税粮实征册 · 黄生发户

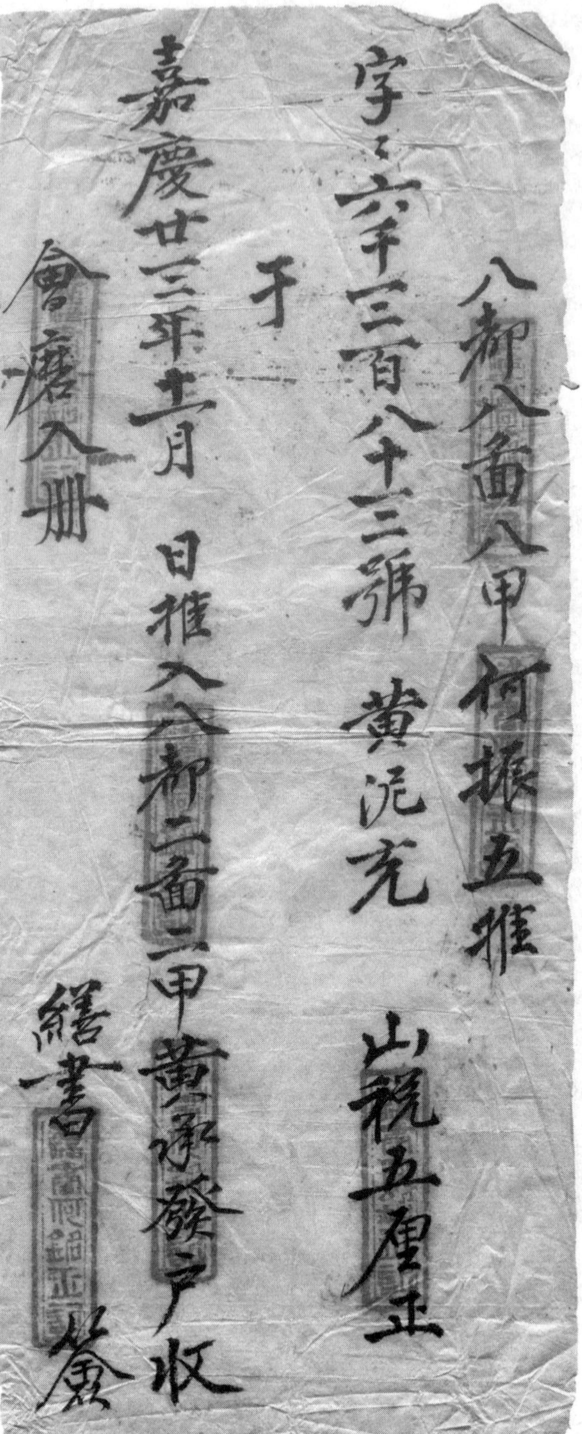

八都八啚八甲何振五推
字〻六千三百八十三號 黄泥充 山税五厘正
于
嘉慶廿三年十二月 日推入八都二啚二甲黄承發户收
會磨入册
繕書 簽

江湾镇金田村 B 12 · 嘉庆二十三年 · 推单 · 何振五户推入黄承发户

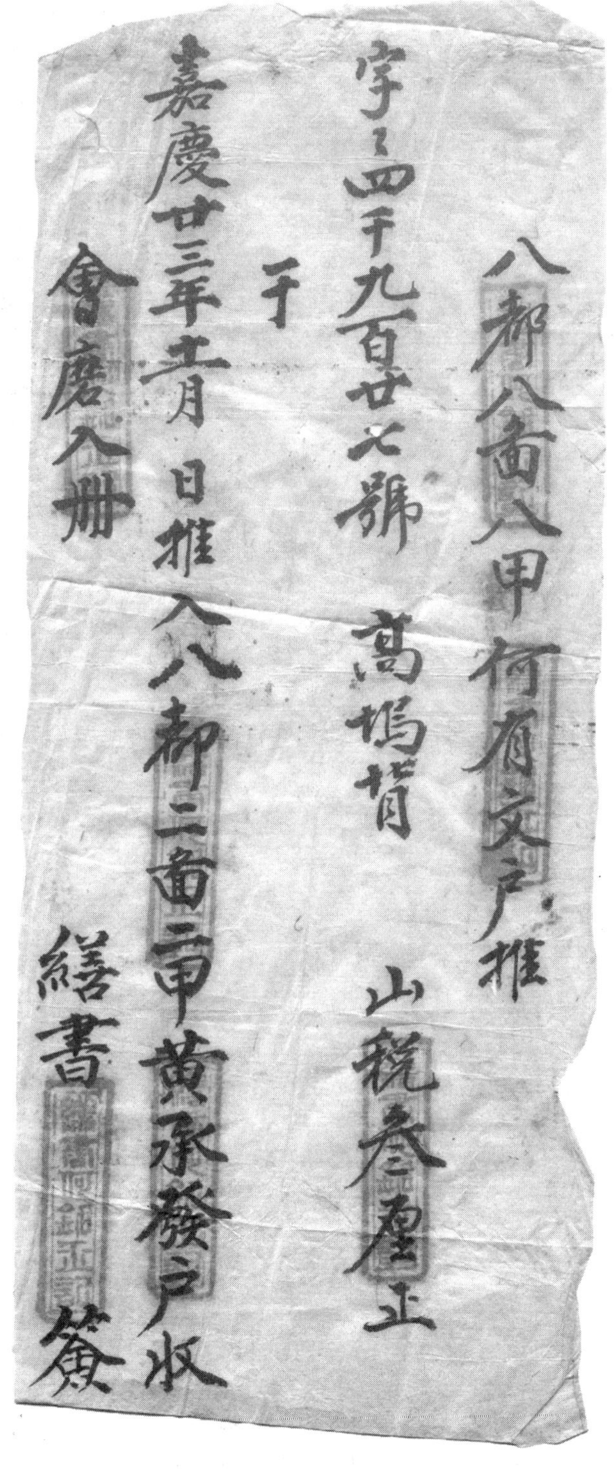
八都八啚八甲何有文户推

字三四千九百廿七號　萬嶋背　山税叁厘正

于

嘉慶廿三年十二月　日推入八都二啚二甲黄承發户收

會磨入册

繕書　簽

江湾镇金田村 B 13 · 嘉庆二十三年 · 推单 · 何有文户推入黄承发户

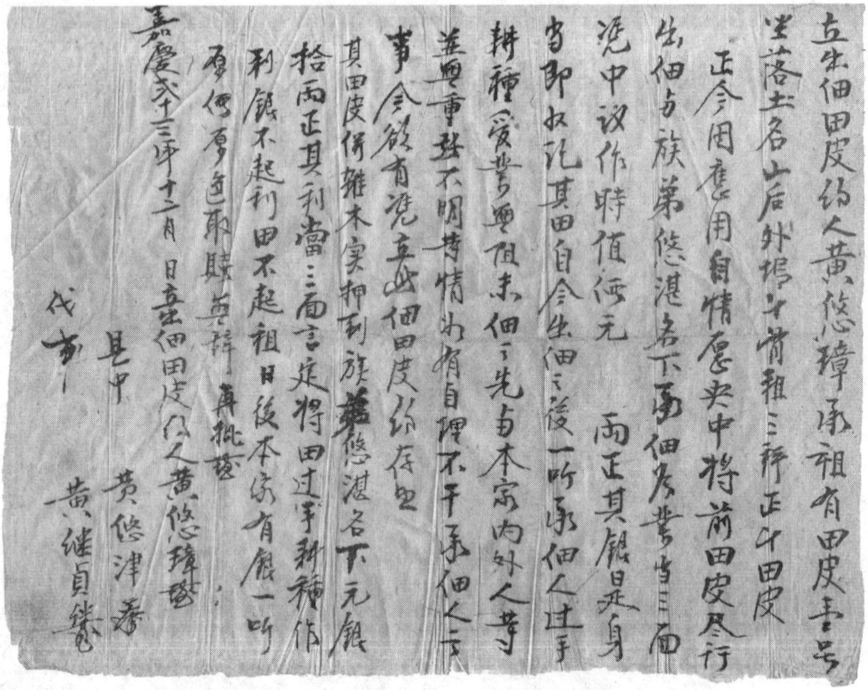

立出佃田皮约人黄悠璋承祖有田皮壹号
坐落土名山后外坞口背租三秤正，计田皮
正。今因应用，自情愿央中将前田皮尽行
出佃与族弟悠湛名下为佃，三面
凭中议作时值价元　两正，其银是身
当即收讫。其田自今出佃之后，一听承佃人过手
耕种管业，无阻。未佃之先，与本家内外人等
并无重张不明等情，如有，自理，不干承佃人之
事。今欲有凭，立此出佃田皮约存照。
其田皮价难未实押到族弟悠湛名下元银
拾两正，其利当三面言定，将田过手耕种作
利。银不起利，田不起租，日后本家有银一听
原价原还取赎，无辞。　再批照
嘉庆二十三年十二月　日立出佃田皮约人黄悠璋押
见中　黄悠津押
代书　黄继贞押

江湾镇金田村 B 29 · 嘉庆二十三年 · 出佃田皮约 · 黄悠璋佃与族弟悠湛

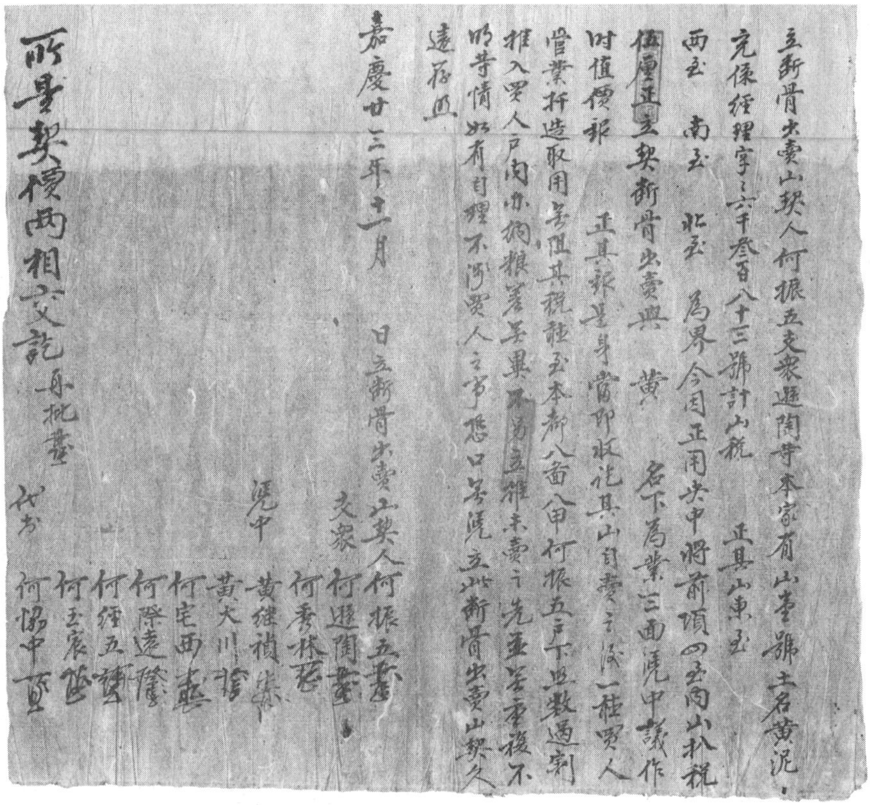

江湾镇金田村 B 55 · 嘉庆二十三年 · 断骨出卖山契 · 何振五支众逊陶等卖与黄〼

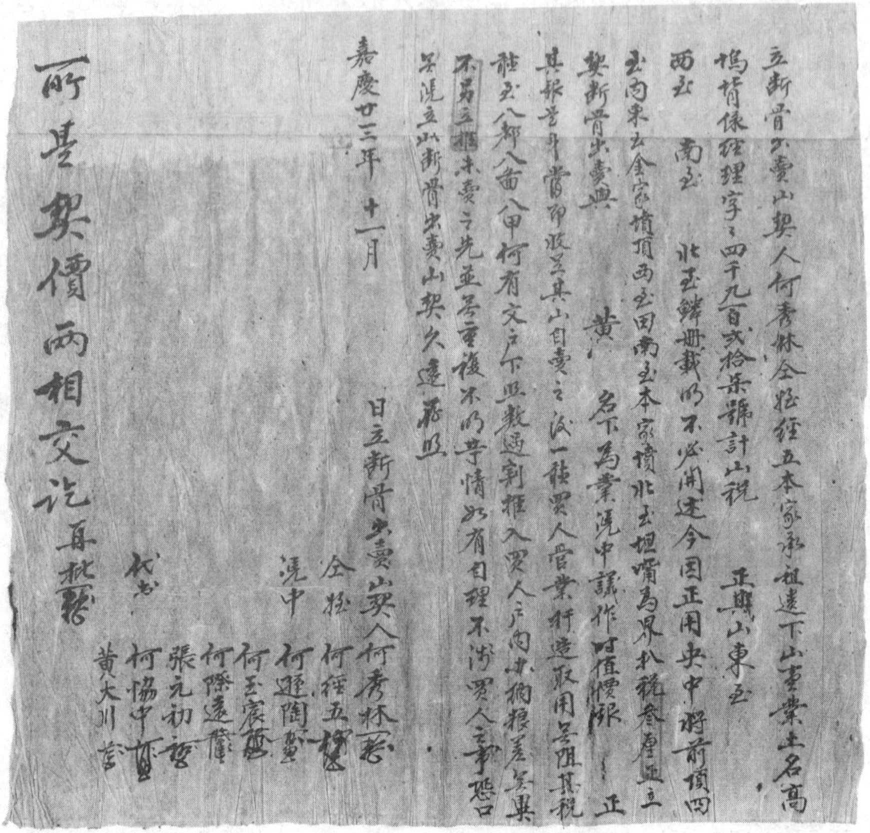
立断骨出賣山契人何秀林仝侄經五本家承祖遺下山壹業土名高
塢背係經理字二四千九百弍拾柒號計山稅　正　與山東至
西至　南至　北至鱗册載明不必開述今因正用央中將前項四
至内東至金家墳頂西至田南至本家墳北至埋嚐為界扒稅叁厘正立
契断骨出賣與　黄　名下為業憑中議作時值價銀　正
其銀當日當即收足其山自賣之後一聽買人管業扦造取用無阻其稅
隨至八都八畬八甲何有文户下照數遷割推入買人户内出納粮差無異
不另立推　未賣之先並無重複不明等情如有自理不涉買人之事恐口
無憑立此断骨出賣山契久遠存照
嘉慶廿三年　十一月　日立断骨出賣山契人何秀林（押）
仝侄　何經五（押）
憑中　何遐開（押）
何玉宸（押）
何際遠（押）
張元初（押）
何協中（押）
代書　黄大川（押）
所是契價兩相交訖再批（押）

江湾镇金田村 B 57 · 嘉庆二十三年 · 断骨出卖山地契 ·
何秀林同侄经五卖与黄☐

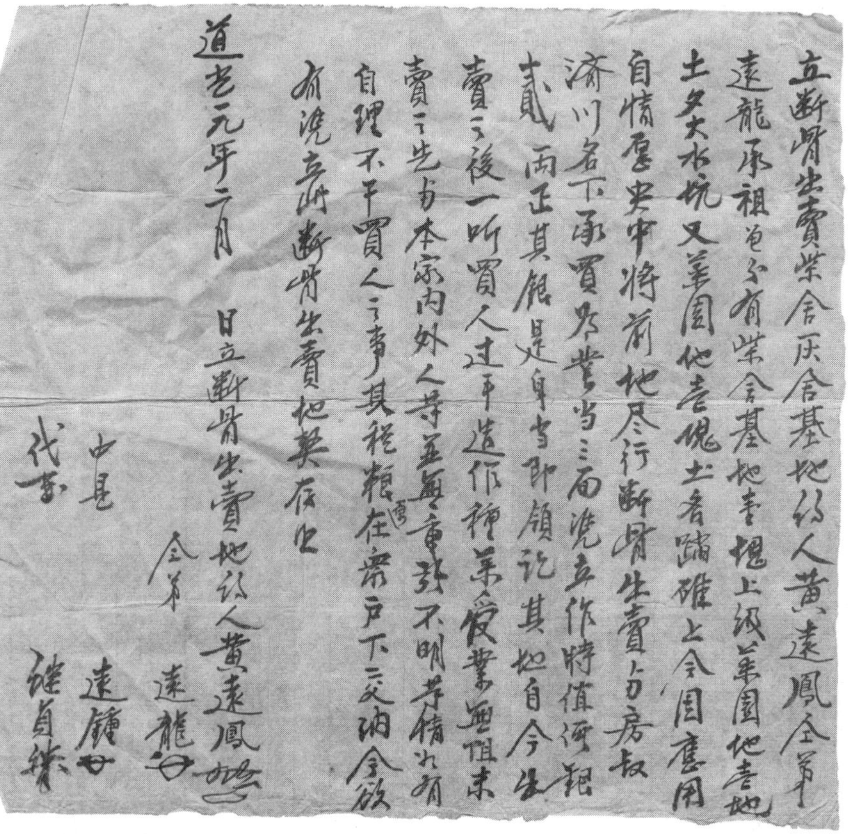
立断骨出卖柴舍灰舍基地约人黄远凤仝弟
远龙承祖己分有柴舍基地壹块上段华园地壹块
土名大水坑又华园地壹块土名踏碓上仝园底用
自情愿央中将前地尽行断骨出卖与房叔
济川名下承买为业当三面凭立作时值价银
贰两正其银是身当即领讫其地自今出
卖之后一听买人建造作种菜受业无阻未
卖之先与本家内外人等并无重交易不明等情如有
自理不干买人之事其税粮在本户下交纳今欲
有凭立此断骨出卖地契存照
道光元年二月　日立断骨出卖地约人黄远凤
仝弟　远龙
中见　远镛
代书　维贞

江湾镇金田村 B 34 · 道光元年 · 断骨出卖柴舍灰舍基地约 ·
黄远凤同弟远龙卖与房叔济川

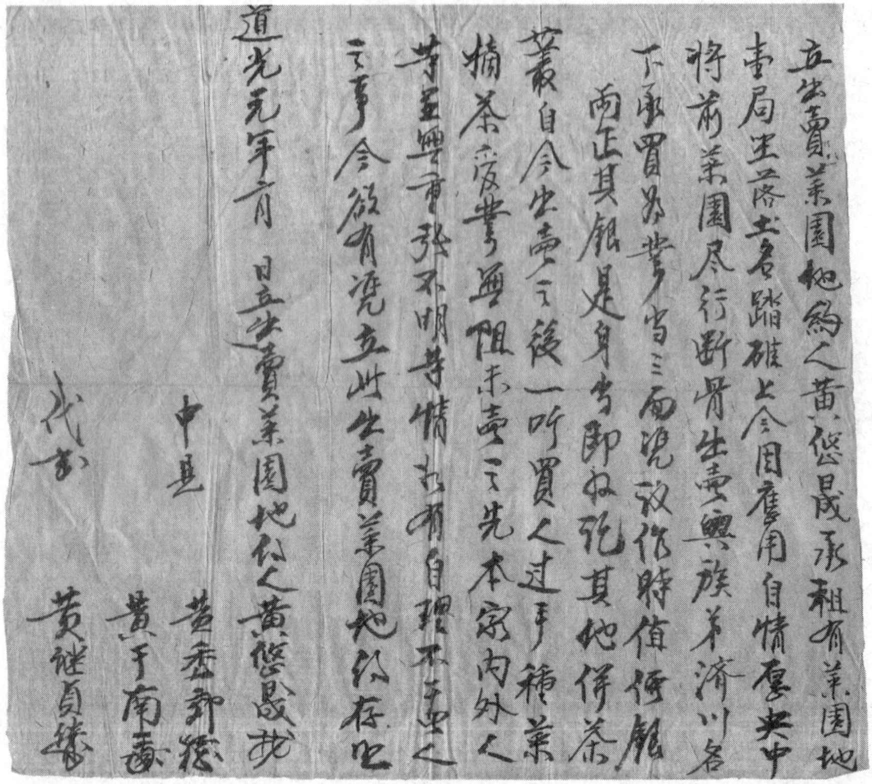

立出賣菜園地約人黃悠晟承祖有菜園地
壹局，坐落土名踏碓上，今因應用，自情愿央中
將前菜園盡行斷骨出賣與族弟濟川名
下承買為業，當三面議作時值價銀
兩正，其銀是身當即收訖，其地併茶
叢自今出賣之後，一听買人过手種菜
摘茶，受業無阻。未賣之先，本家內外人
等並無重張不明等情，如有，自理，不干受之
事。今欲有憑，立此出賣菜園地約存照。
道光元年十月　日立出賣菜園地約人黃悠晟（押）
中見　黃秀鈞（押）
　　　黃于南（押）
代書　黃継貞（押）

江湾镇金田村 B 36 · 道光元年 · 出卖菜园地约 · 黄悠晟卖与族弟济川

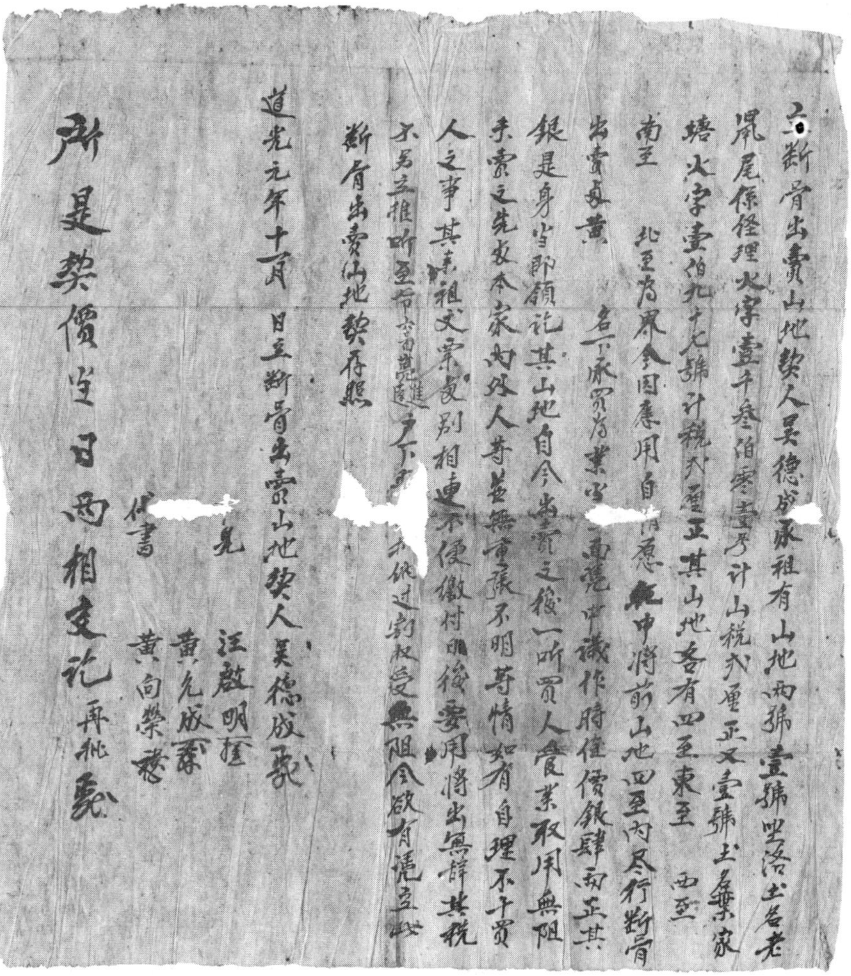
立斷骨出賣山地契人吴德成承祖有山地兩號壹號坐落土名老
鼠尾係經理火字壹千叁佰零壹号计山税弍厘正又壹號土名葉家
塘火字壹佰九十七號计税弍厘正其山地各有四至東至　西至
南至　北至為界今因應用自情愿託中將前山地四至内尽行斷骨
出賣与黄　名下承買為業當日憑中議作時值價銀肆兩正其
銀是身当即領訖其山地自今出賣之後一听買人管業取用無阻
未賣之先與本家内外人等並無重張不明等情如有自理不干買
人之事其税祖戶吳衆良别相連不便繳付日後要用將出無辭其税
不另立推听至本家户内起推入买人户下亦不低过割收受無阻今欲有憑立此
斷骨出賣山地契存照
道光元年十月　日立斷骨出賣山地契人吴德成（押）
憑中　汪啟明（押）
黄允成（押）
黄向榮（押）
代書
所是契價当日兩相交訖　再批（押）

江湾镇金田村 B 56 · 道光元年 · 断骨出卖山地契 · 吴德成卖与黄☐

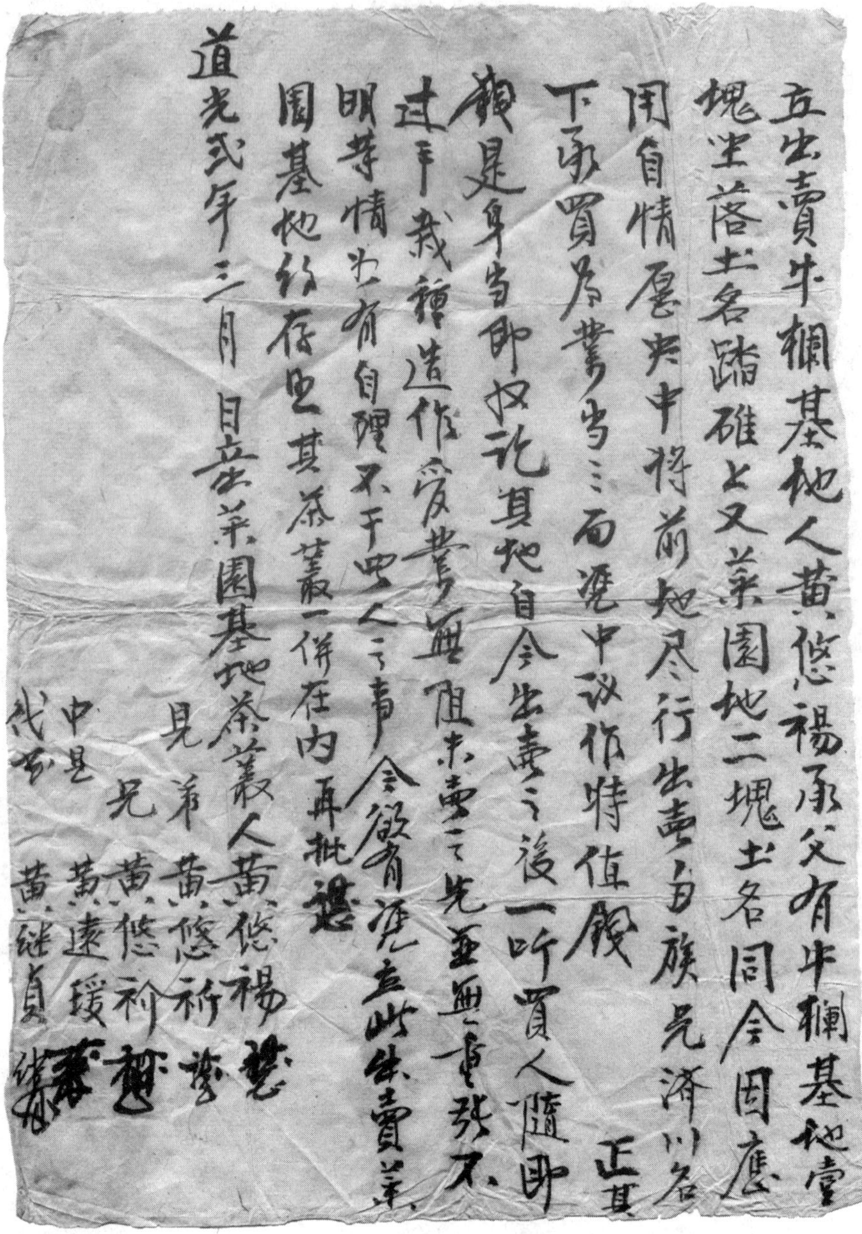

立出賣牛欄基地人黄悠禓承父有牛欄基地壹
塊坐落土名踏碓上又菜園地二塊土名同今因應
用自情愿央中將前地盡行出賣與族兄濟川名
下承買爲業當三面憑中議作時值價　正其
價是身當即收訖其地自今出賣之後一聽買人隨即
過手栽種造作受業無阻未賣之先並無重張不
明等情如有自理不干受人之事　今欲有憑立此出賣菜
園基地約存照　其茶叢一併在内再批
道光弍年三月　日立出賣菜園基地茶叢人黄悠禓
見弟　黄悠祈
兄　黄悠衿
中見　黄遠綬
代筆　黄繼貞

江湾镇金田村 B 41 · 道光二年 · 出卖牛栏基地契 · 黄悠禓出卖与族兄济川

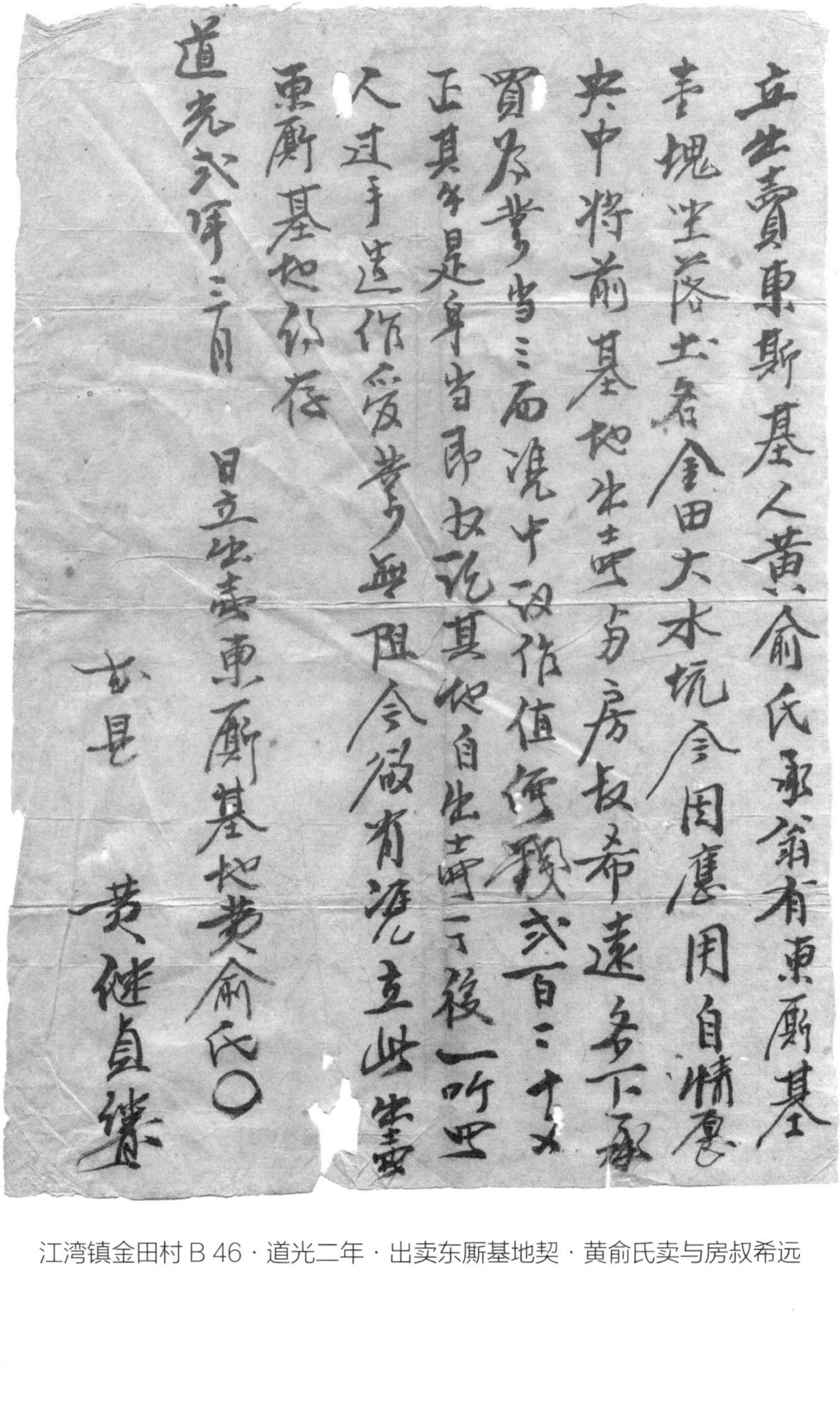
立出賣東廝基人黃俞氏承翁有東廝基
壹塊坐落土名金田大水坑今因缺用自情愿
央中將前基地出賣與房叔希遠名下承
買爲業當三面憑中議作值價錢弍百二十文
正其錢是身當即收訖其地自出賣之後一聽買
人過手造作爲業無阻今欲有憑立此出賣
東廝基地約存
道光弍年三月　日立出賣東廝基地黃俞氏○
在見　黃繼貞

江湾镇金田村 B 46 · 道光二年 · 出卖东厮基地契 · 黄俞氏卖与房叔希远

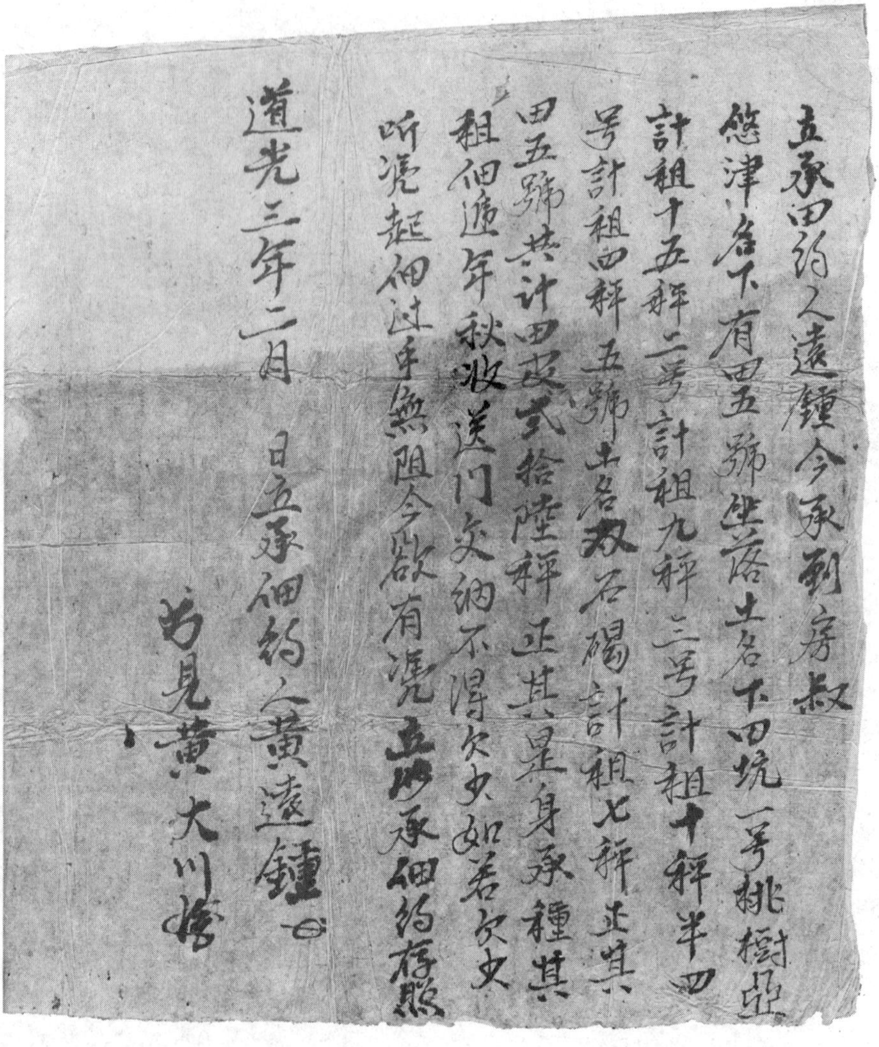
立承佃約人遠鍾今承到房叔
悠津名下有田五號坐落土名下田坑一號桃樹坵
計租十五秤二號計租九秤三號計租十秤半四
號計租四秤五號土名双石碣計租七秤正其
田五號共計田皮弍拾陸秤正其是身承種其
租佃遞年秋收送门交納不得欠少如若欠少
听憑起佃过手無阻今欲有憑立此承佃約存照
道光三年二月　日立承佃約人黄遠鍾
為見黄大川

江湾镇金田村 B 74 · 道光三年 · 承佃约 · 黄远钟承到与房叔悠津

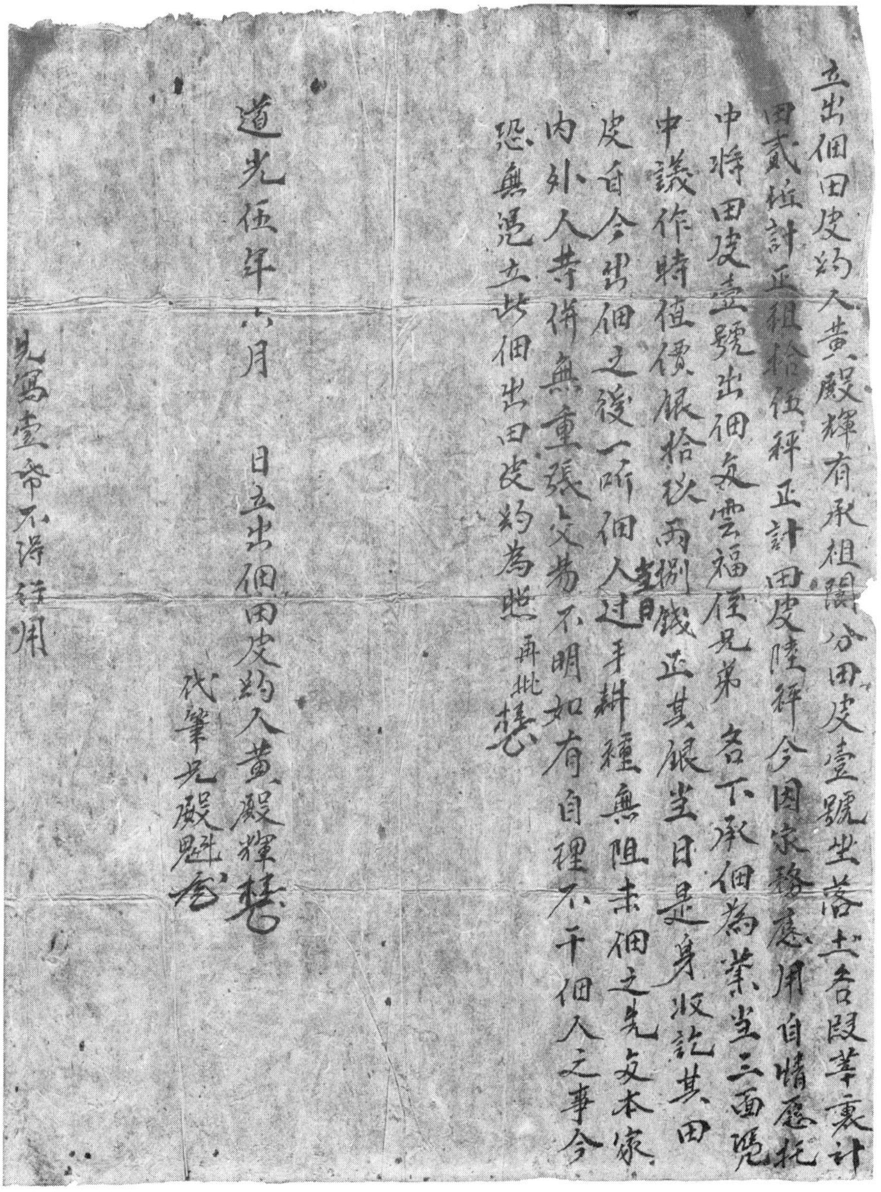

立出佃田皮約人黄殿輝有承祖鬮分田皮壹號坐落土名段莘裏計
田貳坵計正租拾伍秤正計田皮陸秤今因家務應用自情愿托
中將田皮壹號出佃與雲福侄兄弟名下承佃為業三面憑
中議作時值價銀拾玖兩捌錢正其銀當日是身收訖其田
皮自今出佃之後一听佃人過手耕種無阻未佃之先與本家
內外人等并無重張交易不明如有自理不干佃人之事今
恐無憑立此佃出田皮約為照　再批（押）

道光伍年六月　　日立出佃田皮約人黄殿輝（押）

代筆兄殿魁（押）

先寫壹帋不得行用

江湾镇金田村 B 59 · 道光五年 · 出佃田皮约 · 黄殿辉佃与云福侄兄弟

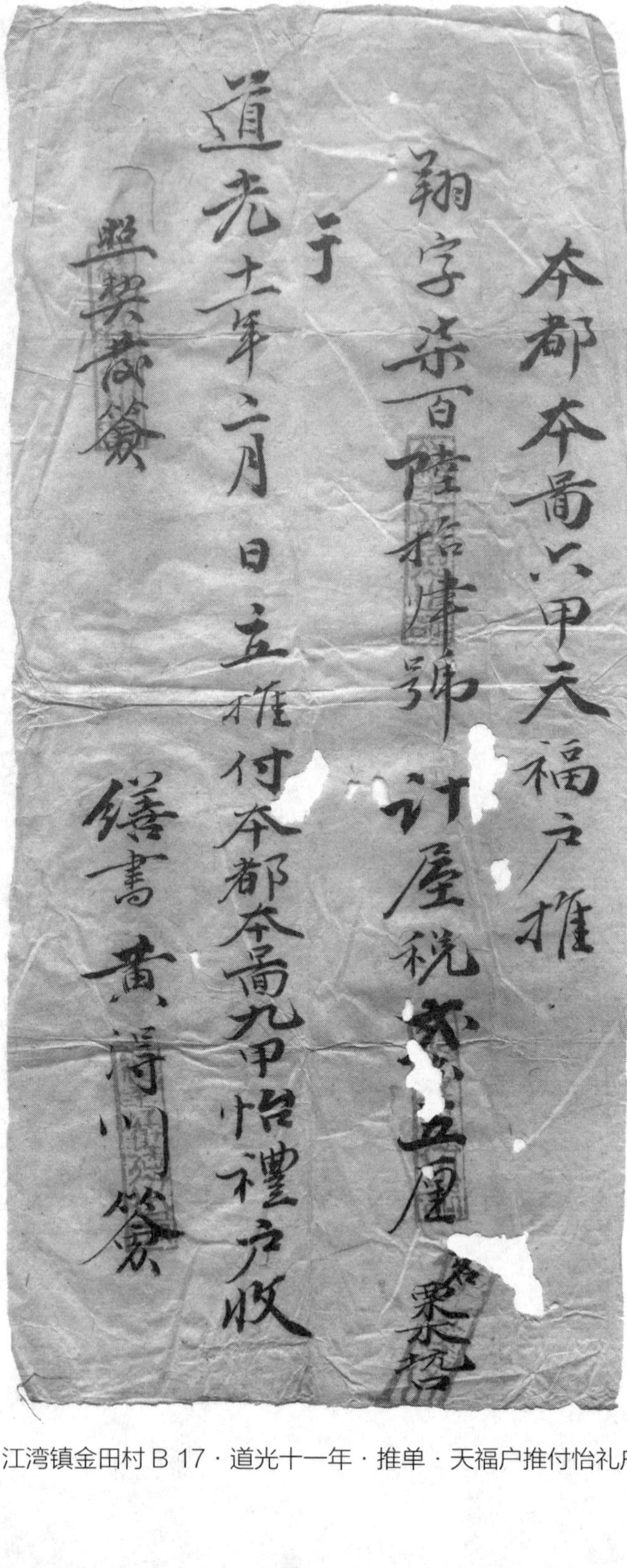
本都本啚六甲天福户推
翔字柒百陸拾肆號 计屋税柒[illegible]五厘 [illegible]
于
道光十一年二月 日立推付本都本啚九甲怡禮户收
缮書 黄濤川签
與契發签

江湾镇金田村 B 17 · 道光十一年 · 推单 · 天福户推付怡礼户

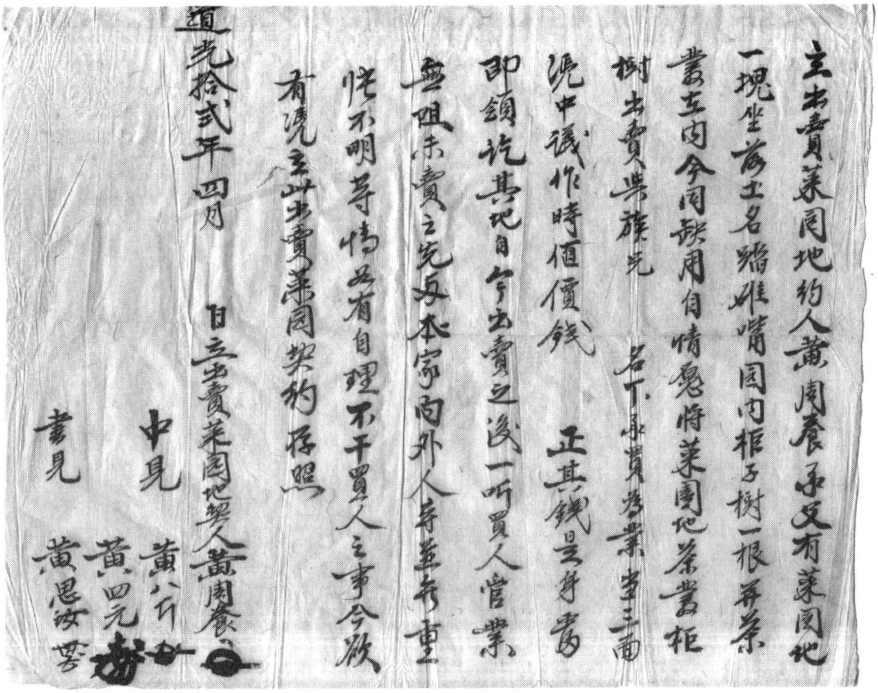

立出賣菜園地約人黄周養，今又有菜園地一塊，坐落土名豬雉嘴園内，柜子樹一根，并茶叢在内。今因缺用，自情愿將菜園地、茶叢、柜樹出賣與族兄　名下承買為業。當三面憑中議作時值價錢　正，其錢是身當即領訖。其地自今出賣之後，一听買人管業無阻。未賣之先，及本家內外人等并無重張不明等情，如有，自理，不干買人之事。今欲有憑，立此出賣菜園契約存照。

道光拾弍年四月　日立出賣菜園地契人黄周養

中見　黄八斤　黄四元

書見　黄恩汝

江湾镇金田村 B 25 · 道光十二年 · 出卖菜园地约 · 黄周养卖与族兄☐

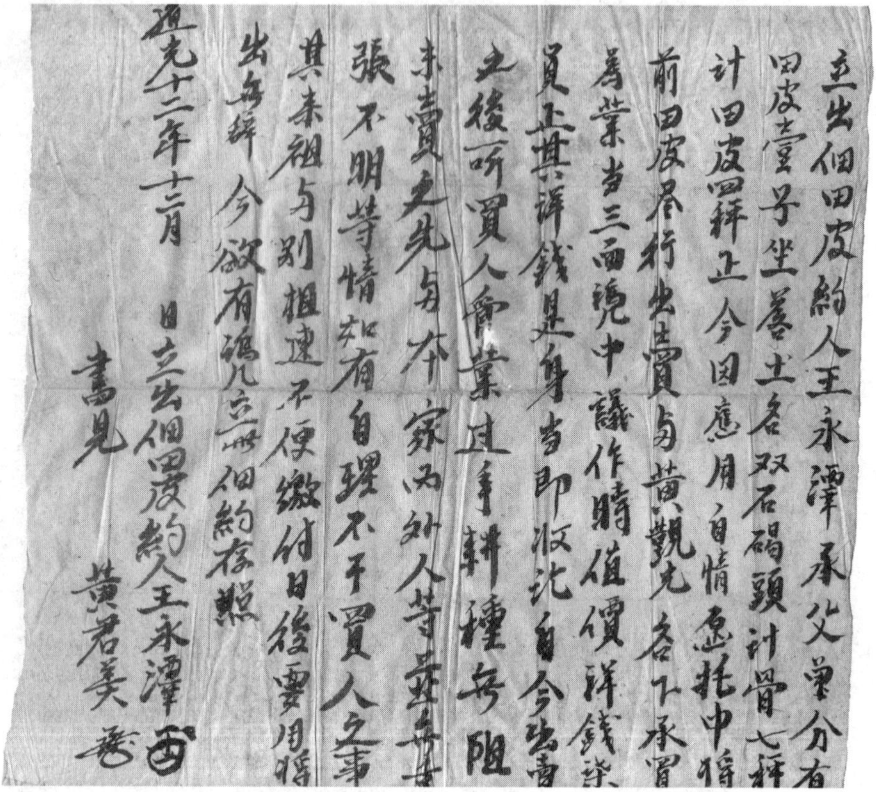

立出佃田皮約人王永潭承父分有
田皮壹号坐落土名双石碣頭計骨七拜
計田皮四拜正今因應用自情愿托中將
前田皮尽行出賣與黄覲光名下承買
為業當三面憑中議作時值價洋錢柒
員正其洋錢是身當即收訖自今出賣
之後所買人管業过手耕種無阻
未賣之先與本家内外人等無干無
張不明等情如有自理不干買人之事
其來租與別租速不便繳付日後要用將
出無拜 今欲有憑凡立出佃約存照
道光十二年十二月 日立出佃田皮約人王永潭 押
書見 黄君美 押

江湾镇金田村 B 39 · 道光十二年 · 出佃田皮约 · 王永潭卖与黄覲光

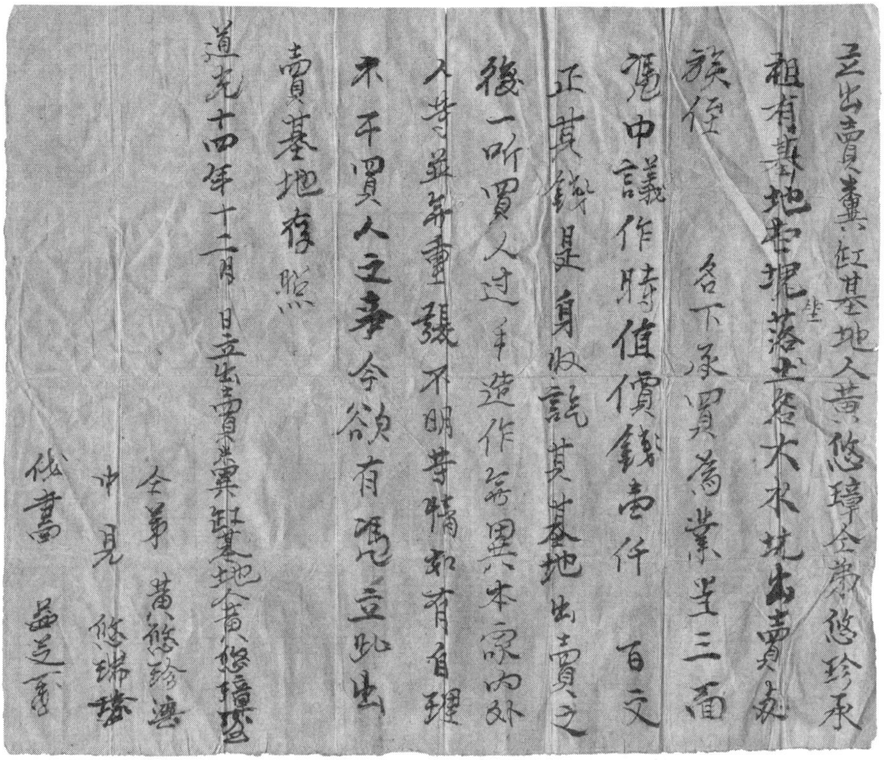
立出賣糞缸基地人黃悠璋仝弟悠珍承
祖有糞地壹塊坐落土名大水坑出賣與
族侄　名下承買為業當三面
憑中議作時值價錢壹仟　百文
正其錢是身收訖其基地出賣之
後一听買人過手造作等異本家內外
人等並無重張不明等情如有自理
不干買人之事今欲有憑立此出
賣基地存照
道光十四年十二月　日立出賣糞缸基地人黃悠璋
仝弟　黃悠珍
中見　悠琳
代書　嘉達

江湾镇金田村 B 32 · 道光十四年 · 出卖粪缸基地契 ·
黄悠璋同弟悠珍卖与族侄☐

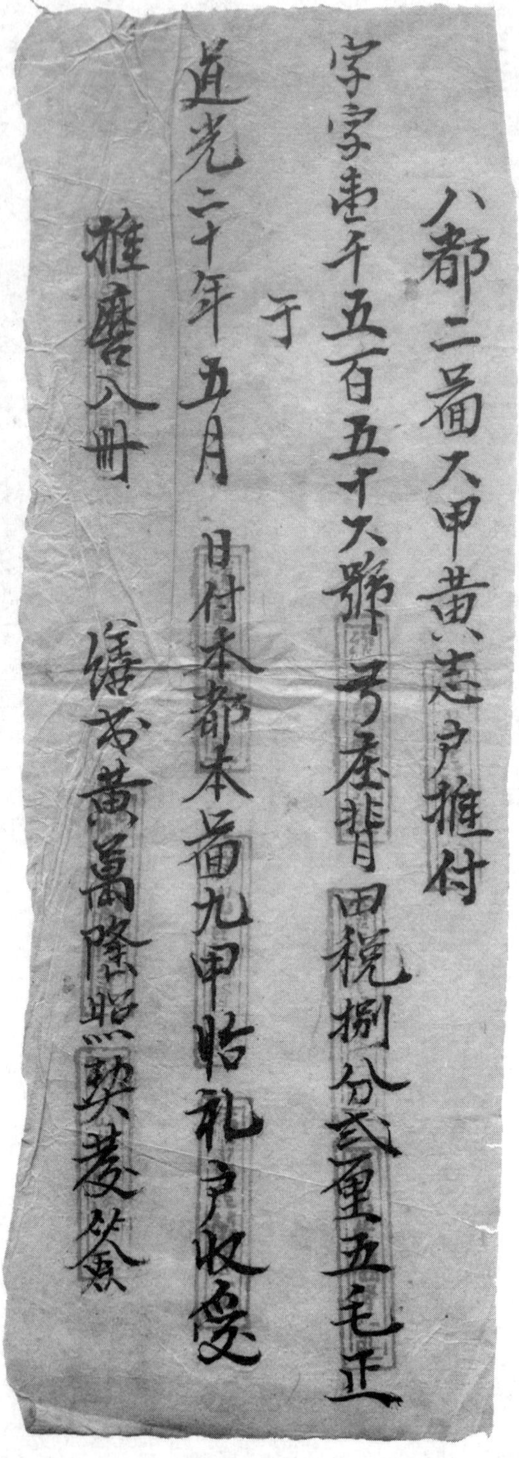

八都二啚大甲黃志戶推付
字字壹千五百五十大號号庚背田税捌分弍厘五毛正
于
道光二十年五月　日付本都本啚九甲怡礼戶收受
推磨八冊　繕书黃萬隆照契羨签

江湾镇金田村 B 10 · 道光二十年 · 推单 · 黄志户推付怡礼户

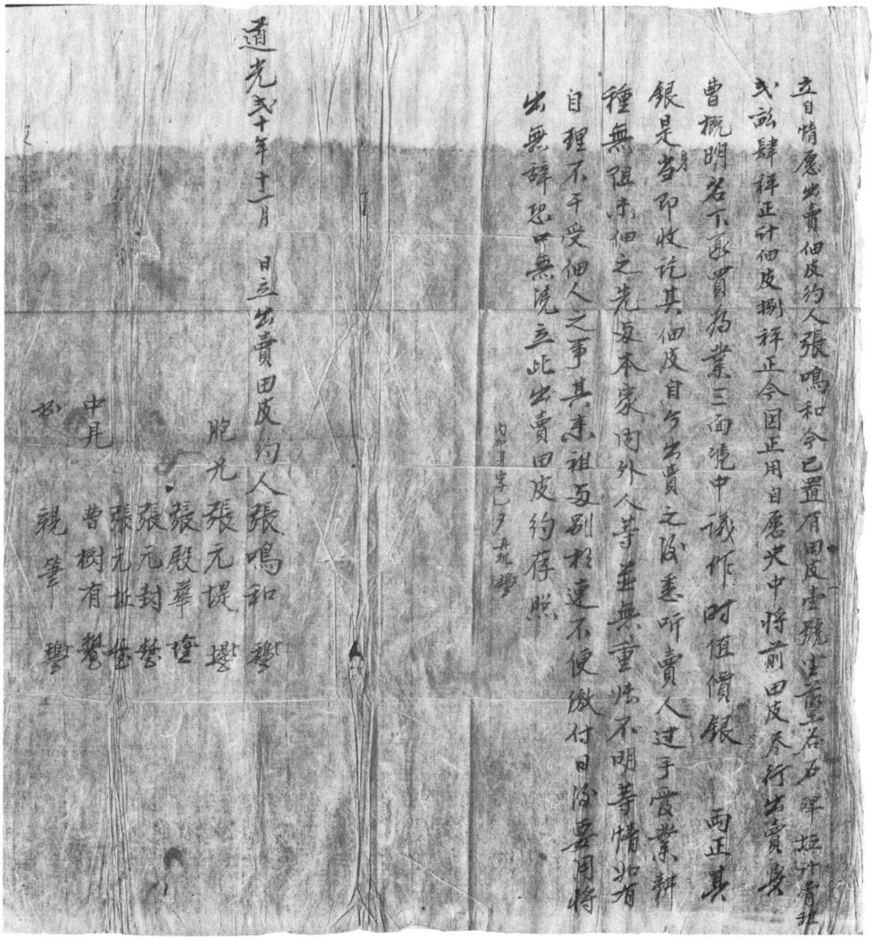
立自情愿出賣佃皮约人張鳴和今已置有田皮壹號坐落土名石坪埂计骨租
式拾肆秤正计佃皮捌秤正今因正用自愿央中将前田皮尽行出賣与
曹概明名下承買為業三面憑中議作时值價銀　兩正其
銀是当日印收讫其佃皮自今出賣之後悉听買人过手管業耕
種無阻未出之先並本家內外人等並無重張不明等情如有
自理不干受佃人之事其来祖並别相連不便繳付日後要用将
出無辞恐口無憑立此出賣田皮约存照
内添貳字乙夕再批
道光式十年十二月　日立出賣田皮约人張鳴和
胞兄張元提
中見 張殿華
張元封
張元壯
曹樹有
親筆

江湾镇金田村 B 84 · 道光二十年 · 出卖佃皮契 · 张鸣和卖与曹概明

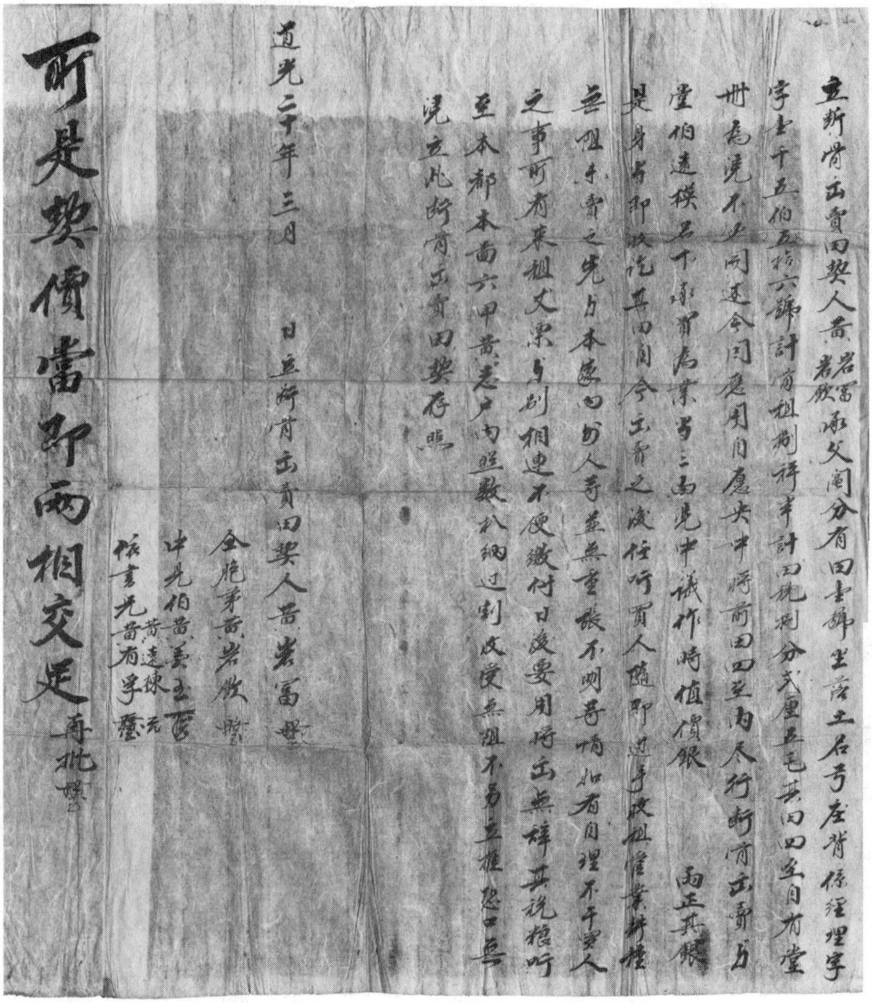
立断骨出卖田契人黄岩富、岩钦，承父阄分有田壹号，坐落土名芳左背，係经理字
字壹千五伯五拾六号，计亩租捌秤半，计田税捌分弍厘五毛。其田四至自有堂
册为凭，不必开述。今因应用，自愿央中将前田四至内尽行断骨出卖与
堂伯远模名下承买为业。当三面凭中议作时值价银　　两正，其银
是身当即收讫。其田自今出卖之后，任听买人随即过手收租管业耕种，
无阻。未卖之先与本家内外人等并无重张不明等情，如有，自理，不干受人
之事。所有来租文契与别相连，不便缴付，日后要用，将出无辞。其税粮听
至本都本图六甲黄志户内照数扒纳过割，收受无阻，不易立推。恐口无
凭，立此断骨出卖田契存照。
道光二十年三月　日立断骨出卖田契人黄岩富（押）
仝胞弟黄岩钦（押）
中见伯黄姜玉（押）
黄远徕（押）
依书见黄有孚（押）
断是契价当即两相交足　再批（押）

江湾镇金田村 B 86 · 道光二十年 · 断骨出卖田契 ·
黄岩富、黄岩钦卖与堂伯远模

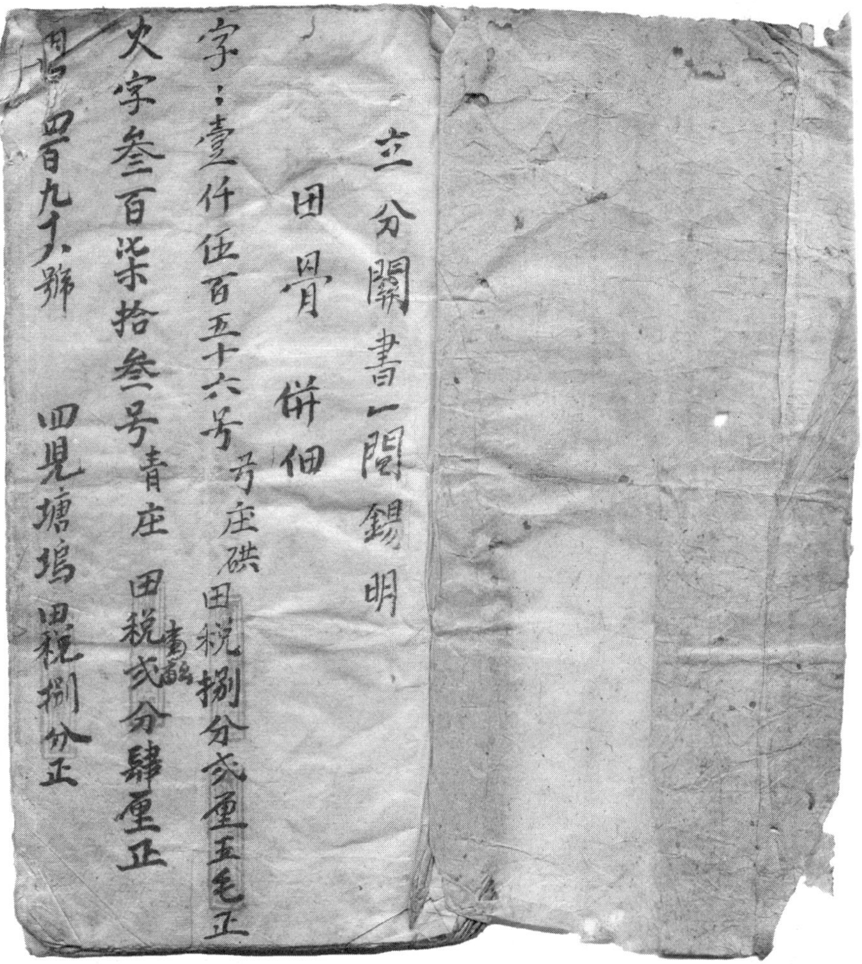

立分鬮書一鬮錫明

田骨併佃

字：壹仟伍百五十六号弓庄磜 田稅捌分弍重五毛正

火字叁百柒拾叁号青庄 田稅弍分肆重正 書號

同号四百九十六號 四見塘塢 田稅捌分正

江湾镇金田村 B 8-1 · 道光二十一年 · 分关文书 · 锡明同兄锡荣

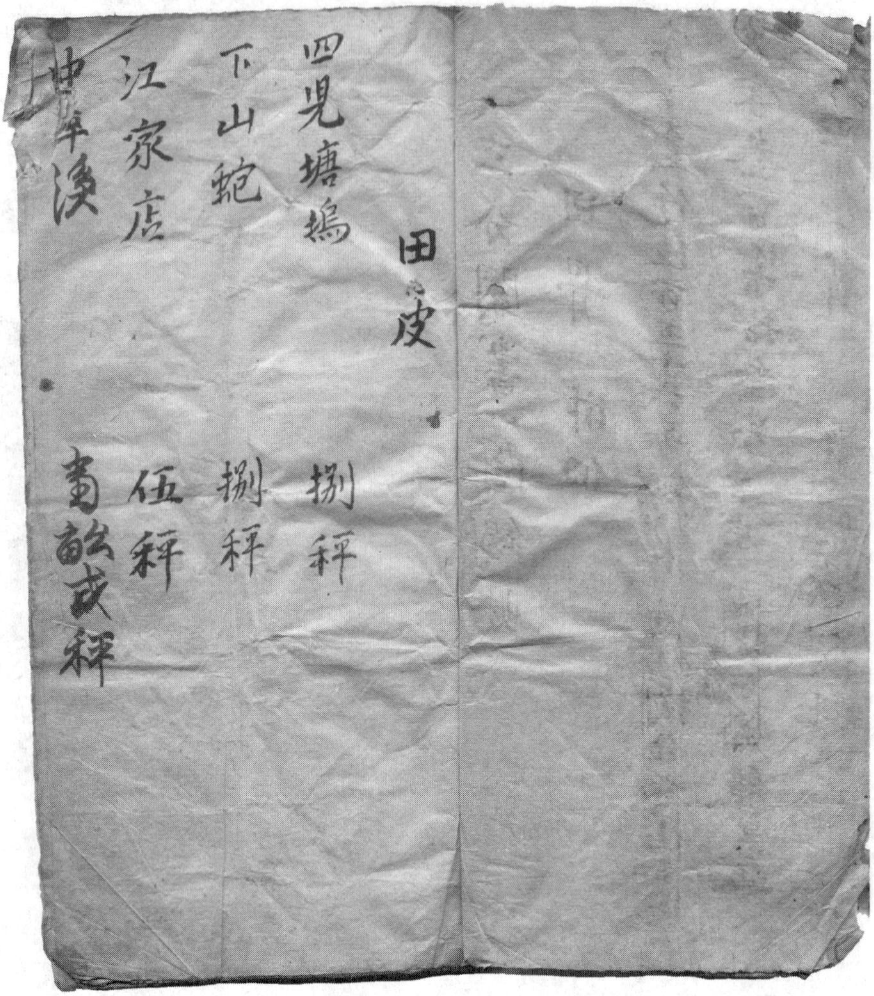
田皮
四見塘鳩　捌秤
下山鉋　捌秤
江家店　伍秤
中垟溪　壹畝弍秤

江湾镇金田村 B 8-2 · 道光二十一年 · 分关文书 · 锡明同兄锡荣

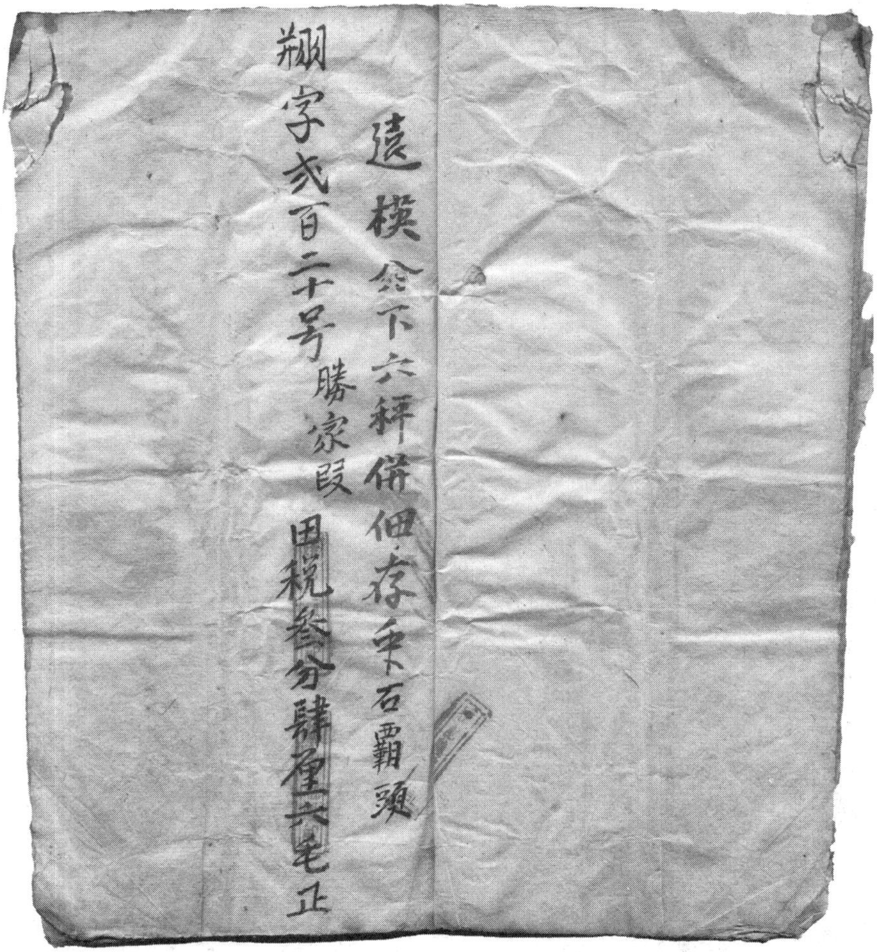
遠模 佥下六秤併佃存乘石霸頭
翔字弍百二十号勝家段 田税叁分肆厘六毛正

江湾镇金田村 B 8-3 · 道光二十一年 · 分关文书 · 锡明同兄锡荣

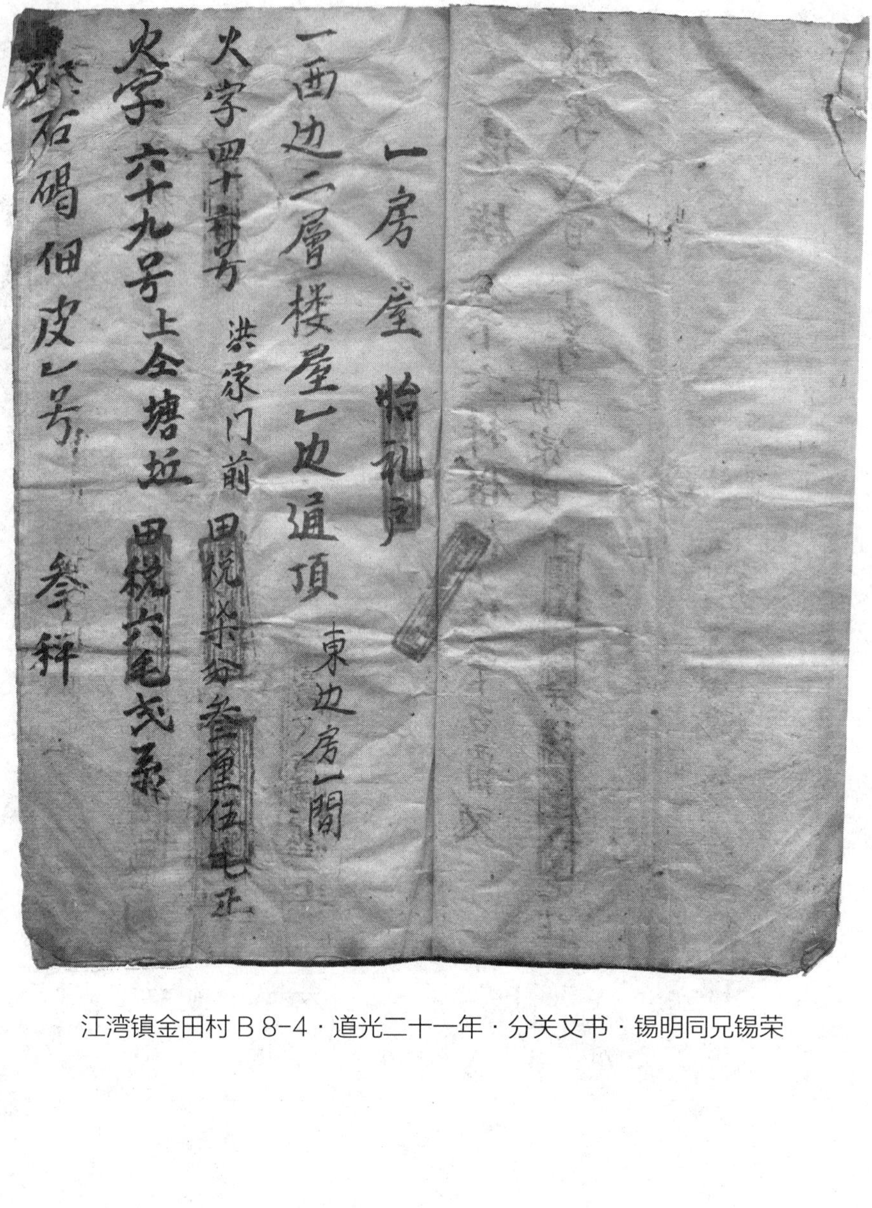

江湾镇金田村 B 8-4 · 道光二十一年 · 分关文书 · 锡明同兄锡荣

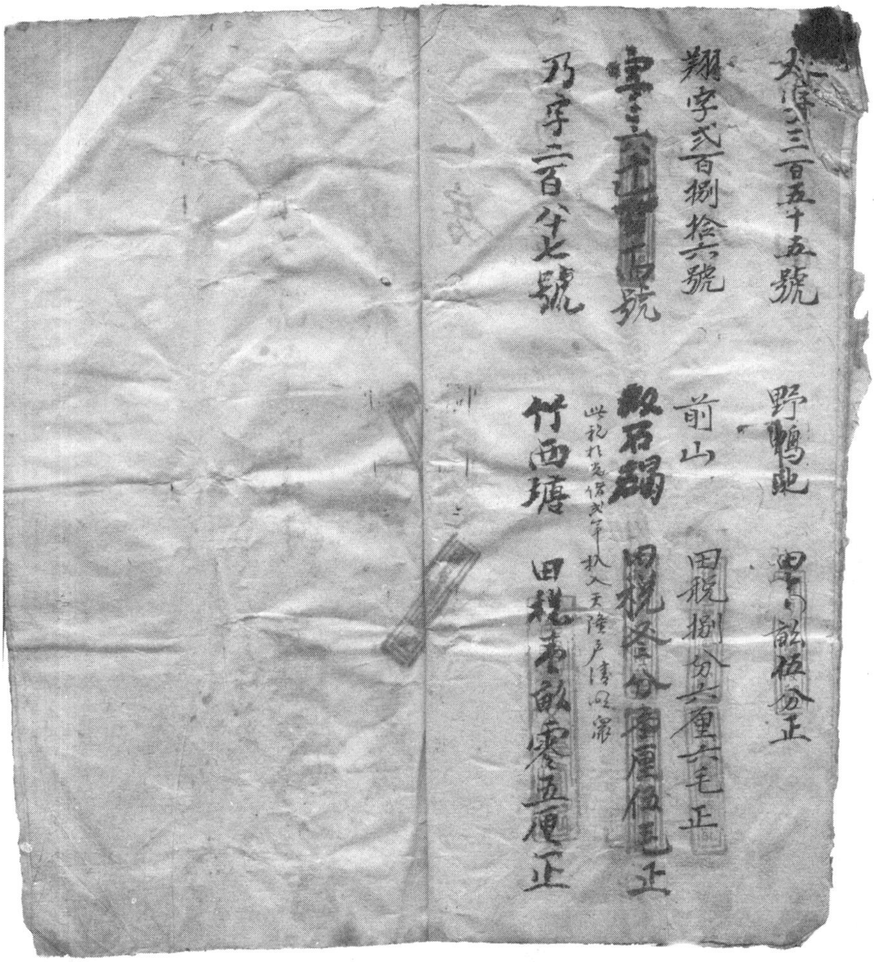
大字二三百五十五號　野鴨趾　田税[illegible]畝伍分正
翔字弍百捌拾六號　前山　田税捌分六厘六毛正
[illegible]字三千六百[illegible]號　敬石鍋　田税叁分壹厘伍毛正
此税在先僧弍千拨入天隆户清风家
乃字二百八十七號　竹西塘　田税壹畝零五厘正

江湾镇金田村 B 8-5 · 道光二十一年 · 分关文书 · 锡明同兄锡荣

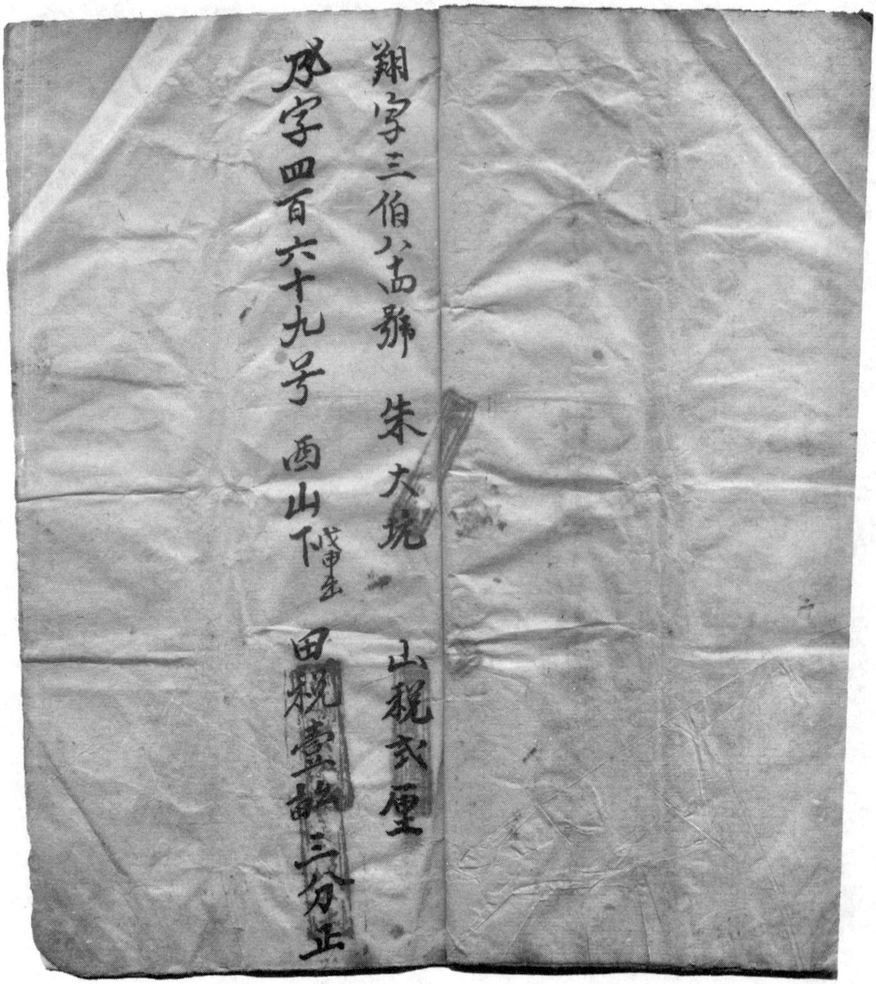

江湾镇金田村 B 8-6 · 道光二十一年 · 分关文书 · 锡明同兄锡荣

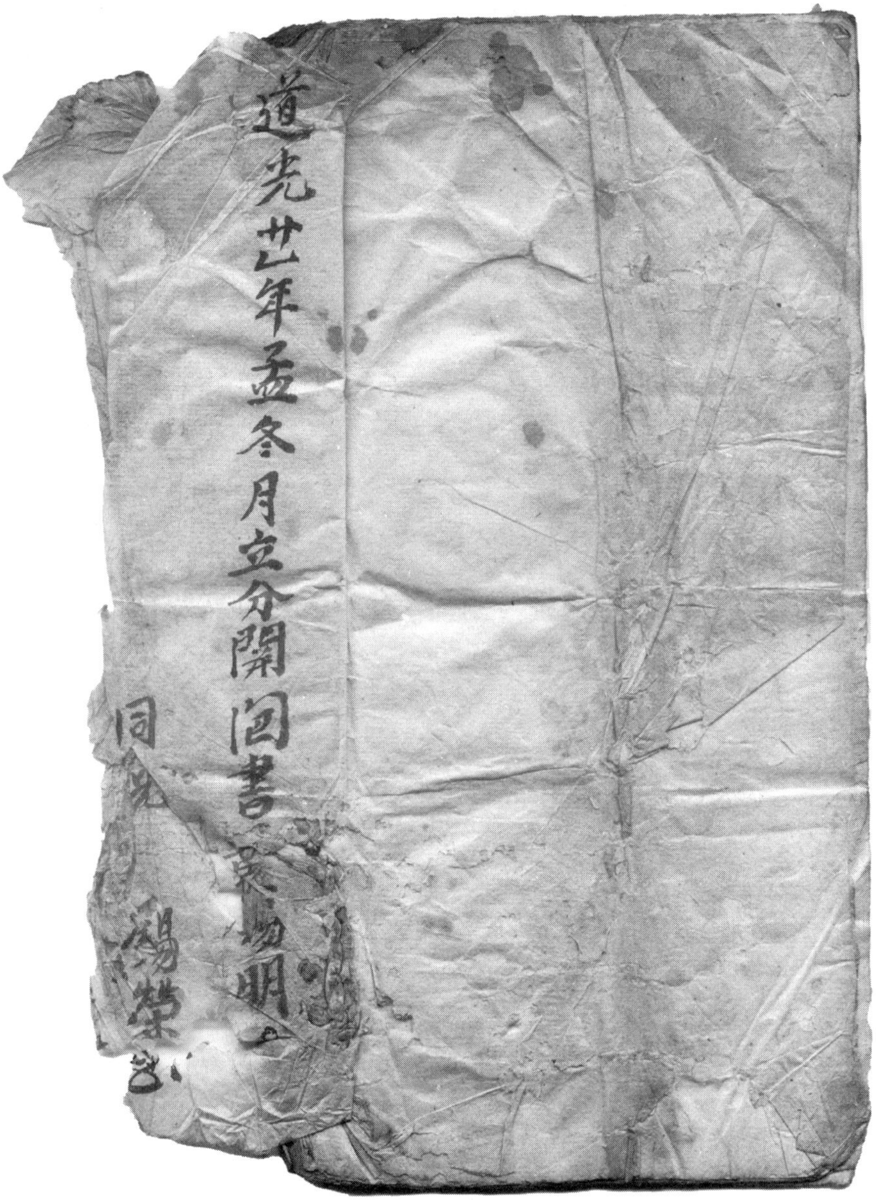
道光廿一年孟冬月立分關阄書 錫明
同兄 錫榮

江湾镇金田村 B 8-7 · 道光二十一年 · 分关文书 · 锡明同兄锡荣

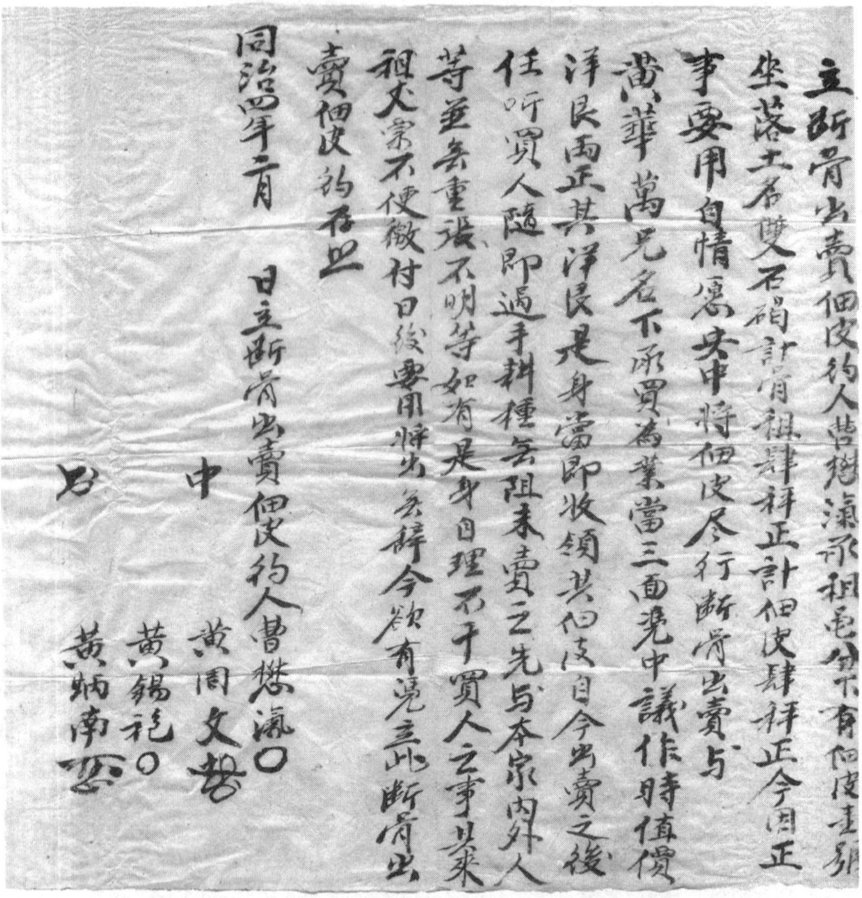

立断骨出賣佃皮約人曹懋瀛承祖邑分下有佃皮壹號
坐落土名雙石碣計骨租肆秤正計佃皮肆秤正今因正
事要用自情愿央中將佃皮尽行断骨出賣与
黄華萬兄名下承買為業當三面憑中議作時值價
洋艮兩正其洋艮是身當即收領其佃皮自今出賣之後
任听買人隨即過手耕種無阻未賣之先与本家内外人
等並無重張不明等如有是身自理不干買人之事其來
祖文宗不便繳付日後要用將出無辞今欲有憑立此断骨出
賣佃皮約存照

同治四年二月　日立断骨出賣佃皮約人曹懋瀛○
中　黄周文
黄錫祀○
书　黄炳南

江湾镇金田村 B 8 · 同治四年 · 断骨出卖佃皮约 · 曹懋汽卖与黄华万兄

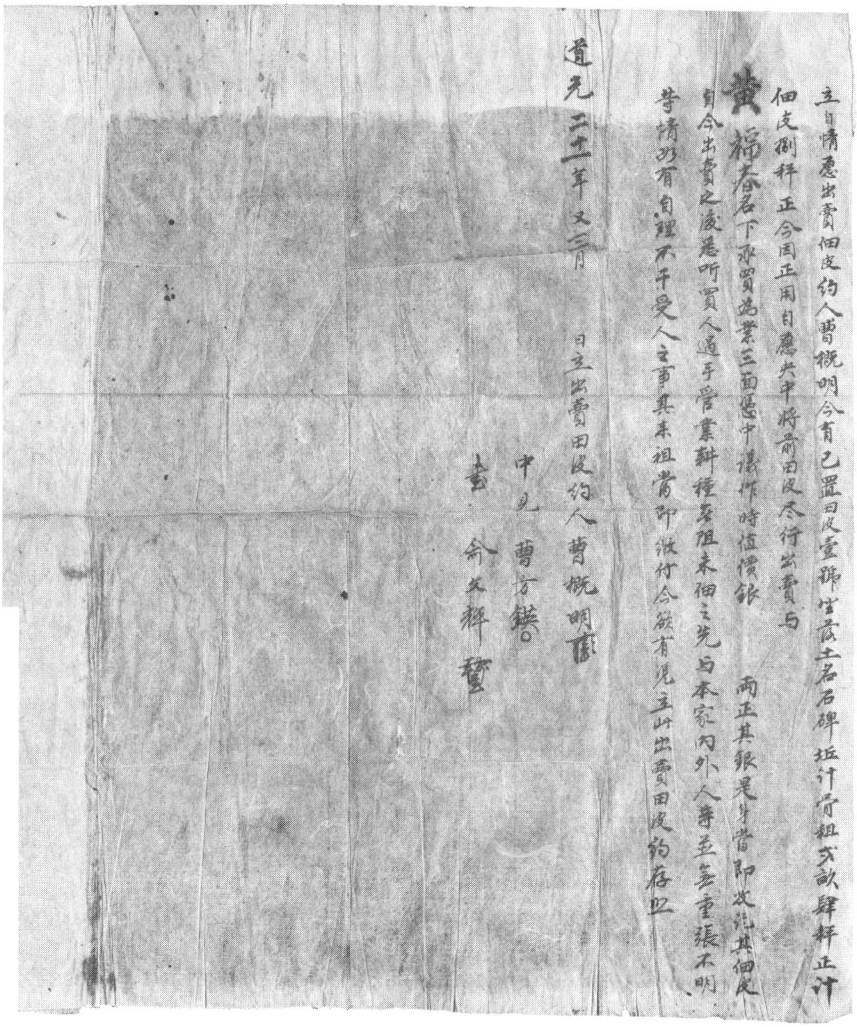
立自情愿出賣佃皮约人曹概明今有己置田皮壹號坐落土名石碑坵計骨租弍畝肆秤正計
佃皮捌秤正今因正用自愿央中將前田皮尽行出賣与
黄福春名下承買為業三面憑中議作時值價銀　兩正其銀是身當即收訖其佃皮
自今出賣之後悉听買人過手管業耕種無阻未佃之先与本家內外人等並無重張不明
等情如有自理不干受人之事其來祖當即繳付今欲有憑立此出賣田皮约存照
道光二十一年又三月　日立出賣田皮约人曹概明（押）
中見　曹方錦（押）
書　俞文擇（押）

江湾镇金田村 B 83 · 道光二十一年 · 出卖佃皮约 · 曹概明卖与黄福春

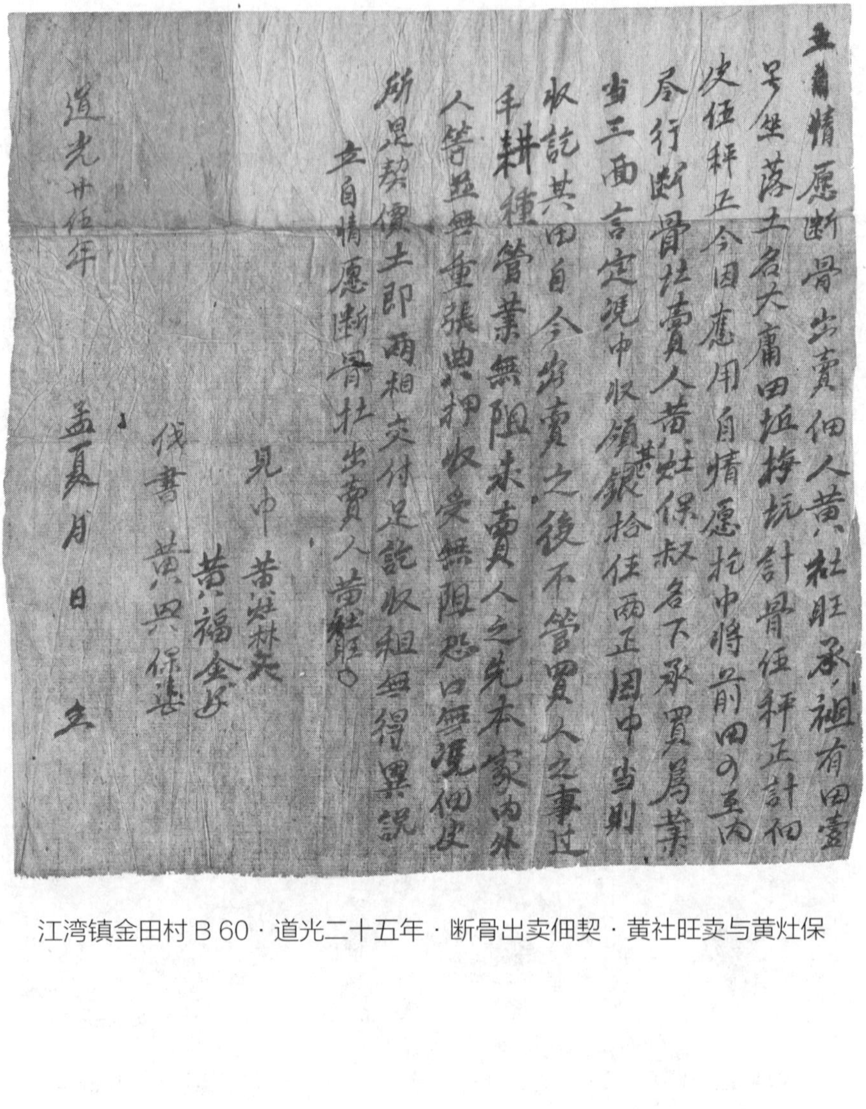

江湾镇金田村 B 60 · 道光二十五年 · 断骨出卖佃契 · 黄社旺卖与黄灶保

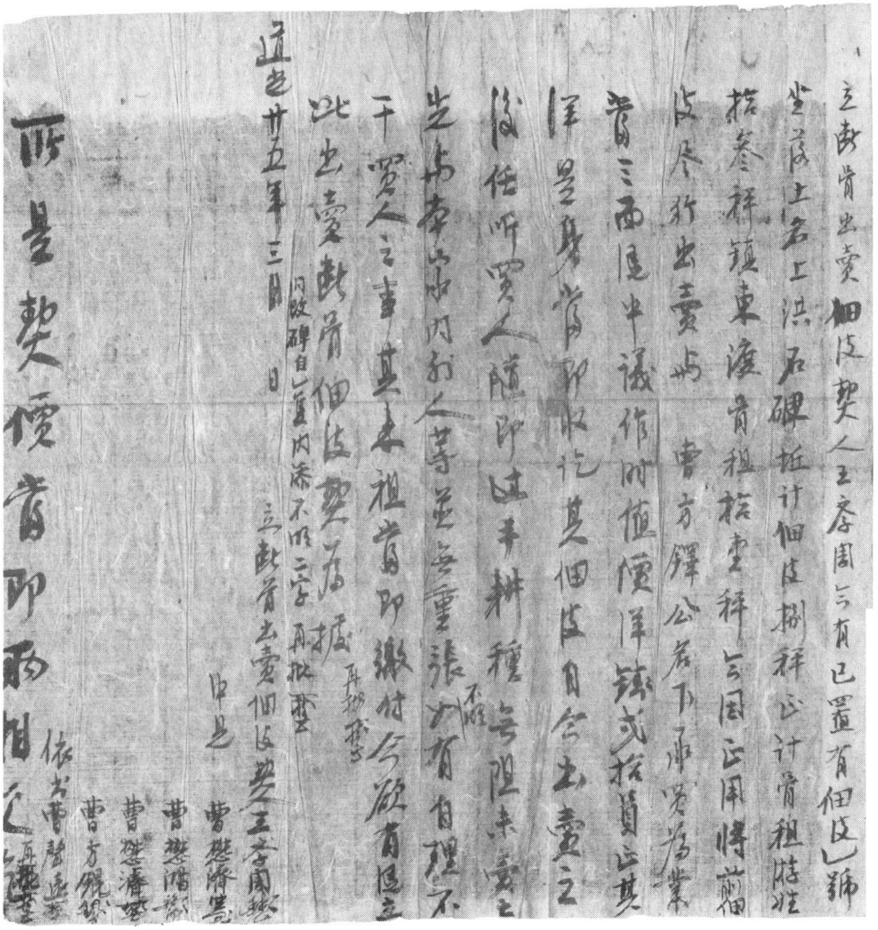
立断骨出卖佃皮契人王孝周，今有已置有佃皮乙號，坐落土名上洪石碑坵，计佃皮捌拜正，计骨租陆庄拾叁拜，镇东渡骨租拾壹拜，今因正用，将前佃皮尽行出卖与曹方铎公名下承买为业，当三面凭中议作时值价洋钱贰拾员正，其洋是身当即收讫，其佃皮自今出卖之后，任听买人随即过手耕种，无阻。未卖之先，与本家内外人等并无重张，如有不明，自理，不干买人之事。其来祖当即缴付[illegible]，今欲有凭，立此出卖断骨佃皮契存据。再批（押）

内改碑自[illegible]内添不明二字 再批（押）

道光廿五年三月 日 立断骨出卖佃皮契王孝周（押）

中见 曹懋济（押）

曹懋潘（押）

曹懋濬（押）

曹方锟（押）

依书 曹启远（押）

所是契价当即两相交讫 再批（押）

江湾镇金田村 B 75 · 道光二十五年 · 断骨出卖佃皮契 · 王孝周卖与曹方铎

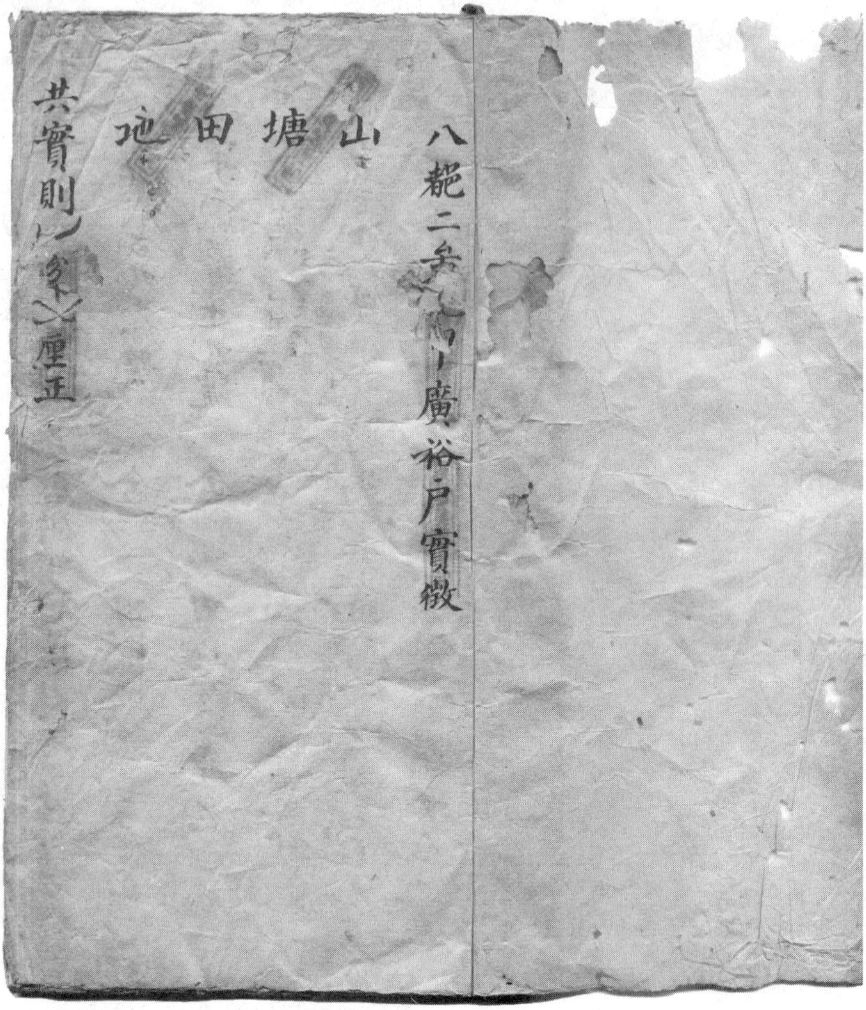
八都二呇〻啚丨廣裕户實徵
山
塘
田
地
共實則丨㕘丨〤釐正

江湾镇金田村 B 5-1 · 道光二十八年 · 税粮实征册 · 广裕户

字〻五千貳百九十〤號 弓庄碑下 田壹畝八分五厘正

五千貳百九十八號 仝 田貳畝〤分三厘正

五千貳百九十九號 仝 田八分〡厘正

火字十九號（此田于道光卅年分至□姜换跳號主田收回洋四員） 洪家上塢 田八分八厘〡毛正

翔字五百十八號 乾塢裏 田八分〤厘叁毛正

五百十九號 仝 田叁分肆厘正

翔字三伯三十八號 跳號裡 田〤分八厘·〡毛正

翔字壹伯九十二 栗木坑 田稅壹分正

翔字四百九十五號 白朊樹下 田稅壹分正

翔字四百五十五號 栗木坑 地稅壹厘正

江湾镇金田村 B 5-2 · 道光二十八年 · 税粮实征册 · 广裕户

江湾镇金田村 B 5-3 · 道光二十八年 · 税粮实征册 · 广裕户

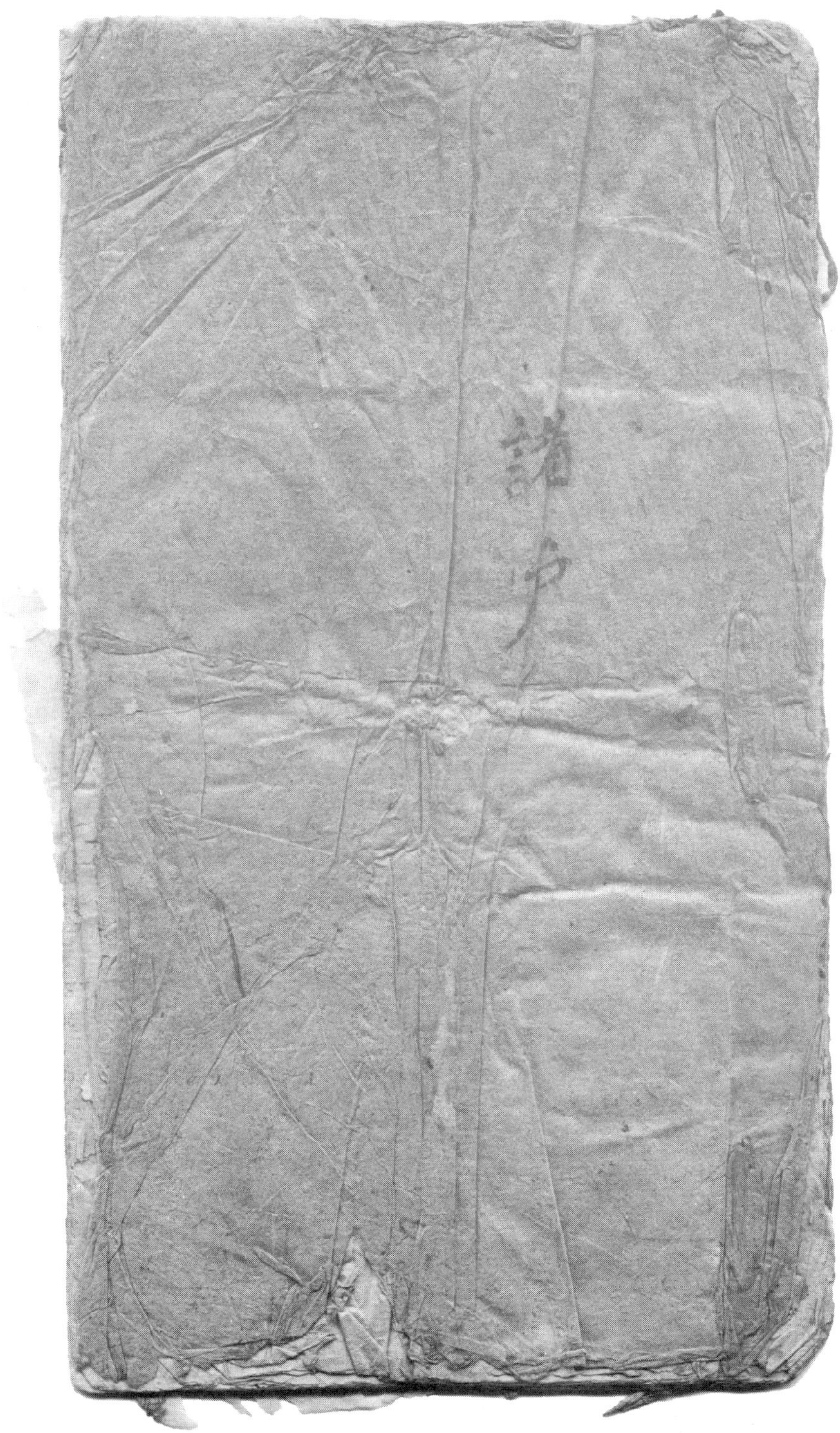

江湾镇金田村 B 3-1 · 咸丰二年 · 税粮实征册 · 广盛户

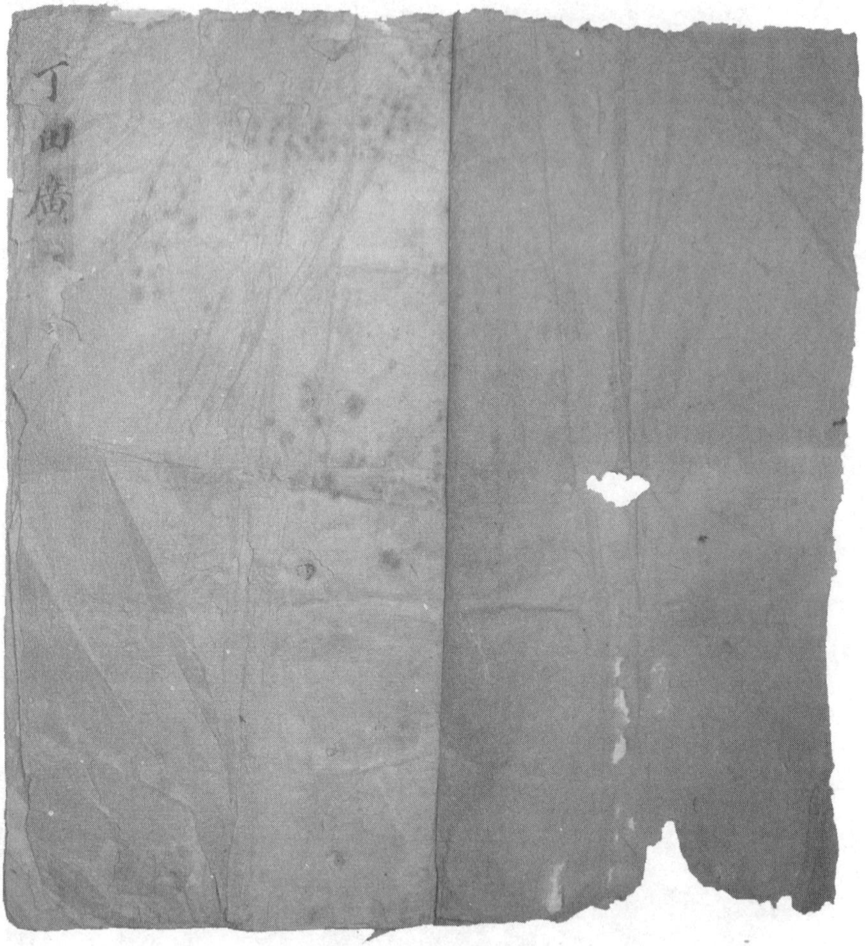

江湾镇金田村 B 3-2 · 咸丰二年 · 税粮实征册 · 广盛户

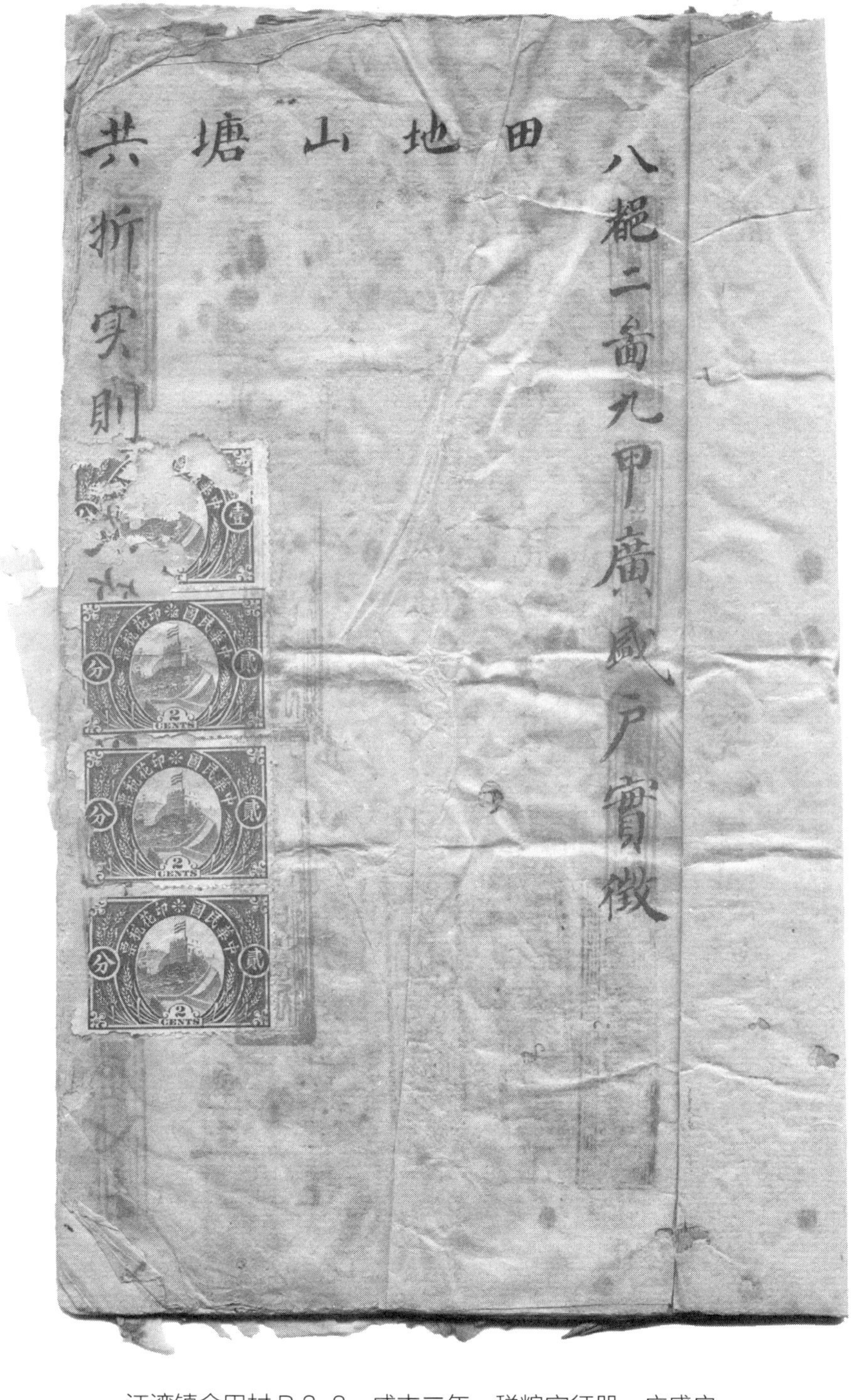

江湾镇金田村 B 3-3 · 咸丰二年 · 税粮实征册 · 广盛户

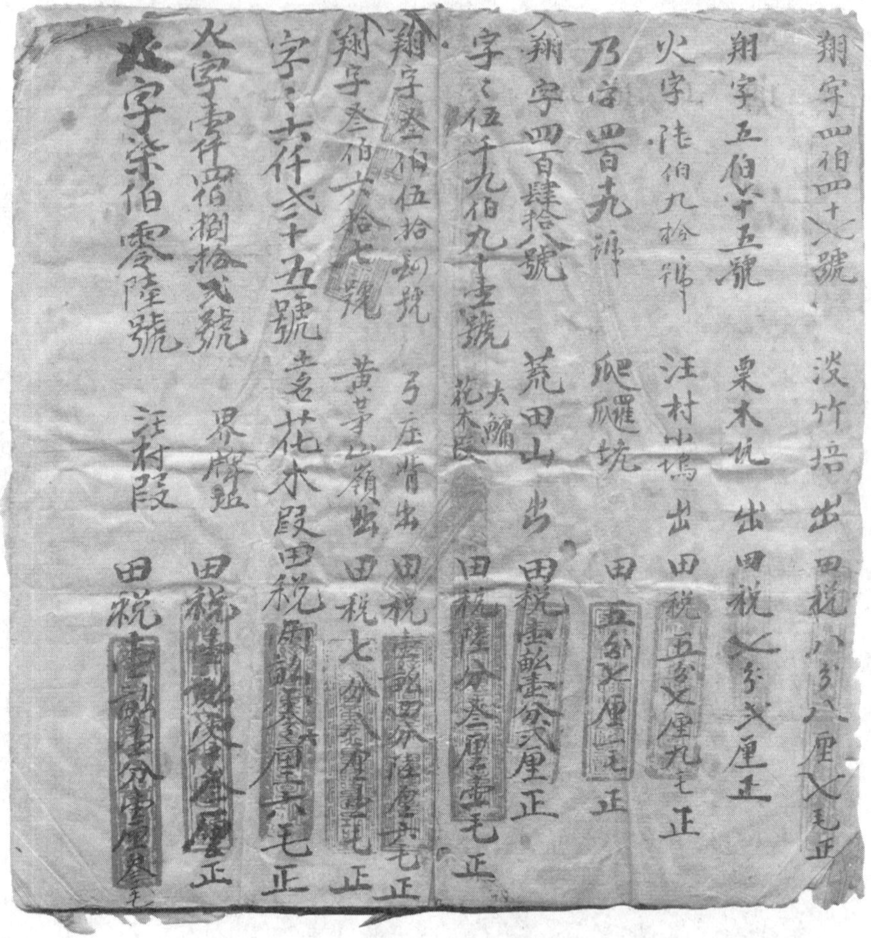

江湾镇金田村 B 3-4 · 咸丰二年 · 税粮实征册 · 广盛户

咸豐二年七月　日繕書黄萬隆造

江湾镇金田村 B 3-5 · 咸丰二年 · 税粮实征册 · 广盛户

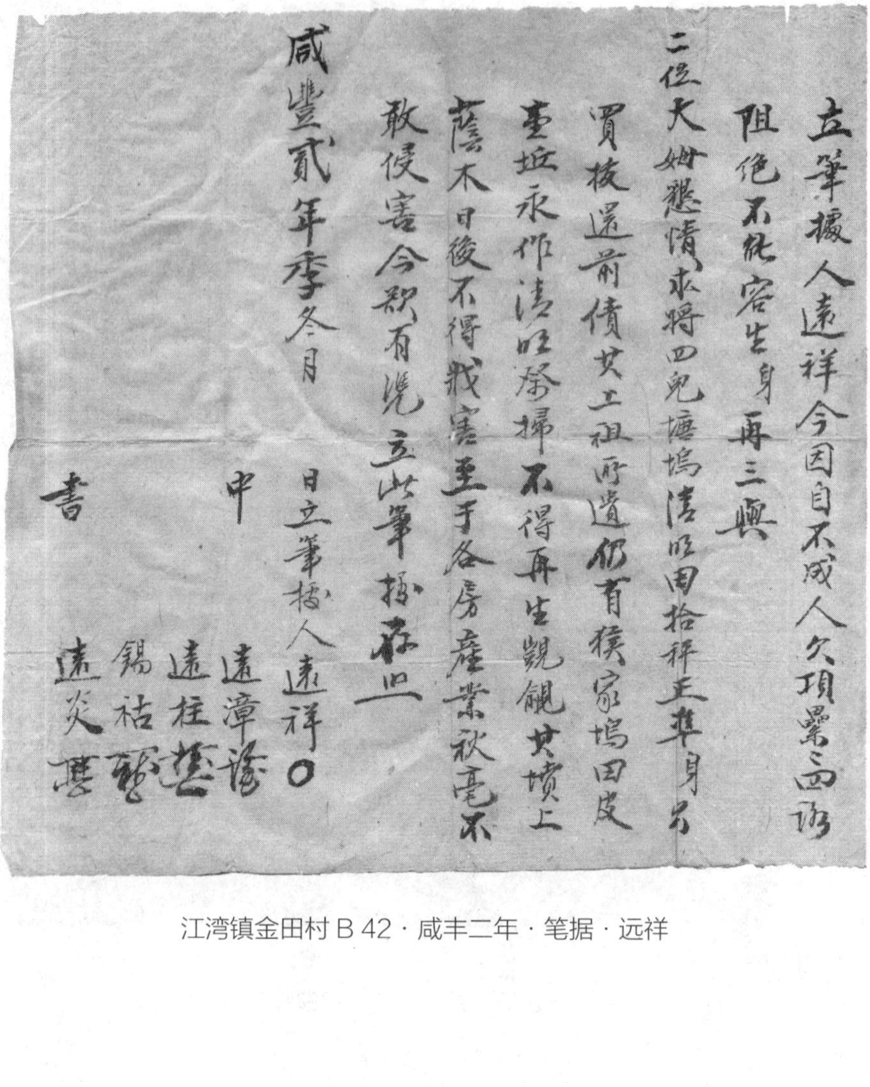

立筆據人遠祥今因自不成人欠項累累而諒
阻絕不能容生身再三興
二位大嬸懇情求將四兒塘塢清明田拾秤正準身另
買換還前債其上祖所遺仍有積家塢田皮
壹坵永作清明祭掃不得再生覬覦其墳上
蔭木日後不得戕害至于各房產業秋毫不
敢侵害今欲有憑立此筆據存照

咸豐貳年季冬月　日立筆據人遠祥〇

中　遠漳
遠柱
錫祜

書　遠炎

江湾镇金田村 B 42 · 咸丰二年 · 笔据 · 远祥

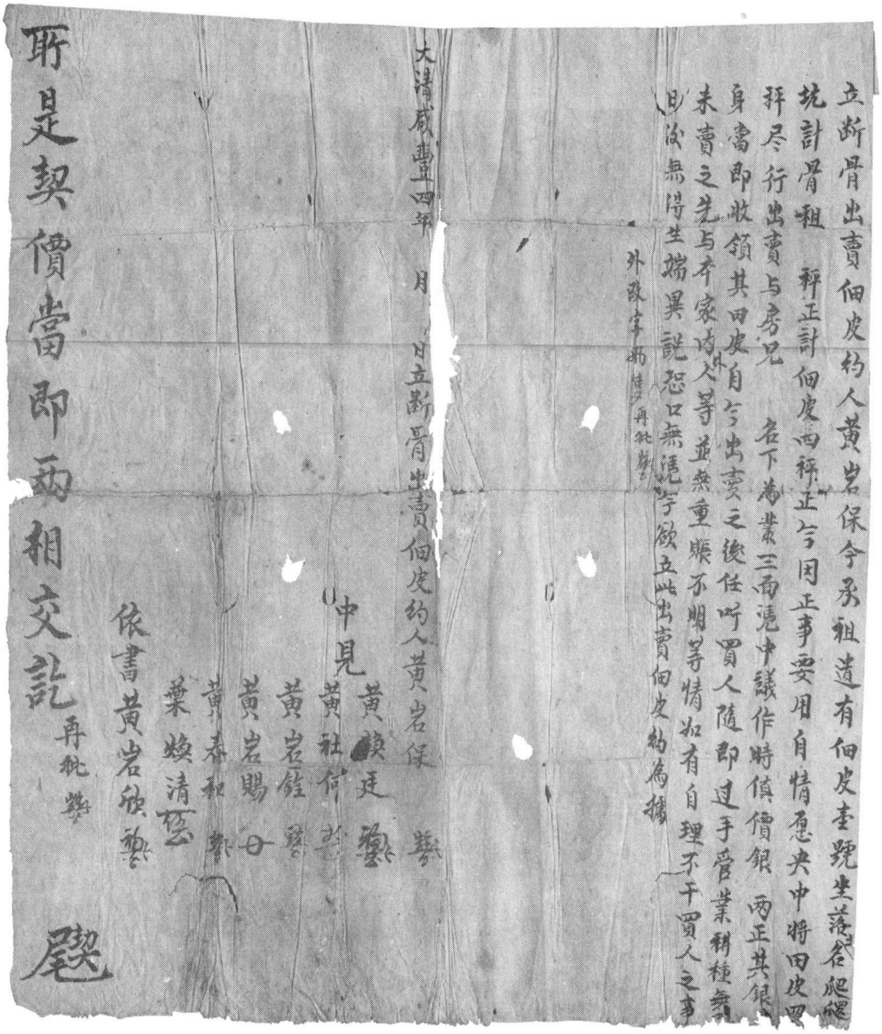
立断骨出賣佃皮约人黄岩保今承祖遺有佃皮壹號坐落土名爬
坑計骨租 秤正計佃皮兩秤正兮因正事要用自情愿央中將田皮四
秤尽行出賣与房兄 名下為業三面憑中議作時值價銀 两正其銀
身當即收領其田皮自今出賣之後任听買人随即过手管業耕種無
未賣之先与本家內外人等並無重張不明等情如有自理不干買人之事
日後無得生端異説恐口無憑今欲立此出賣佃皮约為據
外骨字兩隻再批
大清咸豐四年 月 日立断骨出賣佃皮约人黄岩保
中見 黄□廷
黄社作
黄岩銓
黄岩賜
黄春和
葉煥清
依書 黄岩欣
所是契價當即兩相交訖 再批
契

江湾镇金田村 B 62 · 咸丰四年 · 断骨出卖佃皮约 · 黄岩保卖与房兄☐

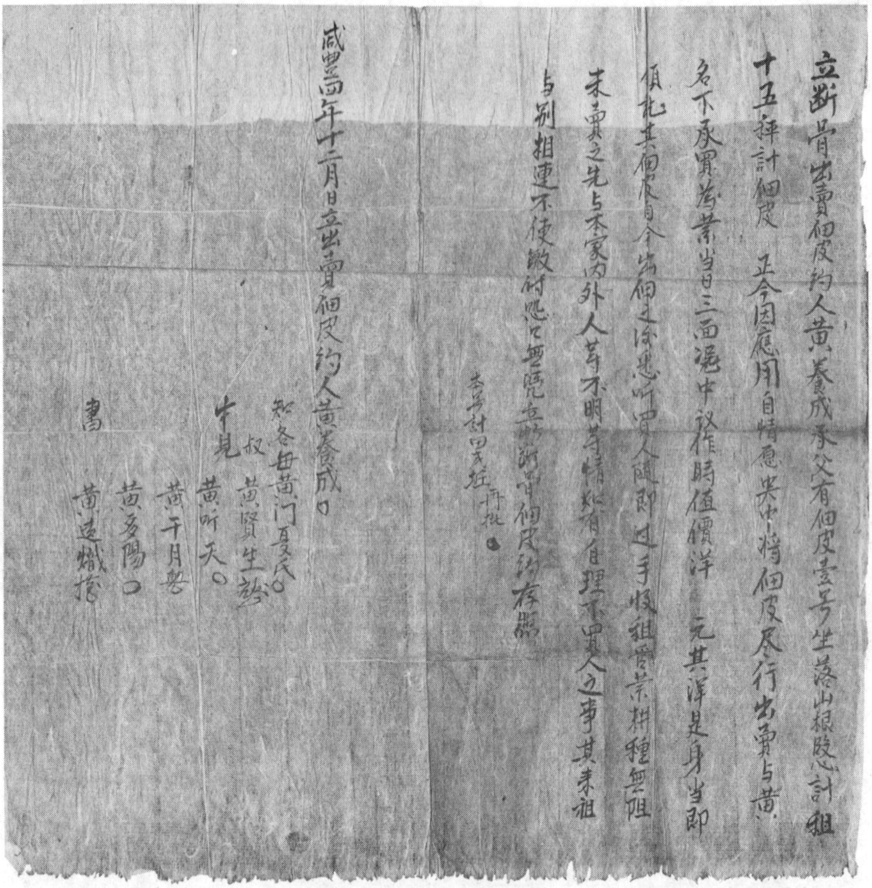
立断骨出賣佃皮約人黃養成承父有佃皮壹号坐落山根脚心計祖
十五拜計佃皮 正今因應用自情愿央中將佃皮尽行出賣与黃
名下承買為業当日三面凴中議作時值價洋 元其洋是身当即
領乞其佃皮自今出佃之后悉听買人隨即过手收租管業耕種無阻
未賣之先与本家內外人等不明等情如有自理不干買人之事其來祖
与別相連不便繳付恐口無凴立此斷骨佃皮約存照
本号計田貳坵 再批 ◯
咸豐四年十二月 日立出賣佃皮約人黃養成◯
知見 母黃門夏氏◯
叔 黃賢生
中見 黃听天◯
黃千月
黃多陽◯
書 黃廷熾

江湾镇金田村 B 66 · 咸丰四年 · 断骨出卖佃皮约 · 黄养成卖与黄☒

福春

鬮書

江湾镇金田村 B 7-1 · 同治四年 · 分家文书（福春阄书）· 锡秦

立議阄書錫秦承父所存正屋壹所门前菓園
係兩人均分保年幼林郑人工資供養 母親自亦
郑人所積工資置買田数十秤今將田三股均分所
存洋壹百圓內拔洋叁拾圓三人均分餘存洋銀
叁拾圓以存養老百年之日以立清明祭祀分定之後
不得生端異說立此阄書存據

江湾镇金田村 B 7-2 · 同治四年 · 分家文书（福春阄书）· 锡秦

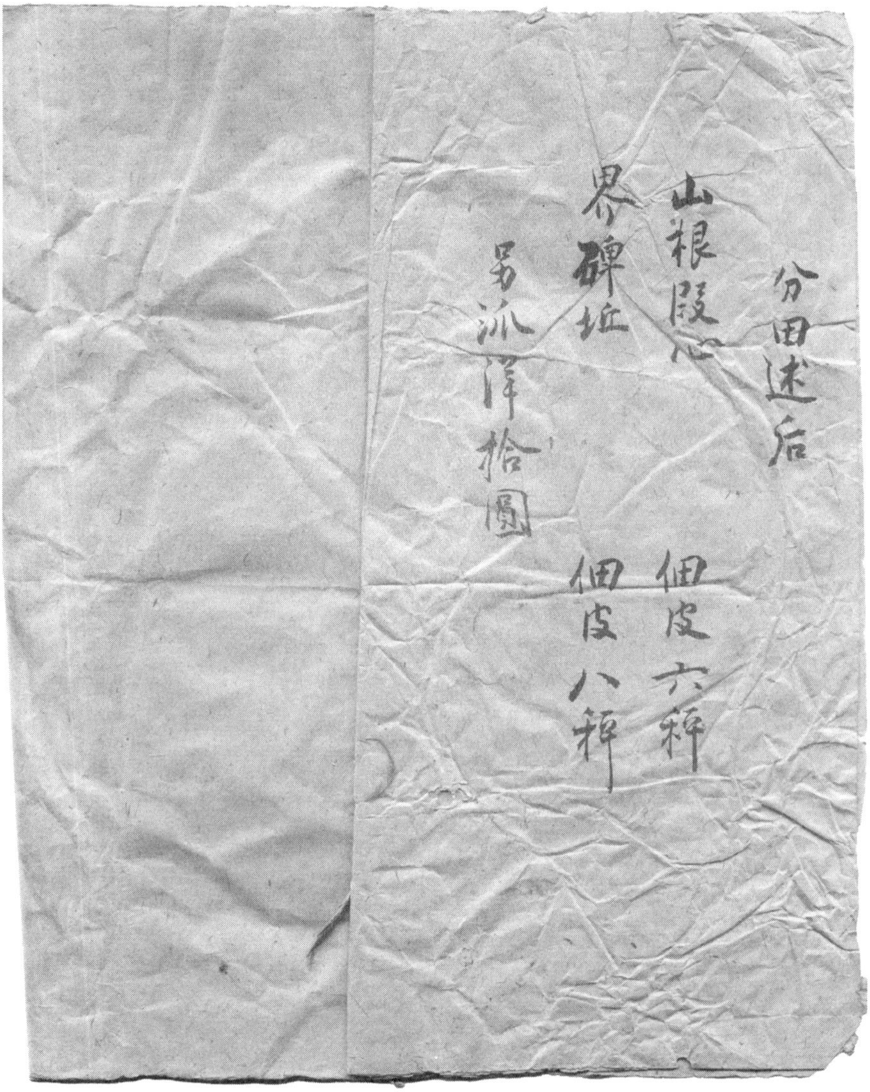
分田述后

山根段心　佃皮六秤

界碑坵　佃皮八秤

另派洋拾圆

江湾镇金田村 B 7-3 · 同治四年 · 分家文书（福春阄书）· 锡秦

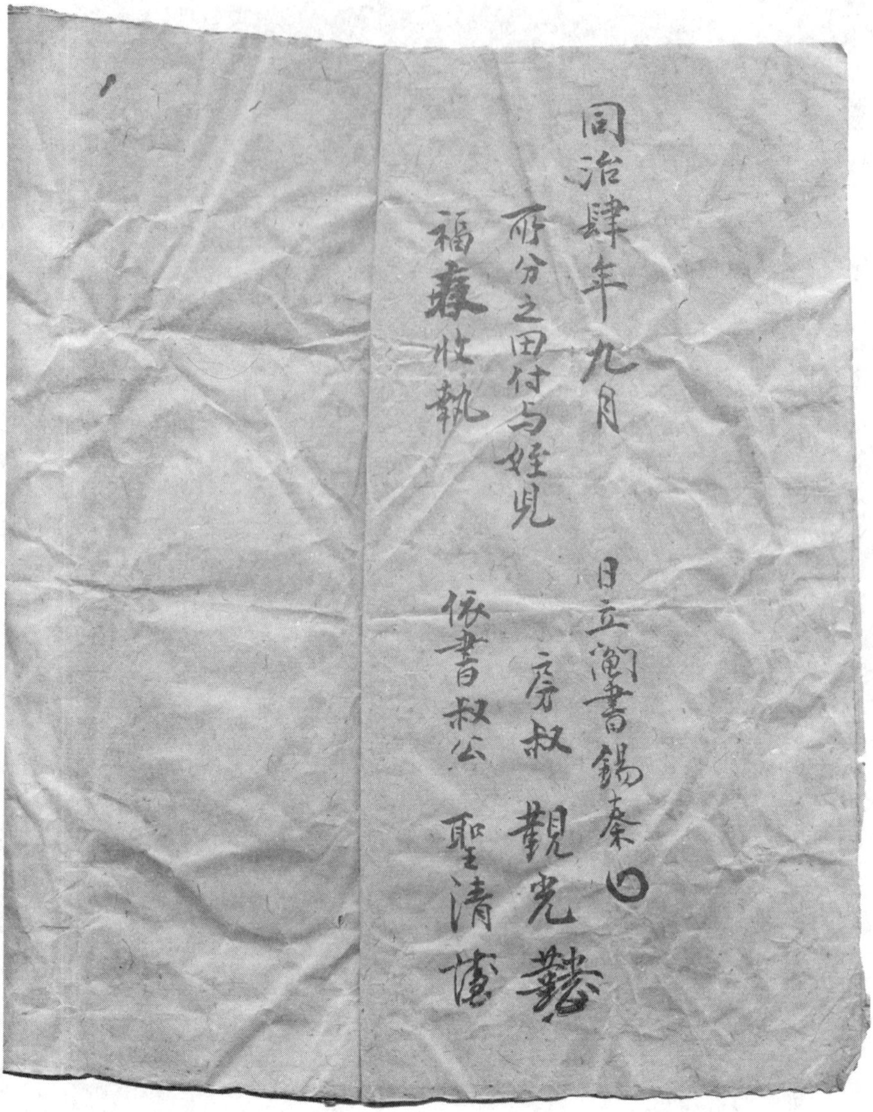

同治肆年九月　日立鬮書錫秦
所分之田付与姪兒
房叔　覲光
福春收執
依書叔公　聖清

江湾镇金田村 B 7-4 · 同治四年 · 分家文书（福春阄书）· 锡秦

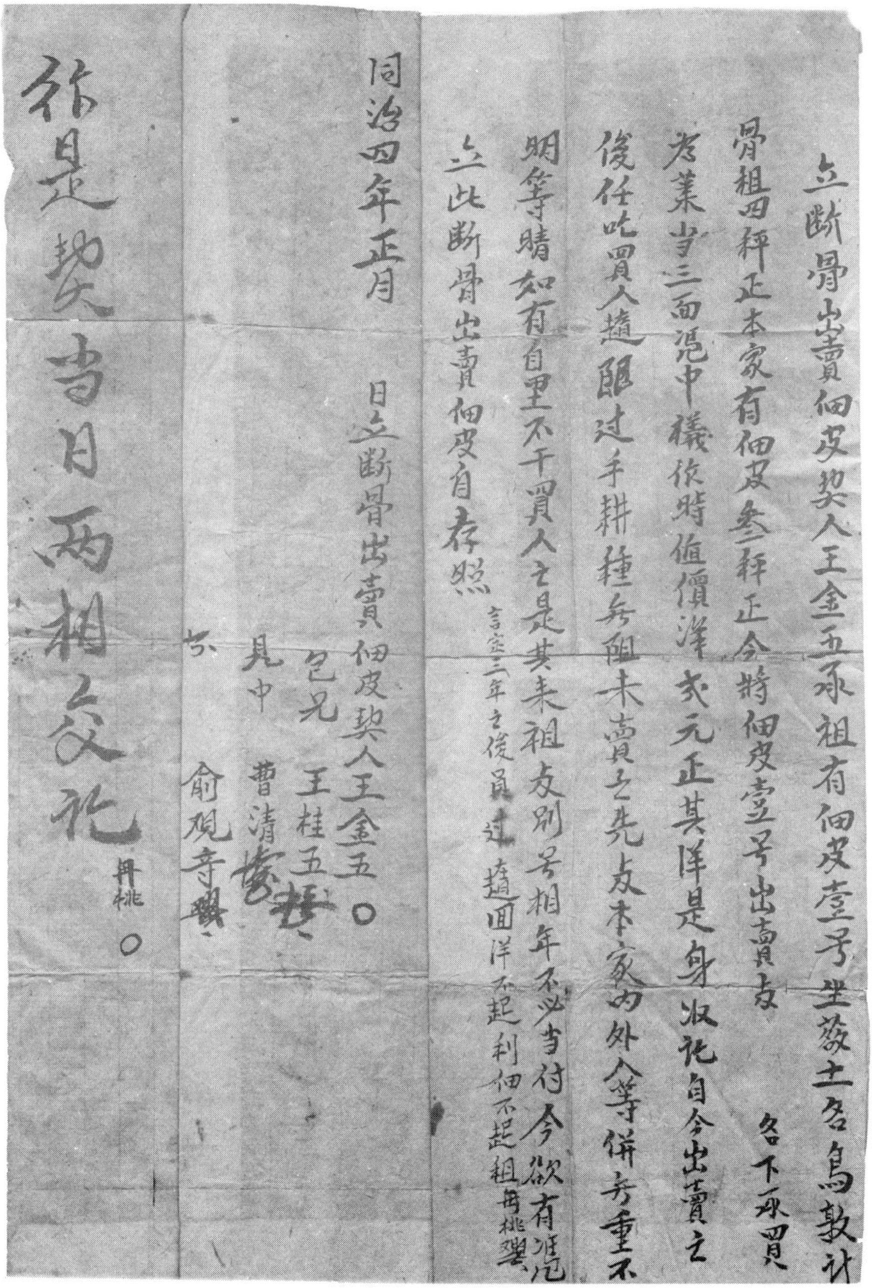

立斷骨出賣佃皮契人王金五承祖有佃皮壹号坐落土名烏敦圳

骨租四秤正本家有佃皮叁秤正今將佃皮壹号出賣与　　名下承買

為業当三面憑中議依時值價洋弍元正其洋是身收訖自今出賣之

後任听買人隨即过手耕種無阻未賣之先本家內外人等併無重不

明等情如有自理不干買人之是其來祖友別号相年不必当付今欲有憑

言定三年之後員过趙面洋不起利佃不起租 冉桃押

立此斷骨出賣佃皮自存照

同治四年正月　　日立斷骨出賣佃皮契人王金五 ○

包兄　王桂五 押

見中　曹清 押

俞观奇 押

六

補足契当日兩相交訖 冉桃 ○

江湾镇金田村 B 80 · 同治四年 · 断骨出卖佃皮契 · 王金五卖与☐

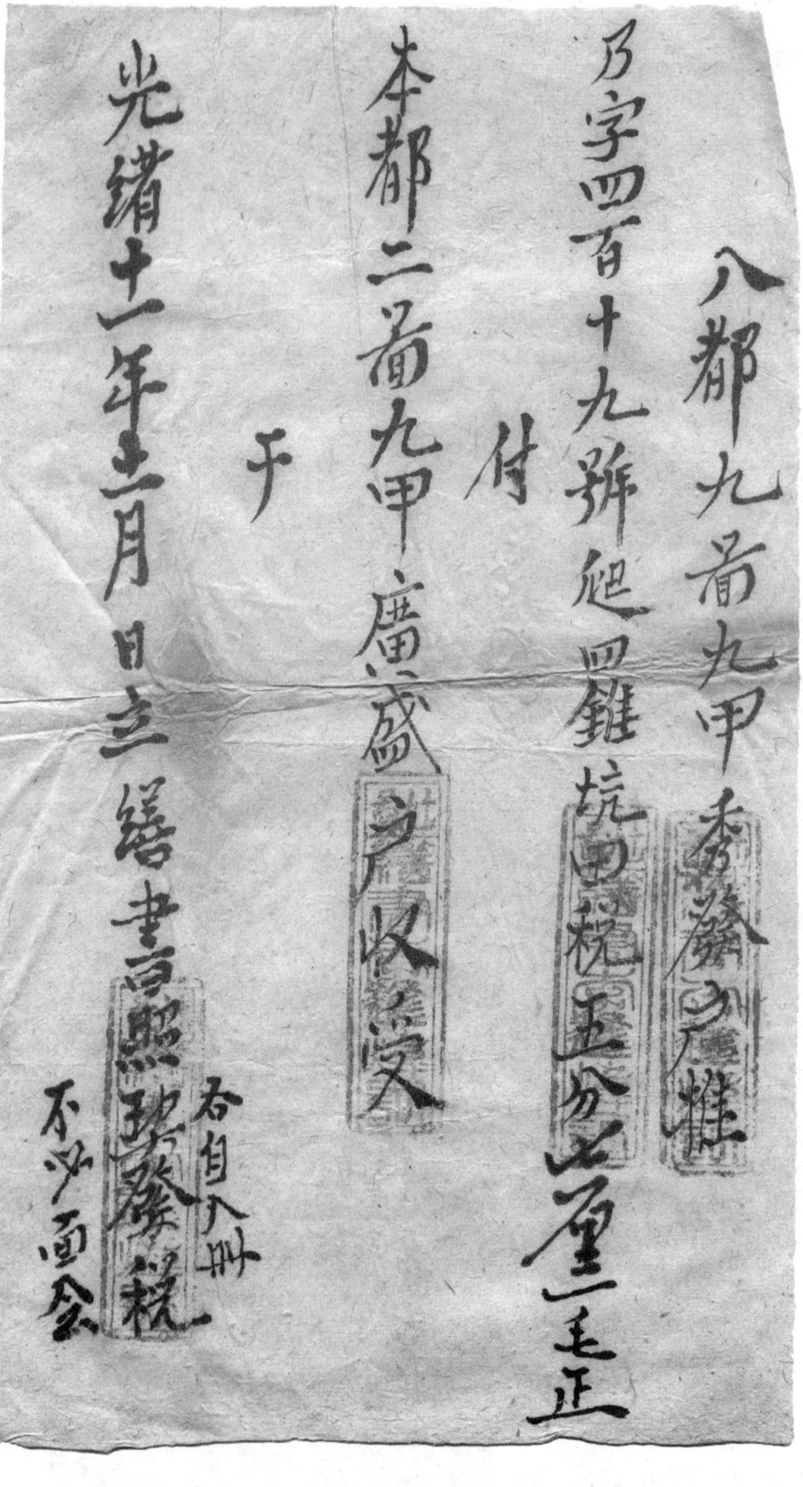

八都九啚九甲秀發户推
乃字四百十九號廻羅坑田税五分七厘三毛正
付
本都二啚九甲廣盛户收受
于
光緒十一年十二月日立 繕書熙琇發税
各自入册
不必面会

江湾镇金田村 B 18 · 光绪十一年 · 推单 · 秀发户推与广盛户

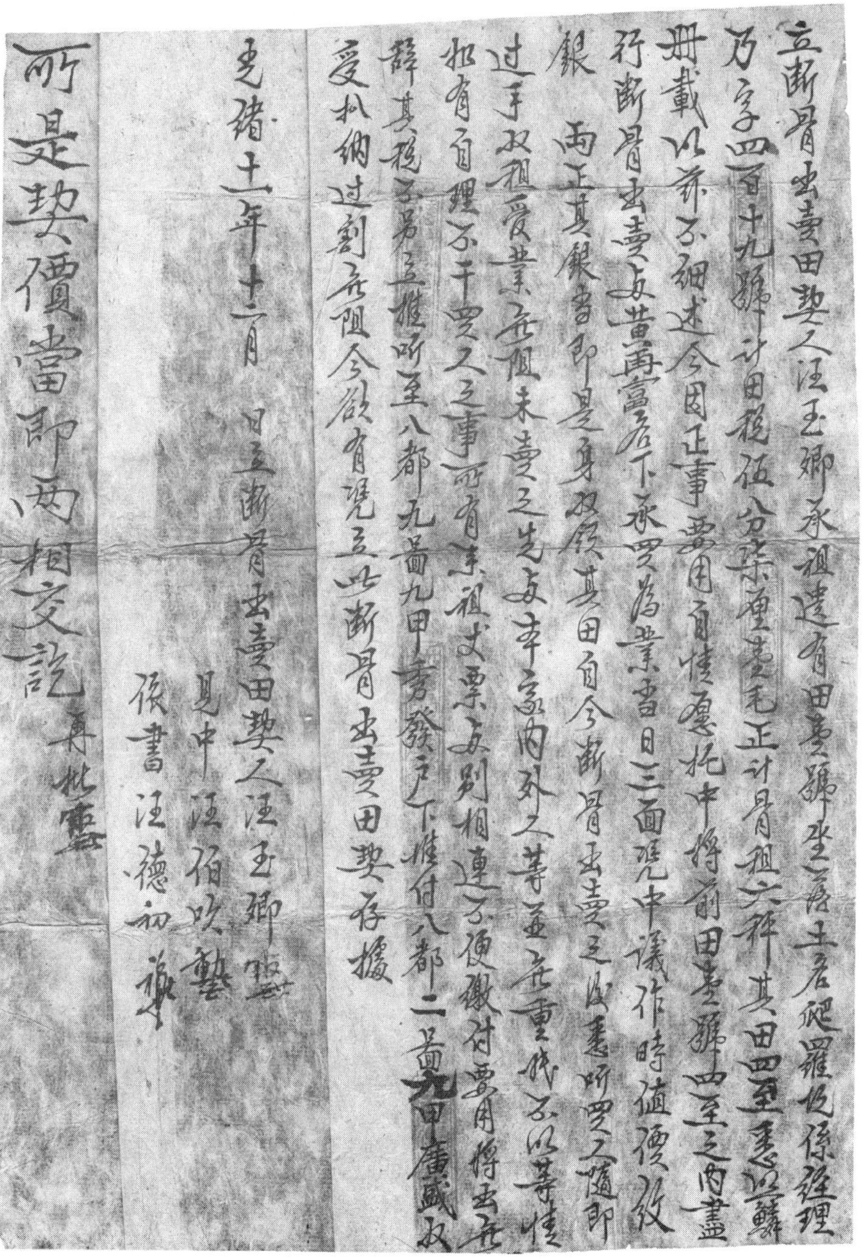

立断骨出卖田契人汪玉卿承祖遗有田壹号坐落土名爬罗段系经理
乃字四百十九号计田税伍分柒厘壹毛正计骨租六秤其田四至悉照鳞
册载明不细述今因正事要用自情愿托中将前田壹号四至之内尽
行断骨出卖与黄再富名下承买为业当日三面凭中议作时值价纹
银　两正其银当即是身收领其田自今断骨出卖之后悉听买人随即
过手收租管业无阻未卖之先与本家内外人等并无重复不明等情
如有自理不干买人之事所有来祖文票与别相连不便缴付要用将出无
辞其税子男立推所至八都九啚九甲黄发户下推付八都二啚九甲广盛収
受扒纳过割无阻今欲有凭立此断骨出卖田契存据

光绪十一年十二月　日立断骨出卖田契人汪玉卿押
見中汪佰昭押
依书汪德初押

所是契价当即两相交讫　再批押

江湾镇金田村 B 61 · 光绪十一年 · 断骨出卖田契 · 汪玉卿卖与黄再富

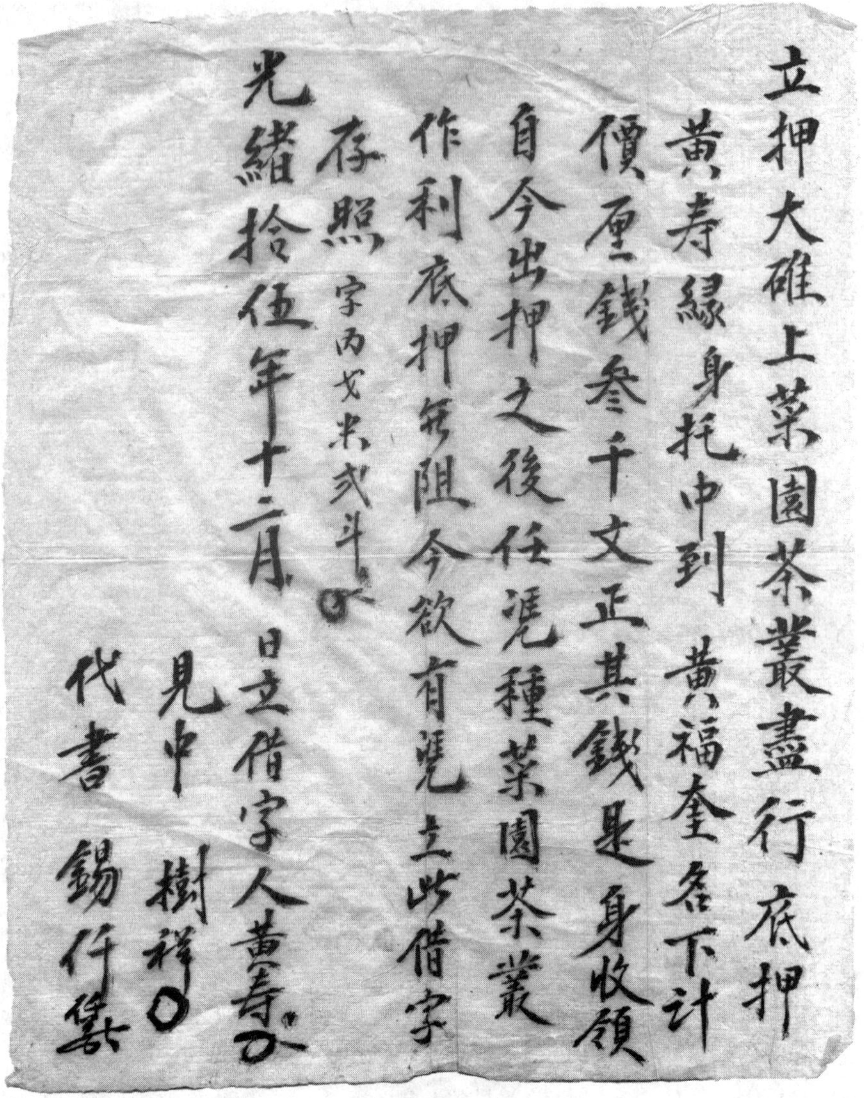
立押大碓上菜園茶叢盡行底押
黄寿緣身托中到 黄福奎名下计
價厘錢叁千文正其錢是身收領
自今出押之後任凭種菜園茶叢
作利底押无阻今欲有凭立此借字
存照 字內戈米弍斗
光緒拾伍年十二月 日立借字人黄寿
見中 樹祥
代書 錫仟筆

江湾镇金田村 B 45 · 光绪十五年 · 押字 · 黄寿押到黄福奎

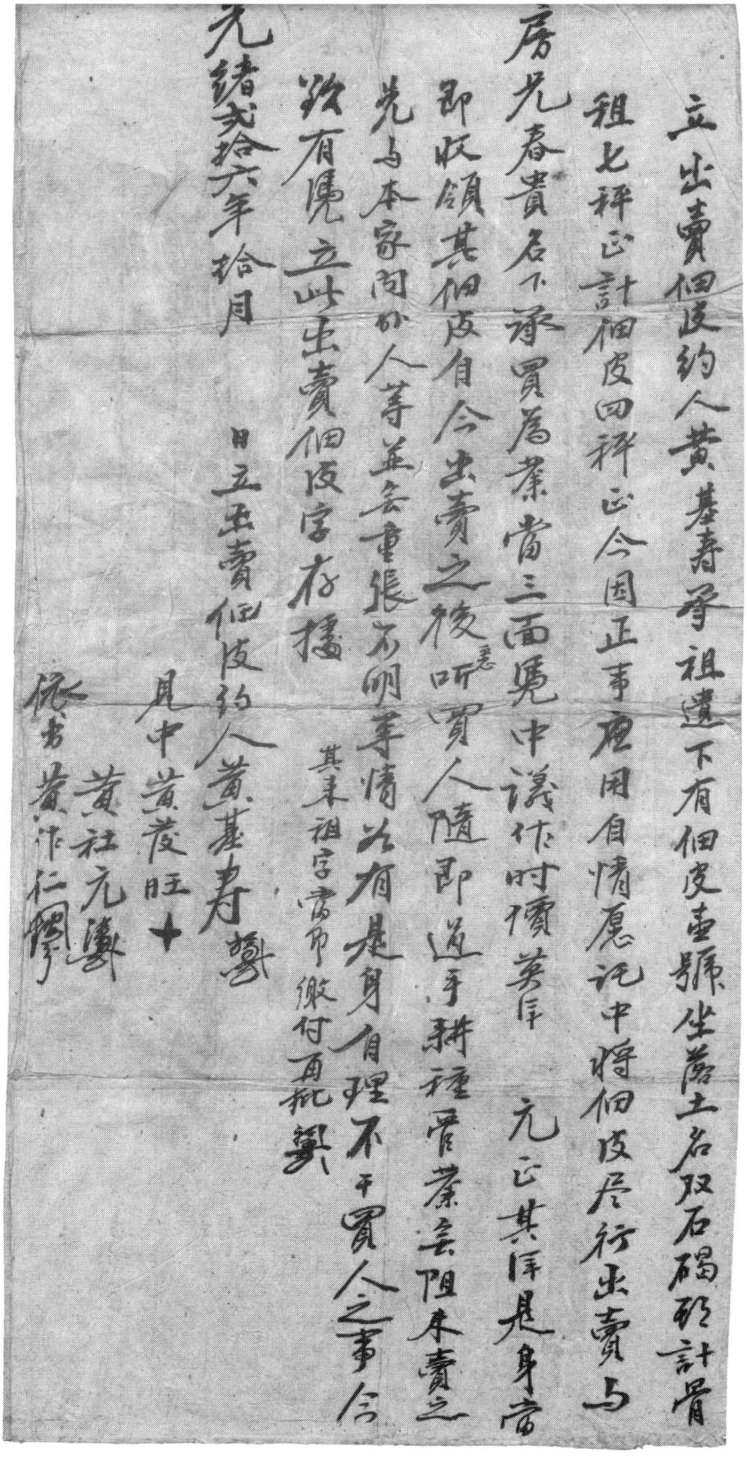
立出賣佃皮約人黄基寿承祖遺下有佃皮壹號坐落土名双石碣頭計骨租七秤正計佃皮四秤正今因正事應用自情愿托中將佃皮尽行出賣与房兄春貴名下承買爲業當三面憑中議作时價英洋　元正其洋是身當即收領其佃皮自今出賣之後悉听買人隨即過手耕種管業無阻未賣之先与本家內外人等並無重張不明等情如有是身自理不干買人之事今欲有憑立此出賣佃皮字存據

其來祖字當即繳付再批（押）

光緒貳拾六年拾月　日立出賣佃皮約人黄基寿（押）

見中　黄茂旺　十

黄社元（押）

依书　黄作仁（押）

江湾镇金田村 B 85 · 光绪二十六年 · 出卖佃皮约 · 黄基寿卖与房兄春贵

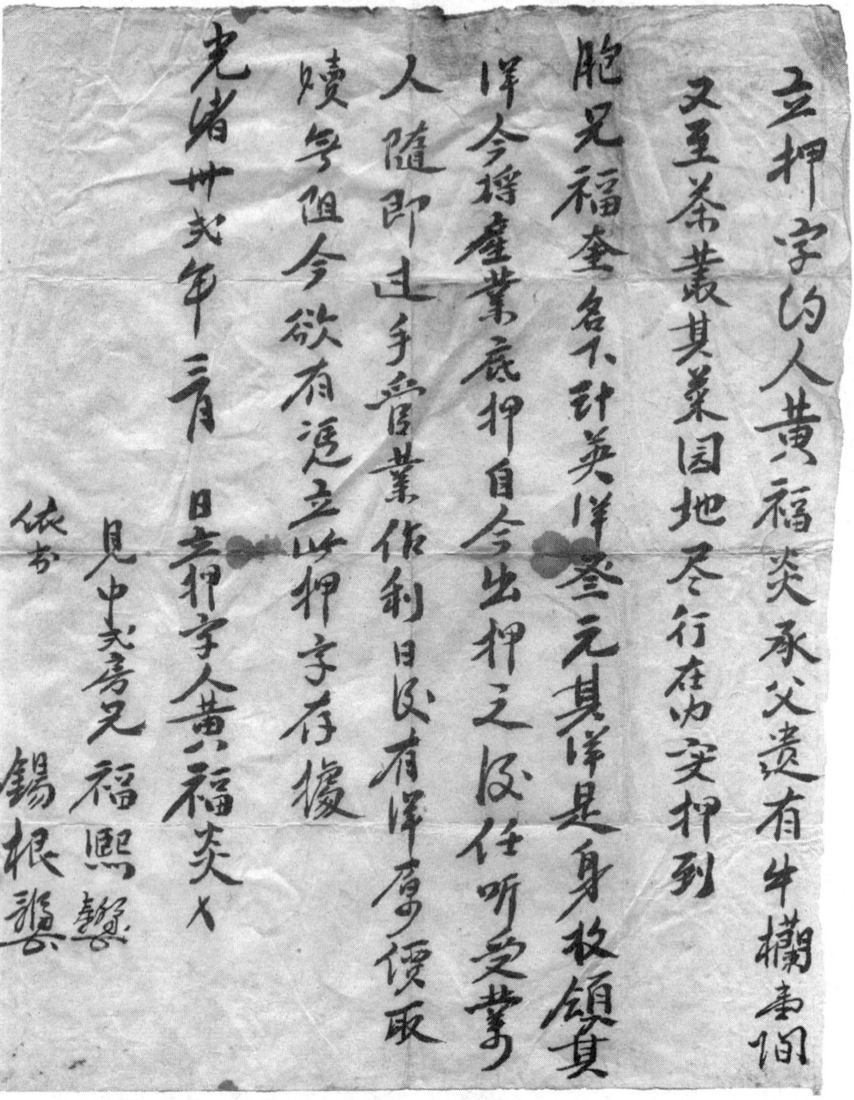
立押字约人黄福炎承父遗有牛欄壹间
又至茶叢其菜园地尽行在内实押到
胞兄福奎名下计英洋叁元其洋是身收領其
洋今将產業底押自今出押之后任听受業
人随即过手管業作利日后有洋原價取
贖無阻今欲有凭立此押字存據
光緒卅贰年二月　日立押字人黄福炎
見中贰房兄福熙
依书锡根

江湾镇金田村 B 40 · 光绪三十二年 · 押字约 · 黄福炎押到胞兄福奎

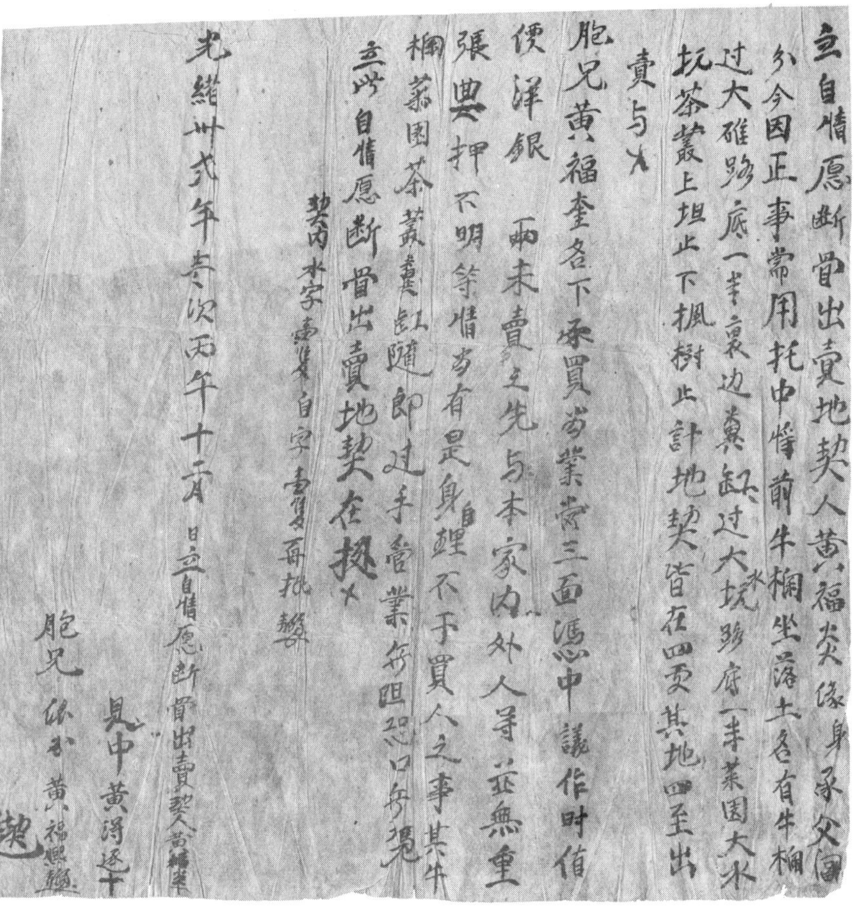
立自情愿断骨出賣地契人黄福炎係身承父阄
分今因正事需用托中将前牛栏坐落土名有牛栏
过大碓路底一半裏边菓鈺过大水坑路底一半菜园大水
坑茶叢上坦止下枫樹止計地契皆在四至其地四至出
賣与人
胞兄黄福奎名下承買爲業當三面憑中議作时值
便洋銀 兩 未賣之先与本家内外人等並無重
張典押不明等情如有是身自理不干買人之事其牛
栏菜园茶叢鈺随即过手管業无阻恐口无憑
立此自情愿断骨出賣地契存據人
契內水字壹隻 自字壹隻 再批照
光緒卅弍年歲次丙午十二月 日立自情愿断骨出賣契人黄福炎
見中 黄渭逐 十
胞兄 依口 黄福興 筆

江湾镇金田村 B 73 · 光绪三十二年 · 断骨出卖地契 ·
黄福炎卖与胞兄黄福奎

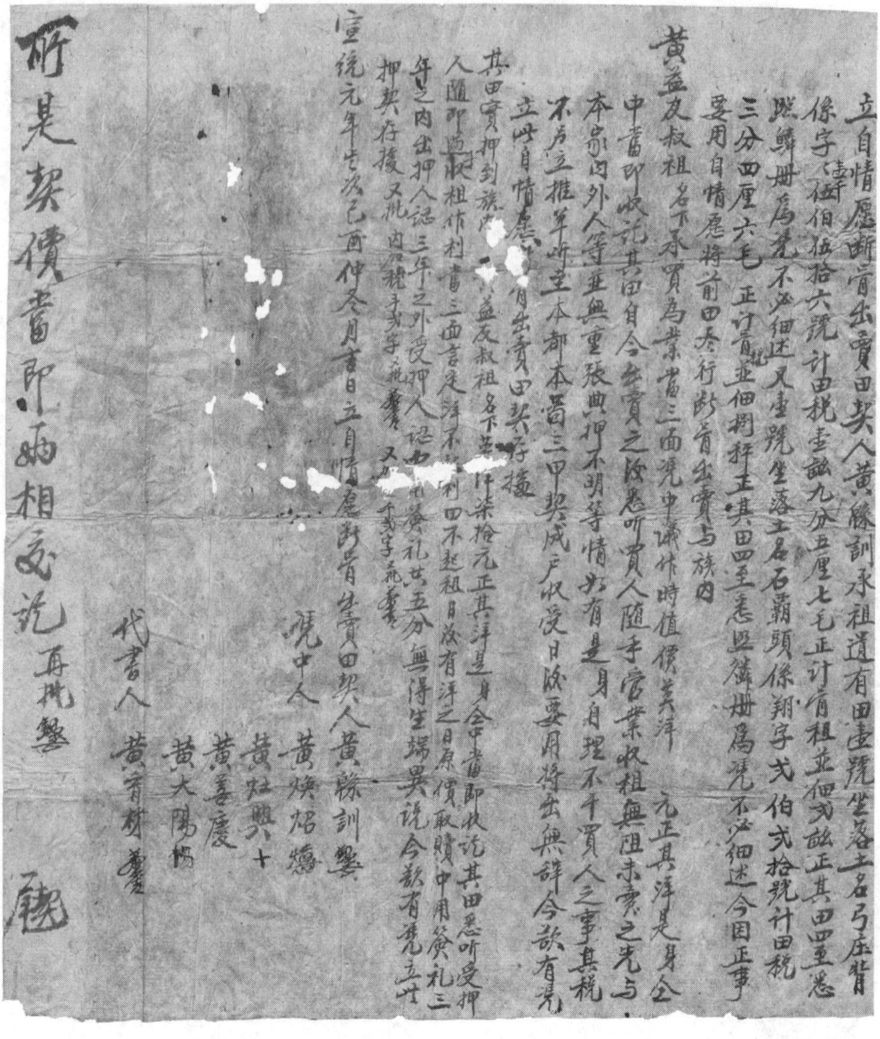
立自情愿断骨出賣田契人黄緜訓，承祖遗有田壹號，坐落土名弓庄背，
係字伍佰伍拾六號，計田税壹畝九分五厘七毛正，計骨租並佃弍畝正。其田四至悉
照鳞册為憑，不必细述。又壹號，坐落土名石霸頭，係翔字弍伯弍拾號，計田税
三分四厘六毛正，計骨租並佃捌秤正。其田四至悉照鳞册為憑，不必细述。今因正事
要用，自情愿將前田叁行断骨出賣與族内
黄益友叔祖名下承買為業，當三面憑中議作時值價英洋　元正。其洋是身仝
中當即收訖。其田自今出賣之後，悉听買人隨手管業收租，無阻。未賣之先，與
本家内外人等並無重張典押不明等情，如有，是身自理，不干買人之事。其税
不另立推單，听至本都本啚三甲契成户収受。日後要用，將出無辞。今欲有憑，
立此自情愿断骨出賣田契存據。
其田實押到族内益友叔祖名下英洋拾柒元正，其洋是身仝中當即收訖。其田悉听受押
人隨即過手收租作利，當三面言定，洋不起利，田不起租，日後有洋之日，原價取贖。中用發礼三
年之内，出押人認；三年之外，受押人認。發礼共五分，無得生端異説。今欲有憑，立此
押契存據。又批，内加税字弍字。又加千弍字。
宣统元年己酉仲冬月　日立自情愿断骨出賣田契人黄緜訓
憑中人　黄焕焰　黄灶興　黄善慶　黄大陽
代書人　黄有材
所是契價當即兩相交訖　再批

江湾镇金田村 B 76 · 宣统元年 · 断骨出卖田契 · 黄緜训卖与黄益友叔祖

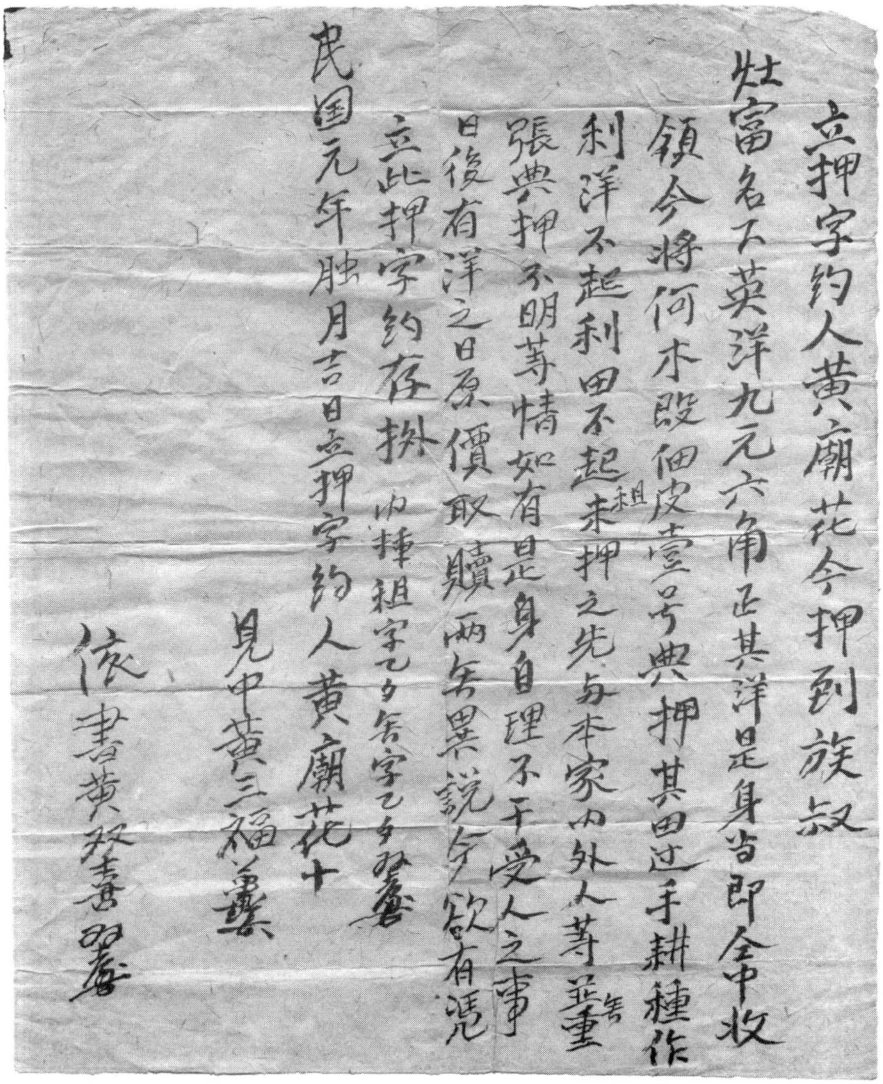
立押字約人黄廟花今押到族叔
灶富名下英洋九元六角正其洋是身當即全中收
領今將何木段佃皮壹号典押其田过手耕種作
利洋不起利田不起祖未押之先与本家內外人等並無重
張典押不明等情如有是身自理不干受人之事
日後有洋之日原價取贖兩無異說今欲有憑
立此押字約存拠　內挿祖字乙个　無字乙个　押
民国元年臘月吉日立押字約人黄廟花十
見中黄三福　押
依書黄叔喜　押

江湾镇金田村 B 49 · 民国元年 · 押字约 · 黄庙花押到族叔灶富

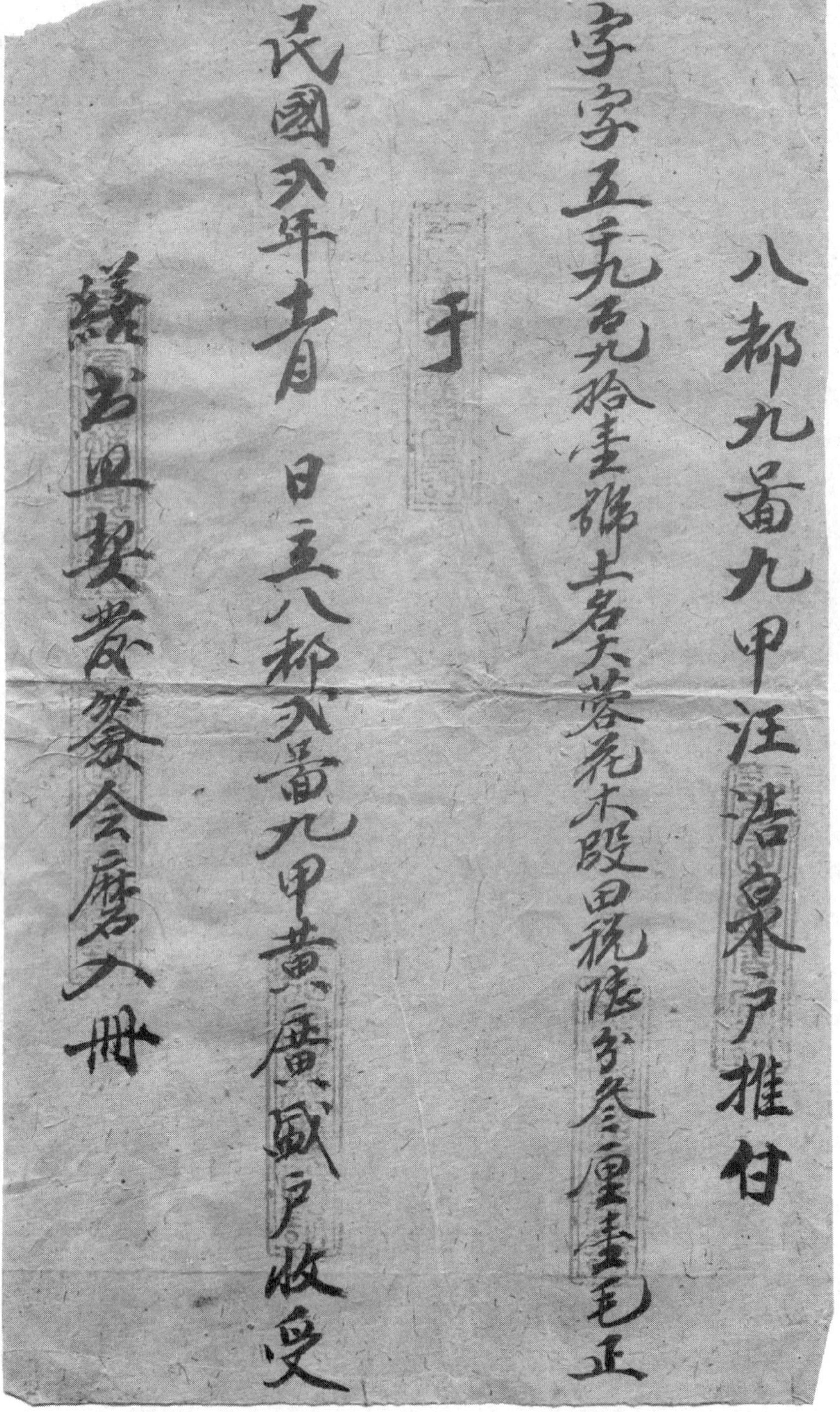
八都九啚九甲汪浩泉户推付
宇字五千九百九拾壹號土名大蓉花木段田税陸分叁厘壹毛正
于
民國貳年十月　日立八都貳啚九甲黄廣盛户收受
縣上立契發簽會磨入冊

江湾镇金田村 B 22 · 民国二年 · 推单 · 汪浩泉户推入黄广盛户

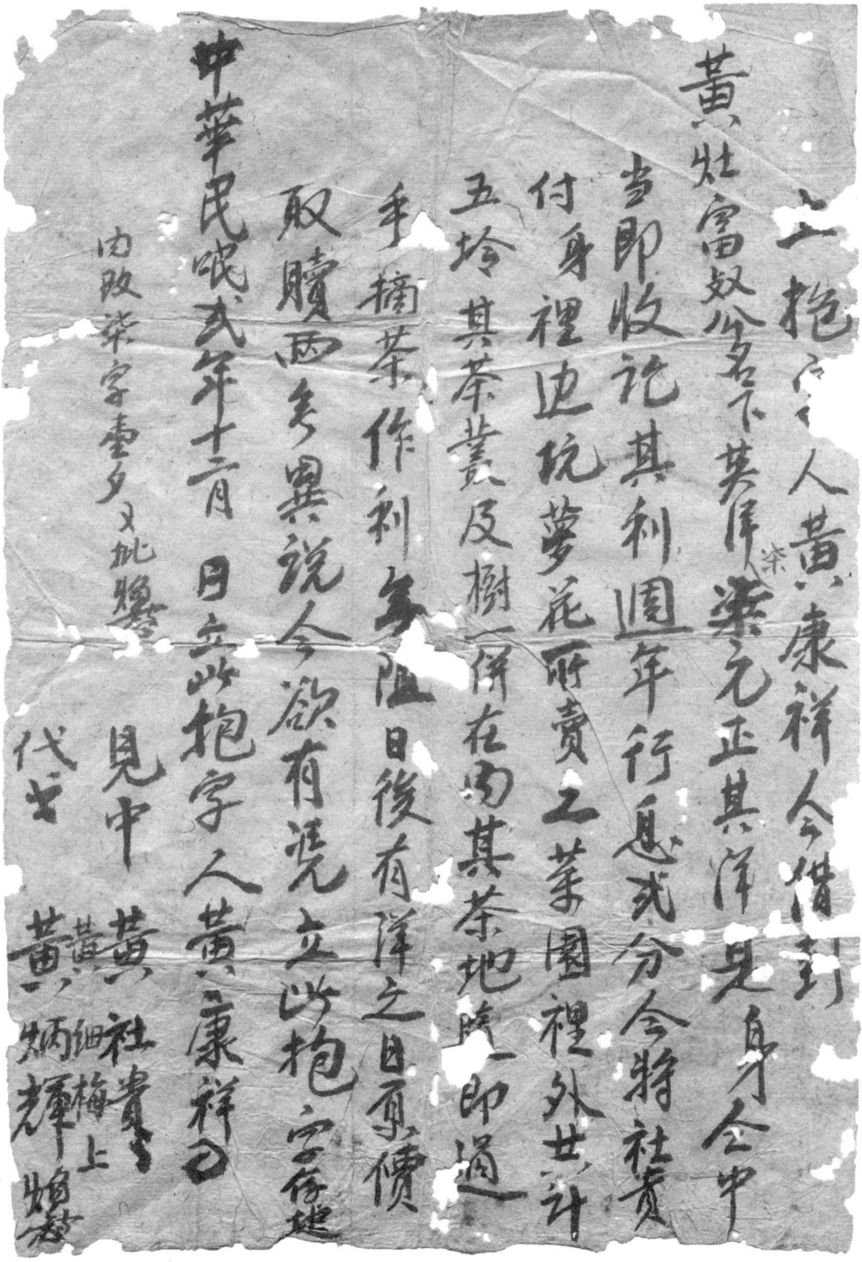
立抱字人黄康祥今借到
黄灶富叔公名下英洋柒元正其洋是身今中
当即收訖其利週年行息弍分今將社贵
付身裡边坑蘿花所賣之茶園裡外廿計
五拾其茶叢及樹一併在內其茶地隨即過
手摘茶作利無阻日後有洋之日須價
取贖兩無異說今欲有憑立此抱字存照
中華民國弍年十二月　日立此抱字人黄康祥押
內改柒字壹个又批照
見中　黄社貴押
　　　黄細梅上
代筆　黄炳輝押

江湾镇金田村 B 47 · 民国二年 · 抱字 · 黄康祥借到黄灶富

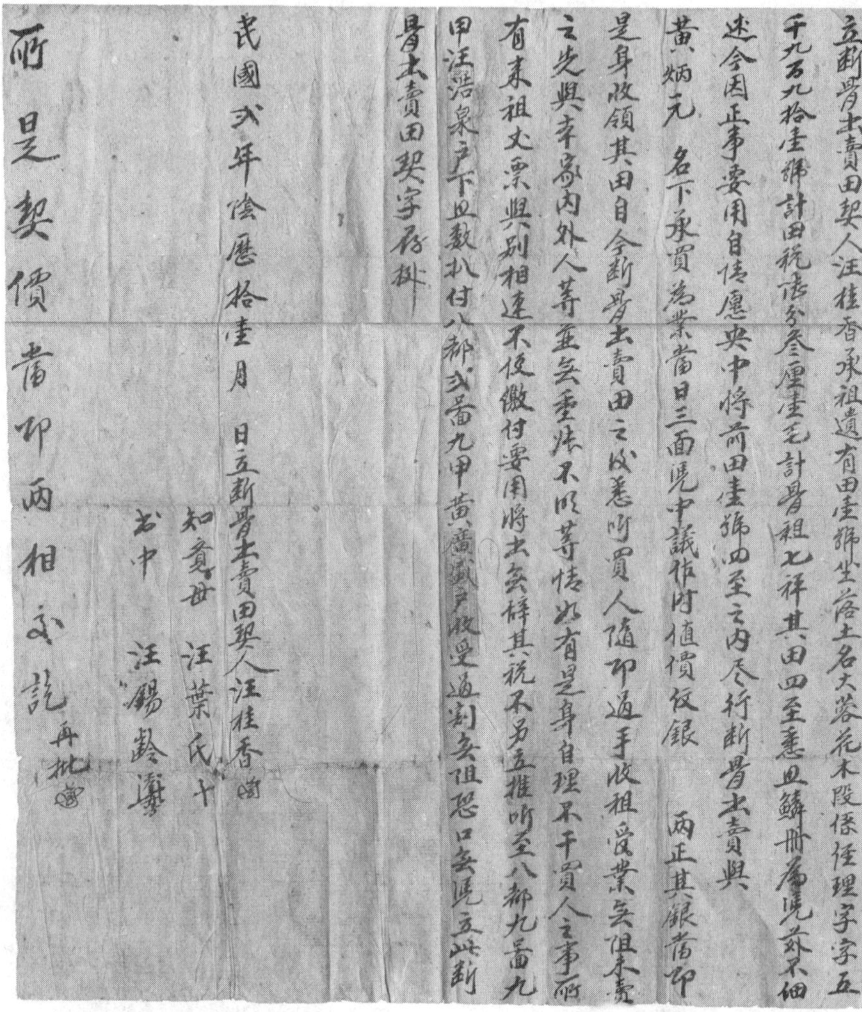
立斷骨出賣田契人汪桂香承祖遺有田壹號坐落土名大蓉花木段係任理字字五
千九百九拾壹號計田稅該分叁厘壹毛計骨租七秤其田四至悉照鱗冊爲憑茲不細
述今因正事要用自情愿央中將前田壹號四至之內盡行斷骨出賣與
黃炳元　名下承買爲業當日三面憑中議作時值價紋銀　　兩正其銀當即
是身收領其田自今斷骨出賣田之後悉聽買人隨即過手收租管業無阻未賣
之先與本家內外人等並無重張不明等情如有是身自理不干買人之事所
有來祖文票與別相連不便繳付要用將出無辭其稅不另立推所至八都九圖九
甲汪浩泉户下照數扒付八都弍圖九甲黃藹藏户收受過割無阻恐口無憑立此斷
骨出賣田契字存據
民國弍年陰歷拾壹月　日立斷骨出賣田契人汪桂香（押）
知見母　汪葉氏（十）
憑中　汪錫齡（押）
所是契價當即兩相交訖　再批（押）

江湾镇金田村 B 64 · 民国二年 · 断骨出卖田契 · 汪桂香卖与黄炳元

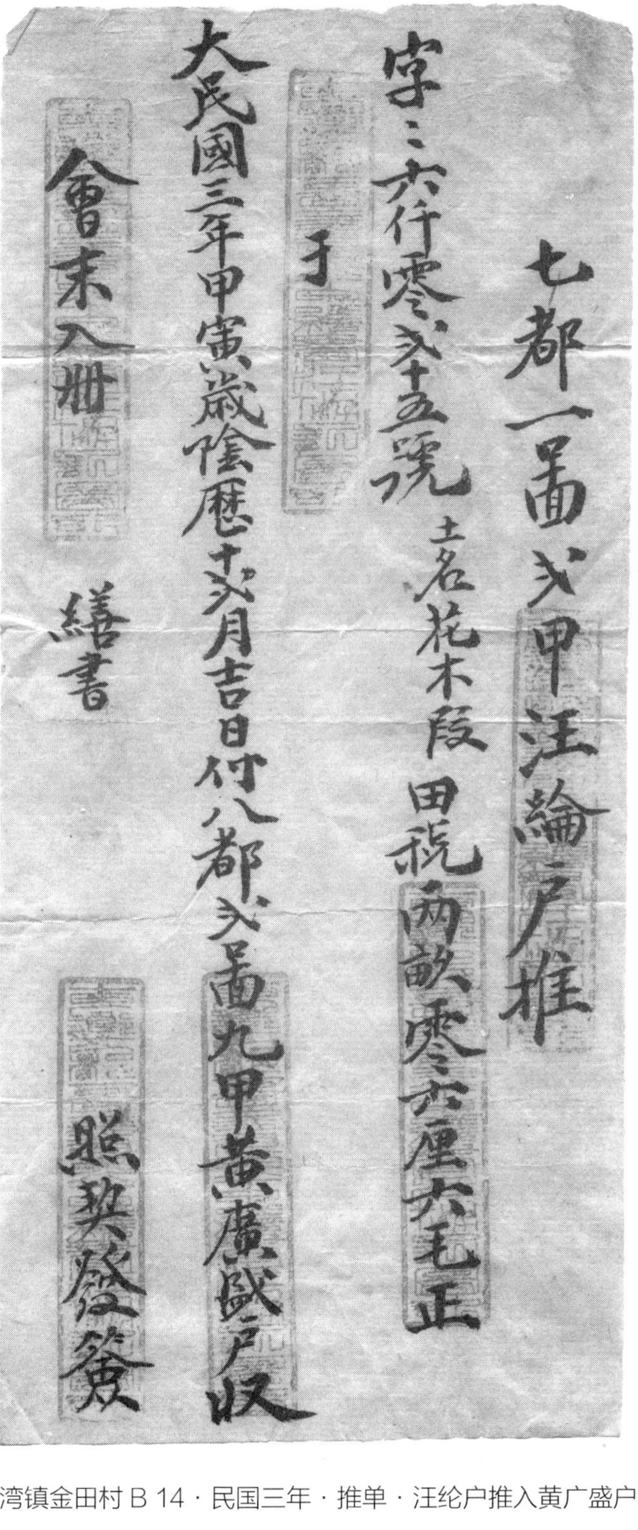
七都一啚弍甲汪綸户推

字二六行零弍十五號 土名花木段 田稅兩畝零六厘六毛正

于

大民國三年甲寅歲陰歷十弍月吉日付八都弍啚九甲黃廣盛户收

會未入册 繕書

照契發簽

江湾镇金田村 B 14 · 民国三年 · 推单 · 汪纶户推入黄广盛户

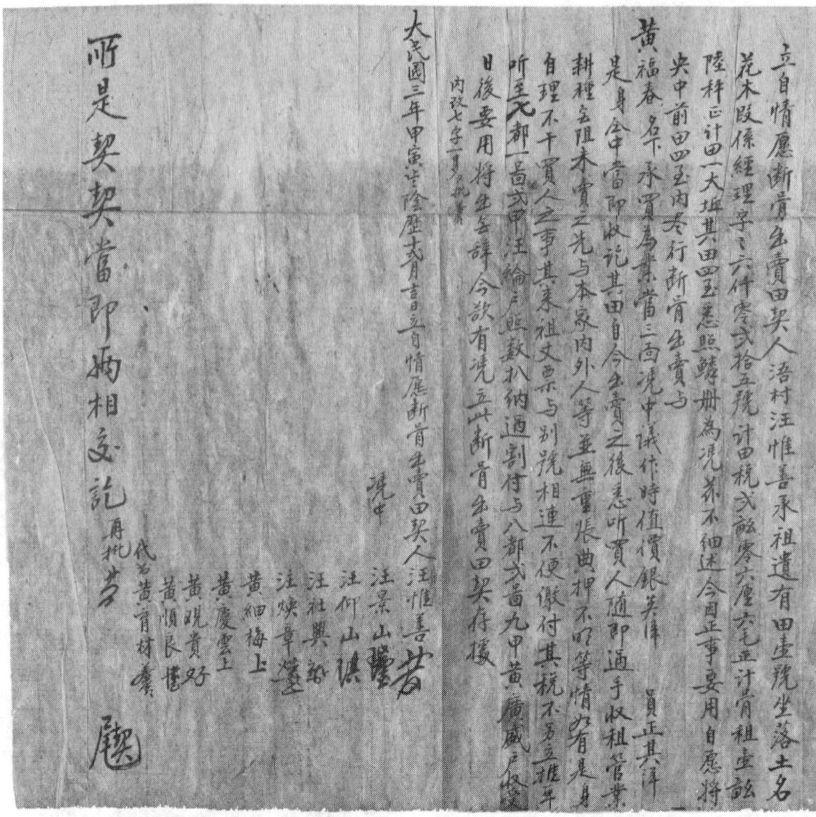

立自情愿断骨出卖田契人浯村汪惟善承祖遗有田壹號坐落土名花木段係經理字六仟零弍拾五號計田稅弍畝零六厘六毛五 計骨租壹畝陸秤正 計田一大坵 其田四至悉照鱗冊為凭 兹不細述 今因正事要用 自愿將央中前田四至內尽行断骨出賣與黃福春名下永買為業 當三面凭中議作時值價銀英洋 員正 其洋是身仝中當即收訖 其田自今出賣之後 悉听買人随即過手收租管業耕種 出賣之先與本家內外人等並無重張典押不明等情 如有是身自理 不干買人之事 其來祖文票與別號相連不便繳付 其稅不另立推單 听至九都一啚弍甲汪綸戶照數扒納過割付與八都弍啚九甲黃廣盛戶收 日後要用將出無辭 今欲有凭 立此断骨出賣田契存據

內改七字 再批

大民國三年甲寅歲陰歷十弍月吉日立自情愿断骨出賣田契人汪惟善

凭中 汪景山 汪仰山 汪社興 汪煥章 黃細梅 黃慶雲 黃覌貴 黃順良

代筆 黃育材

所是契契當即兩相交訖 再批

江湾镇金田村 B 63 · 民国三年 · 断骨出卖田契 · 汪惟善卖与黄福春

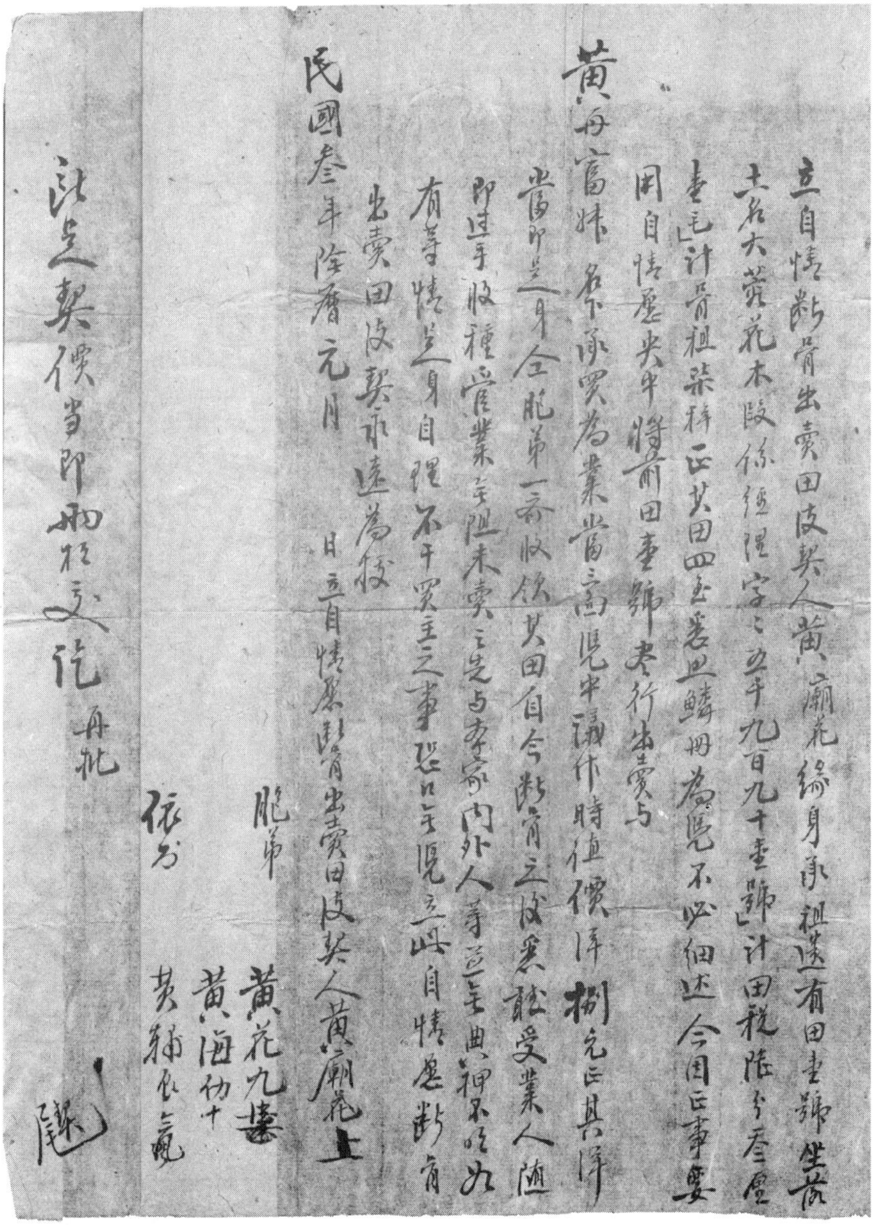

立自情断骨出賣田皮契人黄廟花，缘身承祖遺有田壹號，坐落土名大蒙花木段，係經理字　五千九百九十壹號，计田税陆分叁厘壹毛，计骨租柒秤正，其田四至悉照鳞册，為憑，不必细述。今因正事要用，自情愿央中将前田壹號，尽行出賣与黄再富[illegible]名下承買為業。當日憑中議作時值價洋捌元正，其洋當即是身仝胞弟一並收訖，其田自今断骨之後，悉聽受業人隨即過手收種管業，無阻。未賣之先，与本家内外人等並無重典、交易不明。如有等情，是身自理，不干買主之事。恐口無憑，立此自情愿断骨出賣田皮契永遠為據。

民國叁年陰曆元月　日立自情愿断骨出賣田皮契人黄廟花（押）

胞弟　黄花九（押）

黄海仂十

依书　黄[illegible]

註：是契價當即兩相交訖。再批。

江湾镇金田村 B 65 · 民国三年 · 断骨出卖田皮契 · 黄庙花卖与黄再富

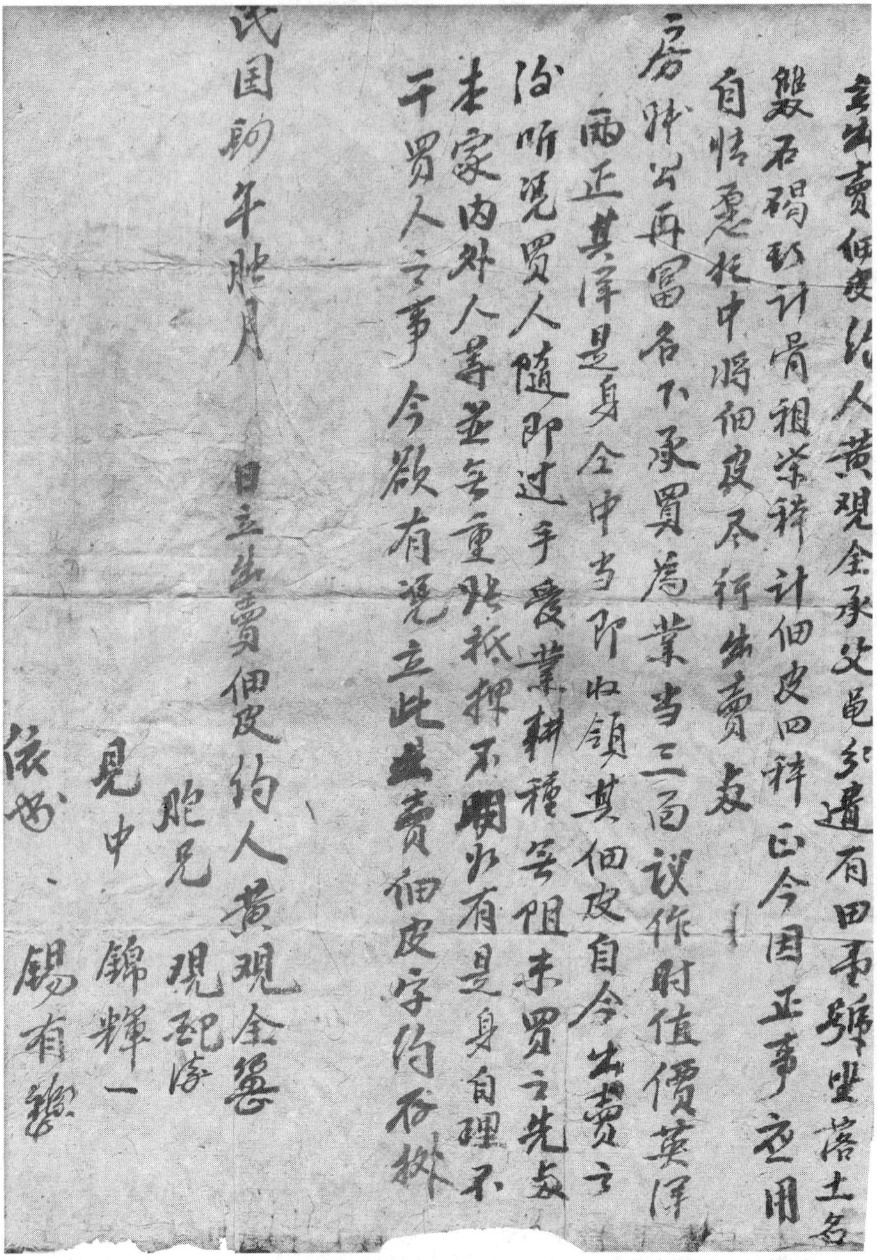

立出賣佃皮約人黃觀全承父遺有田壹處坐落土名
磐石碣計骨租柒拜計佃皮四拜正今因正事應用
自情愿托中將佃皮尽行出賣與
房叔公再富名下承買為業當三面議作時值價英洋
兩正其洋是身全中当即收領其佃皮自今出賣之
後听憑買人隨即过手管業耕種無阻未賣之先與
本家内外人等並無重張抵押不明以有是身自理不
干買人之事今欲有憑立此出賣佃皮字約存據

民国肆年臘月　日立出賣佃皮約人黃觀全（押）
胞兄　觀配添
見中　錦輝（押）
依书　錫有（押）

江湾镇金田村 B 88 · 民国四年 · 出卖佃皮约 · 黄观全卖与房叔公再富

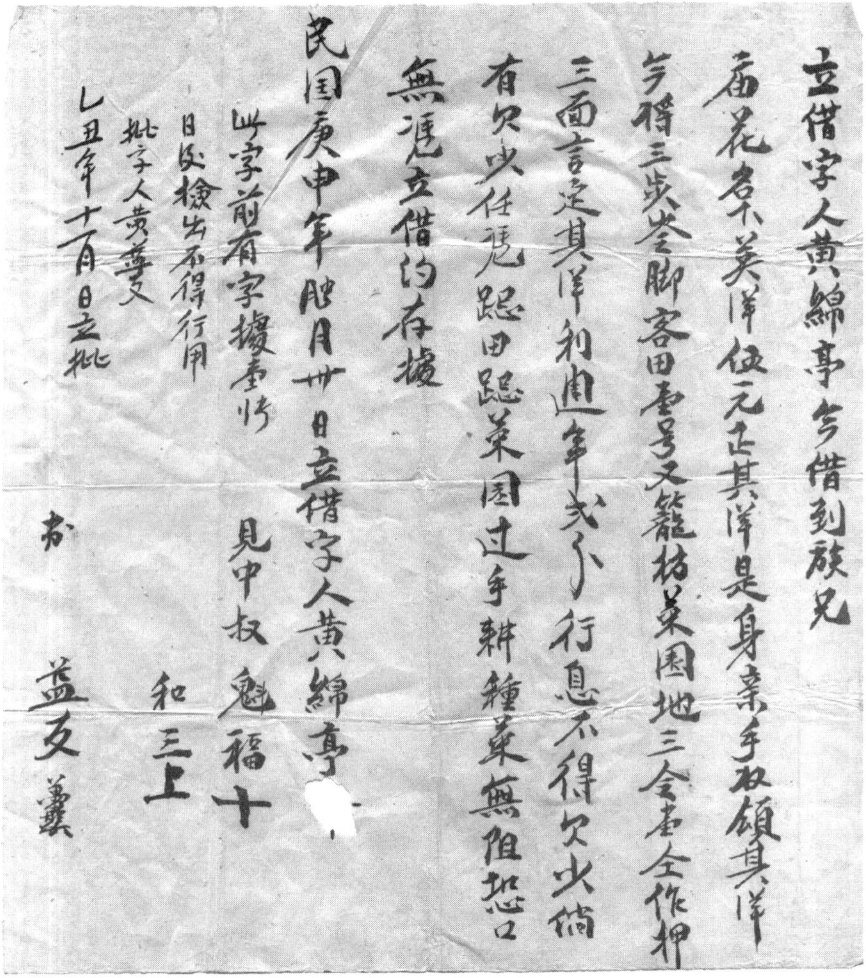
立借字人黄綿亭今借到族兄
庙花名下英洋伍元正其洋是身亲手收領其洋
今將三炏坐脚客田壹号又籠枋菜園地三合业全作押
三面言定其洋利息週年式分行息不得欠少倘
有欠少任憑踩田踩菜園过手耕種業無阻恐口
無憑立借约存據
民国庚申年腊月廿日立借字人黄綿亭十
見中叔魁福十
和三上
此字前有字據乘侍
日後檢出不得行用
批字人黄益文
乙丑年十月　日立批
书益文　薰

江湾镇金田村 B 33 · 民国九年 · 借字 · 黄绵亭借到族兄庙花

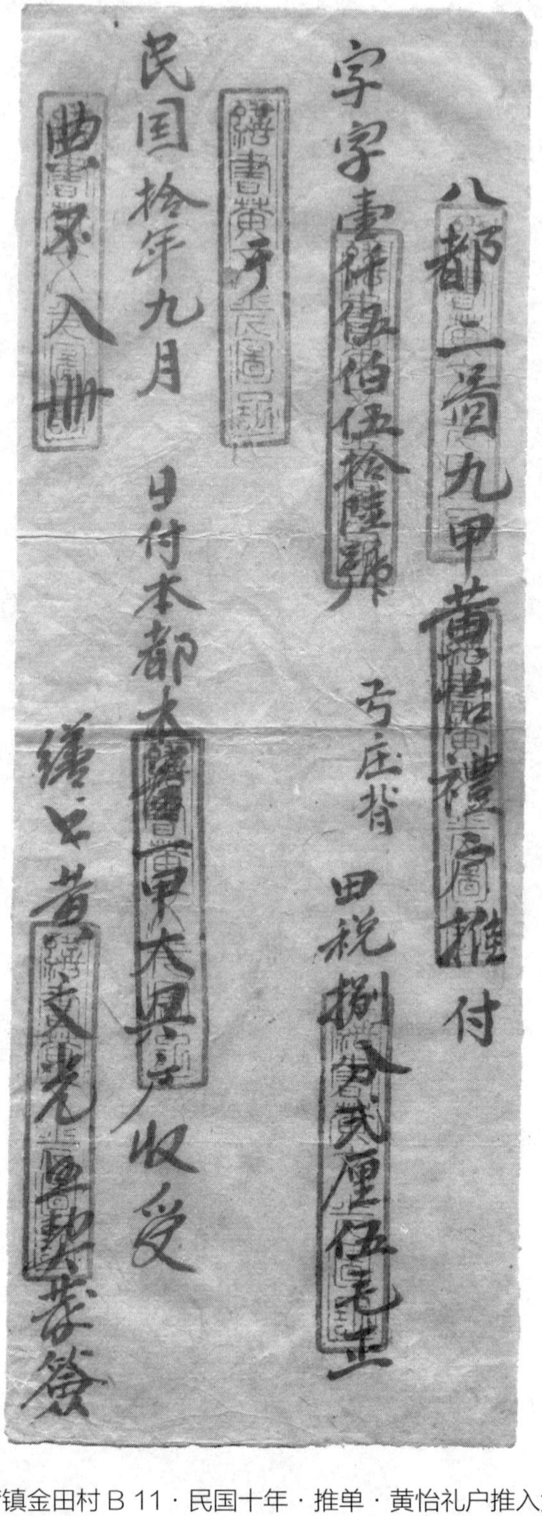
八都二啚九甲黄怡禮戶推付
字字壹仟伍佰伍拾陸號
弓庄背
田稅捌分貳厘伍毛正
民国拾年九月
日付本都大興戶收受
冊書承入冊
繕書黄文光[illegible]發

江湾镇金田村 B 11 · 民国十年 · 推单 · 黄怡礼户推入大兴户

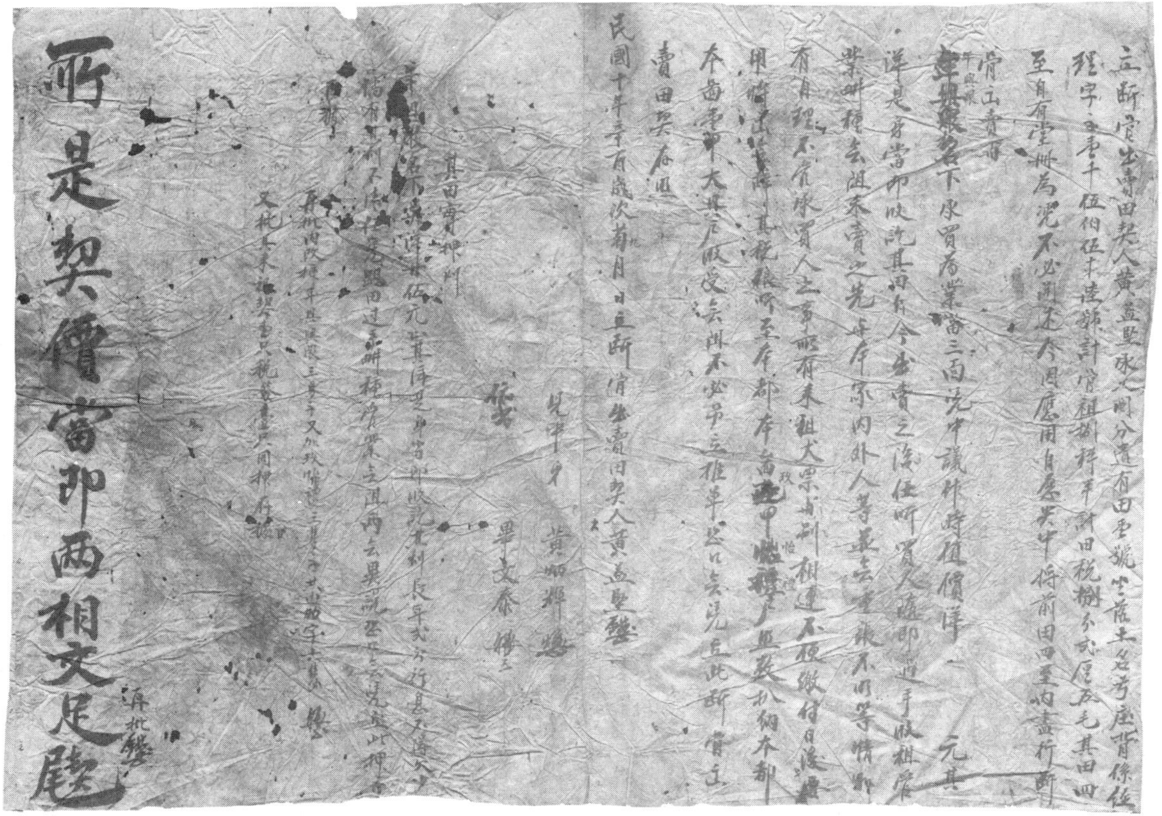
立断骨出賣田契人黄益坚承祖分遗有田壹號坐落土名考座背係
程字 [illegible] 伍佰伍十 [illegible] 計骨租 [illegible] 税 [illegible] 其田四
至自有堂册為凭不必開述今因應用自愿央中將前田四至内盡行断
骨立賣
與年興衆名下承買為業當三面憑中議作時值價洋 元其
洋是身當即收訖其田自今出賣之後任聽買人隨即過手收租管
業耕種去湖來賣之先并未家内外人等並無重張不明等情如
有自理不干承買人之事所有未租大衆 [illegible] 相連不便缴付日後 [illegible]
用 [illegible] 其税粮听至本都本啚 [illegible] 甲 [illegible] 户 [illegible] 扒纳本都
本啚 [illegible] 甲大衆户收受 [illegible] 不必另立推单 [illegible] 今欲有凭立此断骨立
賣田契存照
民國十年辛酉歲次 [illegible] 月 日立断骨出賣田契人黄益坚
见中 黄炳輝
畢文泰
[illegible]
所是契價當即兩相交足訖

江湾镇金田村 B 89 · 民国十年 · 断骨出卖田契 · 黄益坚卖与年兴众

江湾镇金田村 B 2-1 · 民国十六年 · 税粮实征册 · 黄育生户

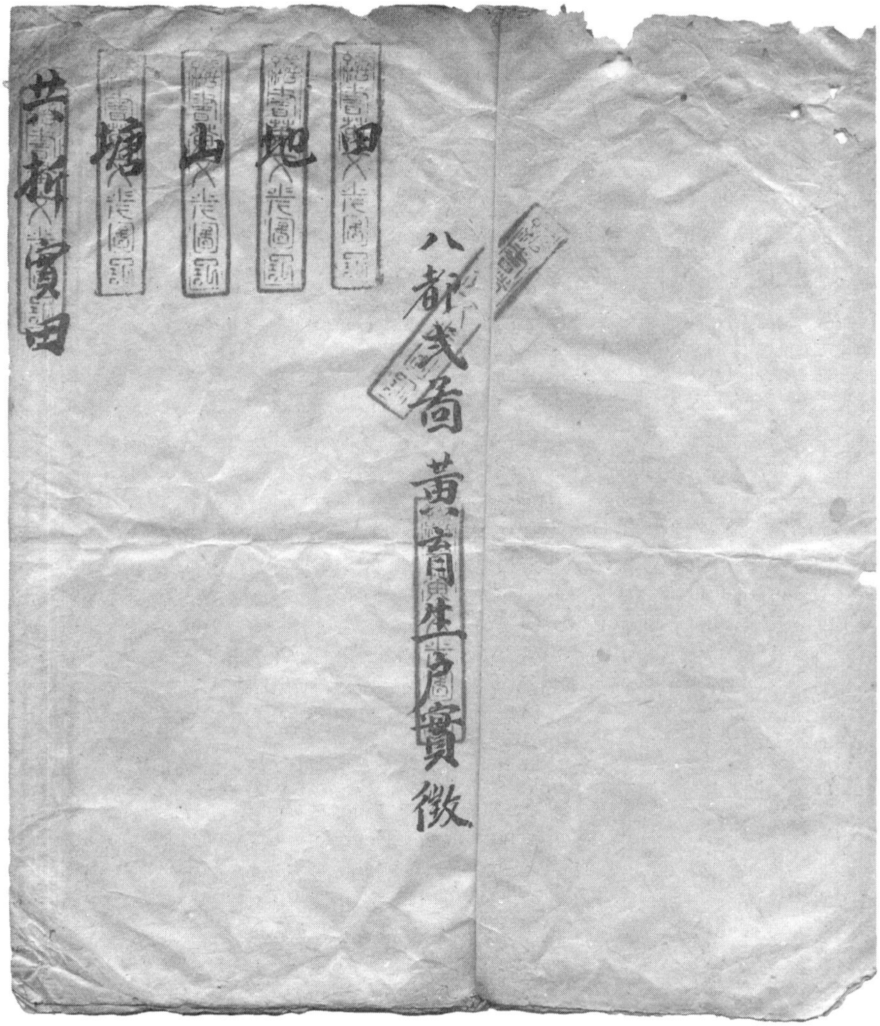

江湾镇金田村 B 2-2 · 民国十六年 · 税粮实征册 · 黄育生户

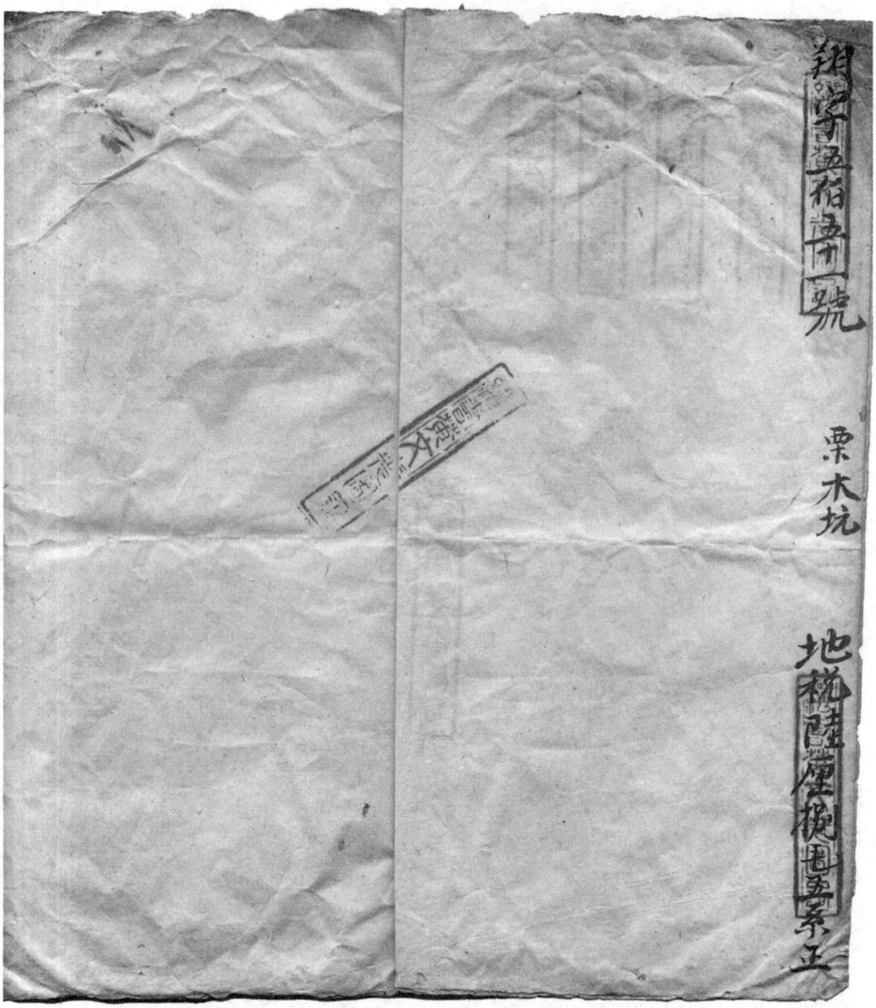

江湾镇金田村 B 2-3 · 民国十六年 · 税粮实征册 · 黄育生户

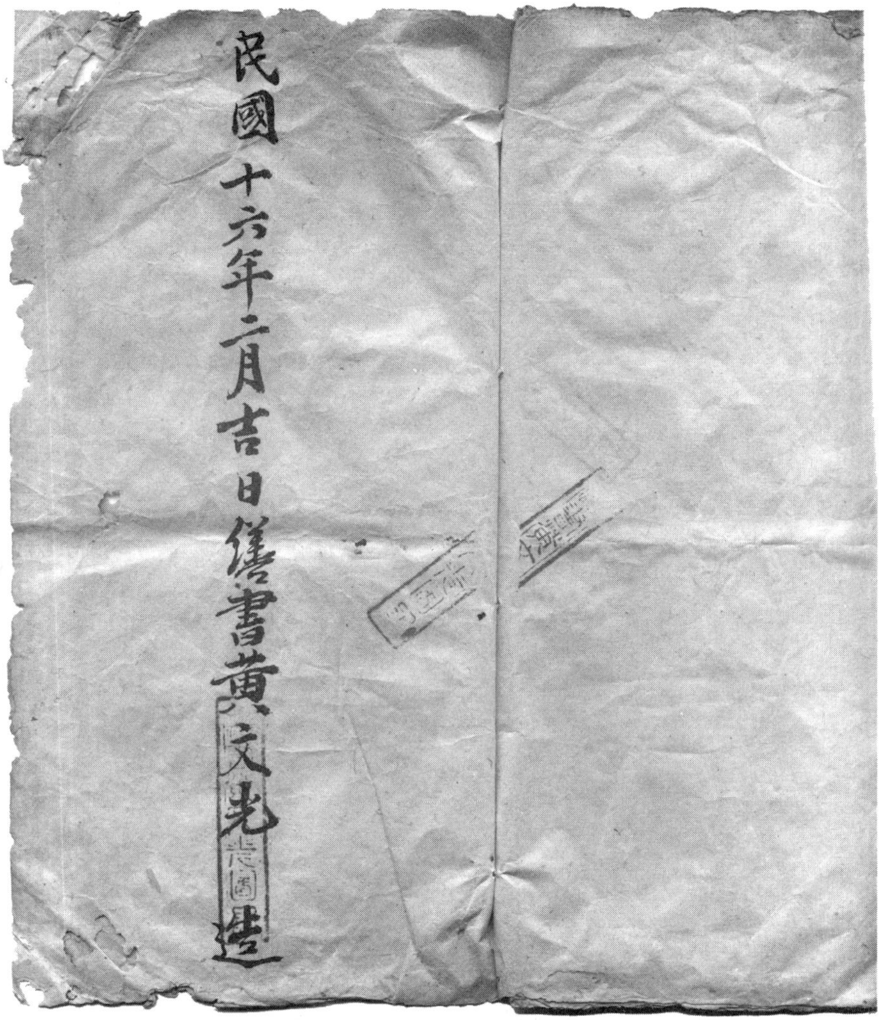

江湾镇金田村 B 2-4 · 民国十六年 · 税粮实征册 · 黄育生户

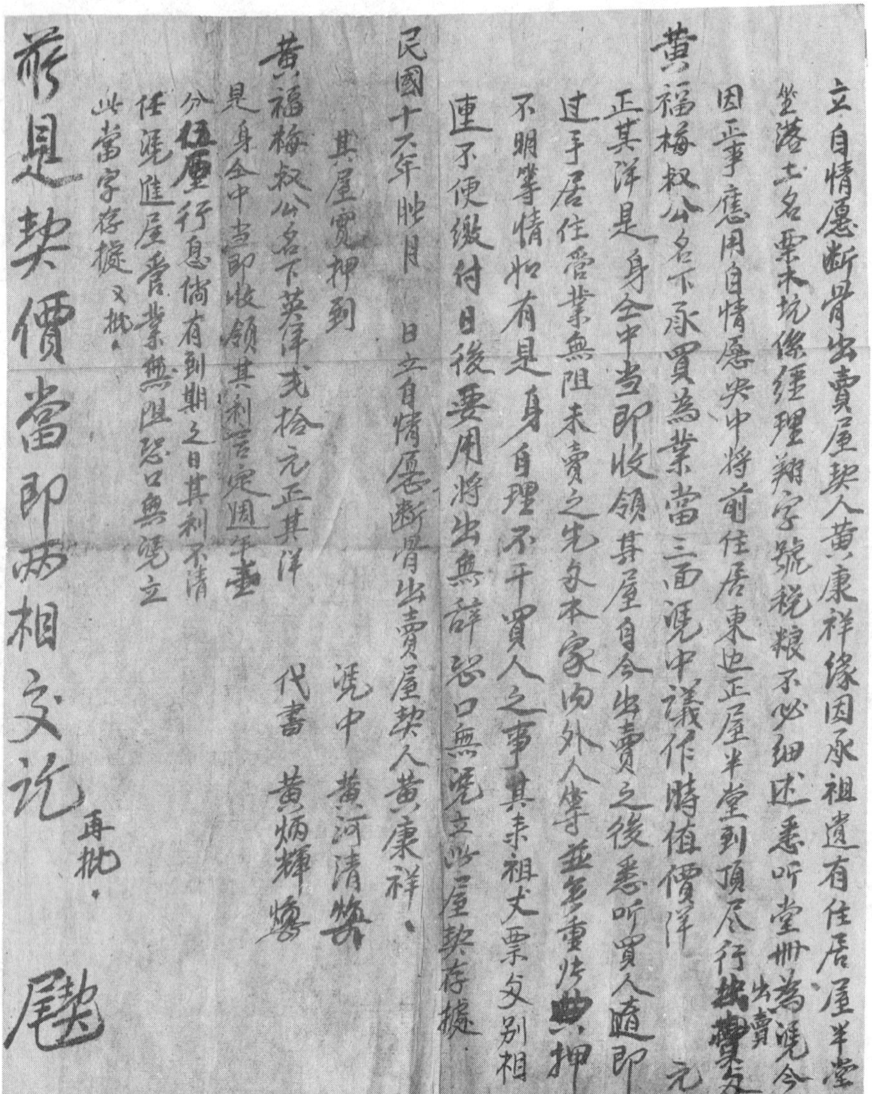
立自情愿斷骨出賣屋契人黃康祥緣因承祖遺有住居屋半堂
坐落土名粟木坑係經理鶵字號稅糧不必細述悉听堂冊為憑今
因正事應用自情愿央中將前住居東边正屋半堂到頂尽行出賣與
黃福梅叔公名下承買為業當三面憑中議作時值價洋　元
正其洋是身仝中当即收領其屋自今出賣之後悉听買人隨即
过手居住管業無阻未賣之先系本家內外人等並無重複典押
不明等情如有是身自理不干買人之事其来祖戶票文別相
連不便繳付日後要用將出無辭恐口無憑立此屋契存據。
民國十六年腊月　日立自情愿斷骨出賣屋契人黃康祥、
憑中　黃河清
代書　黃炳輝
其屋價押到
黃福梅叔公名下英洋弍拾元正其洋
是身仝中当即收領其利言定周年壹
分伍厘行息倘有到期之日其利不清
任憑進屋管業無阻恐口無憑立
此當字存據　又批。
前是契價當即兩相交訖　再批。
屋契

江湾镇金田村 B 79 · 民国十六年 · 断骨出卖屋契 · 黄康祥卖与黄福梅叔公

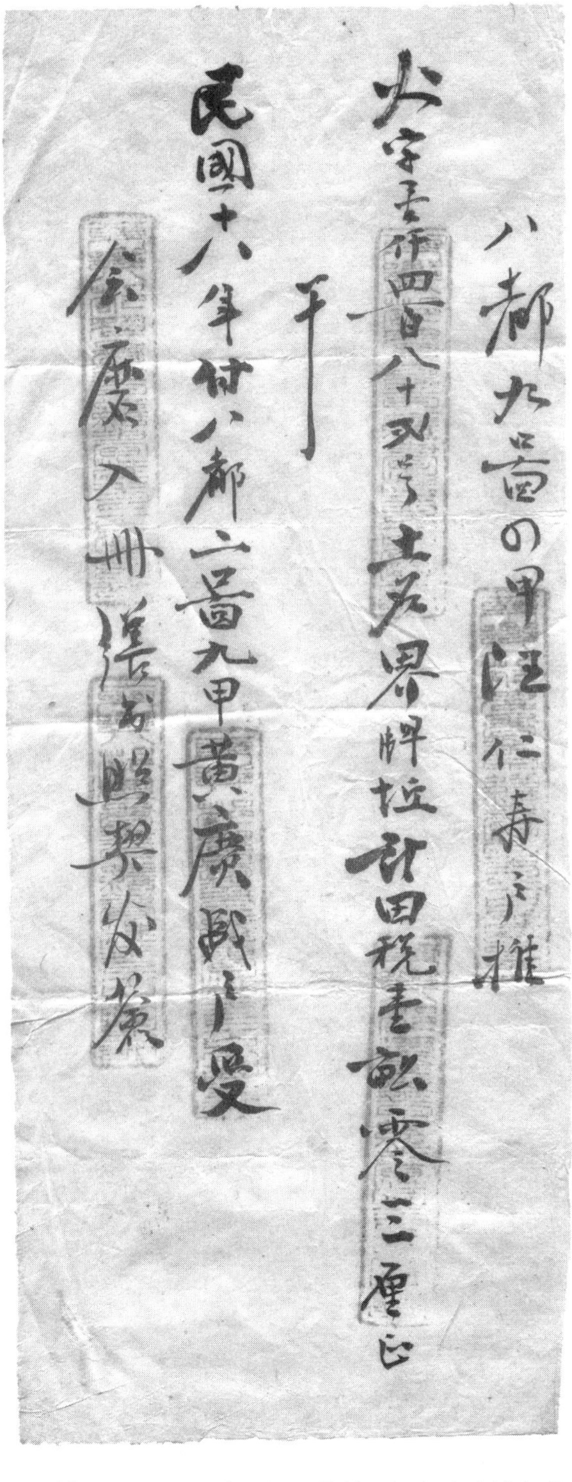
八都九啚の甲汪仁寿户推
大字壹仟四百八十叁号土名界畔坵计田税壹畝零三厘正
于
民國十八年付八都六啚九甲黄廣盛户受
金廣入册僅存照契發票

江湾镇金田村 B 15 · 民国十八年 · 推单 · 汪仁寿户推入黄广盛户

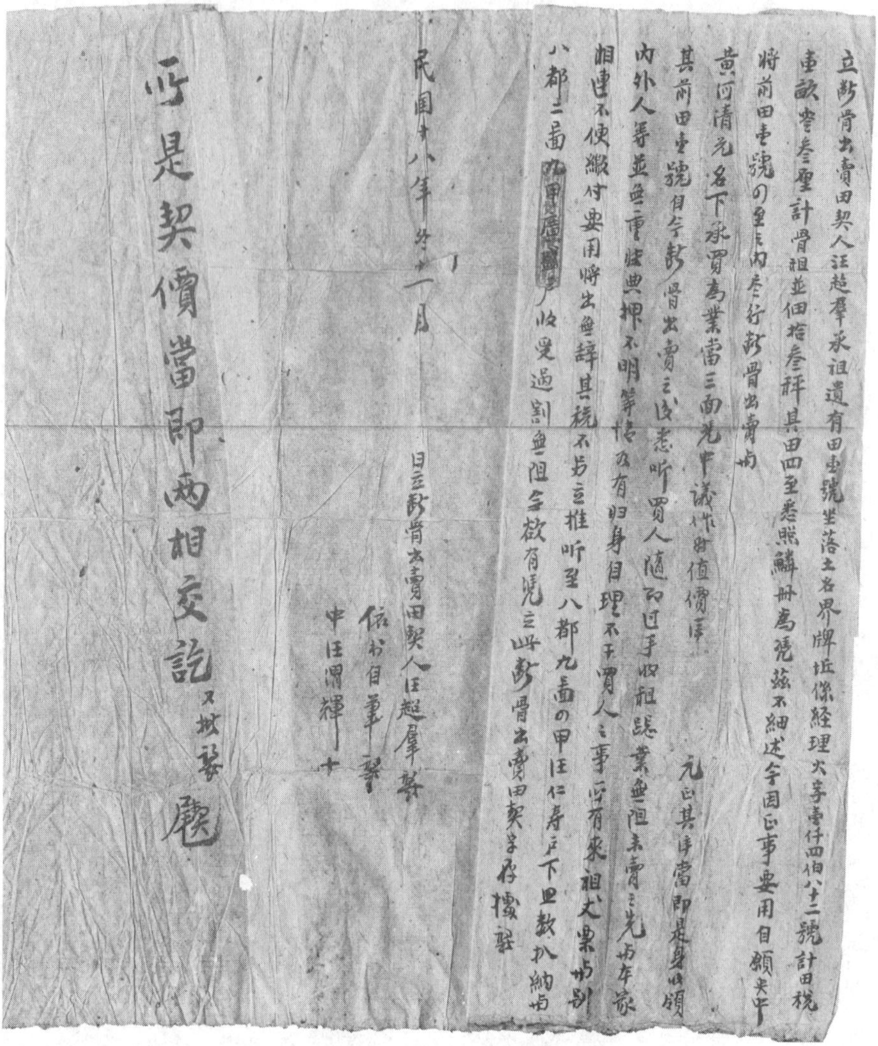
立斷骨出賣田契人汪超羣，承祖遺有田壹號，坐落土名界牌坵，係經理火字壹仟四伯八十二號，計田税壹畝零叁厘，計骨租並佃租叁秤，其田四至悉照鱗冊爲憑，茲不細述。今因正事要用，自願央中將前田壹號四至內叁分斷骨出賣與黃河清兄名下承買爲業，當三面憑中議作時值價洋　元正，其洋當即是身收領。其前田壹號自今斷骨出賣之後，悉听買人隨即過手收租管業無阻。未賣之先，與本家內外人等並無重複典押不明等情，如有，歸身自理，不干買人之事。所有來祖文契與別相連，不便繳付，要用將出無辭。其税不另立推，听至八都九啚四甲汪仁壽戶下照數扒納，其八都二啚九甲黃應□戶收受過割無阻。今欲有憑，立此斷骨出賣田契存據。

民国十八年　一月　日立斷骨出賣田契人汪超羣（押）

依口代筆（押）

中汪渭禪　十

所是契價當即兩相交訖。又批（押）

江湾镇金田村 B 87 · 民国十八年 · 断骨出卖田契 · 汪超群卖与黄河清

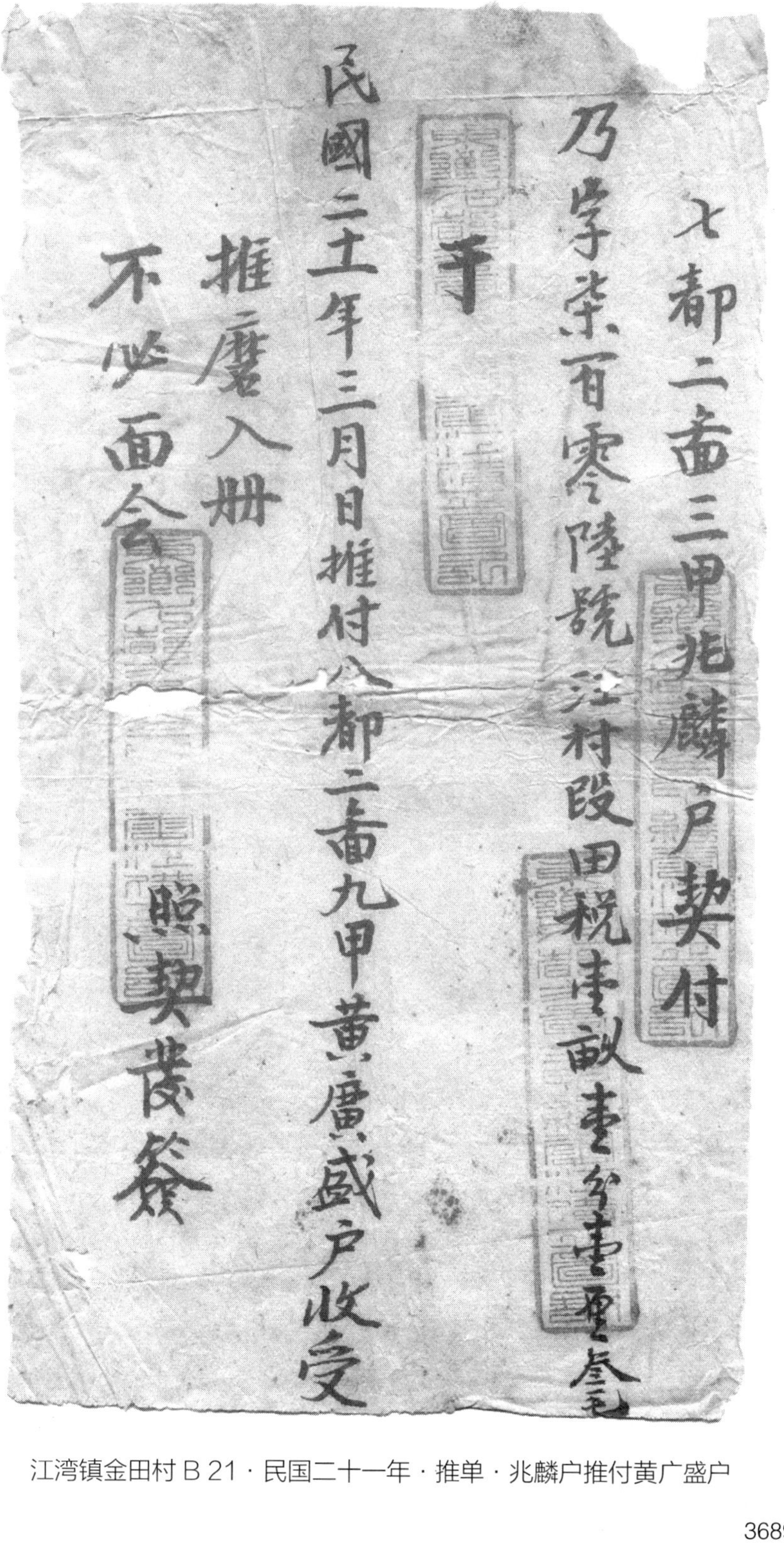

七都二畲三甲兆麟户契付

乃字柒百零陸號江村段田税壹畝壹分壹厘叁毛

于

民國二十一年三月日推付八都二畲九甲黄廣盛户收受

推磨入册

不必面会

照契黄茂發

江湾镇金田村 B 21 · 民国二十一年 · 推单 · 兆麟户推付黄广盛户

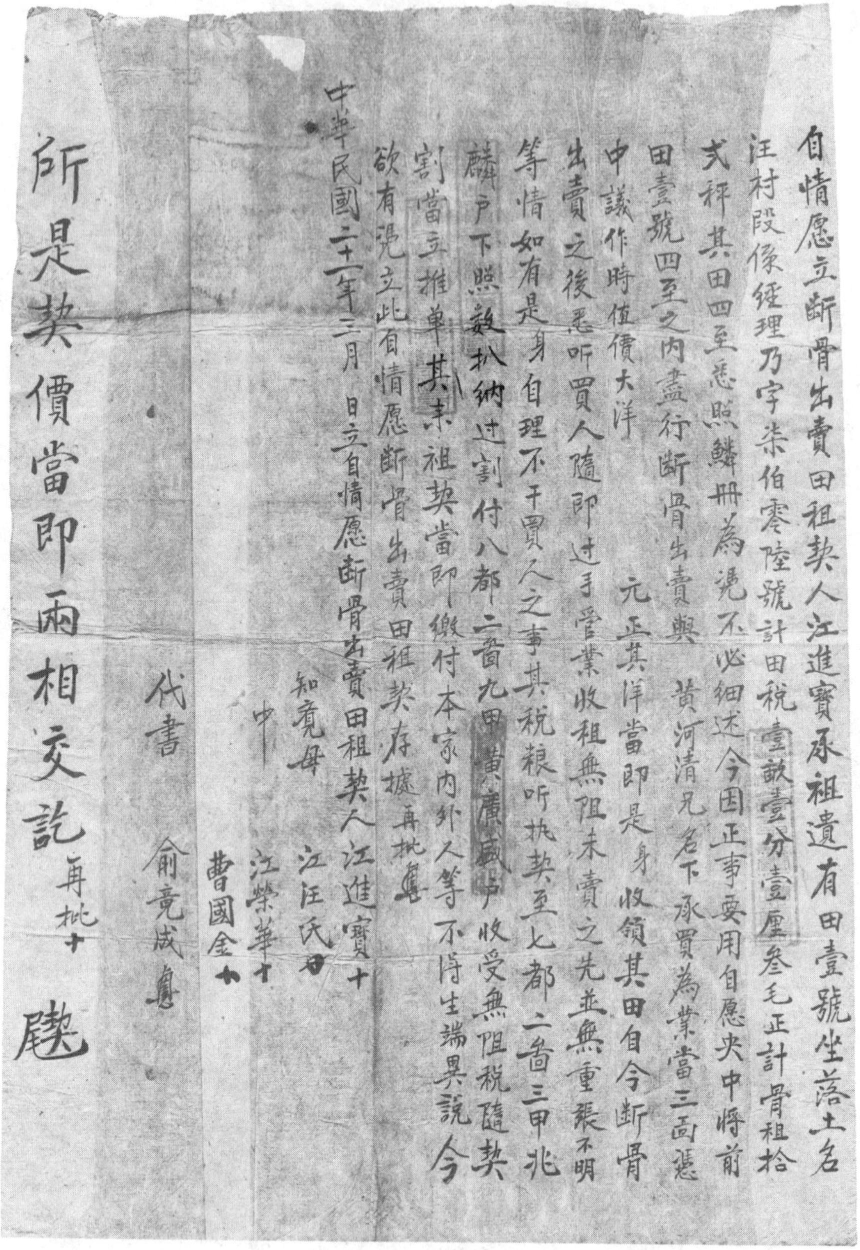
自情愿立斷骨出賣田租契人江進寶承祖遺有田壹號坐落土名
汪村段係經理乃字柒伯零陸號計田稅壹畝壹分壹厘叁毛正計骨租拾
弍秤其田四至悉照鱗冊為凭不必细述今因正事要用自愿央中將前
田壹號四至之内盡行斷骨出賣與 黃河清兄名下承買為業當三面憑
中議作時值價大洋 元正其洋當即是身收領其田自今斷骨
出賣之後悉听買人随即过手管業收租無阻未賣之先並無重張不明
等情如有是身自理不干買人之事其稅粮听执契至七都二啚三甲兆
麟户下照數扒納过割付八都二啚九甲黃廣盛户收受無阻稅随契
割當立推单其来祖契當即繳付本家内外人等不得生端異說今
欲有凭立此自情愿斷骨出賣田租契存據 再批
中華民國二十一年三月 日立自情愿斷骨出賣田租契人江進寶
知竟母 江汪氏
中 江榮華 曹國金
代書 俞竟成
所是契價當即兩相交訖 再批

江湾镇金田村 B 77 · 民国二十一年 · 断骨出卖田租契 · 江进宝卖与黄河清

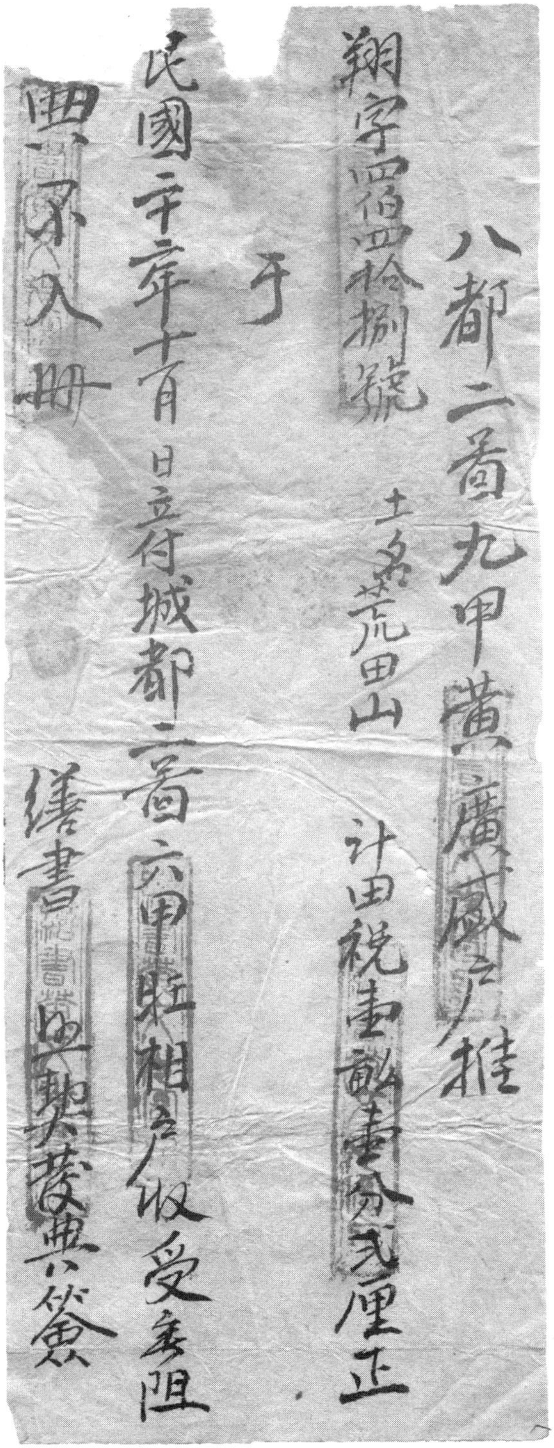
八都二啚九甲黄廣盛户推
翔字四佰四拾捌號 土名荒田山 计田税壹畝壹分弍厘正
于
民國廿二年十月 日立付城都二啚六甲黄旺相户收受為照
田[illegible]不入冊
繕書黄典發典簽

江湾镇金田村 B 19 · 民国二十二年 · 推单 · 黄广盛推入旺相户

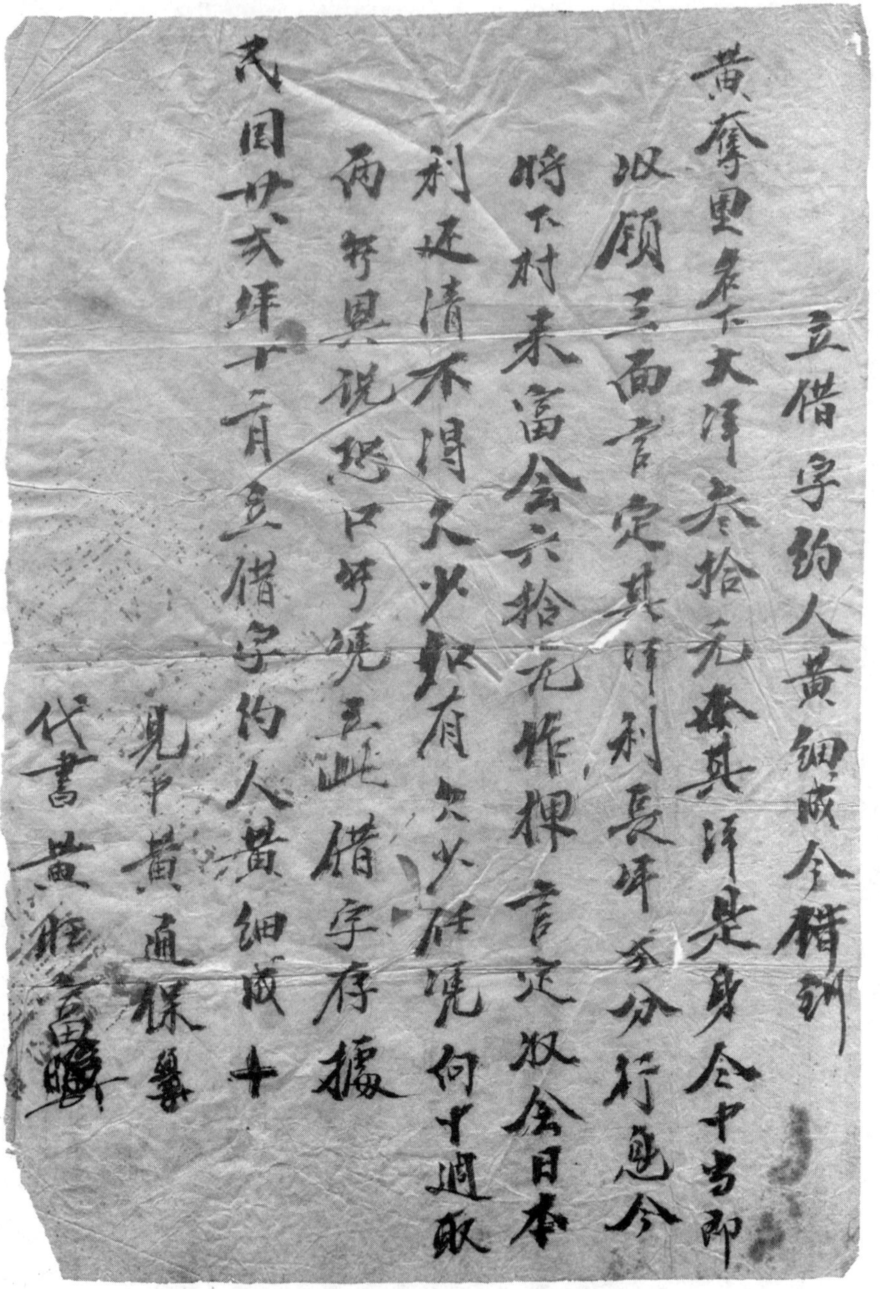

立借字约人黄细成今借到
黄夺里名下大洋叁拾元整其洋是身今中当即
收领三面言定其洋利長年叁分行息今
將下村来富会六拾元作押言定收会日本
利延清不得欠少如有欠少任凭向中追取
两無異説恐口無凭立此借字存據
民国廿贰年十二月立借字约人黄细成 十
見中 黄通保 押
代書 黄胜富

江湾镇金田村 B 37 · 民国二十二年 · 借字约 · 黄细成借到黄夺里

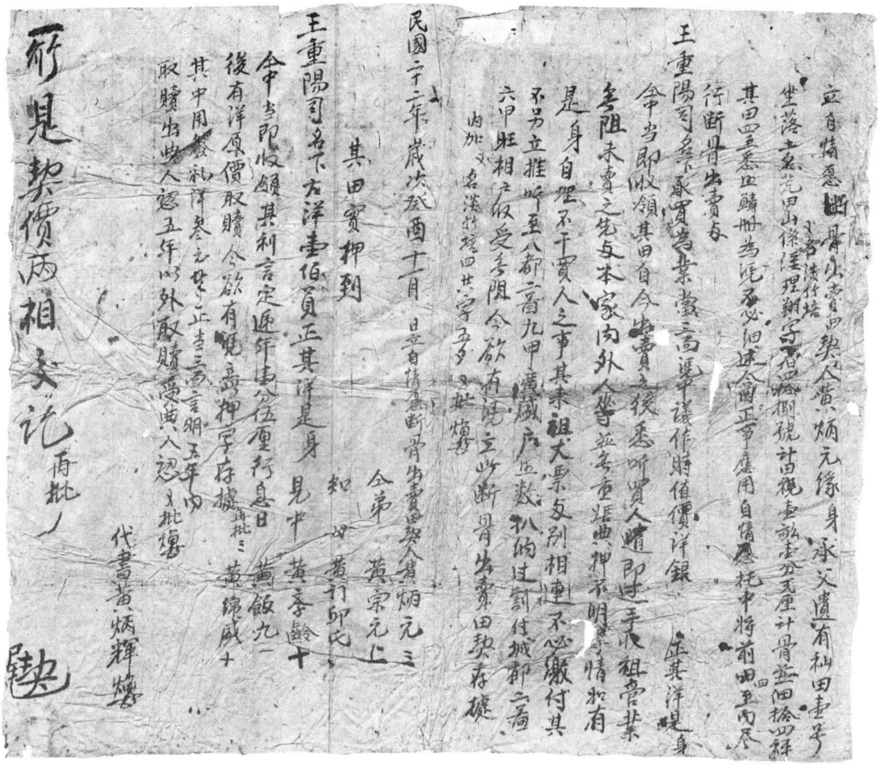

立自情愿断骨出卖田契人黄炳元，缘身承父遗有私田壹号，
又名洪竹培 坐落土名荒田山，系经理朔字[illegible]号，计田税壹亩壹分弍厘，计骨[illegible]田拾四秤，
其田四至悉照鳞册为凭，不必细述。今因正事应用，自情愿托中将前田四至内尽
行断骨出卖与
王重阳名下承买为业。当三面议作时值价洋银[illegible]正，其洋是身
今当即收领。其田自今出卖之后，悉听买人随即过手收租管业
无阻。未卖之先，与本家内外人等并无重张典押不明等情，如有
是身自理，不干买人之事。其来祖大票另别相连，不必缴付。其
不另立推，听至八都一图九甲广盛户扒纳过割付城都一图
六甲旺相户收受无阻。今欲有凭，立此断骨出卖田契存据。
内加又字，另添拾四廿字，五多。又批（押）

民国二十二年岁次癸酉十一月 日立自情愿断骨出卖田契人黄炳元（押）
仝弟 黄宗元（押）
知母 黄门邱氏（押）

其田实押到
王重阳名下大洋壹佰员正，其洋是身 见中 黄季龄（押）
今当即收领，其利言定逐年壹分伍厘行息。日 黄饭九（押）
後有洋原价取赎，今欲有凭，立此押字存据。再批（押） 黄锦威（押）
其中用去私洋叁元，共[illegible]正，当三面言明五年内
取赎，出典人认，五年以外取赎，受典人认。又批（押）

代书 黄炳辉（押）

前见契价两相交讫 再批（押）

契

江湾镇金田村 B 82 · 民国二十二年 · 断骨出卖田契 · 黄炳元卖与王重阳

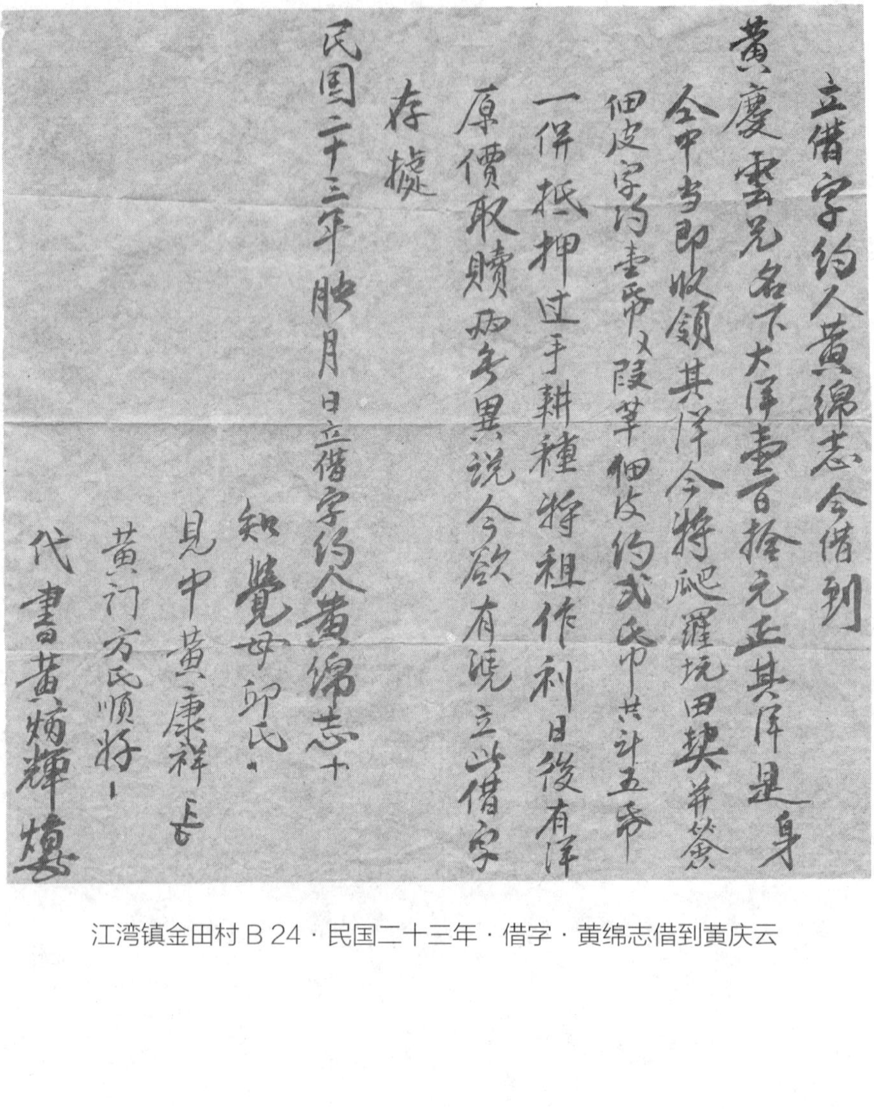
立借字约人黄绵志今借到
黄慶雲兄名下大洋壹百拾元正其洋是身
仝中当即收領其洋今将爬羅坑田契并簽
佃皮字約壹帋又陸笋佃皮约贰帋共計五帋
一併抵押过手耕種将租作利日後有洋
原價取贖兩無異説今欲有凭立此借字
存據
民国二十三年腊月 日立借字约人黄绵志十
知覺母卯氏·
見中黄康祥
黄门方氏順好
代書黄炳輝

江湾镇金田村 B 24 · 民国二十三年 · 借字 · 黄绵志借到黄庆云

江湾镇金田村 B 1-1 · 民国二十五年 · 税粮实征册 · 黄广彬户、广盛户

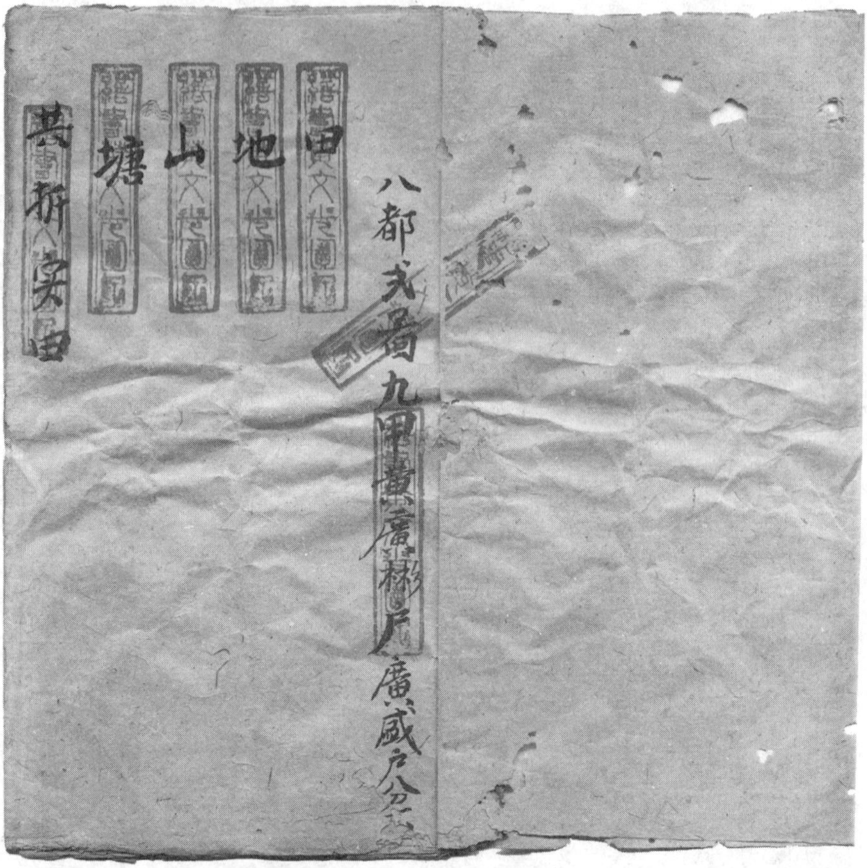

江湾镇金田村 B 1-2 · 民国二十五年 · 税粮实征册 · 黄广彬户、广盛户

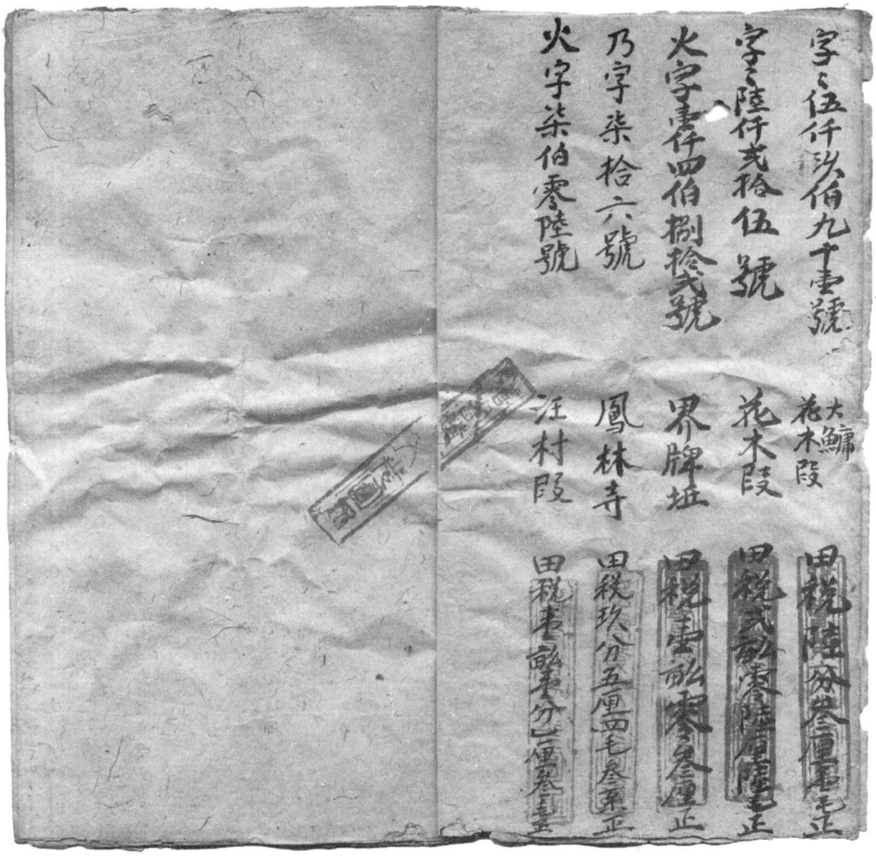

字〻伍仟玖佰九十壹號
字〻陸仟贰拾伍號
火字壹仟四佰捌拾贰號
乃字柒拾六號
火字柒佰零陸號

大鳙花木段 田税陸分叁厘壹毛正
花木段 田税贰畝零陸厘陸毛正
界牌塂 田税壹畝零叁厘正
鳳林寺 田税玖分五厘四毛叁系正
汪村段 田税壹畝柒分七厘叁毛正

江湾镇金田村 B 1-3 · 民国二十五年 · 税粮实征册 · 黄广彬户、广盛户

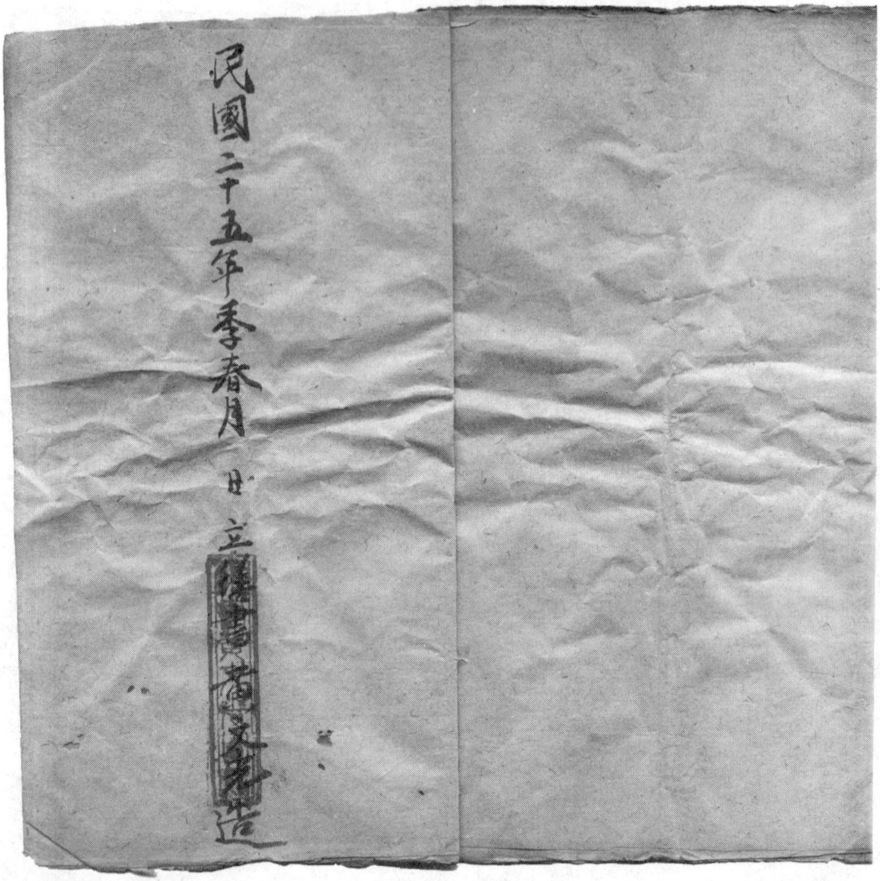

江湾镇金田村 B 1-4 · 民国二十五年 · 税粮实征册 · 黄广彬户、广盛户

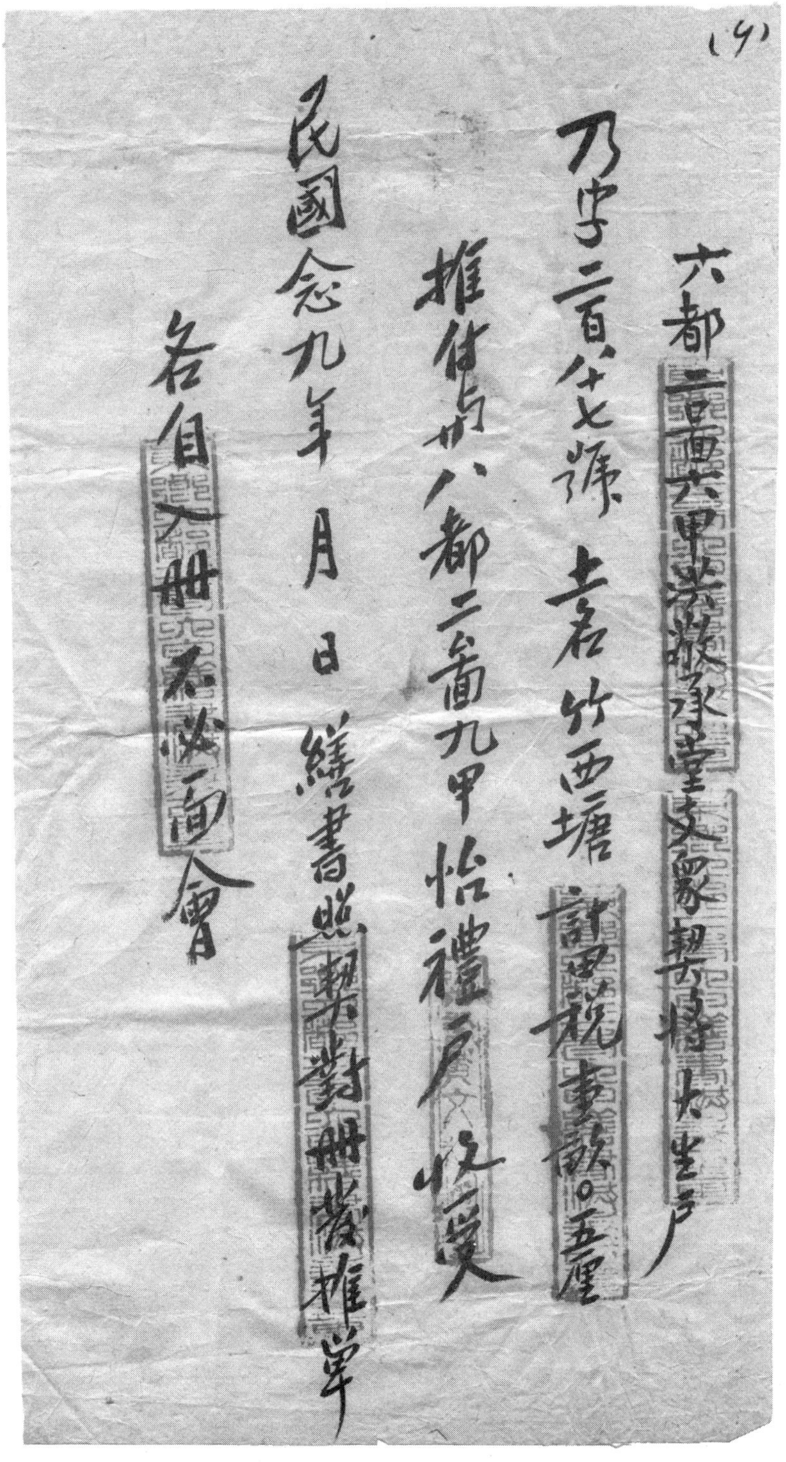
(4)

六都二啚西六甲洪啟承堂文豪契內將大生戶

乃字二百八十七號 土名竹西塘 計田稅壹畝〇五厘

推付與八都二啚九甲怡禮戶收入

民國念九年 月 日 繕書照契對冊發推單

各自入冊不必面會

江湾镇金田村 B 20 · 民国二十九年 · 推单 · 大生户推入怡礼户

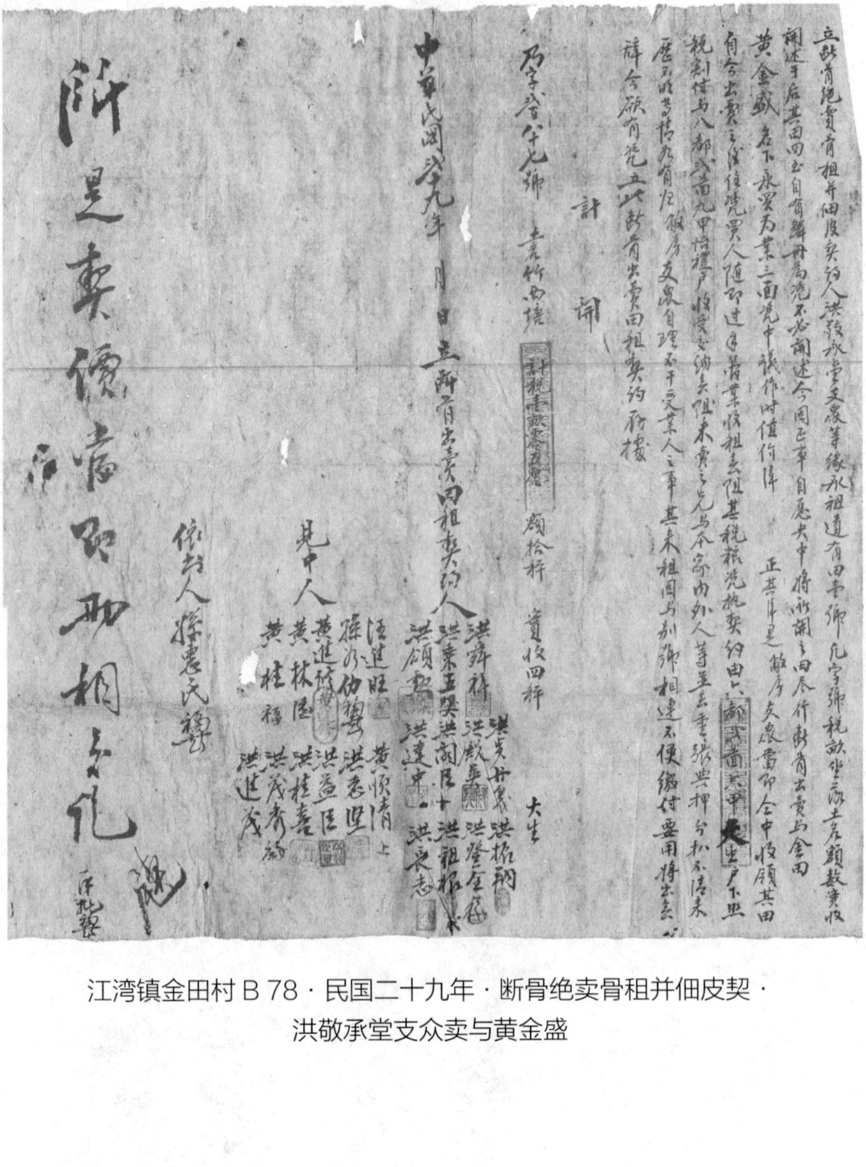

江湾镇金田村 B 78 · 民国二十九年 · 断骨绝卖骨租并佃皮契 ·
洪敬承堂支众卖与黄金盛

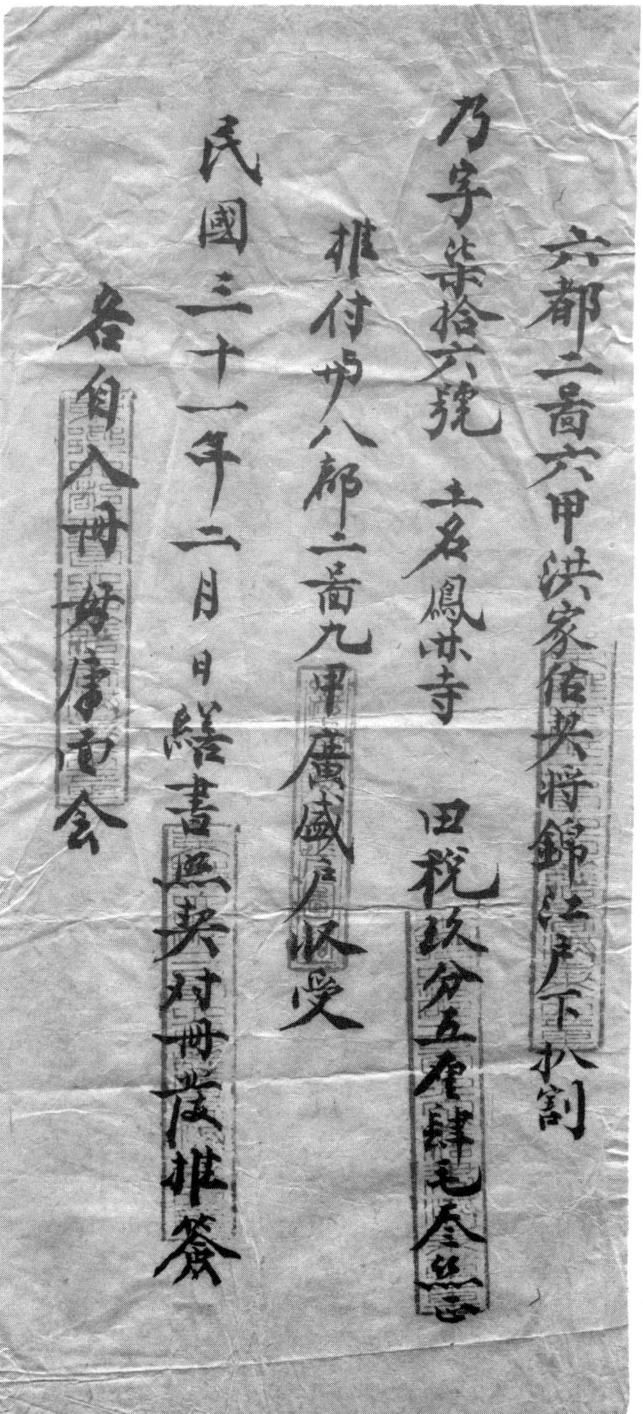
六都二啚六甲洪家佑契將錦江戶下扒割
乃字柒拾六號　土名鳳林寺　田稅玖分五釐肆毛叁絲
推付卅八都二啚九甲廣盛戶收受
民國三十一年二月　日繕書照契付冊發推簽
各自入冊毋庸面会

江湾镇金田村 B 16 · 民国三十一年 · 推单 · 锦江户推付广盛户

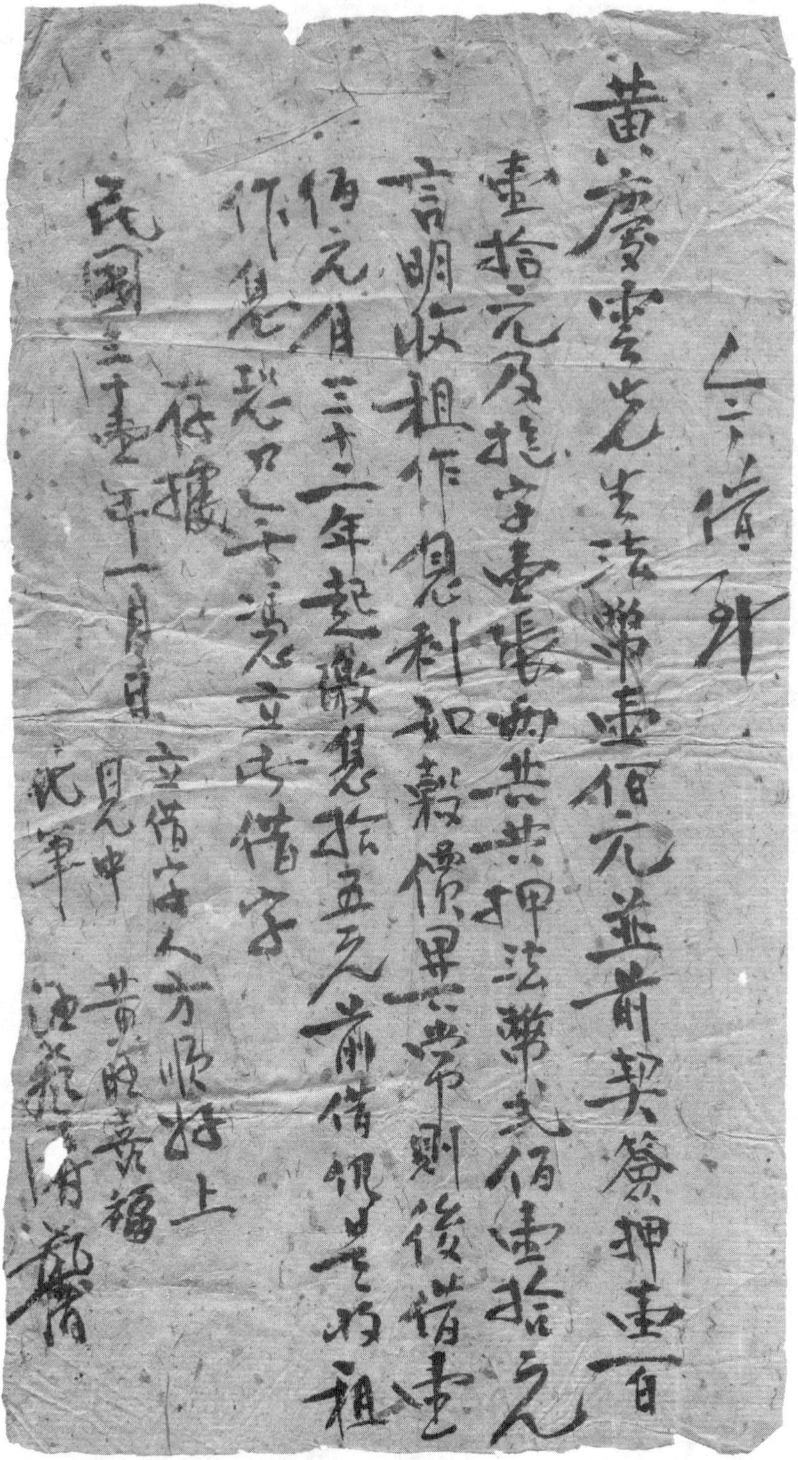

今借到
黄慶雲先生法幣壹佰元並前契簽押壹百
壹拾元及指字壹張兩共一共押法幣叁佰壹拾元
言明收租作息利如穀價昇常則後借壹
佰元自三十二年起繳息拾五元前借銀子有租
作息照乙千元立此借字
存據
民國三十壹年一月　日　立借字人方順好　上
見中　黄啟福
代筆　汪義[illegible]

江湾镇金田村 B 38 · 民国三十一年 · 借约 · 方顺好借到黄庆云

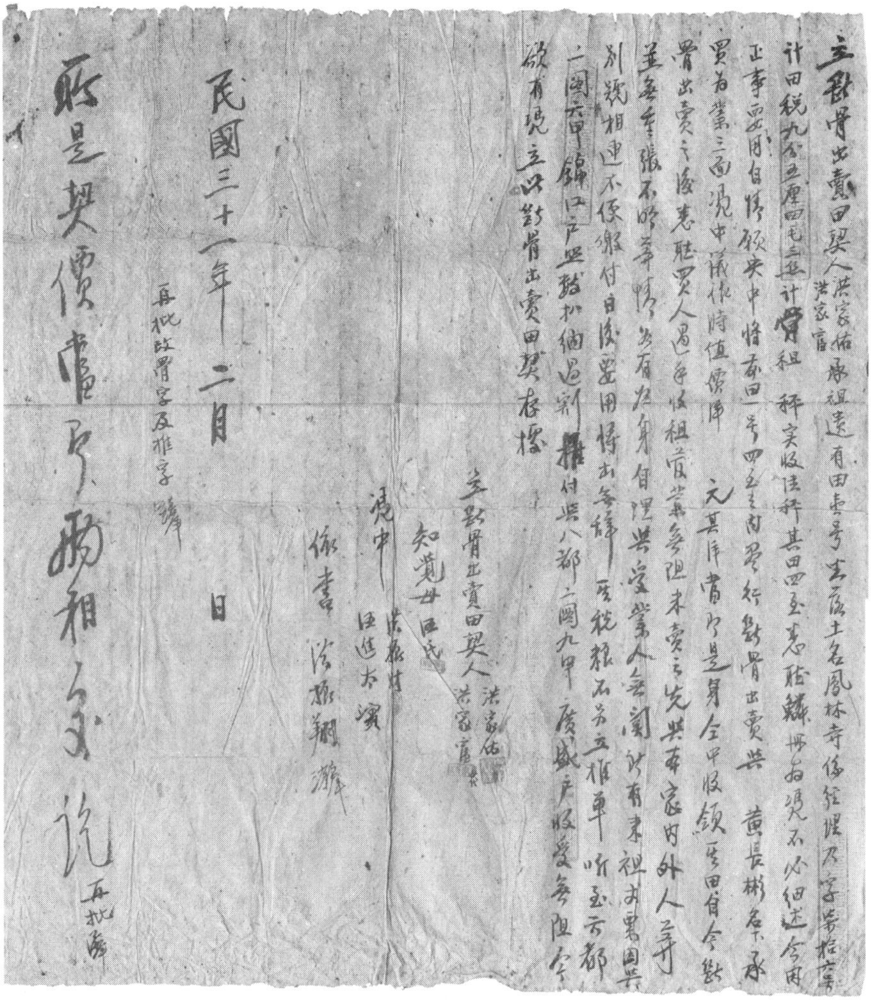

立断骨出卖田契人洪家佑 洪家富 承祖遗有田壹号,坐落土名凤林寺后……字号捌拾……号
计田税九分三厘四毛五丝 计骨租 秤,实收佳秤 其田四至悉照鳞册为凭,不必细述。今因
正事要用,自情愿央中将本田一号四至之内尽行断骨出卖与 黄长彬名下承
买为业,三面凭中议依时值价洋 元,其洋当即是身全中收领,其田自今断
骨出卖之后,悉听买人过户收租管业,无阻。未卖之先,与本家内外人等
并无重张不明等情,如有,在身自理,与受业人无干。的有来祖老契因与
别号相连,不便缴付,日后要用,将出无辞。其税粮不另立推单,听至六都
一图六甲锦江户照数扒细过割推付与八都二图九甲广盛户收受无阻。今
欲有凭,立此断骨出卖田契存据。

立断骨出卖田契人 洪家佑 洪家富
知见母 汪氏
凭中 洪振村 汪进友
依书 汪振翔

民国三十一年二月 日

再批:改骨字及推字 押

所是契价当即两相交讫 再批押

江湾镇金田村 B 68 · 民国三十一年 · 断骨出卖田契 ·
洪家佑、洪家富卖与黄长彬

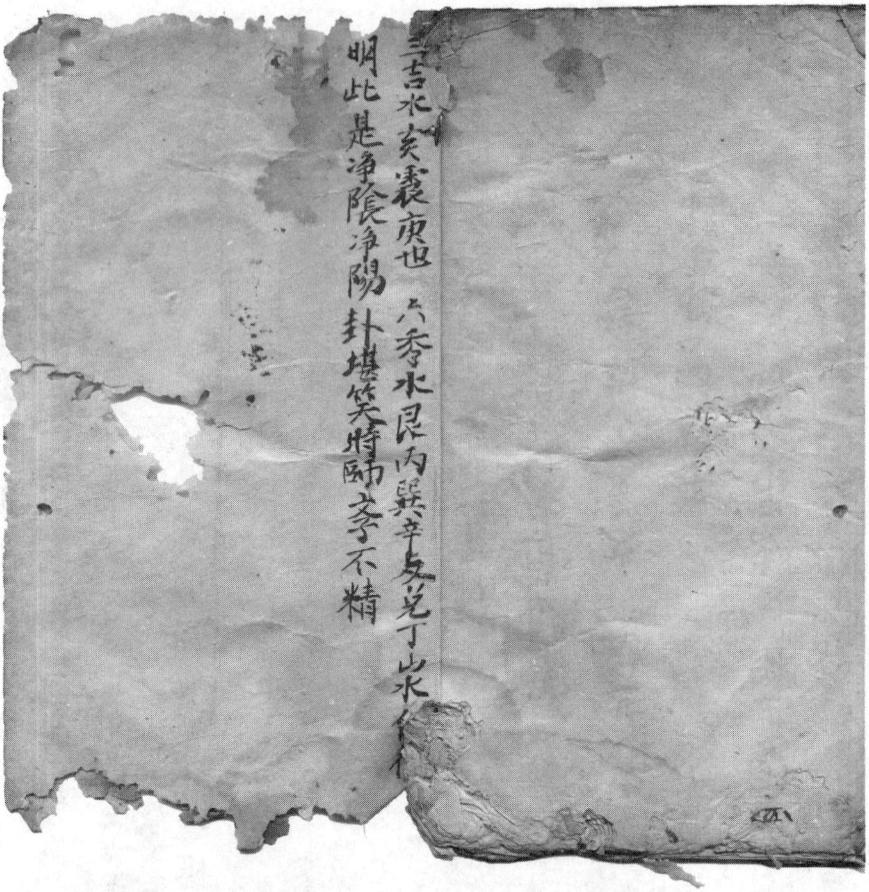

三吉水亥震庚也 六秀水艮丙巽辛兑丁山水
明此是净陰净陽卦堪笑時師全不精

江湾镇金田村 B 9-1 · 先祖谱系 · 黄府君

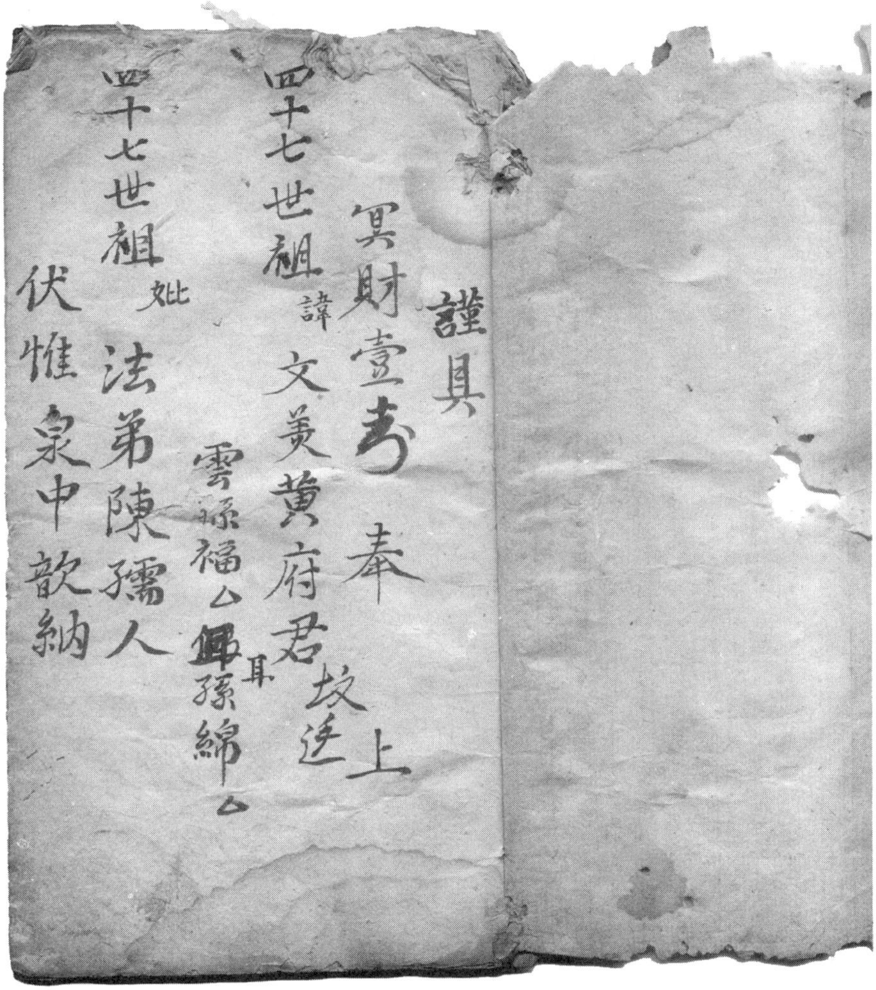

謹具

冥財壹封奉上

四十七世祖諱文羨黃府君收迄

雲孫福厶 耳孫綿厶

四十七世祖妣法弟陳孺人

伏惟泉中歆納

江湾镇金田村 B 9-2 · 先祖谱系 · 黄府君

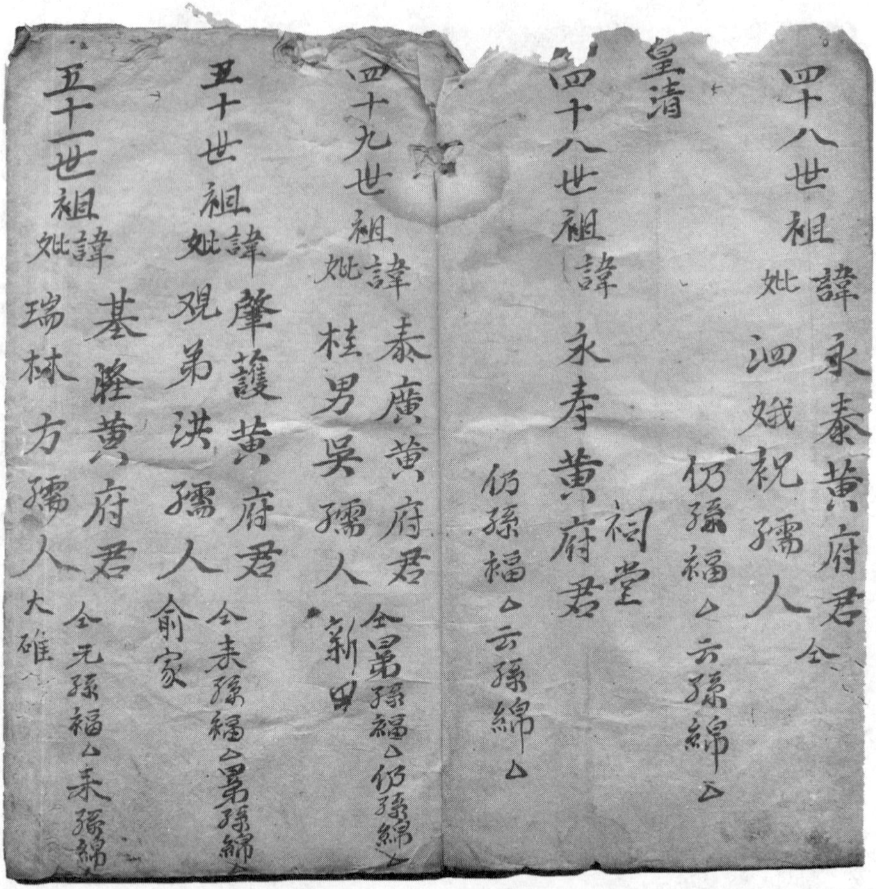
四十八世祖諱永泰黃府君仝
妣泗娥祝孺人
仍孫福△云孫綿△
皇清
四十八世祖諱永孝黃府君
祠堂
仍孫福△云孫綿△
四十九世祖諱泰廣黃府君
妣桂男吳孺人
仝晜孫福△仍孫綿△
新田
五十世祖諱肇護黃府君
妣覌弟洪孺人
仝來孫福△晜孫綿△
俞家
五十一世祖諱基隆黃府君
妣瑞林方孺人
仝元孫福△來孫綿△
大碓

江湾镇金田村 B 9-3 · 先祖谱系 · 黄府君

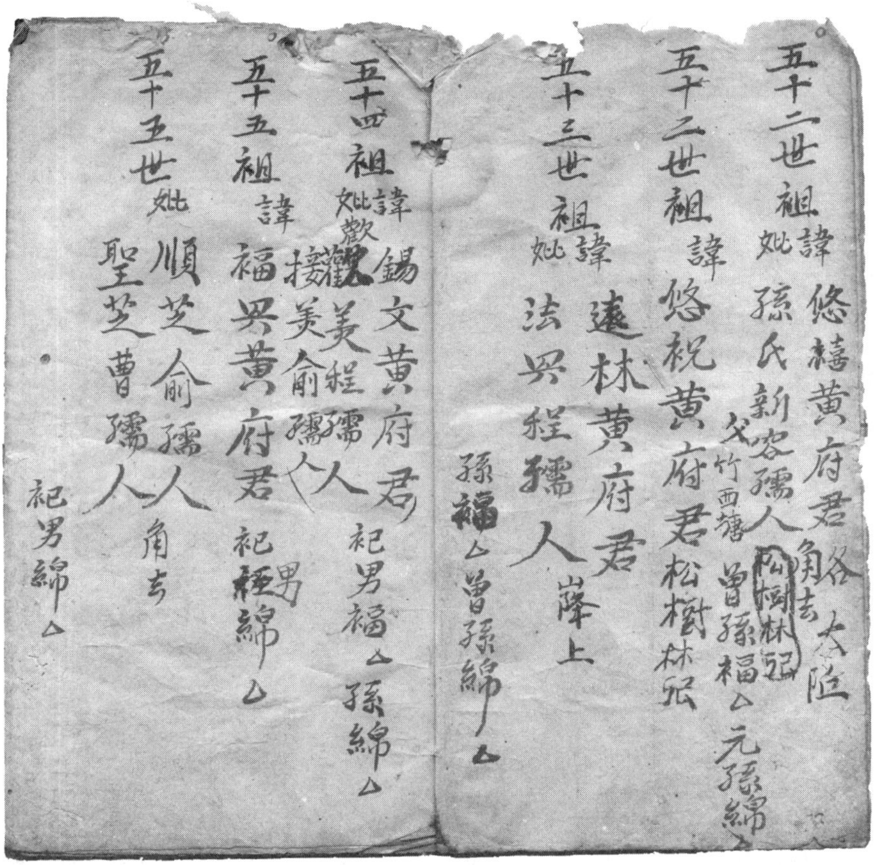
五十二世祖諱悠禧黃府君 各大公陞
妣孫氏新容孺人 角去 戊竹西塘 松樹林冢
曾孫福△ 元孫綿△
五十二世祖諱悠祝黃府君 松樹林冢
五十三世祖諱遠林黃府君 崖上
妣法果程孺人
孫福△ 曾孫綿△
五十四世祖諱錫文黃府君
妣歡接美程孺人 美俞孺人
祀男福△ 孫綿△
五十五祖諱福果黃府君
祀男綿△
五十五世妣順芝俞孺人 角去
聖芝曹孺人
祀男綿△

江湾镇金田村 B 9-4 · 先祖谱系 · 黃府君

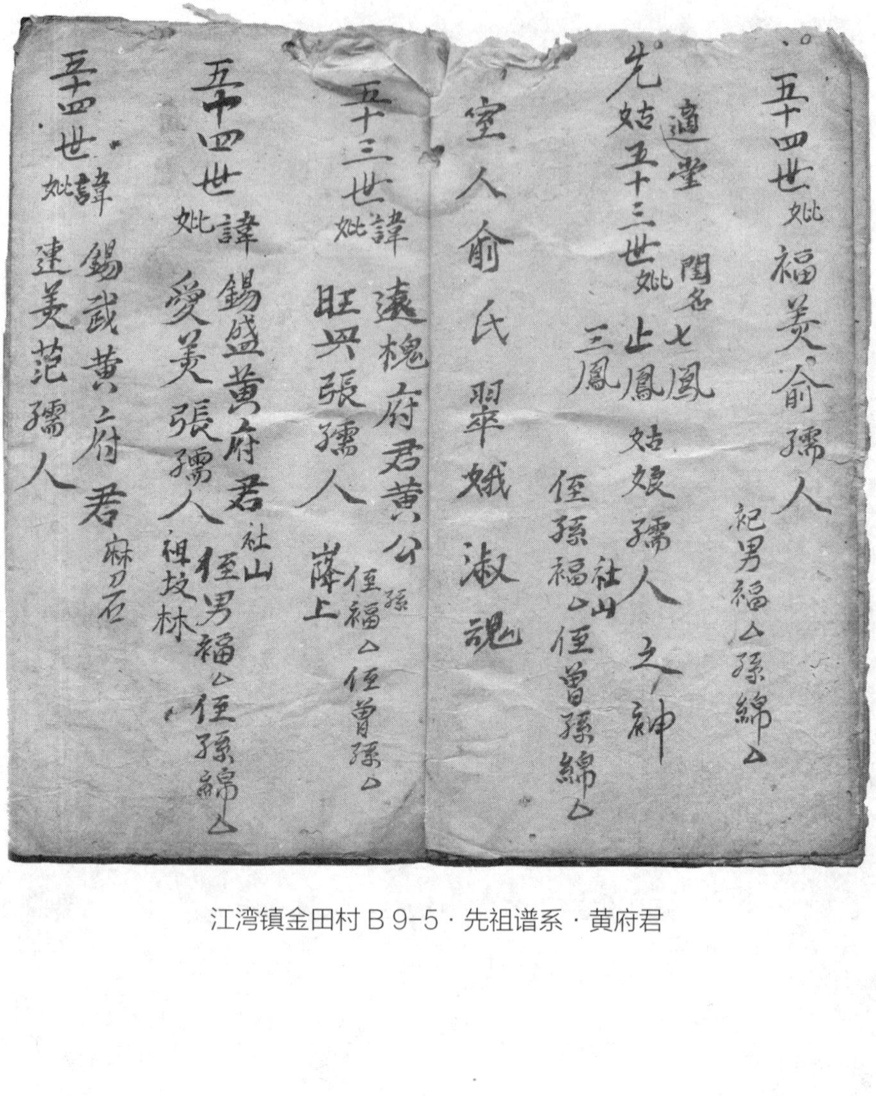
五十四世妣福英俞孺人
祀男福△孫綿△
先姑五十三世妣止鳳姑娘孺人之神
適堂
閨名七鳳
三鳳
侄孫福△侄曾孫綿△
社山
室人俞氏翠娥淑魂
五十三世諱遠槐府君黃公
妣旺興張孺人
孫
侄福△侄曾孫△
葬上
五十四世諱錫盛黃府君
妣愛英張孺人
社山
侄男福△侄孫綿△
祖坟林
五十四世諱錫戩黃府君
妣建英范孺人
麻刀石

江湾镇金田村 B 9-5 · 先祖谱系 · 黄府君

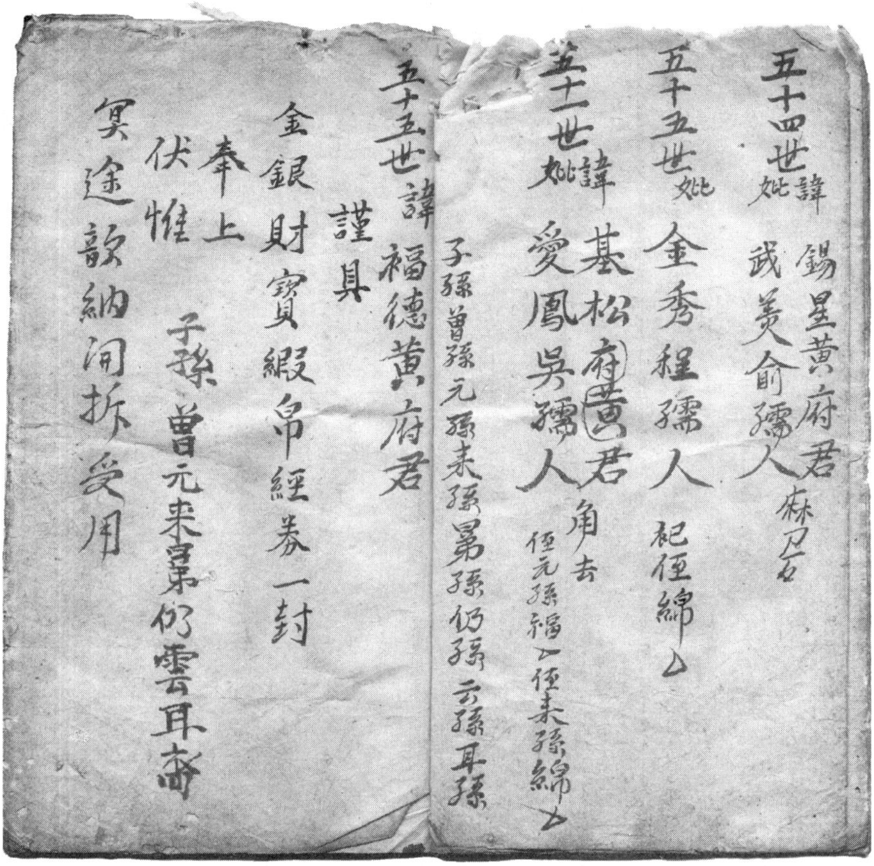
五十四世諱錫星黃府君
妣武美俞孺人 麻刀石
五十五世妣金秀程孺人 杞侄綿厶
五十一世諱基松府黃君
妣愛鳳吳孺人 角去
侄元孫福厶侄来孫綿厶
子孫曾孫元孫来孫冡孫仍孫云孫耳孫

五十五世諱福德黃府君
謹具
金銀財寶緞帛經券一封
奉上
伏惟
子孫曾元来冡仍雲耳裔
冥途歆納洞折受用

江湾镇金田村 B 9-6 · 先祖谱系 · 黄府君

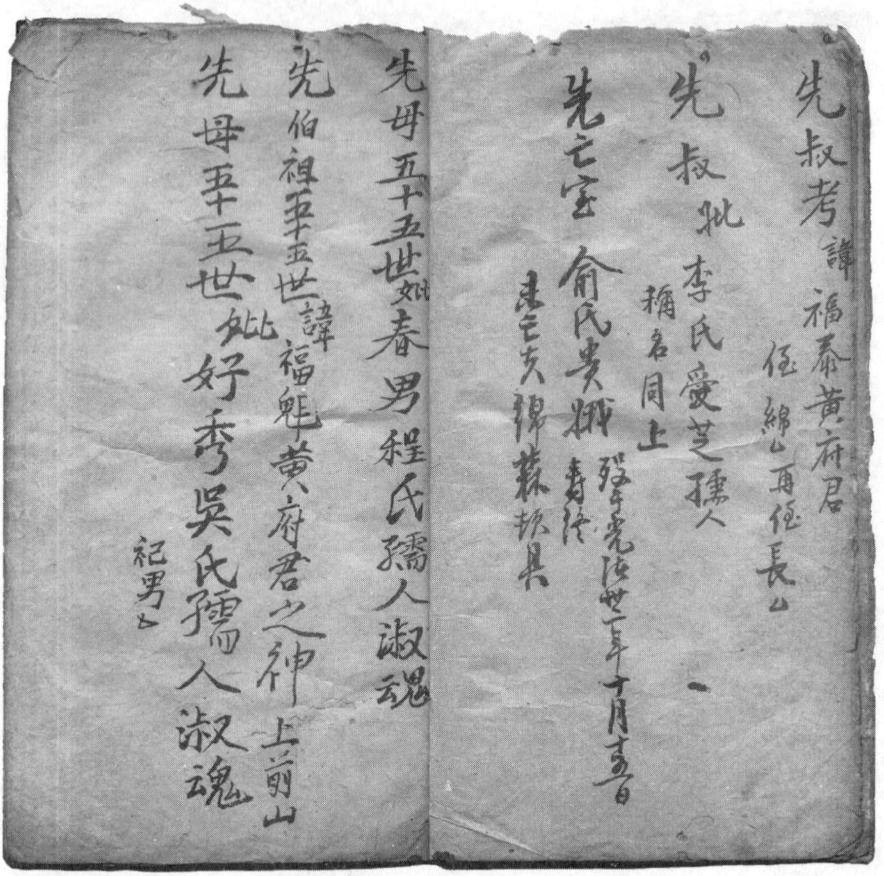

江湾镇金田村 B 9-7 · 先祖谱系 · 黄府君

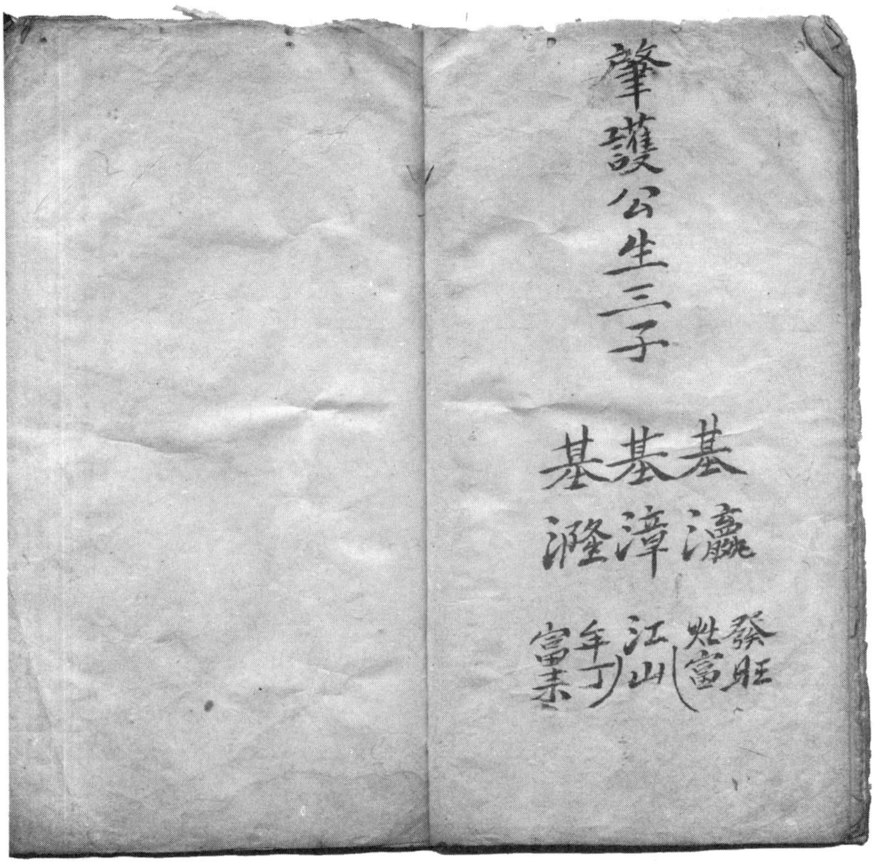
肇護公生三子
基瀛
基漳
基潞
發旺
灶富
江山
年丁
富貴

江湾镇金田村 B 9-8 · 先祖谱系 · 黄府君

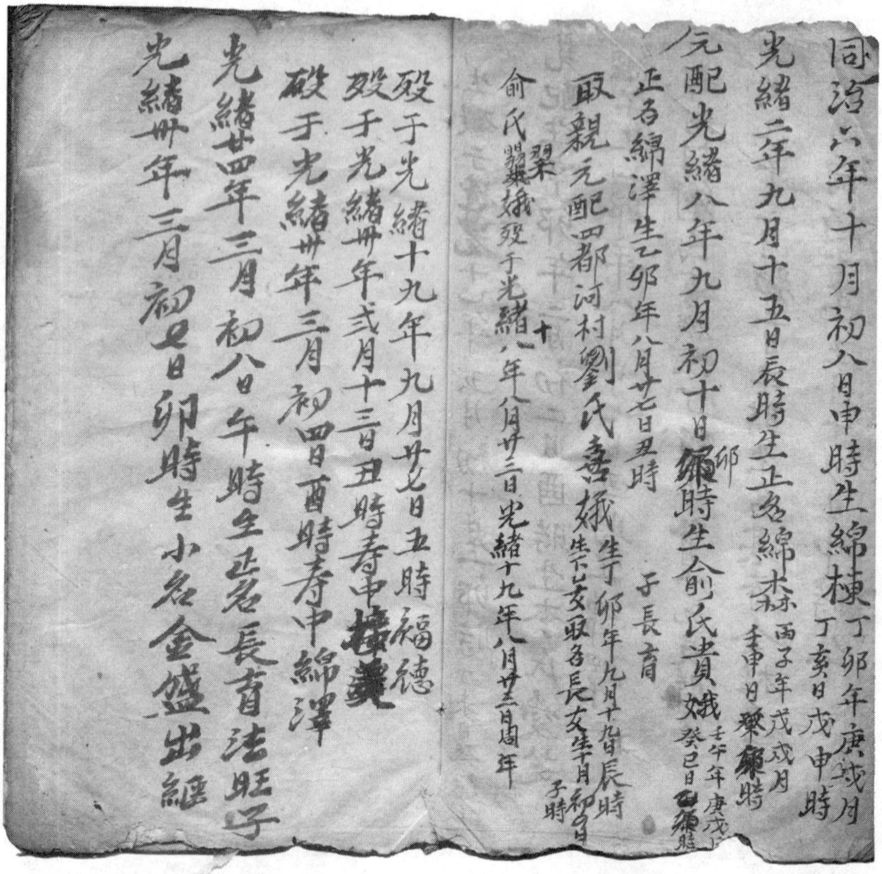

同治六年十月初八日申時生綿棟 丁卯年庚戌月丁亥日戊申時
光緒二年九月十五日辰時生正名綿森 丙子年戊戌月壬申日癸卯時
元配光緒八年九月初十日卯時生俞氏貴娥 壬午年庚戌月癸巳日[illegible]卯時
正名綿澤生乙卯年八月廿七日丑時 子長育
取親元配四都河村劉氏喜娥生丁卯年九月十九日辰時 生下二女取名長女生十月初七日子時
俞氏翠娥歿于光緒十八年八月廿三日 光緒十九年八月廿三日周年
歿于光緒十九年九月廿七日丑時福德
歿于光緒卅年弍月十三日丑時壽中[illegible]
歿于光緒卅年三月初四日酉時壽中綿澤
光緒廿四年三月初八日午時生正名長育法旺子
光緒卅年三月初五日卯時生小名金盛出繼

江湾镇金田村 B 9-9 · 先祖谱系 · 黄府君

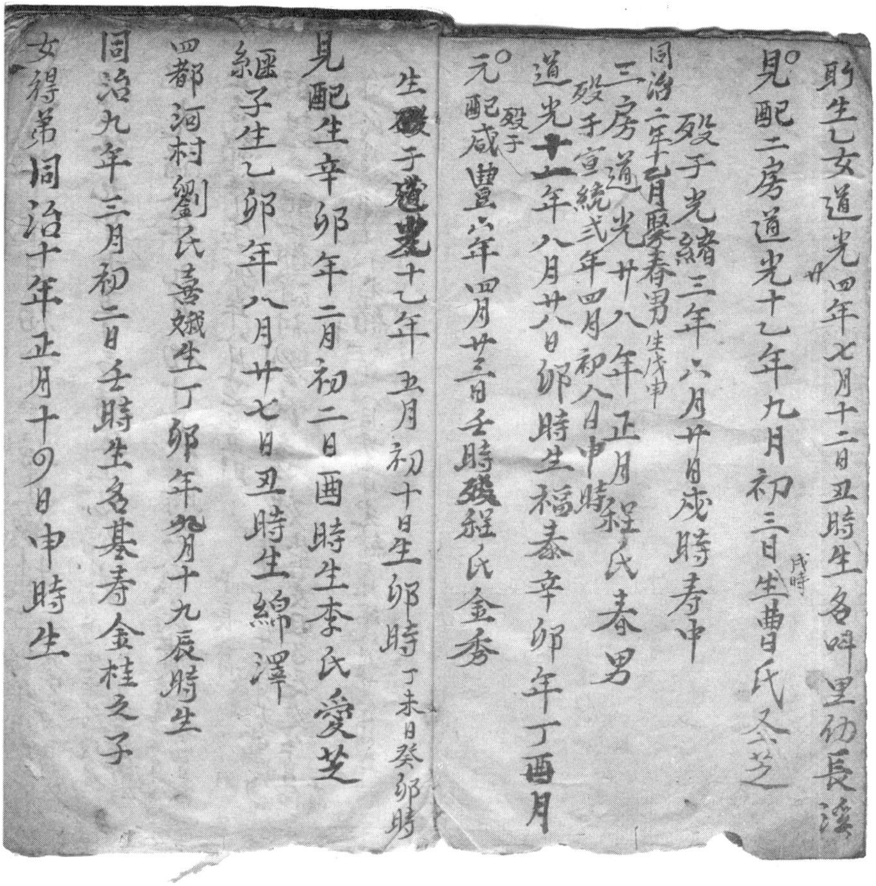
所生乙女道光廿四年七月十二日丑時生名呌里叻長溪
兒配二房道光十乙年九月初三日戌時生曹氏冬芝
歿于光緒三年六月廿日戌時寿中
同治二年十一月娶春男生戊申
三房道光廿八年正月程氏春男
歿于宣統弍年四月初八日申時
道光十二年八月廿八日卯時生福泰辛卯年丁酉月
歿于
兒配咸豐六年四月廿三日壬時殁程氏金秀
生歿于道光十乙年五月初十日生卯時丁未日癸卯時
兒配生辛卯年二月初二日酉時生李氏愛芝
繼子生乙卯年八月廿七日丑時生綿澤
四都洄村劉氏喜娥生丁卯年九月十九辰時生
同治九年三月初二日壬時生名基寿金桂之子
女得弟同治十年正月十九日申時生

江湾镇金田村 B 9-10 · 先祖谱系 · 黄府君

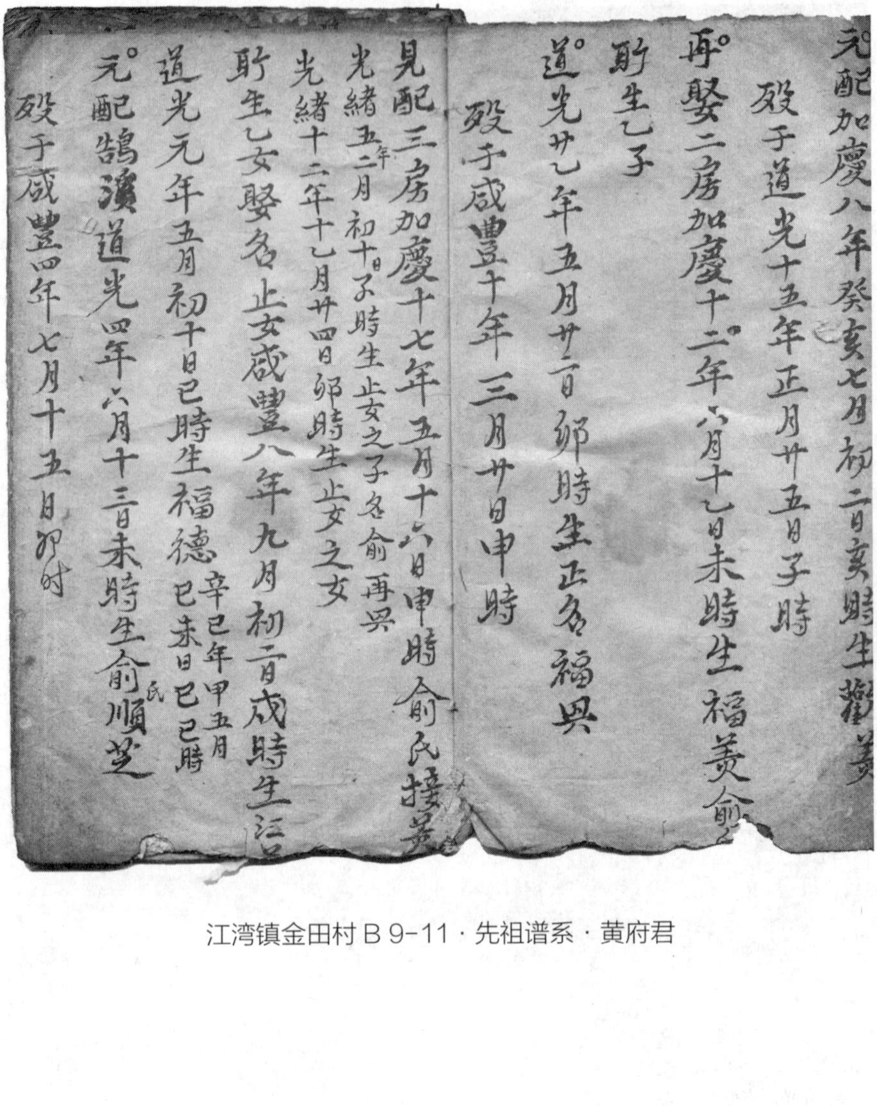

元配加慶八年癸亥七月初二日亥時生[illegible]姜
殁于道光十五年正月廿五日子時
再娶二房加慶十二年六月十七日未時生福姜俞[illegible]
所生乙子
道光廿乙年五月廿三日卯時生正名福興
殁于咸豐十年三月廿日申時
見配三房加慶十七年五月十六日申時俞氏接姜
光緒五年二月初十日子時生止安之子名俞再興
光緒十二年十乙月廿四日卯時生止安之女
所生乙女娶名止安咸豐八年九月初二日戌時生江[illegible]
道光元年五月初十日巳時生福德 辛巳年甲五月己未日巳巳時
元配鵲濱道光四年六月十三日未時生俞氏順芝
殁于咸豐四年七月十五日卯时

江湾镇金田村 B 9-11 · 先祖谱系 · 黄府君

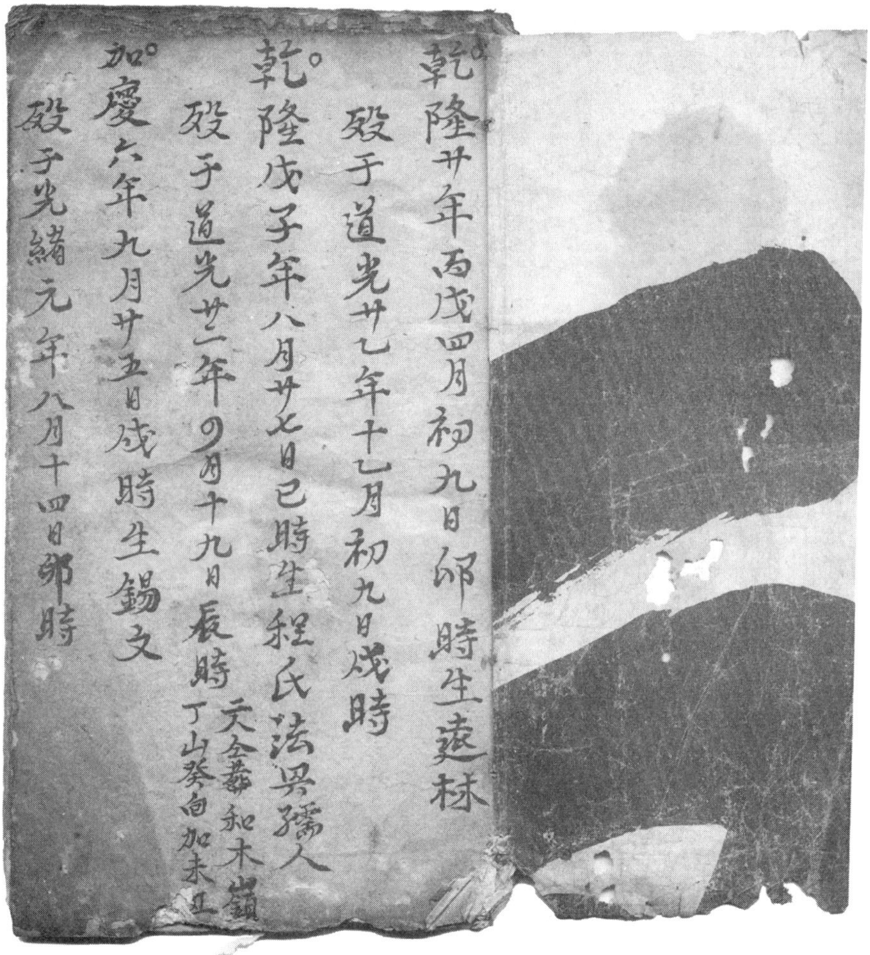
乾隆廿年丙戌四月初九日卯時生遠林
殁于道光廿七年十乙月初九日戌時
乾隆戊子年八月廿七日巳時生程氏法巺孺人
殁于道光廿一年四月十九日辰時
天金犇和木嶺
丁山癸向加未丑
加慶六年九月廿五日戌時生錫文
殁于光緒元年八月十四日卯時

江湾镇金田村 B 9-12 · 先祖谱系 · 黄府君

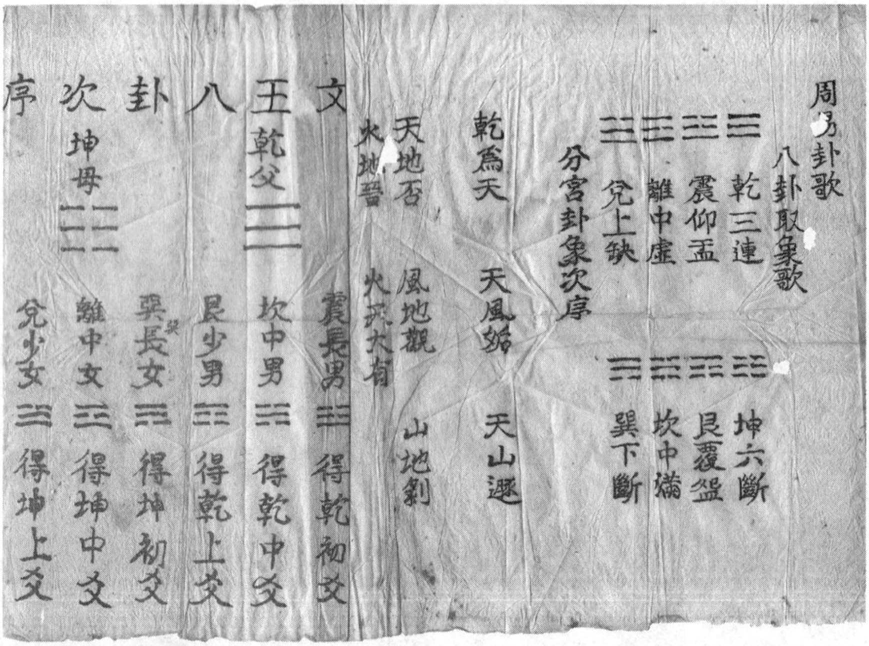

周易卦歌

八卦取象歌

☰乾三連 ☷坤六斷

☳震仰盂 ☶艮覆盌

☲離中虛 ☵坎中滿

☱兌上缺 ☴巽下斷

分宮卦象次序

乾爲天 天風姤 天山遯

天地否 風地觀 山地剝

火地晉 火天大有

文王八卦次序

乾父 ☰

坤母 ☷

震長男 ☳ 得乾初爻

坎中男 ☵ 得乾中爻

艮少男 ☶ 得乾上爻

巽長女 ☴ 得坤初爻

離中女 ☲ 得坤中爻

兌少女 ☱ 得坤上爻

江湾镇金田村 B 9 附 · 先祖谱系 · 黄府君

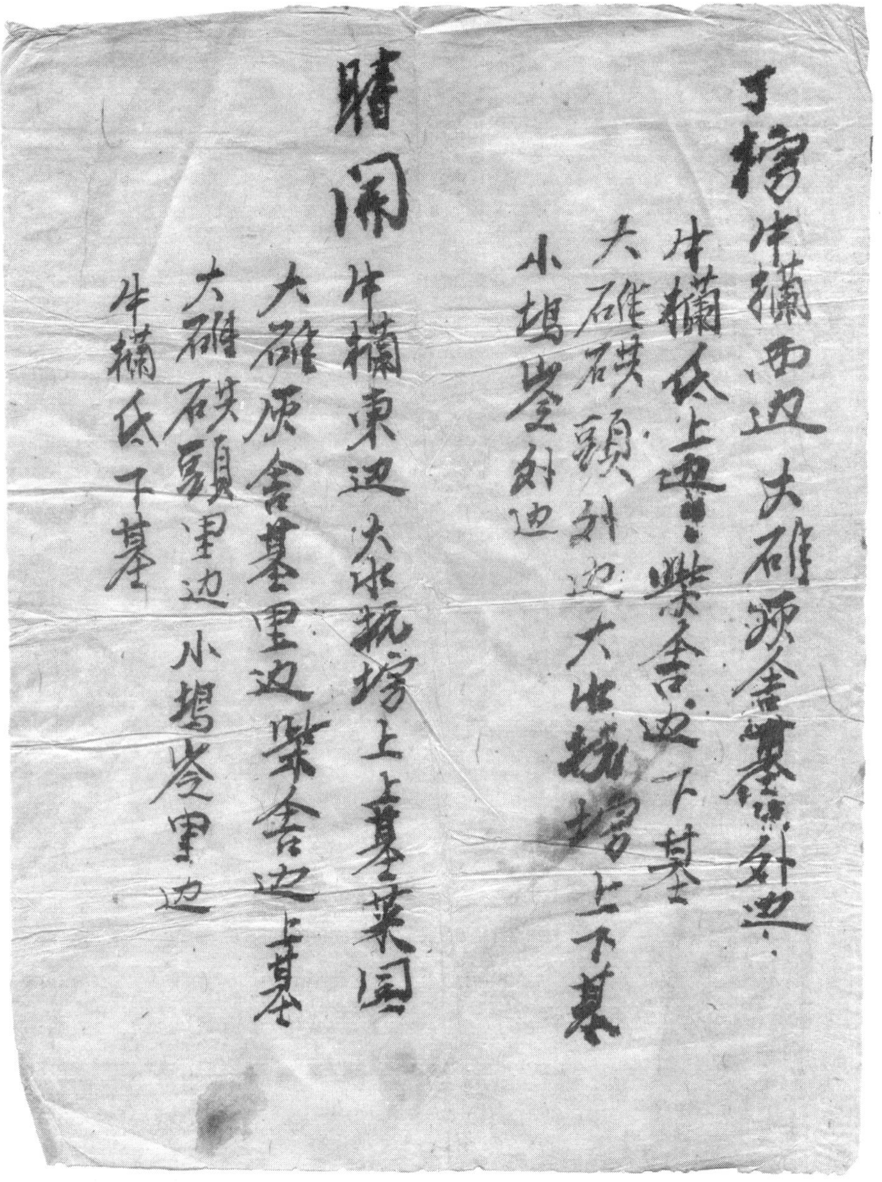

丁塝
牛欄西边 大碓頭舍墓外边
牛欄氐上边 柴舍边下墓
大碓石矨頭外边 大水坑塝上下墓
小塢嵩外边

睹閘
牛欄東边 大水坑塝上上墓菜园
大碓厕舍墓里边 柴舍边上墓
大碓石矨頭里边 小塢嵩里边
牛欄氐下墓

江湾镇金田村 B 23 · 牛栏、柴社等四周分布情况清单

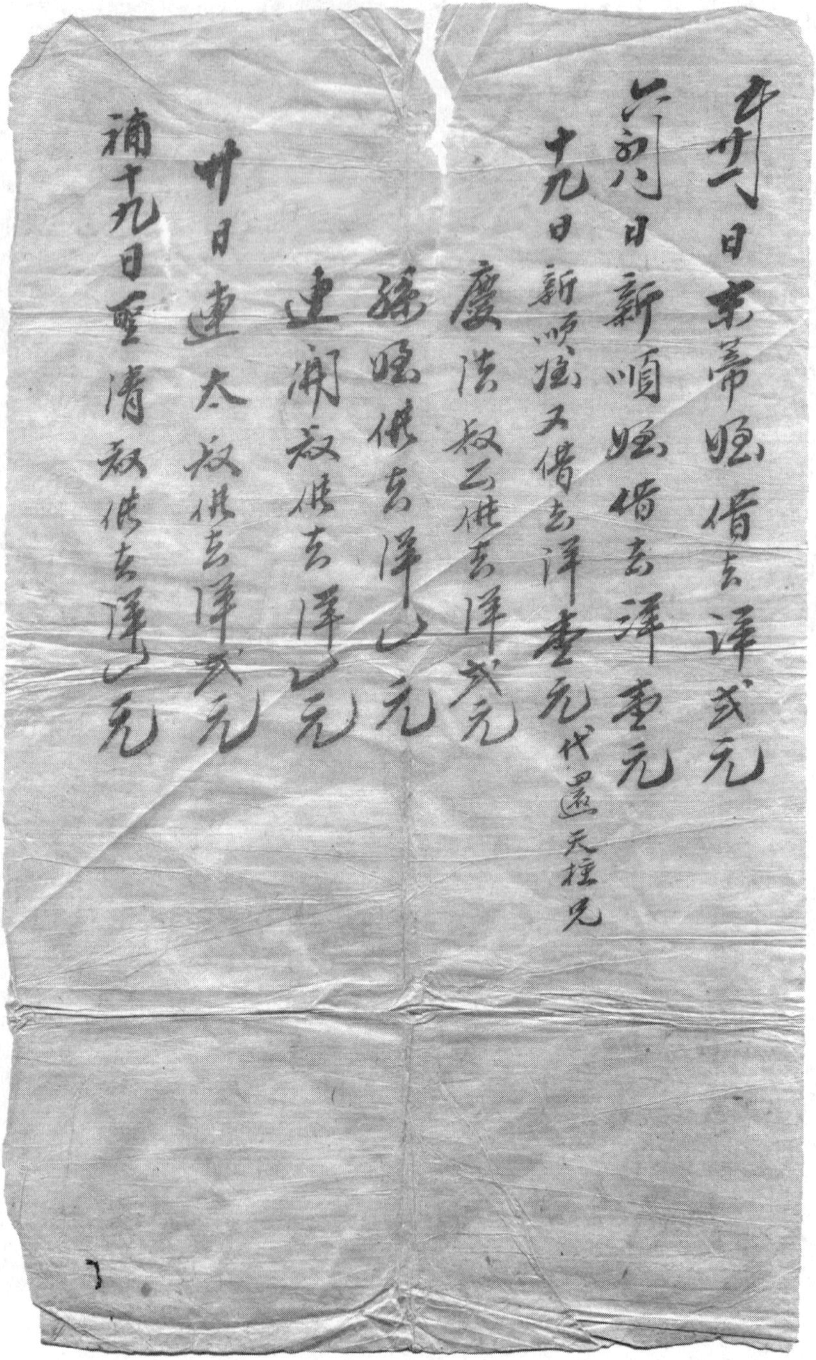

廿八日東芾號借去洋贰元
六月初日新順號借去洋壹元
十九日新順號又借去洋壹元代還天桂兄
慶法叔云借去洋贰元
孫號借去洋乙元
連潮叔借去洋乙元
廿日連太叔借去洋贰元
補十九日聖清叔借去洋乙元

江湾镇金田村 B 44 · 账单

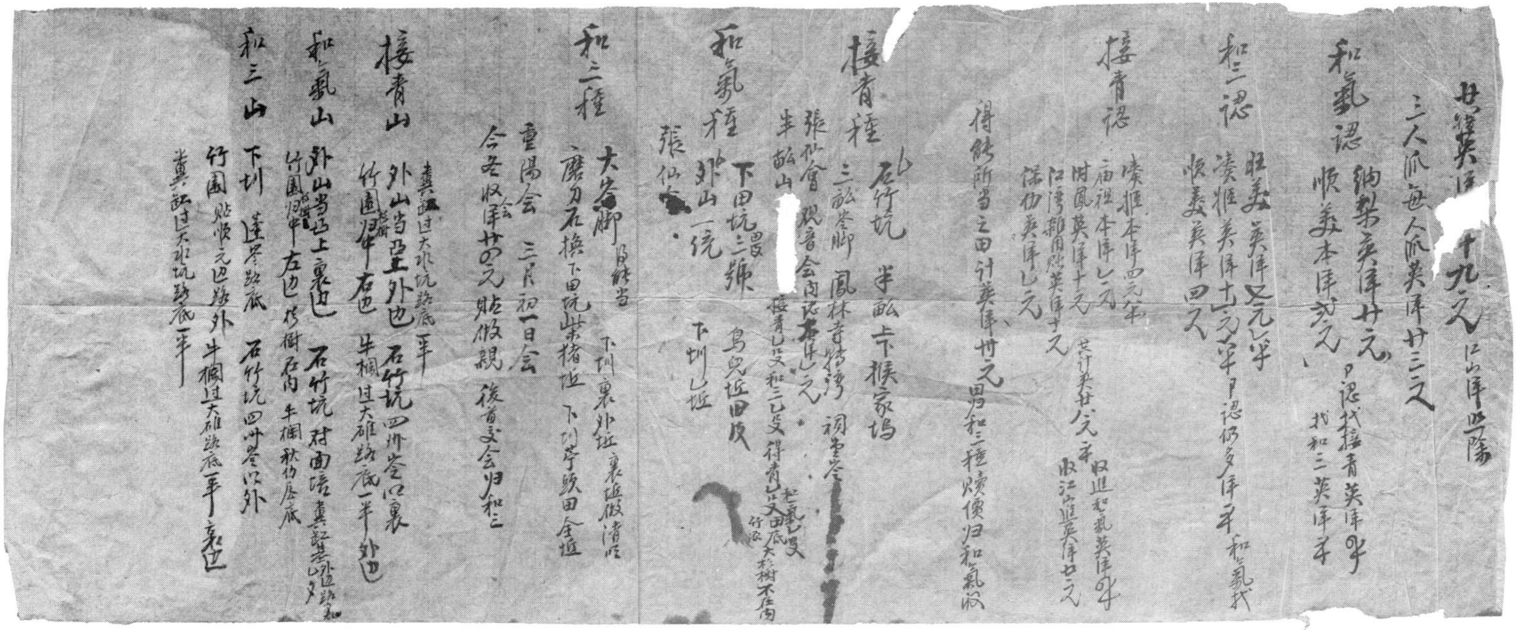

江湾镇金田村 B 70 · 土地租税额单

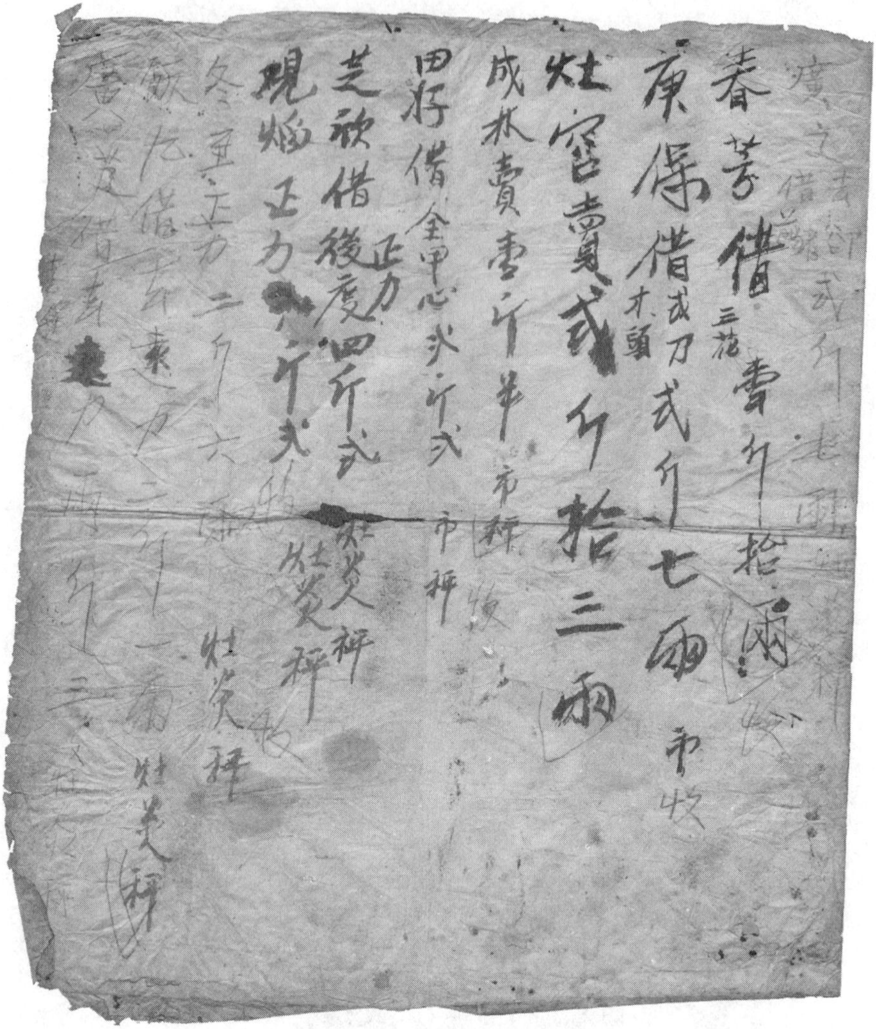

春芳借三花壹斤拾兩 收
庚保借戎刀木頭貳斤七兩 市 收
灶容賣貳斤拾三兩
成林賣壹斤半 市秤 收
田好借金中心貳斤貳 市秤
芝秋借後度正力四斤貳 灶炎人秤
覌焰正力 斤半 灶炎秤 收
冬至正力二斤六兩 灶炎人秤
獻九借去正力二斤一兩 灶炎人秤

江湾镇金田村 B 71 · 账单

江湾镇洪坦村 1—39

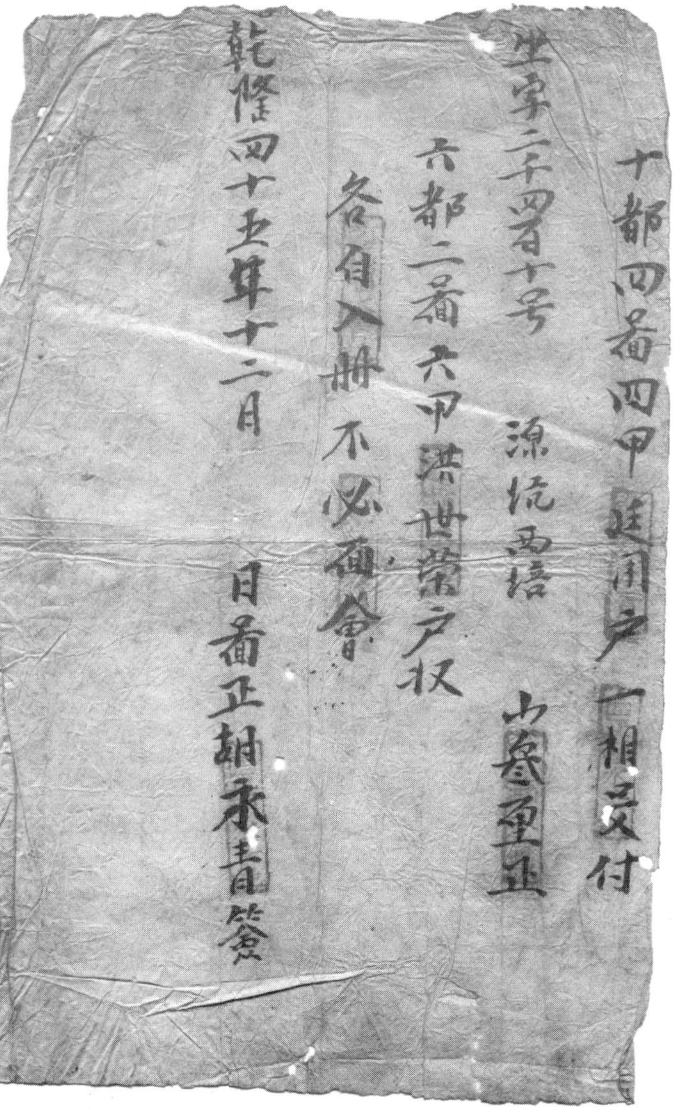

十都四啚四甲廷用户一相受付
坐字二千四百十号　源境西培　山叁厘正
六都二啚六甲洪世荣户收
各自入册不必面会
乾隆四十五年十二月　日啚正胡承青签

江湾镇洪坦村 11 · 乾隆四十五年 · 推单 · 廷用户推入洪世荣户

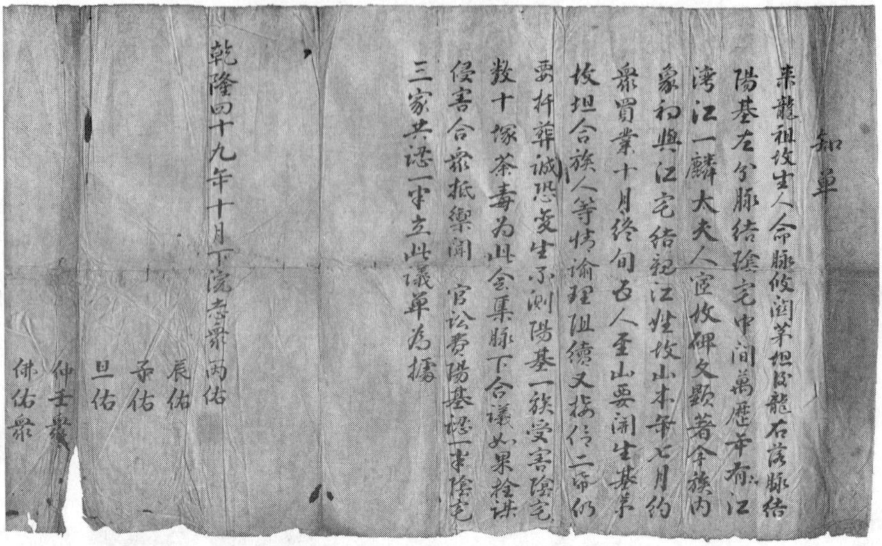
知单

来龍祖坟生人命脉攸関茅坦后龍右落脉结
陽基左分脉结陰宅中间萬歷年有江
湾江一麟太夫人宦坟碑文顯著今族内
象初與江宅结祀江姓坟山本年七月约
衆買業十月终旬古人垂山要闹生基茅
坟坦合族人等情谕理阻德又指借二命仍
要扦葬诚恐发生不测陽基一族受害陰宅
数十塚荼毒為此会集脉下合議如果扦葬
侵害合衆抵樂闹　官讼费陽基拠一半陰宅
三家共认一半立此議单為據

乾隆四十九年十月下浣立衆丙佑
辰佑
子佑
旦佑
仲壬衆
佛佑衆

江湾镇洪坦村 16 · 乾隆四十九年 · 知单 · 丙佑、辰佑、子佑、旦佑

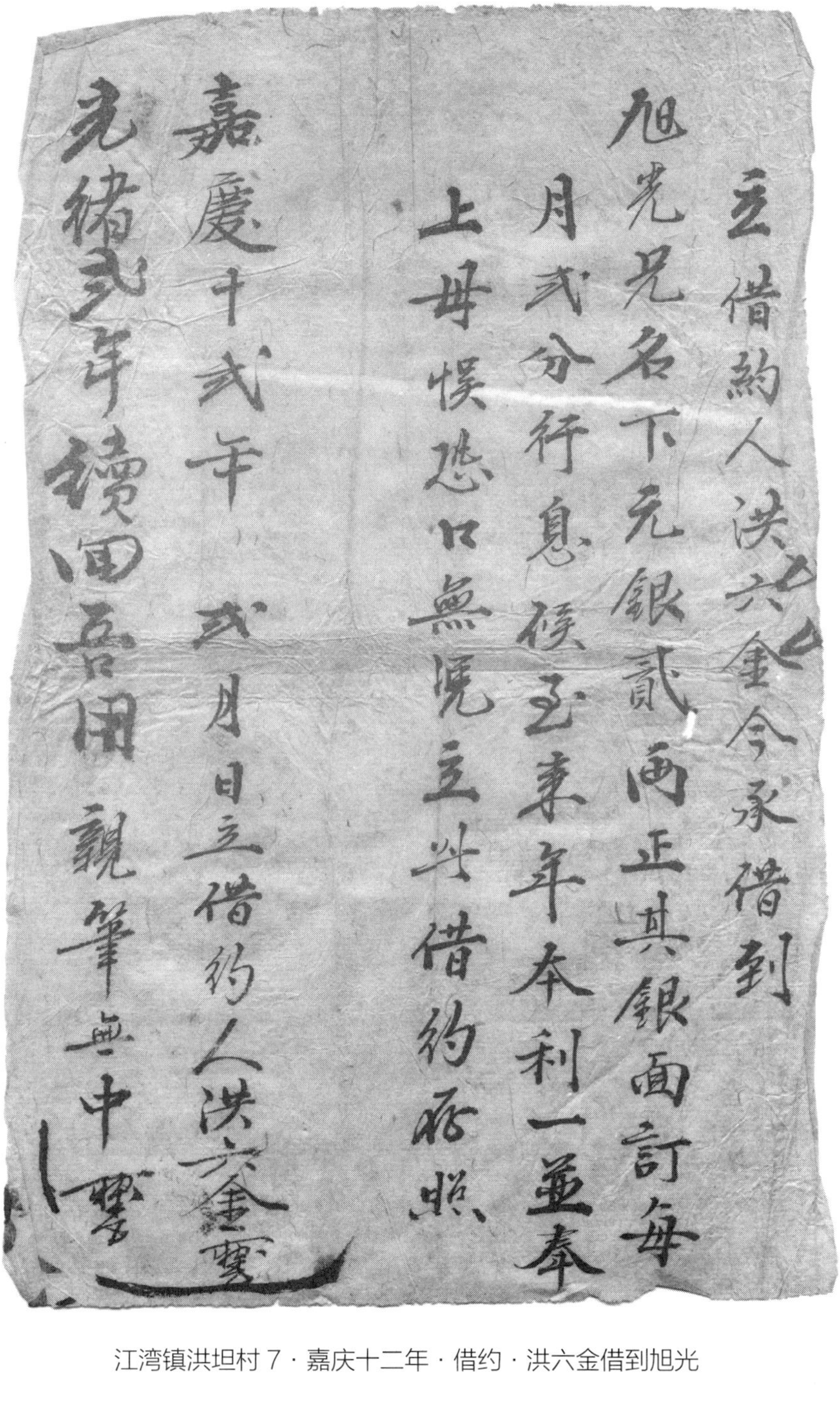
立借約人洪六金今承借到
旭光兄名下元銀貳兩正其銀面訂每
月弍分行息候至來年本利一並奉
上毋悮恐口無憑立此借約存照
嘉慶十弍年弍月日立借約人洪六金(押)
光緒弍年鐃同吾用親筆無中(押)

江湾镇洪坦村 7 · 嘉庆十二年 · 借约 · 洪六金借到旭光

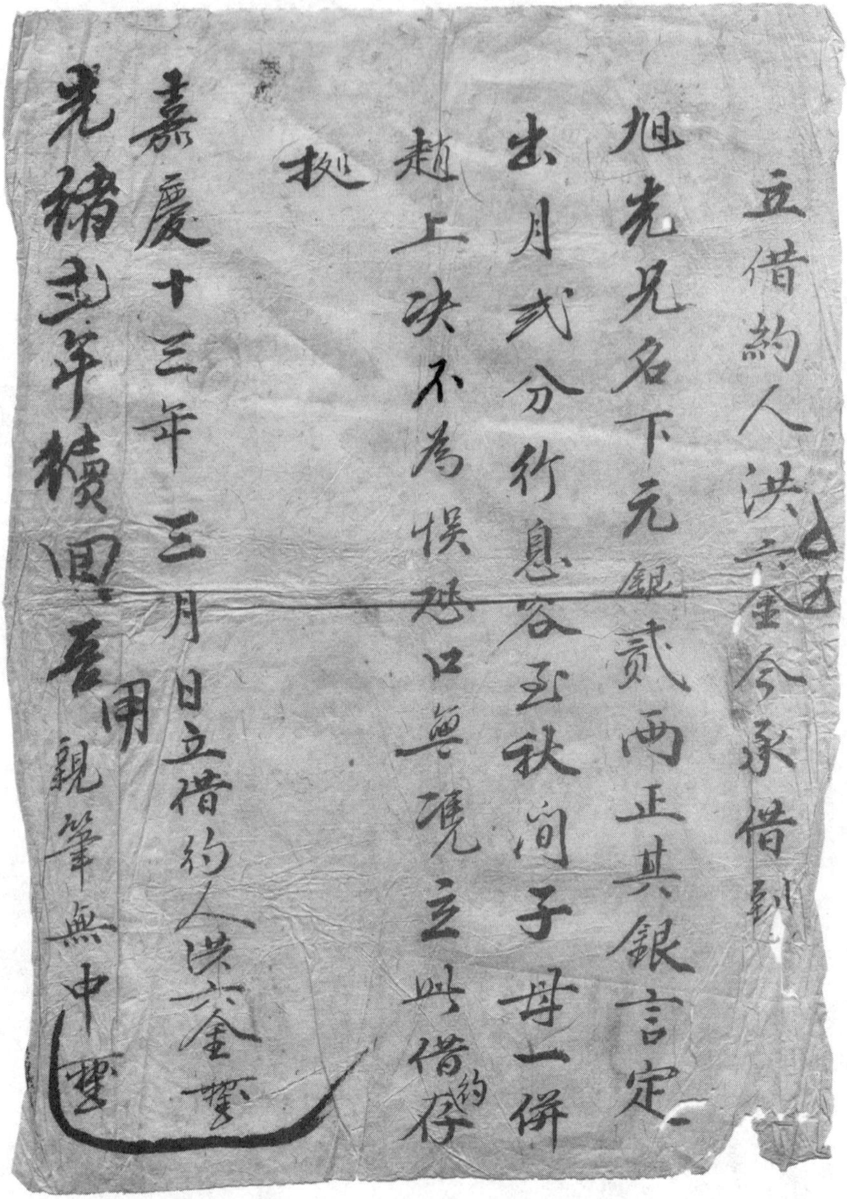

立借約人洪六金今承借到
旭光兄名下元銀貳兩正其銀言定
出月弍分行息容至秋間子母一併
趙上決不為悞恐口無憑立此借約存
照
嘉慶十三年三月日立借約人洪六金（押）
光緒弍年贖回吾用
親筆無中（押）

江湾镇洪坦村 12 · 嘉庆十三年 · 借约 · 洪六金借到旭光兄

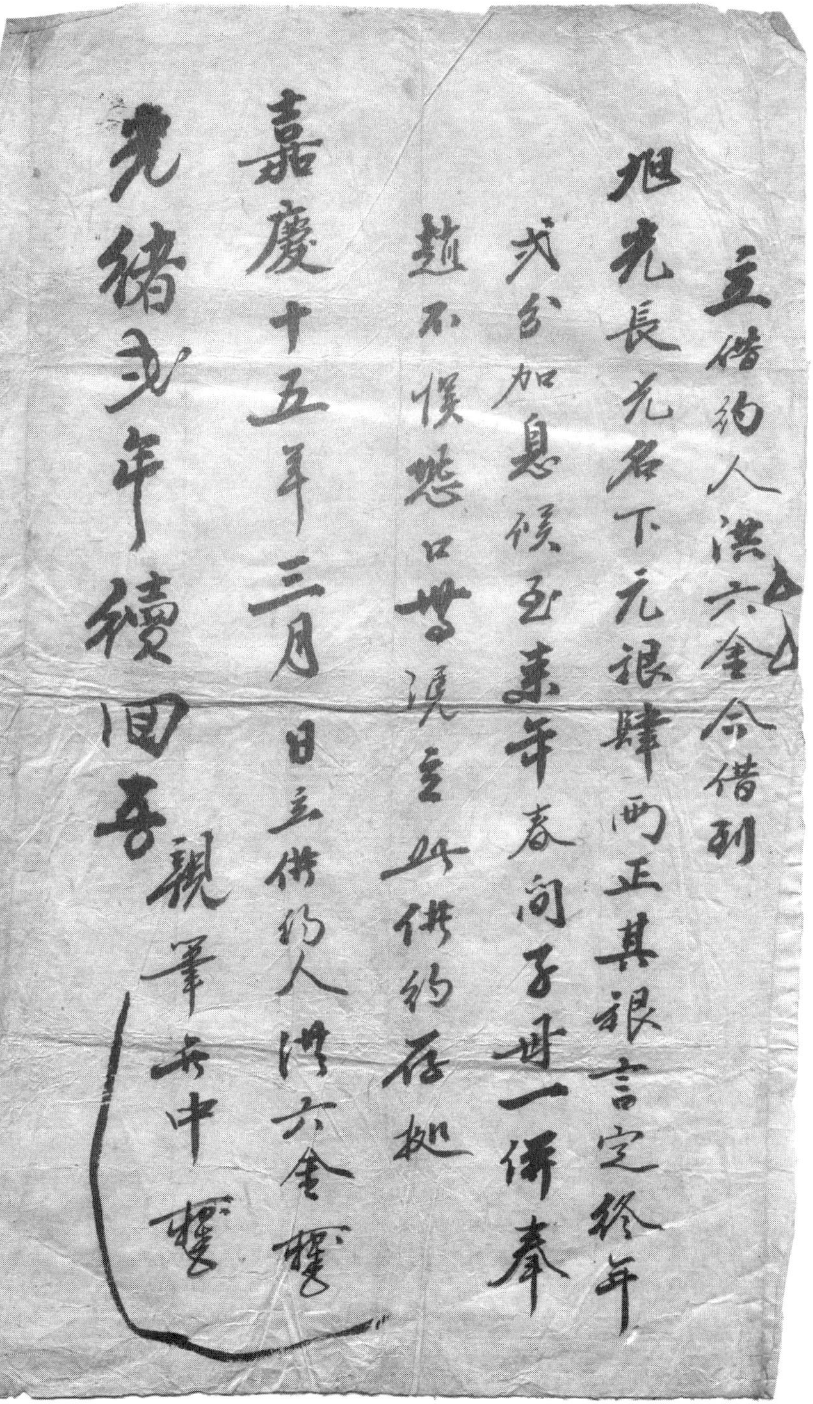
立借約人洪六金今借到
旭光長兄名下元銀肆兩正其銀言定終年
式分加息候至來年春間子母一併奉
趙不悮恐口無憑立此借約存拠
嘉慶十五年三月 日立借約人洪六金押
親筆無中 押
光緒戊年續回吾

江湾镇洪坦村 10 · 嘉庆十五年 · 借约 · 洪六金借到旭光长兄

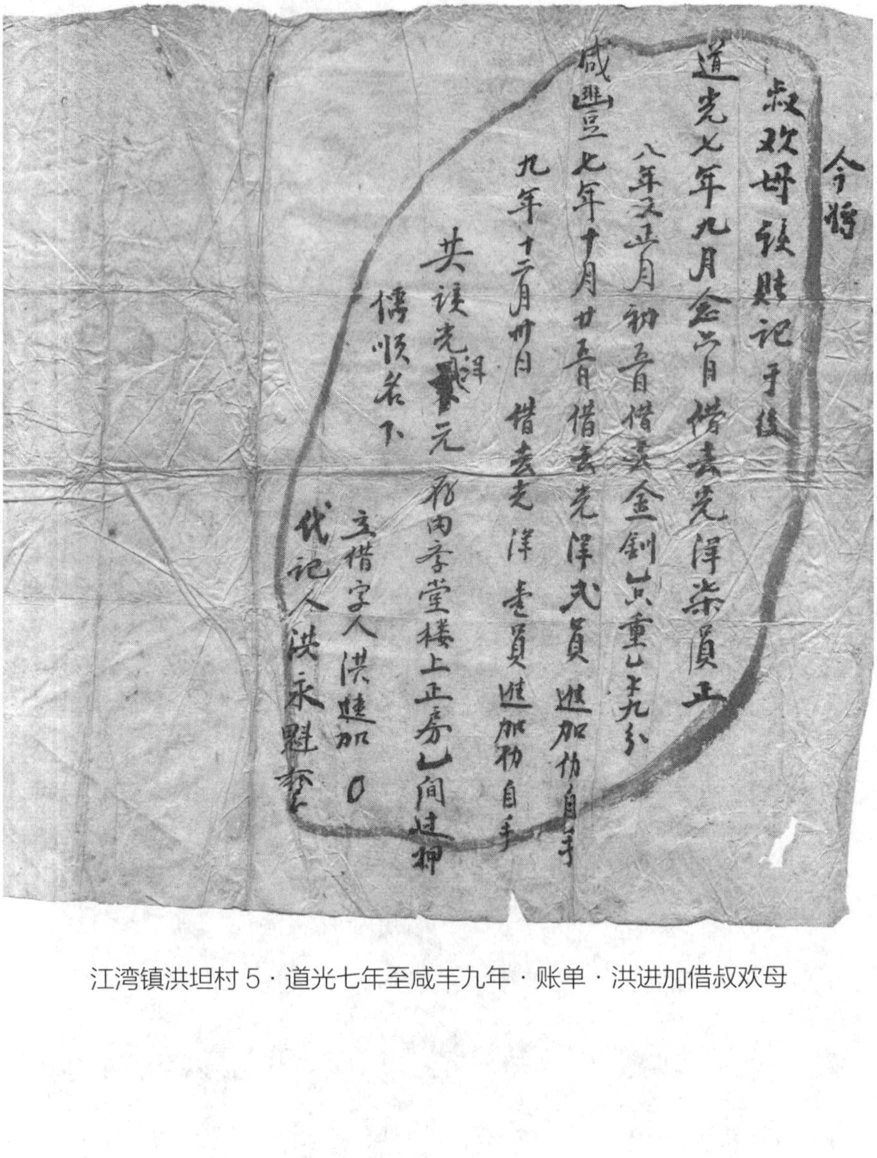

江湾镇洪坦村 5 · 道光七年至咸丰九年 · 账单 · 洪进加借叔欢母

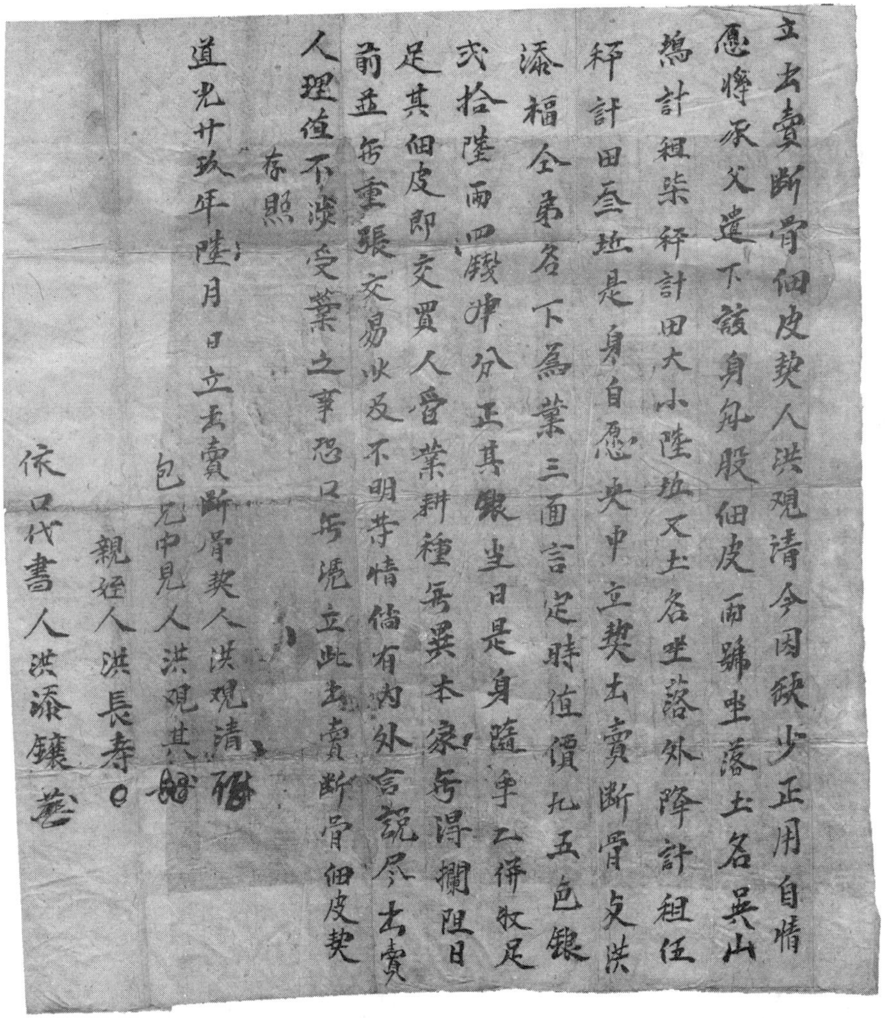

立出賣斷骨佃皮契人洪观清今因缺少正用自情
愿將承父遺下該身分股佃皮兩號坐落土名吳山
鴉計租柒秤計田大小陸坵又土名坐落外降計租伍
秤計田叁坵是身自愿央中立契出賣斷骨與洪
添福仝弟名下為業三面言定時值價九五色銀
式拾陸兩四錢肆分正其銀當日是身隨手一併收足
足其佃皮即交買人管業耕種無異本家無得攔阻日
前並無重張交易以及不明等情倘有內外言說盡出賣
人理值不涉受業之事恐口無憑立此出賣斷骨佃皮契
存照
道光廿玖年陸月　日立出賣斷骨契人洪观清（押）
包兄中見人洪观其（押）
親侄人洪長壽（押）
依口代書人洪添鑲（押）

江湾镇洪坦村 1 · 道光二十九年 · 出卖断骨佃皮契 · 洪观清卖与洪添福同弟

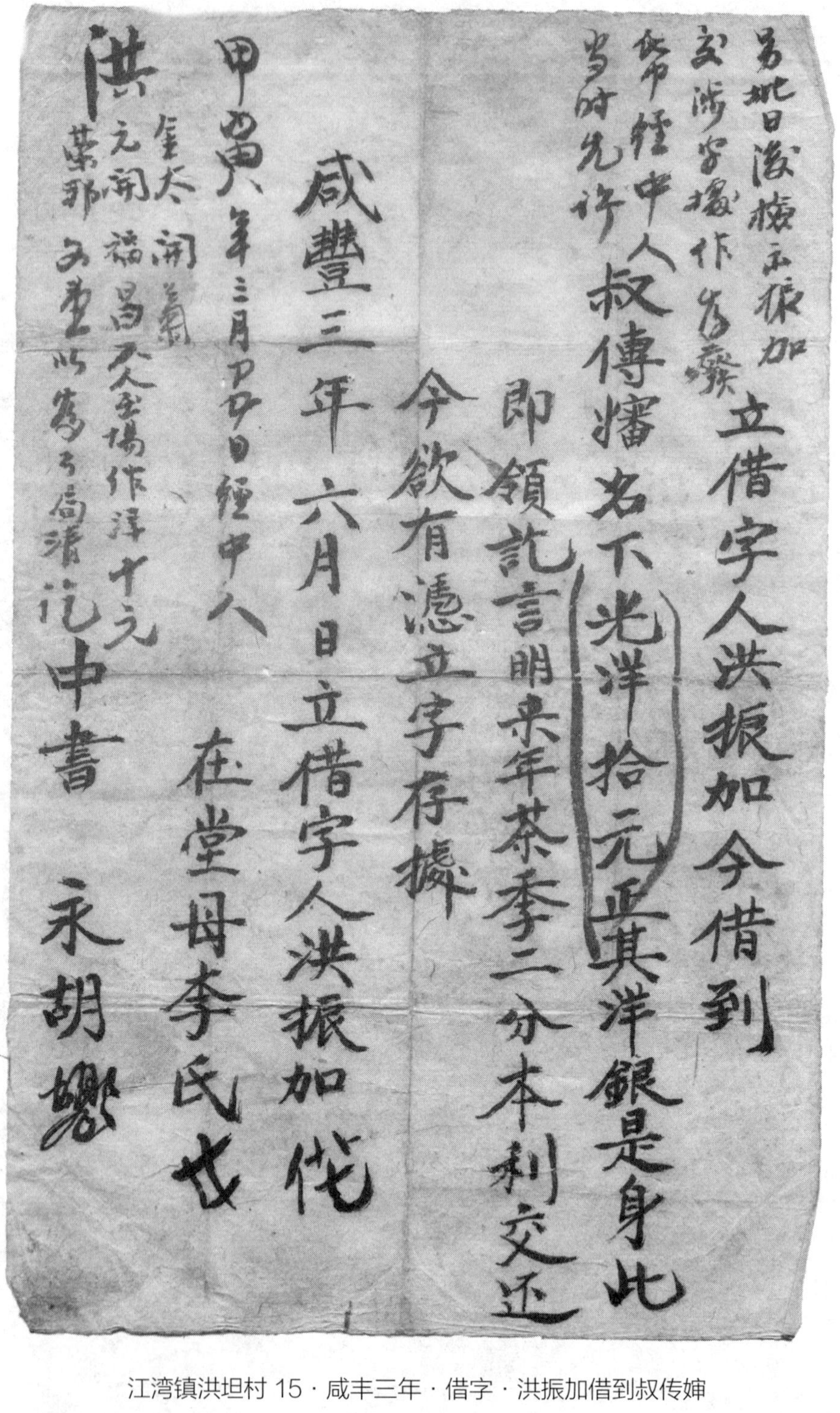

立借字人洪振加今借到
叔傳嬸名下光洋拾元正其洋銀是身此
即領訖言明来年茶季二分本利交还
今欲有憑立字存據
咸豐三年六月日立借字人洪振加代
在堂母李氏
中書
永胡[illegible]

另批日後據王振加
交涉字據作爲廢
依布經中人
當時先許
甲寅八年三月十四日經中人
洪全太 閏
元閏 福昌 天金場作洋十元
葉那 五董 以寄 高清 訖

江湾镇洪坦村 15 · 咸丰三年 · 借字 · 洪振加借到叔传婶

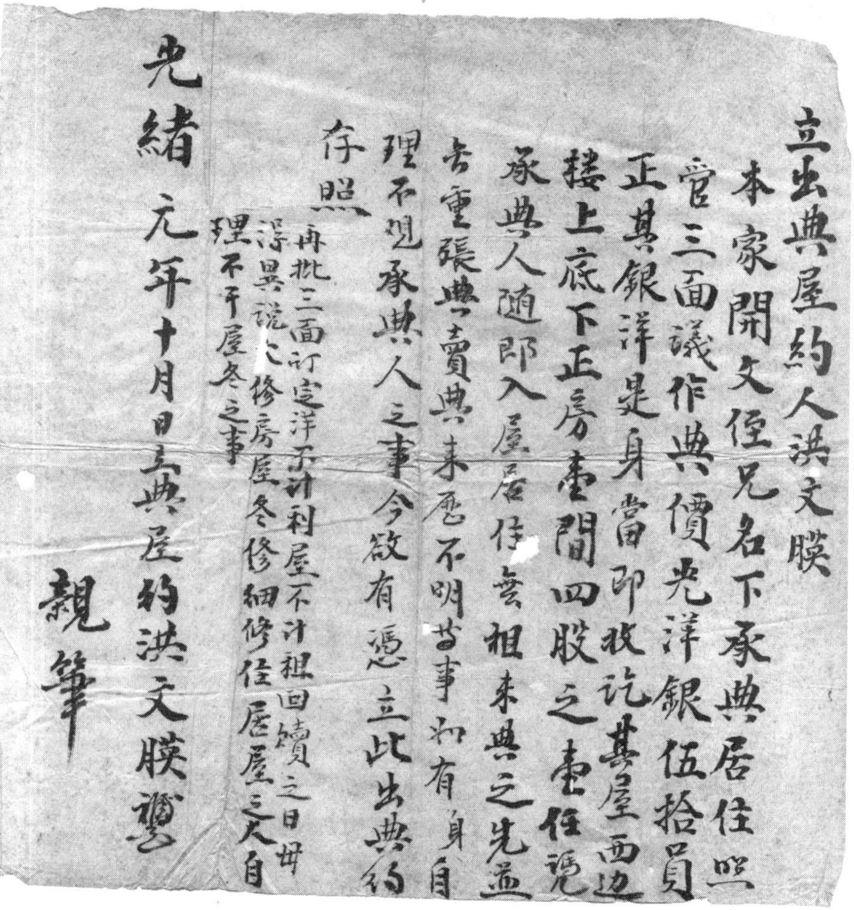
立出典屋约人洪文膜
本家開文侄兄名下承典居住照
甞三面議作典價光洋銀伍拾員
正其銀洋是身當即收訖其屋西边
樓上底下正房壹間四股之壹任憑
承典人随即入屋居住無阻未典之先並
無重張典賣典來歷不明等事如有自
理不涉承典人之事今欲有憑立此出典約
存照
再批三面訂定洋不計利屋不計租回贖之日毋
得異說大修房屋各修細修住居屋之人自
理不干屋各之事
光緒元年十月日立典屋约洪文膜親筆

江湾镇洪坦村 8 · 光绪元年 · 典屋约 · 洪文膜典与开文侄兄

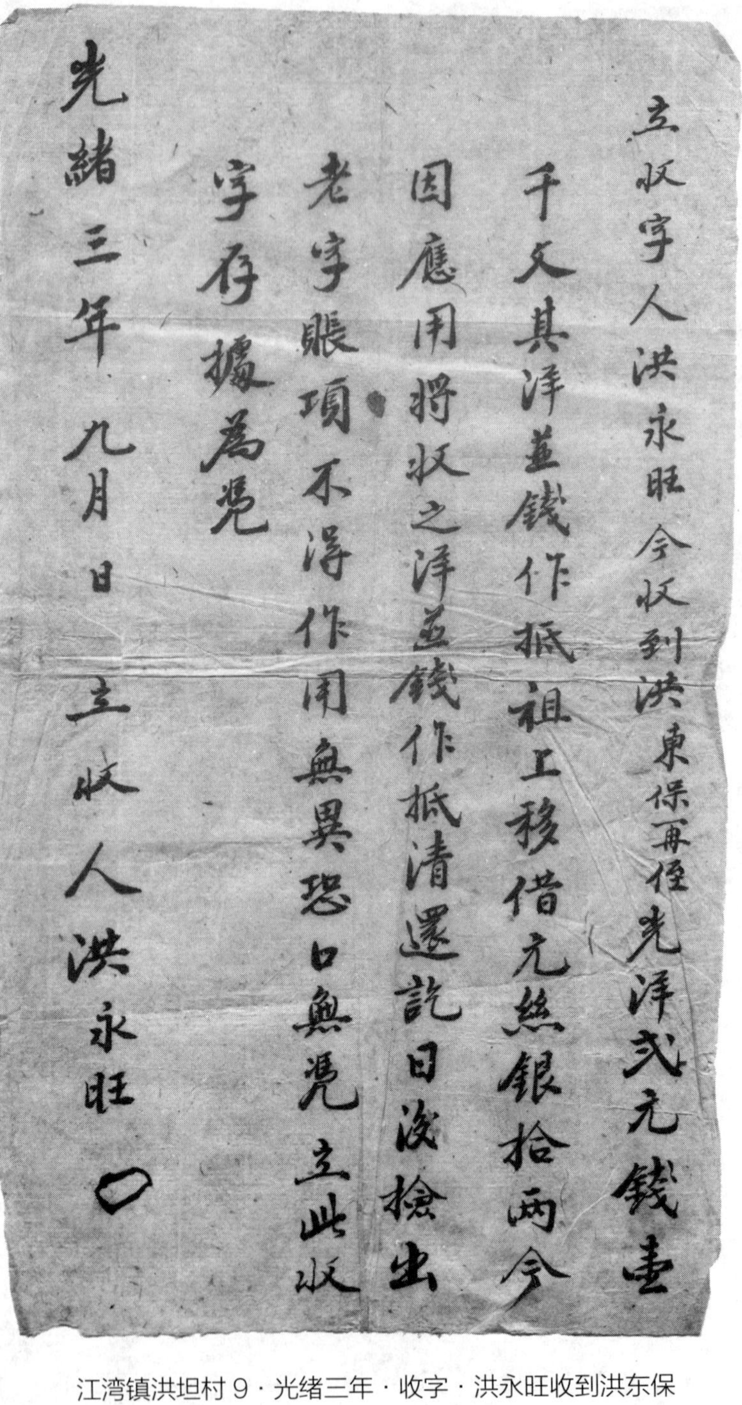
立收字人洪永旺今收到洪東保再侄光洋弍元錢壹千文其洋並錢作抵祖工移借元絲銀拾兩今因應用將收之洋並錢作抵清還訖日後撿出老字賬項不得作用無異恐口無凭立此收字存據爲凭

光緒三年九月日立收人洪永旺

江湾镇洪坦村 9 · 光绪三年 · 收字 · 洪永旺收到洪东保

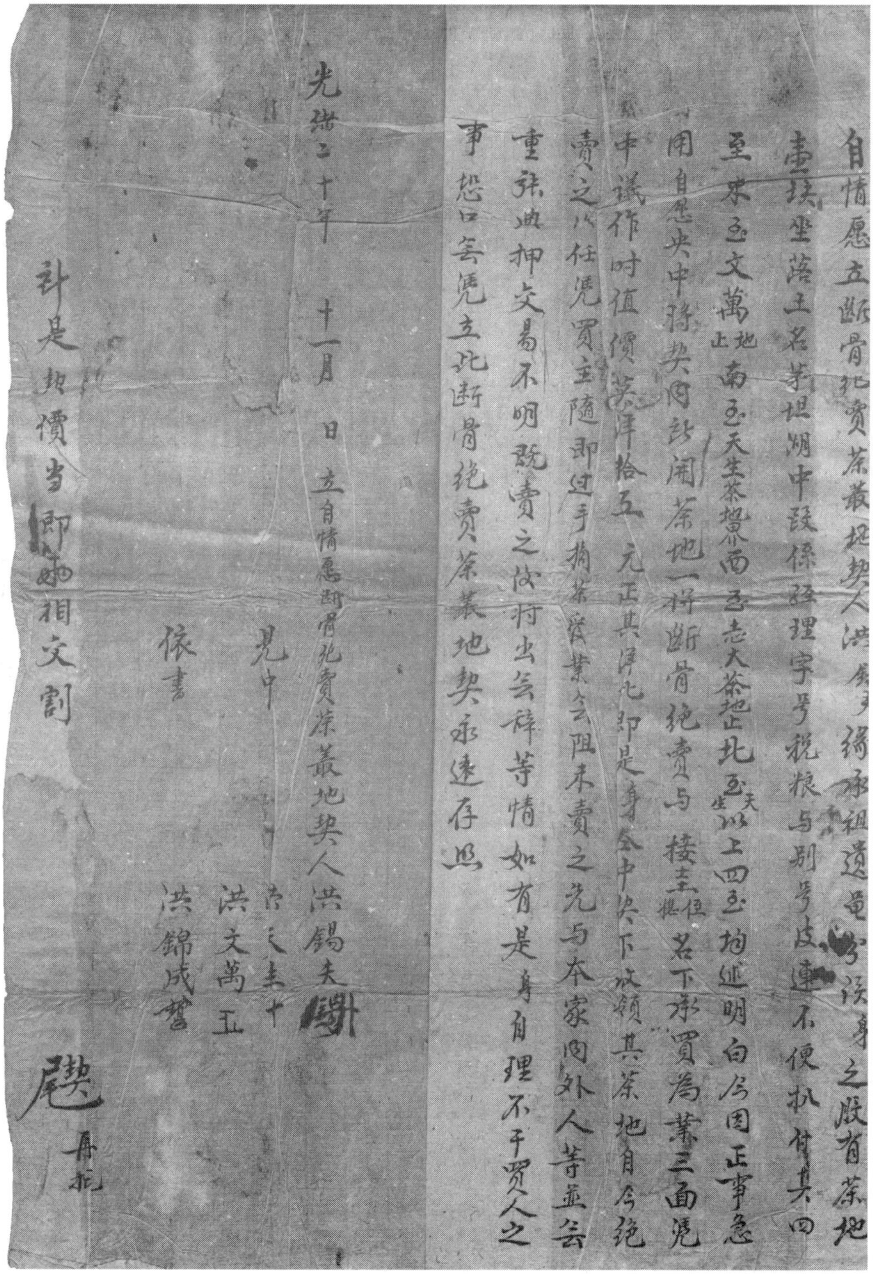
自情愿立断骨绝卖茶丛地契人洪锡夫，今因承祖遗受分得己身之股有茶地
壹块，坐落土名茅坦湖中段，係经理字号税粮与别号皮连，不便扒付，其四
至：东至文万地止，南至天生茶丛，西至志大茶地止，北至天生止。以上四至均述明白。今因正事急
用，自愿央中将契内所开茶地一并断骨绝卖与接圭侄、媳名下承买为业，三面凭
中议作时值价英洋拾五元正，其洋比即是身全中收下，领其茶地自今绝
卖之后，任凭买主随即过手摘茶发叶，无阻。未卖之先，与本家内外人等并无
重张典押交易不明；既卖之后，将出无辞等情。如有是身自理，不干买人之
事。恐口无凭，立此断骨绝卖茶丛地契，永远存照。
光绪二十年 十一月 日 立自情愿断骨绝卖茶丛地契人洪锡夫（押）
见中 [illegible] 洪文万（押）
依书 洪锦成（押）
计是契价当即两相交割
契尾 再批

江湾镇洪坦村 35 · 光绪二十年 · 断骨绝卖茶丛地契 · 洪锡夫卖与接圭侄、媳

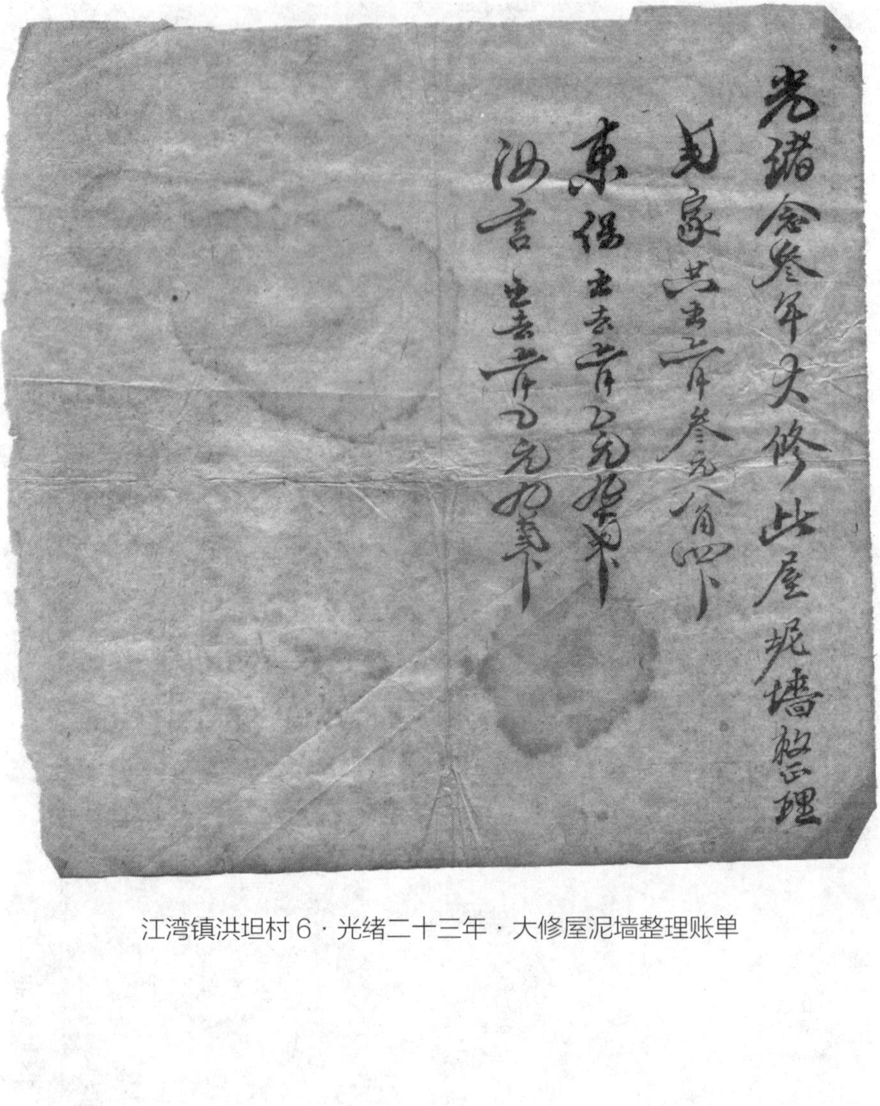

光绪念叁年大修此屋泥墙整理

江湾镇洪坦村 6 · 光绪二十三年 · 大修屋泥墙整理账单

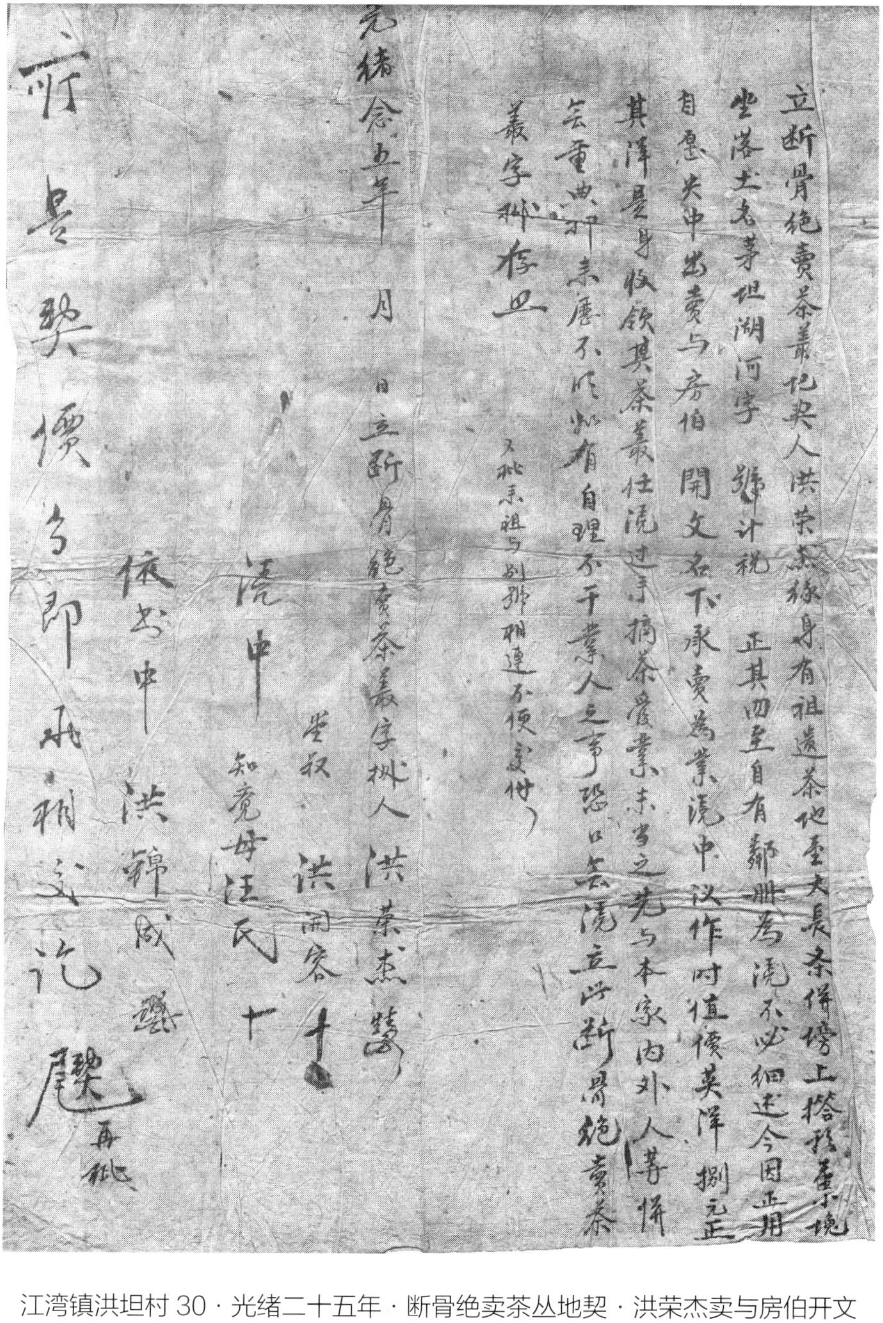

立断骨绝卖茶丛地契人洪荣杰，缘身有祖遗茶地壹大长条，伴塝上搭[illegible]壹小块，坐落土名茅坦湖河字　号，计税　正，其四至自有鳞册为凭，不必细述。今因正用，自愿央中出卖与房伯开文名下承卖为业，凭中议作时值价英洋捌元正，其洋是身收领，其茶丛任凭过手摘茶管业，未卖之先与本家内外人等并无重典交易不明，如有自理，不干买人之事。恐口无凭，立此断骨绝卖茶丛字据存照。

又批：来祖与契相连，不便交付。

光绪念五年　月　日立断骨绝卖茶丛字据人洪荣杰（押）

堂叔　洪润容（押）

凭中　知亮母汪氏（押）

依书中　洪锦成（押）

所是契价当即两相交讫（押）

再批

江湾镇洪坦村 30 · 光绪二十五年 · 断骨绝卖茶丛地契 · 洪荣杰卖与房伯开文

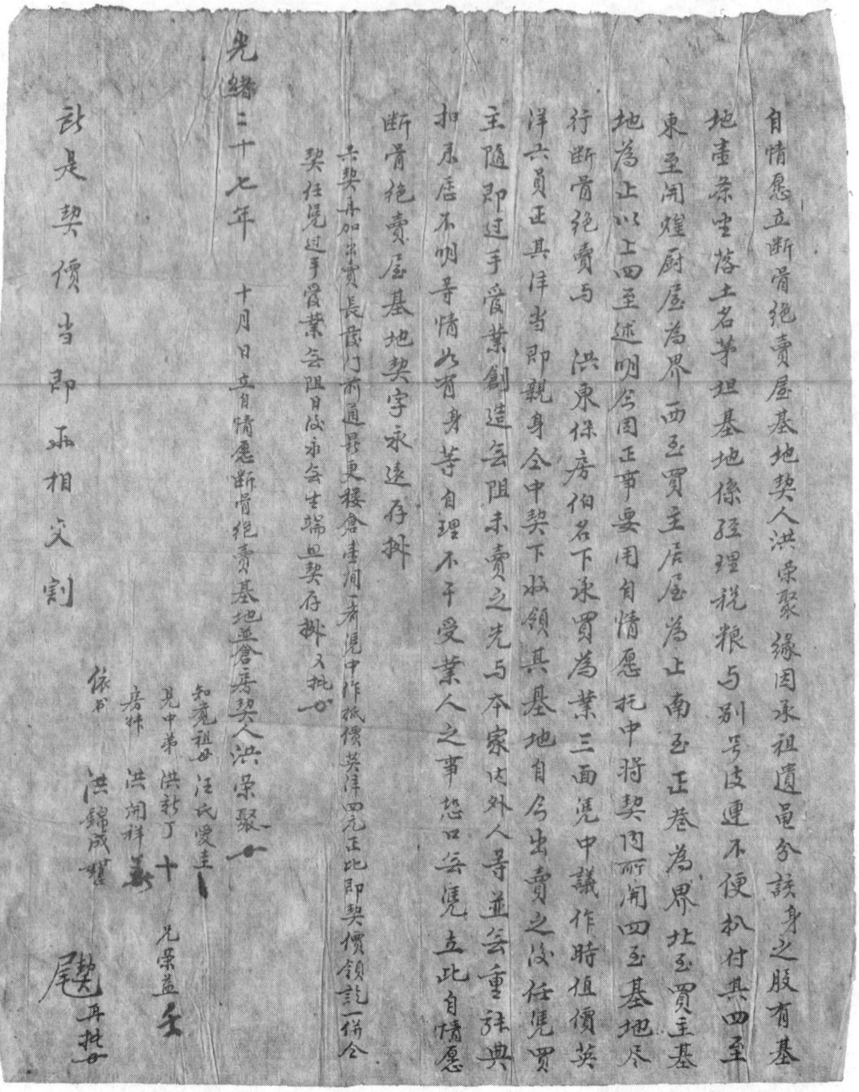
自情愿立断骨绝賣屋基地契人洪荣聚，緣因承祖遺受分該身之股有基
地壹条，坐落土名茅坦，基地係經理稅粮与别号，皮連不便，扒付其四至
東至闲煌厨屋為界，西至買主居屋為止，南至正巷為界，北至買主基
地為止，以上四至述明。今因正事要用，自情愿托中將契内所闲四至基地尽
行断骨绝賣与　洪東保房伯名下承買為業。三面凭中議作時值價英
洋六員正，其洋当即親身合中契下收領。其基地自今出賣之後，任凭買
主随即过手管業創造，無阻。未賣之先，与本家内外人等並無重張典
押、來歷不明等情，如有，身等自理，不干受業人之事。恐口無凭，立此自情愿
断骨绝賣屋基地契字，永遠存照。
其契再加米貴長發門前通路東横倉壹間，再凭中作抵價英洋四元正，比即契價領訖，一併合
契任凭过手管業無阻，日後亦無生端，此契存照。又批。
光緒二十七年　十月　日立自情愿断骨绝賣基地並倉房契人洪荣聚（押）
知見祖母　汪氏愛圭（押）
見中弟　洪新丁（十）
房侄　洪闲祥（押）
兄荣益（押）
依书　洪錦成（押）
該是契價当即兩相交割
再批

江湾镇洪坦村 22 · 光绪二十七年 · 断骨绝卖屋基地契 ·
洪荣聚绝卖与洪东保房伯

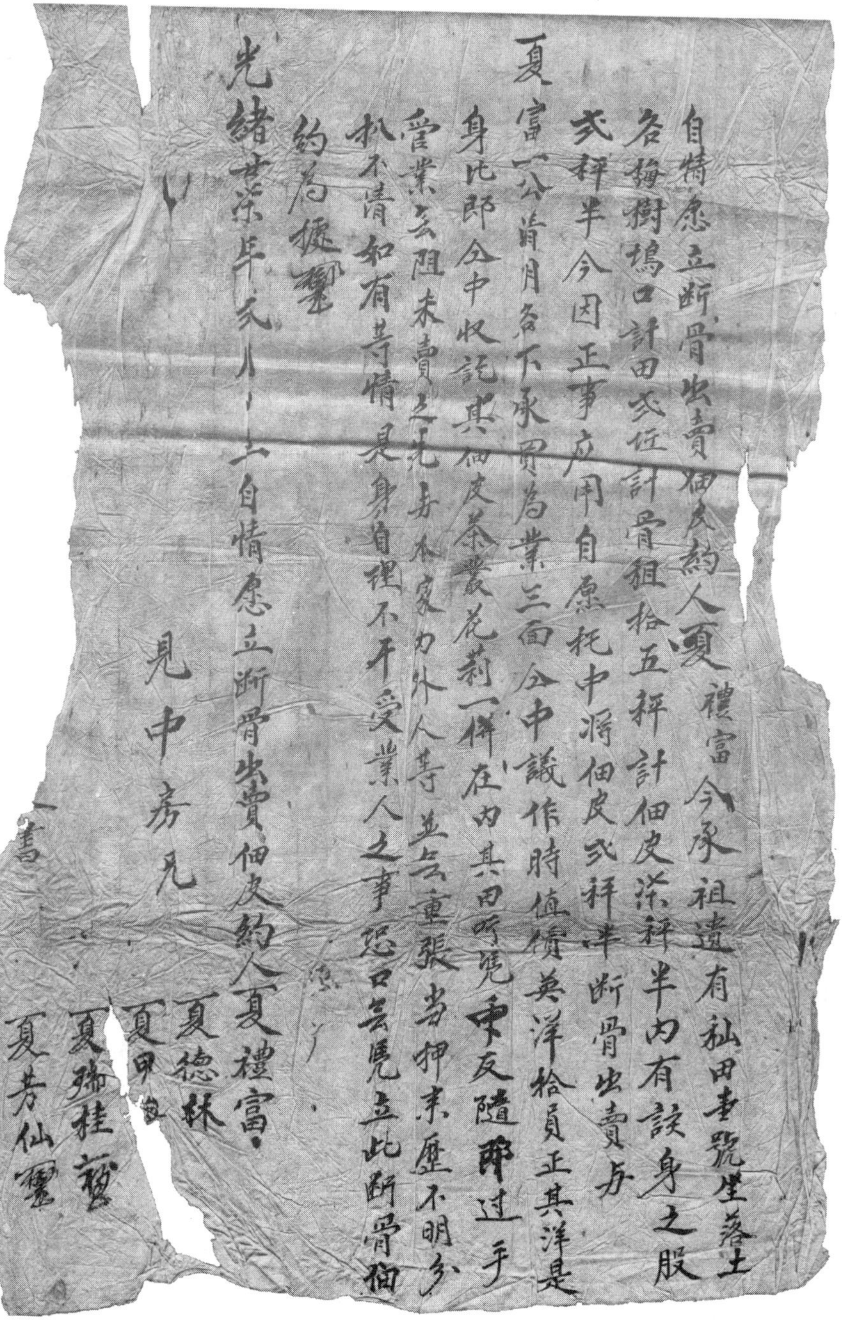

自情愿立断骨出賣佃皮約人夏禮富今承祖遗有私田壹號坐落土
名梅樹塢口計田弍坵計骨租拾五秤計佃皮柒秤半內有該身之股
弍秤半今因正事应用自愿托中將佃皮弍秤半断骨出賣与
夏富一公清明名下承買為業三面仝中議作時值價英洋拾員正其洋是
身比即仝中收訖其佃皮茶叢花莉一併在內其田听凭買人隨即过手
管業無阻未賣之先并無家內外人等並無重張当押來歷不明乡
扒不清如有等情是身自理不干受業人之事恐口無凭立此断骨佃
約為據（押）

光緒廿柒年弍月十二日自情愿立断骨出賣佃皮約人夏禮富（押）

見中房兄　夏德林（押）

夏甲良

夏瑞桂（押）

夏芳仙（押）

書

江湾镇洪坦村 37 · 光绪二十七年 · 断骨出卖佃皮约 ·
夏礼富卖与夏富一公清明名下

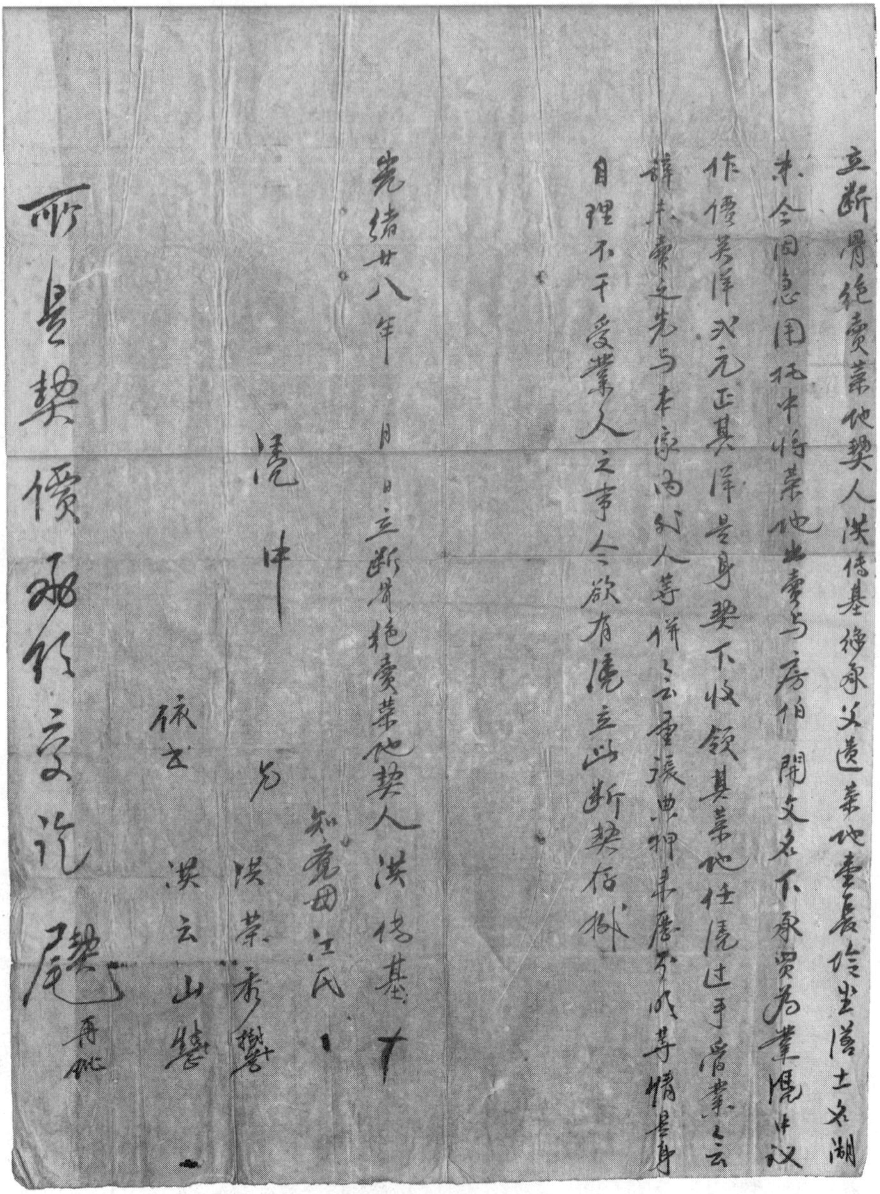
立断骨绝卖菜地契人洪传基，缘承父遗菜地壹长，坐落土名湖
米。今因急用，托中将菜地出卖与房伯　开文名下承买为业，凭中议
作价英洋弍元正。其洋是身契下收领，其菜地任凭过手管业无
讲，未卖之先与本家内外人等并无重张典押，来历不明等情，是身
自理，不干受业人之事。今欲有凭，立此断契存据。

光绪廿八年　月　日立断骨绝卖菜地契人洪传基（押）

凭中　兄　洪荣秀（押）

知见母江氏（押）

依书　洪云山（押）

所是契价两收足讫（押）

再批

江湾镇洪坦村 25 · 光绪二十八年 · 断骨绝卖菜地契 ·
洪传基卖与房伯开文

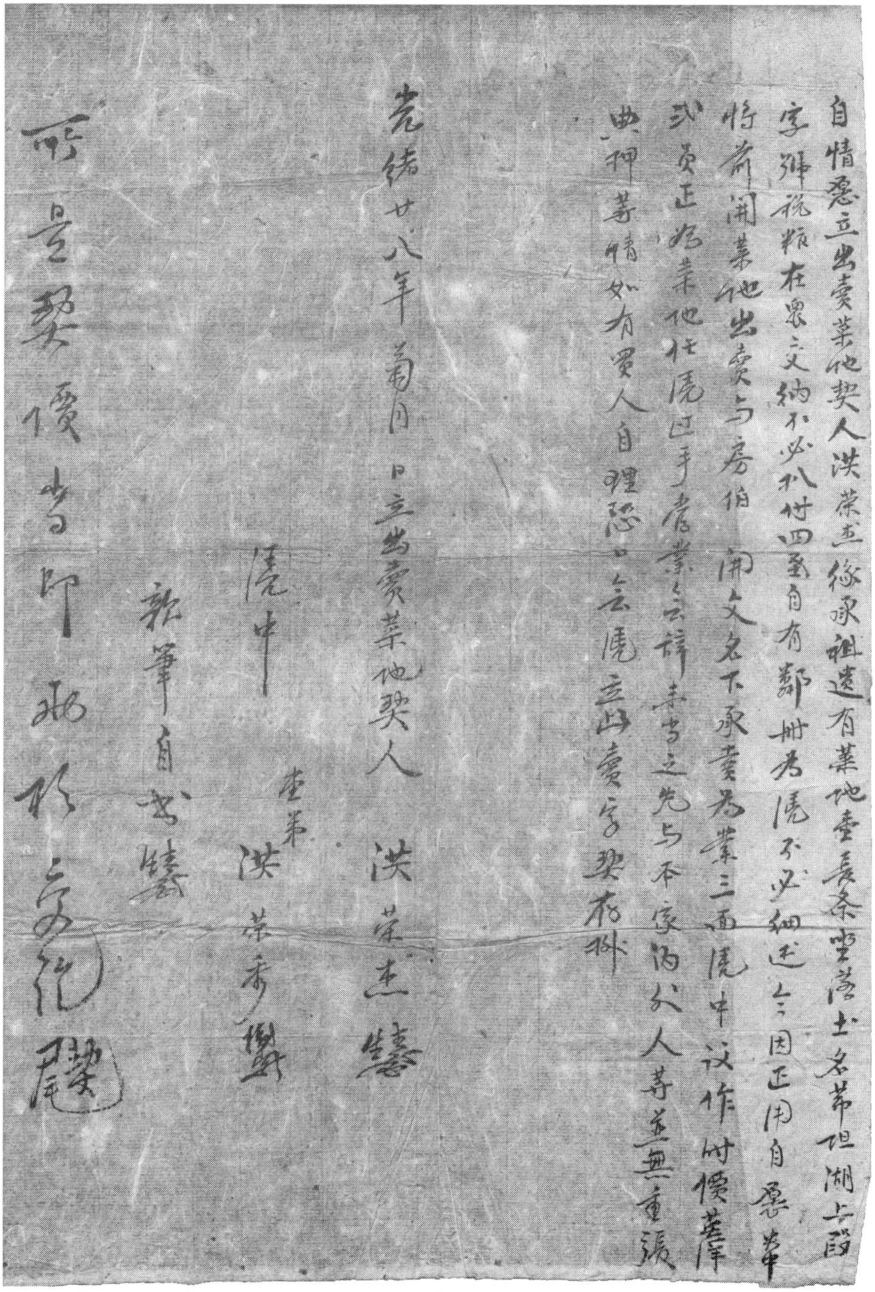
自情愿立出賣菜地契人洪榮杰，緣承祖遗有菜地壹長条，坐落土名芇坦湖上段
字號，稅粮在衆，文納不必扒付，四至自有鄰冊為凭，不必細述。今因正用，自愿央中
將前開菜地出賣與房伯開文名下承業為業，三面凭中议作時價英洋
弍员正，其菜地任凭過手管業收税。未賣之先，与本家内外人等並無重張
典押等情，如有，賣人自理。恐口無凭，立此賣字契存拠。
光緒廿八年菊月　日立出賣菜地契人洪荣杰（押）
凭中　堂弟洪荣秀（押）
親筆自書（押）
所是契價當即兩相交訖（押）

江湾镇洪坦村 29 · 光绪二十八年 · 出卖菜地契 · 洪荣杰卖与房伯开文

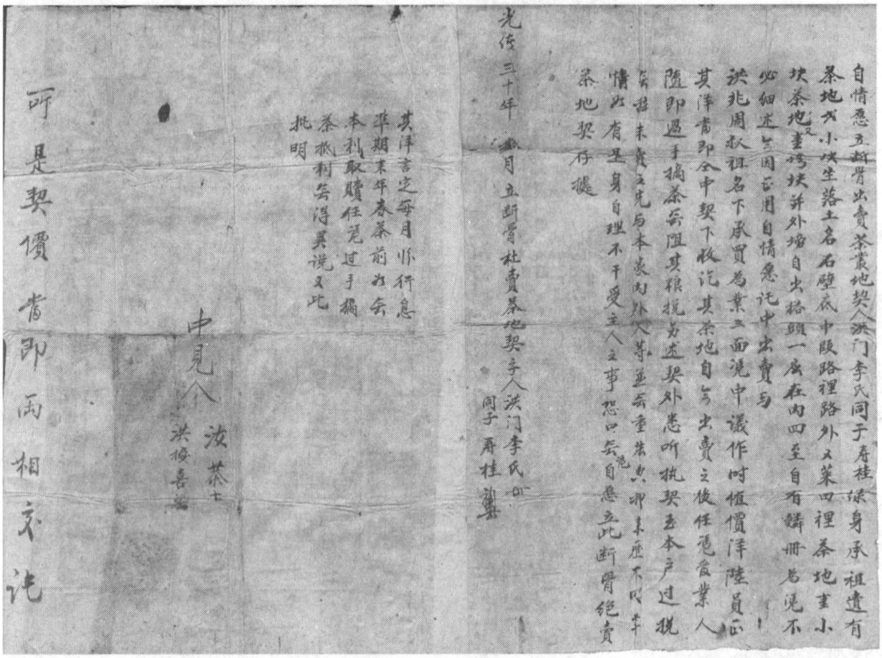

江湾镇洪坦村 24 · 光绪三十年 · 断骨出卖丛茶地契 ·
洪门李氏同子寿桂卖与洪兆周

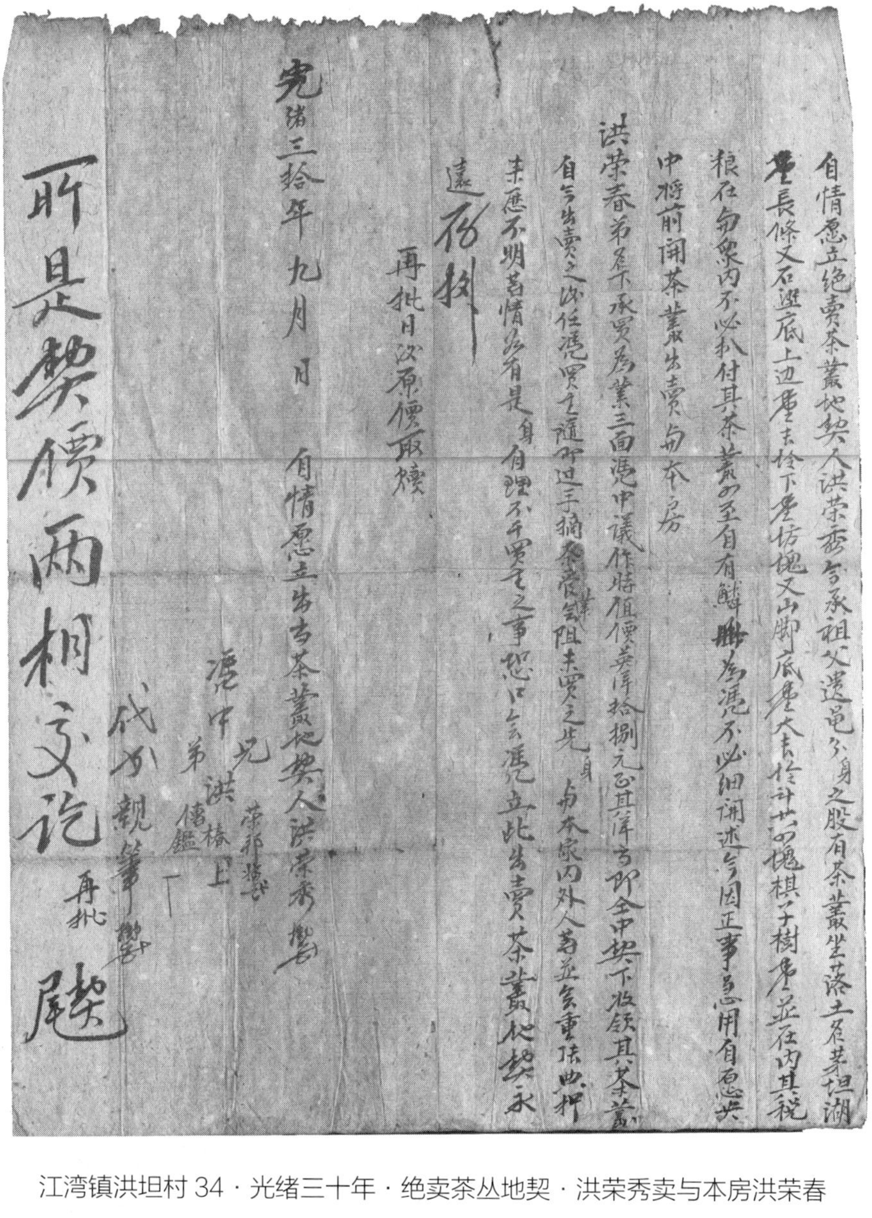

自情愿立绝卖茶丛地契人洪荣秀，今承祖父遗受分身之股有茶丛坐落土名茅坦湖
垄长条又石坝底上边墨去坵下墨坊塊又山脚底墨大共计廿四块棋子树墨并在内，其税
粮在分众内不必扒付，其茶丛四至自有鳞册为凭，不必细诵述。今因正事急用，自愿央
中将前开茶丛出卖与本房
洪荣春弟名下承买为业，三面凭中议作时值价英洋拾捌元正，其洋当即全中契下收领。其茶丛
自今出卖之后，任凭买主随即过手摘采管业，无阻。未卖之先，与本家内外人等并无重张典押
来历不明等情，如有是身自理，不干买主之事。恐口无凭，立此出卖茶丛地契永
远存据。
再批：日后原价取赎。
光绪三拾年九月 日 自情愿立出卖茶丛地契人洪荣秀（押）
凭中 兄 荣邦（押）
弟 洪椿 上
傅鉴
代书亲笔（押）
所是契价两相交讫 再批
契騐

江湾镇洪坦村 34 · 光绪三十年 · 绝卖茶丛地契 · 洪荣秀卖与本房洪荣春

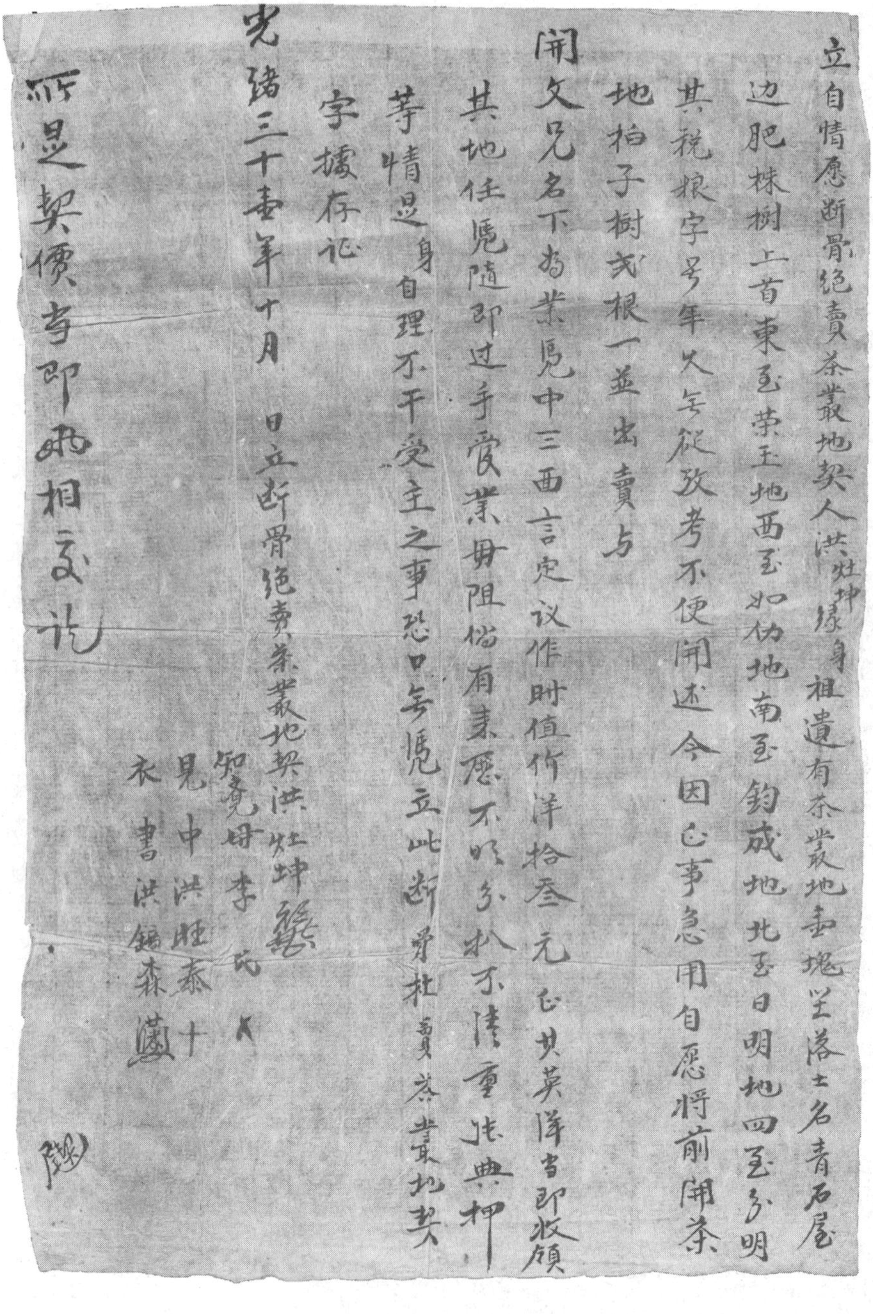
立自情愿断骨绝賣茶叢地契人洪灶坤，缘身祖遗有茶叢地壹块，坐落土名青石屋边肥株树上首，东至荣玉地，西至汝仂地，南至钧成地，北至日明地，四至分明。其税粮字号年久无从致考，不便开述。今因正事急用，自愿将前开茶地柏子树弍根一并出賣与

開文兄名下为业，凭中三面言定，议作时值价洋拾叁元正。其英洋当即收领，其地任凭随即过手管业毋阻。倘有来歷不明，分扒不清，重张典押等情，是身自理，不干受主之事。恐口无凭，立此断骨杜賣茶叢地契字据存证。

光绪三十壹年十月　日立断骨绝賣茶叢地契洪灶坤（押）

知见母李氏（押）

见中洪旺泰（十）

依书洪锡森（押）

此是契價当即两相交讫

江湾镇洪坦村 19 · 光绪三十一年 · 断骨绝卖茶丛地契 · 洪灶坤卖与开文

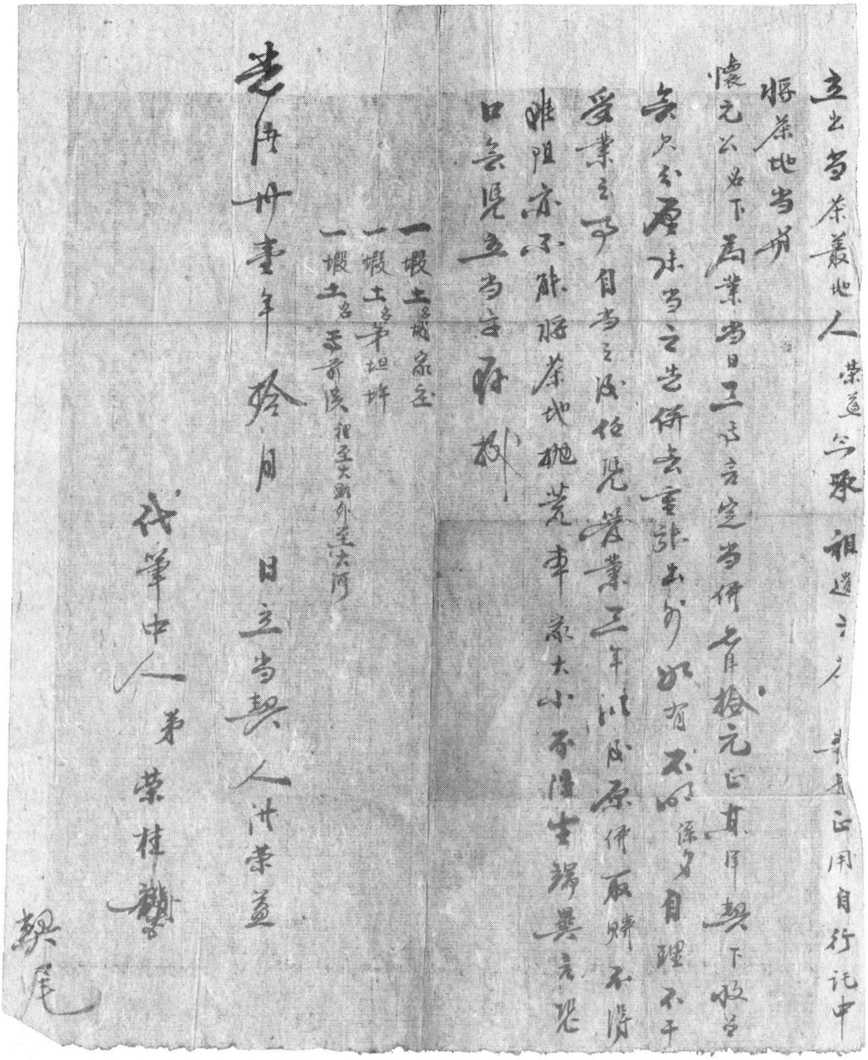

江湾镇洪坦村 33 · 光绪三十一年 · 出当茶丛地契 · 洪荣益当与怀元公

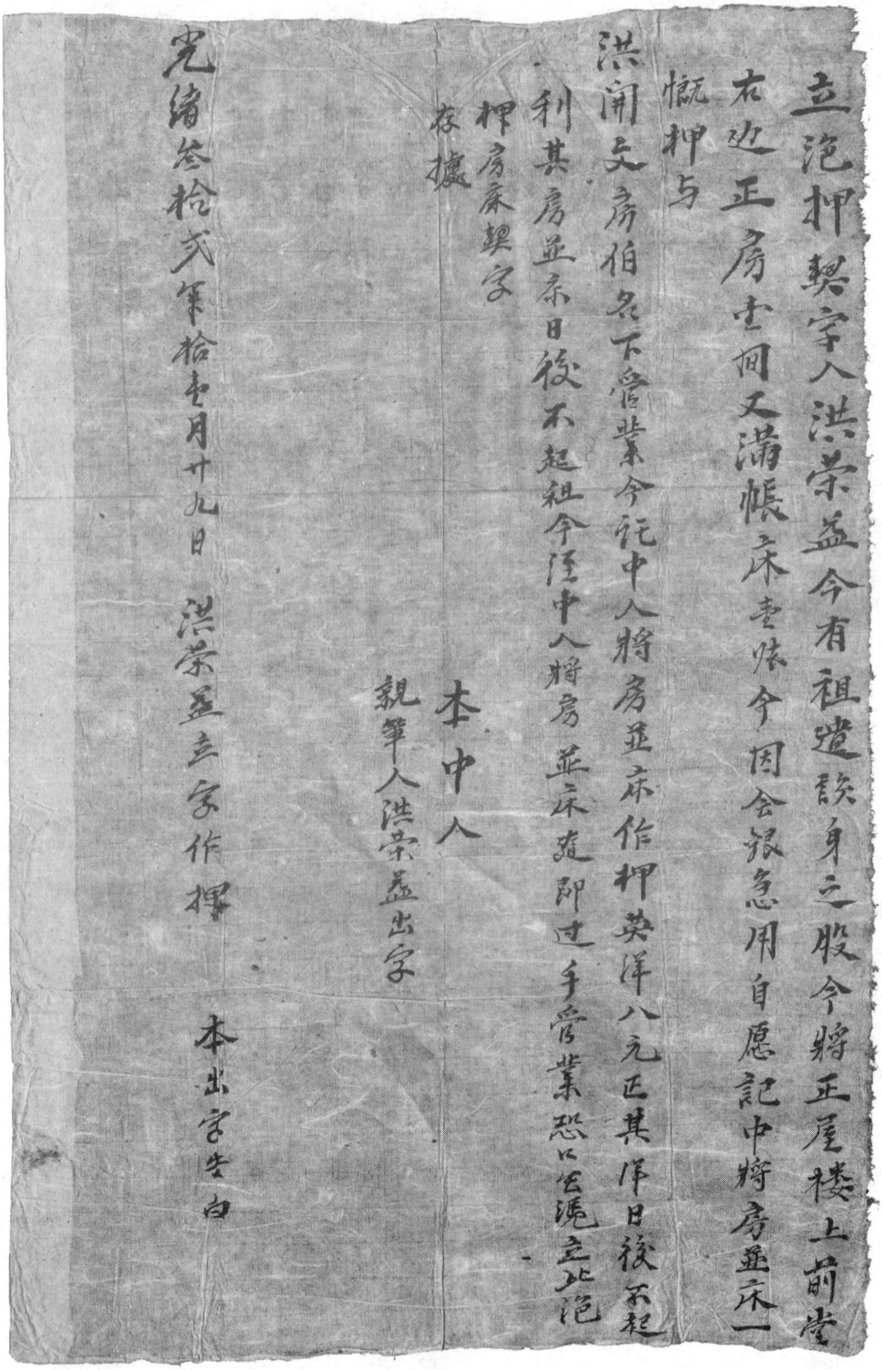
立绝押契字人洪荣益今有祖遗父身之股今将正屋楼上前堂
右边正房壹间又满帐床壹张今因会银急用自愿記中将房並床一
概押与
洪開文房伯名下管業今託中人將房並床作押英洋八元正其洋日後不起
利其房並床日後不起租今凭中人將房並床随即过手管業恐口無凭立此绝
押房床契字
存據
本中人
親筆人洪荣益出字
光绪叁拾式年拾壹月廿九日　洪荣益立字作押
本出字告白

江湾镇洪坦村 21 · 光绪三十二年 · 绝押契 · 洪荣益押与洪开文

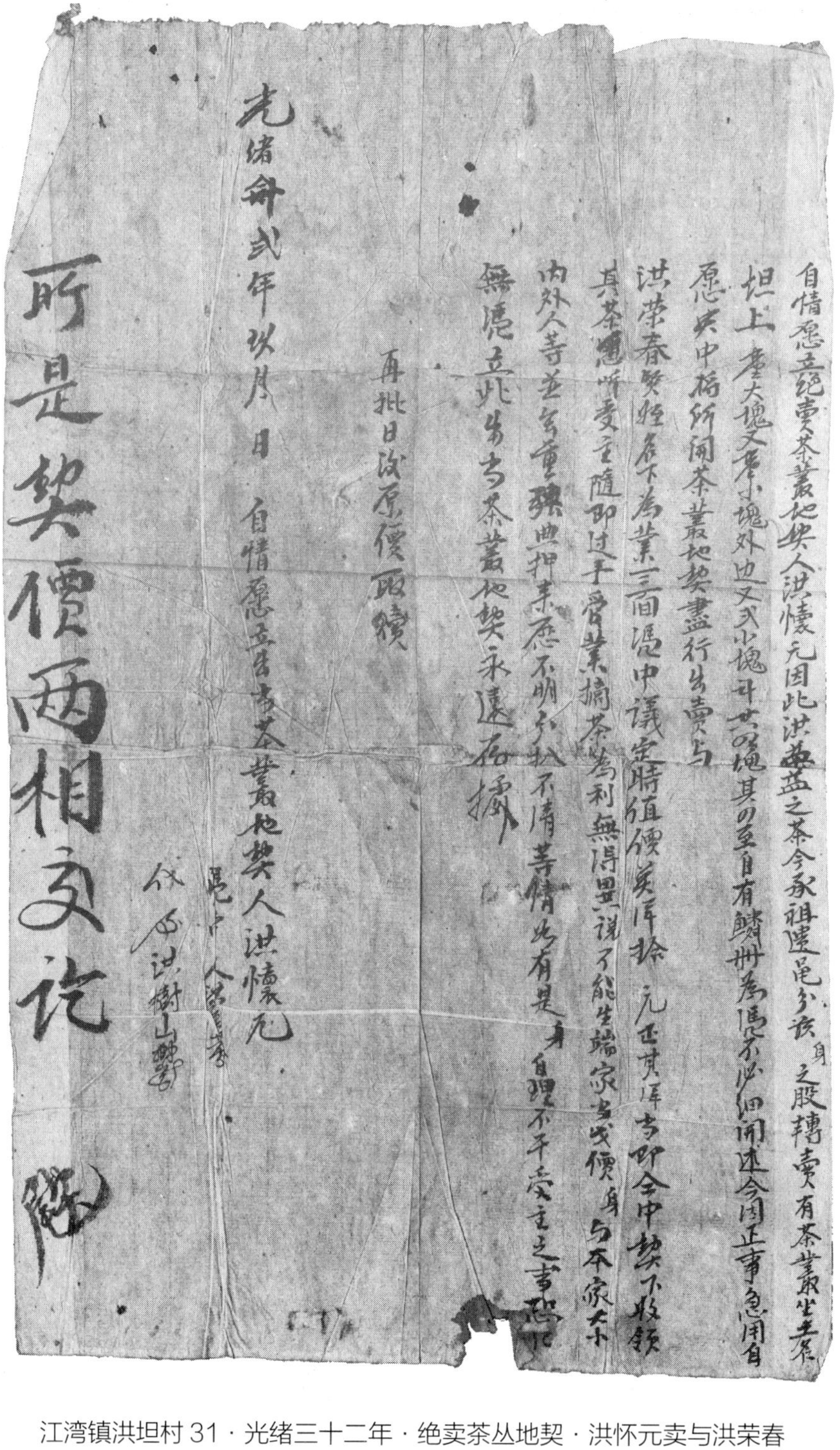
自情愿立绝賣茶叢地契人洪懷元，因此洪坦益之茶今承祖遺邑分該身之股轉賣，有茶叢取坐落
坦上壹大塊又零小塊外边又弍小塊，計共四塊，其四至自有鱗册為憑，不必細開述。今因正事急用，自
愿央中將所開茶叢地契盡行出賣与
洪榮春名下為業，三面憑中議定時值價英洋拾元正，其洋當即仝中契下收領。
其茶叢所賣之後隨即过手管業摘茶為利，無得異說，不能生端。家內外人等並無重複典押，來歷不明，如有不清等情，此有是身自理，不干受主之事。恐口
無憑，立此出賣茶叢地契，永遠存據。
再批日後原價取贖
光緒卅弍年玖月　日　自情愿立出賣茶叢地契人洪懷元
憑中人洪[illegible]春
依口代筆洪樹山
所是契價兩相交訖

江湾镇洪坦村 31 · 光绪三十二年 · 绝卖茶丛地契 · 洪怀元卖与洪荣春

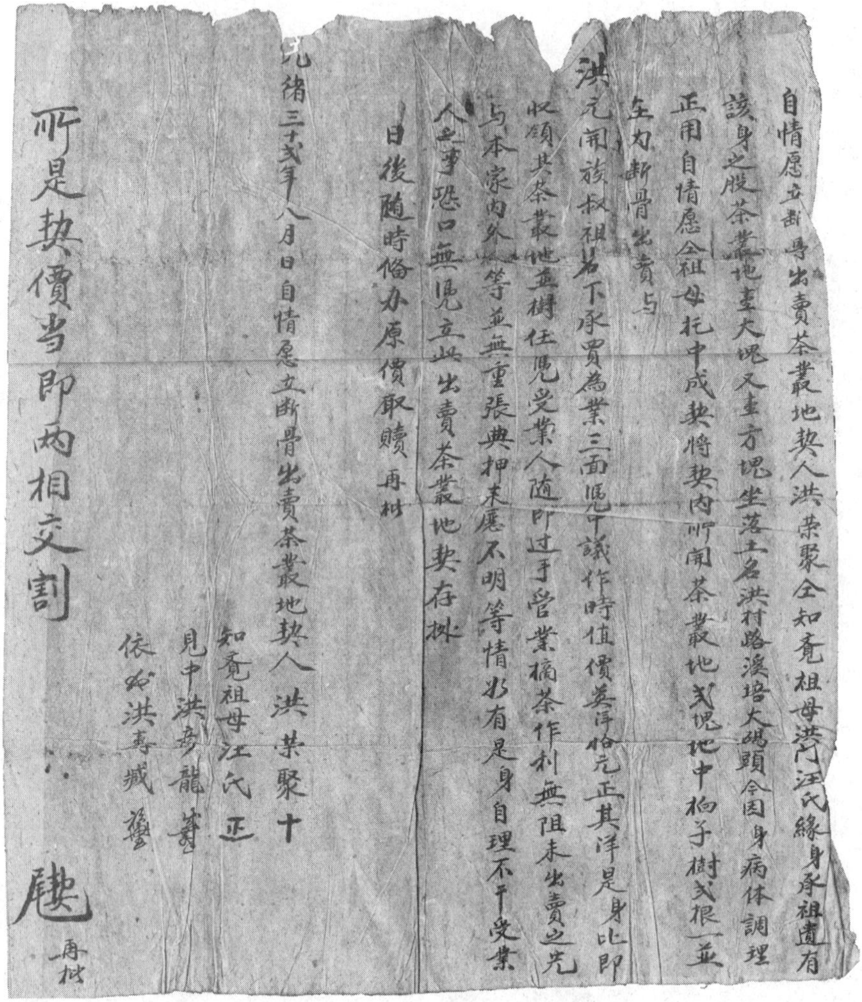
自情愿立斷骨出賣茶叢地契人洪荣聚仝知竟祖母洪門汪氏緣身承祖遺有
該身之股茶叢地壹大塊又壹方塊坐落土名洪村路溪培大碣頭今因身病体調理
正用自情愿仝祖母托中成契將契内所開茶叢地弍塊地中柏子樹弍根一並
立契斷骨出賣与
洪元開族叔祖名下承買為業三面憑中議作時值價英洋拾元正其洋是身比即
收領其茶叢地並樹任憑受業人随即过手管業摘茶作利無阻未出賣之先
与本家内外人等並無重張典押來歷不明等情如有是身自理不干受業
人之事恐口無憑立此出賣茶叢地契存照
日後随時備办原價取贖 再批
光緒三十弍年八月日自情愿立斷骨出賣茶叢地契人 洪荣聚 十
知竟祖母汪氏 正
見中 洪彦龍 押
依口 洪壽臧 押
所是契價当即兩相交割 訖
再批

江湾镇洪坦村 32 · 光绪三十二年 · 断骨出卖茶丛地契 ·
洪荣聚同祖母洪汪氏卖与洪元开

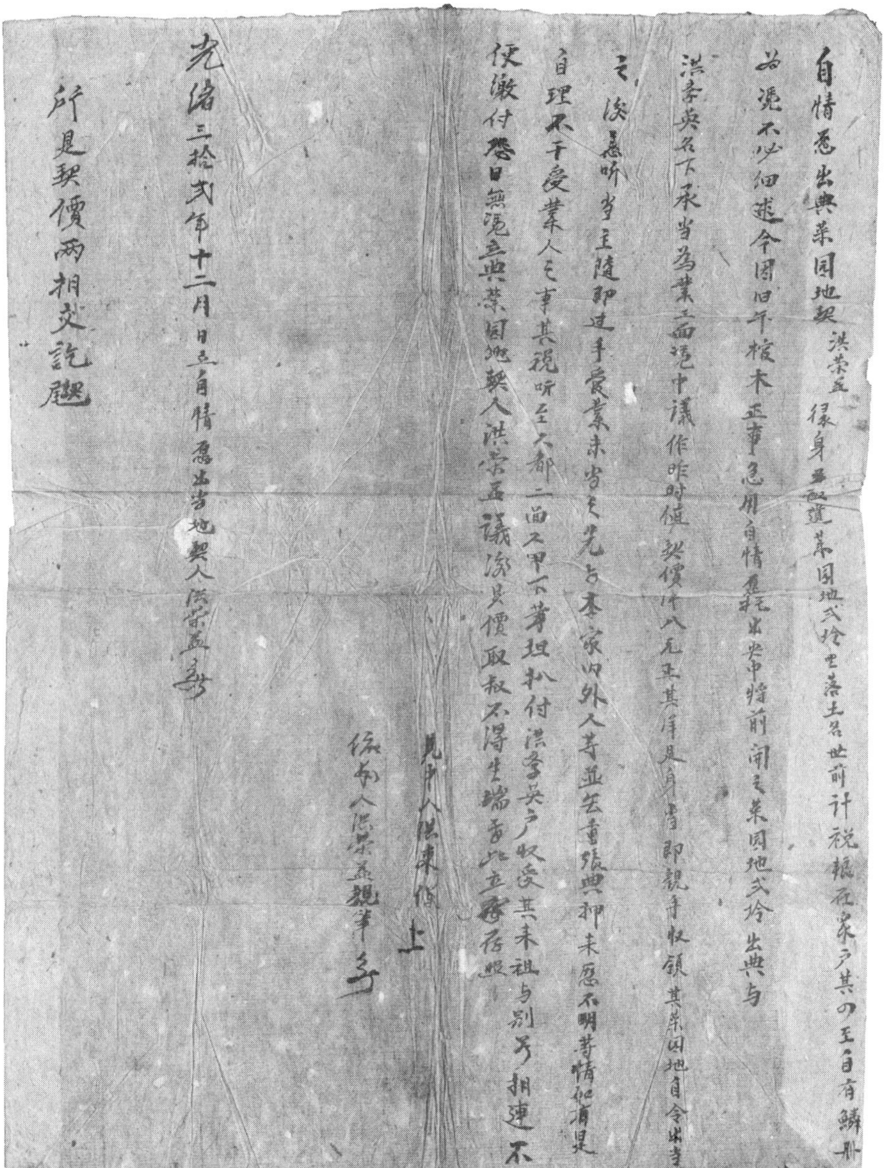
自情愿出典菜园地契 洪荣益
缘身無承遗菜园地弍拾 坐落土名世前 计税粮在本户 其四至自有鳞册
为凭不必细述今因旧年检木正事急用自情愿托出央中将前開之菜园地弍拾 出典与
洪孝英名下承当为業三面凭中議作時值 契價洋八元正其洋是日当 即親手收領 其菜园地自今出当
之後悉听当主随即过手受業耒当之先与本家内外人等並無重張典押来歷不明等情如有是
自理不干受業人之事其税听至六都二啚又甲下第坦扒付洪孝英户收受其未祖与别号相連不
便缴付原日無凭立典菜园地契人洪荣益議從具價取赎不得生端香此立契存照
見中人洪東保(?) 上
依書人洪荣益親筆 押
光緒三拾弍年十二月 日立自情愿出当地契人洪荣益 押
所是契價兩相交訖照

江湾镇洪坦村 36 · 光绪三十二年 · 出典菜园地契 · 洪荣益典与洪孝英

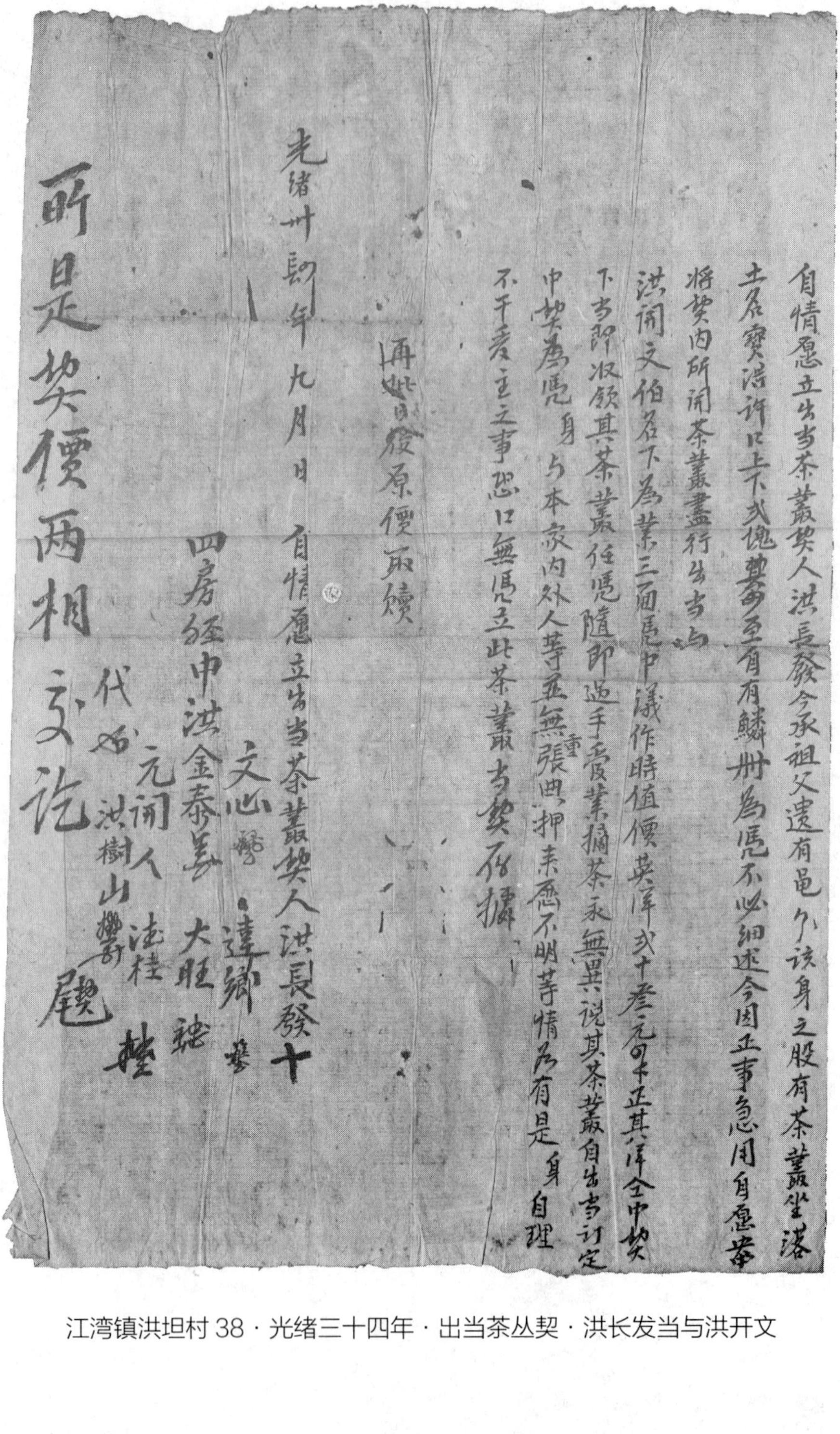

自情愿立出当茶叢契人洪長發，今承祖父遗有邑户該身之股有茶叢坐落
土名寶塔許口上下弍塊，其號至有有鳞册為凭，不必细述。今因正事急用，自愿
将契内所開茶叢盡行出当与
洪開文伯名下為業，三面凭中議作時值價英洋弍十叁元正，其洋仝中契
下当即收領，其茶叢任凭随即过手管業摘茶，永無異说。其茶叢自出当訂定
中契為凭，身与本家内外人等並無重張典押、来歷不明等情，如有是身自理，
不干受主之事。恐口無凭，立此茶叢当契存據。

再批：日後原價取贖。

光绪卅肆年九月　日　自情愿立出当茶叢契人洪長發（十）

四房　文必（押）　達鄉（押）

經中　洪金泰（押）　大旺（押）

元開人　法桂（押）

代筆　洪樹山（押）

所是契價兩相交訖（押）

江湾镇洪坦村 38 · 光绪三十四年 · 出当茶丛契 · 洪长发当与洪开文

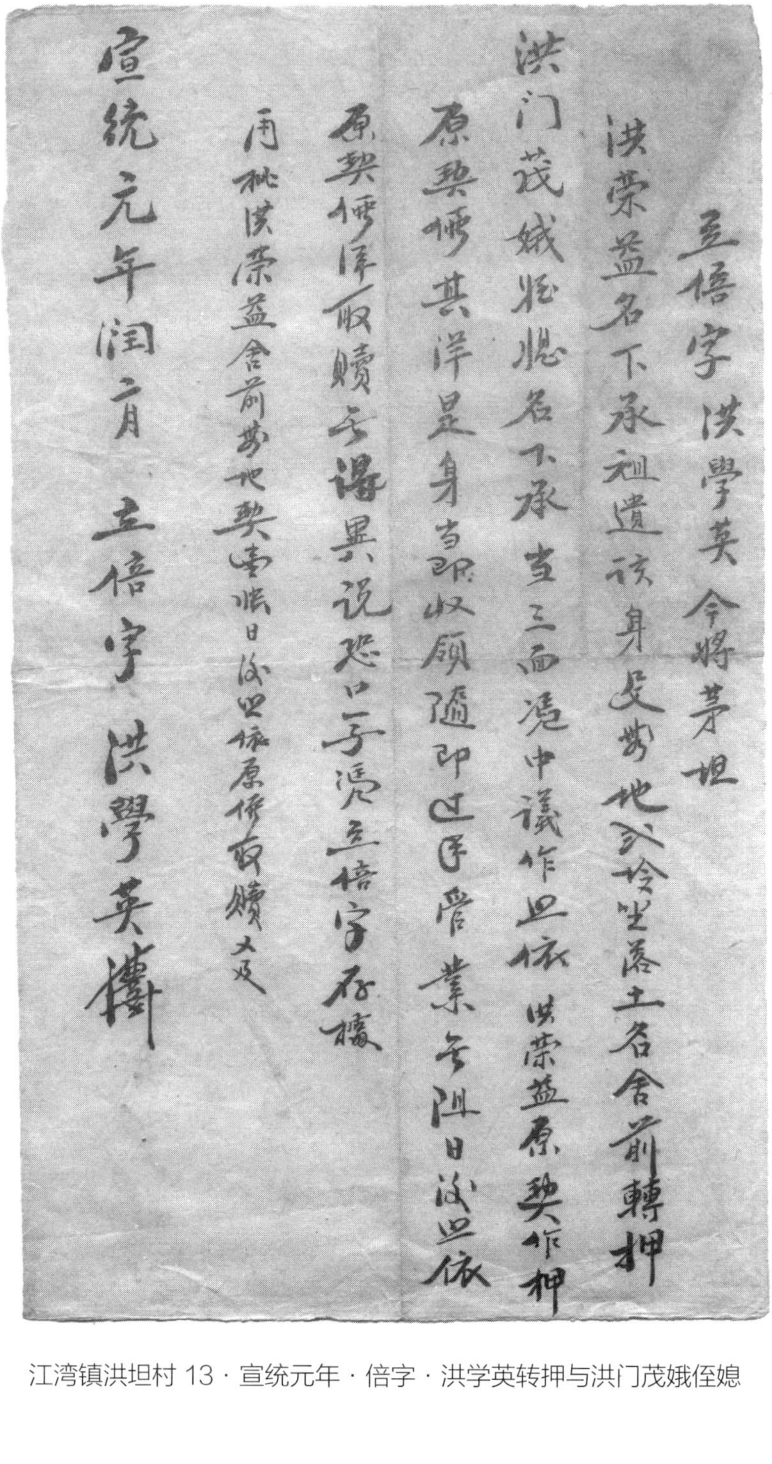
立倍字洪學英今將茅坦
洪榮益名下承祖遺該身分茅地弍塊坐落土名舍前轉押
洪門茂娥姪媳名下承當三面憑中議作照依 洪榮益原契作押
原契價其洋是身當即收領隨即過手管業無阻日後照依
原契價洋取贖無得異說恐口無憑立倍字存據
再批洪榮益舍前茅地契壹帳日後照依原價取贖又及
宣統元年閏六月 立倍字 洪學英 據

江湾镇洪坦村 13 · 宣统元年 · 倍字 · 洪学英转押与洪门茂娥侄媳

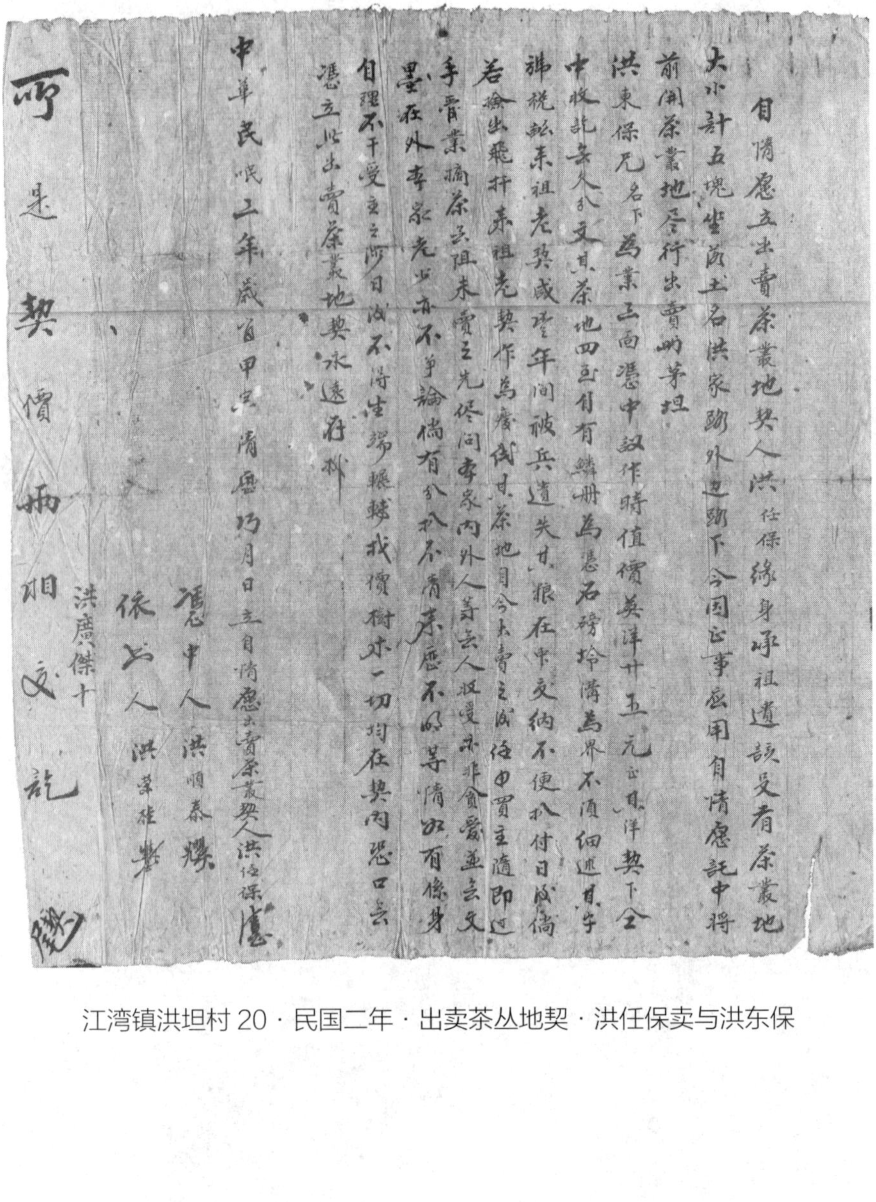
自情愿立出賣茶叢地契人洪任保，緣身承祖遺該受有茶叢地大小計五塊，坐落土名洪家踿外边踿下。今因正事应用，自情愿託中將前開茶叢地尽行出賣與茅坦洪東保兄名下為業，三面憑中議作時值價英洋廿五元正，其洋契下仝中收訖，無欠分文。其茶地四至自有鱗册為憑，石磅坽溝為界，不須细述。其字號稅畝，未祖老契咸豐年間被兵遺失，其粮在中交納，不便扒付，日後倘若搜出飛契、祖老契作為廢紙。其茶地自今出賣之後，任由買主隨即过手管業摘茶，無阻。未賣之先，係同本家内外人等無人收受，亦非貪爱並無文墨在外，本家老少亦不争論。倘有扒扒不清，来歷不明等情，如有係身自理，不干受主之事。日后不得生端𢭃轉找價，樹木一切均在契内。恐口無憑，立此出賣茶叢地契永遠存拠。

中華民國二年歲首甲寅清和月日立自情愿出賣茶叢契人洪任保（押）
憑中人洪順泰（押）
依口人洪棠雄（押）
洪廣傑十

可是契價兩相交訖（押）

江湾镇洪坦村 20 · 民国二年 · 出卖茶丛地契 · 洪任保卖与洪东保

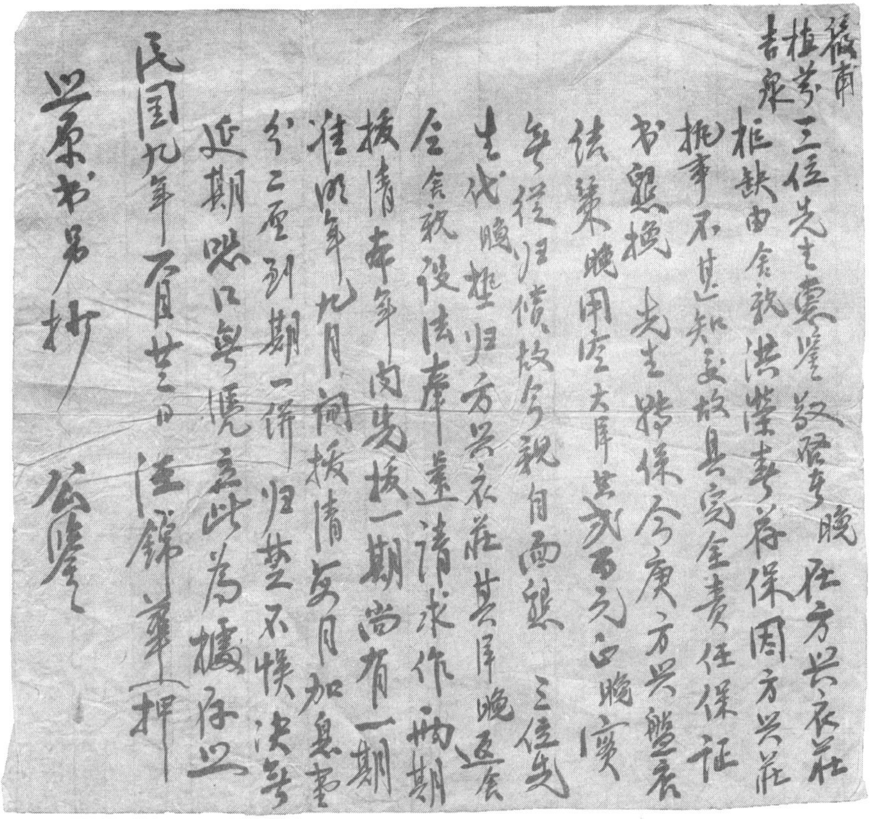
薇甫
桂芳 三位先生惠鉴：敬启者，晚任方兴衣庄
吉泉
柜缺，由舍亲洪荣寿荐保，因方兴庄
执事不甚知晚，故具完全责任保证
书照换。先生将保今庚方兴盘店
结算，晚用空大洋壹百元正，晚实
无从归偿，故今亲自面恳三位先
生代晚垫归方兴衣庄，其洋晚还舍
亲复洪荣寿，还请求作两期
拨清，本年内先拨一期，当有一期
准明年九月间拨清，每月加息壹
分二厘，到期一併归楚，不误。决无
延期，恐口无凭，立此为据存照。
民国九年五月廿二日 汪锦华 押
照原书另抄 公鉴

江湾镇洪坦村 14 · 民国九年 · 书信 · 汪锦华

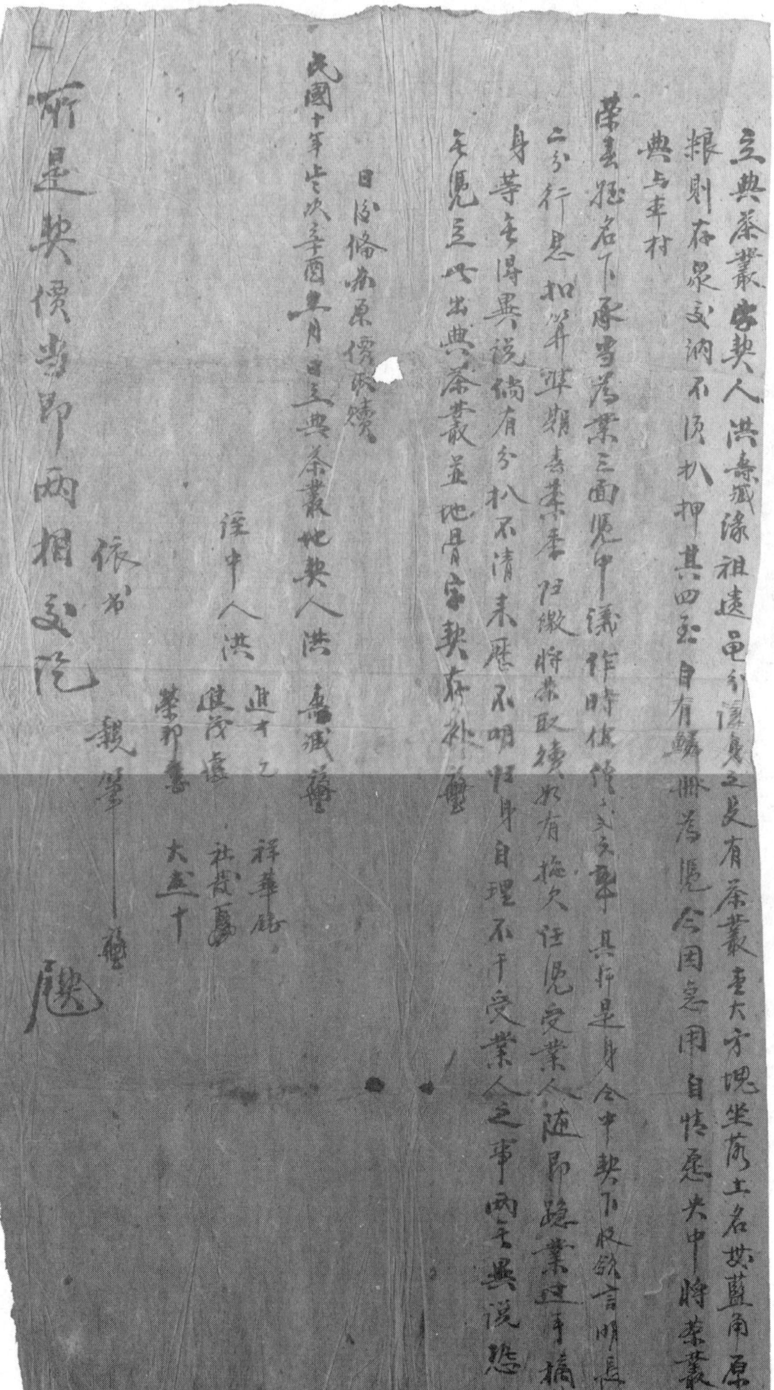

立典茶叢字契人洪壽臧，緣祖遺邑(?)分(?)得身己(?)足有茶叢壹大方，現坐落土名英(?)藍角，原自
粮則存眾交納，不須扒押，其四至自有鱗冊為憑。今因急用，自情愿央中將茶叢出
典與本村
榮春名下承當為業，三面憑中議作時值價洋[illegible]整，其洋是身仝中契下收訖，言明遞(?)年
二分行息，扣算洋類春茶季任繳，將茶取讀(?)，如有拖欠，任憑受業人隨即起業過手摘茶，
身等無得異說。倘有分扒不清，來歷不明，歸身自理，不干受業人之事。兩無異說，恐口
無憑，立此出典茶叢並地骨字契存於(?)照。
日後倫(?)尋原價取贖
民國十年歲次辛酉五月 日立典茶叢地契人洪壽臧（押）
經中人洪進才之 祥華（押）
棋茂(?)盛 社發(?)（押）
榮郎(?)（押） 大成(?)十
依書 親筆（押）
所是契價當即兩相交訖
訖

江湾镇洪坦村 28 · 民国十年 · 典茶丛地契 · 洪寿臧典与荣春

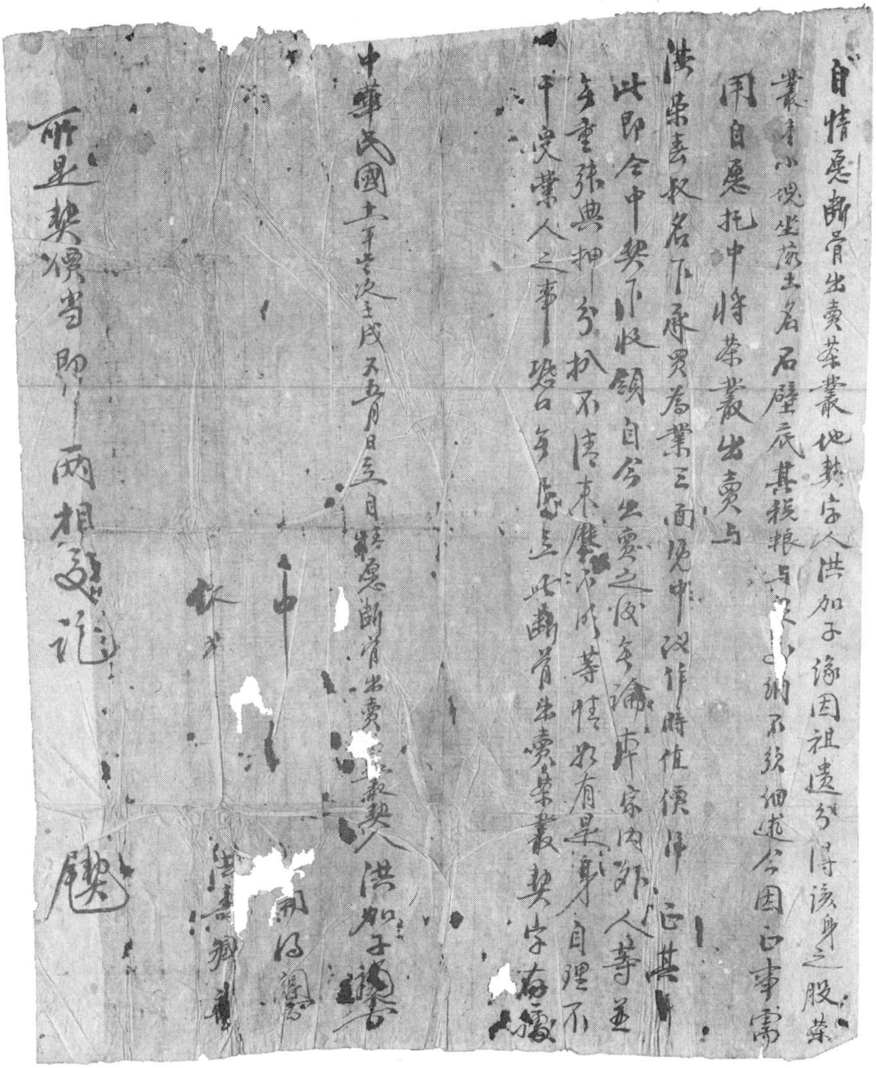

自情愿断骨出卖茶丛地契字人洪加子，缘因祖遗分得该身之股茶
丛壹小坵，坐落土名石壁底，其额粮与[illegible]不能细述。今因口事需
用，自愿托中将茶丛出卖与
洪荣春叔名下承买为业，三面凭中议作时值价洋　正，其洋
比即仝中契下收领。自今出卖之后，并无内外人等并
无重张典押，分扒不清，东来历不明等情，如有是身自理，不
干受业人之事。恐口无凭，立此断骨出卖茶丛契字存据。
中华民国十一年岁次壬戌五月　日立自情愿断骨出卖茶丛契人洪加子（押）
中　[illegible]
依口代笔　洪嘉[illegible]（押）
所是契价当即两相交讫

江湾镇洪坦村 18 · 民国十一年 · 断骨出卖茶丛地契 · 洪加子卖与洪荣春

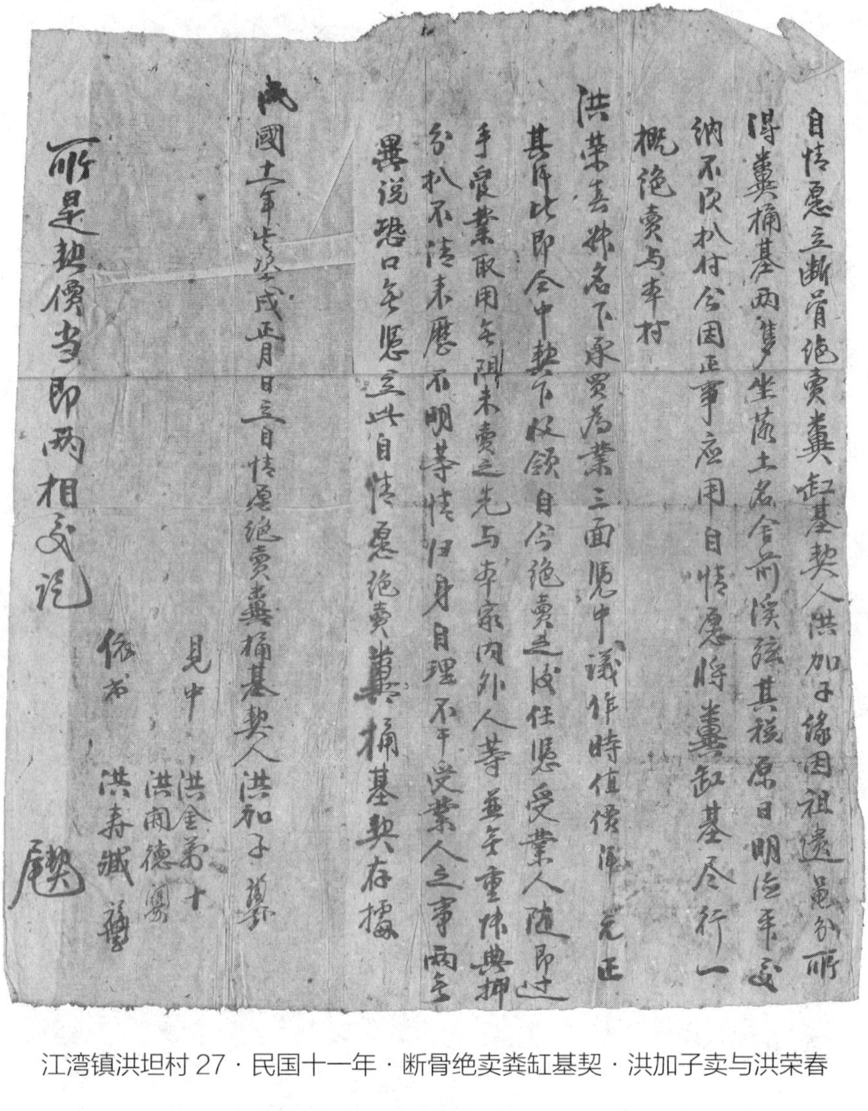

自情愿立断骨绝賣糞缸基契人洪加子緣因祖遗分所
得糞桶基两只坐落土名金前溪路其税原日明注平受
纳不便扒付今因正事應用自情愿將糞缸基尽行一
概绝賣與本村
洪榮春名下承買為業三面凴中議作時值價洋　元正
其洋比即仝中契下收領自今绝賣之後任凴受業人随即过
手管業取用無阻未賣之先與本家内外人等並無重复典押
分扒不清来歷不明等情归身自理不干受業人之事两無
異説恐口無凴立此自情愿绝賣糞桶基契存據
民國十一年壬戌正月　日立自情愿绝賣糞桶基契人洪加子
見中　洪金第　洪雨德
依书　洪寿灿
所是契價当即兩相交讫

江湾镇洪坦村 27 · 民国十一年 · 断骨绝卖粪缸基契 · 洪加子卖与洪荣春

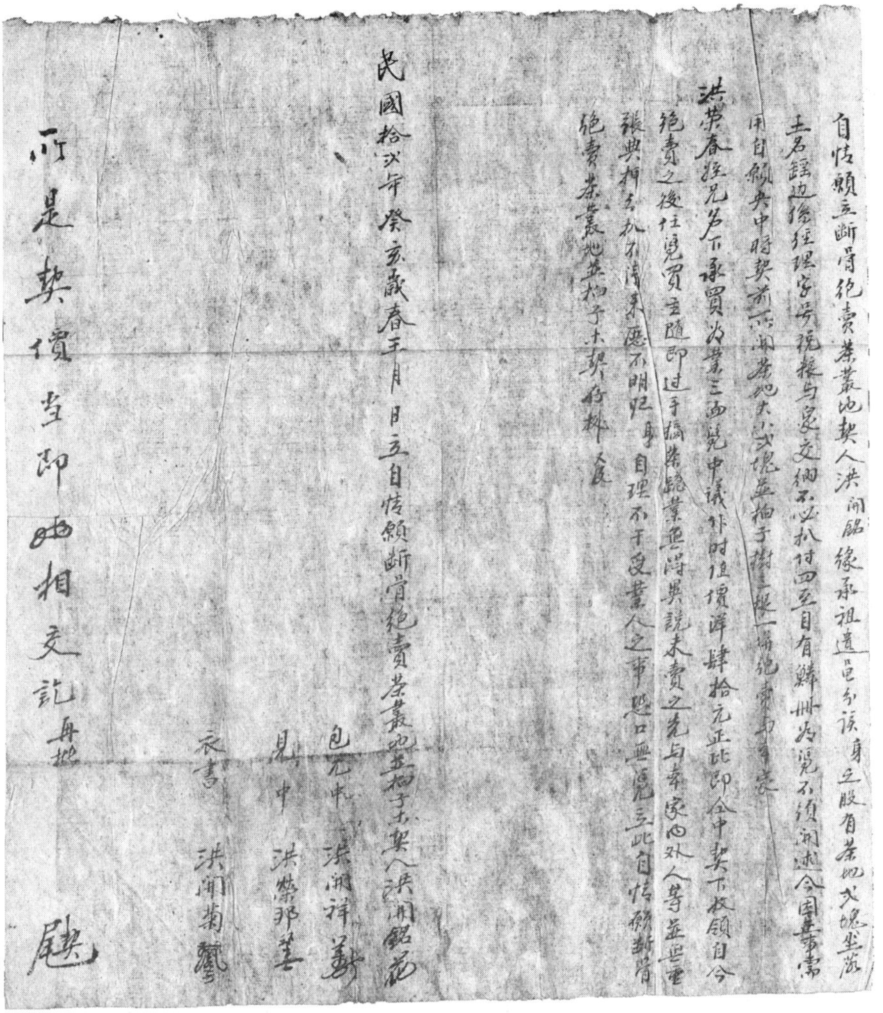

自情願立斷骨絕賣茶叢地契人洪開銘緣承祖遺己分該身己股有茶地弍塊坐落土名鍾边係經理字号稅粮与家交納不必扒付四至自有鱗冊為凭不復開述今因無事需用自願央中將契前頭茶地大小弍塊并柚子樹一根一併絕賣與本家洪榮春姪兄名下承買為業三面憑中議作時值價洋肆拾元正比即仝中契下收領自今絕賣之後任憑買主隨即过手摘茶鋤業無得異說未賣之先与本家內外人等並無重張典押如有來歷不明俱身自理不干受業人之事恐口無憑立此自情願斷骨絕賣茶叢地并柚子木契存據

民國拾弍年癸亥歲春三月　日立自情願斷骨絕賣茶叢地并柚子木契人洪開銘（押）

包兄中　洪開祥（押）

見中　洪榮邦（押）

依書　洪開菊（押）

所是契價当即兩相交訖再批

江湾镇洪坦村 39 · 民国十二年 · 断骨绝卖茶丛地契 · 洪开铭卖与本家洪荣春

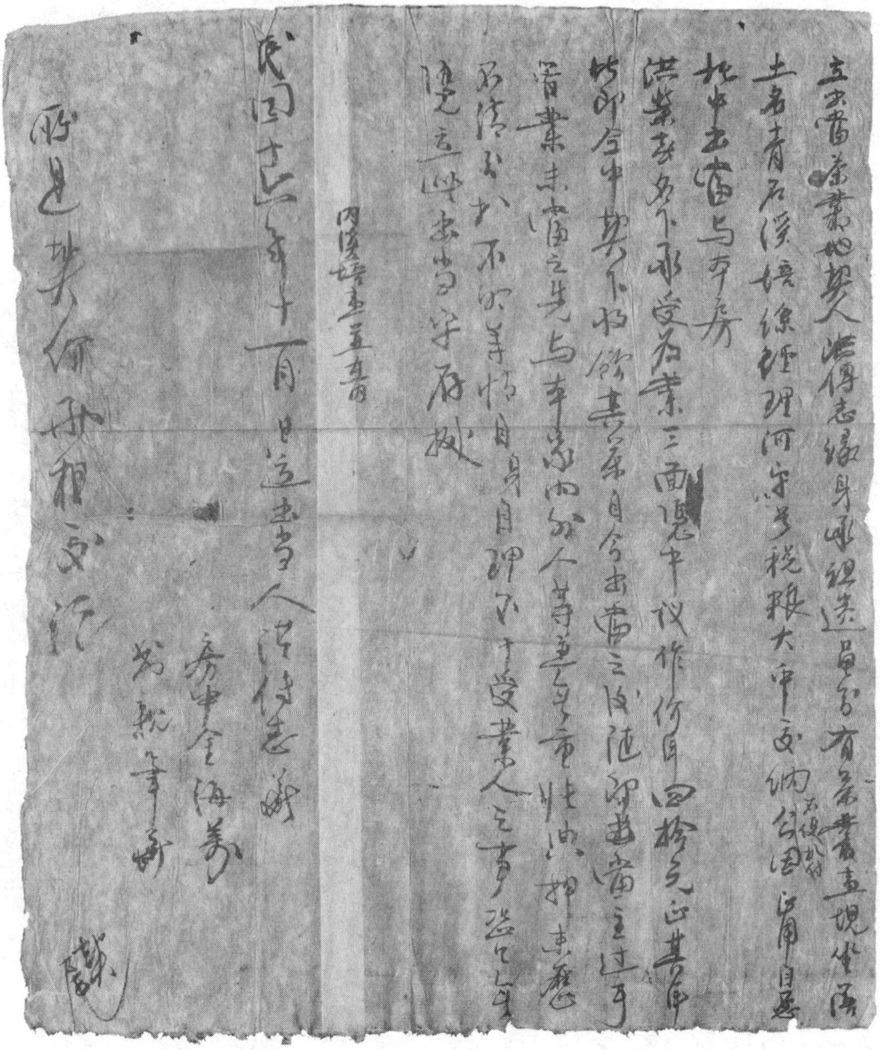

立出当茶丛地契人洪传志缘身承祖遗受分有茶丛壹块，坐落
土名青石坞培[illegible]经理河字号税粮大半，安纳[illegible]，今因正用自愿
托中出当与本房
洪荣春名下承受为业，三面凭中议作价洋四拾元正，其洋
比即仝中契下收领足讫。其茶丛自今出当之后，随即交当主过手
管业。未当之先，与本家内外人等并无重张交易不明等情；如有
不清，出当人[illegible]承业人之事。恐口无
凭，立此出当字存据。

内添培壹字

民国十六年十一月　日立出当人洪传志押

房中金海弟押

代笔[illegible]押

所是其茶丛[illegible]

江湾镇洪坦村 23 · 民国十六年 · 出当茶丛地契 · 洪传志当与本房洪荣春

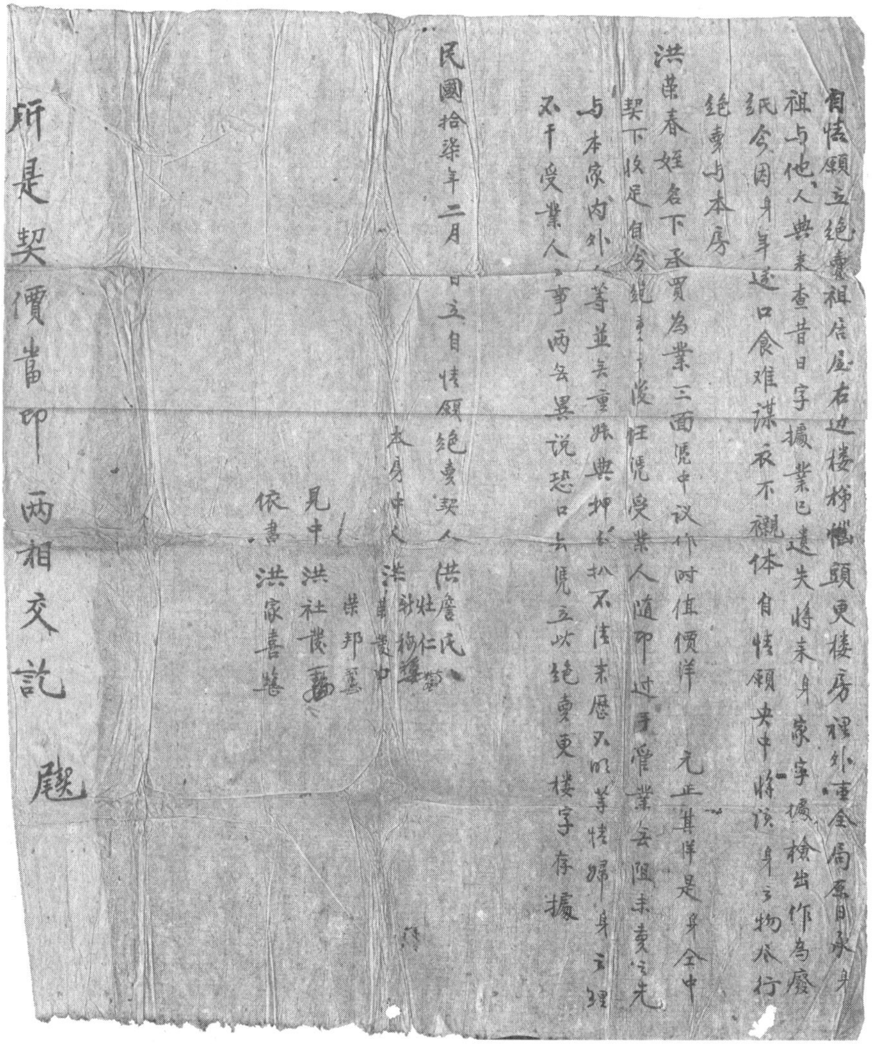
自情願立绝賣祖居屋右边楼梯檔頭吏楼房裡外重全局原日承身
祖与他人典来查昔日字據業已遗失將来身家字據檢出作為廢
紙今因身年迈口食难謀衣不襯体自情願央中將該身之物尽行
绝賣与本房
洪荣春姪名下承買為業三面憑中议作时值價洋　元正其洋是身仝中
契下收足自今绝賣之後任憑受業人随即过手管業無阻未賣之先
与本家内外人等並無重張典押交扴不清来歷不明等情归身之理
不干受業人之事两無異説恐口無憑立此绝賣吏楼字存據
民國拾柒年二月　日立自情願绝賣契人洪詹氏（押）
姪仁（押）
孙梅（押）
本房中人洪華業（押）
荣邦（押）
見中洪社发（押）
依書洪家喜（押）
所是契價當即两相交訖（押）

江湾镇洪坦村 26 · 民国十七年 · 绝卖祖居屋契 · 洪詹氏卖与洪荣春

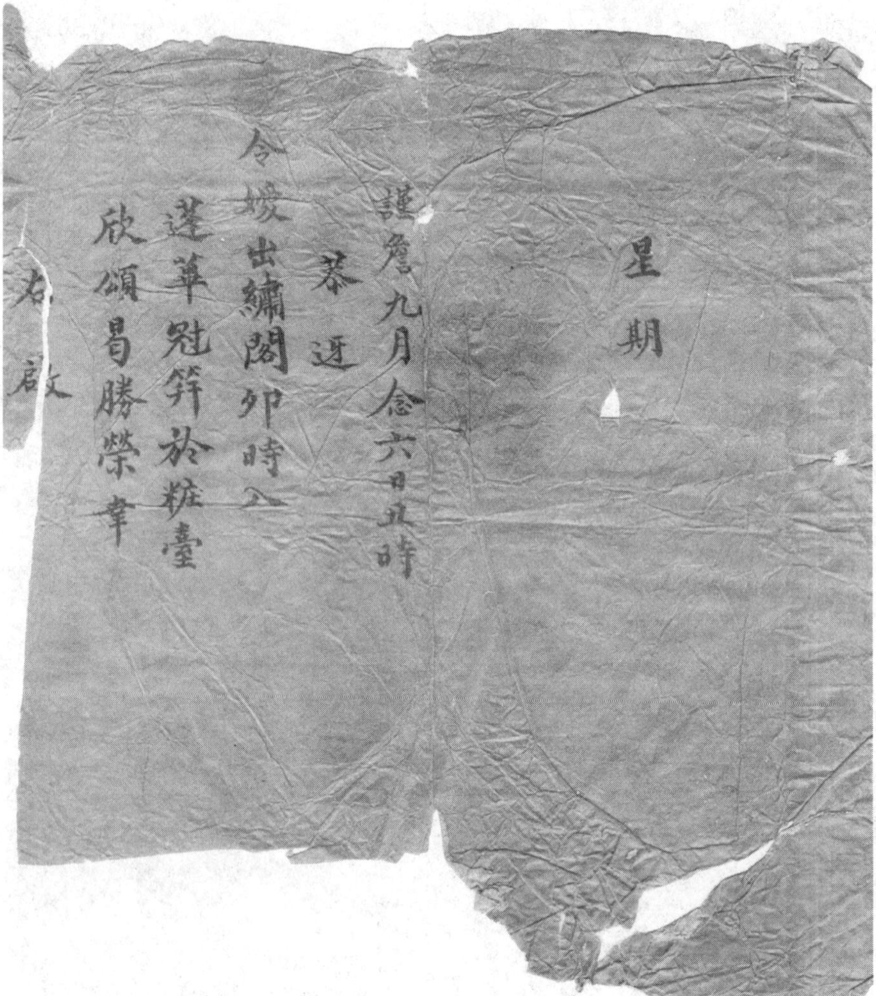
星期

謹詹九月念六日丑時

恭迓

令嫒出繡閣卯時入

蓬華冠笄於粧臺

欣頌昌勝榮幸

右啟

江湾镇洪坦村 2 · 礼单

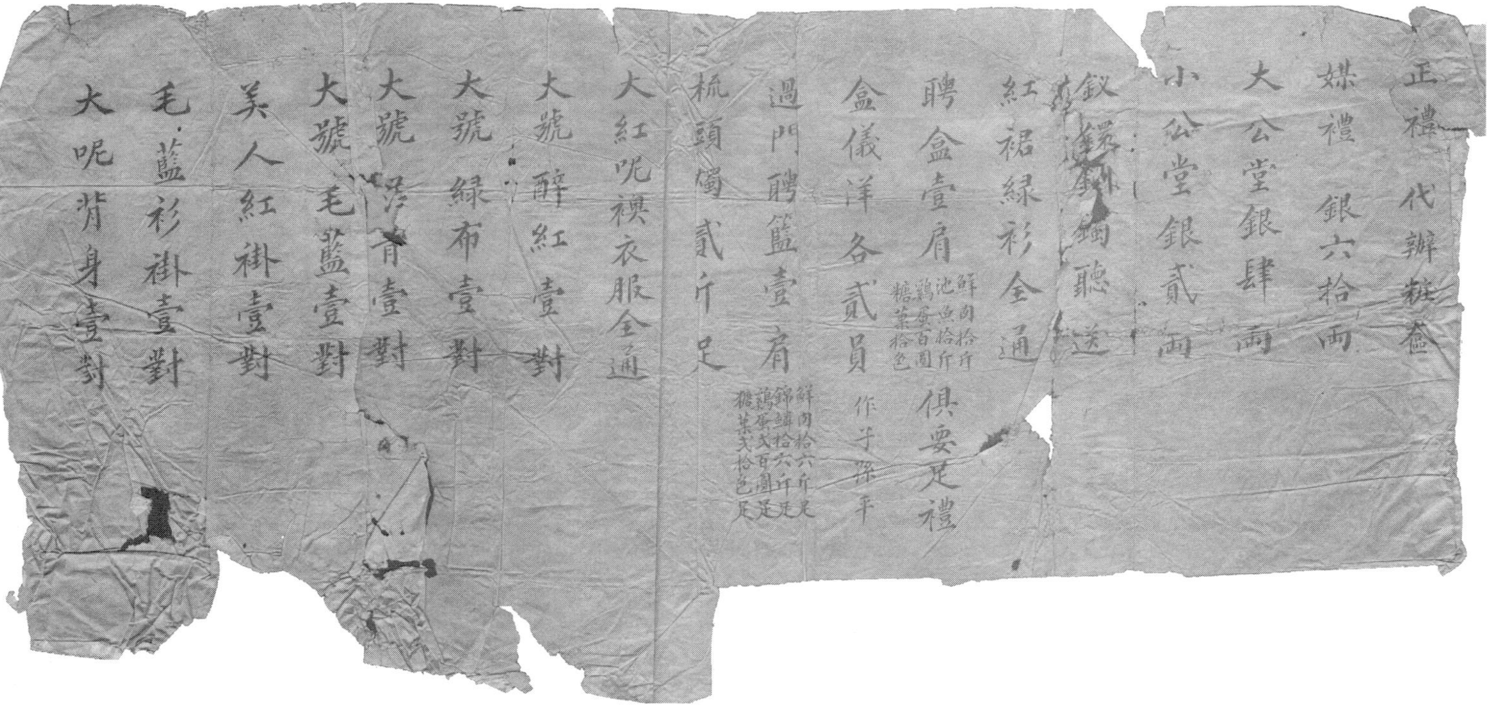
正禮 代辦粧奩
媒禮 銀六拾兩
大公堂銀肆兩
小公堂銀貳兩
釵鐶釧錫聽送
紅裙綠衫全通
聘盒壹肩 鮮肉拾斤 池魚拾斤 鷄蛋百個 糖菓拾色 俱要足禮
盒儀洋各貳員 作子孫平
過門聘籃壹肩 鮮肉拾六斤足 錦鱗拾六斤足 鷄蛋弍百個足 糖菓弍拾色足
梳頭燭貳斤足
大紅呢襖衣服全通
大號醉紅壹對
大號綠布壹對
大號洋青壹對
大號毛藍壹對
美人紅褂壹對
毛藍衫褂壹對
大呢背身壹對

江湾镇洪坦村 3 · 礼单

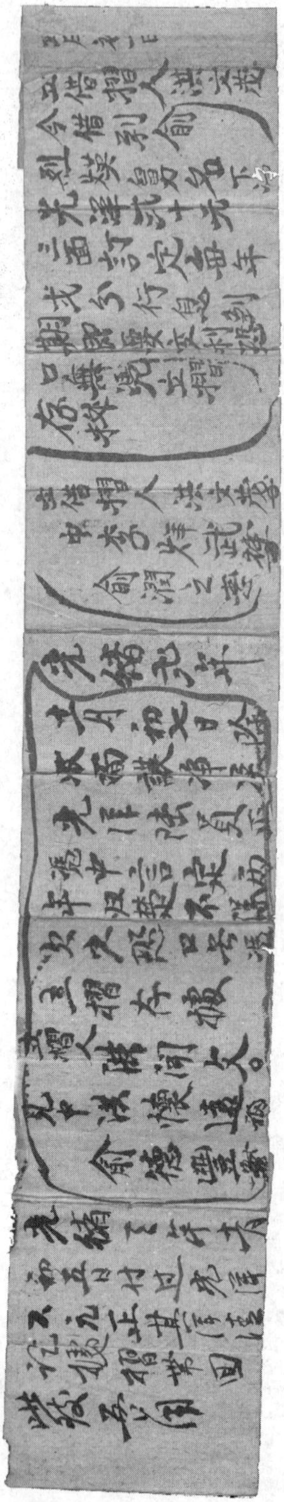

江湾镇洪坦村 4 · 借折 · 洪文茂借俞烈熯舅

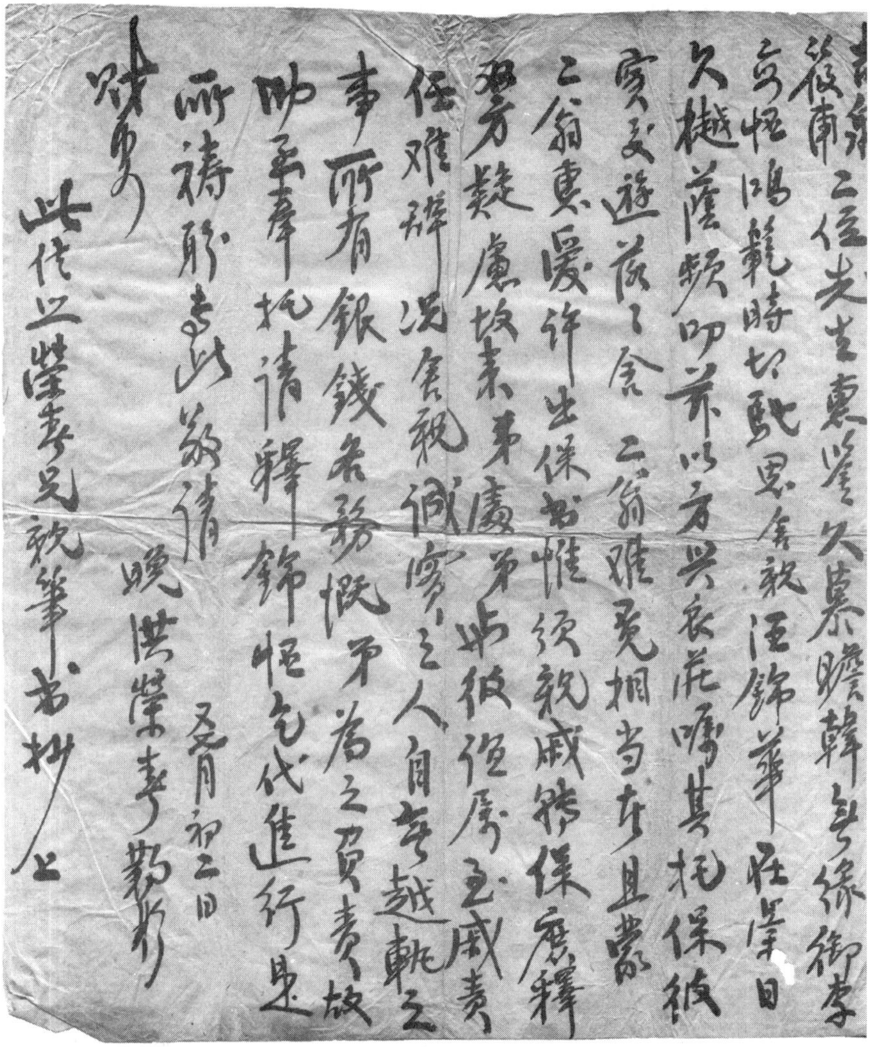

表泉
筱甫二位先生惠鉴：久慕瞻韩，无缘御李，
方怅鸿乾，时切驰思。舍亲汪锦华往昔日
欠缴薪资，叨荐以方兴良花，嘱其托保，彼
实支游旅了。舍　二翁难觅相当者，且当
二翁患忧，许出保书，惟须亲戚转保，实释
势方疑虑，故未弟处。弟与彼俱属至戚，责
任难辞。况舍亲诚实之人，自无越轨之
事，所有银钱各务，概弟当之负责，故
叨垂察托，请释锦华，恳乞代进行，是
所祷。耑此敬请
财安
晚洪荣寿鞠躬
又五月初二日
此件已荣寿兄亲笔书抄上

江湾镇洪坦村 17 · 书信 · 洪荣寿寄与表泉、筱甫

江湾镇篁岭村 1—90

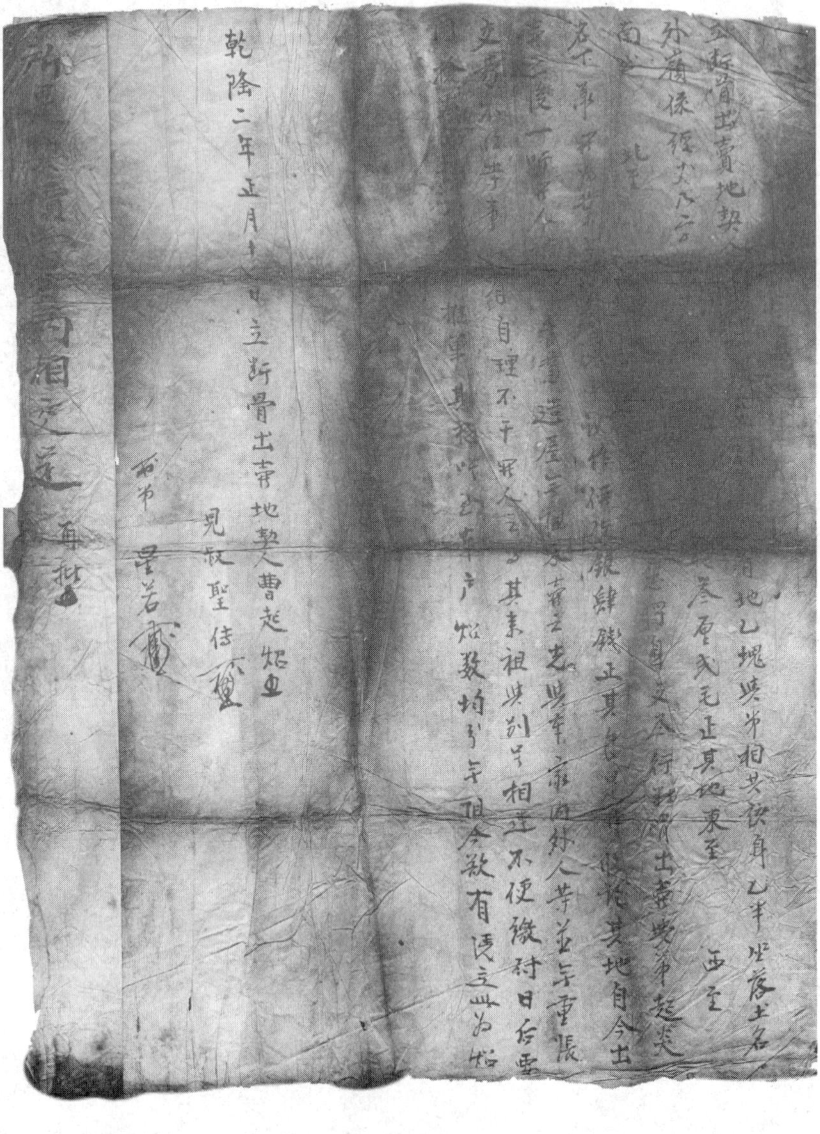

江湾镇篁岭村 81 · 乾隆二年 · 断骨出卖地契 · 曹起炤卖与弟起炎

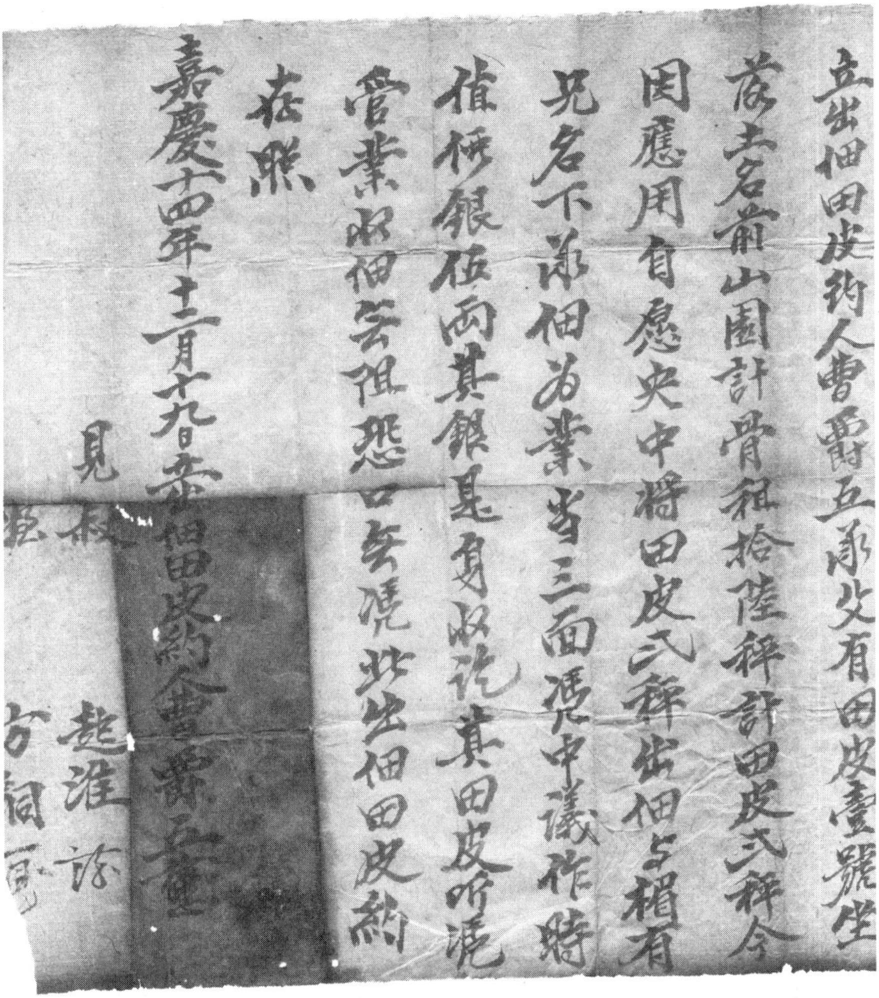

立出佃田皮约人曹爵五承父有田皮壹號坐
落土名前山園計骨租拾陸秤計田皮弍秤今
因應用自愿央中將田皮弍秤出佃與楣有
兄名下承佃為業當三面憑中議作時
值價銀伍兩其銀是身收訖其田皮听憑
管業收佃無阻恐口無憑立此出佃田皮約
存照
嘉慶十四年十二月十九日立出佃田皮約人曹爵五[illegible]
見叔 起淮[illegible]
姪 方嗣[illegible]

江湾镇篁岭村 72 · 嘉庆十四年 · 出佃田皮约 · 曹爵五佃与楣有

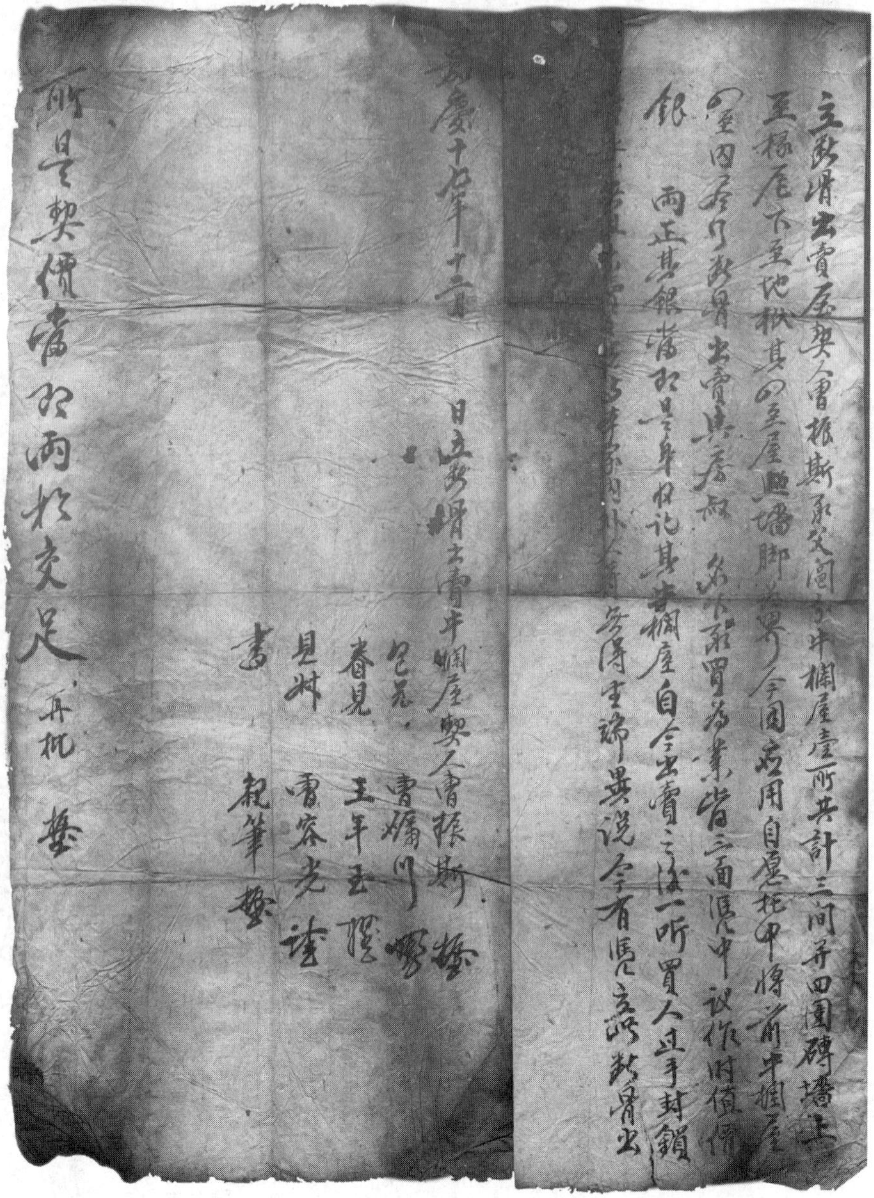

立断骨出卖屋契人曹振斯承父阄分中搁屋壹所共计三间并四围砖墙上
至椽瓦下至地脚其四至屋照墙脚为界今因应用自愿托中将前中搁屋
四至内屋一并断骨出卖与房叔 名下承买为业当三面凭中议作时值价
银 两正其银当即是身收讫其中搁屋自今出卖之后一听买人过手封锁
[illegible]家内外人等[illegible]无得生端异说今有凭立此断骨出

嘉庆十七年十二月 日立断骨出卖中搁屋契人曹振斯 押
见兄 曹[illegible]门 押
春见 王年[illegible] 押
[illegible] 曹容光 押
书 亲笔 押

所是契价当收两讫交足 再批 押

江湾镇篁岭村 80 · 嘉庆十七年 · 断骨出卖屋契 · 曹振斯卖与房叔☐

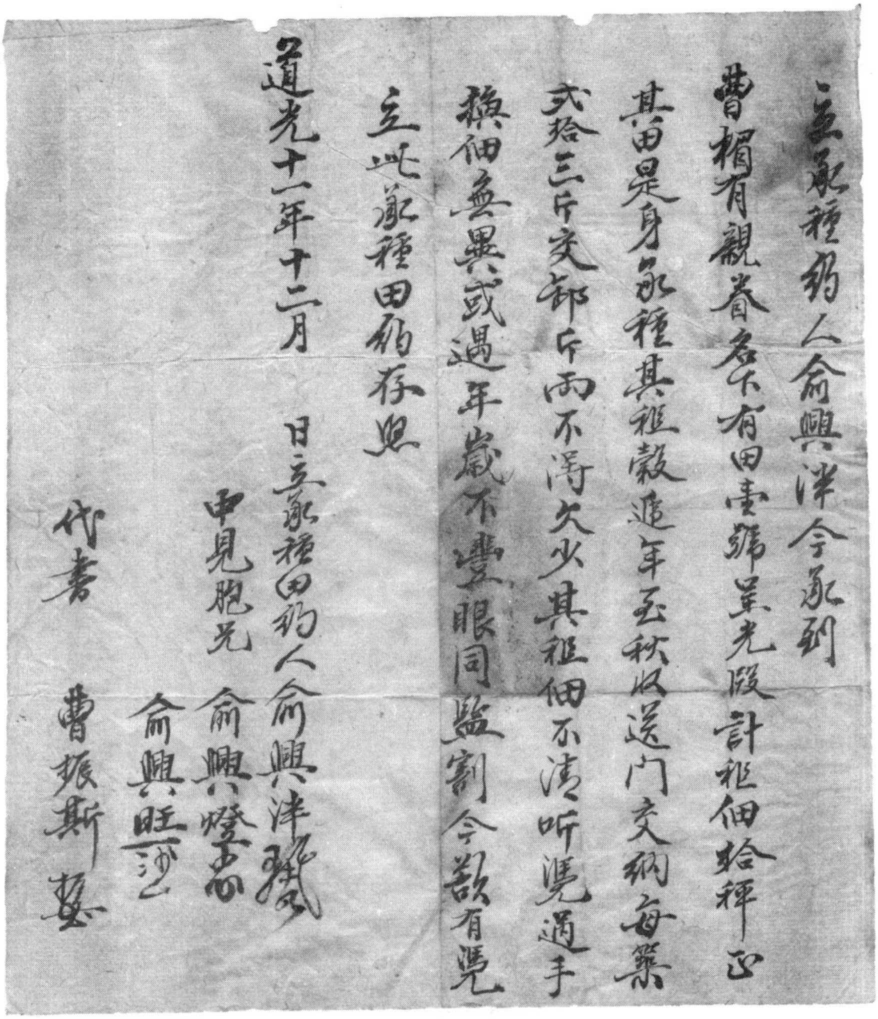
立承種約人俞興洋今承到
曹楣有親眷名下有田壹號土名光段計租佃拾秤正
其田是身承種其租穀遞年至秋收送門交納每秤
貳拾三斤交鄉斤兩不得欠少其租佃不清聽憑過手
顛佃無異或遇年歲不豐眼同監割今欲有憑
立此承種田約存照
道光十一年十二月 日立承種田約人俞興洋
中見胞兄 俞興燈
俞興旺
代書 曹振斯

江湾镇篁岭村 61 · 道光十一年 · 承种约 · 俞兴洋承到曹楣有

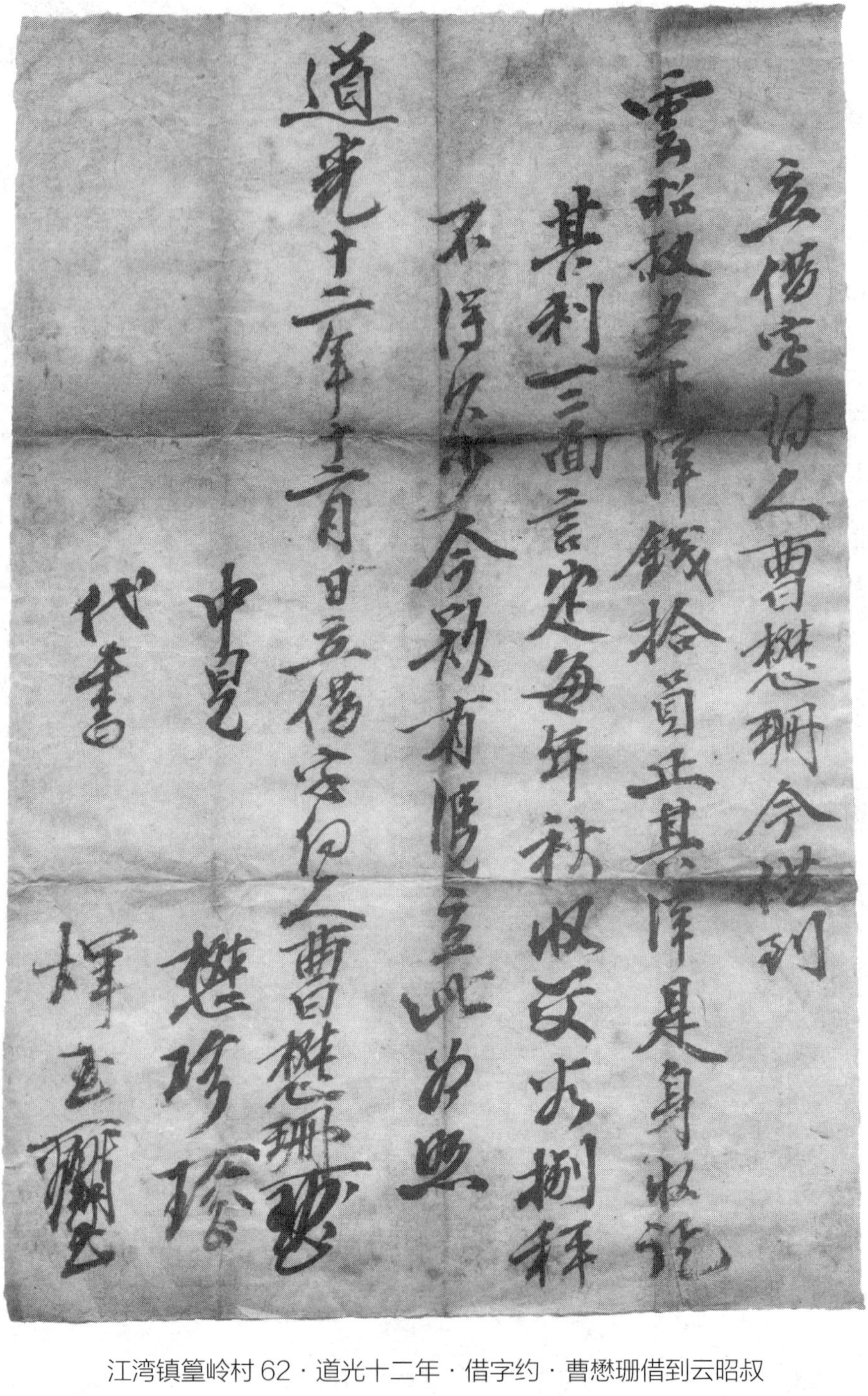
立借字約人曹懋珊今借到
雲昭叔名下洋錢拾員正其洋是身收訖
其利三面言定每年秋收交穀捌秤
不得欠少今欲有憑立此為照
道光十二年十二月日立借字約人曹懋珊
中見 懋珍 瑜
代書 煇玉珊

江湾镇篁岭村 62 · 道光十二年 · 借字约 · 曹懋珊借到云昭叔

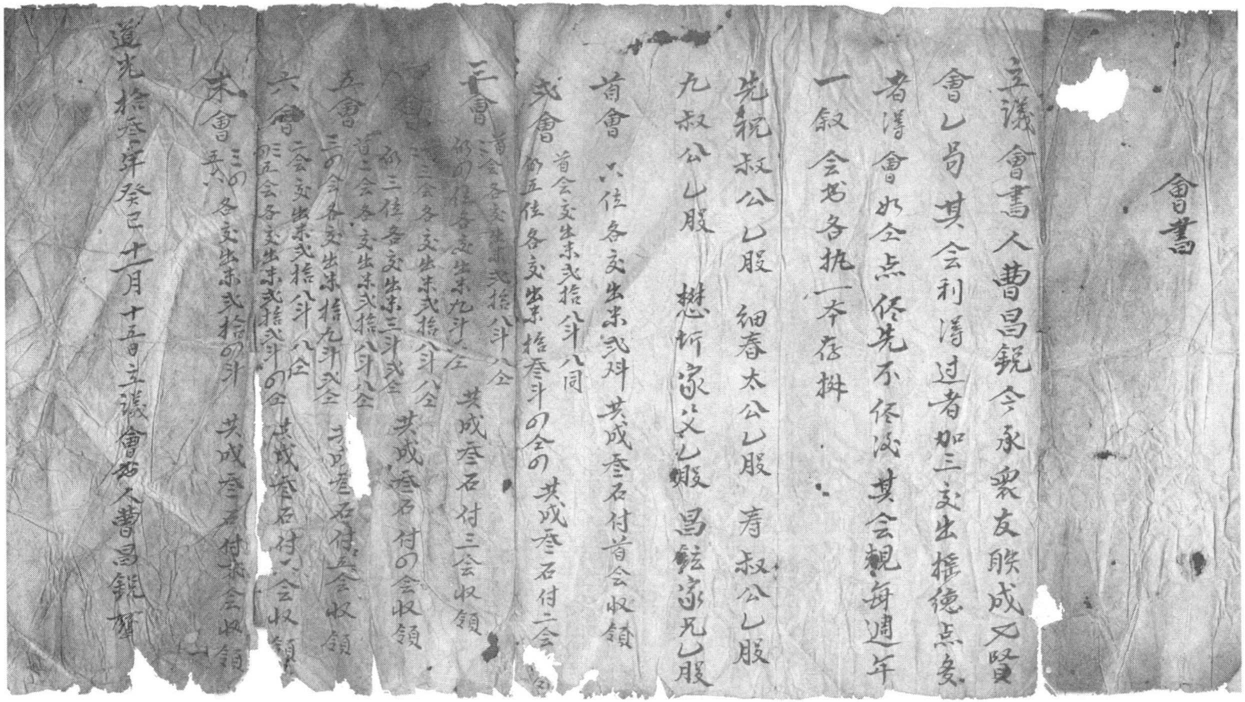

會書

立議會書人曹昌鋭今承衆友朕成乂賢
會乚尚其会利㵼过者加三交出樁德点多
者㵼會如仝点依先不依次其会覩每週年
一叙会书各执一本存拼

先祝叔公乚股　細春太公乚股　寿叔公乚股
九叔公乚股　懋圻家父乚股　昌鉉家兄乚股

首會　六位各交出米弍斗　共成叁石付首会收領
弍會　首会交出米弍拾八斗八同
　　　餘五位各交出米拾叁斗の仝の　共成叁石付二会收領
三會　首二会各交出米弍拾八斗八仝
　　　餘の位各交出米九斗八仝　共成叁石付三会收領
[illegible]
　　　三会各交出米弍拾八斗八仝
　　　餘三位各交出米三斗弍仝　共成叁石付の会收領
五會　首三会各交出米弍拾八斗八仝
　　　三の会各交出米拾九斗弍仝　共成叁石付五会收領
六會　二会交出米弍拾八斗八仝
　　　餘五会各交出米弍拾弍斗の仝　共成叁石付六会收領
末會　三の五六各交出米弍拾の斗　共成叁石付末会收領

道光拾叁年癸巳十一月十五日立議會書人曹昌鋭押

江湾镇篁岭村 76 · 道光十三年 · 会书 · 曹昌锐

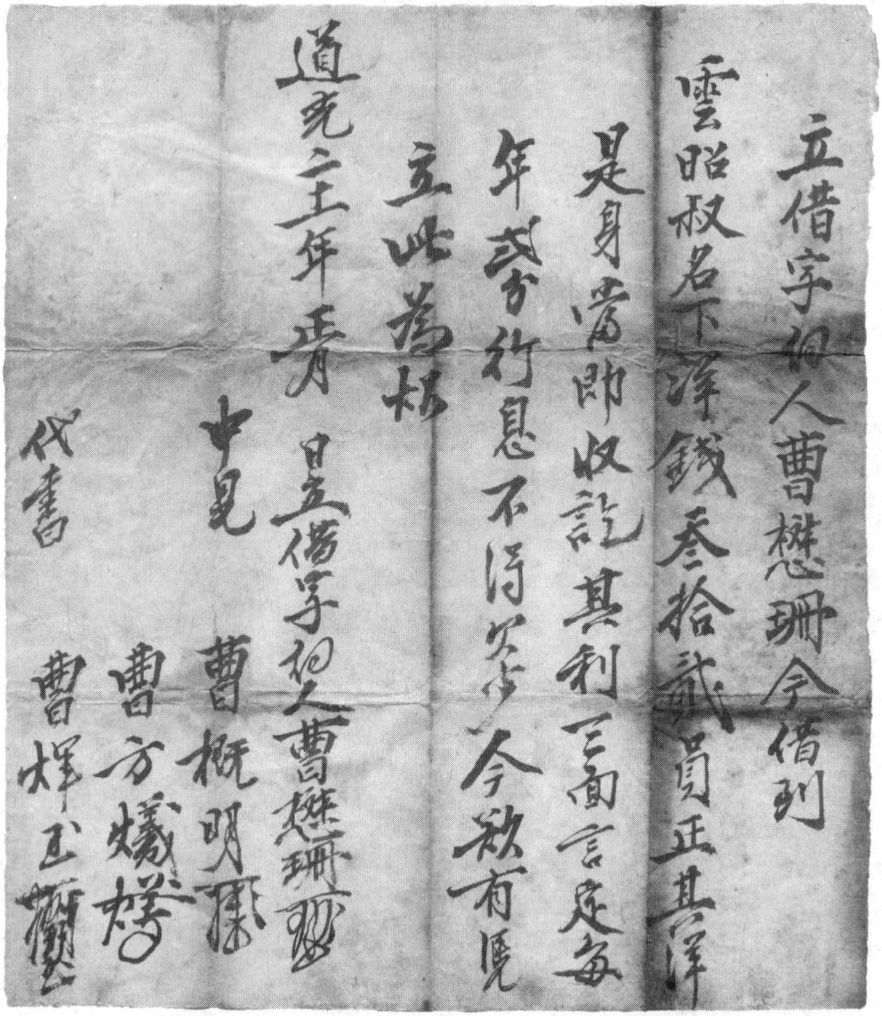

立借字約人曹懋珊今借到
雲昭叔名下洋錢叁拾貳員正其洋
是身當即收訖其利三面言定每
年式分行息不得欠少今欲有憑
立此為据

道光二十一年正月　日立借字約人曹懋珊（押）

中見　曹概明（押）
　　　曹方爔（押）

代書　曹燿玉（押）

江湾镇篁岭村 70 · 道光二十一年 · 借字约 · 曹懋珊借到云昭叔

江湾镇篁岭村 67 · 道光二十二年 · 断骨出卖柜子树约 · 曹阿陈氏卖与房侄云昭

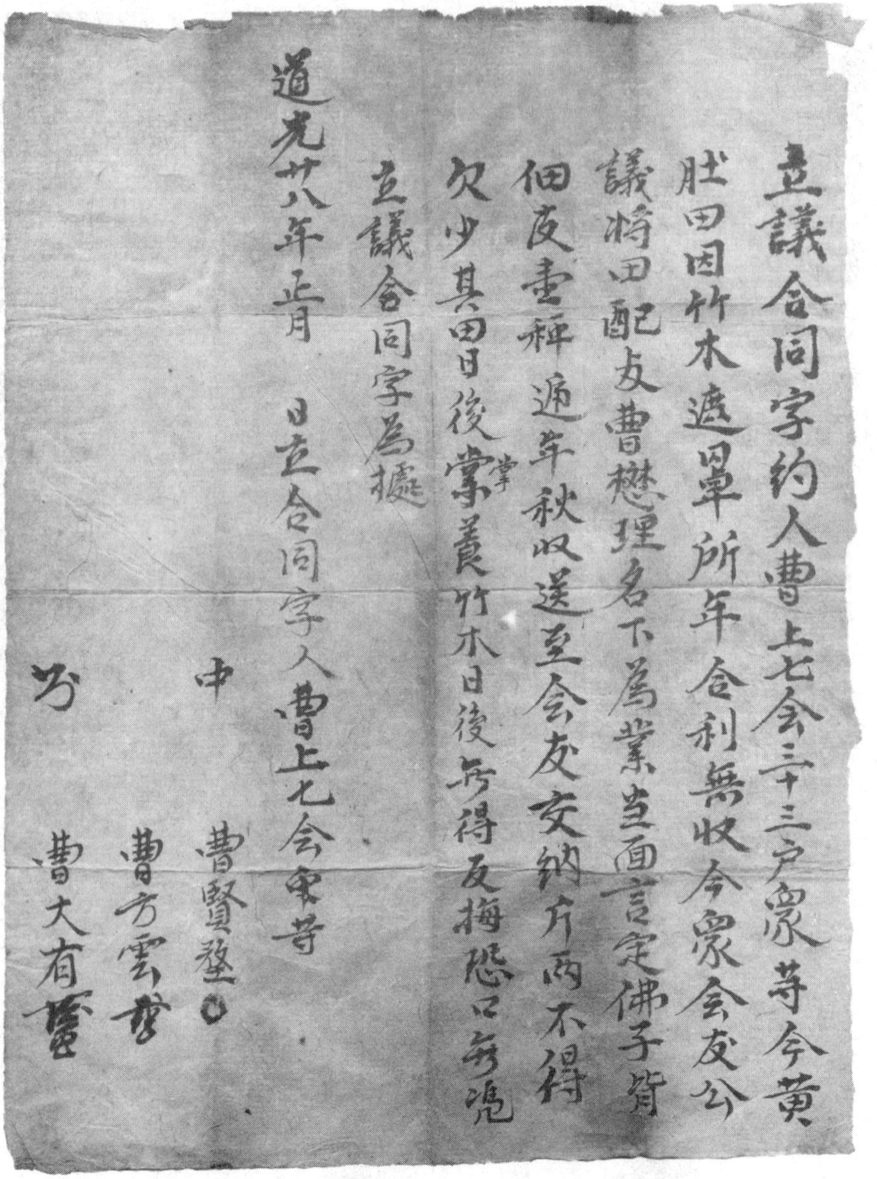
立議合同字约人曹上七会三十三户衆等今黄
肚田因竹木遮單所年合利無收今衆会友公
議將田配与曹懋理名下爲業当面言定佛子背
佃皮壹秤遞年秋收送至会友交纳斤两不得
欠少其田日後掌養竹木日後毋得反悔恐口無凭
立議合同字爲據
道光廿八年正月　日立合同字人曹上七会衆等
中　曹賢瑩
曹方雲
曹大有

江湾镇篁岭村 69 · 道光二十八年 · 合同字约 ·
曹上七会三十三户众等配与曹懋理

道光廿八年支洋六十五元买平橋

道光廿九年收个匠工四大工

共支去木三八斗四十文

二月四日支米十二汁計洋乙元付小璉九元买卷入付

支洋三元至月仂买松樹三行

九日支谷九十四斤計洋乙元付小璉九元買卷途

五月亮叔去米十六汁

[illegible]

江湾镇篁岭村 90-1·道光二十八年至二十九年·流水账

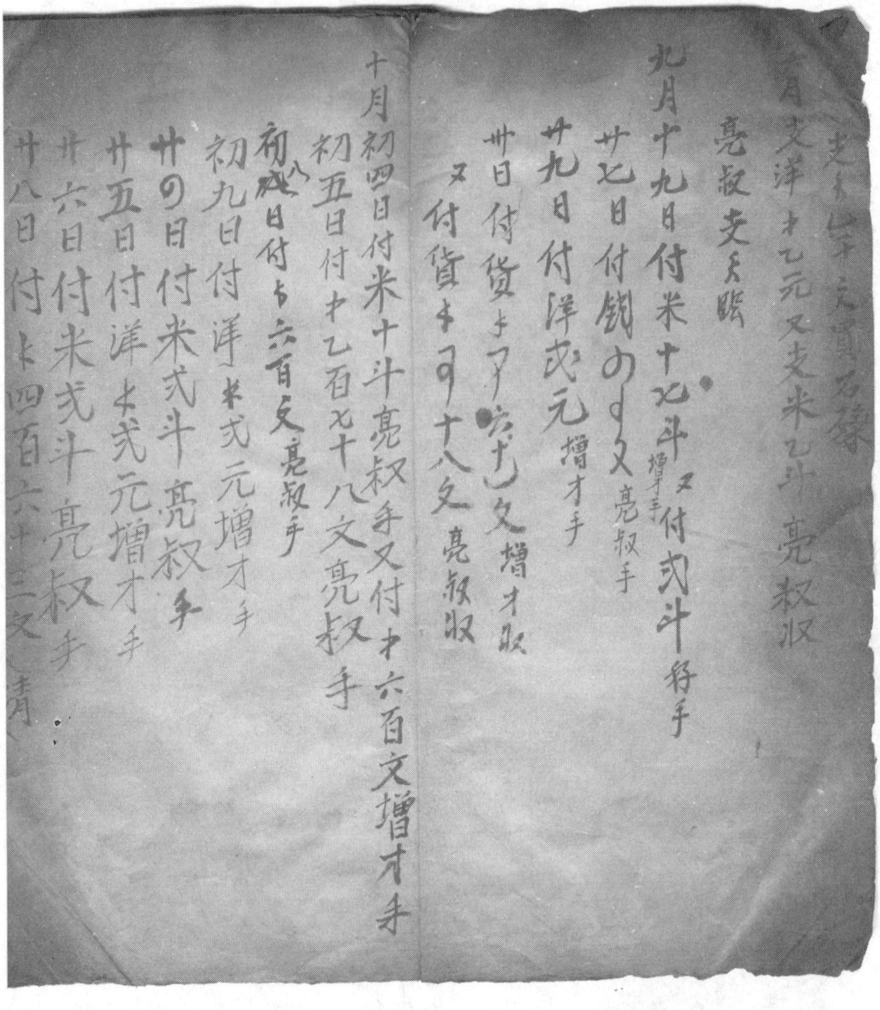
支[illegible]山字文賞名錄
六月支洋十乙元又支米乙斗 亮叔收
亮叔支□賬
九月十九日付米十七斗增才手又付弍斗将手
廿七日付钱〤〡文 亮叔手
廿九日付洋弍元 增才手
廿日付貨〡〢文 增才取
又付貨〡〢十八文 亮叔收
十月初四日付米十斗亮叔手又付〡六百文增才手
初五日付〡乙百七十八文亮叔手
初八日付〡六百文亮叔手
初九日付洋〡弍元增才手
廿四日付米弍斗亮叔手
廿五日付洋〡弍元增才手
廿六日付米弍斗亮叔手
廿八日付〡四百六十二文 清

江湾镇篁岭村 90-2 · 道光二十八年至二十九年 · 流水账

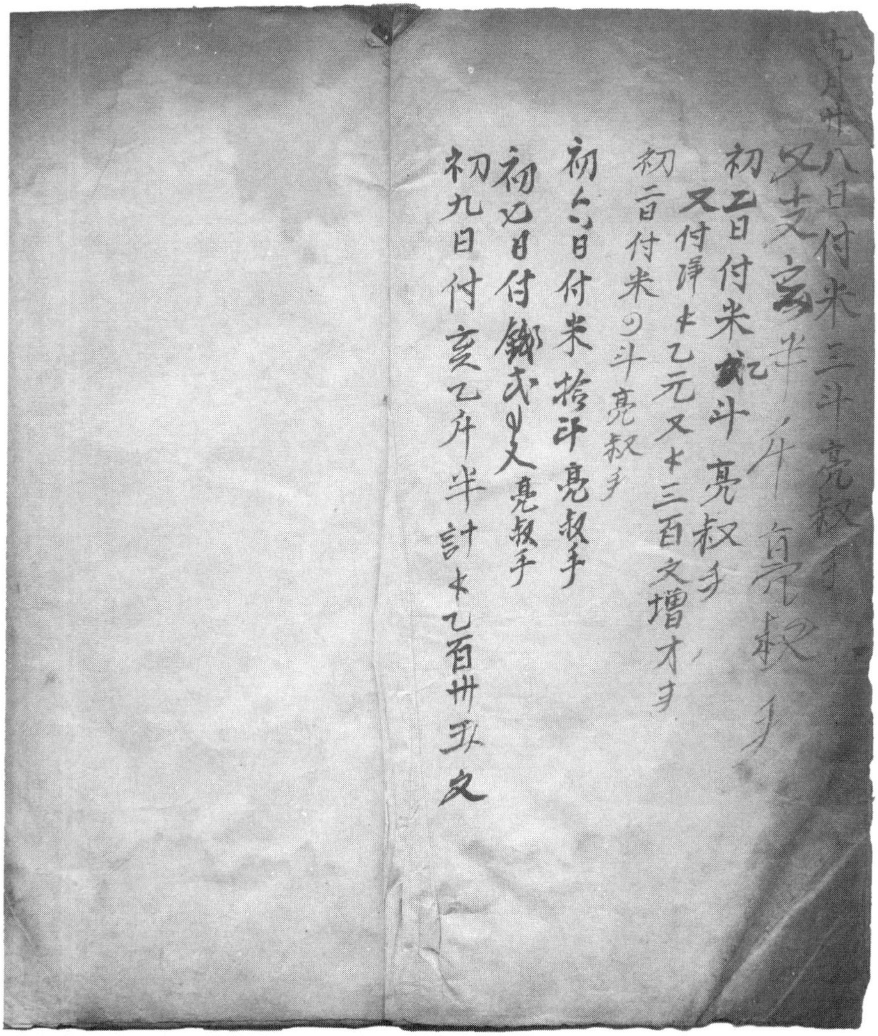

九月廿八日付米三斗亮叔手
又支家半斤 自亮叔手
初二日付米贰斗乙 亮叔手
又付洋钱乙元又钱三百文增才手
初三日付米四斗亮叔手
初六日付米拾斤亮叔手
初七日付鄉弍乙文亮叔手
初九日付豆乙斤半 計钱乙百卅玖文

江湾镇篁岭村 90-3 · 道光二十八年至二十九年 · 流水账

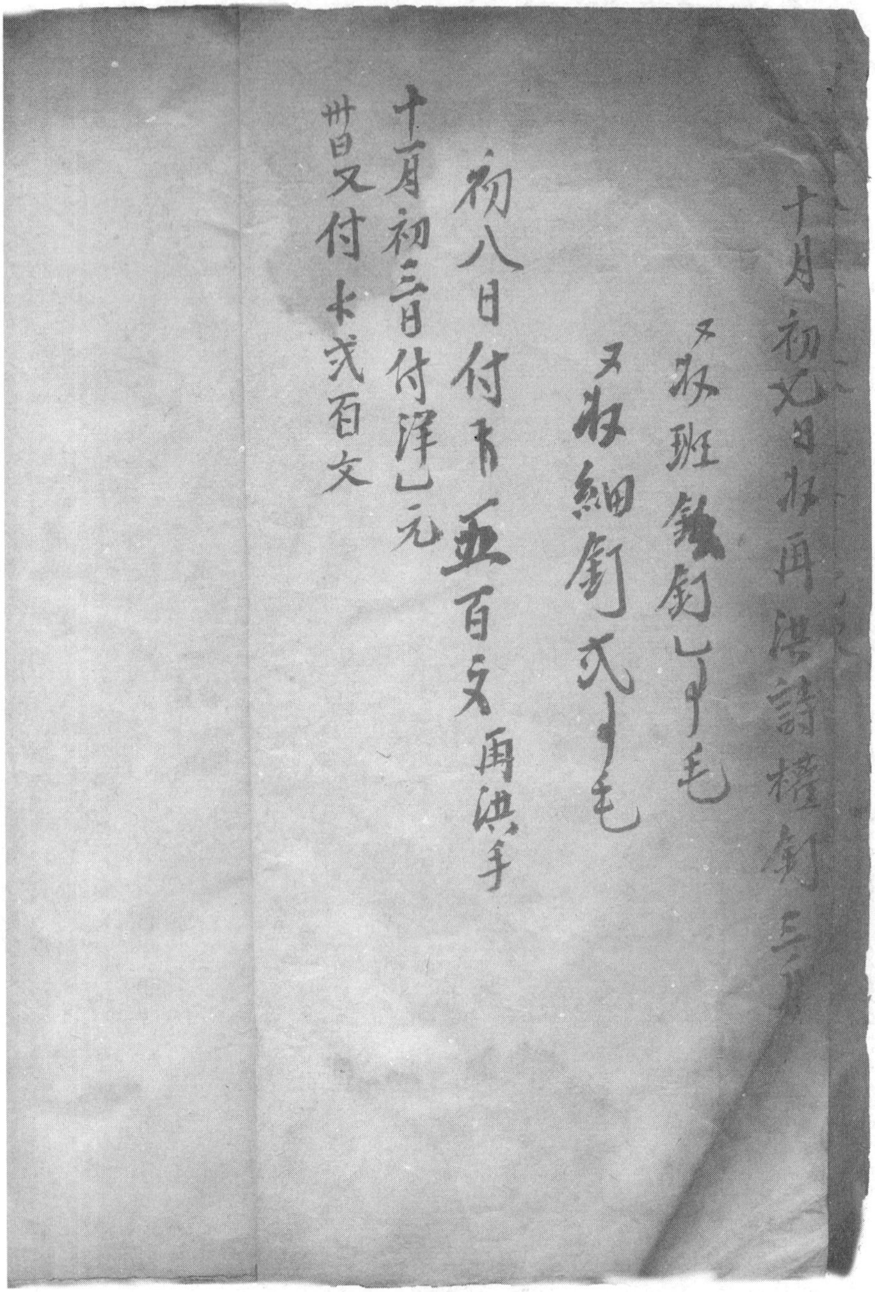
十月初七日收再洪詩樣釘三[illegible]
又收班鈔釘七[illegible]毛
又收細釘弍[illegible]毛
初八日付卞五百文再洪手
十月初三日付洋乚元
廿日又付卞弍百文

江湾镇篁岭村 90-4 · 道光二十八年至二十九年 · 流水账

江湾镇篁岭村 90-5 · 道光二十八年至二十九年 · 流水账

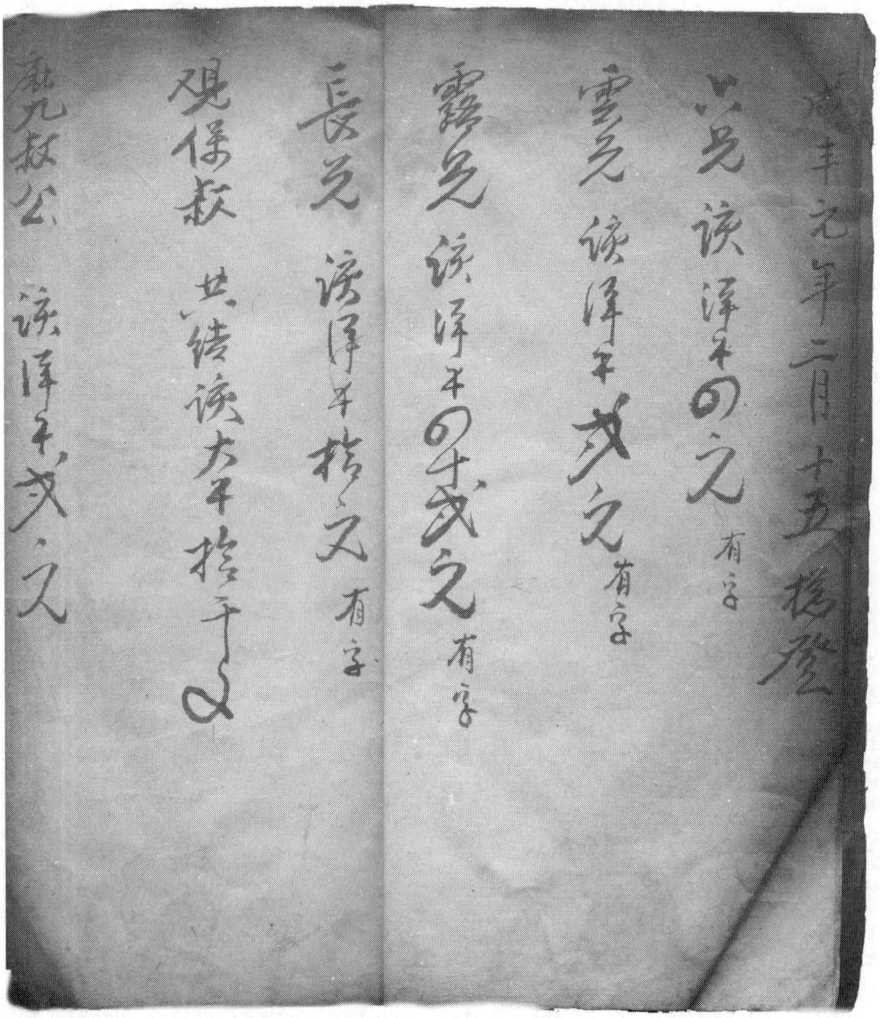

江湾镇篁岭村 90-6 · 道光二十八年至二十九年 · 流水账

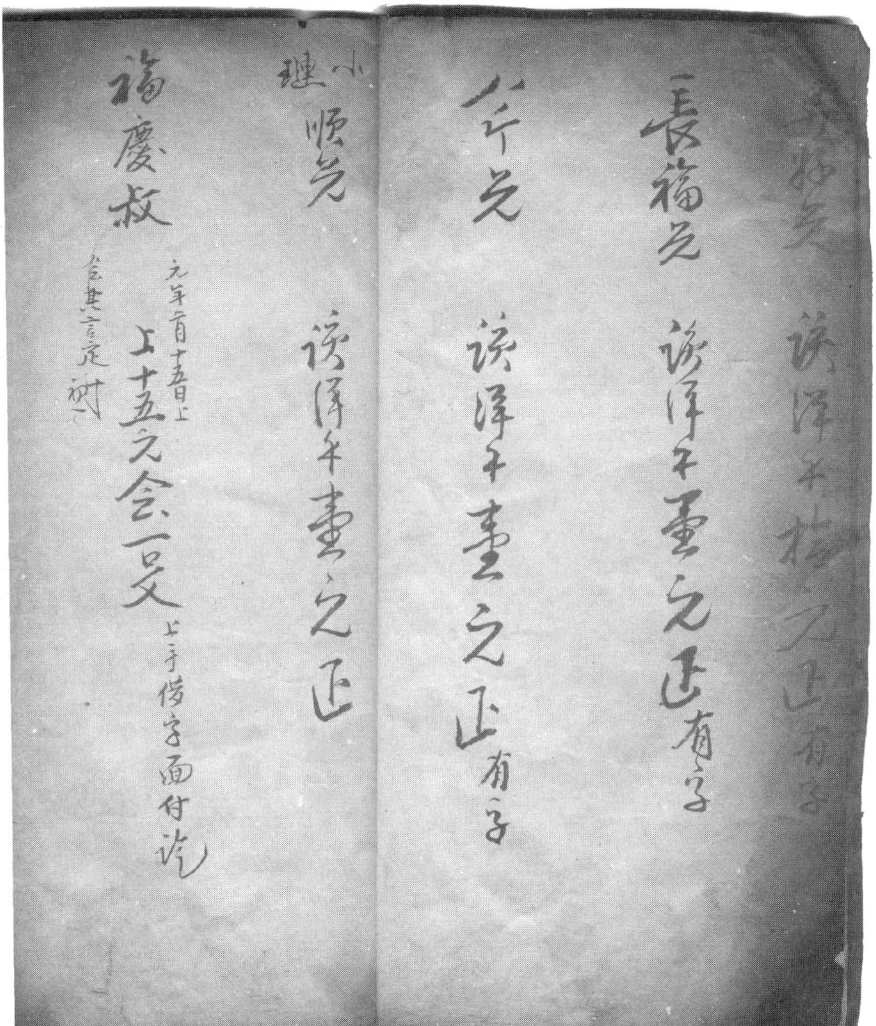

江湾镇篁岭村 90-7 · 道光二十八年至二十九年 · 流水账

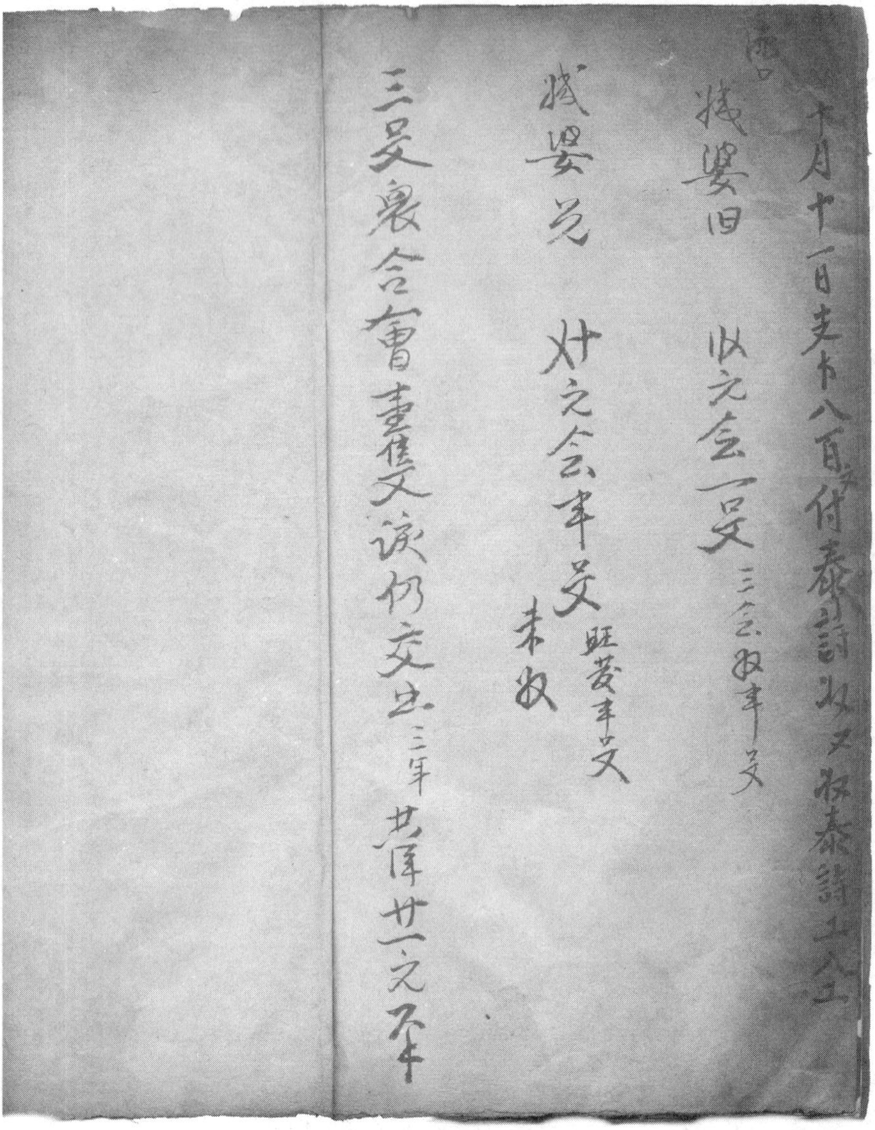

江湾镇篁岭村 90-8 · 道光二十八年至二十九年 · 流水账

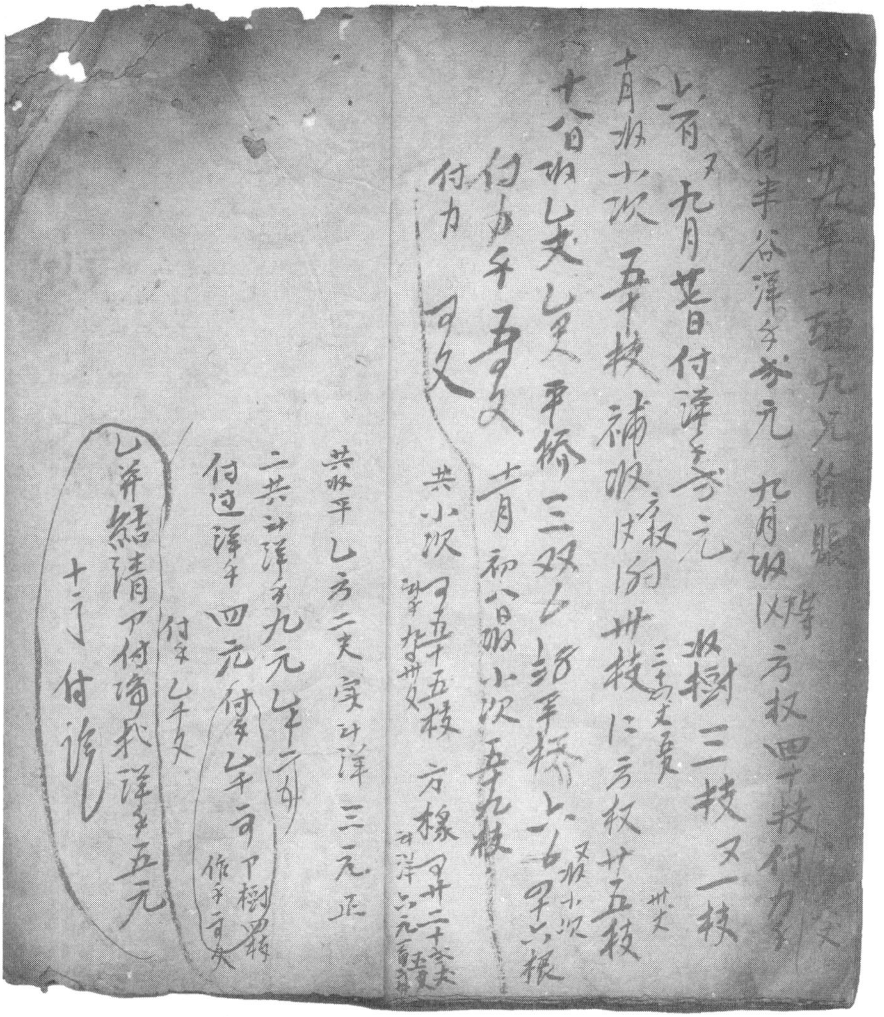

江湾镇篁岭村 90-9 · 道光二十八年至二十九年 · 流水账

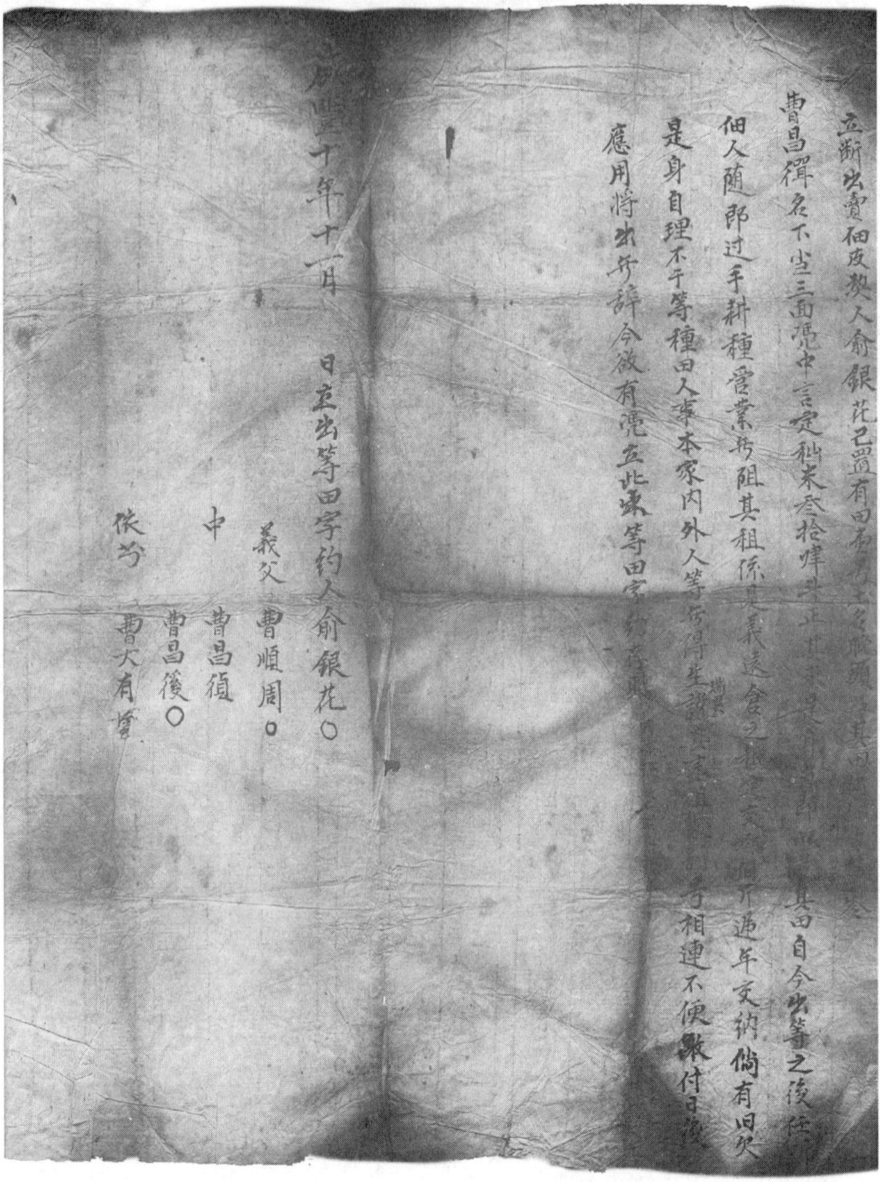
立断出賣佃皮契人俞銀花，己置有田[illegible]
曹昌得名下，當三面憑中言定秋米叁拾肆斗正[illegible]其田自今出賣之後，任
佃人隨即过手耕種管業，无阻。其租係是義遠倉之[illegible]通年交納。倘有旧欠
是身自理，不干受種田人之事。本家内外人等[illegible]得生端[illegible]字相連，不便繳付，日後
應用，將出無辭。今欲有憑，立此斷骨等田字約存照。
咸豐十年十一月 日立出等田字约人俞銀花〇
義父 曹順周〇
中 曹昌復 曹昌後〇
依書 曹大有書

江湾镇篁岭村 82 · 咸丰十年 · 断骨出卖佃皮契 · 俞银花佃与曹昌徥

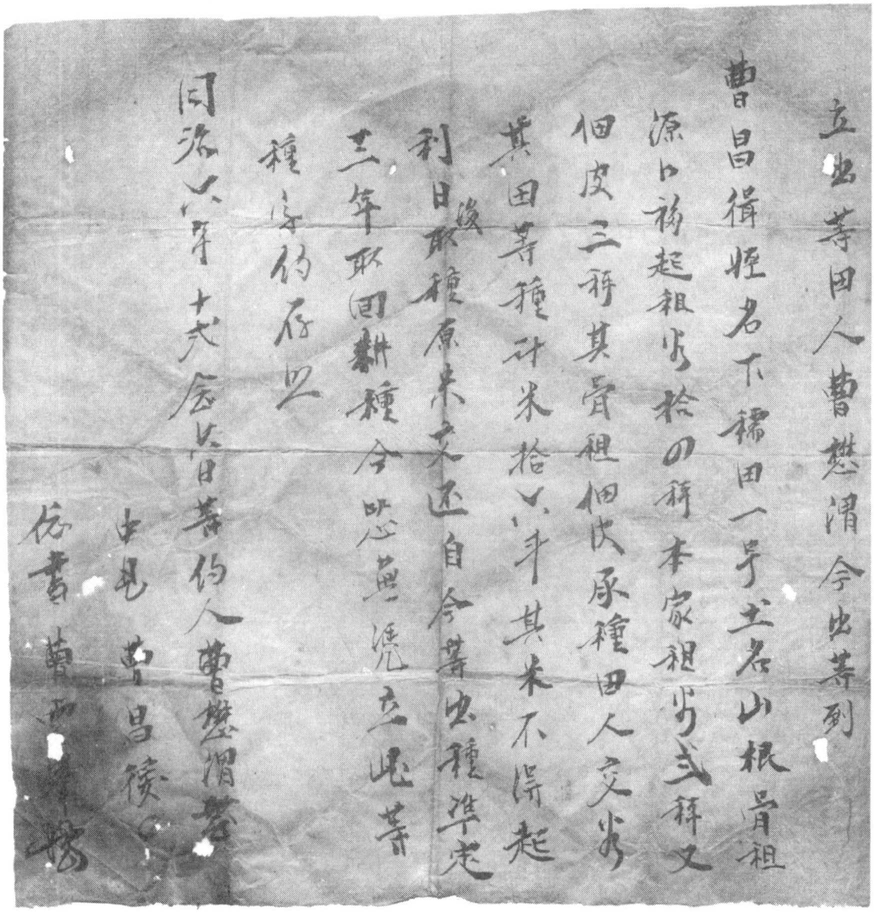
立出等田人曹懋渭今出等到
曹昌徫姪名下穚田一号土名山根骨祖
源卜裕起祖步拾四秤本家祖步弍秤文
佃皮三秤其骨祖佃伏承種田人交步
其田等種計米拾八斗其米不得起
利日後取種原米交还自今等出種准定
三年取回耕種今恐無憑立此等
種字仍存照
同治六年十弍月吉日等約人曹懋渭書
中見 曹昌倓
依書 曹西□

江湾镇篁岭村 71 · 同治六年 · 出等田约 · 曹懋渭出等到曹昌徫

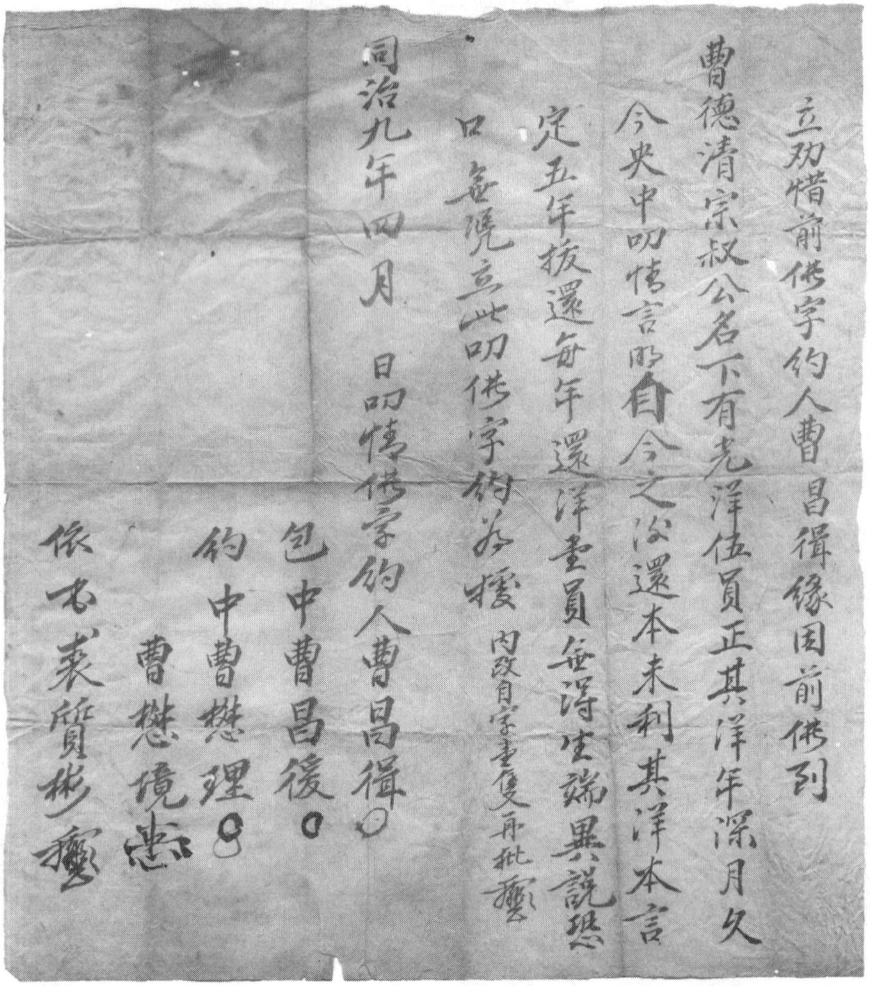
立叨借前借字约人曹昌徥缘因前借到
曹德清宗叔公名下有光洋伍員正其洋年深月久
今央中叨情言明自今之後還本未利其洋本言
定五年拔還每年還洋壹員無得生端異説恐
口無凭立此叨借字约為據　内改自字壹隻再批據
同治九年四月　日叨情借字约人曹昌徥
包中曹昌後
约中曹懋理
曹懋境
依书袁質彬據

江湾镇篁岭村68 · 同治九年 · 借字约 · 曹昌徥借到曹德清

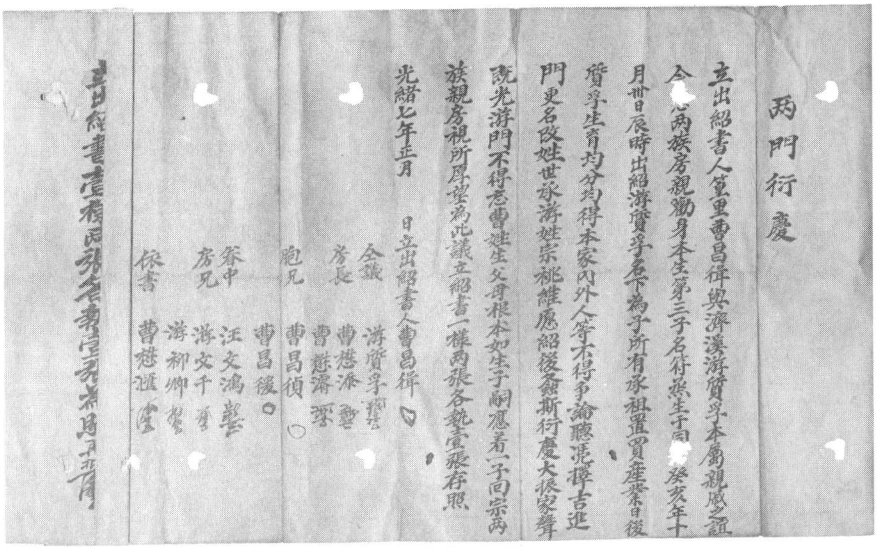
兩門衍慶

立出紹書人篁里曹昌徫與濟溪游質孚本屬親戚之誼
今憑兩族房親勸身本生第三子名衍燕生于同治癸亥年十
月廿日辰時出紹游質孚名下爲子所有承祖置買産業日後
質孚生育均分均得本家内外人等不得爭論聽憑擇吉進
門更名改姓世承游姓宗祧維願紹後螽斯衍慶大振家聲
就光游門不得忘曹姓生父母根本如生子嗣應着一子向宗兩
族親房視所厚望爲此議立紹書一樣兩張各執壹張存照

光緒七年正月　日立出紹書人曹昌徫

全議　游質孚
房長　曹懋添
　　　曹懋濟
胞兄　曹昌傾
　　　曹昌復
眷中　江文鴻
房兄　游文千
　　　游祁卿
依書　曹懋滙

江湾镇篁岭村 85 · 光绪七年 · 出绍书 · 曹昌徫出绍与游质孚

江湾镇篁岭村 87-1 · 账本 · 曹世杨记

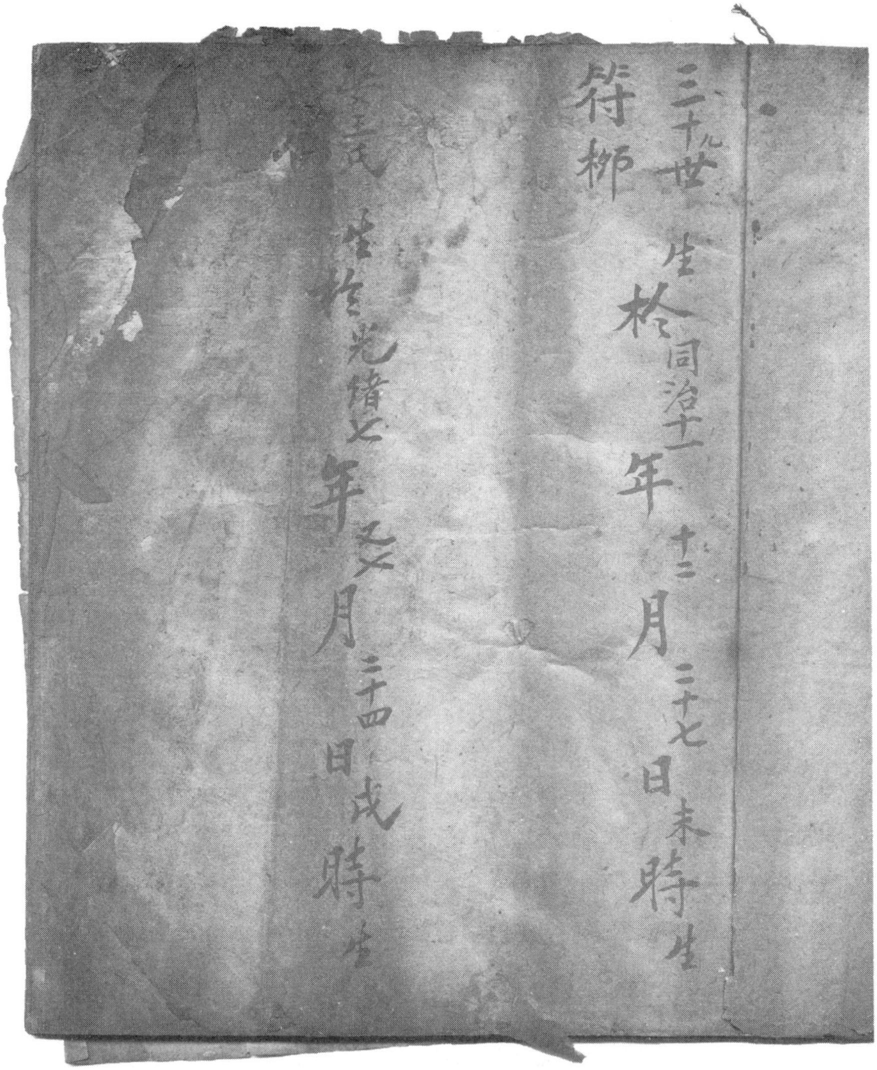
三十九世 生於同治十一年十二月二十七日未時生
符柳
[illegible]茂 生於光緒七年冬月二十四日戌時生

江湾镇篁岭村 87-2 · 账本 · 曹世杨记

四十世

亦梁

生於光緒三十二年八月初一日午時

江湾镇篁岭村 87-3 · 账本 · 曹世杨记

辛巳年冬至會秋收汪边租谷五秤佃人冬梅手

一号 任仂 林公　二号 灶炎 观信　三号 冬梅 麻成　四号 冬梅多户

五号 守家 百全　六号 熟意 旺林　七号 社全 八斤　八号 全寿多户

九号 炎福 旺喜　十号 庆法 树德　十一号 庆文 细九

辛巳年四家清明指五户

收礤頭谷四秤半 額六秤 佃人守家

收后底山谷未收 額四秤 皆 佃人怪仂

收下庄谷半秤 額壹秤 佃人炎仂

江湾镇篁岭村 87-4 · 账本 · 曹世杨记

收下井谷收碩弍秤　佃人覌泰

收上段谷壹秤碩弍秤　皆佃人田仂

收人彭谷米壹斗碩壹秤　佃人百全

收潭頭厝基租谷四秤　云仂文

一邑　春富　弍邑　新富　三邑　冬茂　四邑　三富

五邑　润仂　六邑　華全　七邑　閔臨　八邑　遂泰

九邑　清日　拾邑　興春　拾一邑　春桃　拾弍邑　元富

拾三邑　观茂　拾四邑　通仂　拾五邑　佛泰　共十五邑

江湾镇篁岭村 87-5 · 账本 · 曹世杨记

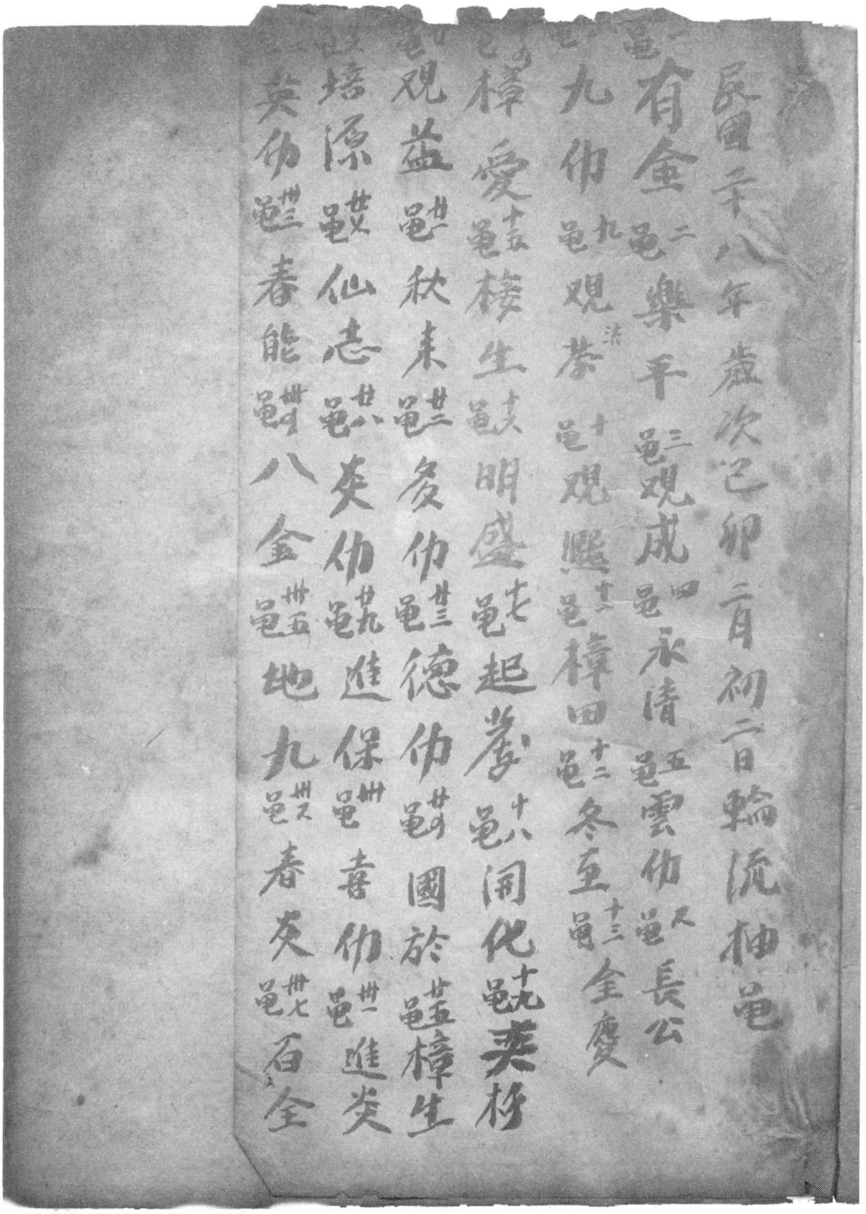

民国二十八年歲次己卯二月初二日輪流抽阄
一阄有金　二阄樂平　三阄观成　四阄永清　五阄雲仂　六阄長公
七阄九仂　九阄观荼　十阄观魁　十一阄樟田　十二阄冬至　十三阄金慶
十四阄樟愛　十五阄樓生　十六阄明盛　十七阄起蒙　十八阄阐化　十九阄奕杉
二十阄观益　廿一阄秋來　廿二阄多仂　廿三阄德仂　廿四阄國於　廿五阄樟生
廿六阄培源　廿七阄仙志　廿八阄奕仂　廿九阄進保　卅阄壽仂　卅一阄進炎
卅二阄奕仂　卅三阄春能　卅四阄八金　卅五阄地九　卅六阄春炎　卅七阄百全

江湾镇篁岭村 87-6 · 账本 · 曹世杨记

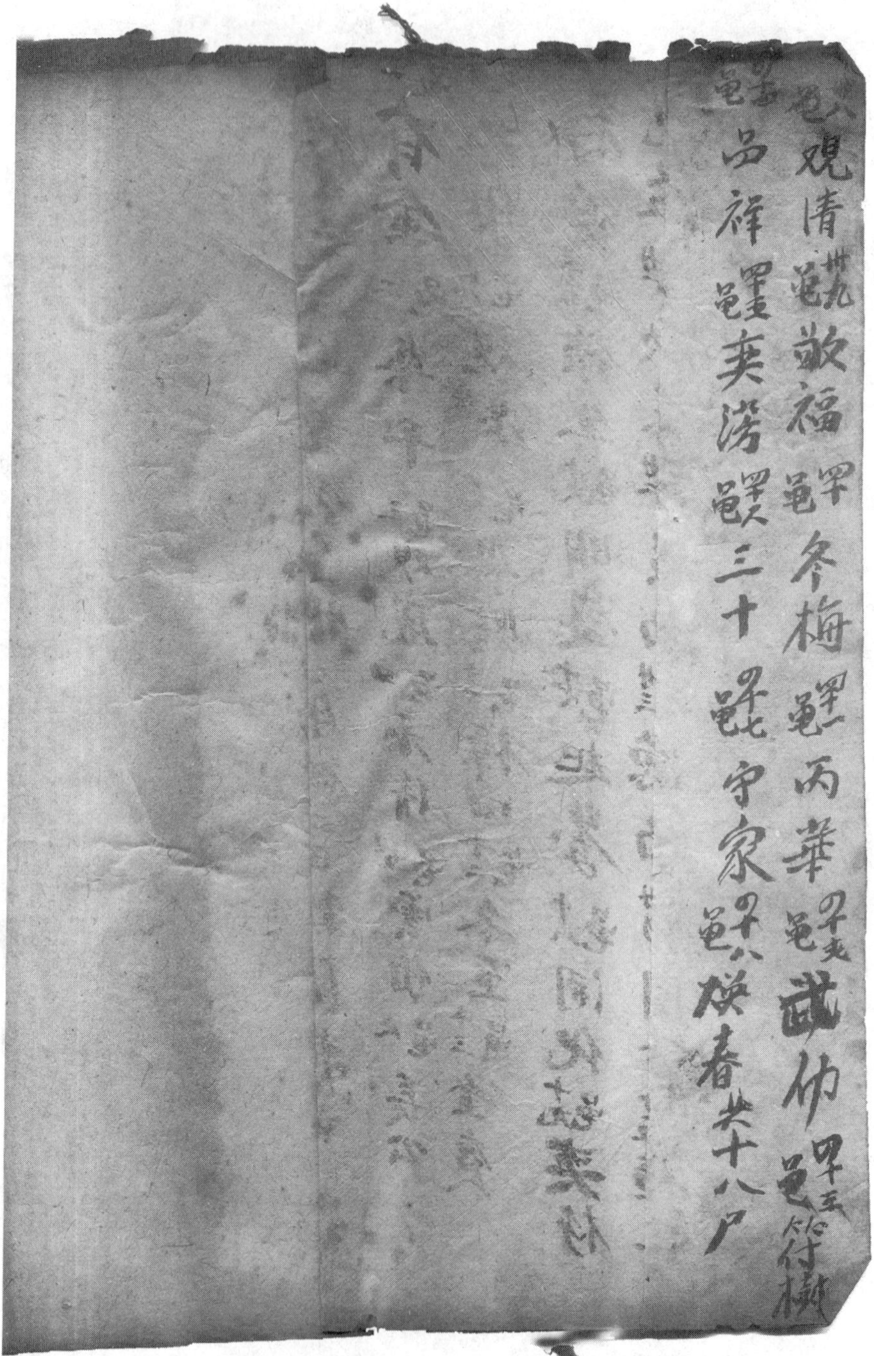

江湾镇篁岭村 87-7 · 账本 · 曹世杨记

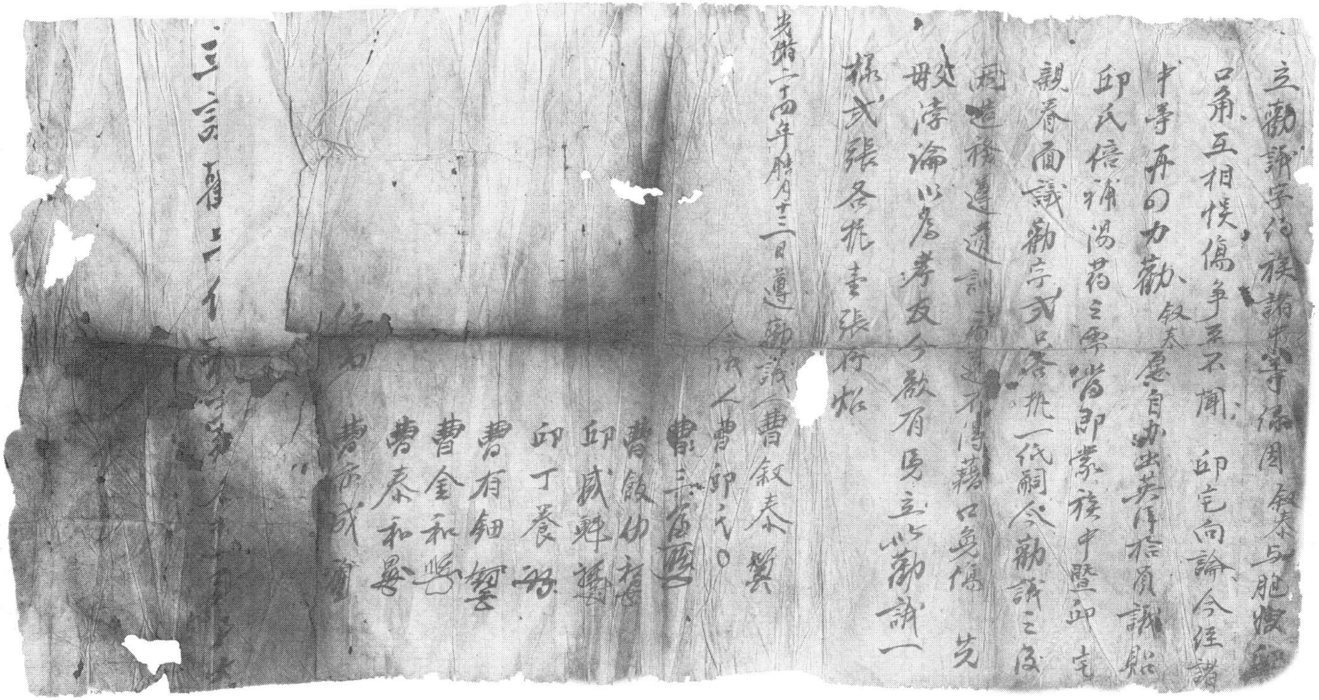

立勸議字約族諸中等，緣因叙泰與胞[illegible]
口角、互相[illegible]爭吵不聞，邱宅向論、令侄諸
中等再四力勸、叙泰愿自出英洋拾員議賠
邱氏信補湯藥之費，當即業族中暨邱宅
親眷面議，勸字式紙各執一紙，今勸議之後
[illegible]遵遵言，[illegible]不得藉口免傷
父母淳論以為孝友，今欲有憑，立此勸議一
樣式張，各执壹張存炤。

光緒二十四年臘月十三日 遵勸議人 曹叙泰（押）

合族人 曹邦元
曹[illegible]
曹叙仂
邱盛[illegible]
邱丁養
曹有錮
曹金和
曹泰和
曹禹成

[illegible]

江湾镇篁岭村 84 · 光绪二十四年 · 劝议字约 · 族诸中等

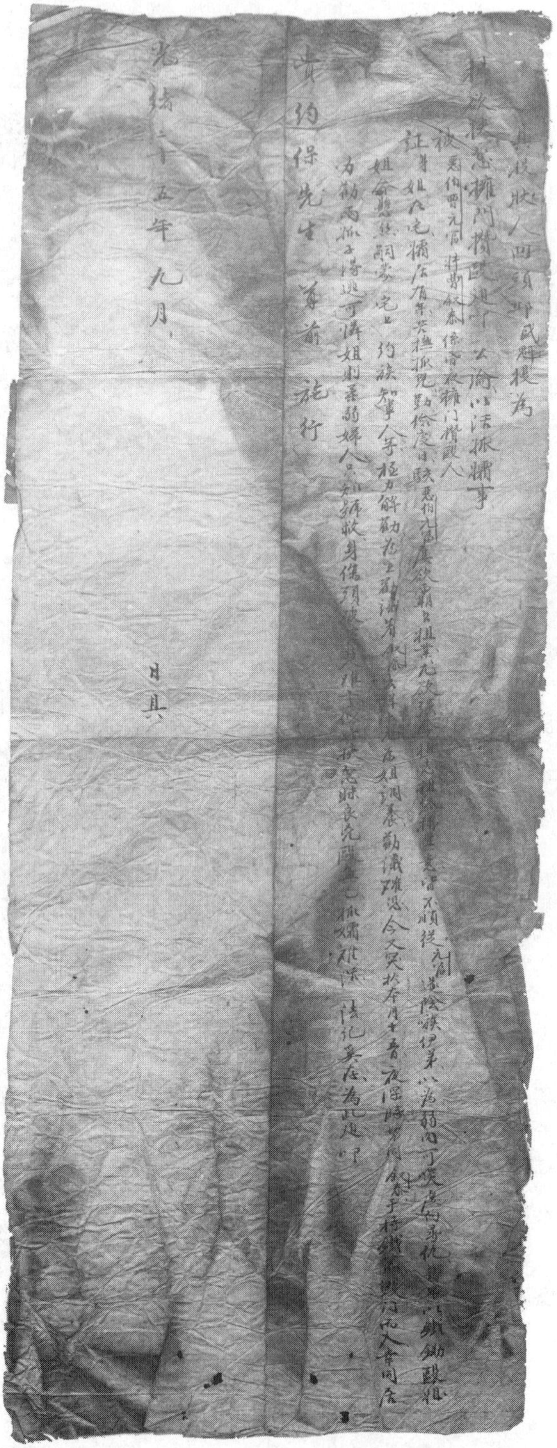
貴約保先生 爺前 施行
光緒二十五年九月 日具

江湾镇篁岭村 79 · 光绪二十五年 · 具状词 · 邱盛魁告曹元富等

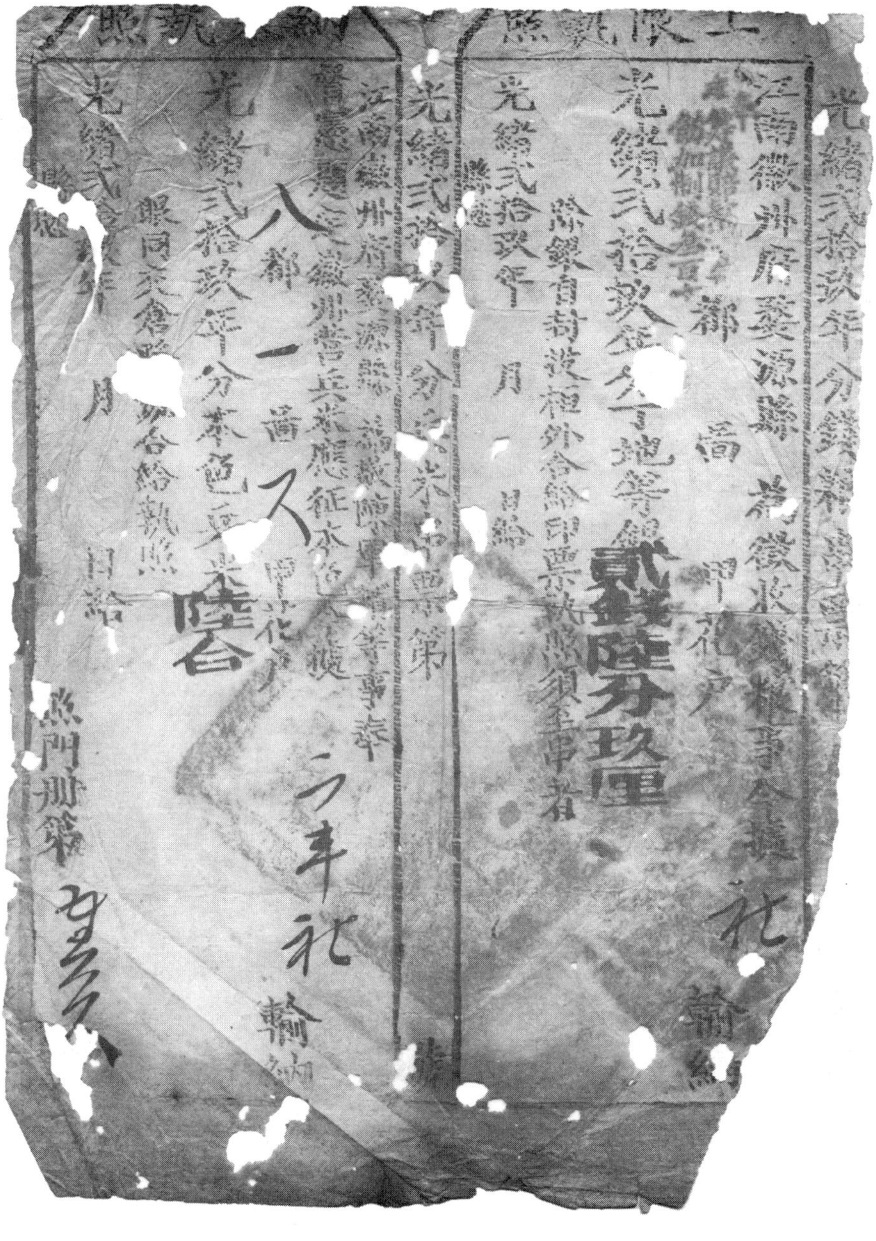
光緒貳拾玖年分錢糧

江南徽州府婺源縣 都 圖 甲花戶 社

光緒貳拾玖年分冬季地丁銀 貳錢陸分玖厘

除銀自封投櫃外合給印票執照須至串者

光緒貳拾玖年 月 日給

江南徽州府婺源縣

光緒貳拾玖年分本色米

八 都 一 圖 八 甲花戶 可丰社

陸合

江湾镇篁岭村 35 · 光绪二十九年 · 纳米执照 · 可丰社

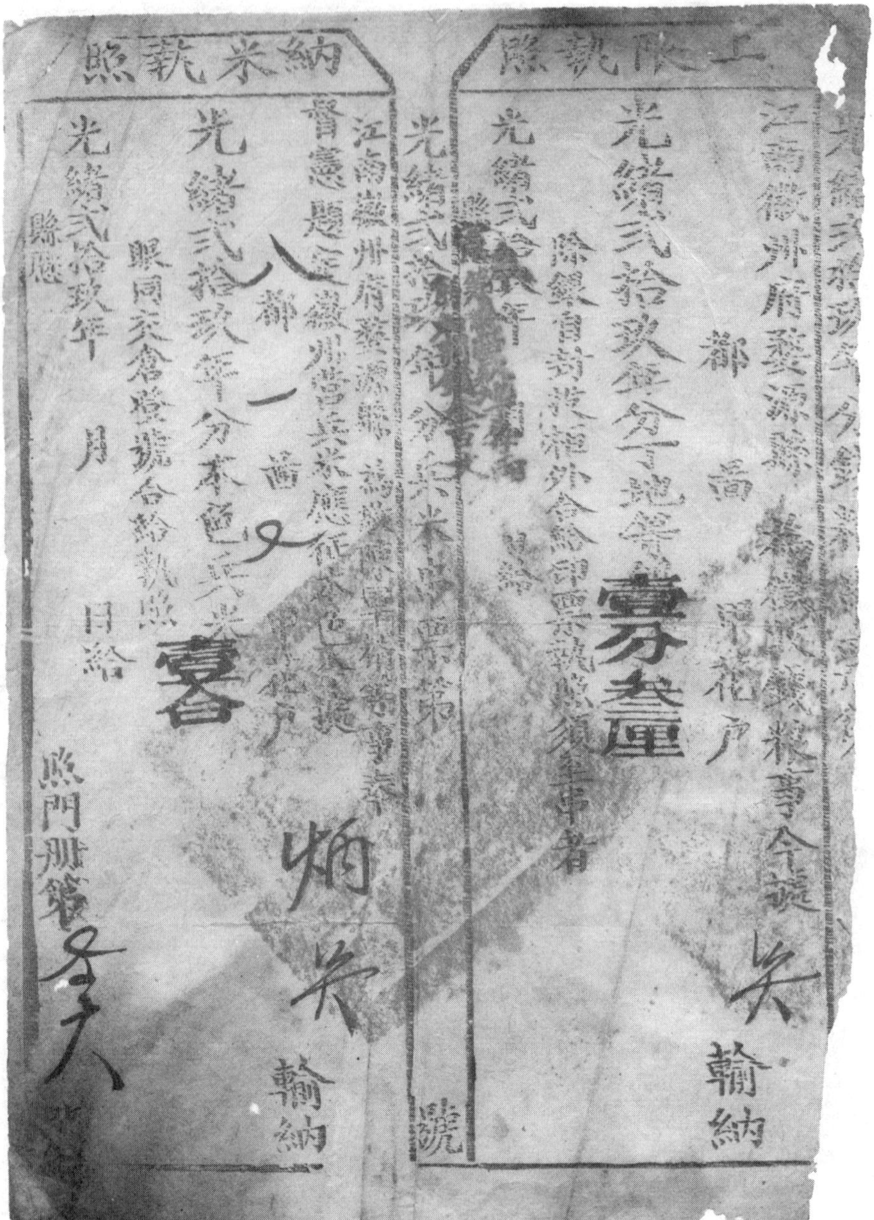

江湾镇篁岭村 54 · 光绪二十九年 · 纳米执照 · 炳兴

納米執照

江南徽州府婺源縣 為徵收

光緒叁拾年分本色兵米

八都 一圖 一甲花戶 接生

叁

光緒叁拾年 月 日給

縣 號

上限執照

江南徽州府婺源縣 為徵收

光緒叁拾年分兵米串

除銀自封投柜外合給印票

壹錢叁分

光緒叁拾年 月 日給

生 納

號

江湾镇篁岭村 19 · 光绪三十年 · 纳米执照 · 接生

上限執照
江南徽州府婺源縣 為徵收錢糧事
都 圖 甲花户
光緒叁拾年 地等 銀 叁正
徐銀自封投櫃外合給印票
光緒叁拾年 月 日給
縣憲
兴 輸納

光緒叁拾年分兵米串 號

納米執照
江南徽州府婺源縣 為徵收兵米事
奉督憲題定徽州營兵米應徵本色
乙都 一圖 甲花户
光緒叁拾年分本色兵米 壹
照同交倉查號合給執照
光緒叁拾年 月 日給
縣憲
焕兴 輸納
照門冊第 號

江湾镇篁岭村 55 · 光绪三十年 · 纳米执照 · 焕兴

江湾镇篁岭村 65 · 光绪三十年 · 杂文

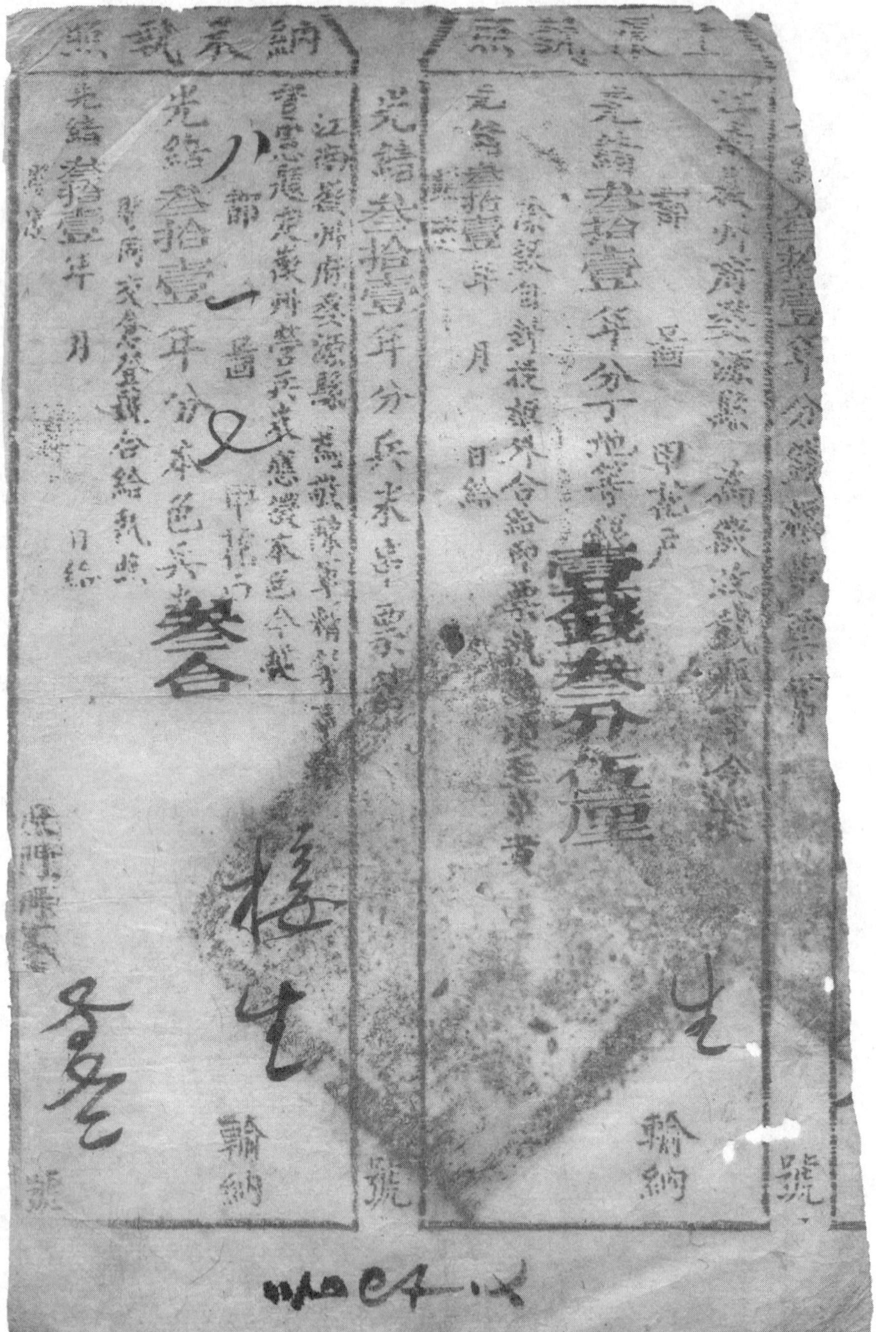
納米執照
江南徽州府婺源縣
光緒叁拾壹年分兵米串票
八都 一圖
光緒叁拾壹年分本色兵米 叁合
接生
輸納
號
光緒叁拾壹年 月 日給

江湾镇篁岭村 25 · 光绪三十一年 · 纳米执照 · 接生

江湾镇篁岭村 20 · 光绪三十二年 · 纳米执照 · 接生

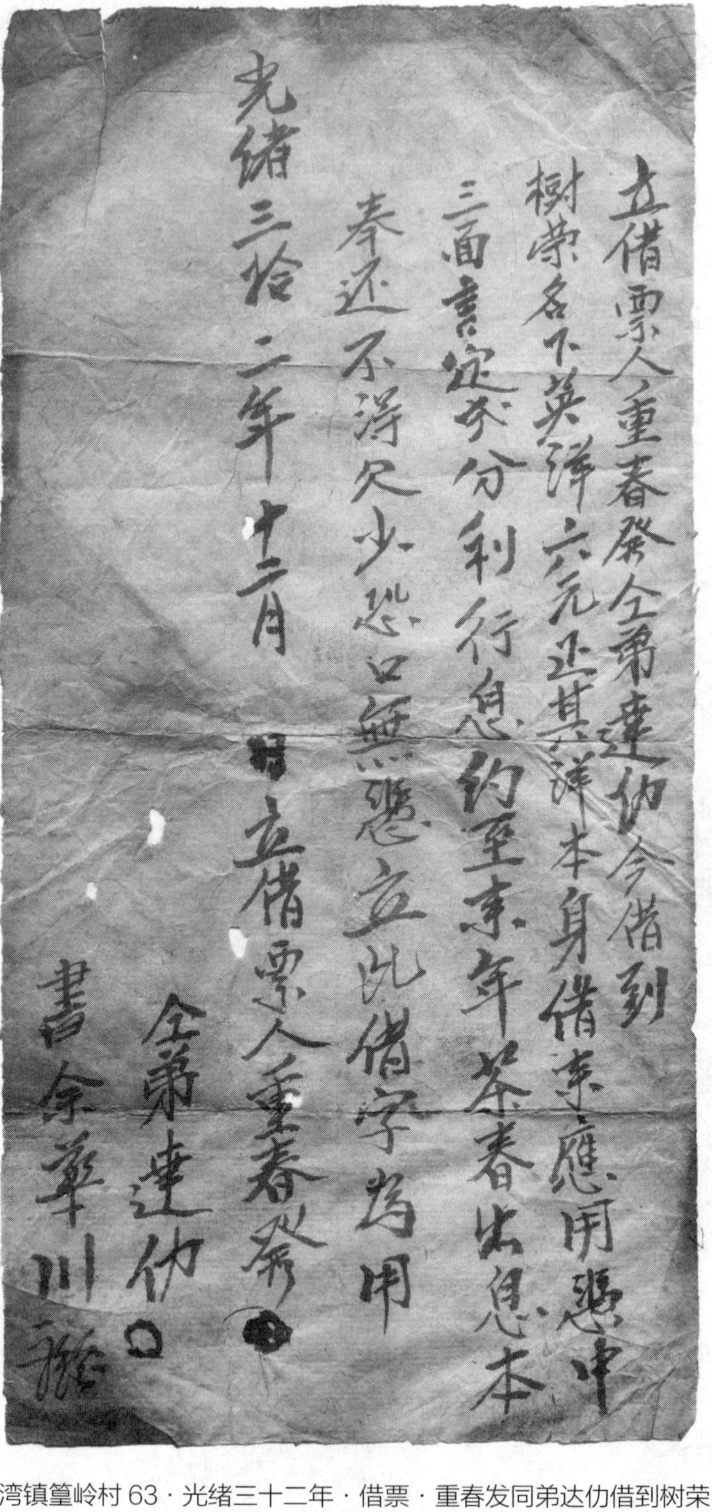

立借票人重春發仝弟達仂今借到
樹榮名下英洋六元正其洋本身借去應用憑中
三面言定每分利行息約至來年茶春出息本
奉还不得欠少恐口無憑立此借字為用
光緒三拾二年十二月　日立借票人重春發
仝弟達仂
書命華川

江湾镇篁岭村 63 · 光绪三十二年 · 借票 · 重春发同弟达仂借到树荣

江湾镇篁岭村 34 · 光绪三十三年 · 纳米执照 · 接生

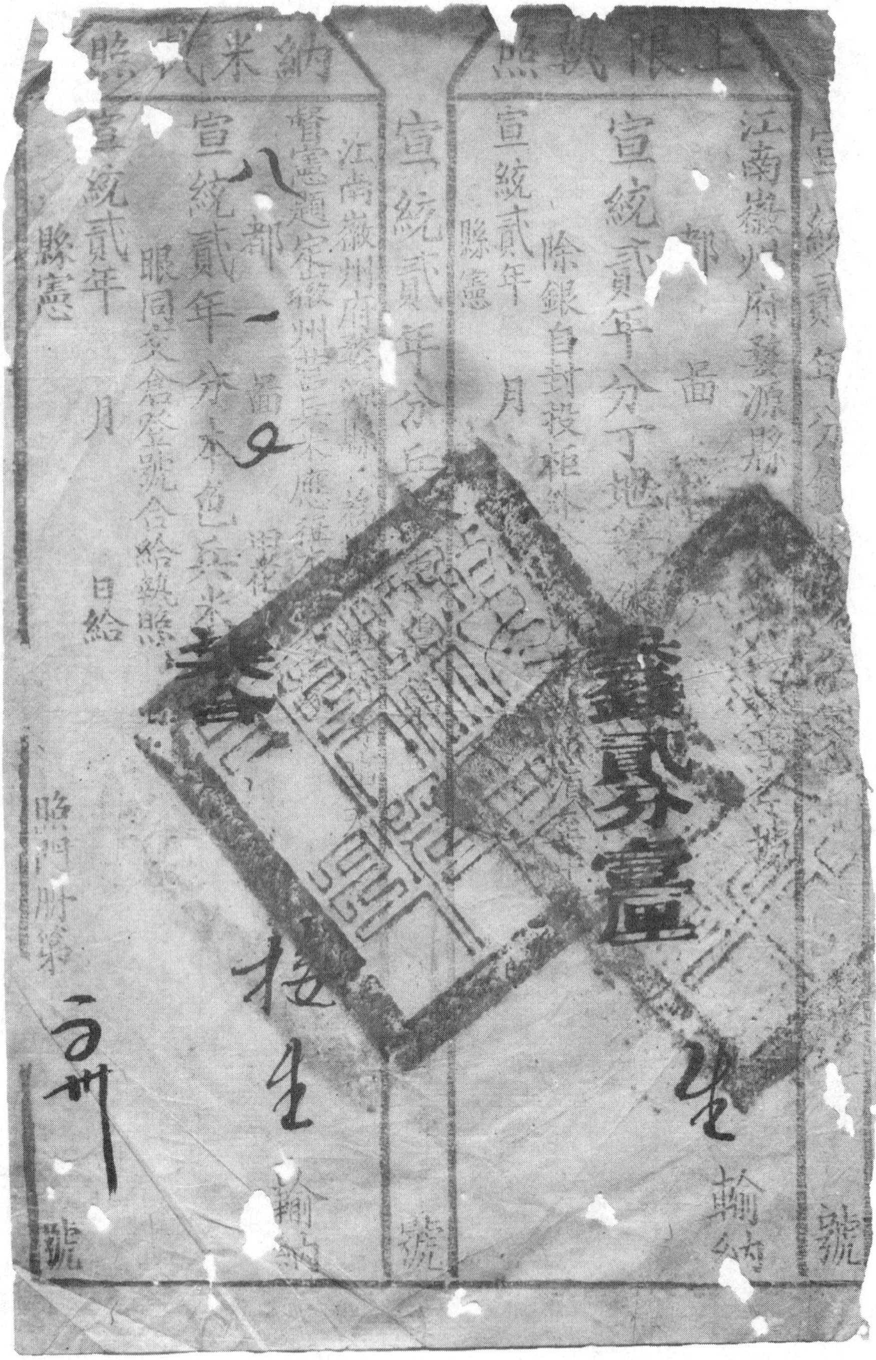

上限執照

江南徽州府婺源縣 都 圖

宣統貳年分丁地

除銀自封投櫃外

宣統貳年 月

縣憲

號 輸納

納米執照

江南徽州府婺源縣

督憲題定徽州營兵米應徵本色

八都一圖

宣統貳年分本色兵米

眼同交倉登號合給執照

宣統貳年 月 日給

縣憲

接生

號 輸納

江湾镇篁岭村 23 · 宣统二年 · 纳米执照 · 接生

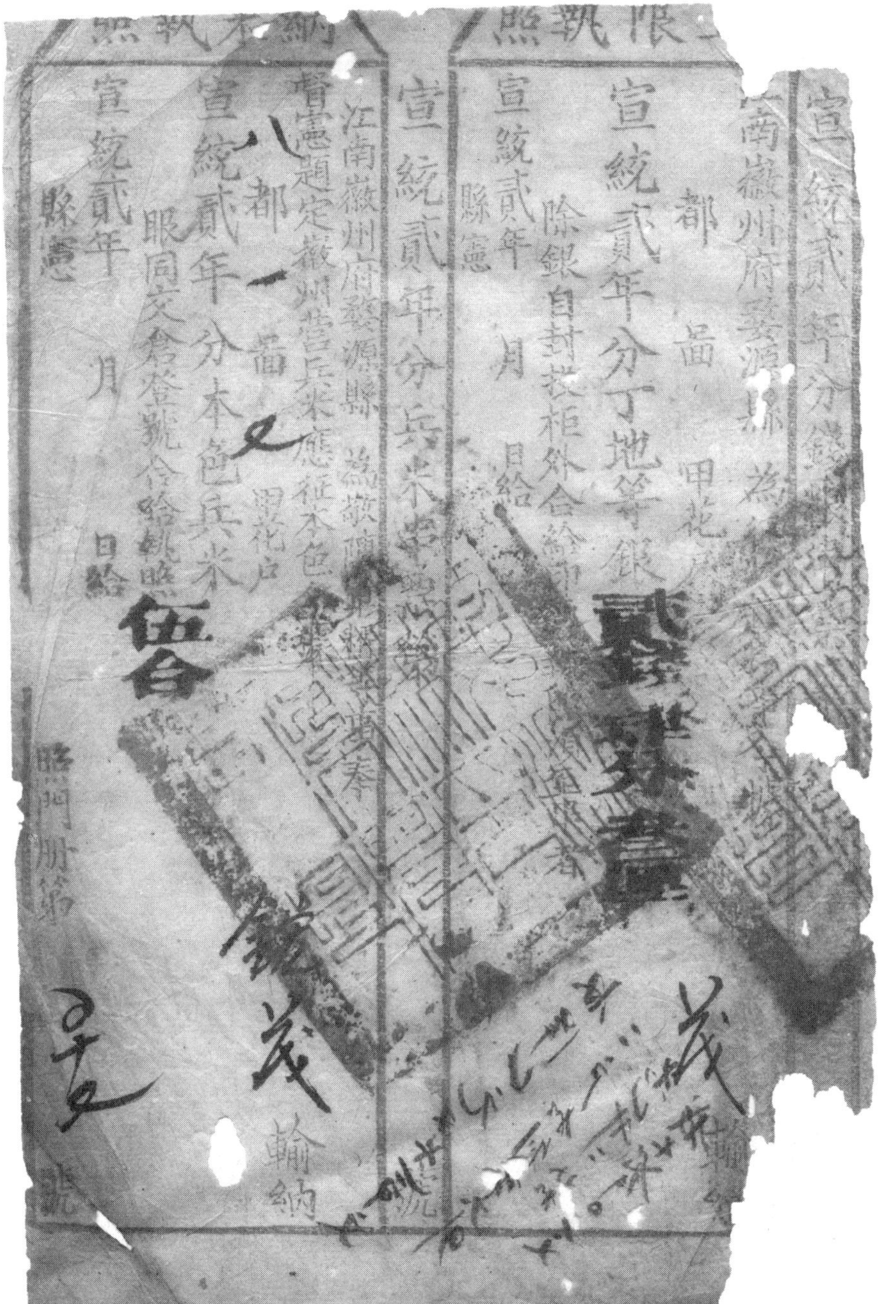

納米執照

江南徽州府婺源縣 為徵收……

督憲題定徽州營兵米應徵本色……

八都一啚七甲花戶

宣統貳年分本色兵米

伍合

照同交倉登號合給執照

宣統貳年 月 日給

縣憲

照同冊第 號

鉉茂

輸納

限執照

宣統貳年分丁地等銀

都 啚 甲花戶

除銀自封投柜外合給……

宣統貳年 月 日給

縣憲

宣統貳年分兵米……

宣統貳年分錢……

江南徽州府婺源縣 為……

江湾镇篁岭村 31 · 宣统二年 · 纳米执照 · 铉茂

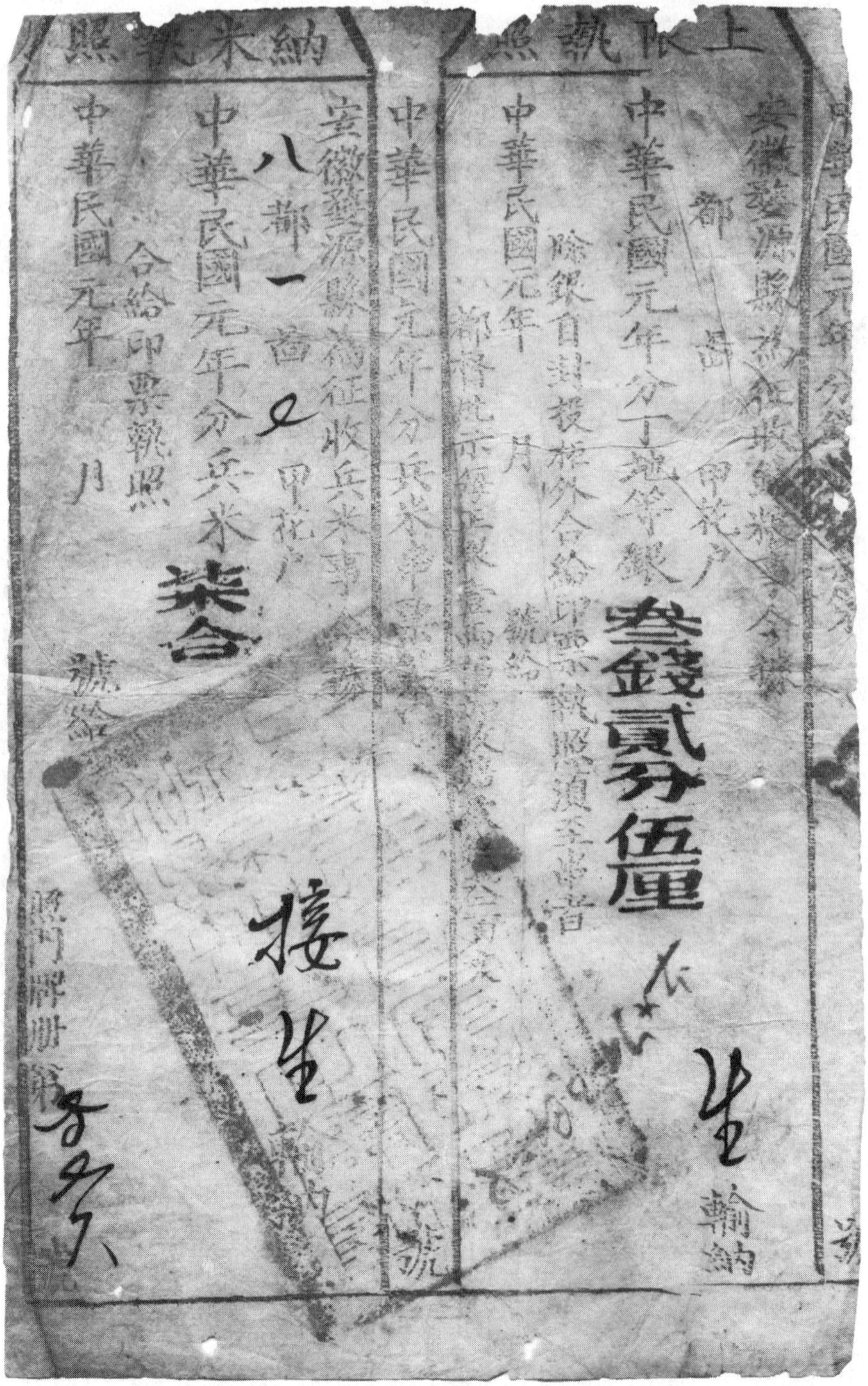

上限執照

安徽婺源縣為征收錢糧事今據
都 啚 甲花户 生 輸納
中華民國元年分丁地等銀 叁錢貳分伍釐
除銀自封投櫃外合給印票執照須至票者
中華民國元年 月 號給

納米執照

安徽婺源縣為征收兵米事今據
八都一啚2甲花户 接生
中華民國元年分兵米 柒合
合給印票執照
中華民國元年 月 號給

江湾镇篁岭村 15 · 民国元年 · 纳米执照 · 接生

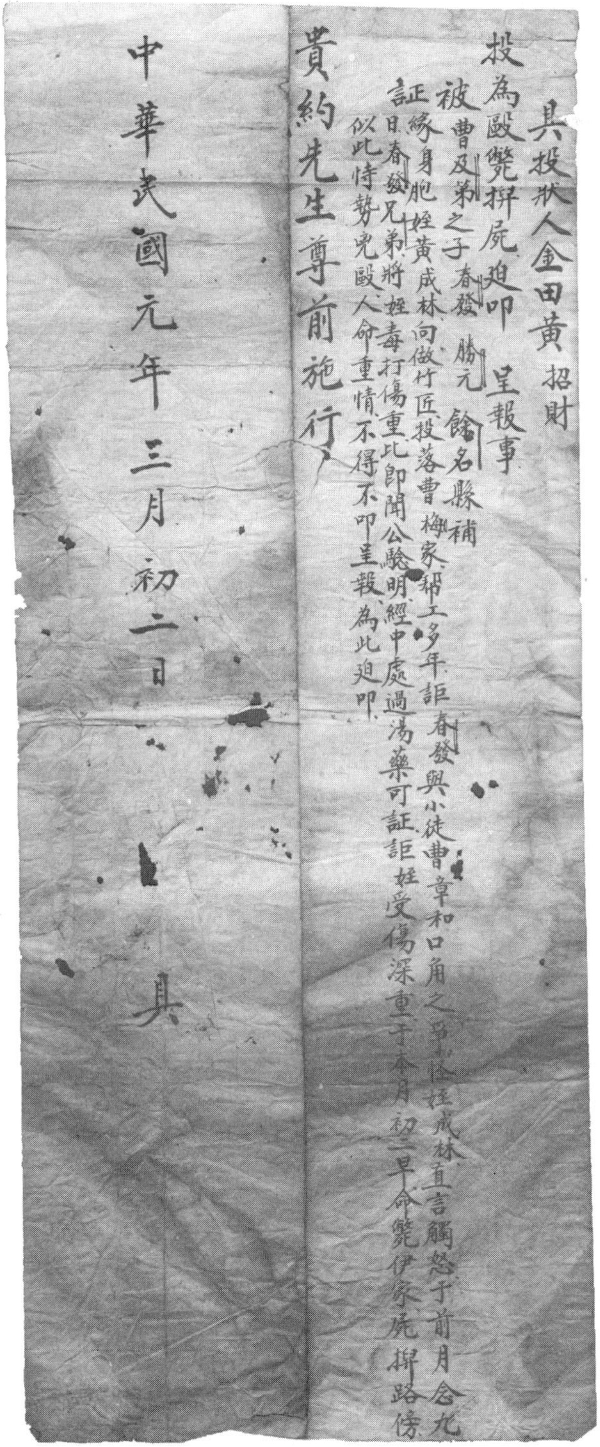
具投狀人金田黄招財
投為毆斃拼屍迫叩呈報事
被曹及第之子春發 勝元 餘名 縣補
証
正緣身胞姪黄成林向做竹匠投落曹梅家幇工多年詎春發與小徒曹章和口角之爭怪姪成林直言觸怒于前月念九
日春發兄弟將姪毒打傷重比即聞公驗明經中處過湯藥可証詎姪受傷深重于本月初二早命斃伊家屍拼路傍
似此恃勢兇毆人命重情不得不叩呈報為此迫叩
貴約先生尊前施行
中華民國元年三月初二日 具

江湾镇篁岭村 77 · 民国元年 · 具状词 · 黄招财告曹及第之子春发等

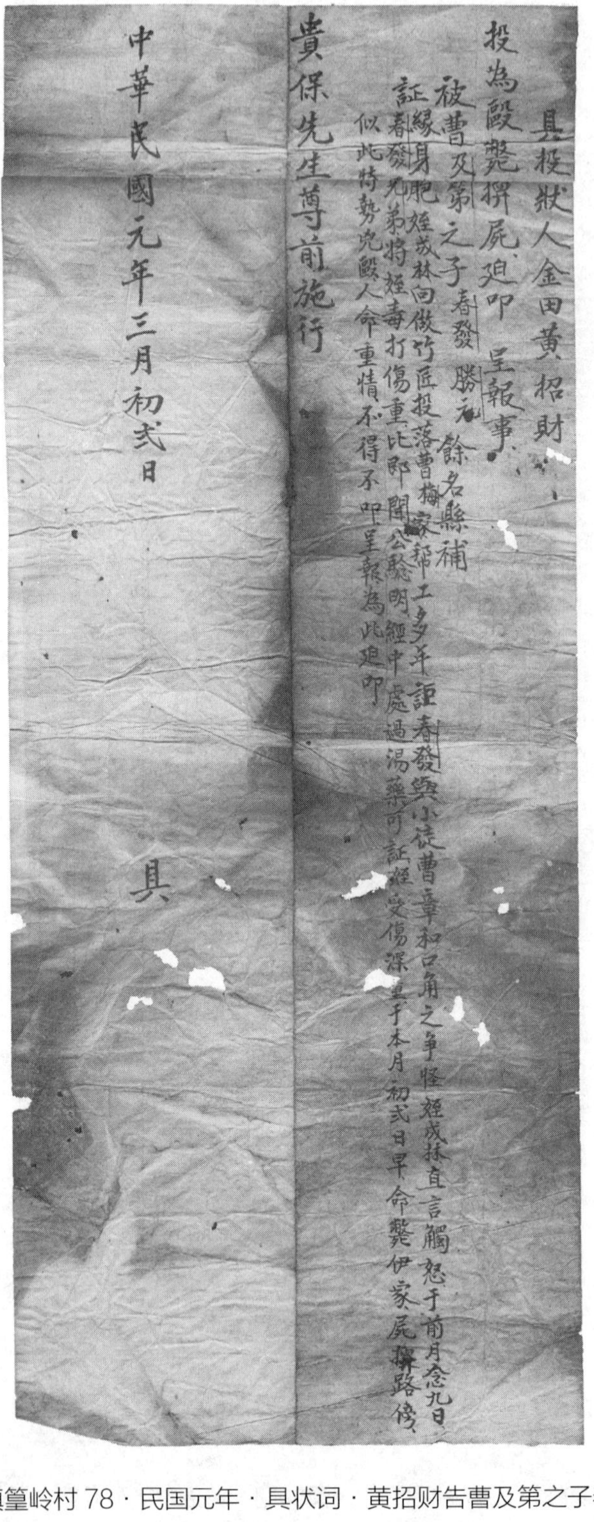

具投狀人金田黄招財

投為毆斃拼屍，廹叩呈報事。

被曹及第之子春發、勝〻，餘名縣補

証。緣身胞姪成林向做竹匠，投落曹梅家幫工多年，詎春發與小徒曹章和口角之爭，怪姪成林直言觸怒，于前月念九日

春發兄弟將姪毒打傷重，比郎聞公驗明，經中處過湯藥可証。姪受傷深，旦于本月初弍日早命斃，伊家屍拼路傍，

似此恃勢兇毆人命重情，不得不叩呈報，為此廹叩

貴保先生尊前施行

中華民國元年三月初弍日

具

江湾镇篁岭村 78 · 民国元年 · 具状词 · 黄招财告曹及第之子春发等

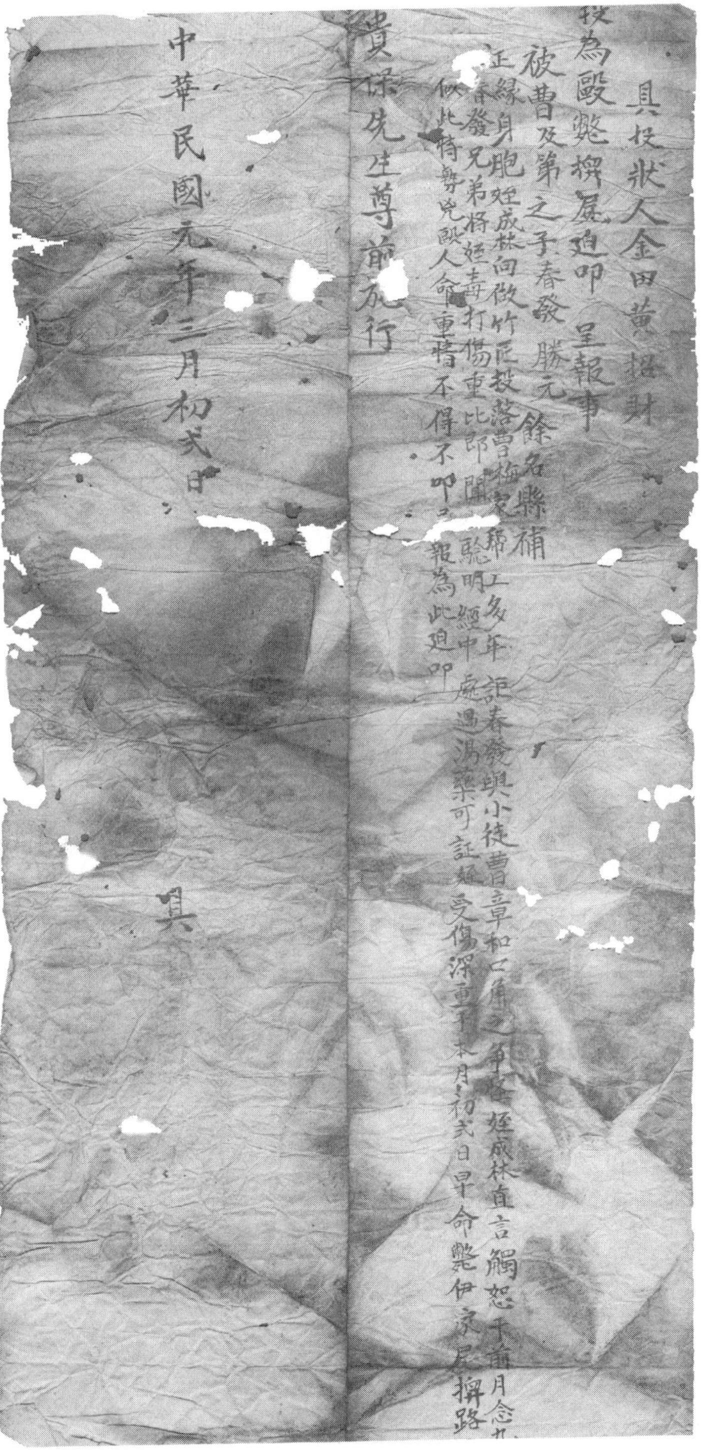
具投狀人金田黄招財
投為毆斃擗屍迫叩呈報事
被曹及第之子春發 勝元 餘名鼎補
正緣身胞姪成林向做竹匠投落曹梅爰爲工多年 詎春發與小徒曹章和口角之弟子姪成林直言觸怒于前月念九
春發兄弟將姪毒打傷重比郎聞驗明經中處遇湯藥可証姪受傷深重于本月初弍日早命斃伊家屍擗路
似此情勢兇毆人命重情不得不叩〻報為此迫叩
貴保先生尊前施行
中華民國元年三月初弍日 具

江湾镇篁岭村 83 · 民国元年 · 具状词 · 黄招财告曹及第之子春发等

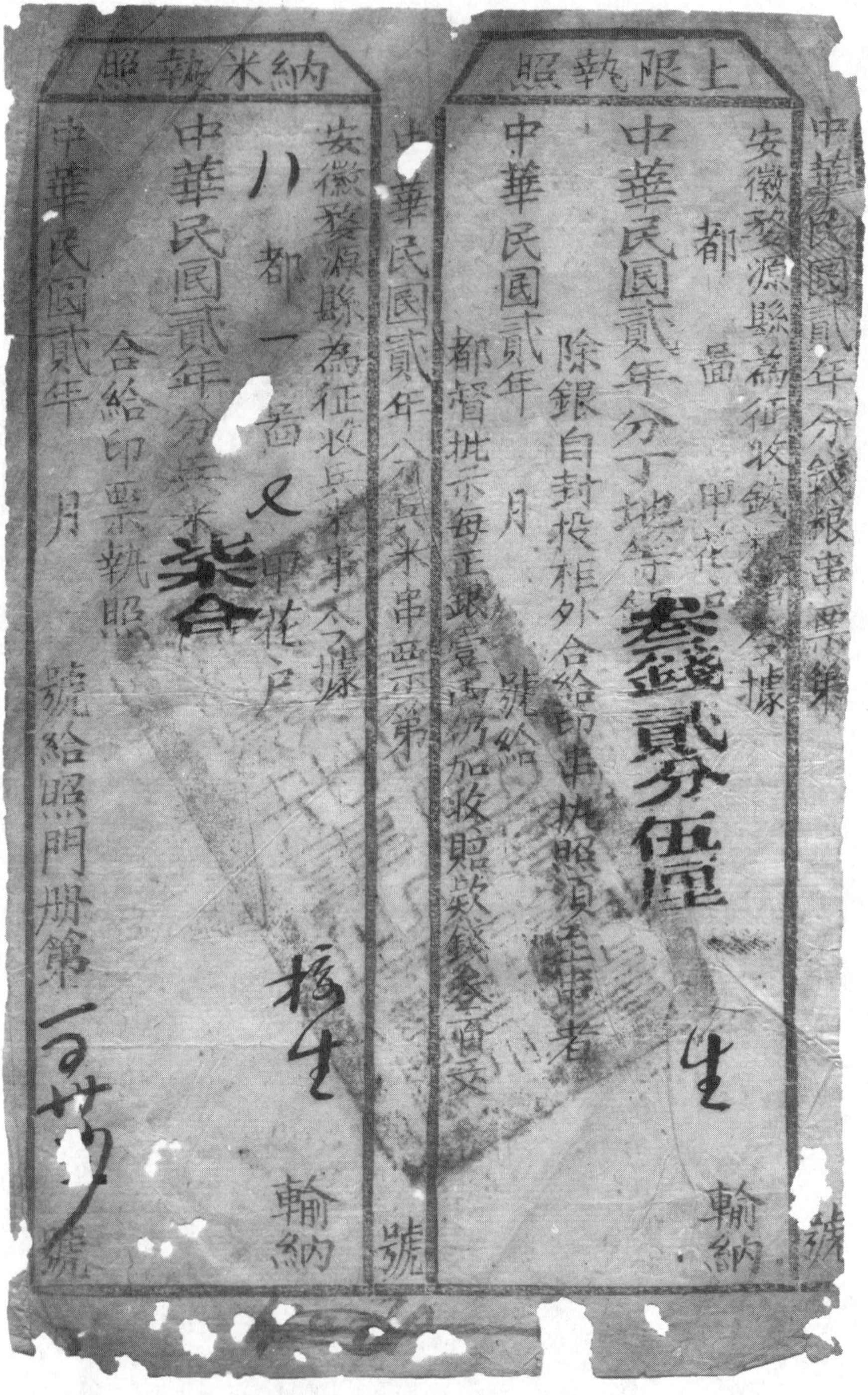

中華民國貳年分錢粮串票第　號

上限執照

安徽婺源縣為征收錢粮事今據
都　啚　甲花戶　生　輸納
中華民國貳年分丁地等銀叁錢貳分伍厘
除銀自封投柜外合給印串執照須至串者
中華民國貳年　月　號給
都督批示每正銀壹兩加收賠款錢叁百文

中華民國貳年分兵米串票第　號

納米執照

安徽婺源縣為征收兵米事今據
八都一啚乂甲花戶梅生　輸納
中華民國貳年分兵米柒合
合給印票執照
中華民國貳年　月　號給照門册第一百廿　號

江湾镇篁岭村 43 · 民国二年 · 纳米执照 · 接生

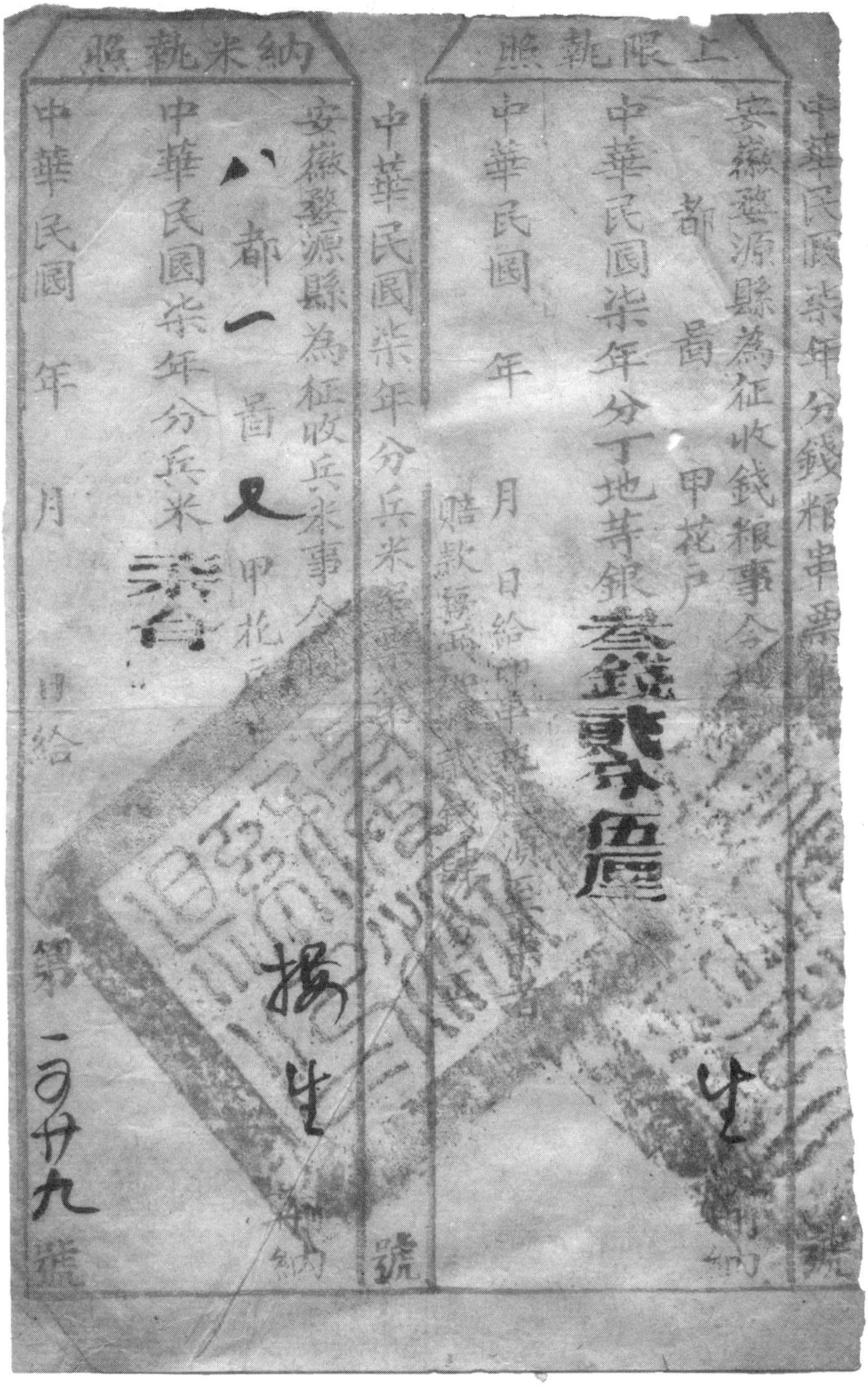

上限執照
中華民國柒年分錢粮串票
安徽婺源縣為征收錢粮事今據
都 啚 甲花户
中華民國柒年分丁地芶銀叁錢貳分伍釐
中華民國 年 月 日給
生
中華民國柒年分兵米
號

納米執照
安徽婺源縣為征收兵米事今
八都一啚 又 甲花户
中華民國柒年分兵米
中華民國 年 月 日給
第一千廿九號
接生

江湾镇篁岭村 26 · 民国七年 · 纳米执照 · 接生

江湾镇篁岭村 38 · 民国七年 · 纳米执照 · 承兴

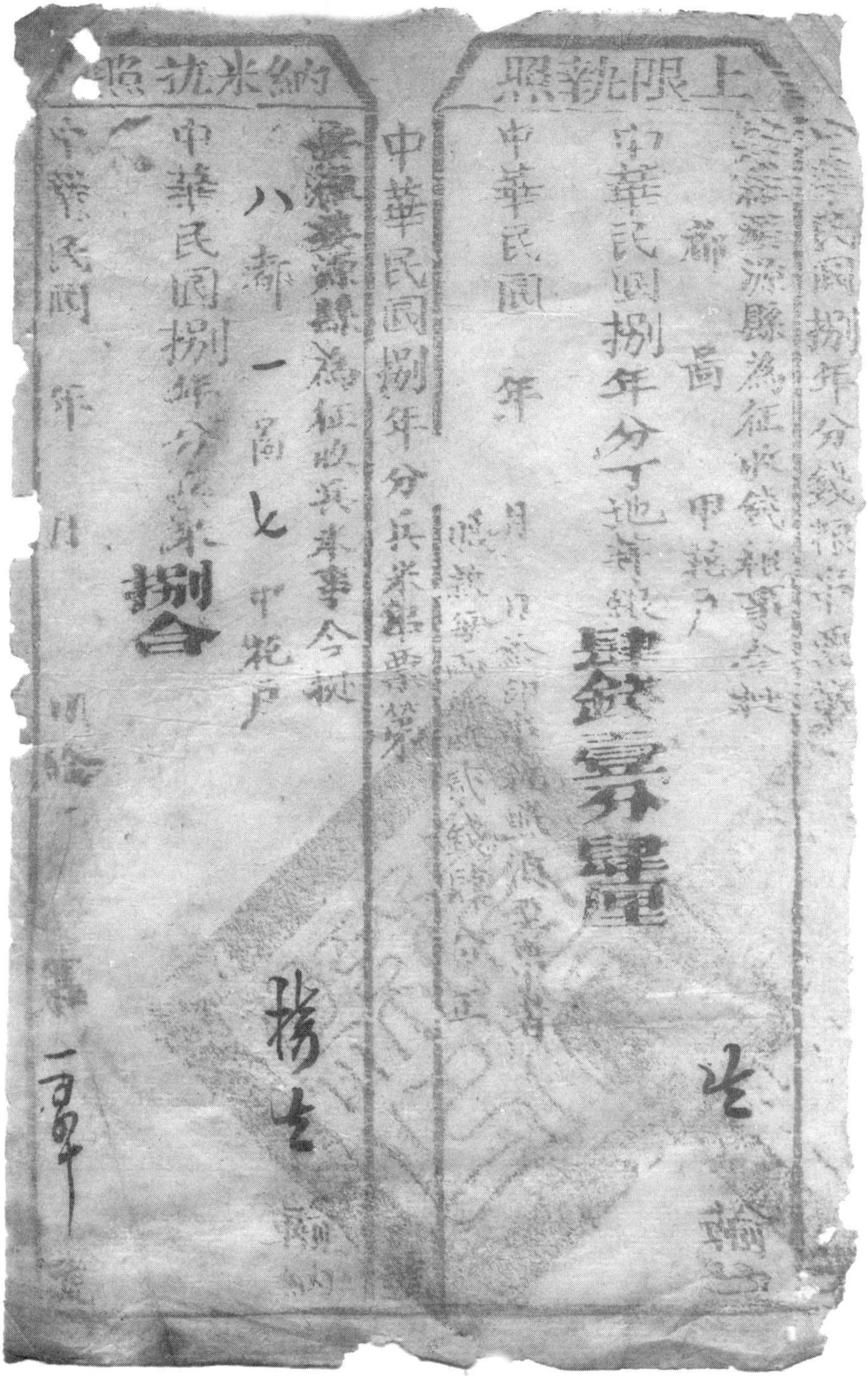
上限執照
婺源縣為征收錢糧事今據
都 啚 甲 花戶
中華民國捌年分丁地折銀
肆錢壹分肆釐
中華民國 年 月 日
中華民國捌年分兵米執票
納米執照
婺源縣為征收兵米事今據
八都 一啚 七甲 花戶
中華民國捌年分兵米
捌合
接生

江湾镇篁岭村 42 · 民国八年 · 纳米执照 · 接生

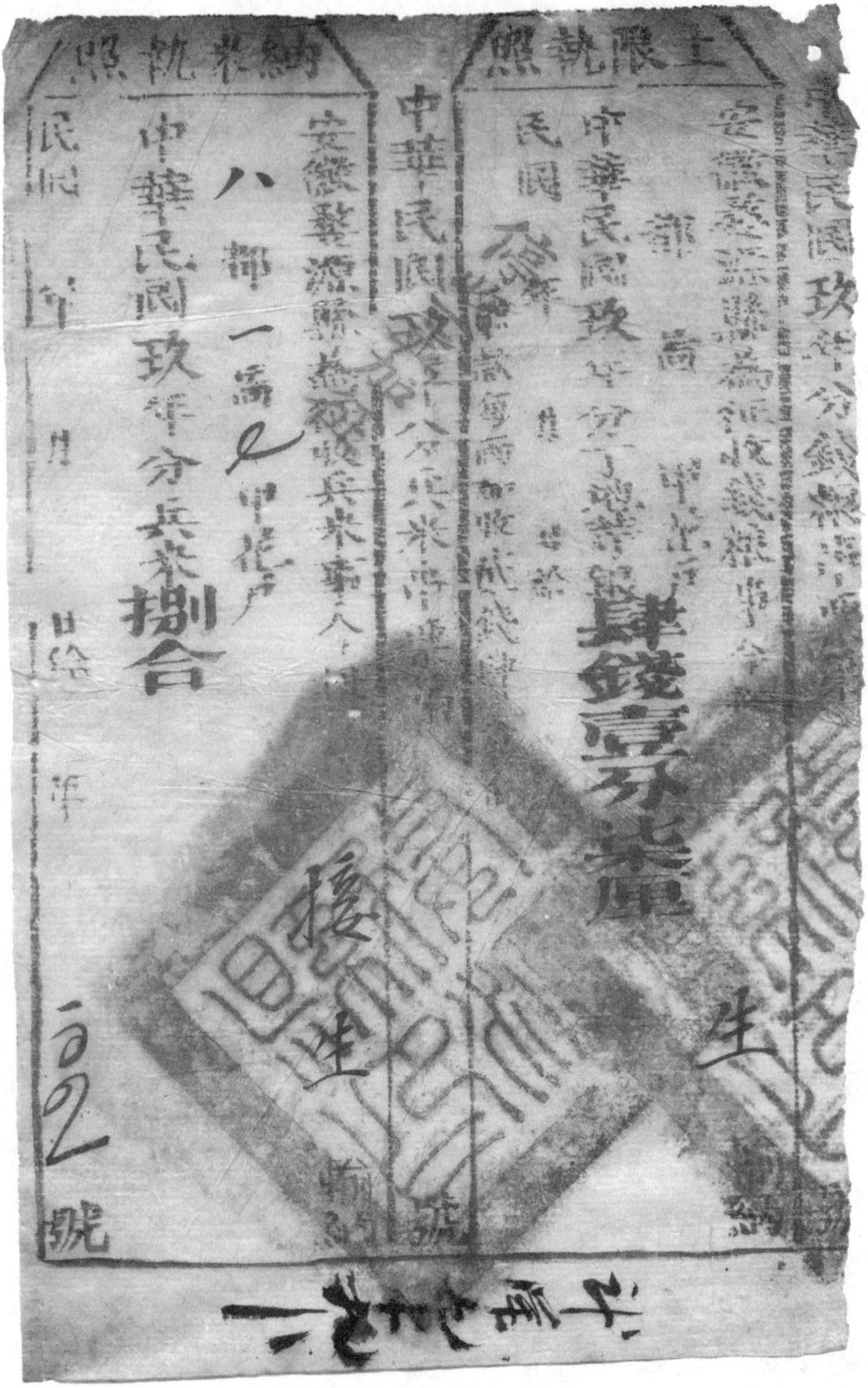

江湾镇篁岭村 44 · 民国九年 · 纳米执照 · 接生

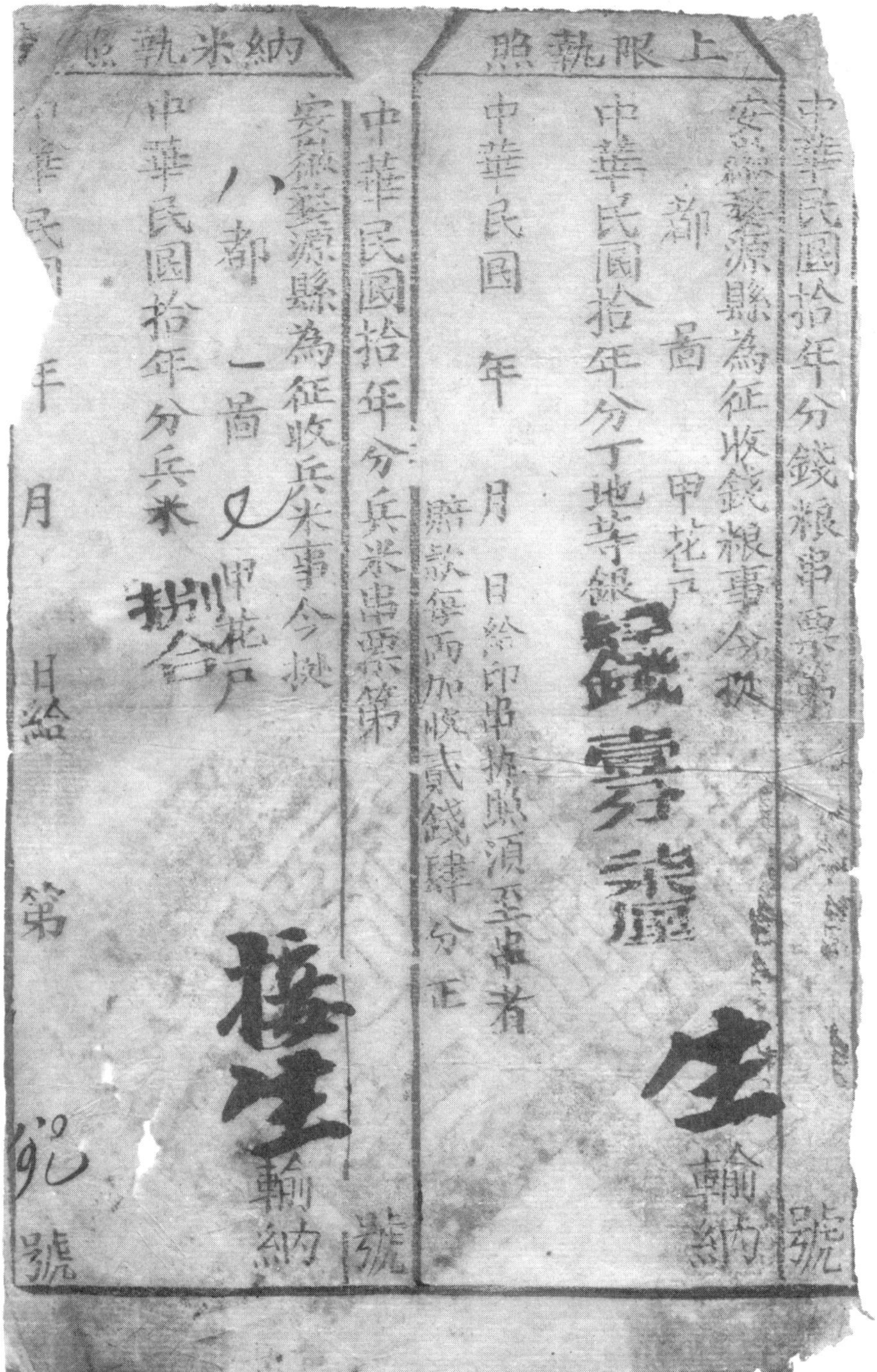

上限執照

中華民國拾年分錢粮串票第　號

安徽婺源縣為征收錢粮事今據

都　啚　甲花戶　生　輸納

中華民國拾年分丁地等銀　錢壹號

中華民國　年　月　日給印串執照須至串者

賠款每兩加收貳錢肆分正

納米執照

中華民國拾年分兵米串票第　號

安徽婺源縣為征收兵米事今據

八都　一啚　甲花戶　接生　輸納

中華民國拾年分兵米　捌合

中華民國　年　月　日給　第　號

江湾镇篁岭村 45 · 民国十年 · 纳米执照 · 接生

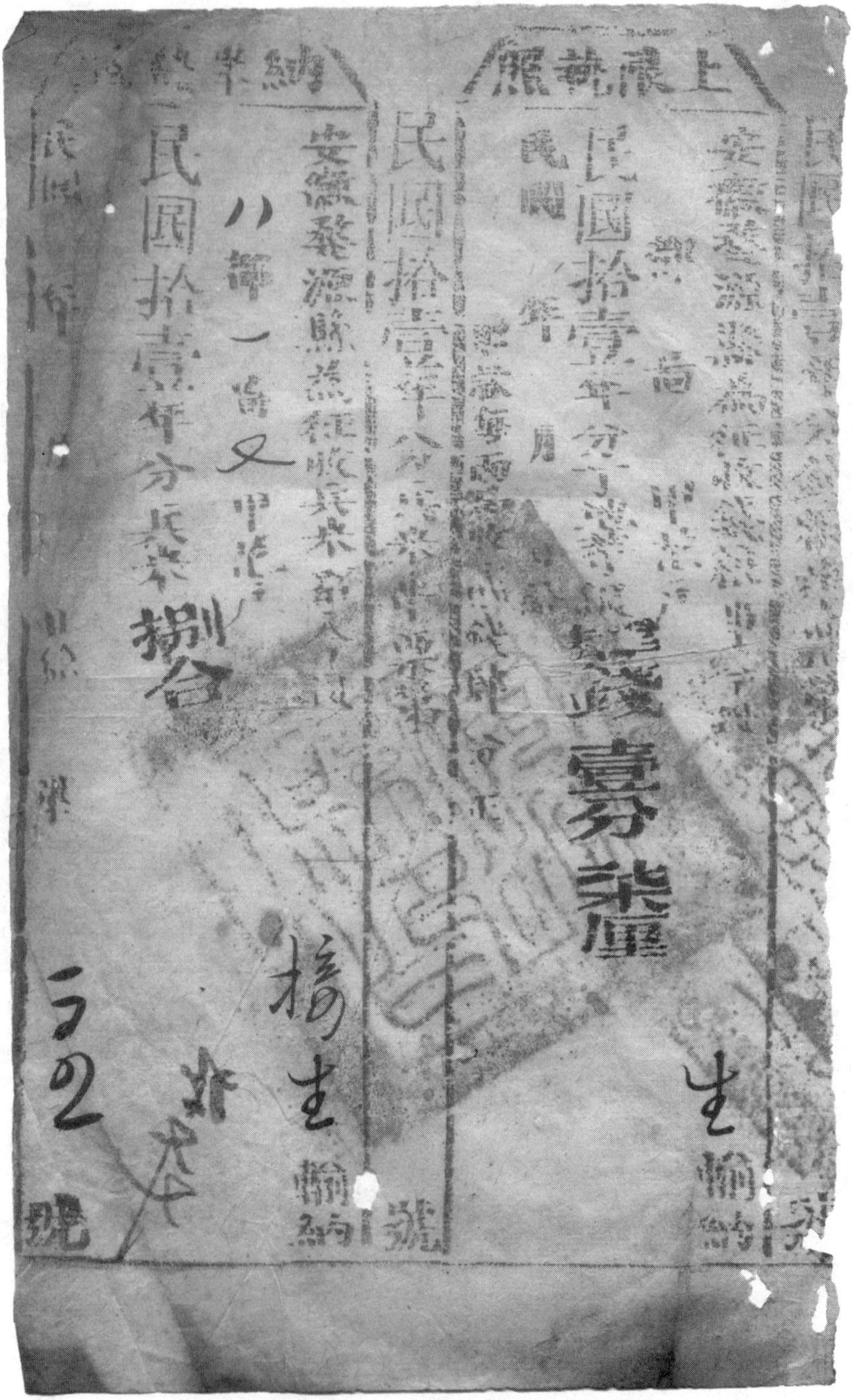
上忙執照
安徽婺源縣
民國拾壹年分
壹兩
生
納米執照
安徽婺源縣
民國拾壹年分兵米
八都一圖又甲
捌合
接生
號

江湾镇篁岭村 39 · 民国十一年 · 纳米执照 · 接生

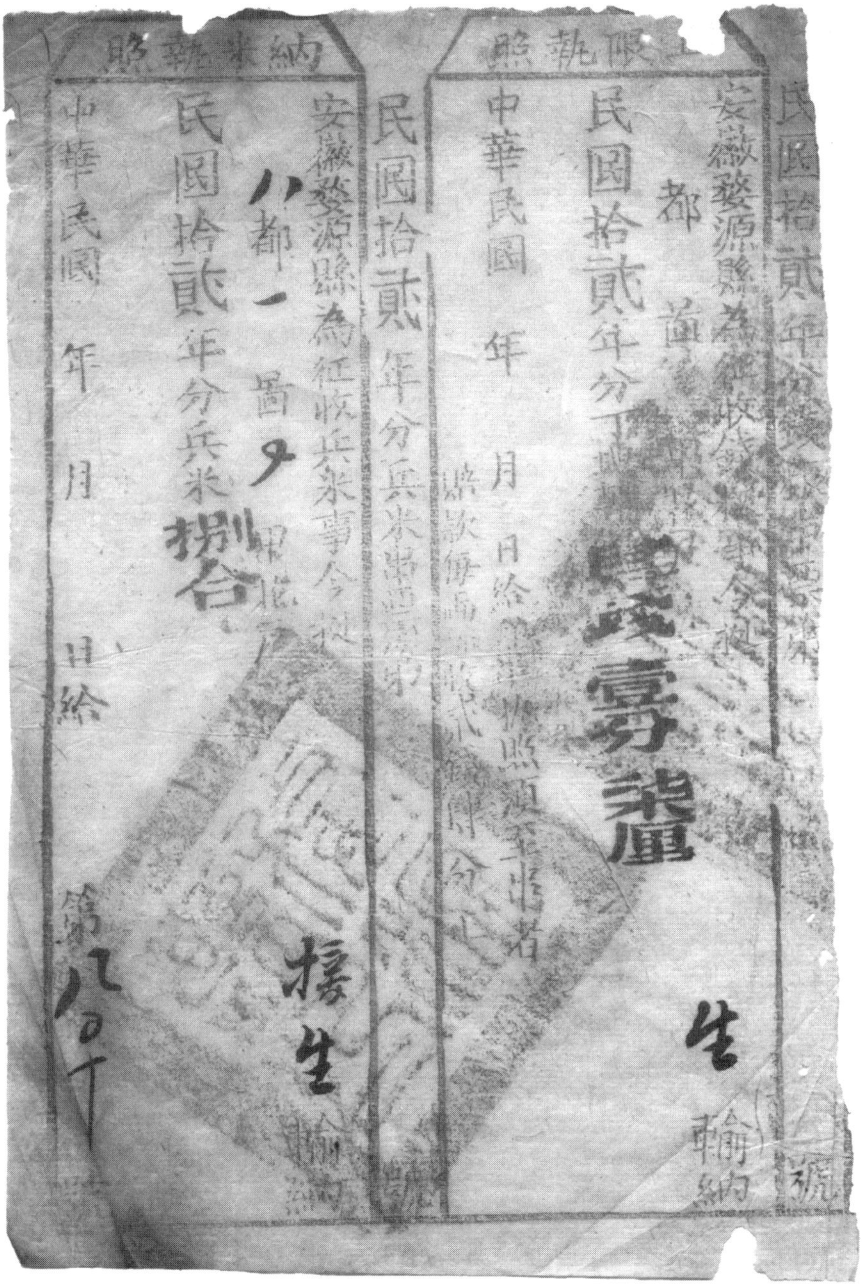

納米執照

安徽婺源縣為征收兵米事今據

八都一圖九甲

接生

輸納

民國拾貳年分兵米捌合

中華民國　年　月　日給

江湾镇篁岭村 41 · 民国十二年 · 纳米执照 · 接生

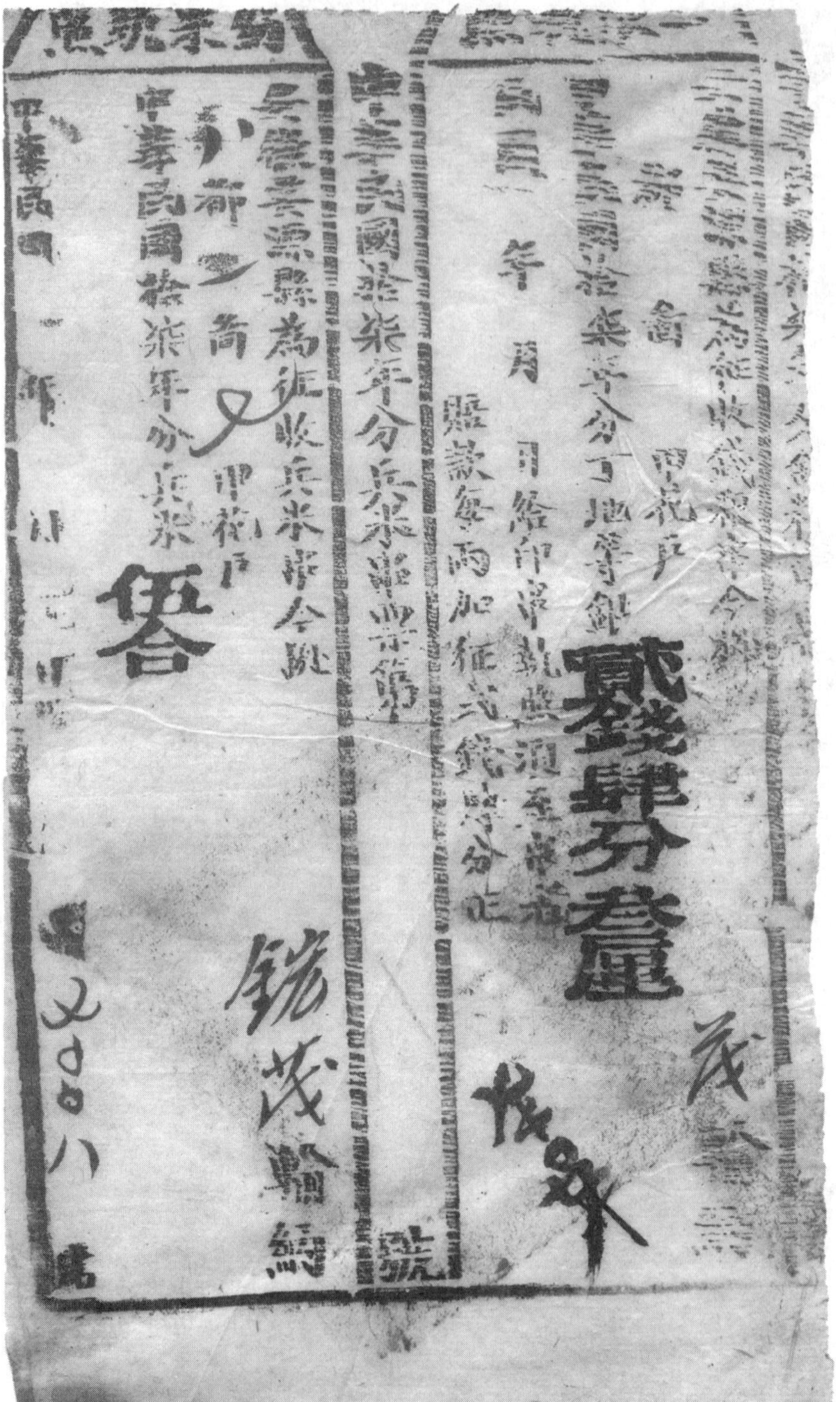

婺源縣為征收兵米事今據

中華民國拾柒年分兵米串票第　號

中華民國拾柒年分丁地等銀　貳錢肆分叁厘

鋐茂

江湾镇篁岭村 29 · 民国十七年 · 纳米执照 · 铉茂

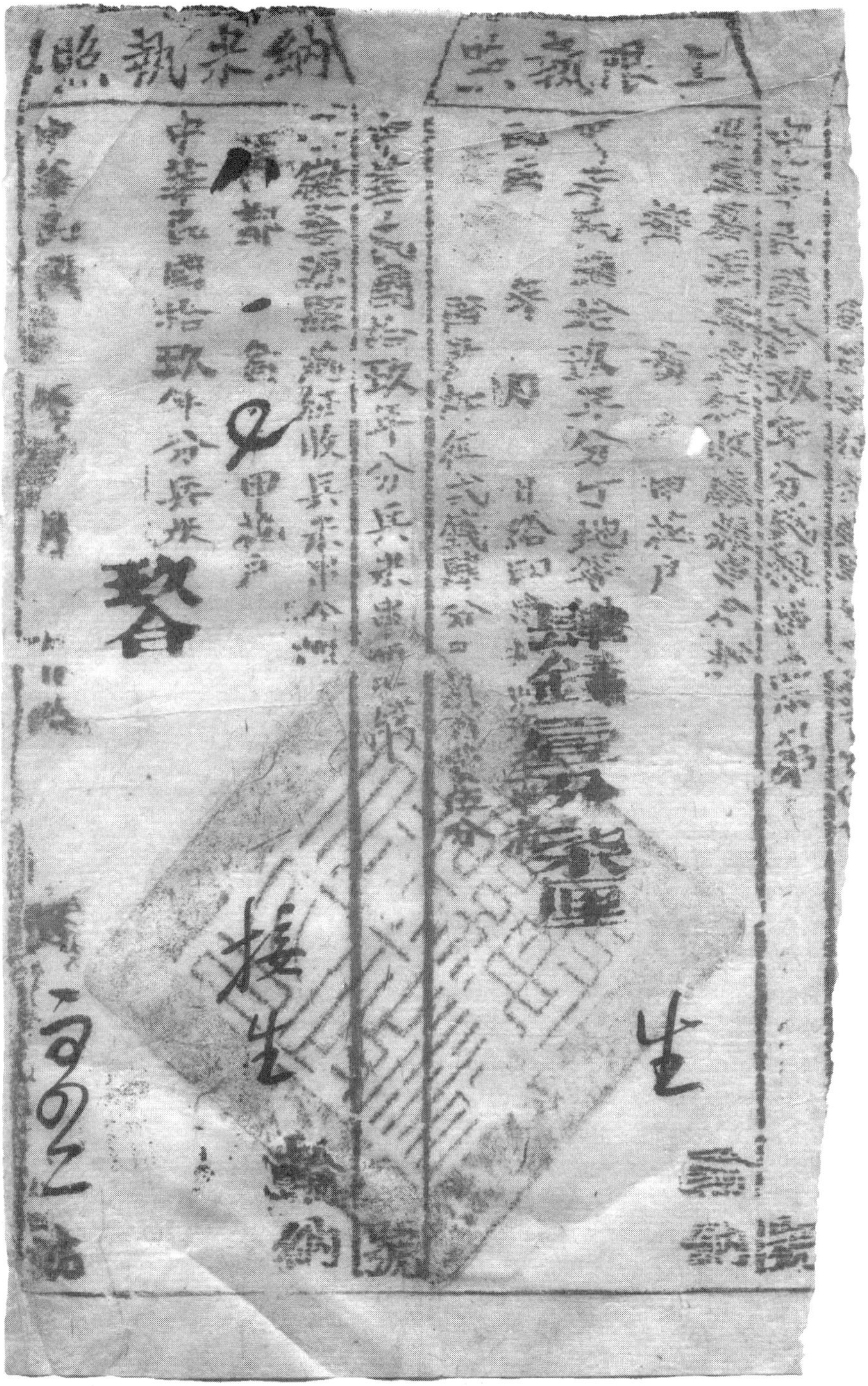

江湾镇篁岭村 27 · 民国十九年 · 纳米执照 · 接生

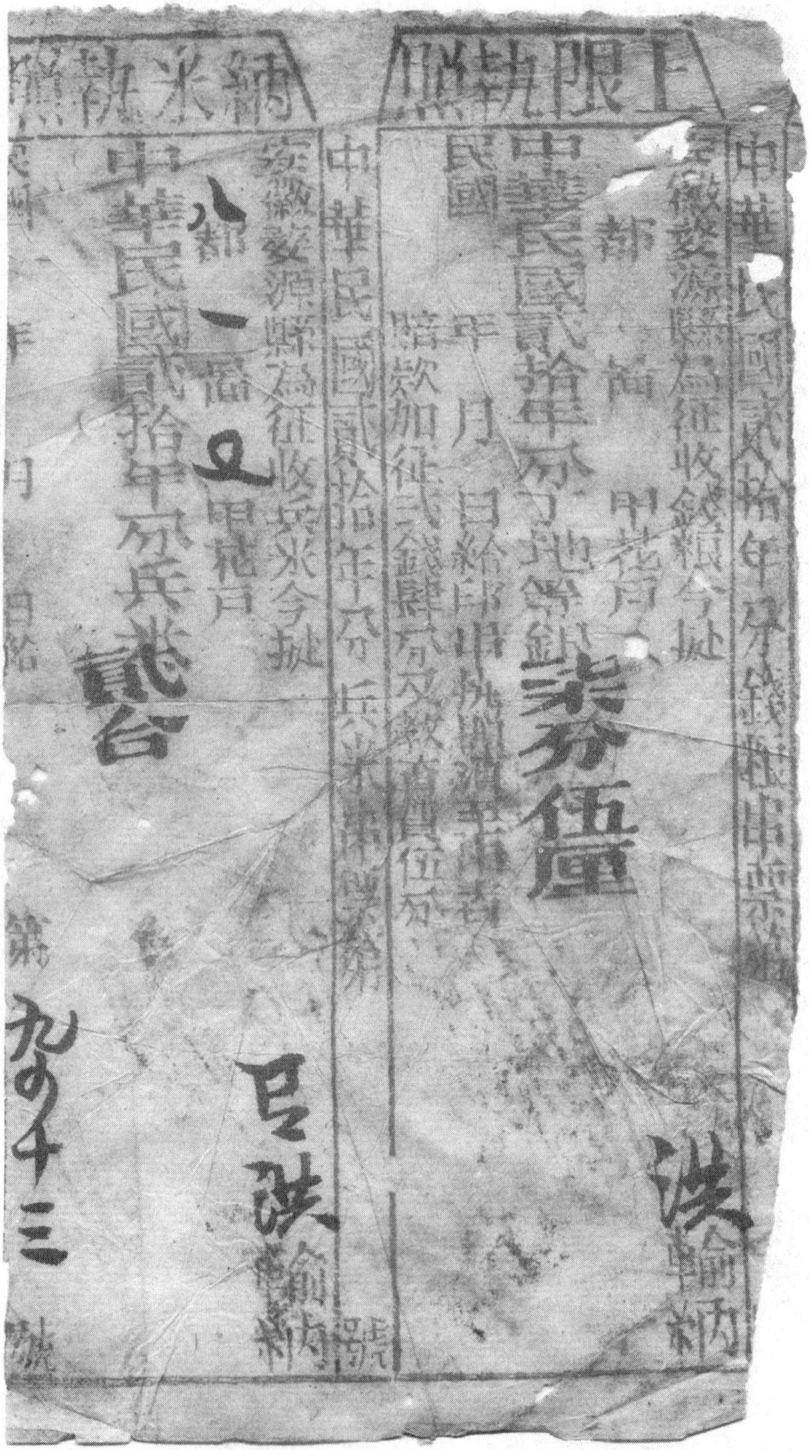

上限執照

中華民國貳拾年分錢糧串票

安徽婺源縣為征收錢糧今據

都　圖　甲花戶　洪　輸納

中華民國貳拾年分地丁錢　壽伍

民國　年　月　日給

中華民國貳拾年分兵米　號

納米執照

安徽婺源縣為征收兵米今據

八都　一圖　又　甲花戶　呂洪　輸納

中華民國貳拾年分兵米　貳合

民國　年　月　日給

第　九千〇十三　號

江湾镇篁岭村 18 · 民国二十年 · 纳米执照 · 有洪

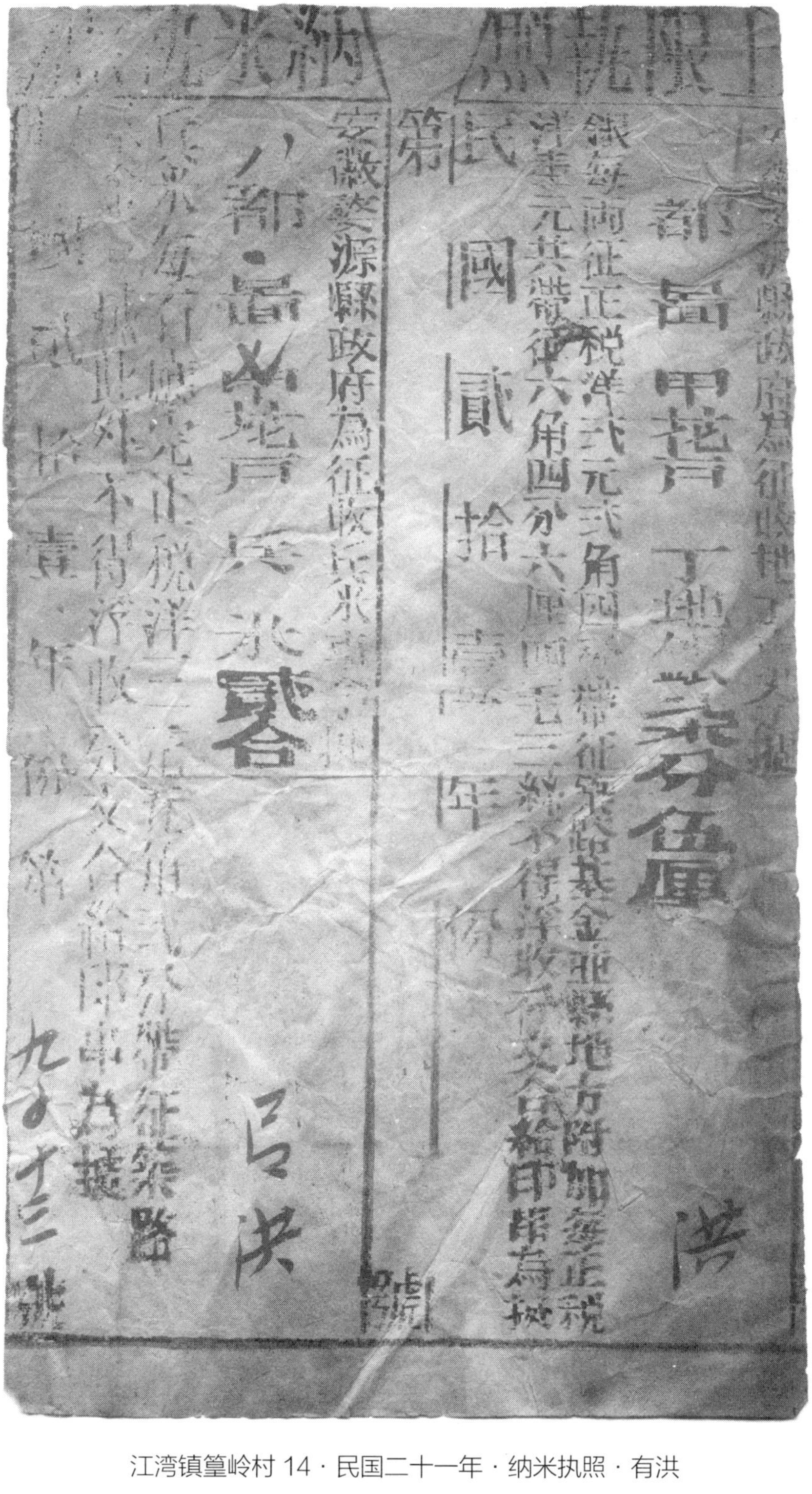

江湾镇篁岭村 14 · 民国二十一年 · 纳米执照 · 有洪

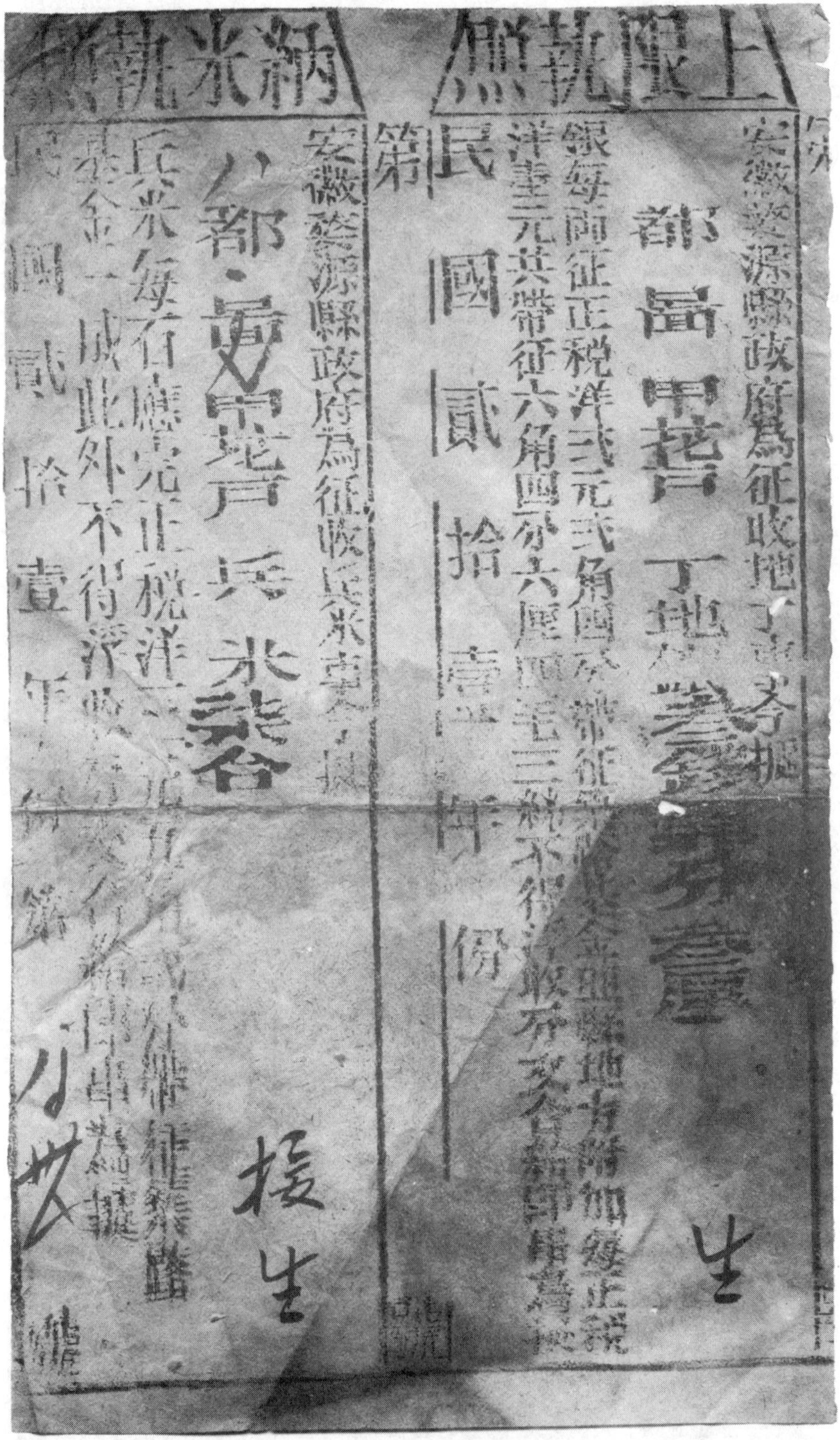
上限執照
安徽婺源縣政府為征收地丁
都 圖 甲 戶
銀每両征正稅洋弍元弍角四分
洋壹元
民國貳拾壹年

納米執照
安徽婺源縣政府為征收兵米
八都 圖 甲 戶 兵米
兵米每石應完正稅洋
另征一成此外不得浮收
民國貳拾壹年
接生

江湾镇篁岭村 16 · 民国二十一年 · 纳米执照 · 接生

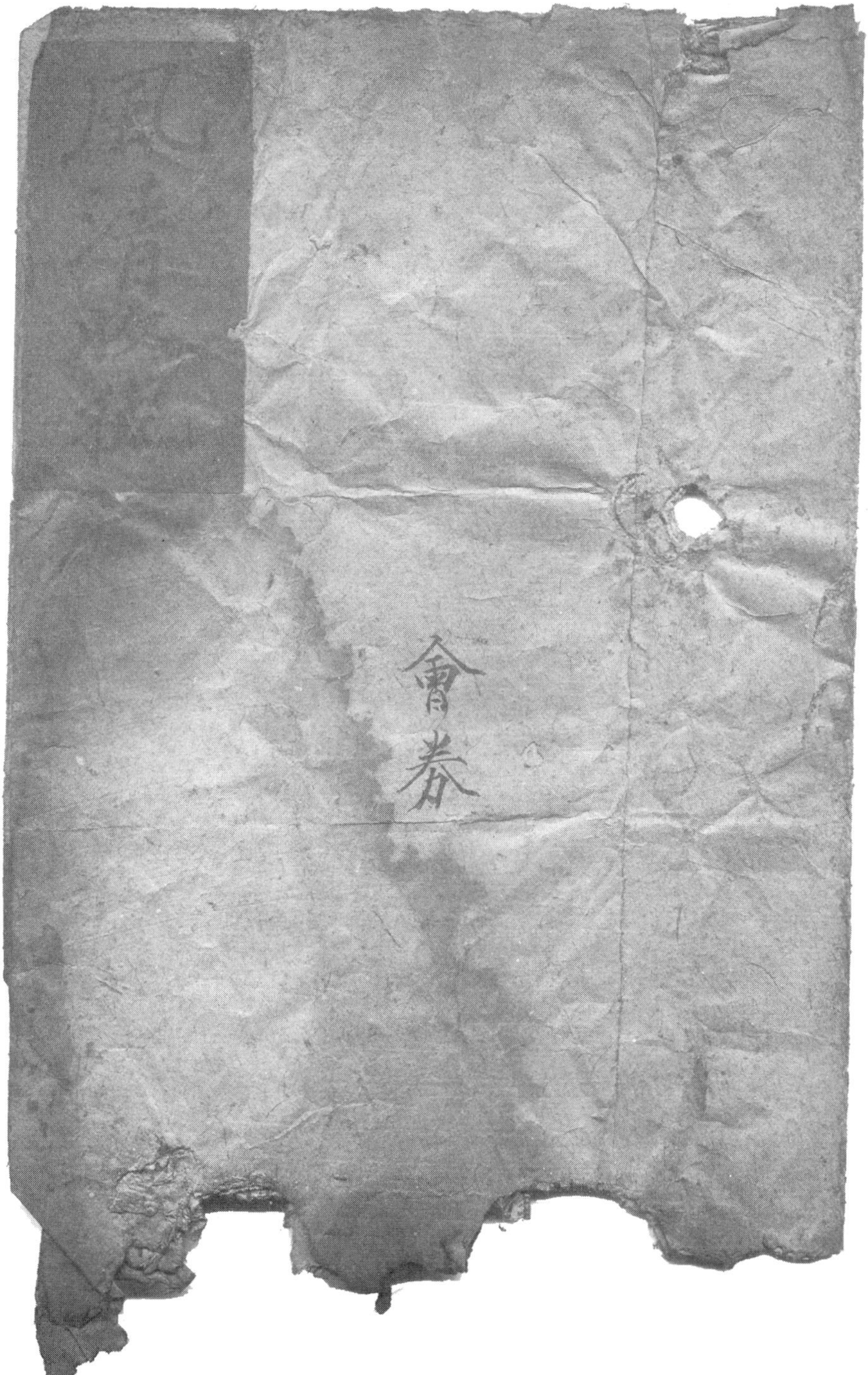
會券

江湾镇篁岭村 88-1 · 民国二十一年 · 会券 · 曹春梅

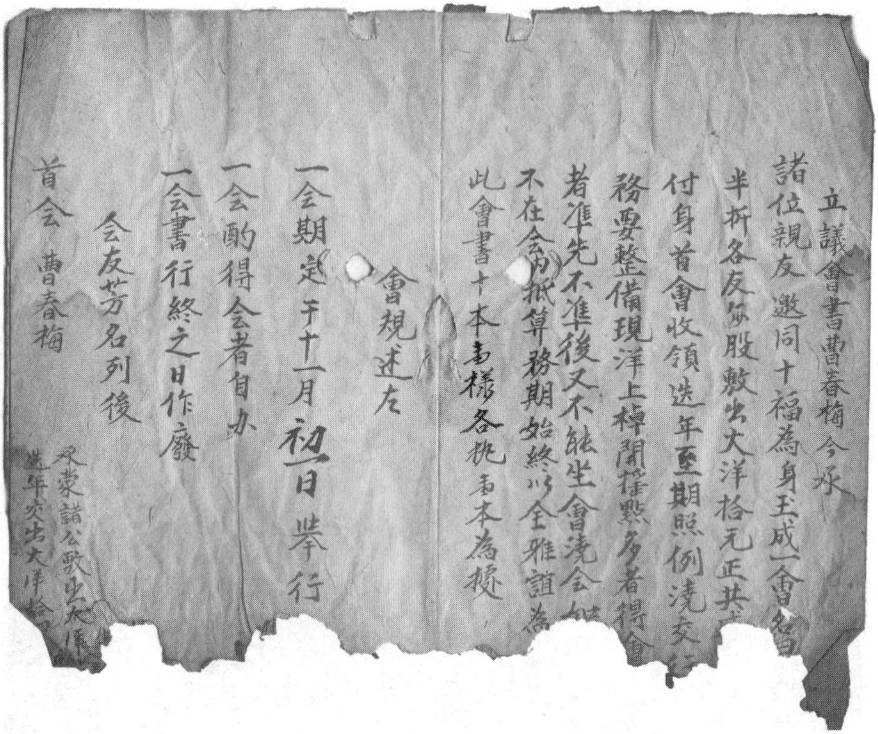

江湾镇篁岭村 88-2 · 民国二十一年 · 会券 · 曹春梅

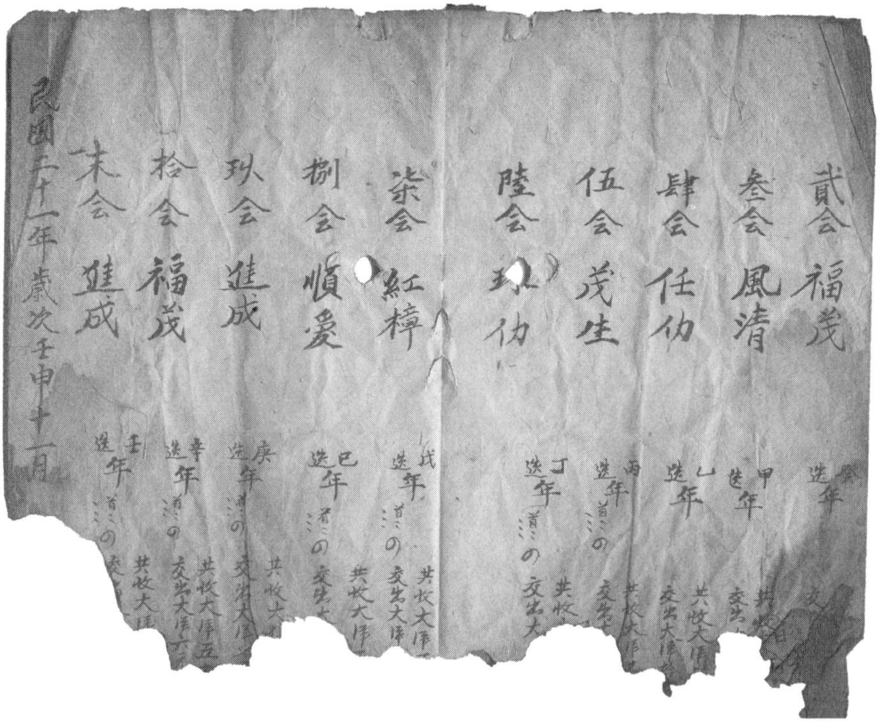

江湾镇篁岭村 88-3 · 民国二十一年 · 会券 · 曹春梅

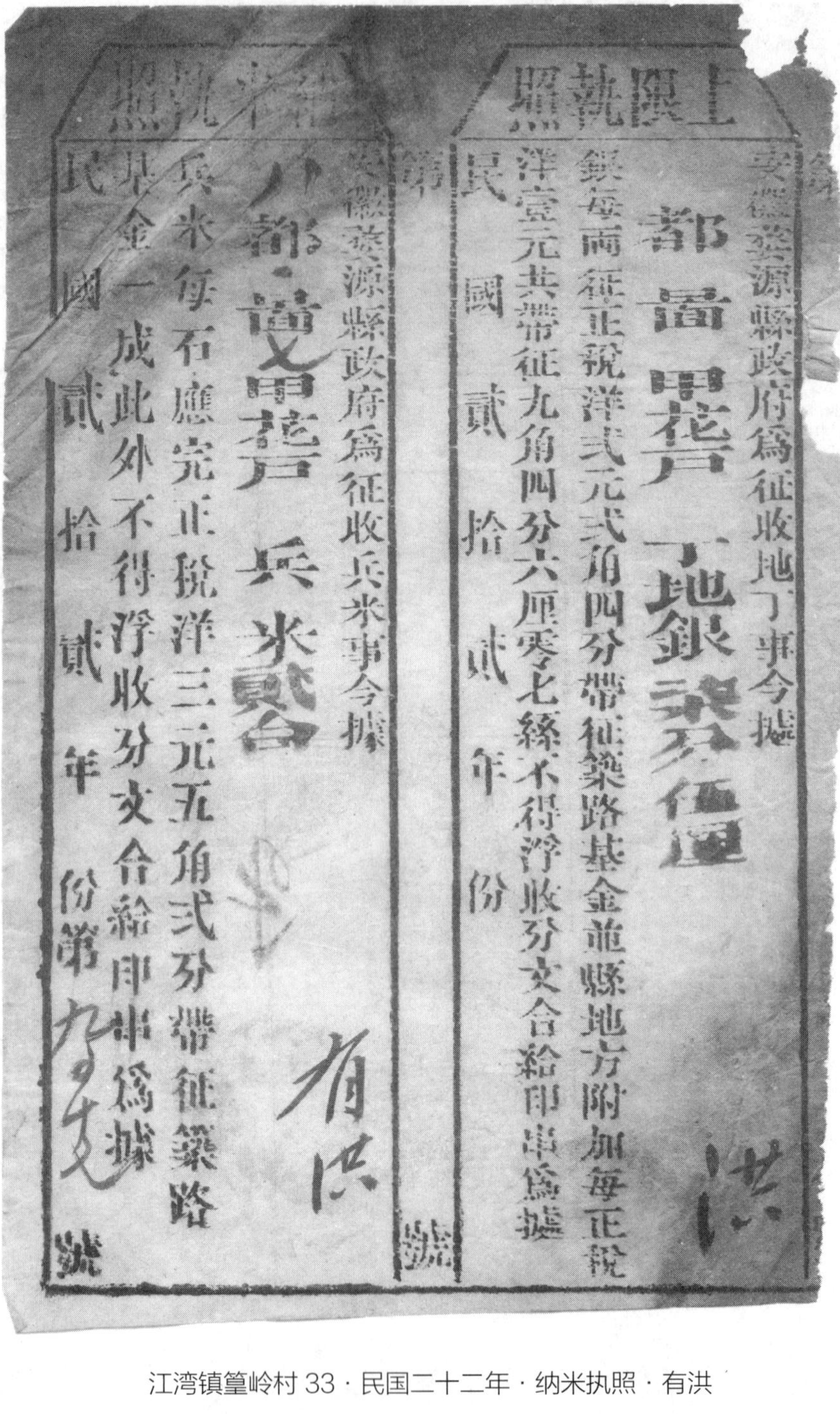

江湾镇篁岭村 33 · 民国二十二年 · 纳米执照 · 有洪

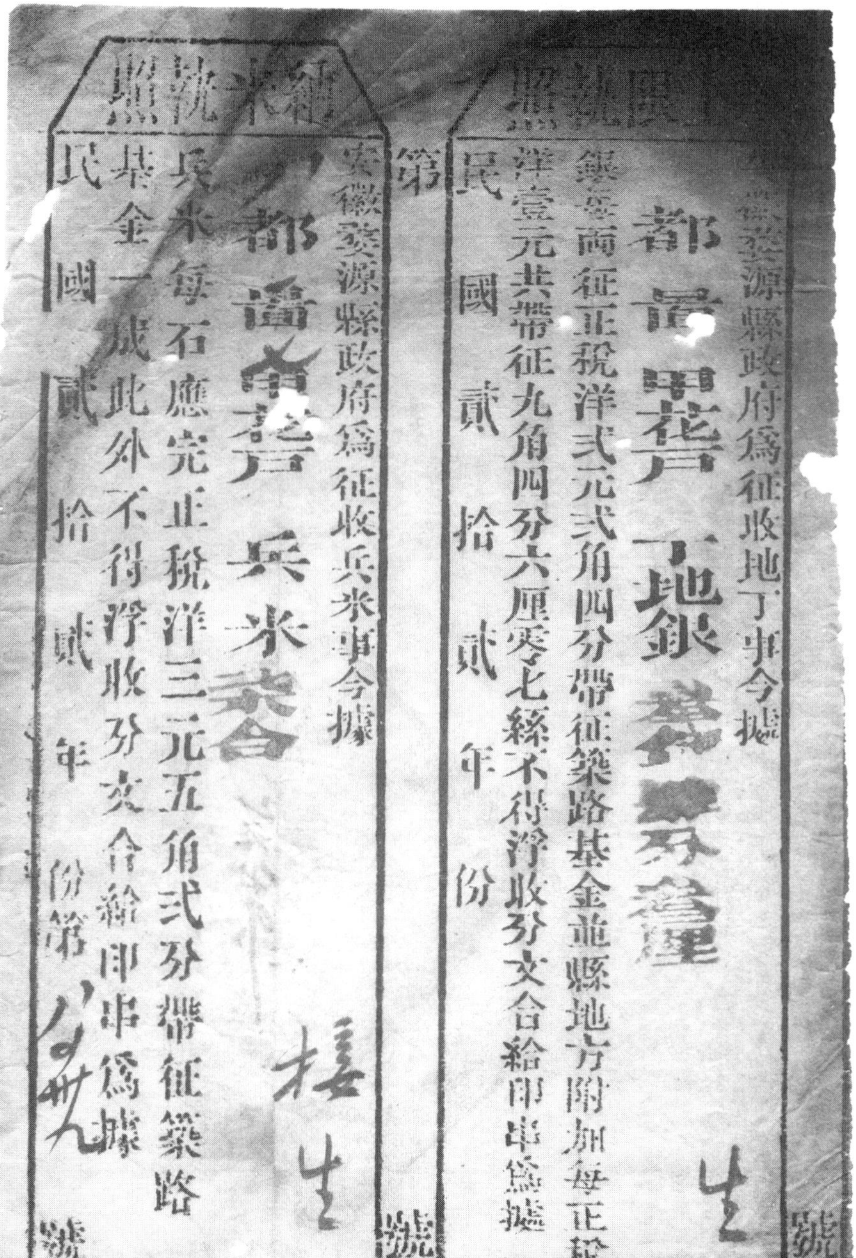
安徽婺源縣政府爲征收地丁事今據
都[illegible]圖[illegible]甲[illegible]戶 地丁銀[illegible]
銀壹兩征正稅洋弍元弍角四分帶征築路基金並縣地方附加每正稅
洋壹元共帶征九角四分六厘零七絲不得浮收分文合給串票爲據
民國貳拾貳年份
第 號
安徽婺源縣政府爲征收兵米事今據
都[illegible]圖[illegible]甲[illegible]戶 兵米[illegible]合
兵米每石應完正稅洋三元五角弍分帶征築路
基金一成此外不得浮收分文合給串票爲據
民國貳拾貳年份第 號

江湾镇篁岭村 51 · 民国二十二年 · 纳米执照 · 接生

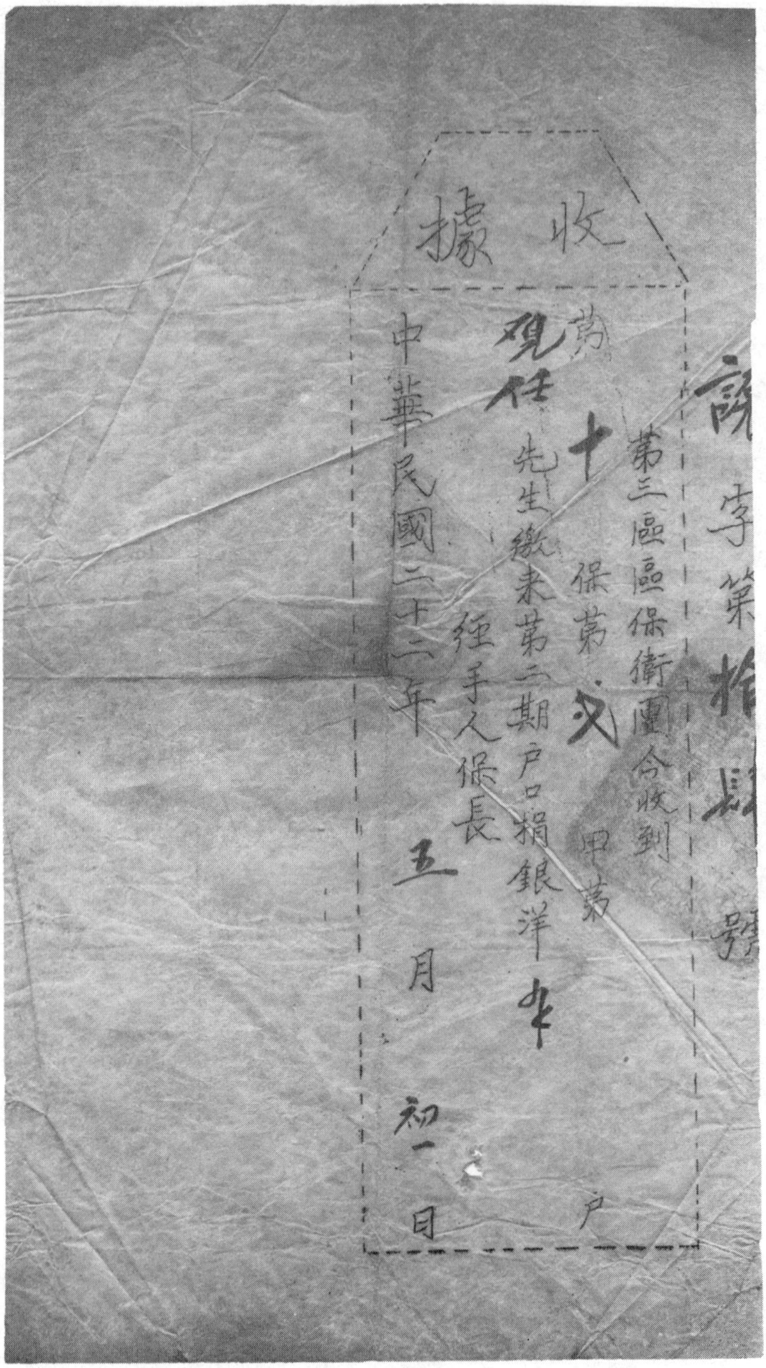

諒字第拾[illegible]號

收據

第三區區保衛團今收到

第十保第㐅甲第　户

觀任先生繳來第二期户口捐銀洋[illegible]

經手人保長

中華民國二十二年五月初一日

江湾镇篁岭村 60 · 民国二十二年 · 收据 · 观任

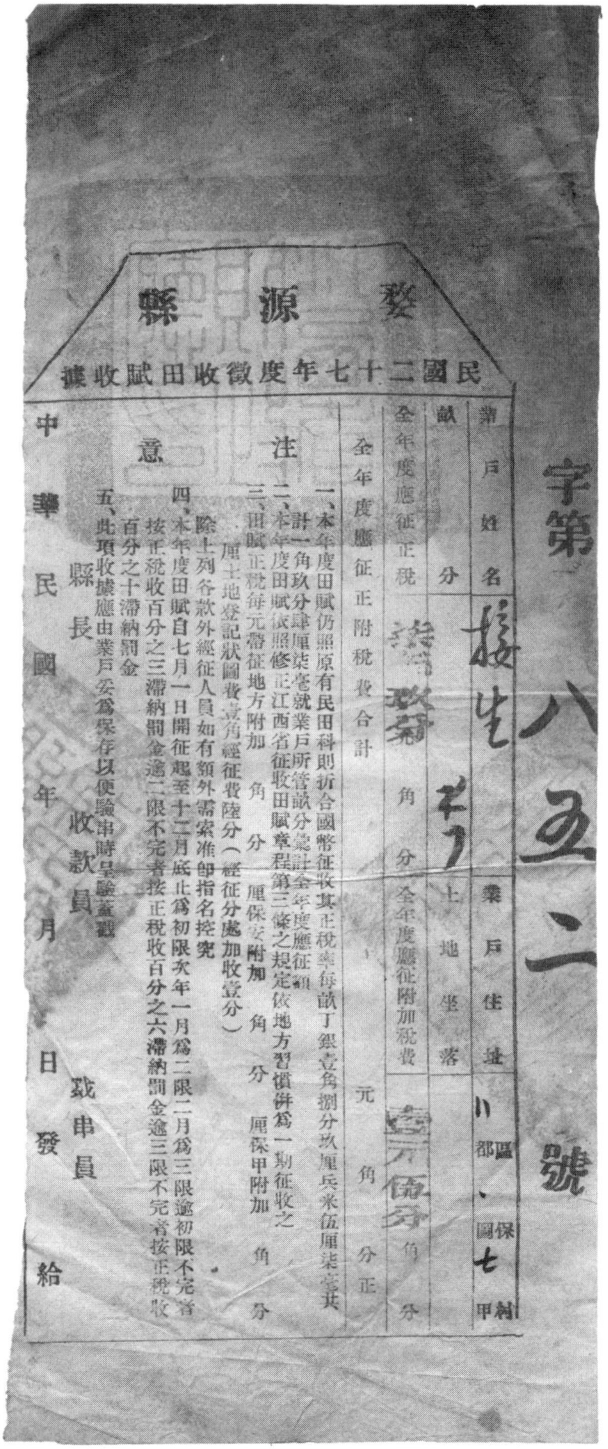

婺源縣

民國二十七年度徵收田賦收據

字第八五二號

業戶姓名 接生

畝分

全年度應征正稅 角 分

業戶住址 區 保 村 部 圖 七 甲

土地坐落

全年度應征附加稅費 角 分

全年度應征正附稅費合計 元 角 分正

注意

一、本年度田賦仍照原有民田科則折合國幣征收其正稅率每畝丁銀壹角捌分玖厘兵米伍厘柒毫共計一角玖分肆厘柒毫就業戶所管畝分彙計全年度應征額

二、本年度田賦依照修正江西省征收田賦章程第三條之規定依地方習慣併爲一期征收之

三、田賦正稅每元帶征地方附加 角 分 厘保安附加 角 分 厘保甲附加 角 分 厘土地登記狀圖費壹角經征費陸分（經征分處加收壹分）

除上列各款外經征人員如有額外需索准即指名控究

四、本年度田賦自七月一日開征起至十二月底止爲初限次年一月爲二限二月爲三限逾初限不完者按正稅收百分之三滯納罰金逾二限不完者按正稅收百分之六滯納罰金逾三限不完者按正稅收百分之十滯納罰金

五、此項收據應由業戶妥爲保存以便驗串時呈驗蓋戳

縣長 收款員 戳串員

中華民國 年 月 日發給

江湾镇篁岭村 4 · 民国二十七年 · 征收田赋收据 · 接生

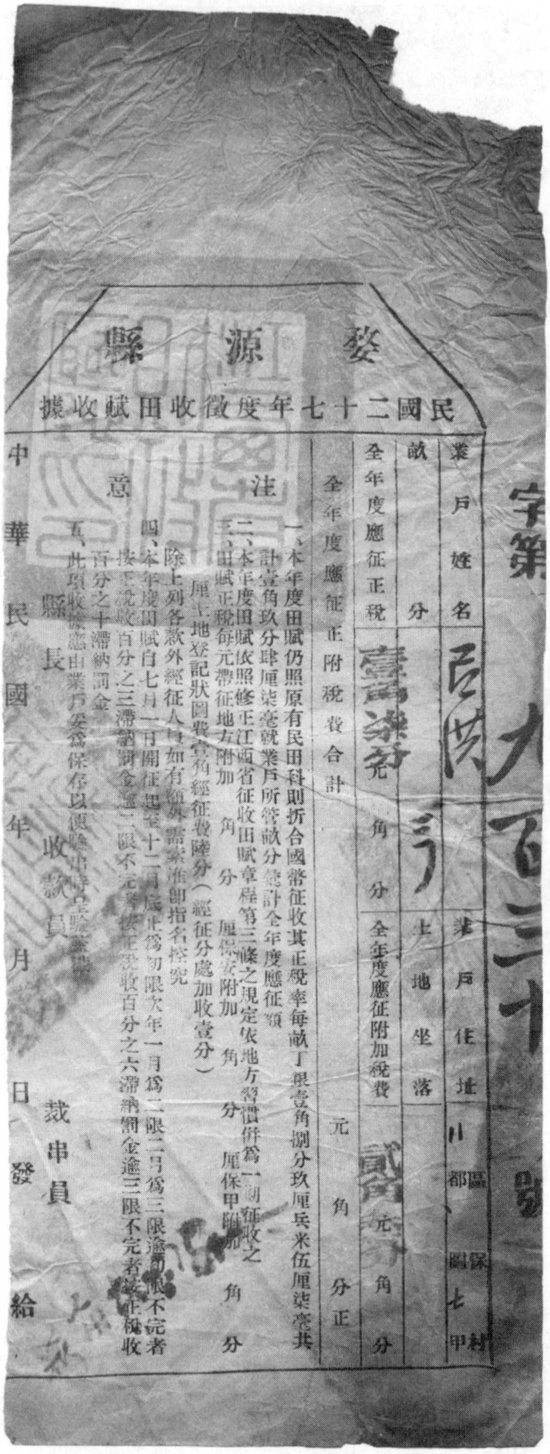
婺源縣

民國二十七年度徵收田賦收據

字第　號

業戶姓名

業戶住址　區　都　保　村　甲

畝分

土地坐落

全年度應征正稅　元　角　分

全年度應征附加稅費　元　角　分

全年度應征正附稅費合計　元　角　分正

注意

一、本年度田賦仍照原有民田科則折合國幣征收其正稅率每畝丁銀壹角捌分玖厘兵米伍厘柒毫共計壹角玖分肆厘柒毫就業戶所管畝分總計全年度應征額

二、本年度田賦依照修正江西省征收田賦章程第三條之規定依地方習慣併爲一期征收之

三、田賦正稅每元帶征地方附加　角　分　厘保安附加　角　分　厘保甲附加　角　分　厘土地登記狀圖費壹角經征費陸分（經征分處加收壹分）除上列各款外經征人員如有額外需索准即指名控究

四、本年度田賦自七月一日開征起至十二月底止爲初限次年一月爲二限二月爲三限逾初限不完者按正稅收百分之三滯納罰金逾二限不完者按正稅收百分之六滯納罰金逾三限不完者按正稅收百分之十滯納罰金

五、此項收據應由業戶妥爲保存以便驗串時呈驗

縣長　收款員　裁串員

中華民國　年　月　日發給

江湾镇篁岭村 8 · 民国二十七年 · 征收田赋收据 · 有洪

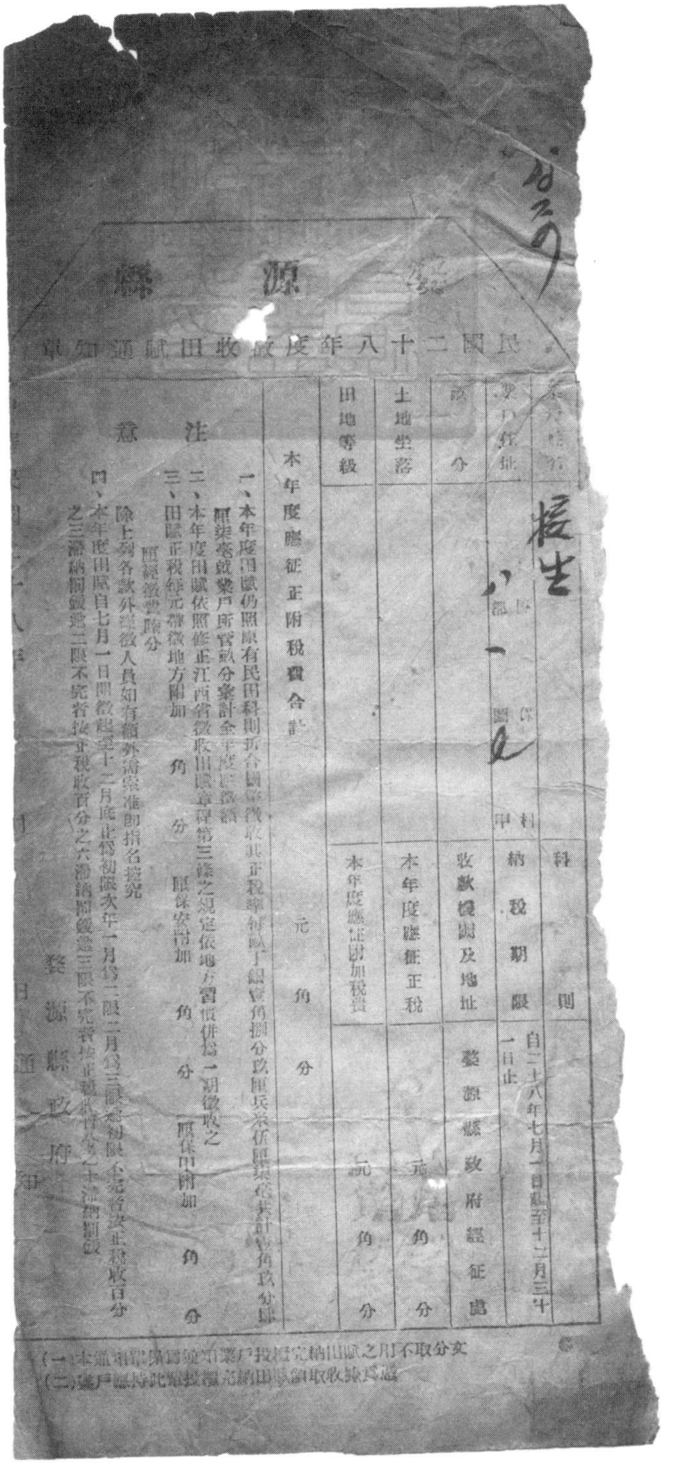
婺源縣

民國二十八年度徵收田賦通知單

業戶姓名	接生
業戶住址	都 八一 圖 保 村 甲
畝分	
土地坐落	
田地等級	
科則	
納稅期限	自二十八年七月一日起至十二月三十一日止
收款機關及地址	婺源縣政府經征處
本年度應征正稅	元 角 分
本年度應征附加稅費	元 角 分

本年度應征正附稅費合計 元 角 分

注意

一、本年度田賦仍照原有民田科則折合國幣徵收其正稅每兩[illegible]角捌分玖厘兵米[illegible]共計[illegible]角玖分[illegible]
匪與毫戲業戶所管畝分彙計全年應[illegible]

二、本年度田賦依照修正江西省徵收田賦章程第三條之規定依地方習慣併爲一期徵收之

三、田賦正稅每元帶徵地方附加 角 分 區保安附加 角 分 區保甲附加 角 分
區經徵費 角 分

除上列各款外經徵人員如有額外需索准即指名控究

四、本年度田賦自七月一日開徵起至十二月底止爲初限次年一月爲二限二月爲三限逾初限不完者按正稅收百分之三滯納罰鍰逾二限不完者按正稅收百分之六滯納罰鍰逾三限不完者按正稅收百分之十滯納罰鍰

婺源縣政府

(一)本通知單[illegible]業戶按照完納田賦之用不取分文
(二)業戶應持此單[illegible]完納田賦[illegible]收據

江湾镇篁岭村 7 · 民国二十八年 · 征收田赋通知单 · 接生

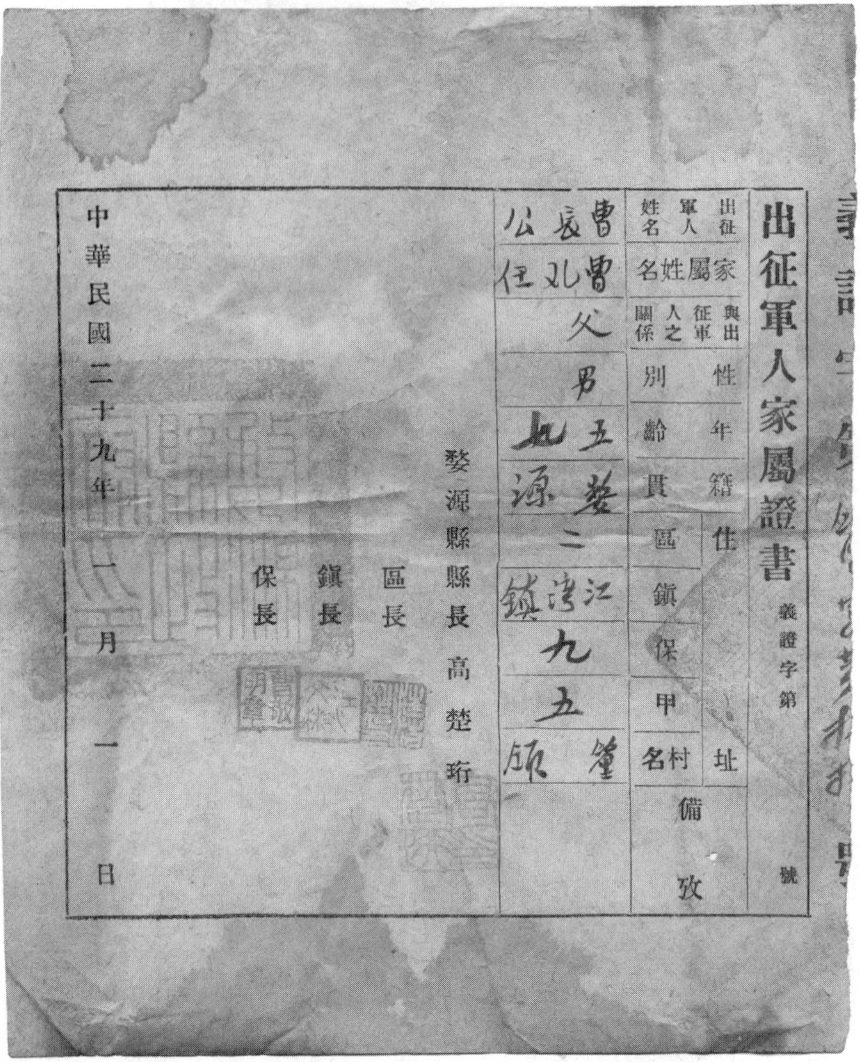

出征軍人家屬證書

義證字第　　號

出征軍人姓名	曹長公
家屬姓名	曹兆任
與出征軍人之關係	父
性別	男
年齡	五九
籍貫	婺源
住址　區	二
鎮	江湾鎮
保	九
甲	五
村名	篁嶺
備攷	

婺源縣縣長 高楚珩

區長

鎮長

保長

中華民國二十九年　一月　一日

江湾镇篁岭村 2 · 民国二十九年 · 出征军人家属证书 · 曹长公

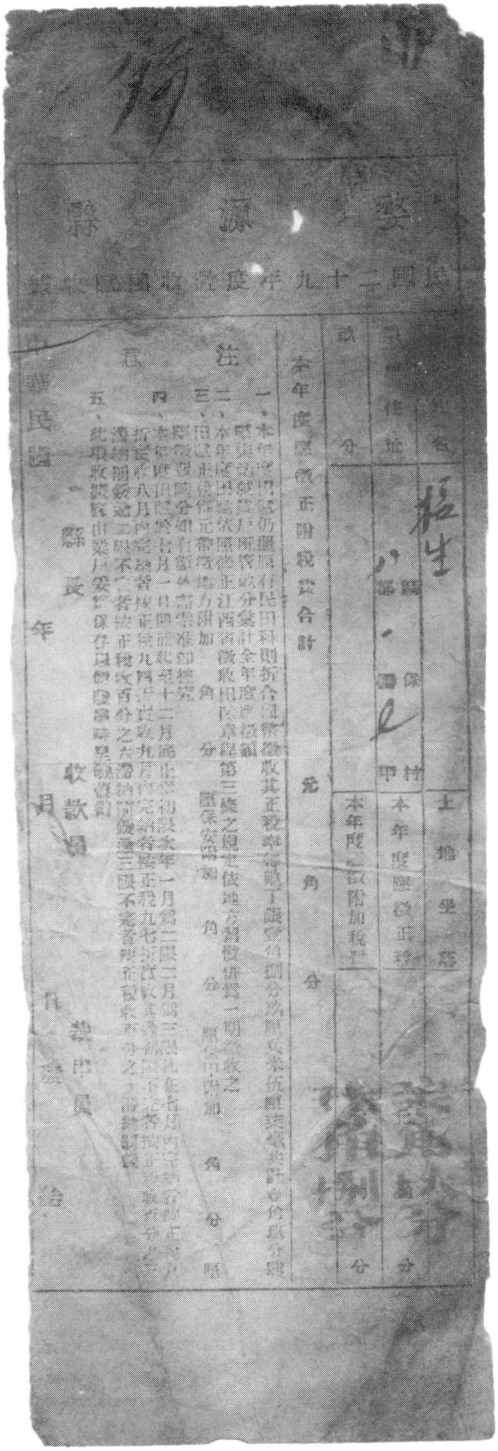

婺源縣

民國二十九年度徵收田賦收據

本年度應徵正附稅款合計　元　角　分

注意

中華民國　年　月　日

縣長

收款員

江湾镇篁岭村 46 · 民国二十九年 · 征收田赋收据 · 接生

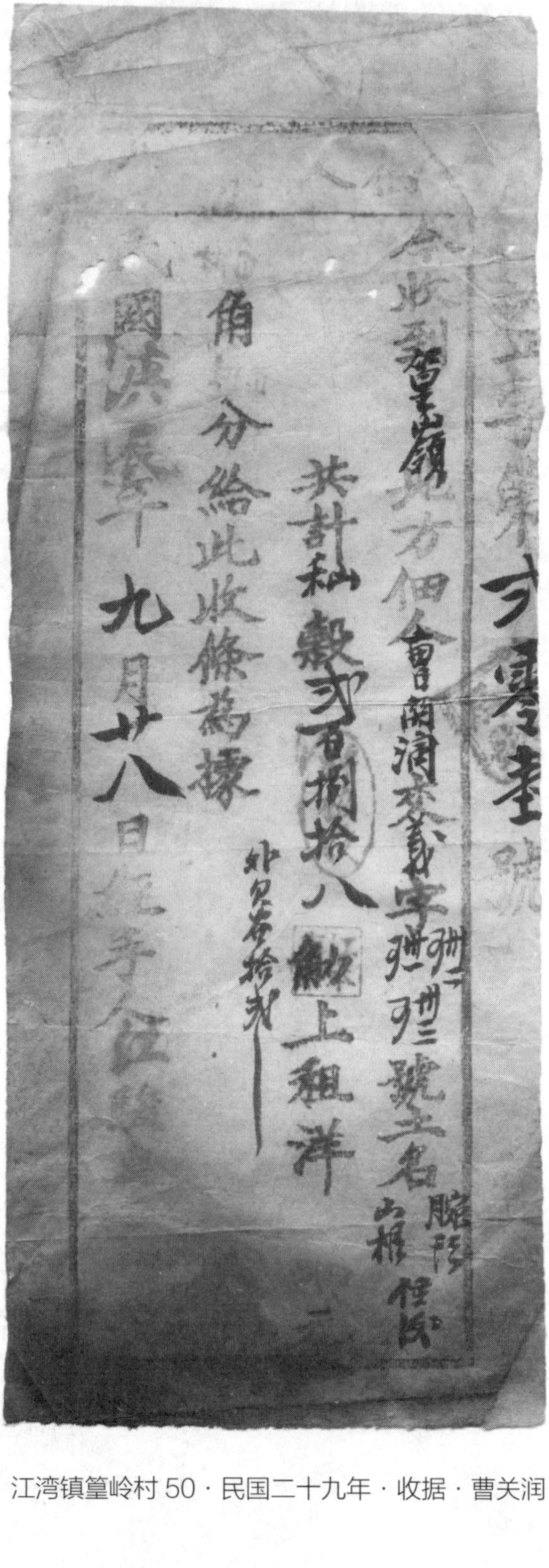

字第弍零壹號

今收到篁嶺地方佃人曹関润交来裁字卅一、卅二、卅三號土名山根

共計私數弍百捌拾八觔上租洋

角分給此收條為據

外又谷拾弍

民國廿九年九月廿八日經手人

江湾镇篁岭村 50 · 民国二十九年 · 收据 · 曹关润

婺源縣政府

民國三十年度

徵收田賦收據

業戶姓名	接生
本年度應徵正稅	元 角 分
業戶住址	第 區 都 圖
本年度應徵附加稅費	元 角 分
本年度應徵正附稅費合計	元 角 分

注意

一、本年度田賦仍照原有民田分省科則折合國幣徵收其正稅每畝丁銀一角八分九厘兵米五厘七毫共計一角九分四厘七毫

二、[illegible]

三、[illegible]

四、[illegible]

五、凡逾限[illegible]

中華民國 年 月 日 縣長 裁串員

江湾镇篁岭村 9 · 民国三十年 · 征收田赋收据 · 接生

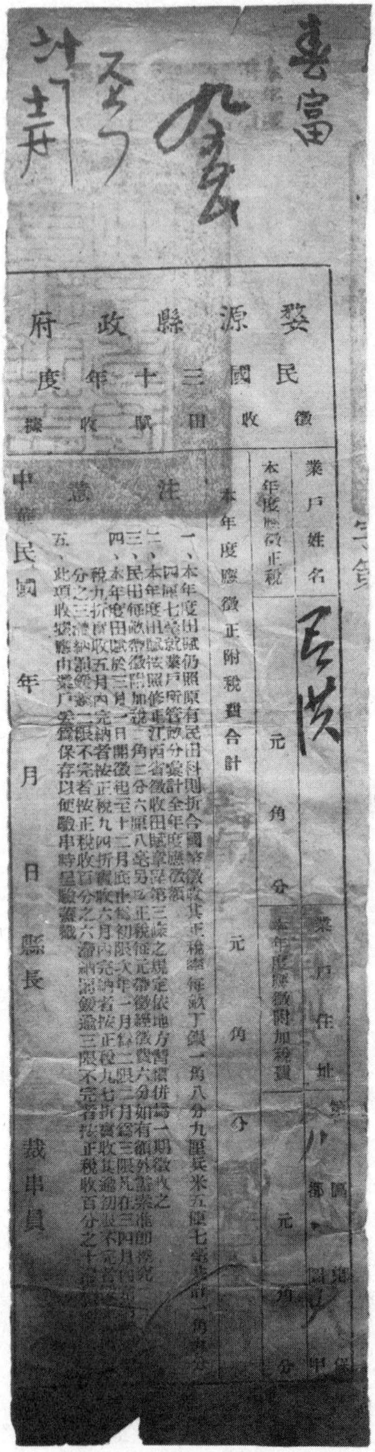

婺源縣政府
民國三十年度
徵收田賦收據

業戶姓名
本年度應徵正稅　元　角　分
業戶住址
本年度應徵附加稅費　元　角　分
本年度應徵正附稅費合計　元　角　分

注意
一、本年度田賦仍照原有民田科則折合國幣徵收……
二、……
三、……
四、……
五、……

中華民國　年　月　日　縣長　裁串員

江湾镇篁岭村 47 · 民国三十年 · 征收田赋收据 · 有洪

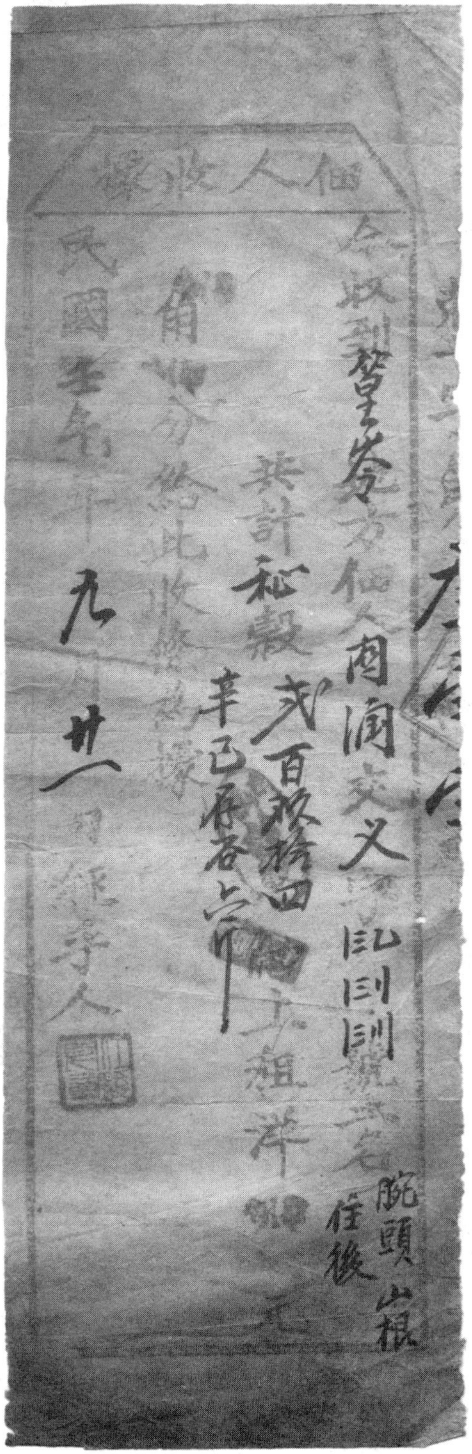

佃人收據

今收到篁岺乃佃人周潤交父

土名 胞頭山根 住後

共計秈穀 弍百

辛巳存谷六斤

此收條為據

民國卅一年 九月 廿一日 經手人

江湾镇篁岭村 49 · 民国三十一年 · 收据 · 关润

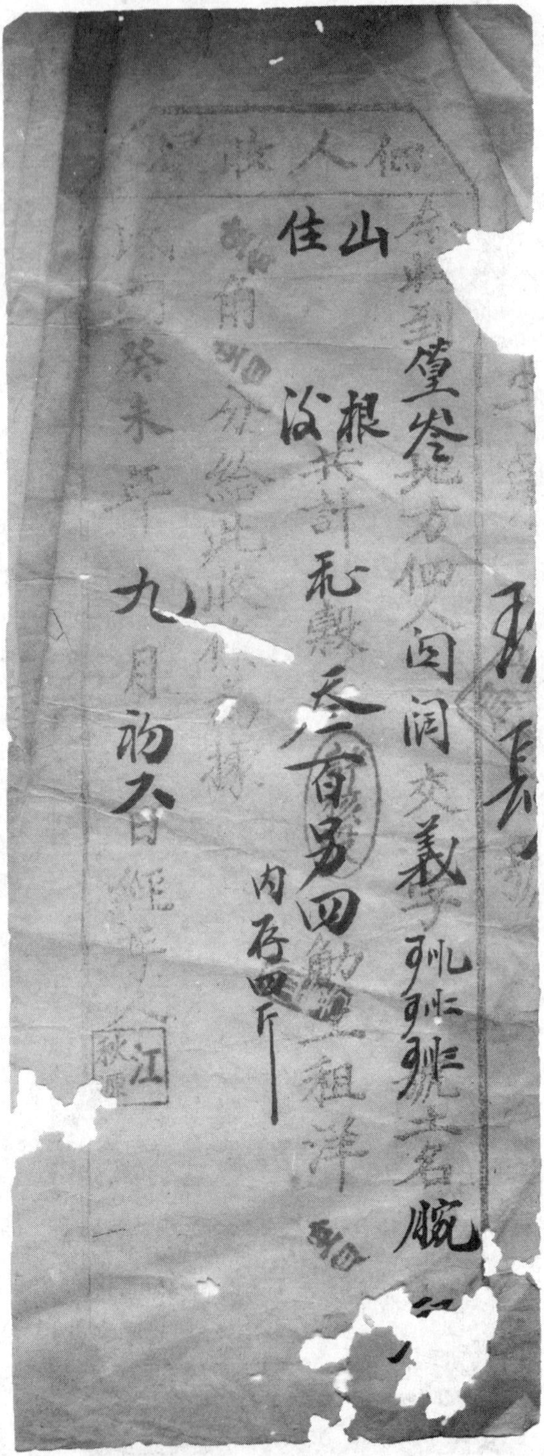

江湾镇篁岭村 13 · 民国三十二年 · 收据 · 关润

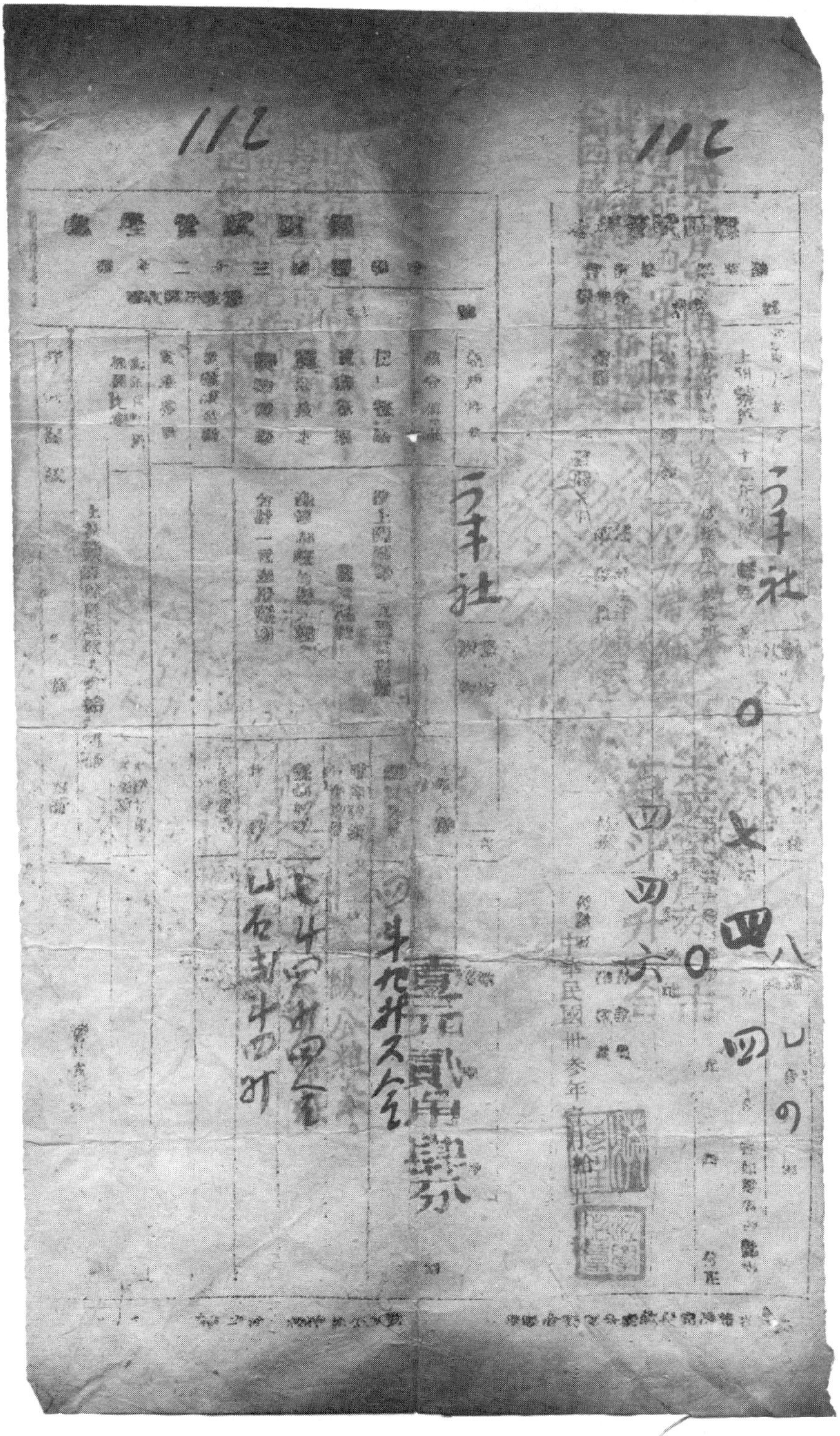

江湾镇篁岭村 59 · 民国三十二年 · 征收田赋收据 · 可丰社

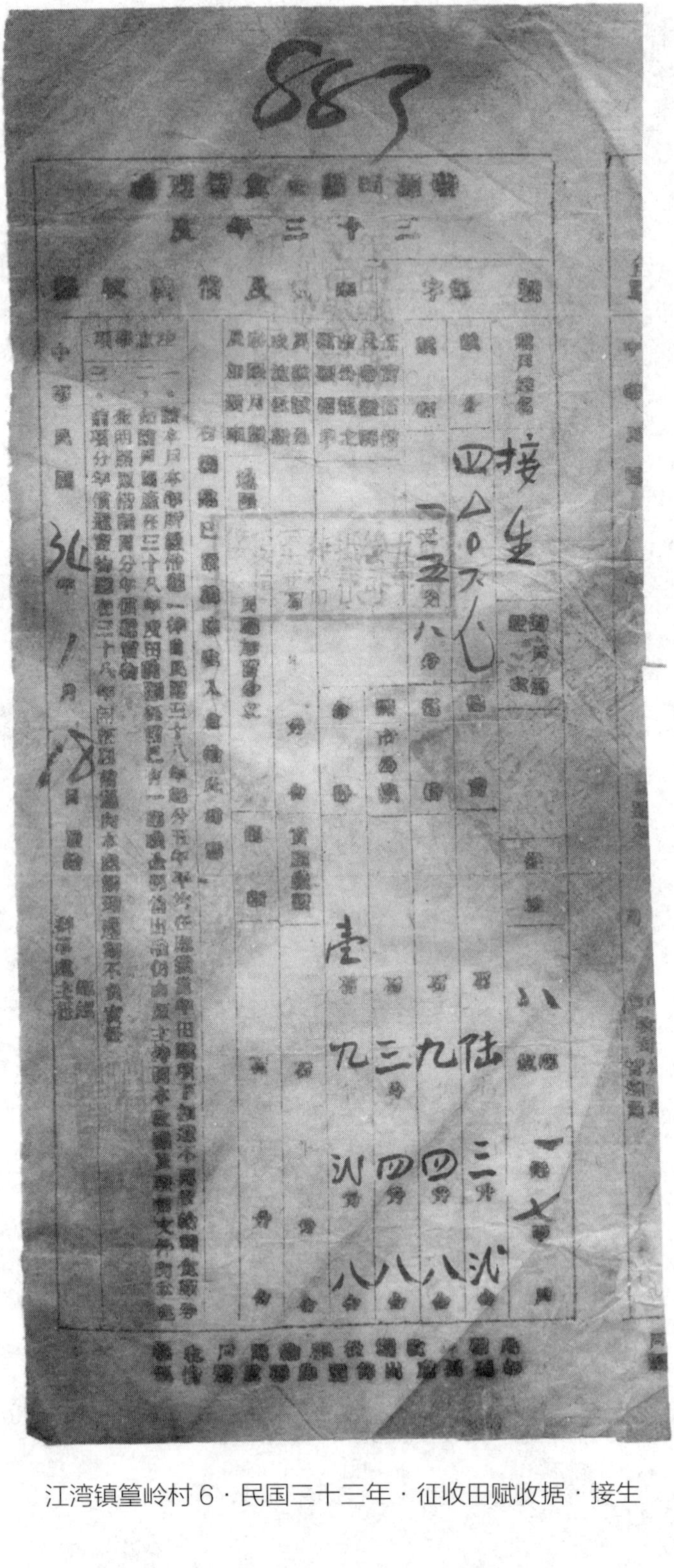

江湾镇篁岭村 6 · 民国三十三年 · 征收田赋收据 · 接生

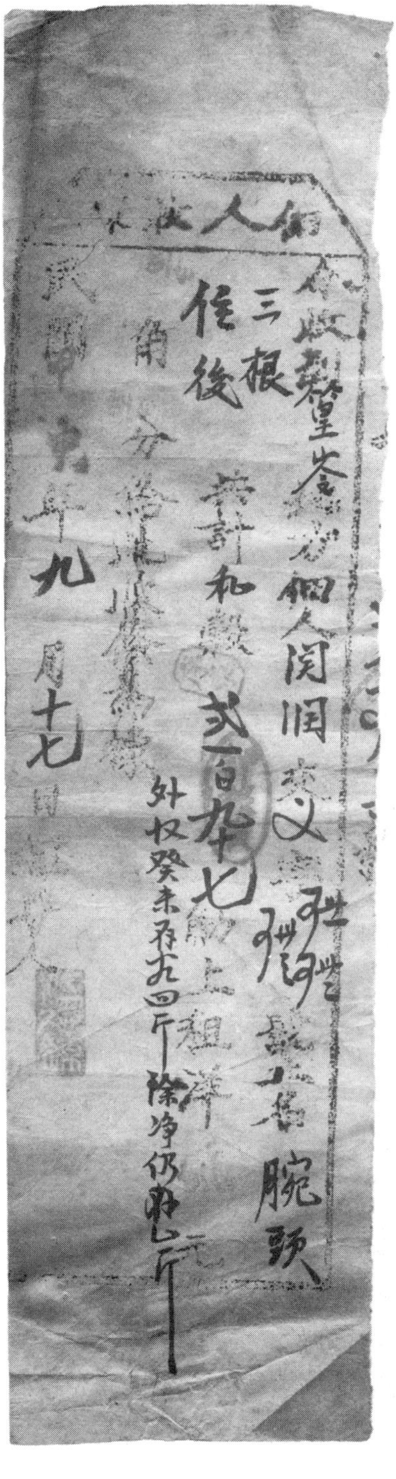

佃人收[illegible]

今收到篁岺[illegible]佃人関润[illegible]社[illegible]腕頭
三根[illegible]許和[illegible]贰百九十七觔上租净[illegible]
任後[illegible]
外扣癸未存九四斤 除净仍欠[illegible]七斤
民國甲申年九月十七日

江湾镇篁岭村 12 · 民国三十三年 · 收据 · 关润

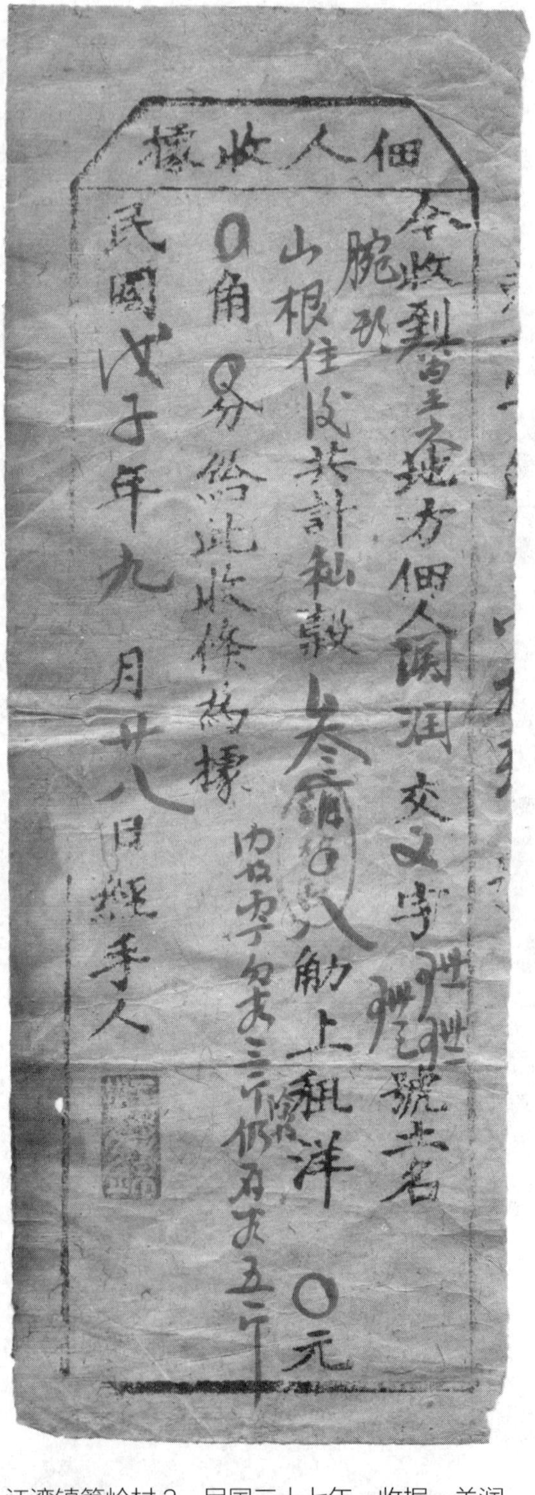

佃人收據

今收到篁嶺地方佃人關潤交來第　號土名

朧　山根住段共計租穀叁石　觔上租洋○元

○角○分給此收條為據　加[illegible]

民國戊子年九月廿八日經手人

江湾镇篁岭村 3 · 民国三十七年 · 收据 · 关润

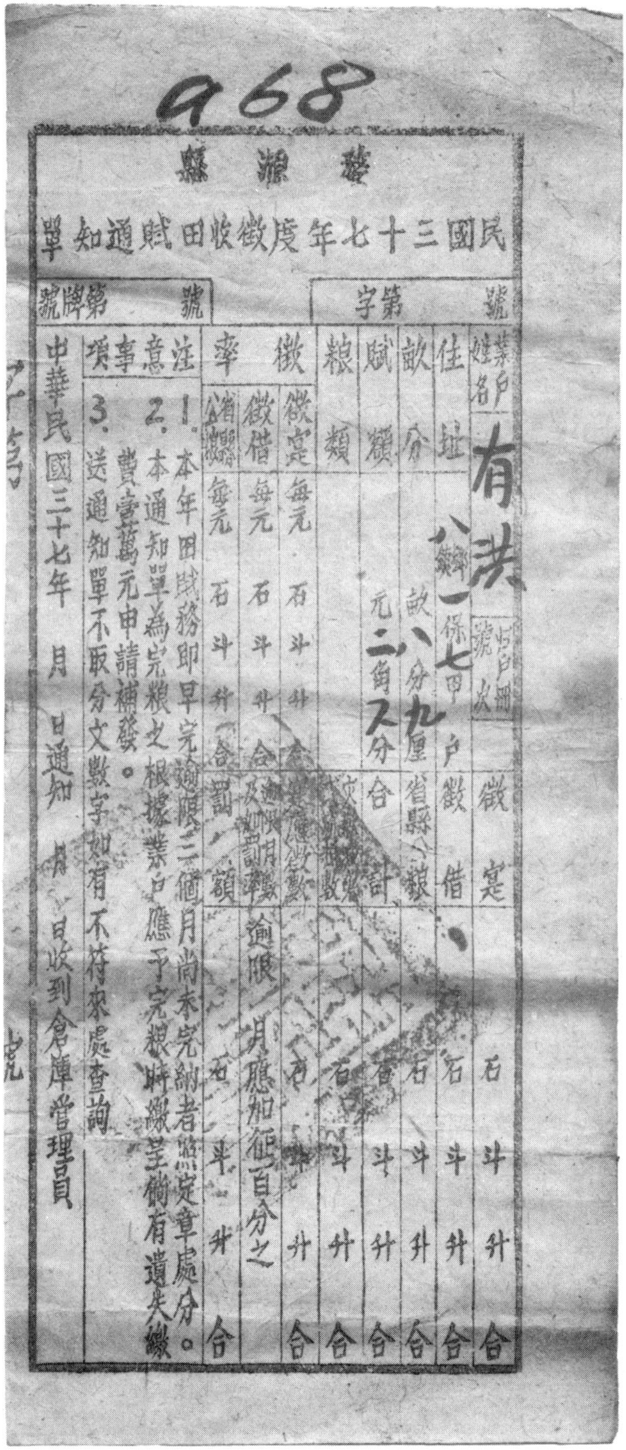

婺源縣

民國三十七年度徵收田賦通知單

號第　字	號	第　牌號

業戶姓名	有洪
住址	八都一圖 係七甲 戶
畝分	八畝八分九厘
賦額	元二角八分
糧類	徵實　徵借　省縣公糧　合計
徵實	石　斗　升　合
徵借	石　斗　升　合
省縣公糧	石　斗　升　合
合計	石　斗　升　合
徵率 徵實	每元　石　斗　升　合　應繳數　石　斗　升　合
徵率 徵借	每元　石　斗　升　合　逾限　月應加征百分之
徵率 省縣公糧	每元　石　斗　升　合　罰額　石　斗　升　合

注意事項

1. 本年田賦務即早完，逾限二個月尚未完納者照定章處分。
2. 本通知單為完糧之根據，業戶應予完糧時繳呈，倘有遺失，繳費壹萬元申請補發。
3. 送通知單不取分文，數字如有不符來處查詢。

中華民國三十七年　月　日通知　月　日收到　倉庫管理員

江湾镇篁岭村 52 · 民国三十七年 · 征收田赋通知单 · 有洪

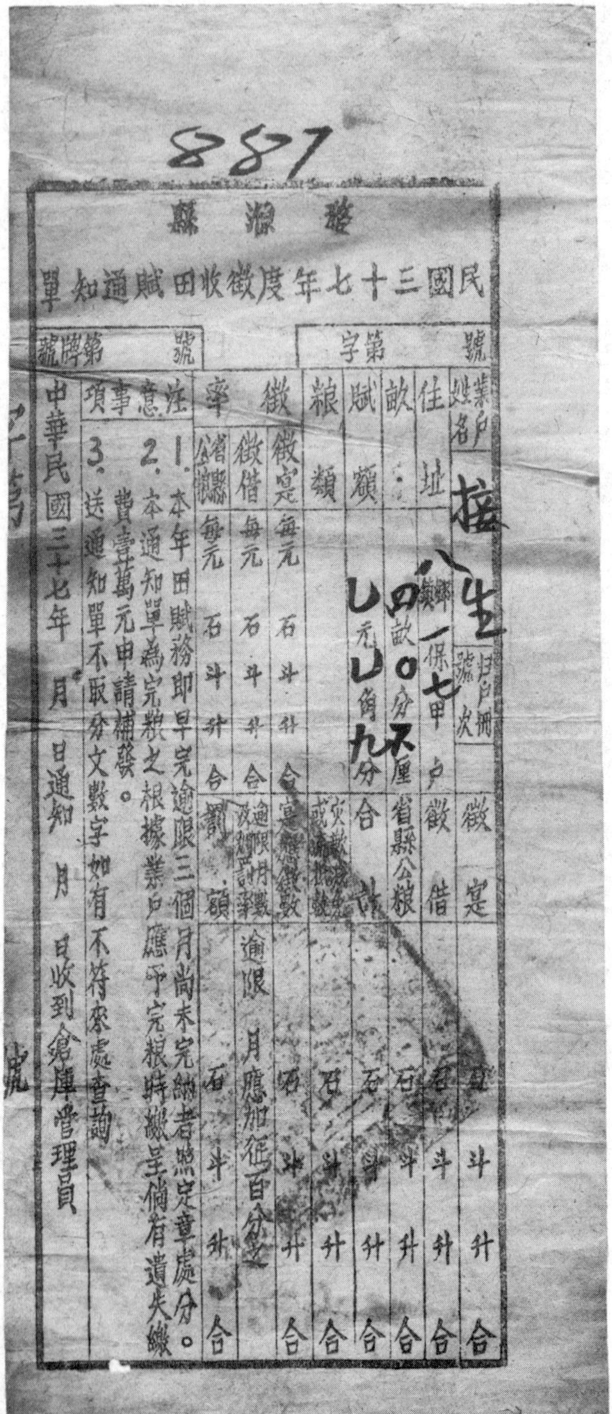

8881

婺源縣

民國三十七年度徵收田賦通知單

第　字　號　　第　號　　第牌號

業戶姓名	接生
住址	八鄉 一保 七甲 戶
册戶號次	
畝額	[illegible]畝〇分[illegible]厘
賦額	[illegible]元[illegible]角九分
糧類	

徵率	
徵實	每元　石　斗　升　合
徵借	每元　石　斗　升　合
省縣公糧	每元　石　斗　升　合

徵實	石　斗　升　合
徵借	石　斗　升　合
省縣公糧	石　斗　升　合
合計	石　斗　升　合
災歉減免數	石　斗　升　合
實應徵數	石　斗　升　合
逾限月數及加罰率	逾限　月應加征百分之
罰額	石　斗　升　合

注意事項

1. 本年田賦務即早完，逾限三個月尚未完納者照定章處分。
2. 本通知單為完糧之根據，業戶應予完糧時繳呈，倘有遺失，繳費壹萬元申請補發。
3. 送通知單不取分文，數字如有不符，來處查詢。

中華民國三十七年　月　日通知　月　日收到　倉庫管理員

江湾镇篁岭村 53 · 民国三十七年 · 征收田赋通知单 · 接生

疫姑会
九月廿日收荣茂乙几半
廿九日收麻村发乙几
十月十五日收柿伯乙几

江湾镇篁岭村 1 · 账单 · 疫姑会

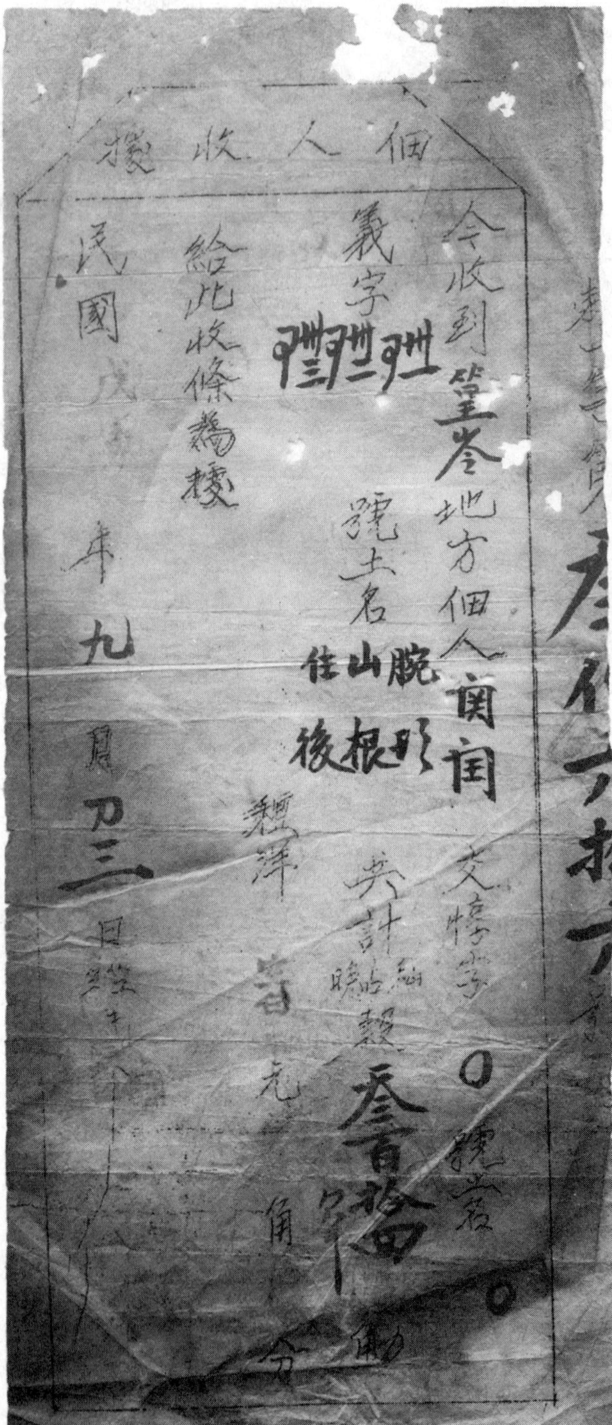

佃人收據

今收到篁岺地方佃人關閏交帳字〇號土名
義字卅二卅二卅號土名晥山住後根形共計納晚穀叁百拾〇觔
折洋　　元　　角　　分
給此收條為據
民國戊寅年九月廿三日

江湾镇篁岭村 56 · 民国二十七年 · 收据 · 关闰

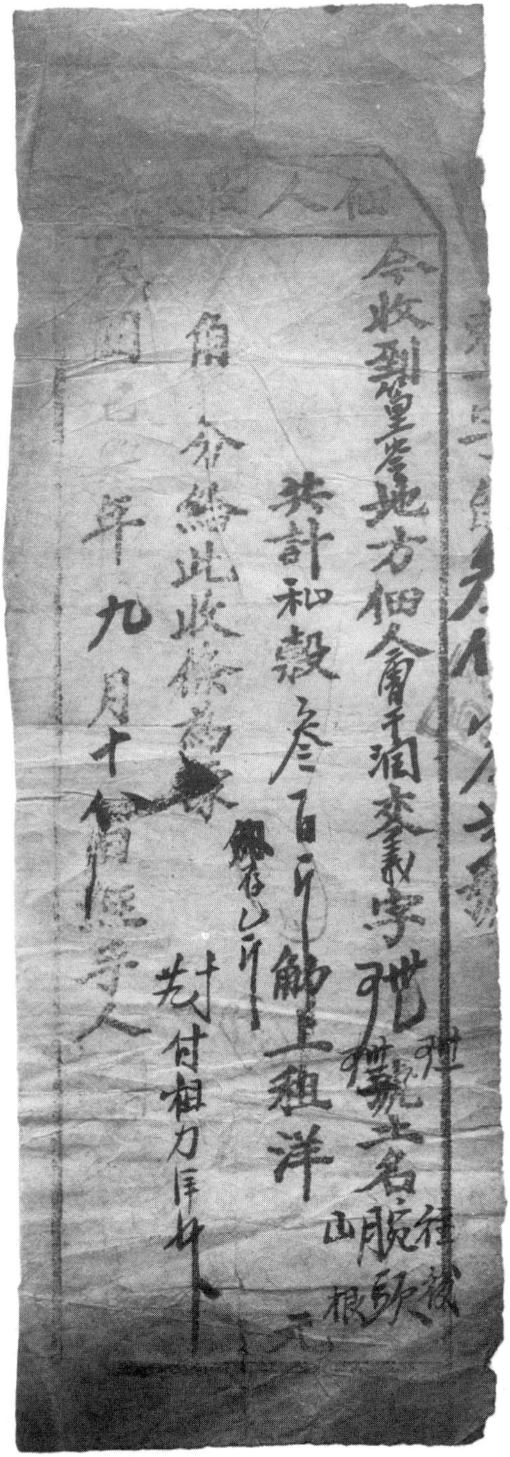

佃人收據

今收到篁岺地方佃人曹干润交来義字𧊸號土名脘頭

共計租穀叁百斤，折上租洋　元

銀存山斤

今給此收條為據

先付祖力洋廿一

民國己巳年九月十一日經手人

江湾镇篁岭村 57 · 收据 · 曹干润

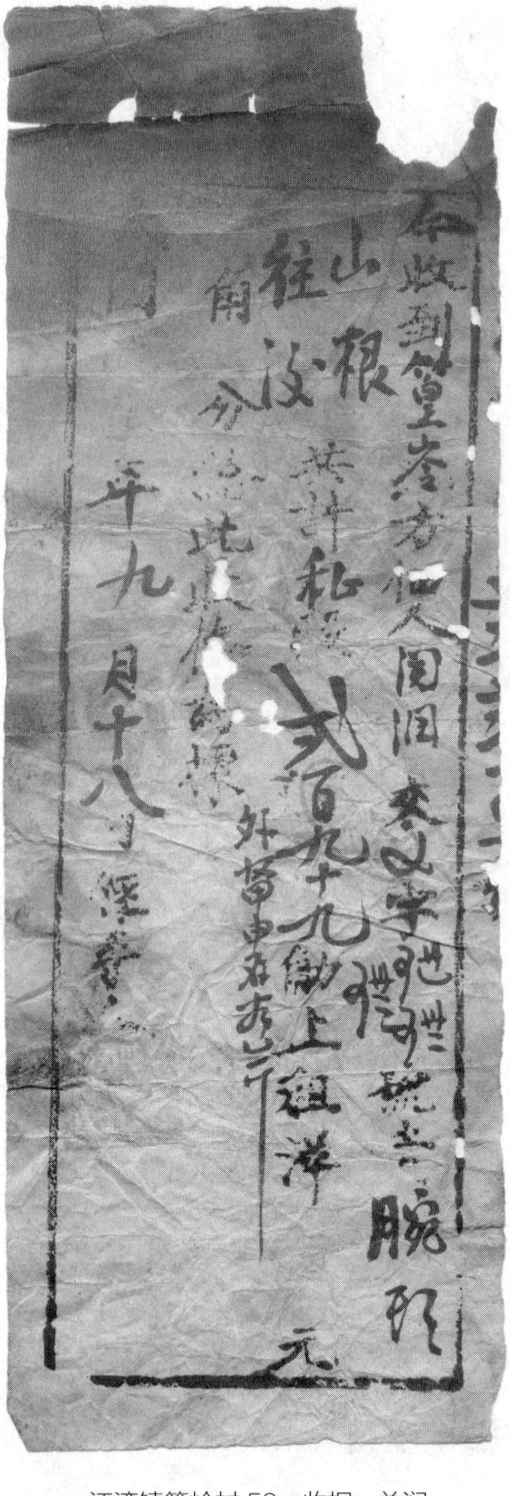

江湾镇篁岭村 58 · 收据 · 关润

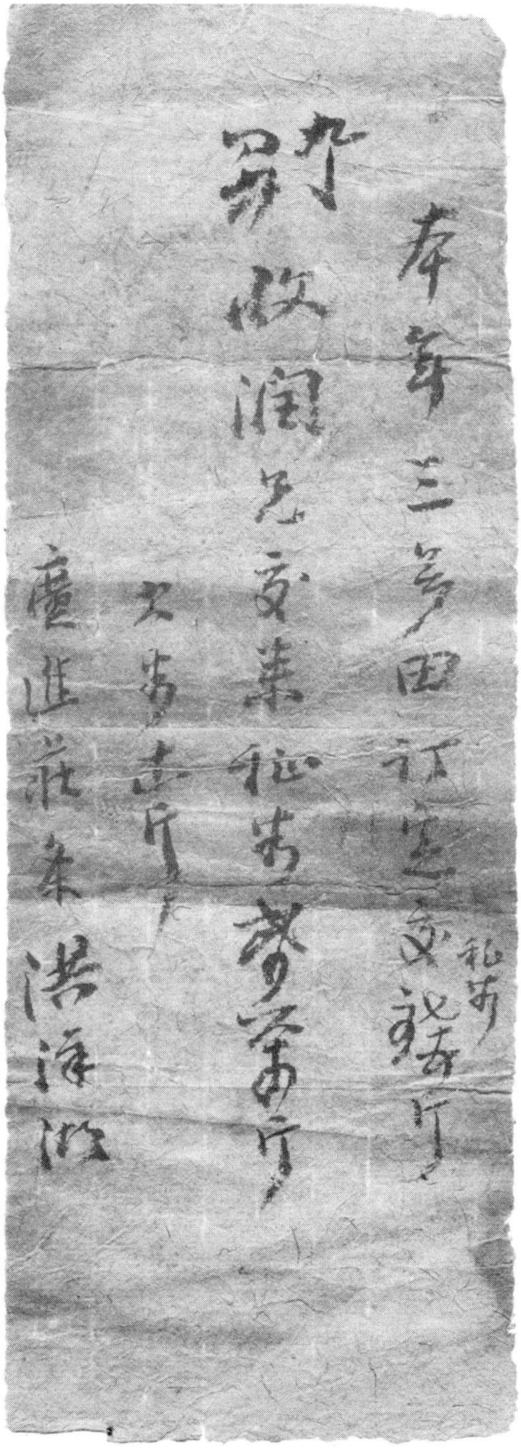
本年三房四訂定交租苗[illegible][illegible]斤
九月收潤先交來租苗[illegible][illegible]斤
又苗[illegible]斤
慶進莊來 洪濤收

江湾镇篁岭村 64 · 收据

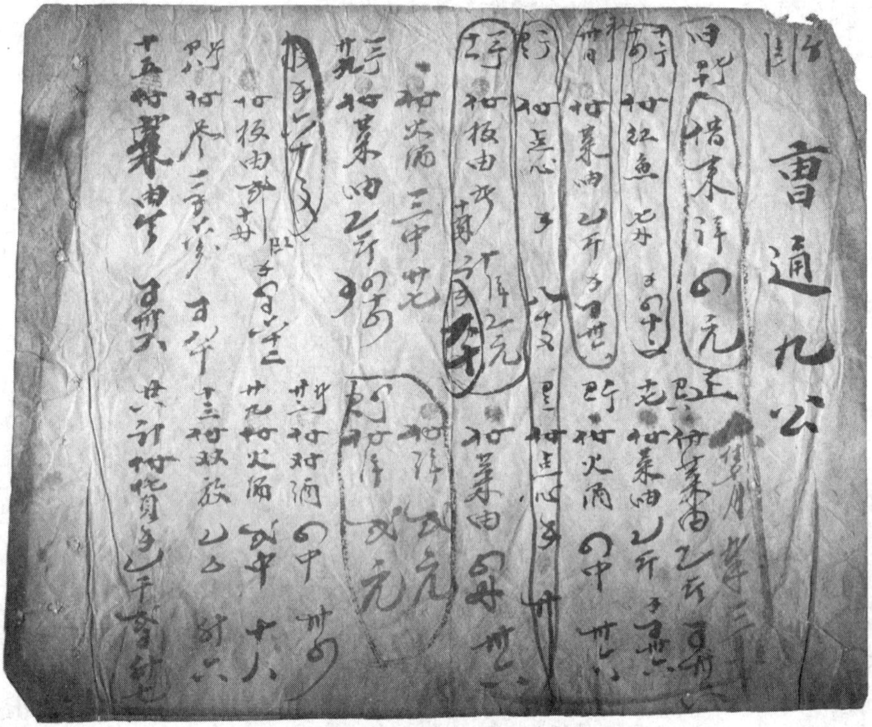

江湾镇篁岭村 73 · 流水账

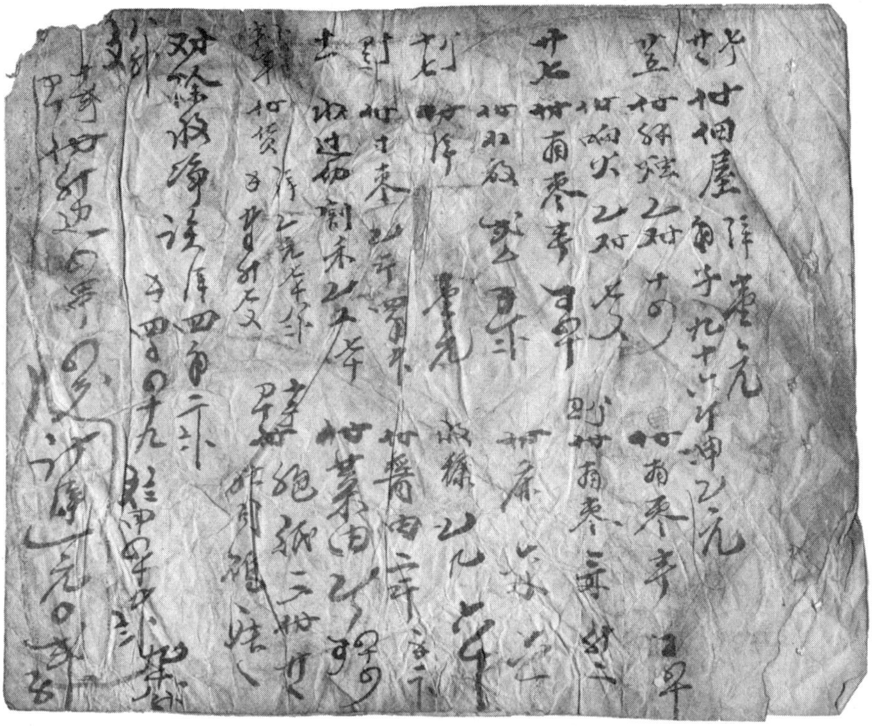

江湾镇篁岭村 74 · 流水账

蛇皮卯冬九租額廿□秤是交十九
進路榮開　七九　三九
山根碧淵　廿秤　九秤半
山根含如　十三秤　八秤
横自郎洪丁林　十五秤　八秤
荇株樹蘊汪甫　十三秤　六秤
甫羅坑富仂　十五秤　七秤
總勘且初守家　廿五秤　十二秤
碗頭舖坑福崇　十五秤　十□秤
碗郎金仂　廿五秤　十二秤
井坪松百　三秤　乙秤
裡坪玄青喜元大舖今頭昂秤　十五秤　十三秤
黄属冲　十五秤

江湾镇篁岭村 75 · 流水账

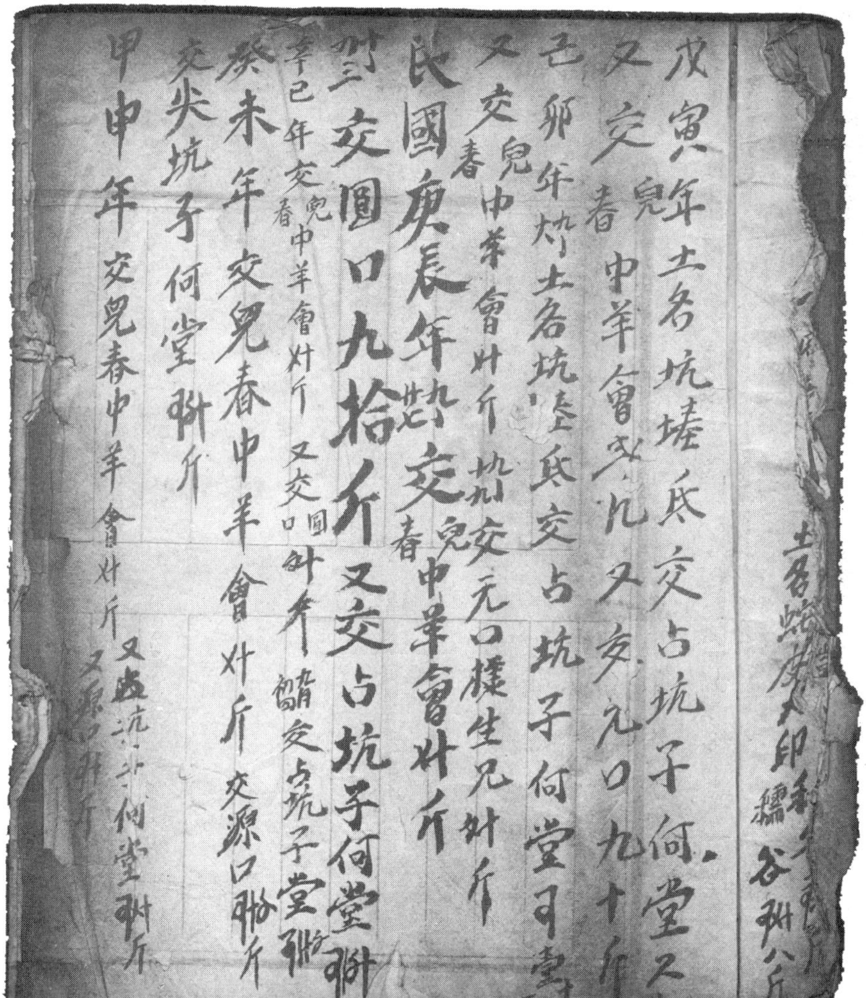
土名蛇皮大印繻谷[illegible]八斤
戊寅年土名坑墟氏交占坑子何堂[illegible]
又交兒春中羊會[illegible]又交元口九十斤
己卯年[illegible]土名坑墟氏交占坑子何堂[illegible]斤
又交兒春中羊會廿斤[illegible]交元口樓生兄廿斤
民國庚辰年[illegible]交兒春中羊會廿斤
[illegible]交圓口九拾斤又交占坑子何堂[illegible]
辛巳年交兒春中羊會廿斤 又交圓口[illegible]斤 [illegible]交占坑子堂[illegible]
癸未年交兒春中羊會廿斤 交源口[illegible]斤
交尖坑子何堂[illegible]斤
甲申年交兒春中羊會廿斤 又交[illegible]何堂[illegible]斤 又源口[illegible]斤

江湾镇篁岭村 89-1 · 流水账

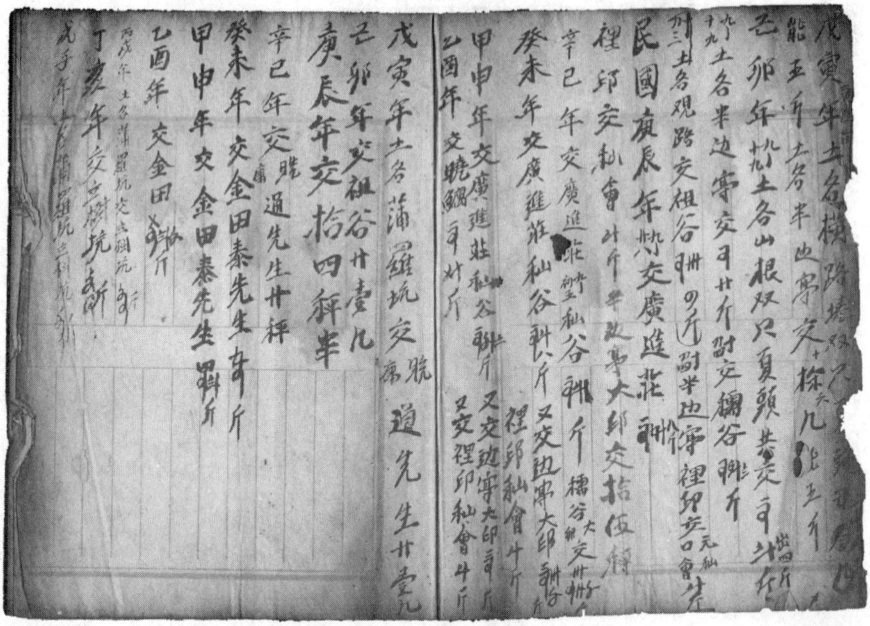

江湾镇篁岭村 89-2 · 流水账

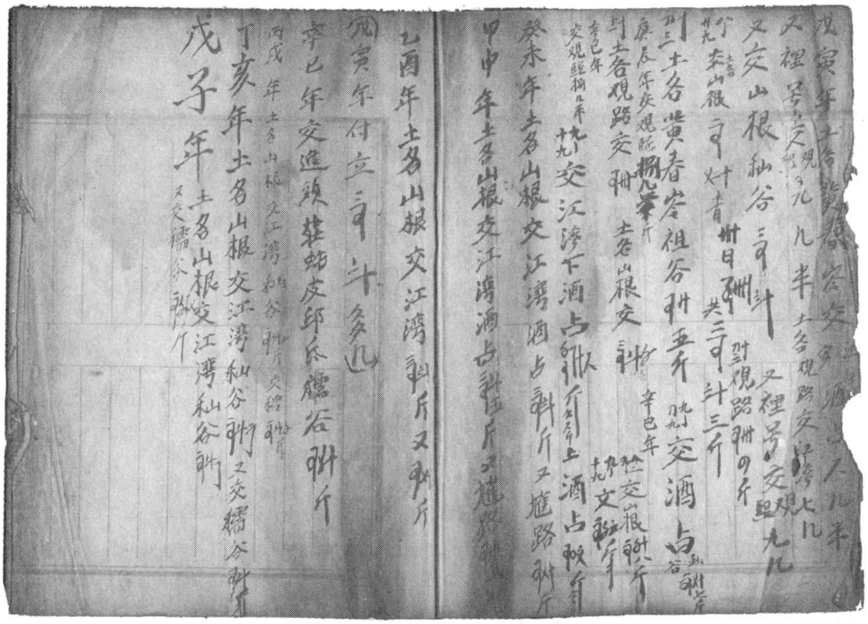

江湾镇篁岭村 89-3 · 流水账

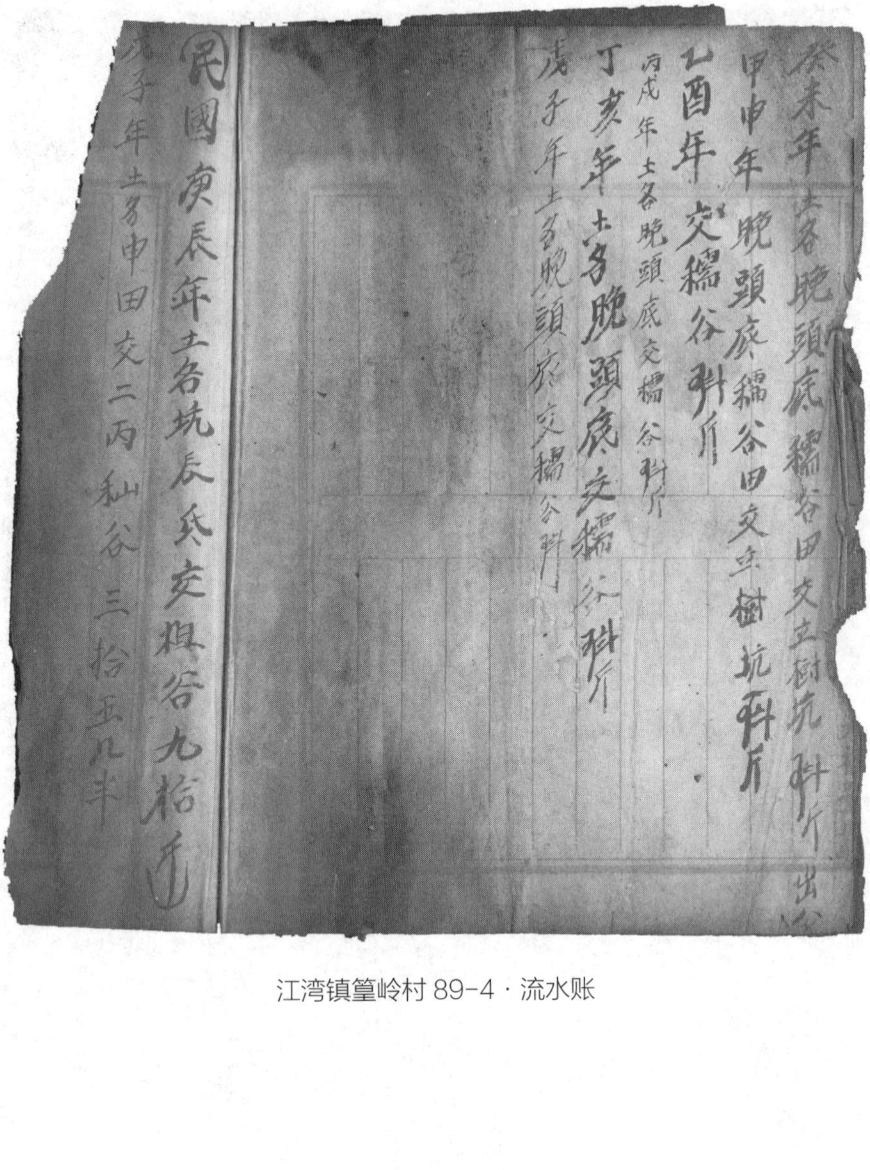
癸未年土名晚頭底糯谷田交立樹坑秤斤出谷
甲申年晚頭底糯谷田交立樹坑秤斤
乙酉年交糯谷秤斤
丙戌年土名晚頭底交糯谷秤斤
丁亥年土名晚頭底交糯谷秤斤
戊子年土名晚頭底交糯谷秤斤
民國庚辰年土名坑長𡿨交租谷九拾斤
戊子年土名中田交二丙私谷三拾五斤半

江湾镇篁岭村 89-4 · 流水账

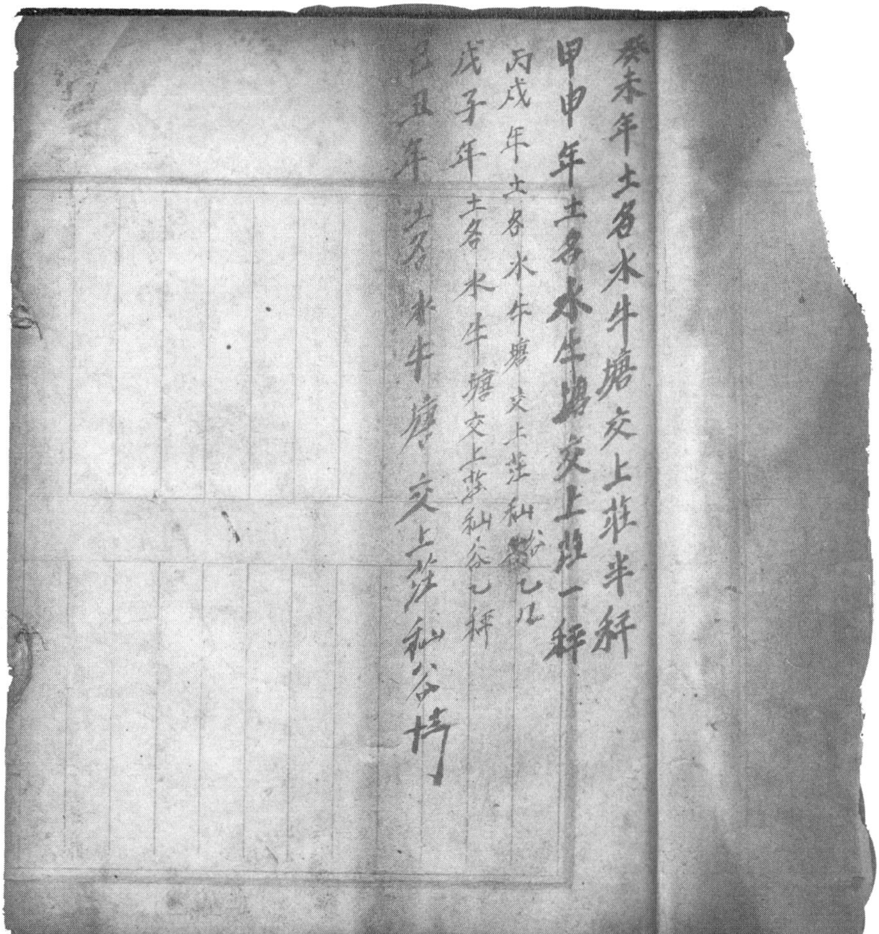

癸未年土名水牛塘交上莊半秤
甲申年土名水牛塘交上莊一秤
丙戌年土名水牛塘交上莊秈谷乙几
戊子年土名水牛塘交上莊秈谷乙秤
己丑年土名水牛塘交上莊秈谷秤

江湾镇篁岭村 89-5 · 流水账

江湾镇篁岭村 89-6 · 流水账

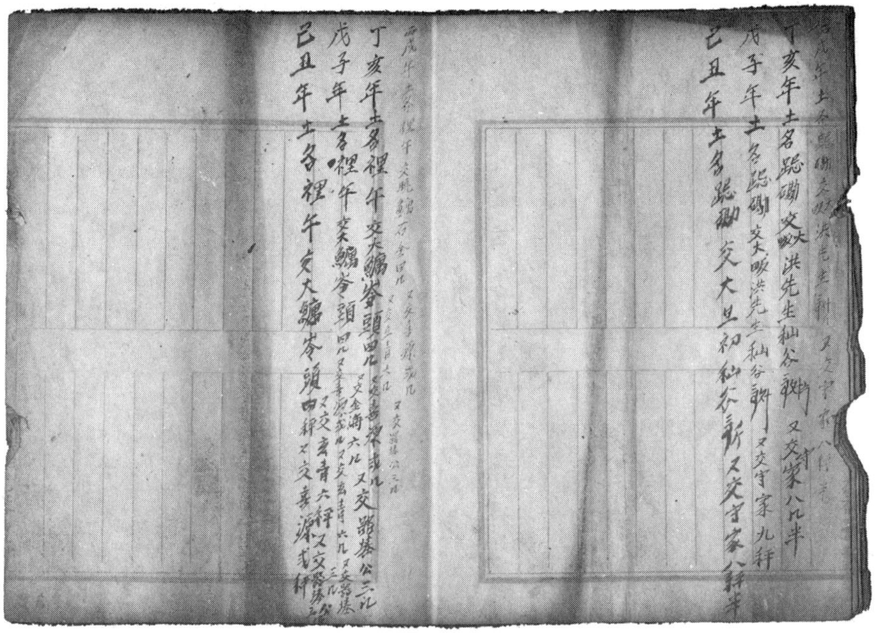

江湾镇篁岭村 89-7・流水账

江湾镇篁岭村 89-8 · 流水账

丁亥年上呇下呇馬冲交晓鷂庵堂三斛又交晓鷂坦物
上号交永豐莊斛
戊子年上呇馬冲上号交永豐莊斛
下号交晓鷂庵堂三斛又交晓鷂坦物
己丑年上呇上呇馬冲交永豐莊斛又交大鷂嶺頭山社
戊子年上呇正午上号交金田揉九斗下交松百三七斗
己丑年上呇正午上号交立木坑三斗下号交松百三斗

江湾镇篁岭村 89-9 · 流水账

江湾镇岭背村汪家 1—7

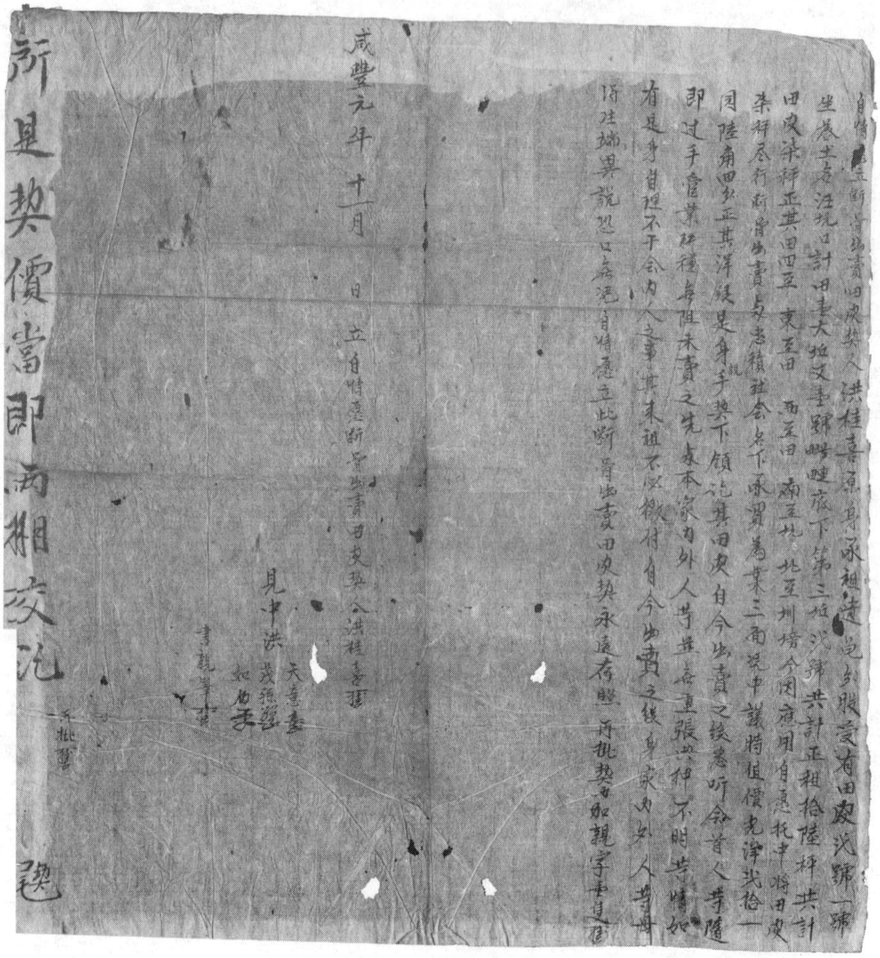

自情愿立断骨出卖田皮契人洪桂喜，原身承祖遗受分股受有田皮弍號：一號坐落土名汪坑口，計田壹大坵；又壹號，坐落塘底下第三坵。弍號共計正租拾陸秤，共計田皮租秤正。其田四至：東至田，西至田，南至坑，北至圳塝。今因應用，自愿托中將田皮弍號尽行断骨出賣与忠積社会名下承買為業。三面憑中議將值價光洋弍拾一员陸角四分正。其洋錢是身親手契下領訖。其田皮自今出賣之後，悉听會首人等隨即过手管業耕種，無阻。未賣之先，與本家內外人等並無重張典押不明等情；如有，是身自理，不干會內人之事。其來祖不及繳付。自今出賣之後，身家內外人等毋得生端異說。恐口無憑，自情愿立此断骨出賣田皮契永遠存照。再批：契內如親字無更改。

咸豐元年十一月　日立自情愿断骨出賣田皮契人洪桂喜（押）

見中洪天喜（押）

洪弍孫（押）

如岳（押）

書親筆（押）

所是契價當即兩相交訖……照

再批照

江湾镇岭背村汪家 3 · 咸丰元年 · 断骨出卖田皮契 · 洪桂喜卖与忠积社会

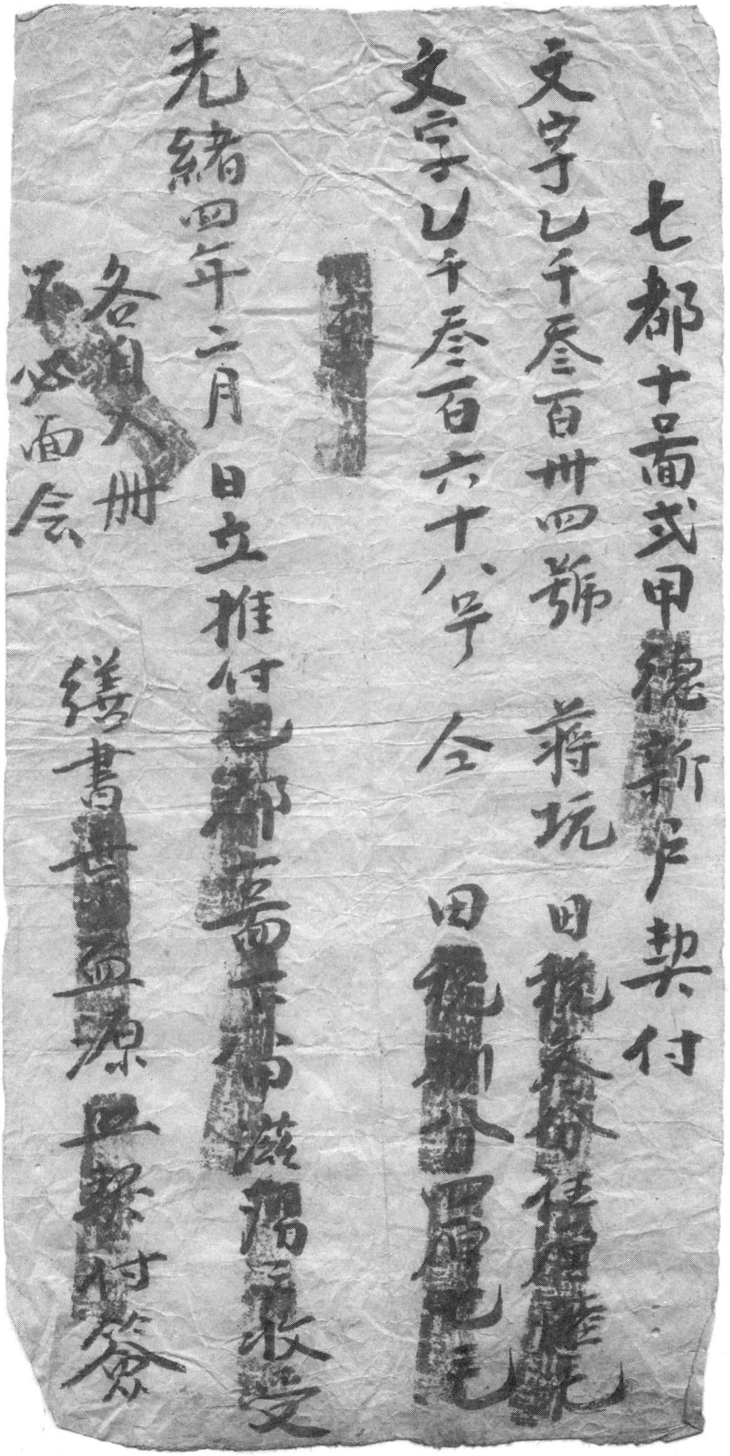
七都十啚弍甲德新户契付
文字乚千叁百卅四號　蔣坑田
文字乚千叁百六十八号　仝　田
光緒四年二月　日立推付七都十啚弍甲滋□户收受
各自入册
不必面会
繕書□四源　押付簽

江湾镇岭背村汪家 1 · 光绪四年 · 推单 · 德新户推与滋□户

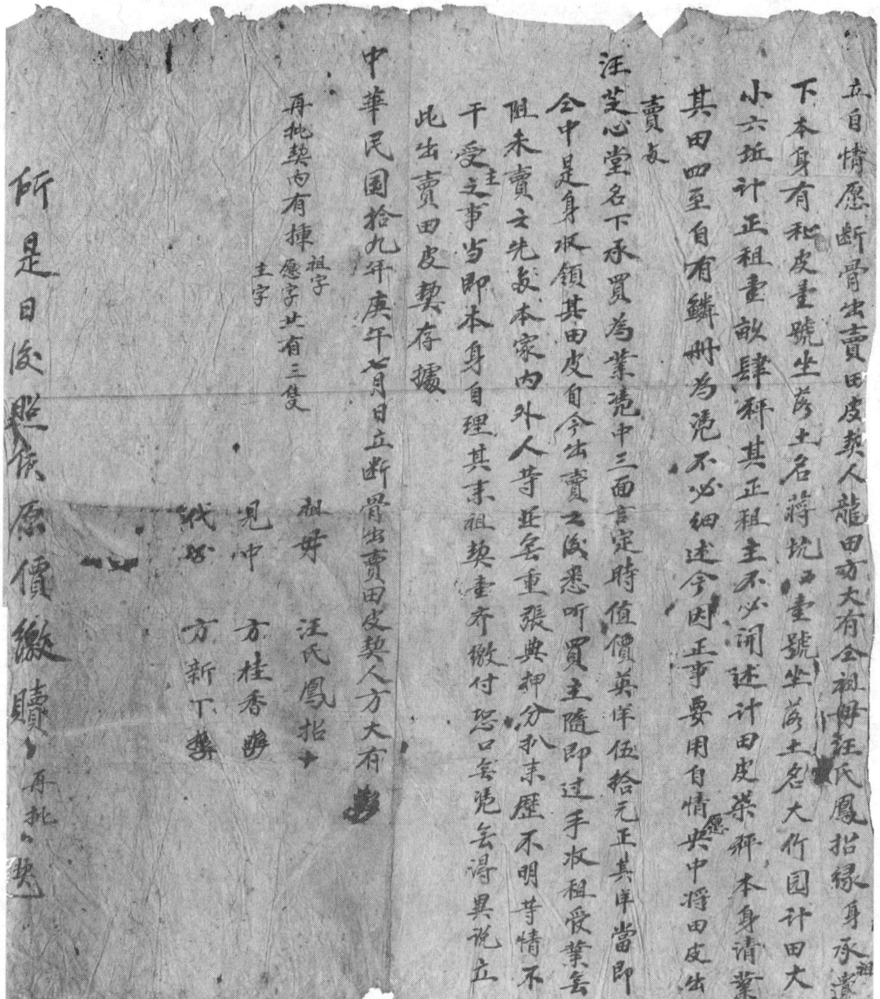
立自情愿断骨出賣田皮契人龍田方大有仝祖母汪氏鳳指缘身承遗祖下本身有私皮壹號坐落土名蔣坑口壹號坐落土名大竹园计田大小六坵计正租壹畝肆秤其正租主不必開述计田皮柒秤本身請業其田四至自有鳞册為凭不必细述今因正事要用自情愿央中將田皮出賣與
汪芝心堂名下承買為業凭中三面言定時值價英洋伍拾元正其洋當即仝中是身收領其田皮自今出賣之後悉听買主随即过手收租受業無阻未賣之先與本家内外人等並無重張典押分扒來歷不明等情不干受主之事当即本身自理其来祖契壹齐缴付恐口無凭無得異说立此出賣田皮契存據
中華民国拾九年庚午七月日立断骨出賣田皮契人方大有（押）
祖母　汪氏鳳指（押）
見中　方桂香（押）
代筆　方新丁（押）
再批契内有添祖字愿字主字共有三隻
所是日後照依原價缴贖　再批　契

江湾镇岭背村汪家 5 · 民国十九年 · 断骨出卖田皮契 ·
方大有同祖母汪氏凤招卖与汪芝心堂

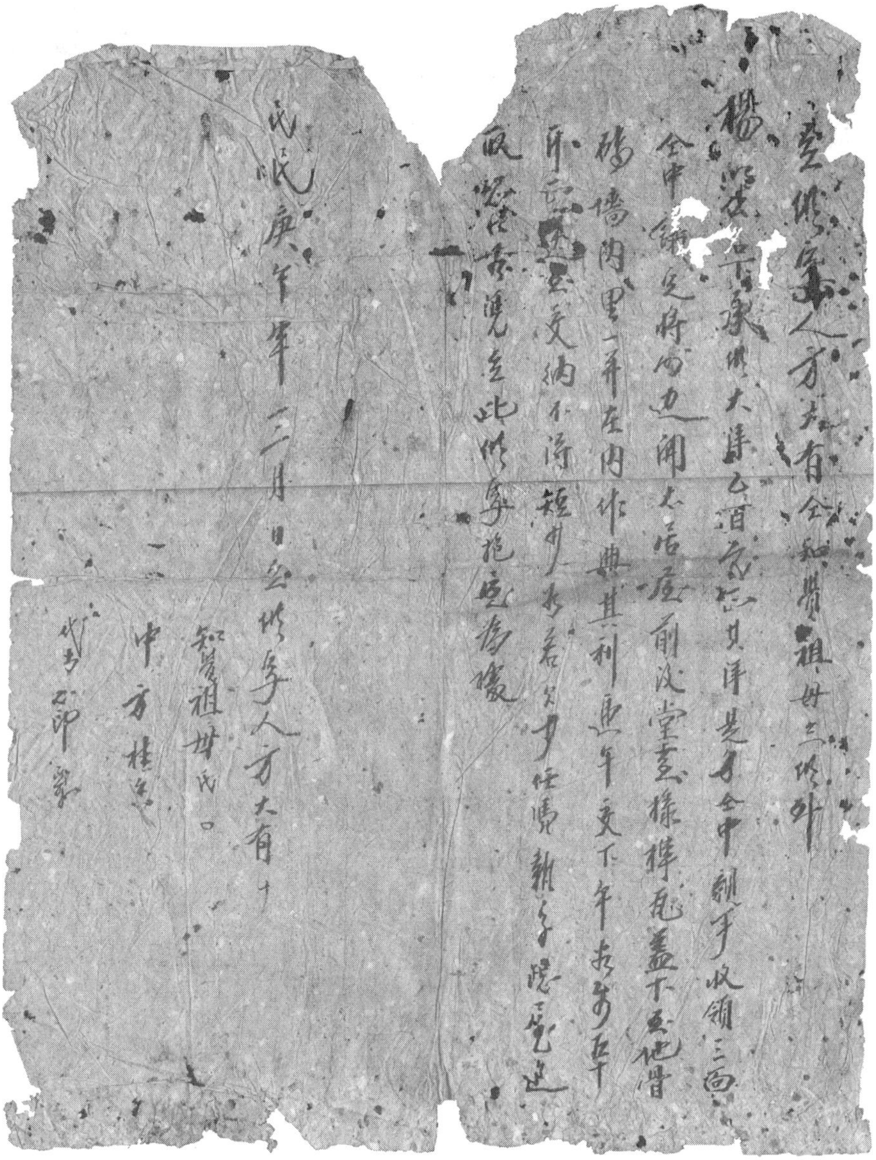

江湾镇岭背村汪家 6 · 民国十九年 · 借字 · 方大有同祖母借杨明公

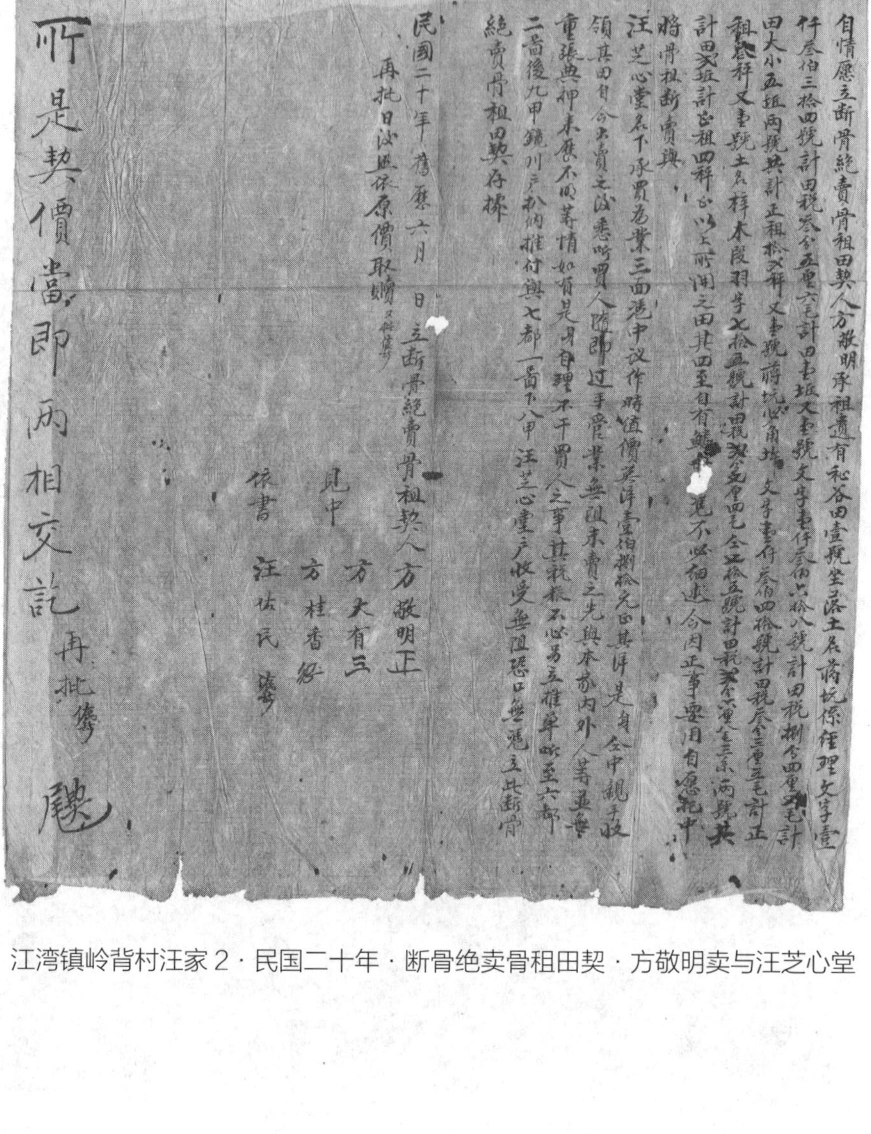

自情愿立斷骨絕賣骨租田契人方敬明承祖遺有私谷田壹號坐落土名蒋坑係經理文字壹
仟叁伯三拾四號計田稅叁分五厘六毛計田壹坵又壹號文字壹仟叁伯六拾八號計田稅捌分四厘[illegible]毛計
田大小五坵两號共計正租拾[illegible]秤又壹號蒋坑必角坵 文字壹仟叁伯四拾號計田稅叁分三厘五毛計正
租叁秤又壹號土名梓木段羽字七拾五號計田稅[illegible]分[illegible]厘四毛仝上拾五號計田稅[illegible]分六厘八毛三系两號共
計田[illegible]坵計正租四秤今以上所開之田其四至自有鱗[illegible]可見不必细述今因正事要用自愿托中
將骨租斷賣與
汪芝心堂名下承買爲業三面憑中议作時值價英洋壹伯捌拾元正其洋是身仝中親手收
領其田自今出賣之後悉听買人随即过手管業無阻未賣之先與本家内外人等並無
重張典押來歷不明等情如有是身自理不干買人之事其稅糧不必另立推單所至六都
二啚後九甲鏡川户扒納推付與七都一啚下八甲汪芝心堂户收受無阻恐口無憑立此斷骨
絕賣骨租田契存据

民國二十年 舊歷 六月 日 立斷骨絕賣骨租契人方敬明（押）

再批日後照依原價取贖 又批（押）

見中 方大有（押）
方桂香（押）

依書 汪佑民（押）

所是契價當即兩相交訖 再批（押）

江湾镇岭背村汪家 2 · 民国二十年 · 断骨绝卖骨租田契 · 方敬明卖与汪芝心堂

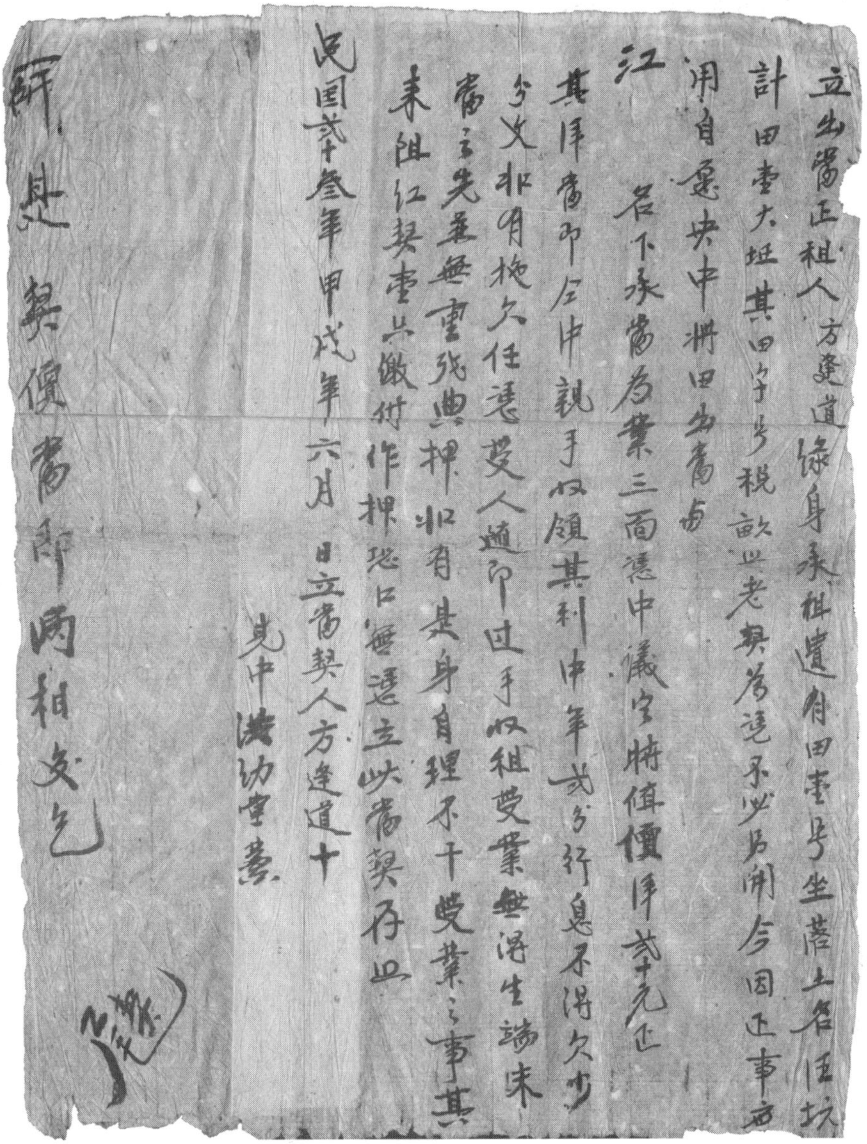

立出當正租人方逢道係身承祖遺有田壹号坐落土名任坑
計田壹大坵其田字号稅畝照老契為憑不必另開今因正事缺
用自愿央中將田出當与
江　名下承當為業三面憑中議定時值價洋貳十元正
其洋當即仝中親手收領其利每年貳分行息不得欠少
分文非有拖欠任憑受人随即过手收租受業無得生端未
當之先並無重張典押如有是身自理不干受業之事其
來阻紅契壹共繳付作押恐口無憑立此當契存照
民國貳十叁年甲戌年六月　日立當契人方逢道十
見中潘功堂書
計是契價當即兩相交乞

江湾镇岭背村汪家 7 · 民国二十三年 · 出当正租契 · 方逢道当与江□

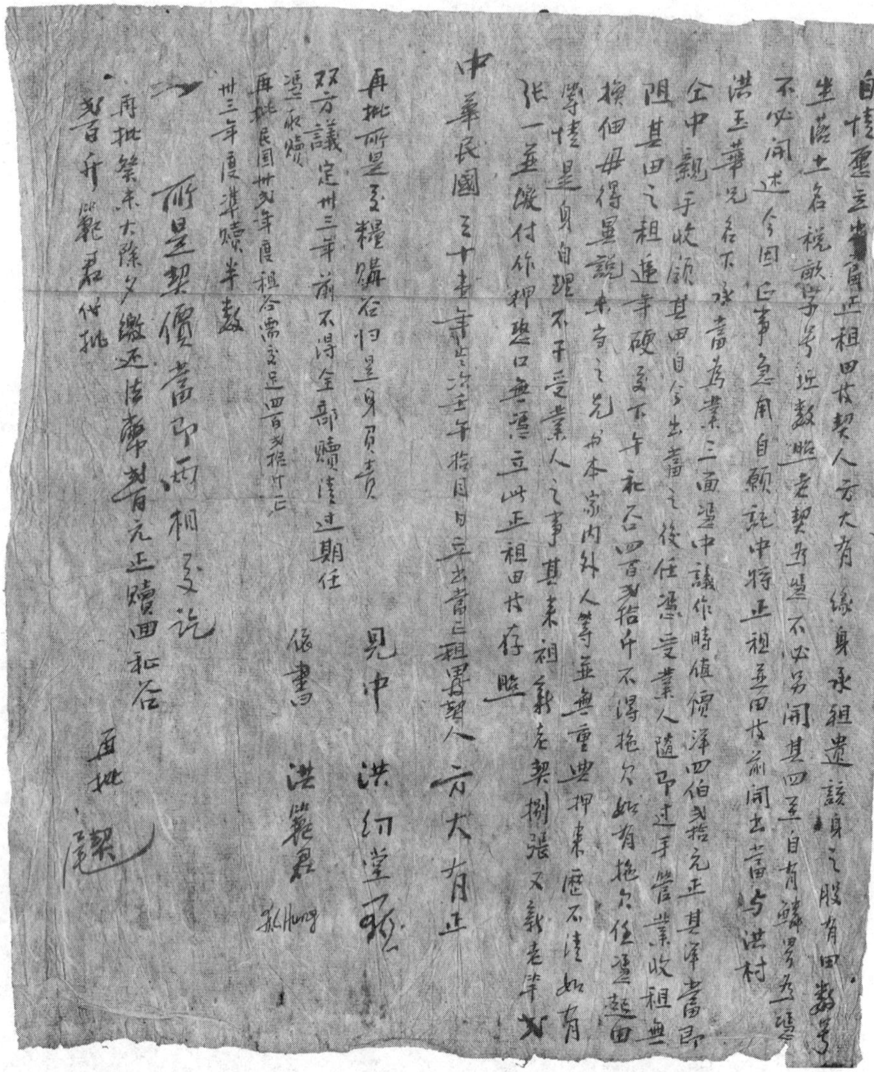

自情愿立出当正租田皮契人方大有，缘身承祖遗该身之股有田数号，
坐落土名□□，敌字号，亩数照老契为凭，不必另开，其四至自有鳞册为凭，
不必开述。今因正事急用，自愿托中将正租并田皮前来出当与洪村
洪玉华兄名下承当为业。三面凭中议作时值价洋四伯五拾元正，其洋当即
仝中亲手收领。其田自今出当之后，任凭受业人随即过手管业收租，无
阻。其田之租逐年硬交下午和谷四百五拾斤，不得拖欠，如有拖欠，任凭起田
换佃，毋得异说。未当之先，与本家内外人等并无重典押，来历不清，如有
等情，是身自理，不干受业人之事。其来祖新老契捌张又新老契
张一并缴付作押。恐口无凭，立此正租田皮存照。

中华民国三十壹年岁次壬午拾月日立出当正租田皮契人　方大有（押）

见中　洪绍堂（押）

依书　洪□君

再批：所是交粮谷归是身负责

双方议定卅三年前不得全部赎还，过期任凭永赎

再批：民国卅五年度租谷需交足四百五拾斤正

卅三年度准赎半数

所是契价当即两相交讫

再批：□未大除叉缴还洋□□有元正赎回和谷

□升　□□君代批

再批　□契

江湾镇岭背村汪家 4 · 民国三十一年 · 出当正租田皮契 · 方大有当与洪玉华

江湾镇下坦村 1—13

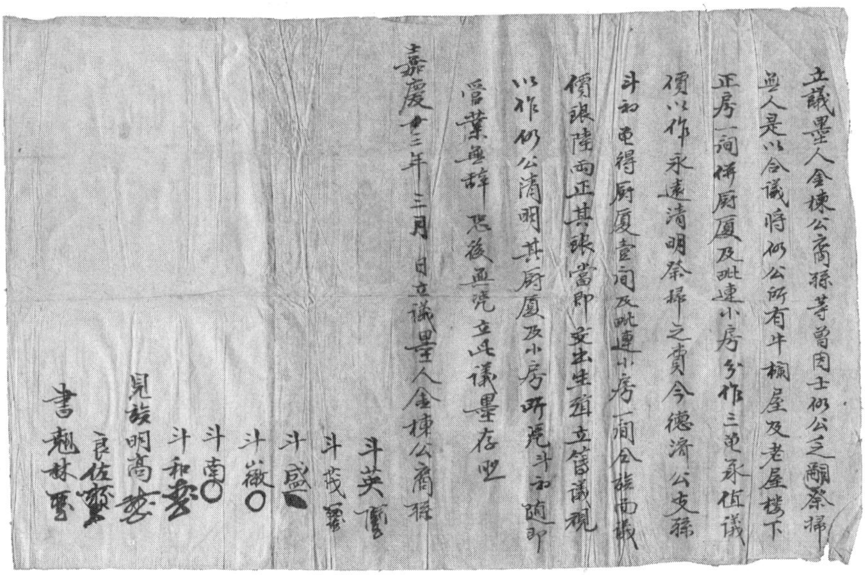

江湾镇下坦村 5 · 嘉庆二十三年 · 议墨 · 金栋公裔孙等

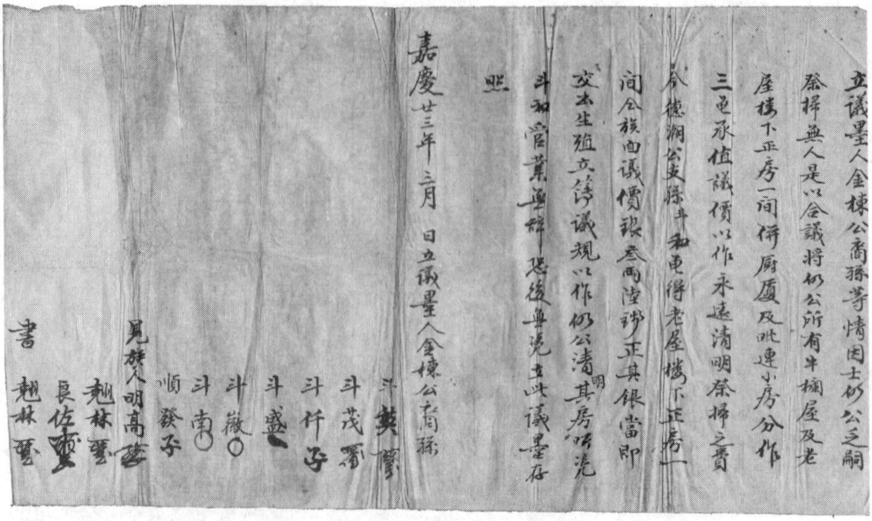
立議墨人金棟公裔孫等情因士仍公乏嗣
祭掃無人是以合議將仍公所有牛欄屋及老
屋樓下正房一間併廚廈及毗連小房分作
三分承值議價以作永遠清明祭掃之費
今德潤公支孫斗和邑得老屋樓下正房一
間公族面議價銀叁兩陸錢正其銀當即
交太生殖立簿議規以作仍公清明其房聽憑
斗和當業無辭恐後無憑立此議墨存
照
嘉慶廿三年三月　日立議墨人金棟公裔孫
斗英
斗茂
斗仟
斗盛
斗薇
斗南
順發
見族人明高
魁林
長佐
書　魁林

江湾镇下坦村 6 · 嘉庆二十三年 · 议墨 · 金栋公裔孙等

江湾镇下坦村 3-1 · 嘉庆二十五年 · 税粮实征册 · 茂和户

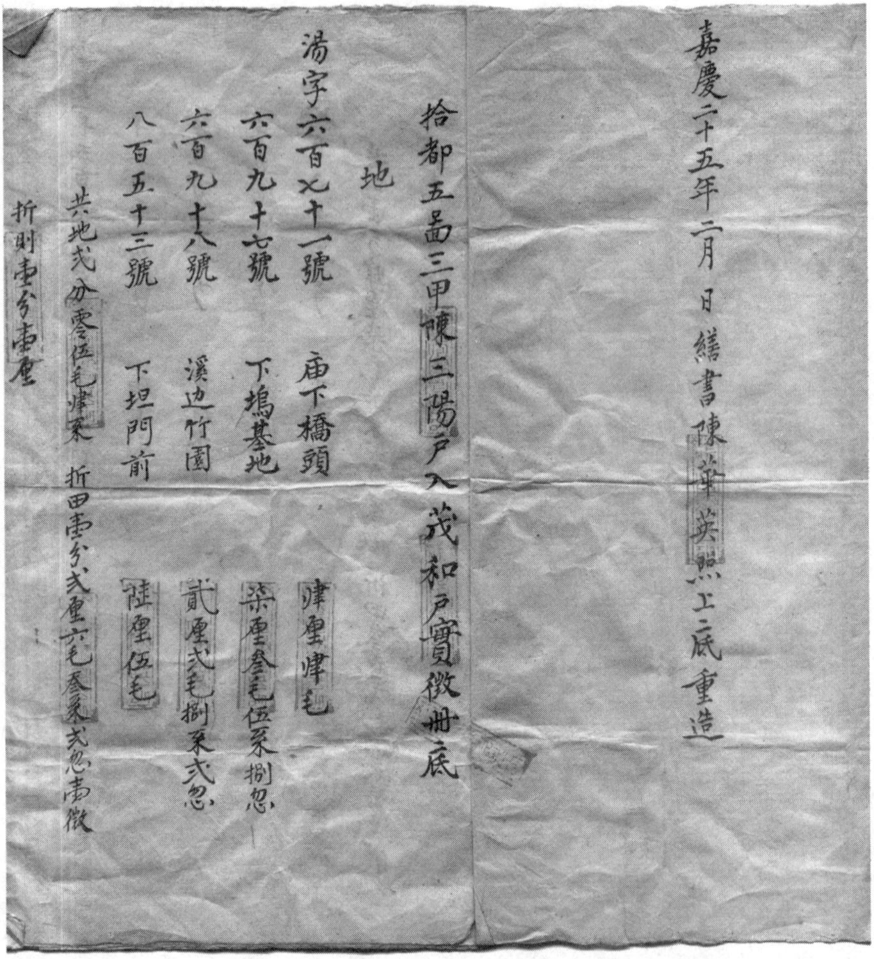

嘉慶二十五年二月　日繕書陳華英照上底重造

拾都五啚三甲陳三陽戶入茂和戶實徵冊底

地

湯字六百七十一號　庙下橋頭　肆厘肆毛

六百九十七號　下塢基地　柒厘叁毛伍系捌忽

六百九十八號　溪边竹園　貳厘弍毛捌系弍忽

八百五十三號　下坦門前　陸厘伍毛

共地弍分零伍毛肆系　折田壹分弍厘六毛叁系弍忽壹微

折則壹分壹厘

江湾镇下坦村 3-2 · 嘉庆二十五年 · 税粮实征册 · 茂和户

山

湯字一千五百二十八号　廟後竹園　山弍厘

一千五百二十九号　廟上山　捌毛

一千五百二十一号　巴坑水竹塢　壹分

一千五百二十五号　禾陂後山　壹厘五毛

七百八十二号　下塢源　肆毛柒系弍忽叁微

共山壹分肆厘柒毛柒系弍忽叁微　折田叁厘弍毛捌系五忽六微

折則弍厘柒毛捌系五忽弍微

入官田壹分柒厘正　折則粮壹分五厘正　米一勺

江湾镇下坦村 3-3 · 嘉庆二十五年 · 税粮实征册 · 茂和户

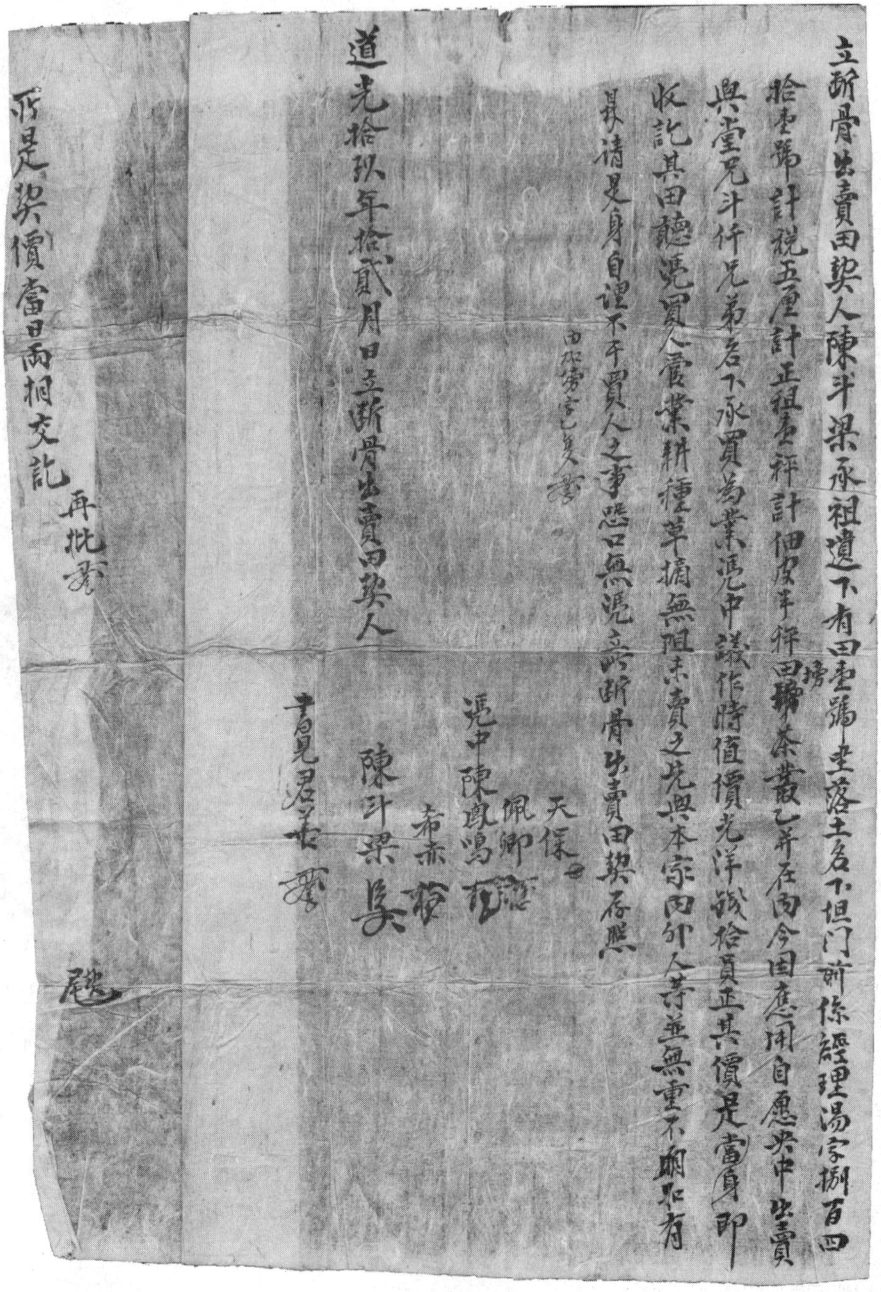

立斷骨出賣田契人陳斗梁承祖遺下有田壹號坐落土名下坦门前係經理湯字捌百四拾壹號計税五厘計正租壹秤計佃皮半秤田塝茶叢乙并在內今因應用自愿央中出賣與堂兄斗仟兄弟名下承買為業憑中議作時值價光洋錢拾員正其價是當身即收訖其田聽憑買人管業耕種草摘無阻未賣之先與本家內外人等並無重不明有暴請是身自理不干買人之事恐口無憑立此斷骨出賣田契存照

田皮秀字乙隻入押

道光拾玖年拾貳月日立斷骨出賣田契人 陳斗梁（押）

天保（押）

佩卿（押）

希赤（押）

憑中 陳鳳鳴（押）

書見 君善（押）

所是契價當日兩相交訖 再批（押）

江湾镇下坦村 10 · 道光十九年 · 断骨出卖田契 · 陈斗梁卖与堂兄斗仟兄弟

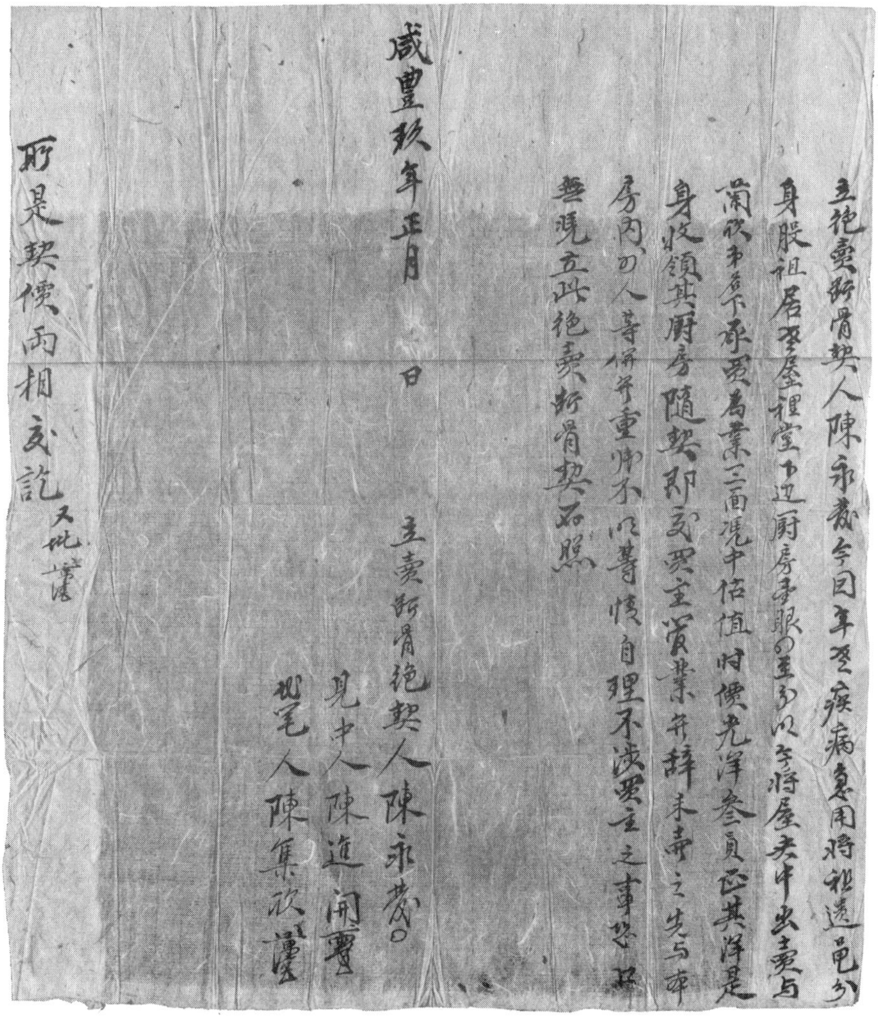
立絕賣斷骨契人陳永發今因年老疾病急用將祖遺邑分

身股祖居瓦屋裡堂下邊厨房壹眼四至分明今將屋央中出賣与

蘭欣弟名下承買為業三面憑中估值时價光洋叁員正其洋是

身收領其厨房隨契即交買主管業并辭未賣之先与本

房內外人等併并重帳不明等情自理不涉買主之事恐口

無憑立此絕賣斷骨契存照

咸豐玖年正月　日

立賣斷骨絕契人陳永發

見中人陳進開

代笔人陳集欣

明是契價兩相交訖　又批

江湾镇下坦村 11 · 咸丰九年 · 绝卖断骨契 · 陈永发卖与兰欣弟

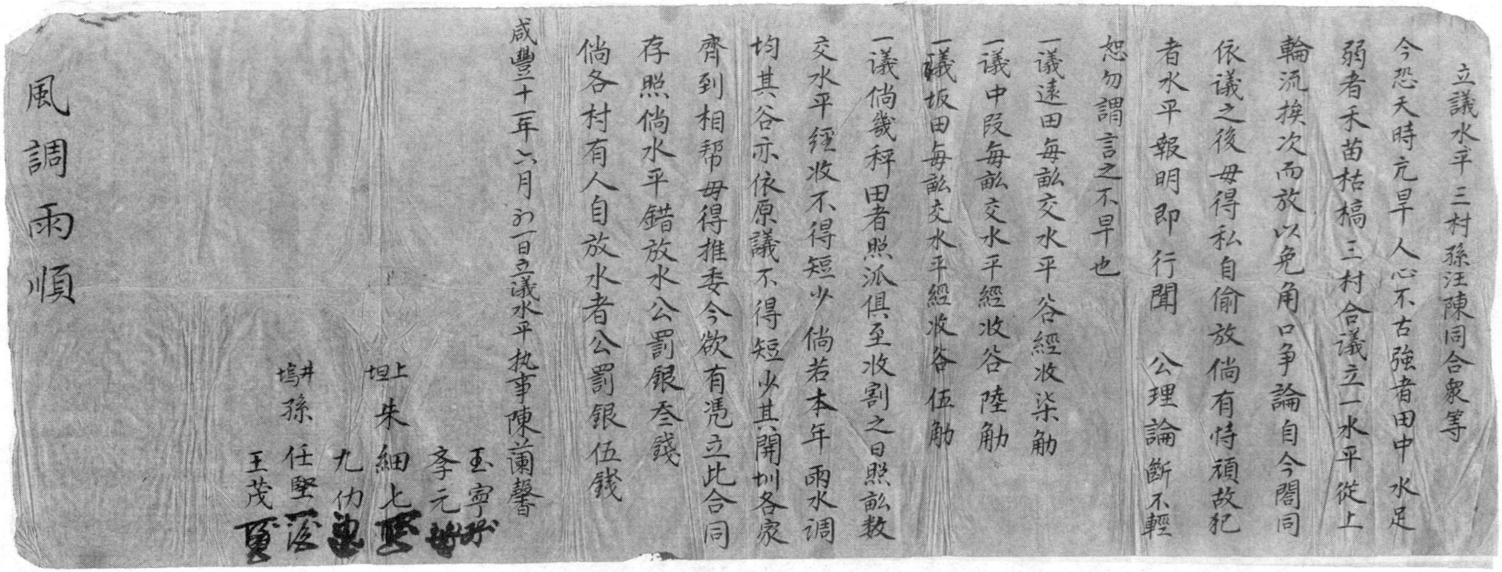
立議水平三村孫汪陳同合衆等
今恐天時亢旱人心不古強者田中水足
弱者禾苗枯槁三村合議立一水平從上
輪流挨次而放以免角口爭論自今閤同
依議之後毋得私自偷放倘有恃頑故犯
者水平報明即行閧　公理論斷不輕
恕勿謂言之不早也
一議遠田每畝交水平谷經收柒觔
一議中段每畝交水平經收谷陸觔
一議坂田每畝交水平經收谷伍觔
一議倘栽秈田者照派俱至收割之日照畝數
交水平經收不得短少倘若本年雨水調
均其谷亦依原議不得短少其開圳各家
齊到相帮毋得推委今欲有凭立此合同
存照倘水平錯放水公罰銀叁錢
倘各村有人自放水者公罰銀伍錢
咸豐十一年六月初一日立議水平執事陳蘭馨
玉寧（押）
李元（押）
上坦朱細七（押）
九仂（押）
井塢孫任堅（押）
王茂（押）
風調雨順

江湾镇下坦村 8 · 咸丰十一年 · 议墨字 · 孙汪陈同合众等

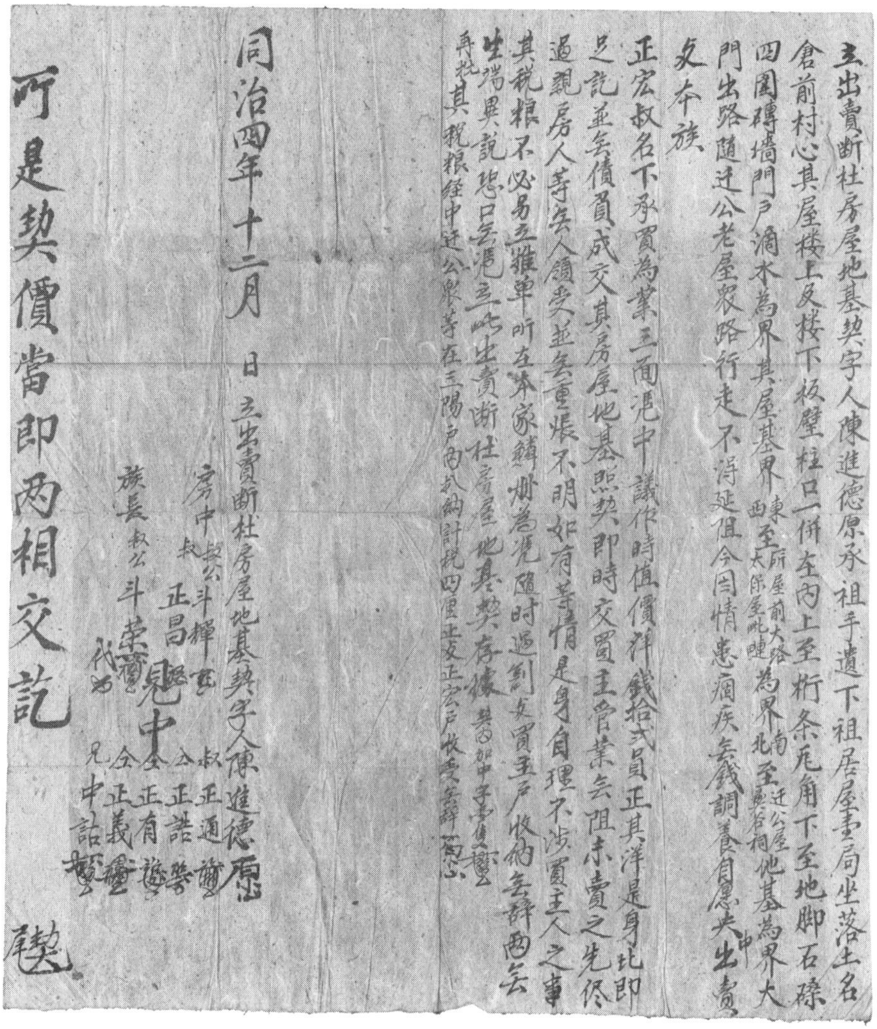
立出賣断杜房屋地基契字人陳進德原承祖手遺下祖居屋壹局坐落土名
倉前村心其屋楼上及楼下板壁柱口一併在内上至桁条瓦角下至地脚石磉
四圍磚墻門戶滴水為界其屋基界東至所屋前大路西至大侪屋毗連為界南至迁公屋北至兼各祠他基為界大
門出路随迁公老屋衆路行走不得延阻今因情患痼疾無錢調養自愿央中出賣
與本族
正宏叔名下承買為業三面憑中議作時值價伴錢拾弍員正其洋是身比即
足訖並無債負成交其房屋他基照契即時交買主曾業無阻未賣之先侭
過親房人等無人領受並無重張不明如有等情是身自理不涉買主人之事
其税粮不必另立推单所在本家鋪册為凭随时過割与買主户收納無辞两無
生端異說恐口無凭立此出賣断杜房屋地基契存據 契內加中字壹隻
再批其税粮经中迁公衆等在三陽户内扒納計税四厘正交正宏户收受無辞 再照
同治四年十二月 日 立出賣断杜房屋地基契字人陳進德
房中叔公斗輝 叔正通
叔正昌 仝 正諧
族長叔公斗榮 見中 仝 正有
代书 仝 正義
兄 中詁
可是契價當即兩相交訖
屋契

江湾镇下坦村 9 · 同治四年 · 出卖断杜房屋地基契字 · 陈进德卖与本族正宏

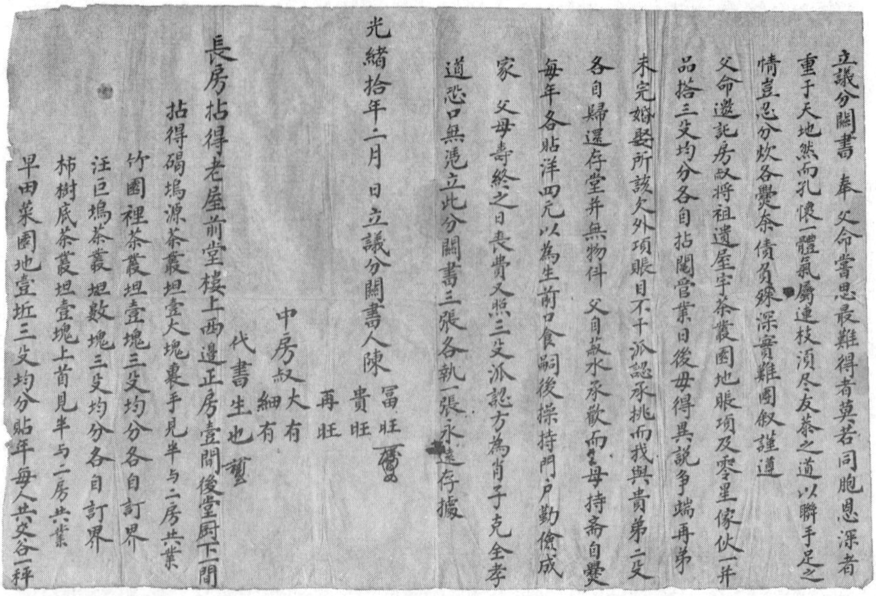

立議分閹書　奉　父命嘗思最難得者莫若同胞恩深者
重于天地然而孔懷一體氣屬連枝須尽友恭之道以聨手足之
情豈忍分炊各爨奈　債負殊深實難圖敘謹遵
父命邀託房叔將祖遺屋宇茶叢園地賬項及零星傢伙一并
品搭三叏均分各自拈閹管業日後毋得異說爭端再弟
未完婚娶所該欠外項賬目不干派認承挑而我與貴弟二叏
各自歸還存堂并無物件　父自菽水承歡而母持斋自爨
每年各貼洋四元以為生前口食嗣後操持門戶勤儉成
家　父母壽終之日喪費又照三叏派認方為肖子克全孝
道恐口無憑立此分閹書三張各執一張永遠存據
光緒拾年二月　日立議分閹書人陳　富旺
貴旺
再旺
中房叔　大有
細有
代書　生也
長房拈得老屋前堂樓上西邊正房壹間後堂厨下一間
拈得碣塢源茶叢坦壹大塊裏手見半与二房共業
竹園裡茶叢坦壹塊三叏均分各自訂界
汪巨塢茶叢坦數塊三叏均分各自訂界
柿樹底茶叢坦壹塊上首見半与二房共業
旱田菜園地壹坵三叏均分貼年每人共交谷一秤

江湾镇下坦村 7 · 光绪十年 · 分关文书 · 陈富旺、陈贵旺、陈再旺

添丁進粮

江湾镇下坦村 2-1 · 光绪二十六年 · 税粮实征册 · 姚发龙户

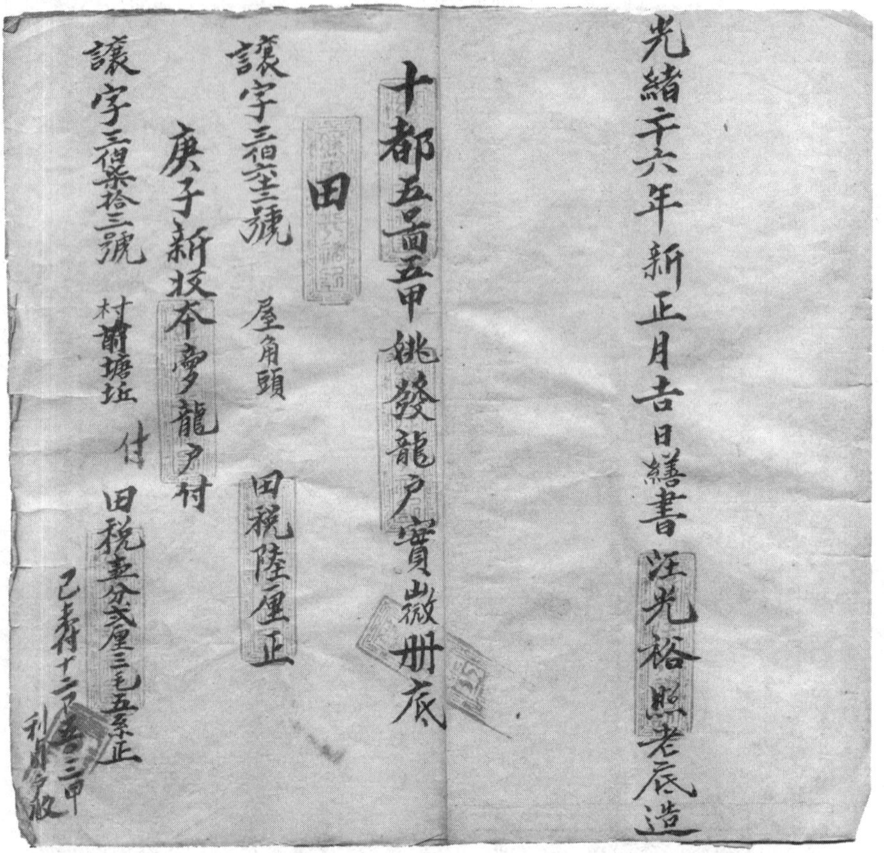
光緒廿六年新正月吉日繕書 汪光裕照老底造

十都五啚五甲姚發龍户實徵册底

田

讓字三百卅三號 屋角頭 田税陸厘正

庚子新收本啚龍户付

讓字三佰柒拾三號 村前塘坵 付 田税壹分弍厘三毛五系正

己春村十二啚五甲 利…户收

江湾镇下坦村 2-2 · 光绪二十六年 · 税粮实征册 · 姚发龙户

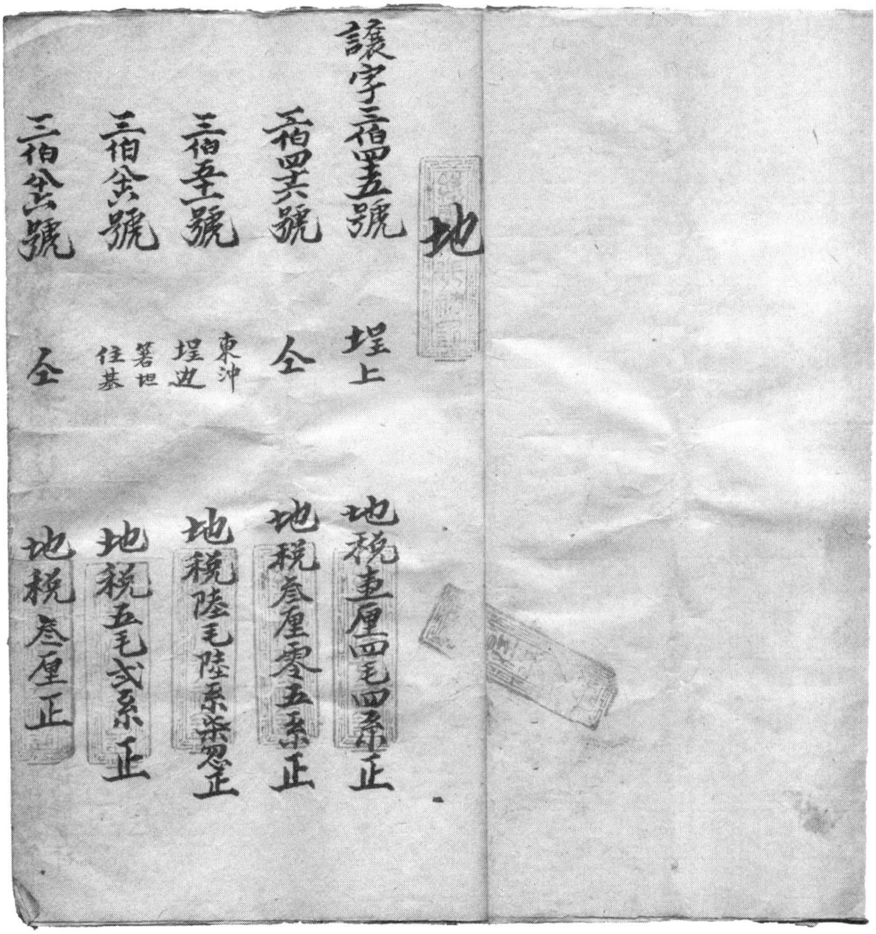

讓字三佰四十五號　埕上　地稅壹厘四毛四系正

三佰四十六號　仝　地稅叁厘零五系正

三佰五十號　東沖埕边　地稅陸毛陸系柒忽正

三佰六十號　箬坦住基　地稅五毛弍系正

三佰八十六號　仝　地稅叁厘正

江湾镇下坦村 2-3 · 光绪二十六年 · 税粮实征册 · 姚发龙户

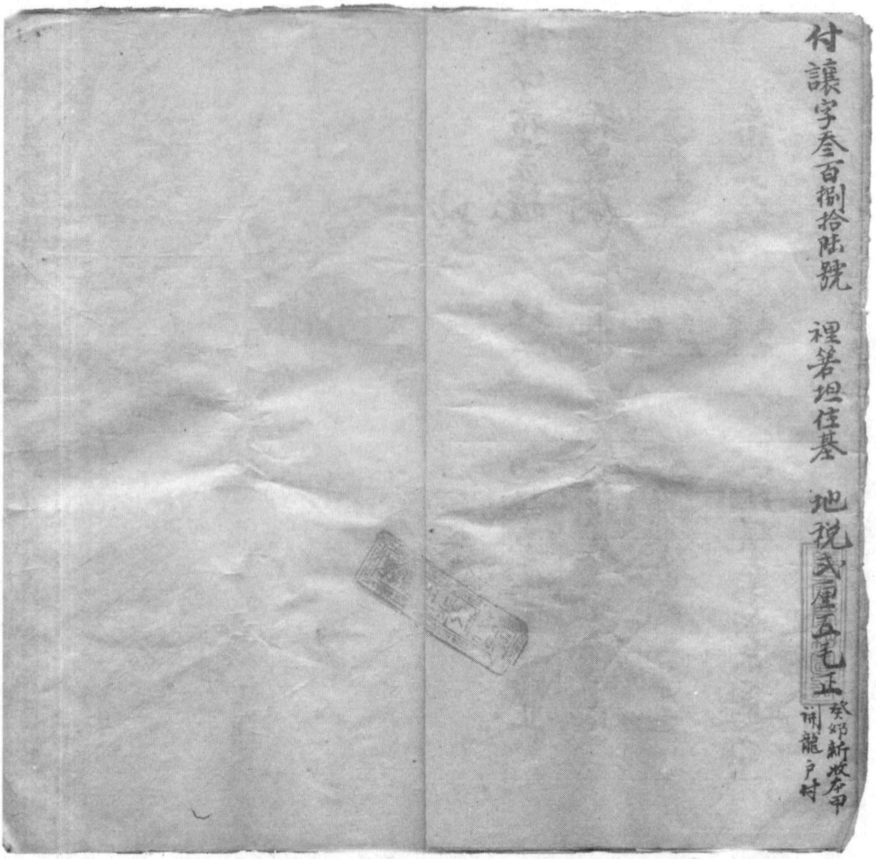
付讓字叁百捌拾陆號
裡箬坦住基
地税弍厘五毛正
癸卯新收存甲
[illegible]龍户付

江湾镇下坦村 2-4 · 光绪二十六年 · 税粮实征册 · 姚发龙户

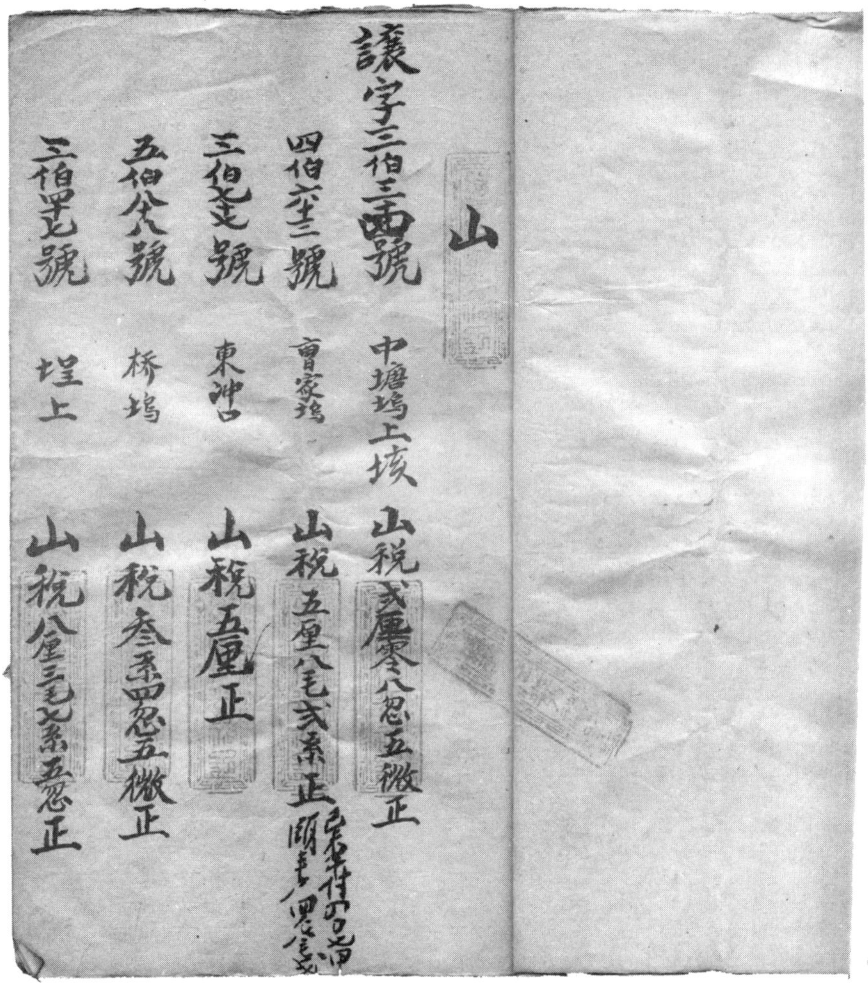

山

讓字三伯三十四號　中塘塢上垓　山税貳厘零八忽五微正

四伯六十三號　曾家塢　山税五厘八毛貳系正　[illegible]

三伯七十七號　東沖口　山税五厘正

五伯八十八號　橋塢　山税叁系四忽五微正

三伯四十七號　埕上　山税八厘三毛七系五忽正

江湾镇下坦村 2-5 · 光绪二十六年 · 税粮实征册 · 姚发龙户

四伯貳拾號　寨山西塆　山稅壹厘正
四伯五十號　羅定冲口　山稅陸厘三毛正
四伯六十號　埕方冲　山稅三厘四毛五系正
五伯五十三號　苦竹塢　山稅七毛貳系五忽正
五伯五十六號　葉鄉塢　山稅三厘零八系正
五伯六十六號　陰山塆　山稅九系五忽正
五伯八十三號　呈太塢　山稅八系八忽五微正
五伯九十號　柿樹塢　山稅壹系三忽五微正
五伯八十一號　呈太塢　山稅四系五忽正
章字八十三號　赤射坑　山稅壹厘壹毛正
讓字三伯九十五號　下塢山背　山稅叁厘正
四伯十二號　羅定冲　山稅壹厘五毛正

江湾镇下坦村 2-6 · 光绪二十六年 · 税粮实征册 · 姚发龙户

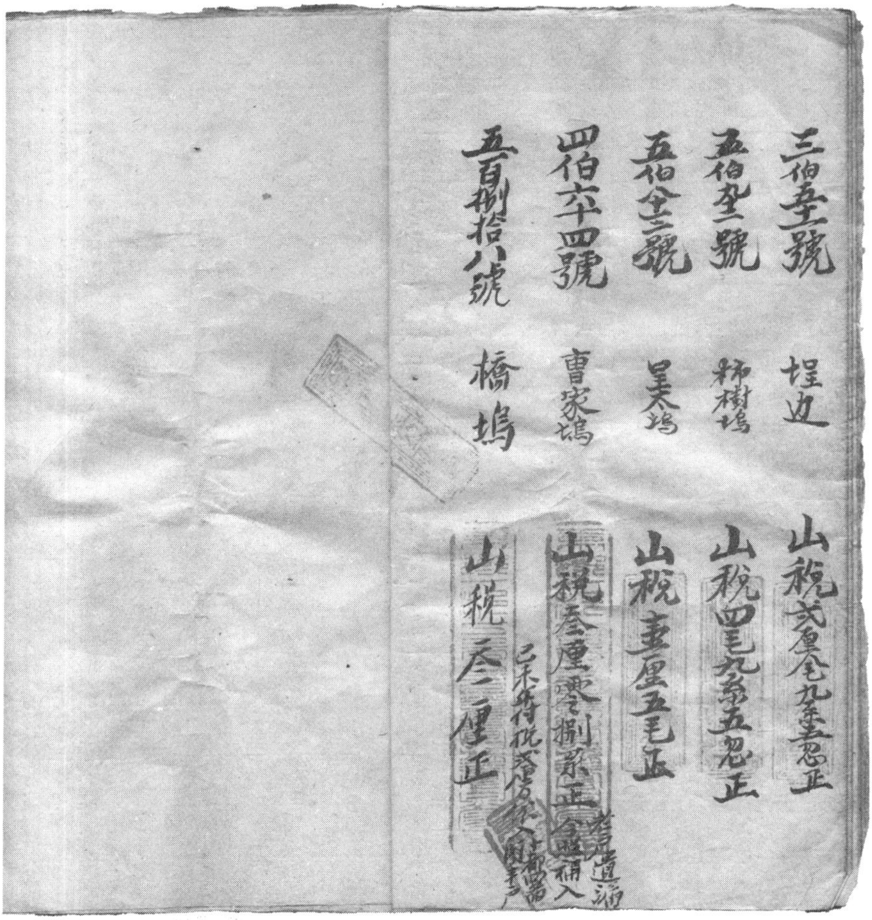

江湾镇下坦村 2-7 · 光绪二十六年 · 税粮实征册 · 姚发龙户

江湾镇下坦村 1-1 · 光绪三十年 · 税粮实征册 · 新生善德户

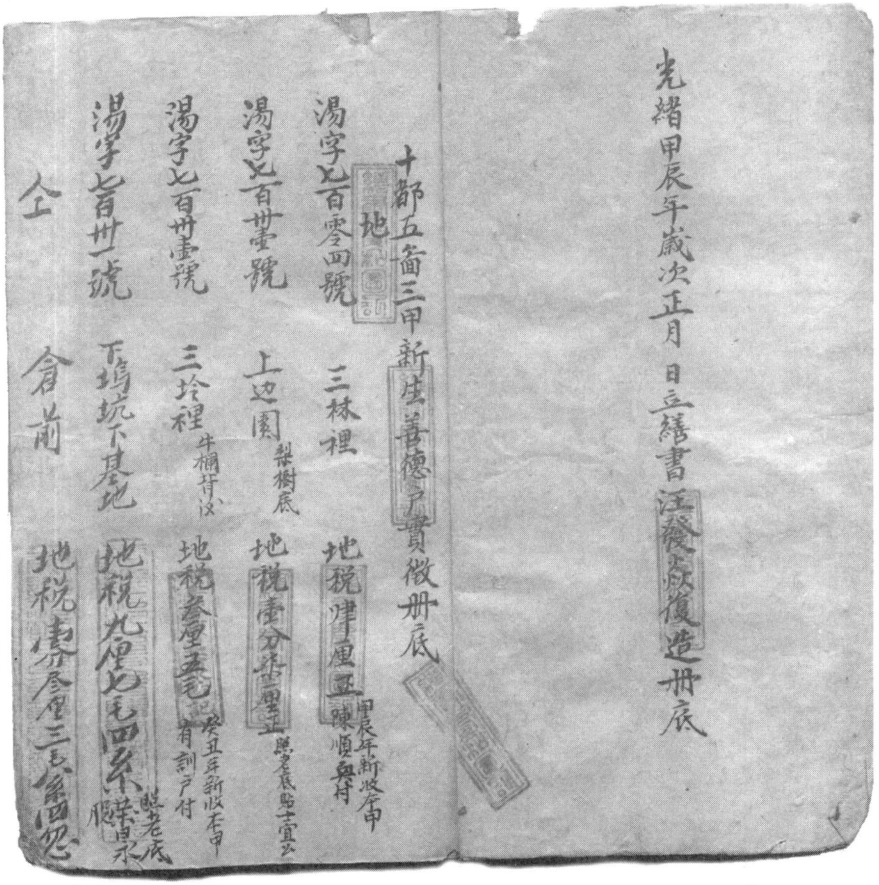

光緒甲辰年歲次正月 日立繕書汪發復造冊底

十都五啚三甲新生善德户實徵冊底

湯字七百零四號 三林裡 地税肆厘五 甲辰年新收本甲陳順興付

湯字七百卅壹號 上边園 梨樹底 地税壹分叁厘五 照老底駱士宜戶

湯字七百卅壹號 三拴裡 牛欄背小 地税叁厘五毛 癸丑年新收本甲 有割户付

湯字七百卅一號 下塢坑下基地 地税九厘七毛四系 照老底葉泉户

仝 倉前 地税壹分叁厘三毛

江湾镇下坦村 1-2 · 光绪三十年 · 税粮实征册 · 新生善德户

江湾镇下坦村 1-3 · 光绪三十年 · 税粮实征册 · 新生善德户

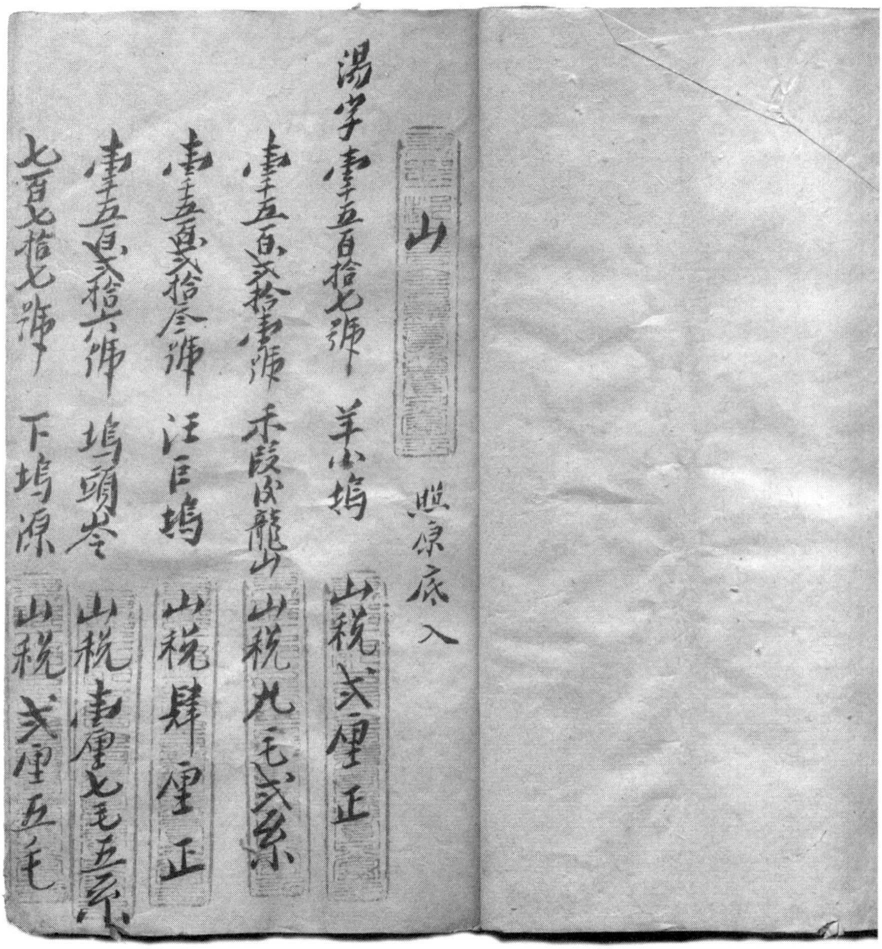

山 照原底入

湯字壹千五百拾七號 羊山塢 山税弍厘正

壹千五百弍拾壹號 禾段龍山 山税九毛弍系

壹千五百弍拾叁號 汪巨塢 山税肆厘正

壹千五百弍拾六號 塢頭岺 山税壹厘七毛五系

七百七拾七號 下塢源 山税弍厘五毛

江湾镇下坦村 1-4 · 光绪三十年 · 税粮实征册 · 新生善德户

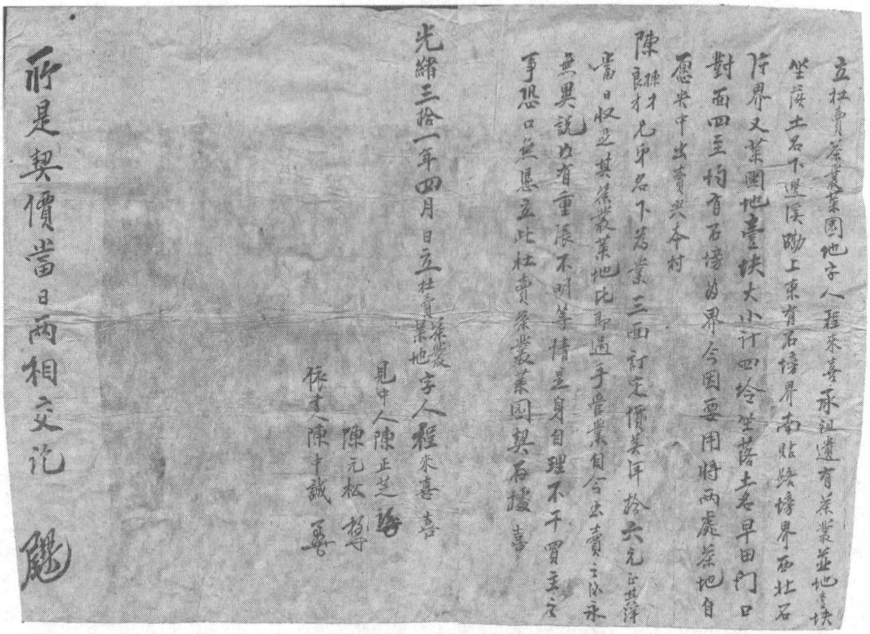

立杜賣茶叢菜園地字人程來喜承祖遺有茶叢並地壹塊
坐落土名下塅溪𡑞上東有石塝界南貼路塝界西北石
塝界又菜園地壹塊大小計四塊坐落土名旱田門口
對面四至均有石塝為界今因要用將兩處茶地自
愿央中出賣與本村
陳棟才良才兄弟名下為業三面訂定價英洋拾六元正其洋
當日收足其茶叢菜地比即過手管業自今出賣之後永
無異說如有重張不明等情是身自理不干買主之
事恐口無憑立此杜賣茶叢菜園契存據 喜
光緒三拾一年四月 日立杜賣茶叢菜地字人程來喜 喜
見中人陳正芝 押
陳元松 押
依書人陳中誠 押
所是契價當日兩相交訖

江湾镇下坦村 13 · 光绪三十一年 · 杜卖茶丛菜园地字 ·
程来喜卖与陈栋才、陈良才

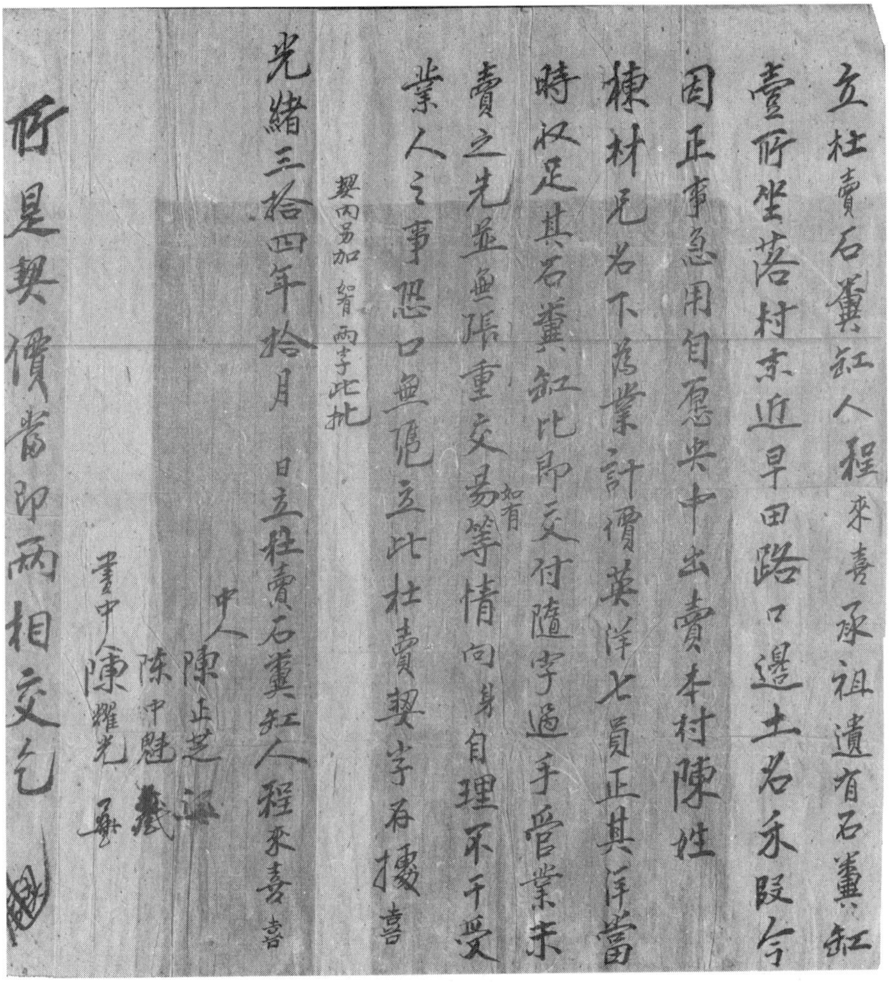

立杜賣石糞缸人程來喜承祖遺有石糞缸
壹所坐落村東近旱田路口邊土名禾段今
因正事急用自愿央中出賣本村陳姓
棟材兄名下為業計價英洋七員正其洋當
時收足其石糞缸比即交付隨字過手管業未
賣之先並無張重交易等情加有向身自理不干受
業人之事恐口無憑立此杜賣契字存據　喜
契內另加加有兩字比批
光緒三拾四年拾月　日立杜賣石糞缸人程來喜　喜
中人　陳正芝
陳中魁
書中　陳耀光
所是契價當即兩相交乞

江湾镇下坦村 12 · 光绪三十四年 · 杜卖石粪缸契 · 程来喜卖与陈栋材

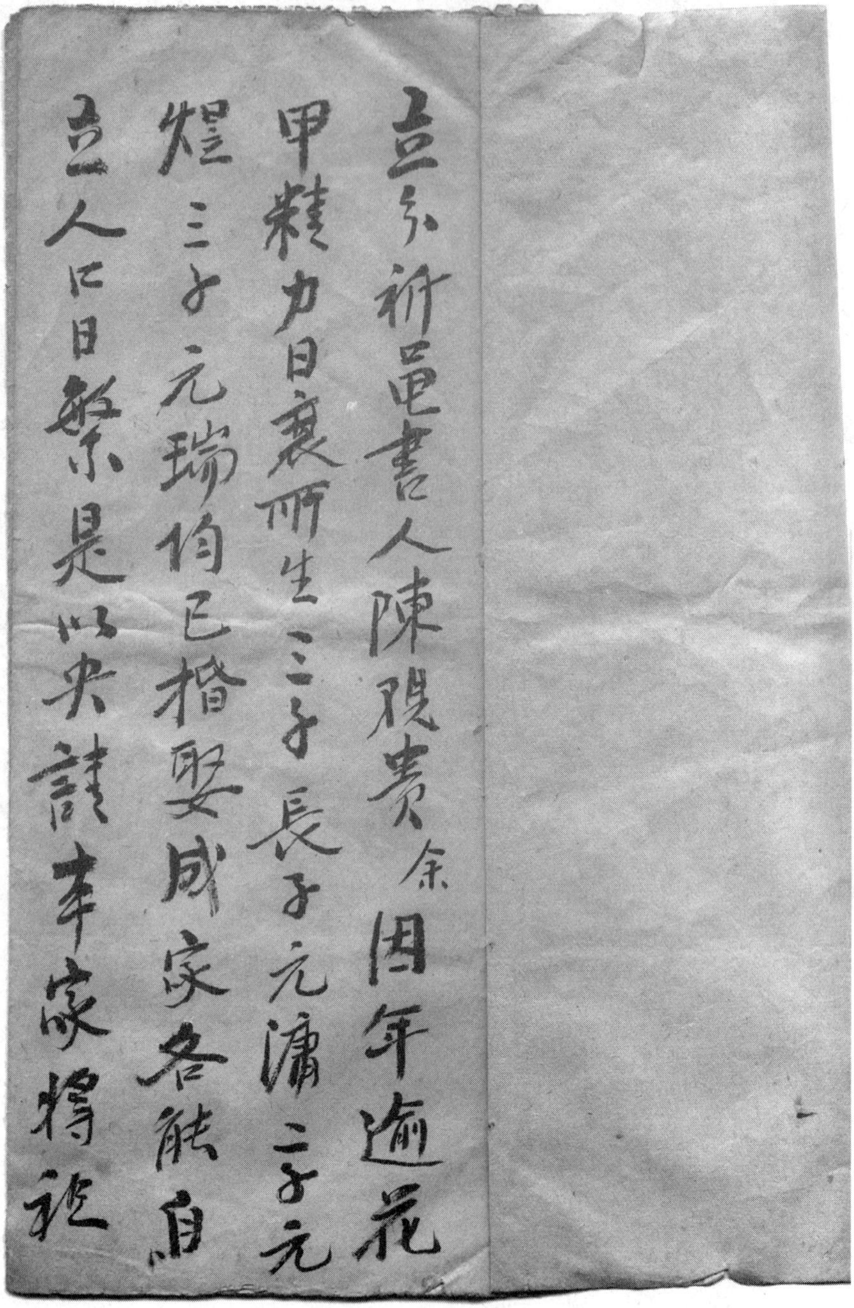
立分析阄書人陳觀貴余因年逾花
甲精力日衰所生三子長子元浦二子元
煌三子元瑞均已婚娶成家各能自
立人口日繁是以央請本家將祖

江湾镇下坦村 4-1 · 民国三十七年 · 分家文书 · 陈观贵

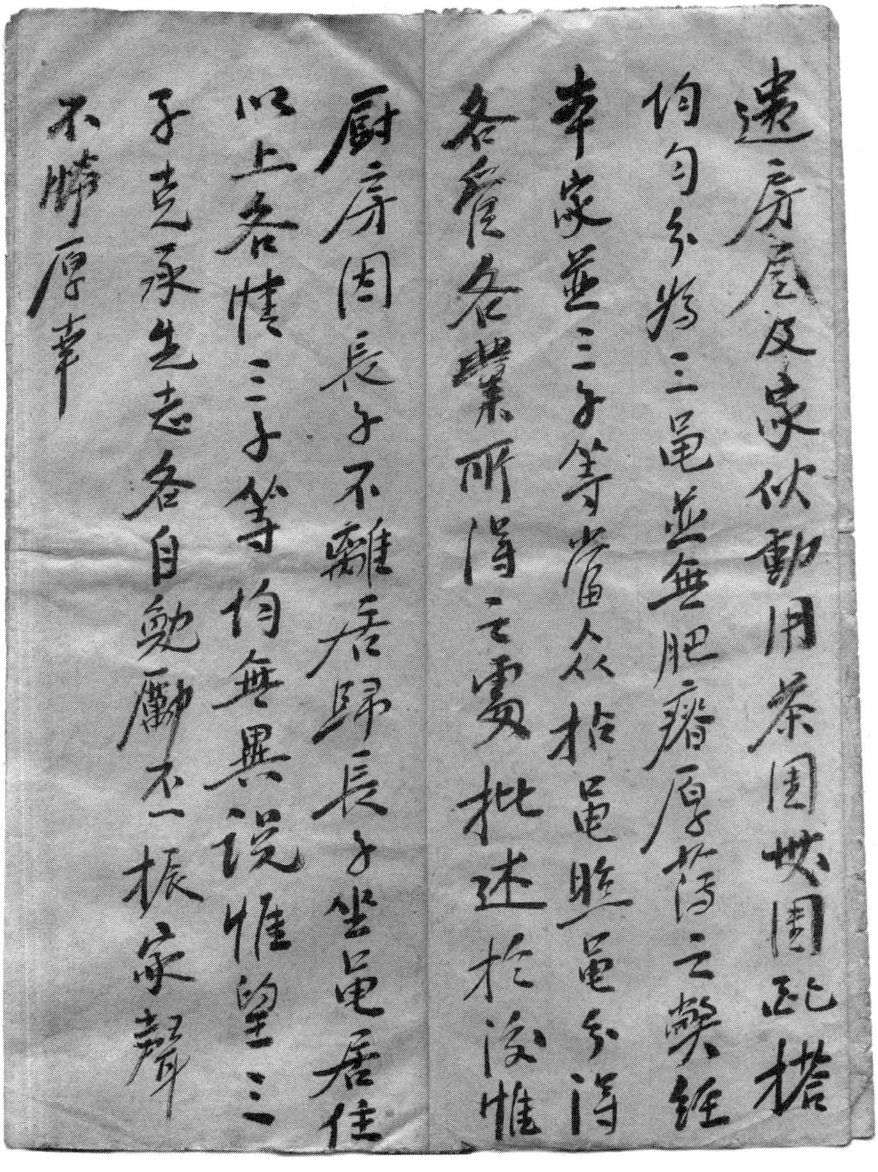
邊房屋及家伙動用茶園桑園配搭
均匀分為三鬮並無肥瘠厚薄之弊經
本家並三子等當众拈鬮照鬮分得
各管各業所得之處批述於後惟
廚房因長子不離居歸長子坐鬮居住
以上各情三子等均無異說惟望三
子克承先志各自勉勵丕振家聲
不勝厚幸

江湾镇下坦村 4-2 · 民国三十七年 · 分家文书 · 陈观贵

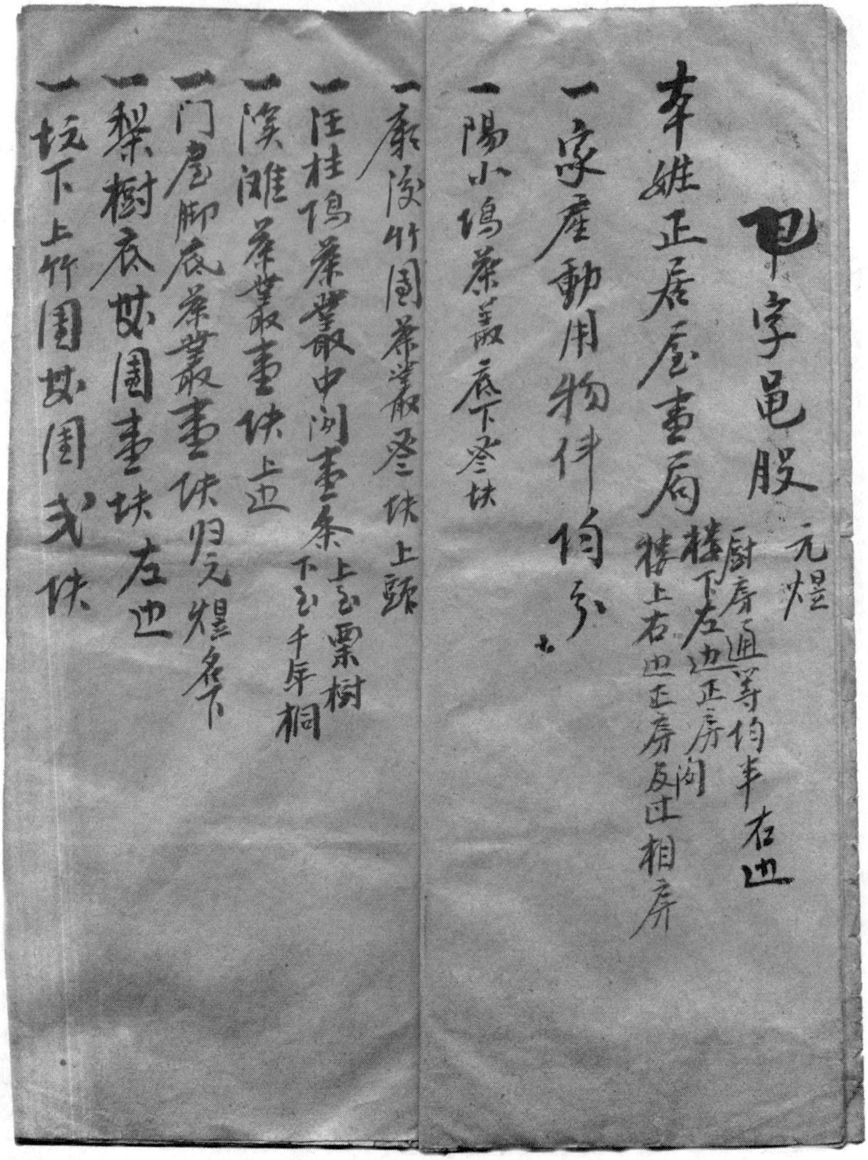
甲字阄股 元煜
本姓正屋壹局 厨房通筹均半右边 楼下左边正房内 楼上右边正房反过相房
一家屋动用物件均分
一阳小坞茶叢底下叁块
一康後竹园茶叢叁块上路
一汪桂坞茶叢中洲壹条 上至栗树 下至千年桐
一溪滩茶叢壹块上边
一门屋脚底茶叢壹块归元煜名下
一梨树底苎园壹块左边
一坑下上竹园苎园贰块

江湾镇下坦村 4-3 · 民国三十七年 · 分家文书 · 陈观贵

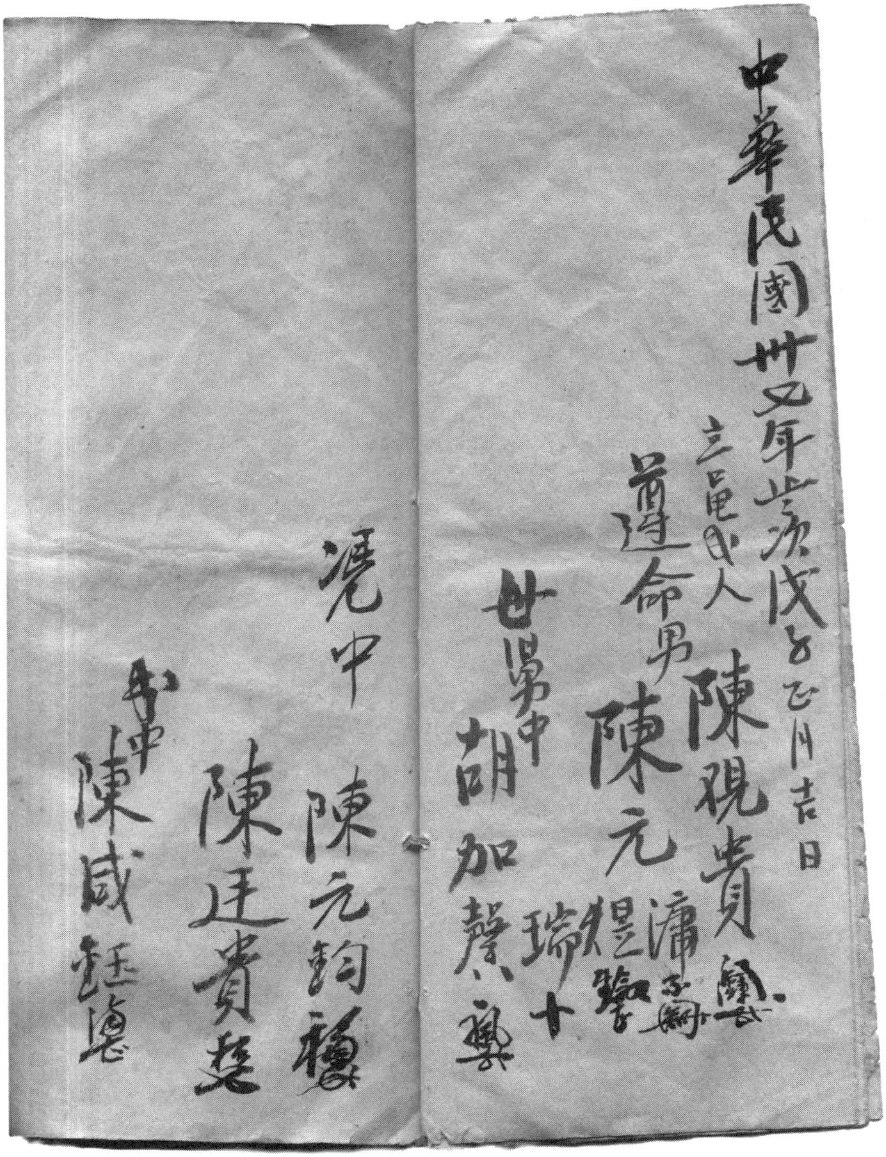

中華民國卅七年歲次戊子正月吉日
立囑書人 陳覌貴
遵命男 陳元浦
陳元煶
陳元瑞 十
世舅中 胡加聲
憑中 陳元鈞
陳廷貴
代筆 陳國[illegible]

江湾镇下坦村 4-4 · 民国三十七年 · 分家文书 · 陈观贵

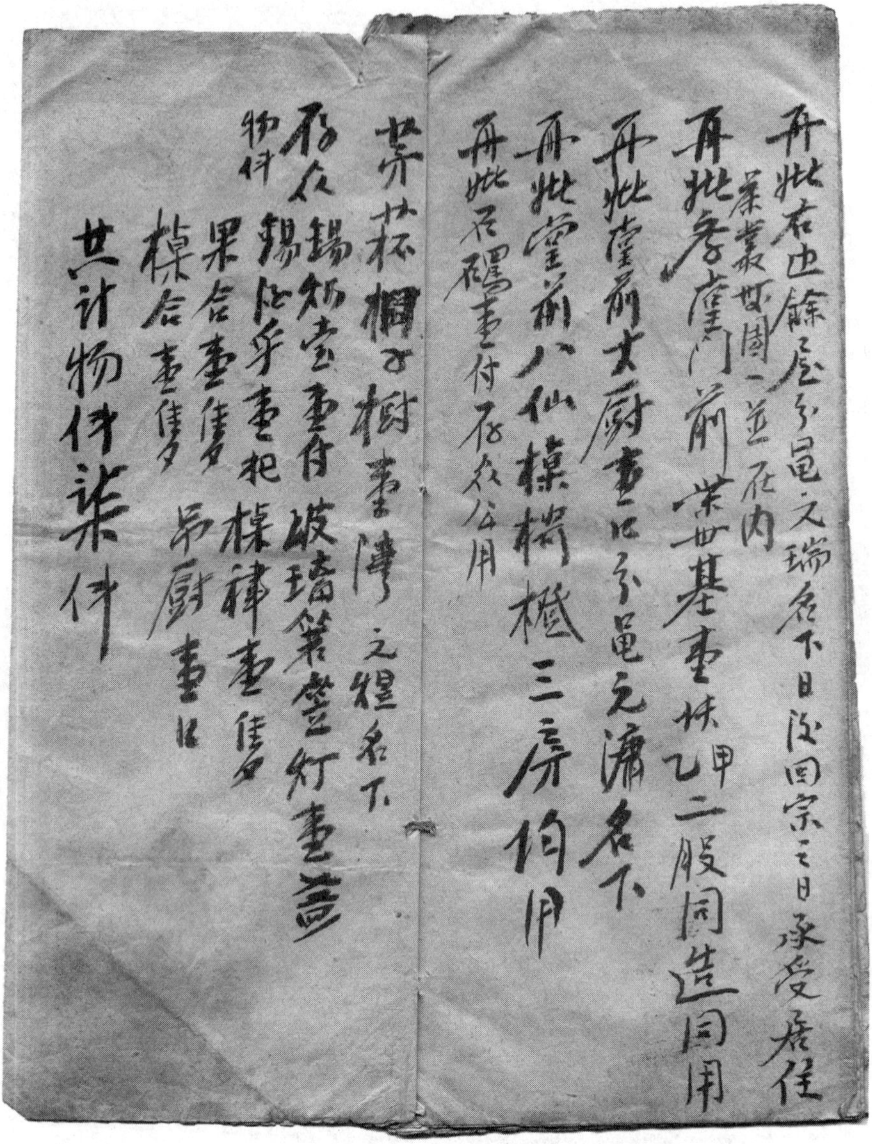

江湾镇下坦村 4-5 · 民国三十七年 · 分家文书 · 陈观贵